华章国际经典教材

微观经济学

（原书第3版）

Microeconomics (3rd Edition)

（美） 迈克尔 L. 卡茨（Michael L. Katz）（加州大学伯克利分校）
哈维 S. 罗森（Harvey S. Rosen）（普林斯顿大学） 著

李宝伟 武立东 编译

机械工业出版社
China Machine Press

本书是美国最有影响的经济学教科书之一。全书紧密联系当前的企业环境和企业实际操作，对微观经济学的基本概念进行了简明的阐述。本书花大量篇幅讲解了福利经济学、博弈论、信息不对称、企业的外部性等热点问题。书中列举了大量的企业和生活中的案例，使实践性、趣味性倍增。

本书适合高等院校经济类、管理类本科生和研究生，也可作为MBA和企业管理者的参考用书。

Michael L. Katz, Harvey S. Rosen. Microeconomics, 3rd Edition.

ISBN 0-256-17176-9

本书版权登记号：图字：01-2007-2284

图书在版编目（CIP）数据

微观经济学（中国版）/（美）卡茨（Katz, M. L.），（美）罗森（Rosen, H. S.）著；李宝伟，武立东编译. —北京：机械工业出版社，2010.9
（华章国际经典教材）
书名原文：Microeconomics
ISBN 978-7-111-31796-8

Ⅰ. 微…　Ⅱ. ①卡…　②罗…　③李…　④武…　Ⅲ. 微观经济学-教材　Ⅳ. F016

中国版本图书馆 CIP 数据核字（2010）第 174605 号

机械工业出版社（北京市西城区百万庄大街22号　邮政编码　100037）
责任编辑：胡智辉　　版式设计：刘永青
北京诚信伟业印刷有限公司印刷
2010 年 9 月第 1 版第 1 次印刷
184mm × 260mm · 22.75 印张
标准书号：ISBN 978-7-111-31796-8
定　价：59.00 元

凡购本书，如有缺页、倒页、脱页，由本社发行部调换
客服热线：（010）88379210；88361066
购书热线：（010）68326294；88379649；68995259
投稿热线：（010）88379007
读者信箱：hzjg@hzbook.com

译者序

经过近一年的艰苦努力，终于完成了本书的翻译工作。我们对这本书的价值也有了更直接的体会。在过去几年的教学中，国内相关教材在总体架构上都做得比较好，但是缺乏生动的案例似乎是一个普遍现象，教师在教学过程中遇到的一个困难就是很难让学生自始至终保持高昂的兴趣。我们在教学过程中不得不寻找相关案例，因为案例的使用是需要严格筛选和论证的，所以这项工作非常耗费时间和精力。当得知本书时，我们觉得这是一本非常好的教材。武立东教授具有丰富的案例教学经验，对案例的选取和设置提出了大量有益的建议。基于此，我们在本书基础上，补充了与本书教学内容相关的中国案例，希望通过书中提供案例和中国案例，使同学们能够对现代微观经济学充满兴趣，更好地理解和掌握微观经济学的基础知识，也希望这些案例能够帮助授课教师更方便地教学。

本书的翻译工作得到很多教师的帮助，刘骏民教授给我们很多的鼓励，这对青年教师是非常重要的；梁祁教授和李长英教授对翻译工作提出了很多中肯的建议，使我们受益匪浅；李俊青副教授、张云老师无私地与我们分享很多教学经验，对案例的使用提供了很多有益帮助。

本书在翻译过程中也得到很多同学的帮助。南开大学经济学院汝慧萍、温玉琴、邸玉娜、杨亚萍、范静等硕士，以及黄薇同学，中国人民大学的李双双硕士；北京大学汇丰商学院的杨安琪硕士；清华大学的熊柴博士。他们的帮助使我们能够更好地了解同学们在学习微观经济学过程中遇到了哪些困难。这些同学在本书翻译、编校过程中给予了很多帮助，他们提出的各种建议使本书更加完善。

机械工业出版社华章公司的工作人员为本书的出版做了大量工作，他们的热情支持以及高效的工作是本书能够尽快出版的保证，在此表达我们深深的感谢。

最后，感谢那些使用本书的教师和同学，希望这本书能够对大家讲授或学习微观经济学提供有益的帮助，祝大家学习愉快。

译　者

2010 年 8 月于南开园

前言

我们为什么要写这本书

本书是关于微观经济学的理论，及如何应用该理论分析、评价现有的市场体系。了解市场对每一个受过良好教育的公民是重要的。对于整个世界而言，各个社会相互斗争，有时候这些斗争是猛烈的，以市场经济为目标的方法处理社会问题是整个社会的价值核心。有些历史悠久的国家由中央计划经济转变为市场经济。同时，在一些以市场为主的经济体中，评论家一直在争辩政府应该从私有市场中接收更多的作用和功能。我们需要有一个坚实的微观经济学方面的理论基础才能理解这些矛盾。

现代话题

经济学家研究市场已经有200多年的历史，但是近几十年来的革新又开拓了一些重要的新视野。比如，传统理论假设市场所有的参与者都完全能够确定自己行动的后果。而相反，现代经济学家则认为世界是充满不确定性的，这种不确定性会对个人的行为和市场的最终结果产生重要的后果。一份主流专业杂志的粗略调查显示，当今的研究者对不确定性看得很重。然而在教科书中，不确定性不是被忽视就是被当做一个“超前”的话题。我们相信不确定性是经济学“核心”的一部分，而且应该呈现给学生。在本书中，不确定性和其他核心现代主题，比如博弈论和信息不对称，将被赋予和传统问题一样细致的关注。

一个很自然的问题是这些学科是否对大部分学生来说太难了。确实，在专业的杂志中，这些主题经常出现在有着难以对付的技术难点的文章中。但是这些理论在专业上占据了如此重要地位的原因在于，基本上它们是非常直观的。我们相信只要有仔细耐心的说明，学生们就能够理解这些理论，并且仅仅是使用简单的代数和图形就能完成这一过程。很多早期版本的《微观经济学》的使用者发表评论说，他们最初对他们学生处理这些“超前”主题的能力还是存有疑虑的，但是最后证明这些担忧是站不住脚的。

应用

我们的目标之一是弄清楚微观经济学和现实世界的联系。先前版本的读者反馈说他们喜欢我们所举的例子并且希望在新版本中能出现更多的例子。作为消费者至上的认同者，我们很高兴遵从这个建议。在本版中，读者们将看到消费者理论用于分析现代俄罗斯的实际价格和收入数据；信息的价值被好莱坞工作人员在市场调查上运用自如；选择理论应用于烟草税问题；以及其他许多现实中的微观经济学方面的例子。从总体上来说，我们并不排除书中其他部分研究的应用和事例。实际上，它们在理论的讨论中相互综合，形成一种我们认为更好的教学方法。

现代结构

除了包括新的主题外，本书还有某些小说结构的设计。传统上，类似于“要素市场”一般出现在微观经济学教材临近结尾的部分；投入品市场、消费者理论和厂商理论等被置于书中。与传统不同的是，现代经济学理论综合处理了产品市场和要素市场。家庭投入供给和商品需求同时源于在一个限定预算限制下的效用最大化。为了得到这一点，我们讨论关于家庭行为的两种现象。类似地，我们同时结合利益最大化来给出公司投入和产出的决定，而不是完全不相关的决策。这种处理方法向学生们提供了一个关于市场经济中不同部门如何协同得更加一致的观点。同时，它展示了经济工具的能力和多样性。先前版本的使用者也同意这种观点。

第二个结构方面的区别在于福利经济学各章节的安排。经济学家强烈依赖于福利经济学来评估市场不完善的后果，因此将福利经济学放在讨论市场不完善之前是明智的选择。然而，这个话题却经常出现在多数教科书的末尾。本书在比较模型建立之后就完全覆盖了福利经济学。福利经济学的讨论为随后几章提供了一个平台。

第三个结构方面的革新是我们以一种相当概括的方式将理论展现出来。特别是，我们得出两个规则来找到对任何企图达到利润最大化的公司都适用的利润最大化产出水平。我们采用这种方法有以下两个原因。第一，先以概括的形式取得这些规则，这样学生们能够发现厂商经济理论的力量，即它提供了一个能够应用于不同市场环境的一致的基本原则。不同的方法有其自身的优势，可以减少学生需要记忆的东西——只要学习一次这些概念即可。后面的章节则用来增强和扩展开头给出的基本主旨。

第二个原因是，从这些讨论中得出的基本理论显示了经济决策制定过程中边际成本和平均成本概念的重要性。这意味着当我们在后面几章研究生产函数和成本函数时，学生们将了解这些概念因何受到如此多关注的原因。在传统的章节安排中，成本这一章总是置于有关利润最大化的前面，边际成本和平均成本曲线在曲线的处理中是一个没有结果的尝试。实际上，除非我们已经做出了关于厂商在追求利润最大化中有关利息的一些假定，否则怎么能够知道厂商是否对最小化其生产成本感兴趣呢？

最后一项创新是，作为对一些教学人员所提问题的回答，我们还包括博弈论的章节。在与卖方市场紧密联系的同时，该章还讨论了博弈论在现实世界中更加广阔的应用。由于意识到很多教学人员都面临时间限制，我们所写的博弈论即使被略过也不会影响教学的连续性。

成本处理

成本问题是我们与传统相背离的另一个领域。成本问题处理的标准是以定义经济成本作为机会成本开始的。到目前为止，这一定义的效果很好。但此时，经典的书籍开始考虑按照生产要素来定义开支：短期内它们被认为是“固定成本”——不管事实上这些开支是不是经济成本。当然所有这些都没有失去意义，因为标准处理的下一步就是告诉学生，他们真正需要关心的是短期可变成本，而不是短期总成本。这个方法并不令人迷惑，也不复杂。因此我们一直应用经济成本的定义作为机会成本。除了真正逻辑上的一致性外，这个方法相对于原来的方法更加简单。公司只是关心短期经济成本以及长期经济成本。因此一个简单的说明原则的方法出现了，一个公司只要找到其利润最大化的产出水平即可，而不用管我们谈论的是短期还是在长期。

致谢

我们要感谢那些对本书进行校对的人还有早期版本的读者，他们对本书的内容、形式和本书贡献良多。

Robert M. Aduddel
Loyola University, Chicago
Peter von Allmen
Moravian College
Neil Alper
Northeastern University
Lann Arvan
University of Illinois
Robert A. Becker
Indiana University
David E. Black
University of Delaware
John Boschen
College of William and Mary
Vic Brajer
California State University, Fullerton
Calcum Carmichael
Carleton College
Myong-Hun Chang
Cleveland State University
Karen Conway
University of New Hampshire
Gregg Davis
Marshall University
LuAnn M. Duffus
California State University, Hayward (retired)
James D. Gaisford
The University of Calgary
Joseph C. Gallo
University of Cincinnati
Zvi Griliches
Harvard University
Eila Hanni
University of South Florida
John Helmuth
Rochester Institute of Technology
L. Dean Hiebert
Illinois State University
Peter Huang
Tulane University
Emily P. Hoffman
Western Michigan University
Sherry L. Jarrell
Southern Methodist University
Hyman Joseph
University of Iowa
Mohammed Kasraian
University of Wisconsin, Milwaukee
Sharon Levin
University of Missouri, St. Louis
William Kolberg
Ithaca College

Maxim Engers
University of Virginia
Fred Floss
Buffalo State College
A. Myrick Freeman III
Bowdoin College
Dan A. Fuller
Weber State College
Paul Gabriel
Loyola University
Tom McGuckin
New Mexico State University
Michael McKee
University of New Mexico/ Albuquerque
Francisco Merlero
Russell Sage College
Gilbert Metcalf
Tufts University
Margaret J. Morgan-Davie
Ithaca College
John Nye
Washington University
Carlo Perroni
Wilfred Laurier University
Carol Rankin
Xavier University
David Reitman
The Ohio State University
Janet Rives
University of Northern Iowa
Joshua Rosenbloom
University of Kansas
Bee Yan Roberts
Pennsylvania State University
Roj Rox
University of Toledo
William Sanders
DePaul University
Nindy Sandhu
California State University, Fullerton
Melvin Krauss
New York University
Robert Kuenne
Princeton University
Anthony Marino
University of Southern California
Larry Martin
Michigan State University
Chuck Mason
University of Wyoming
Stephen C. Sheppard
Virginia Polytechnic Institute and State University
Allan G. Sleeman
Western Washington University
Bill Smith
University of Memphis
Lars Stole
University of Chicago
Rafael Tenorio
University of Notre Dame
Greg Trandel
University of Georgia
Daniel Vincent
Northwestern University
Michael Wasylenko
Syracuse University
Andrew Weiss
Boston University
John Whitehead
East Carolina University
George Zodrow
Rice University
Habib Z. Zuberi
Central Michigan State University
Mark Zupan
University of Southern California, Los Angeles
The students of Business Administration 201A
University of California at Berkeley

还要特别感谢 Irwin/McGraw-Hill 的工作人员，他们耐心地等待我们。最后要感谢詹尼弗·霍巴特和玛莎·诺维卡，他们在整个写作过程中为我们提供了资金和精神上的支持。

迈克尔 L. 卡茨

哈维 S. 罗森

作者简介

迈克尔 L. 卡茨 (Michael L. Katz)

迈克尔 L. 卡茨是加利福尼亚大学伯克利分校爱德华 J. 和莫利·阿诺德商业管理教授。1989 年和 1993 年，他两次荣获厄尔 F. 切特 (Earl F. Cheit) 卓越教学成就奖。1994 ~ 1995 年，他出任美国联邦通信委员会首席经济学家。他关于标准化、合作研发、技术认可和代理理论等方面的文章发表在一流的经济学杂志上，包括《美国经济评论》、《政治经济学杂志》和《兰德经济学杂志》。目前，他还担任《经济与管理策略杂志》编委。

哈维 S. 罗森 (Harvey S. Rosen)

哈维 S. 罗森是普林斯顿大学约翰 L. 温伯格经济学与商业政策教授，美国计量经济学会成员，美国国家经济研究局副研究员，主要研究领域包括公共财政、劳动经济学和应用微观经济学。1989 ~ 1991 年，他曾任美国财政部部长助理代表（税收分析）。他已经在《计量经济学》、《美国经济评论》和《政治经济杂志》等一流刊物发表数篇文章。目前，他担任《经济文献杂志》、《公共经济杂志》和《公共财政季刊》的编委。

教学建议

教学目的

本课程教学的目的在于让学生掌握微观经济学的基本知识和原理。本书是关于微观经济学的理论，及如何应用该理论分析、评价现有的市场体系。本书提供一个坚实的微观经济学方面的理论基础来阐述市场运行的机制。让读者对新古典理论下的微观经济理论框架和最新发展有清晰的认识，并最终熟练掌握基础理论。

前期需要掌握的知识

微积分、经济学基础知识。

课时分布建议

教学内容	学习要点	课时安排
第1章 市场经济	（1）微观经济学的研究对象 （2）供给与需求的基本概念 （3）价格机制	2
第2章 消费者选择	（1）偏好 （2）效用理论 （3）无差异曲线与预算约束线 （4）消费者决策与均衡	3
第3章 比较静态分析和需求	（1）比较静态分析 （2）个人需求曲线与市场需求曲线 （3）替代品与互补品 （4）弹性	3
第4章 价格变化与消费者福利	（1）收入效应与替代效应 （2）补偿变动与等价变动 （3）消费者剩余	3
第5章 作为供给者的家庭	（1）劳动力供给与生产者剩余 （2）资本供给 （3）贴现问题 （4）人力资本	3

（续）

教学内容	学习要点	课时安排
第 6 章 不确定性下的选择	（1）不确定性 （2）赌博与或有商品 （3）保险 （4）多种不确定下的决策	3
第 7 章 厂商及其目标	（1）厂商 （2）利润最大化 （3）关于厂商实现利润最大化的其他问题 （4）长期和不确定下的厂商利润最大化问题	3
第 8 章 技术和生产	（1）技术 （2）生产函数的性质 （3）边际替代率 （4）规模报酬	3
第 9 章 成本	（1）短期成本 （2）长期成本	3
第 10 章 作为价格接受者的厂商	（1）作为价格接受者的厂商的利润最大化 （2）要素需求	3
第 11 章 竞争市场均衡	（1）完全竞争模型 （2）完全竞争模型的应用 （3）完全竞争的规范分析	3
第 12 章 一般均衡和福利经济学	（1）一般均衡 （2）福利经济学 （3）福利经济学第一、第二定理	3
第 13 章 垄断	（1）基本垄断模型 （2）垄断市场的规范分析 （3）针对垄断的公共政策 （4）价格歧视	3
第 14 章 更多关于具有定价能力的厂商理论	（1）卡特尔 （2）垄断竞争 （3）买方垄断	3
第 15 章 寡头垄断与策略行为	（1）垄断市场的基本假设与市场划分 （2）决定数量的寡头垄断者 （3）决定价格的寡头垄断者 （4）合作与惩罚	3
第 16 章 博弈论	（1）博弈论的基本知识 （2）博弈论的应用	3
第 17 章 信息不对称	（1）信息不对称 （2）发信号与筛选 （3）逆向选择 （4）道德风险	3

（续）

教学内容	学习要点	课时安排
第18章 外部性和公共产品	（1）外部性 （2）公共产品 （3）应对外部性 （4）如何解决公共产品问题	3
阶段性辅导2～3次		3～6
课时总计		54～60课时

说明

（1）在课时安排上，除第1章和最后1章可以按2课时设计，其他章需要每周3课时，阶段性辅导要保证有2～3次，每次要有2～3课时，共54～60学时；管理专业本科生和非管理专业本科生可以根据36个学时安排。

（2）根据教学经验，微观经济学需要在各阶段性教学完成后，安排一定的时间，给同学进行课程梳理和训练。特别是在基础理论教授完后，要随后进行一次课程辅导和总结，为后面的课程内容做铺垫，这样有助于学生扎实掌握课程内容。

目　录

第二部分　厂商理论

第三部分　竞争模型

第四部分　市场的力量

第 1 章 市场经济

应该做些什么？

——列宁

经济生活是人类为生存和发展而不断进行的物质资料生产、分配、交换和消费活动，它是人类全部活动最重要的一个方面。所有的社会都必须在如何使用稀缺资源上做出选择；不同经济体制的社会的不同之处只是体现在如何做出这些决策上。

1.1 稀缺性和经济学

经济学（economics）是一门研究人和社会怎样配置稀缺资源的学科，本书的研究对象是**微观经济学**（microeconomics），它聚焦于个人做出市场决策的经济行为。前缀 micro 是微小、微观的意思，在一定程度上会引起误解。可以肯定的是，微观经济学家花费大量时间分析研究一些相关的微观决策者的行为，比如独立的家庭和企业等。但是微观经济学同样也会考虑到大的方面——这些个人的决策是怎样组合在一起的，会给社会造成什么样的后果。然而，我们排除一个关于全球经济范围内的通货膨胀和失业率是怎样随着时间而改变的（商业循环）的系统。这些话题都是属于**宏观经济学**（macroeconomics）范围，它聚焦在经济行为方面并把这些行为作为一个整体看待，而很少将精力投入到个体活动。

三个问题

因为稀缺性的存在，每个社会都不可避免地要回答三个问题。

1. 生产什么　就像前面所说的，稀缺性的存在使得一种东西多生产一些就意味着另一种东西少生产一些。因此一个社会就必须选择生产多少 CD 播放器、圆珠笔和其他将要生产的每一种商品的产量。这就引出了经济学中的一个重要概念：机会成本。当更多的商品 X 被生产出来时，资源终究会被用尽，否则这些资源可以用来生产替代的商品。一个能最有效衡量替代商品价值的是 X 的**机会成本**（opportunity cost）。从根本上说，某种东西的机会成本指的就是，当你得到一种东西时为它所放弃的东西。

美国的艾森豪威尔总统在关于军事防御的真实成本的讨论中，曾提出一个最贴切的理解机会成本的例子：

每制造一支枪，每发动一场战争，每一颗原子弹爆炸，最终会导致那些饥饿者得不到食物，那些受冻者得不到衣服。军事化的世界并不仅仅是花费钱，它也花费劳动者的肌肉，科学家的才智，还有儿童的希望。(Ambrose，1984，95)

机会成本这一概念既适用于个人又适用整个社会。比如，现在考虑一个叫熊强云的中国农民，他骄傲地告诉记者，他儿子上了大学，“上大学很昂贵，所以我不能够建一幢很漂亮的楼房或者是买电视机，但是我儿子上了大学。”（Kristof，1991，15）。熊先生的儿子上大学的机会成本就是家庭中的其他消费者需要放弃的消费选择。

2. 如何生产　在儿童故事“三只小猪”中，我们得知可以使用稻草、木材或者是砖块来建造一幢房子。这说明即使我们决定了要生产什么，决定用什么来生产仍然是一个很重要的方面。房子能用木头建造或者是用砖代替，这样木头就能用来当燃料。也许稻草能用来建房子，但这样的话用来喂养的饲料就少了。考虑到所有的资源都是稀缺的，社会必须决定如何分配资源来生产各种不同的商品。

3. 为谁生产　由于稀缺性的存在，没有人能够拥有他想要的所有东西，每一个社会都必须建立起在社会成员间分配商品的机制。同时，在每一个社会中，分配机制是否公平是一个持续争论的话题。

如何回答这三个问题就是如何决定**资源的分配**（allocation of resources）——怎样把社会资源在不同的产出上进行分配，即在这些不同的生产组织和社会成员之间分配。尽管每个社会都要决定怎样来分配资源，但是每个社会在做决策时都是不一样的。在市场经济社会中，分配资源是由每个独立的消费者和生产者自己决定的，因为市场机制是决定资源分配的最重要的机制，这也是本书的重点。我们的目标是理解市场是怎样运作的，并且建立和完善一些评价市场产出的标准。

1.2　模型

前面提出的任务看起来确实很让人失去信心，在任何经济体中都有成千上万的生产者、消费者和企业。在市场机制中，消费者和企业都是自己做决策，我们要理解这些决策是怎样做出并且是怎样结合在一起的，我们怎样才能确保完整地囊括这些要求呢？答案是我们研究经济体怎样利用**模型**（model）（将现实社会中的现象抽象地表达出来）来处理。通过将现实进行抽象，我们就忽略了一些对现象并不直接相关的细节，用这种方法我们能够集中精力在一些真正重要的因素上。一个古典的比喻是“模型就像一张地图”。如果你想开车从芝加哥到底特律，实际上你并不需要完整地显示所有道路、建筑物和自然风貌的地图，这样的地图反而会因为太复杂而变得不实用。相反，你只需要一张将地理情况高度抽象，仅仅指出一些主干道位置的地图。

1.2.1　一个上学模型

就像前面的中国农民提到的那样，你决定上学与否明显包含了资源稀缺性的影响。总之，你的家庭只拥有有限的金钱，如果将它用于交学费就必须相应地减少其他商品的消费。即使学校是免费的，上大学仍然是有开支的，因为时间也是机会成本，否则你就能将上学的时间用来工作。让我们建立一个关于决定上大学的模型。这样的尝试不仅能让你更好地理解什么是真正的经济学模型，而且也可以将你引入经济学家通常采用的处理问题方法的路途上。

这个简单的模型建立在“学生决定上学与否取决于用货币量化的费用和收益”这一基础上。那么，这些金钱上的开支和收益都是什么呢？如前面已经提出的，有一些机会成本是明显的或直接的（比如学费和书本）；与此同时，我们必须考虑时间这个机会成本。在获利方面，受教育会让一部分人增加自己的收入——受更多教育的人通常会得到更高收入的工作。我们的模型假设在决定注册入学之前，每个人都会先考虑成本和收益。如果是额外的成本大于开支，他就选择上学，否则就不上。举一个例子，如果大学的第一年需要花费10 000美元，但会使你在将来的人生中多挣15 000美元，那么你就会选择去上学。否则，如果只是让你在将来多挣8 000美元，那么你就不会选择去上学。为什么要支付10 000美元的成本，而在将来却仅仅只获得8 000美元的收入呢?

现在，这个模型对你来说可能确实很简单，当然它并不包括那些孩子被父母逼着去上学的情况，也不包括那些去上学仅仅是为了学到知识，而不考虑能否提高收入的人。然而，建立模型总体上是为了尽量简化，使得问题精简到其精髓部分。文学评论家里顿·斯特拉奇说过“删减是所有艺术的开始”，删减也是所有好的经济分析的开始。评价一个模型的好坏不应该建立在其是否“真实”的基础上，而应该看该模型是否可信并且是否能够提供有效信息。如果一个建立在“是否上学取决于金钱回报”假设之上的模型，能给我们带来好的预测结果，那么它就是有效的，即使它不符合所有可能的解释或者预期每个个人的行为。

但是，不可否认的是，有时候模型对特定个人来说过于简单化。比如，假设来自贫困家庭的学生比富裕家庭的学生借钱更难，那么前者可能借不到足够的钱来支付学费，即便上大学后能够极大地提高其将来的收入。如果借钱的限制很重要，那个忽略了这一方面的模型就不能很好地预测是否上学的决定。一个模型必须尽量简化，但不是越简化越好。怎样才能知道一个模型是不是过于简化了呢？没有现成的答案。如果模型能很好地解释面临的问题，那么就没有理由让它变得更复杂。经济学家已经发现，这些以经济回报为基础建立的用以解释人们教育方面决策的模型，能够很好地预测人们的实际决策（比如，可以参考Blackburn等人，1991）。

到目前为止，这个决定是否上学的模型仅仅是用文字来描述的，是一个文字的模型。文字模型很好，但是有时候使用图形能够帮助我们更好地理解。在图1-1a中，受教育的年限用横轴来表示，金钱用纵轴来表示。那条标着*MC*的曲线表示学生（被称为伯特）每增加一年教育所增加的费用。在经济学中，边际这个词用来表示“额外的”，所以额外的成本就叫做边际成本。边际成本曲线向上倾斜，反映每年受教育的成本不断增加，也许是因为学费上升了或者是因为当学生变得更加有知识时其放弃的收入变得更高。*MB*曲线表示边际收益，是伯特从每一年的教育中得到的。这是一条向下倾斜的曲线，反映随着受教育程度越来越高，他将来收入增加的金额相对于增加的教育程度来说变得越来越小。举一个例子，接受8年的教育会让伯特一生的收入增加20 000美元，但他第17年的教育仅仅增加了其一生收入中的4 500美元，这是一个相对较小的增加，但仍然是增加的。

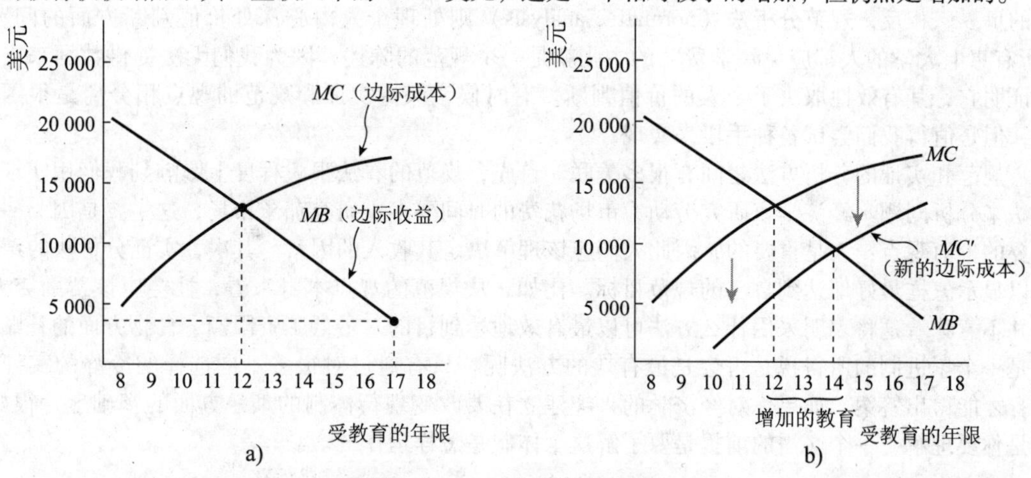

图1-1 一个教育选择的模型

注：假设上学的决定仅仅建立在金钱动力的基础上，个人只有在边际收益大于边际成本时才选择上学。在图a中，在12的右边是边际成本超过了边际收益，所以学生不会选择超过12年的教育。图b中包含了一个预测——如果上学的边际成本下降，那么个人就会选择用更多时间来上学。

伯特会接受多少年的教育？我们注意到在12左边的任何教育年限水平上，边际收益都超过了边际成本。因此，从金钱的角度来看，接受任何年限的教育都是合理的。从另一个角度出发，在12右边的任何年限水平的教育中，边际收益都要小于边际成本。因此我们的模型就预期伯特将仅仅接受12年的学校教育，在这个点上一年教育的边际收益等于边际成本。个人在比较边际收益等于边际成本时，才会做出合理的决定，有时候这也叫做等边际定理，这一定理会以很多的形式贯穿于本书。

现在假设伯特所处的环境变了。每年伯特接受教育的边际成本下降了，可能是因为现在工资率的下降（记住，放弃的工资是教育成本的一部分）。假设边际收益保持不变，新的情况在图1-1b中描述。与分析图1-1a时相似的逻辑分析表明，更低的成本使得伯特选择接受14年的教育（他会上两年的大学）。在图1-1a和图1-1b的比较中得出模型的一个重要的作用是，它使得我们能够分辨出人们对教育年限选择的行为是怎样随着环境的变化而变化的。这是很重要的一点，因为这可以让我们测试一个模型是否做得很好。就像前面强调的，如果一个模型为我们提供了好的预测，它就是成功的；而如果这个模型和社会观察并不一致，要么重新调整模型，要么就干脆弃而不用。

模型既可以用数学来表示，也可以用文字或者是图形来表示。用*MB*表示每年受教育的边际收益，*MC*表示边际成本，那么我们的结论就是，人们在边际收益等于边际成本这个点上决定受教育的年限。这一个概念在数学上表示成：$MB = MC$。数学等式的优点在于能够让我们很简洁地总结一个模型。在这本书中，我们将同时依靠三种形式的模型：文字的、图形的和数学的。

1.2.2 实证和规范分析法

我们在实证分析和规范分析法中都会用到模型。**实证分析法**（positive analysis）主要是处理原因和影响方面的问题。比如，一个实证的问题是“美国政府是否会削减学生（来自中产阶级家庭）的学费补助，使得上大学的学生数量减少”。需要注意的是，从原则上说，一个实证的说法，是可以被来自现实世界的观察肯定或者推翻的。在上面这个问题中，我们所要做的就是考察来自中产阶级家庭的学生入学率在政府削减补助后是否真的下降了。[㊀]

实证性的陈述并不意味着这个被关注的现象是“好的”或“坏的”，它们仅仅是为了描述现实的世界。相反，**规范分析法**（normative analysis）则处理个人内心深处价值判断方面的问题。“所有想上大学的人都应免除学费”的主张就是一个规范的陈述，因为我们无法提供数据来支持和证明它；其有效性取决于个人的价值判断。有时候，保持实证和规范的观点相分离是很困难的，但是值得我们尝试各种手段来实现。

规范和实证的分析方法之间有很多关联。首先，规范的看法很大程度上影响到我们用实证分析法来分析问题。经济学家研究劳动力市场花费的时间要多于研究茄子市场，这主要是因为一个重要的价值观点：人是重要的，因此人们应该理解决定其收入的因素。其次，实证分析法的结果可以显示怎样最好地达到自己的规范目标。比如，从规范的观点本身来看，社会应该帮助穷人，但并不意味着这将表明采用什么方法可以最有效地达到目的。最低工资限额、食物方面的补贴或者是一个累进制的所得税是否会是最有效的方法呢？只有通过对很多不同选择的冷静的实证分析，才能得出答案。如果你对经济学的兴趣建立在要改变现行体制的某一方面的基础上，很好，但是你要理解，一个必需的前提是要了解这个体制是怎样运作的。

㊀ 这是一个难以应付的问题，因为你需要依靠其他可能同时变化的因素来改变补助。要看补助的具体情况，需要参照国会预算办公室文件（1991）。

1.3 价格机制的研究

了解了建立模型的方法，下面回到本书的主要任务——市场经济中的各个价格是怎样结合在一起的。

1.3.1 循环流模型

假设经济由两部分组成：家庭和企业。家庭[㊀]拥有各种生产资源——劳动力、资本和土地。企业利用这些资源作为投入来生产产品和服务（投入有时也被称为要素）。家庭向企业购买产品和服务，那么家庭从哪里得到金钱来购买这些产品和服务呢？通过向企业提供要素投入来获得收入。因此，经济活动就这样循环运作。家庭在产品和服务上支出的金钱以出售要素投入所得收入的形式重新回到家庭手中。

这个过程总结如图1-2中的**循环流模型**（circular flow model）。该模型包括两个循环，处于内层的循环显示的是物质上的运转——产品、服务以及要素投入，外层的循环显示的是货币的运转——家庭在产品和服务上的开支，以及企业在要素投入上的开支。注意，物质和货币的运转正好是反方向的。当家庭向企业提供劳动力时，代表着劳动力向企业流动，同时也有一个工资收入流向家庭。相似地，当企业向家庭提供产品和服务时，代表着物质产品从企业流向家庭，但同时开支从家庭流向企业。

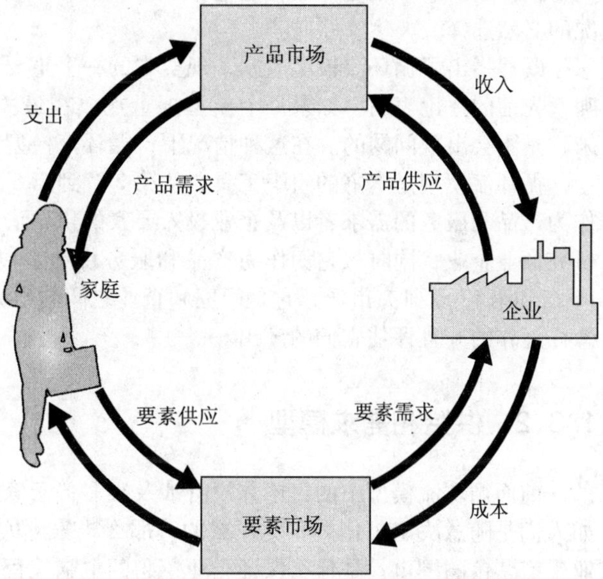

图1-2 循环流模型

注：收入的循环流模型说明了经济行为是可循环的。其中内侧的循环表明了物质商品、服务还有系统中要素投入的循环。企业提供给家庭需要的商品和服务；家庭提供给企业需要的要素投入。外侧的循环表明了货币的运转。家庭用来购买商品和服务的货币作为收入流入企业；这些收入也会以家庭提供要素投入的回报形式流回到家庭。

这一模型显示出市场在一定程度上规范着家庭和企业两部门的运转。家庭和企业在产品市场上相遇，这一结果决定着应该生产什么样的产品；在要素市场再一次碰面，这一结果又决定了怎样生产产品（即需要什么要素投入）。除此之外，要素市场决定了家庭通过提供其要素投入，可以得到多少收入；同时，这也决定着谁可以得到这些产品和服务。也就是说，循环流模型显示了市场经济怎样回答之前关于资源稀缺性的三个基本问题。

循环流模型是否涵盖了市场经济中运转的所有情况呢？毫无疑问答案是否定的，至少有下面三个原因：

（1）模型将所有的企业结合成一个单独的部分，因此忽略了企业之间的交易——乳品企业

㊀ 为了方便起见，我们在使用家庭和个人这两个术语时，假设其可以相互转换，假如家庭包括超过一个人的情况，也只是看做单个决策者。

将奶油卖给冰淇淋生产商，铝生产商将铝卖给自行车生产商，等等。

(2) 模型中假设所有的生产过程都是在商业企业中进行的。实际上，生产的一个很重要的形式发生在家庭内部。比如，家庭生产“清洁服务”，家庭成员投入他们自己的劳动进行劳作。

(3) 最重要是，循环流模型在这里忽视了经济中的一个最重要的力量——政府。即使是在以市场经济为主导的经济体中，政府也扮演着重要的作用。在美国，政府的税收占全部产出的30%，在加拿大，这个数字为35%，在英国为38%，在瑞典为57%。确实，如果没有政府，一个复杂的市场体制几乎不可能存在。为什么？市场交换是一种交易——你把你自己的东西给另一个人（可能是你的劳动力），作为回报你得到另一个人的其他东西。然而这样一个体制并不能运行起来，除非一些公司足够强大并且能够定义和保护个人的财产权利。否则，在其他人同意和你交易某件东西后，他还可以将它偷回去。因此，政府出台的“法律和规定”是应付市场紧急情况的必然选择。

既然指出了循环流模型遗漏了现实中的一个重要方面，那么是否意味着它是一个不好的模型呢？先前的评论表明，如果一个模型把重点放在最关键的问题上，那么从其他的事项中抽象出来，是不会出现问题的。在这种情况下，循环流模型是成功的。

循环流模型是本书的组织工具，从第2章到第6章都是有关家庭部分的。我们研究家庭同时作为产品和服务的需求者以及企业投入要素的供给者是怎样做出决定的。从第7章到第10章则研究商业企业，同时从它们作为产品和服务供给者以及投入要素的需求者的角度考虑问题。第11章到第17章研究市场，它是家庭和企业之间的媒介。我们研究不同类型的市场，观察它们是怎样运作的并且评估它们的产出。

1.3.2 供给和需求模型

前面循环流模型中的讨论并没有涉及很多关于家庭和企业部门作为相互合作机构的行为。假如人们是随意决定买什么和卖什么的，那么当家庭实际上需要红色的T恤时，是什么阻止了企业生产紫色的围巾？是什么保证企业招聘的电脑编程人员的数量正好等于想要进入这一行业工作的人员的数量？

在一个市场机制中，合作是以价格作为一种分散化的共识来完成的。这是如何发生的呢？假设面包的价格是1.25美元一个，进一步假设在这一价格下，面包师会烘烤出比家庭所需要的更多的面包。在市场机制中，面包师意识到他们烤了太多的面包，最后都在货架上堆起来了。实际上，面包存在过剩。其中的一个后果是，面包的价格将会下降，也许降到每个1.10美元。价格下降有两个效果：首先，面包变得便宜了，所以家庭会比以前消费更多的面包；其次，在一个更低的价格条件下，面包师不再愿意像以前那样烤这么多的面包。这两个效果都会降低“过剩”之间的差距，最终价格下降到一定程度，使得人们愿意购买的面包正好等于企业愿意生产的面包数量。此时，面包的价格使得生产者和消费者的行为达到合作状况。

更一般地，如果在一个市场体制中生产了“太多的”某种商品，价格就会下降；如果是生产得“太少”，那么价格就会上升。只有当生产者愿意生产的数量和消费者愿意消费的数量之间达到一个均衡时，价格才能保持稳定。

这一指导生产者和消费者之间的行为的模型被称为供给和需求模型。

1. 需求 哪些因素会影响家庭决定某种特定商品的消费量呢？仍然参考面包这个特殊的例子，前面建立模型的方法表明，应该将最有可能影响人们在一个给定的时期里消费面包的因素组合起来。

(1) 价格。随着价格的上升，需求会下降。因为面包变得更加昂贵，家庭会转向别的商品，可能会买更多的松糕或者是甜甜圈作为替代。价格和需求数量之间存在着负相关的关系，这一概念叫做需求定理。

(2) 收入。收入的变化决定着人们的消费机会。但是，很难预言是什么影响了在某一特定产品上消费水平的变化。一种可能是随着收入的增加，人们将增加的收入的一部分用来购买更多的面包。相反，当收入增加时，人们可能消费更少的面包，而将收入花在蛋糕上。当收入增加时导致需求增加（其他产品保持不变），这种商品就称为正常商品；当收入增加时反而减少需求量（其他产品保持不变），这种商品被称为低档商品。

(3) 相关商品的价格。假设薄脆饼的价格上升，如果能够用面包来替代它，那么薄脆饼价格的上升会增加人们对面包的消费。假设黄油的价格上升，如果人们倾向于同时消费面包和黄油，那么就会导致面包消费的减少。像面包和薄脆饼这样的商品被称为替代品，而面包和黄油这样的商品被称为互补品。

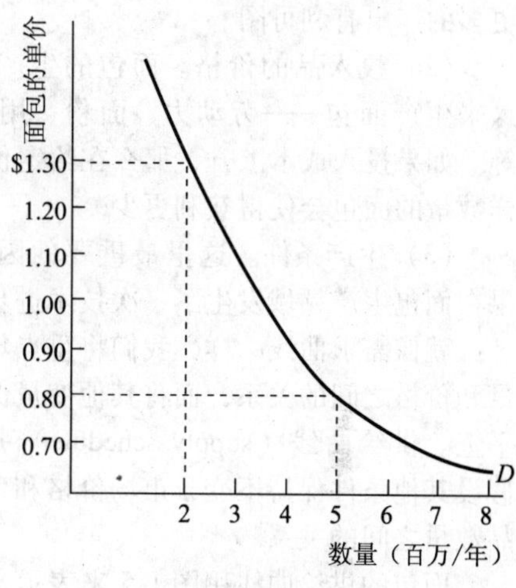

图1-3 需求曲线

注：曲线D显示了，在其他条件不变的情况下，在每个价格人们愿意购买面包的数量，这就是面包的需求曲线。

(4) 偏好。人们喜欢某种商品的程度也影响其需求的数量。体重超标的人或许会比那些苗条的人需要更少的面包。

上述文字模型表明很多因素可以影响需求。为了建立一个图形版的模型，需将注意力集中于商品需求量和价格之间的关系。假设我们有持续不断的收入流，稳定的相关商品的价格和品位。我们能够想象改变面包的价格，然后观察在假设其他相关变量保持不变时需求数量的变化。**需求曲线**（demand schedule 或 demand curve）是在给定的时间内，其他因素保持不变的情况下，一种商品的市场价格和其需求量之间的关系（经济学家经常使用拉丁语中的“ceteris paribus”表示“其他因素保持不变”）。在特殊的应用场合，必须说明考虑是哪个时间段，因为从总体上来说，在一天之内、一个月或者是一年之内等，某种商品需求的数量也会变化。

面包的假定需求如图1-3中的曲线 D 所示。横轴测量的是面包的数量，纵轴测量的是面包的价格。比如，每个面包的价格是1.30美元，家庭愿意消费200万个面包；当价格仅为0.80美元时，他们就愿意消费500万个。向下倾斜的需求曲线反映出假设条件，当价格上升时需求的数量就会减少，反之也成立。

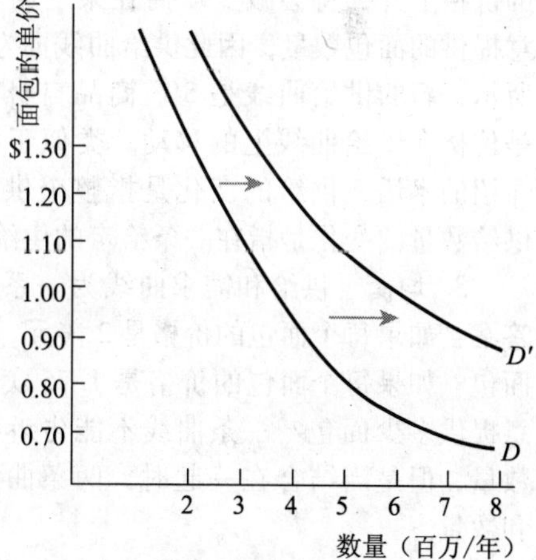

图1-4 需求曲线的移动

注：当松糕的价格上升时，人们就会有购买更多面包的趋势，这反映在面包需求曲线的向外移动。

就像前面强调的，需求曲线是在假设所有影响需求的变量都保持不变的情况下画出的。如果其中有一个变量发生变化，情况又会怎样呢？比如，假设松糕的价格上升，人们会倾向于买更多的面包。在图1-4中可以看出，图1-3中的曲线 D 移动了。因为松糕价格的增加，在每一个价格上人们愿意购买比以前更多的面包。结果，松糕价格的增加使得原来曲线 D 上的每个点都向右移动，新的点构成了曲线 D'。D' 显示了在每个价格上人们愿意消费的数量，这就是新需求曲线。

从更加一般的角度讲，除了商品自身的价格之外，其他任何变量的变动都会通过移动整个需求曲线来影响商品的需求。然而，商品自身价格的变化只是让这些点在需求曲线上变化，引起需求量的变化。经济学家发明了一些术语来区分它们之间的不同。需求的变化是指整个需求曲线的移动，如图1-4所示。需求量的变化是指价格在一个给定的需求曲线上移动，如图1-3显示的面包价格从0.80美元变为1.30美元。

2. 供给　下面考虑循环流模型中的企业部分。在一个给定的期间内，是什么因素决定了企业向市场提供商品的数量？

（1）价格。面包的价格越高，企业愿意提供的数量就越多。因为更高的价格使得企业生产更多的产出有利可图。

（2）投入品的价格。面包的生产商需要使用要素投入来生产面包——劳动力、面粉、用来混合的容器，等等。如果投入成本上升，那么在给定价格条件下，生产同样数量的面包会使得获利更少。

（3）生产条件。这里最重要的因素是技术状况。如果在面包生产领域发生了一次技术进步，供给就会增加。

就像需求曲线一样，我们将重点集中于商品供给的数量和价格之间的关系，而将其他变量保持在一个固定的水平上。**供给曲线**（supply schedule）是在给定的时间内，假设其他条件保持不变，市场价格和生产者愿意提供的商品数量之间的关系。

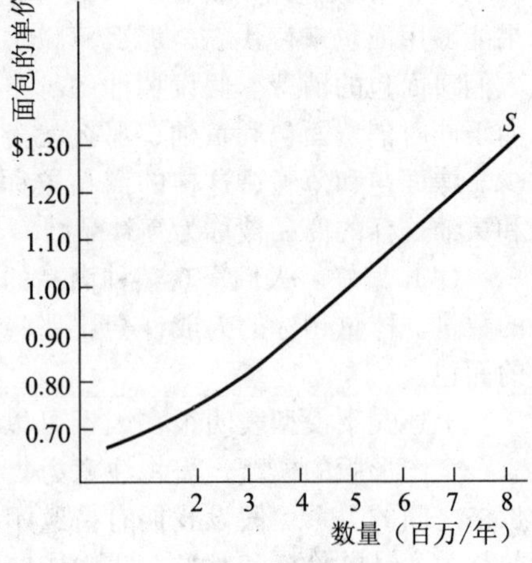

图1-5　供给曲线

注：曲线S是面包的供给曲线，表明每一个价格水平下生产者愿意出售的数量。

面包的供给曲线用图1-5来表示，向上倾斜反映了在其他条件保持不变的情况下，价格越高，供给的数量就越多。

当任何影响供给的其他变量（除了商品自身的价格外）变化时，供给曲线就会出现移动。比如，假设面粉的价格上升，将会减少厂商在某一给定的价格条件下愿意提供的面包数量，因此供给曲线向左移动。就像图1-6所示，新的供给曲线是S′。商品自身价格的变化显示的是价格在供给曲线上的移动。类似于我们在需求曲线中介绍的术语，供给的变化是指整个供给曲线的移动，而供给数量的变化是指在一条给定的供给曲线上的变化。

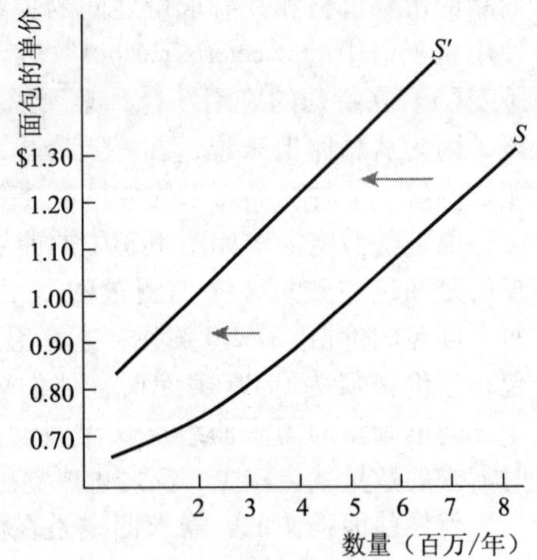

图1-6　供给曲线的移动

注：当生产面包的要素投入之一面粉的价格上升时，生产者在任何给定的价格水平下愿意出售的数量更少。结果，需求曲线向左移动，从S变为S′。

3. 均衡　供给和需求曲线为一系列假设问题提供了答案：如果每个面包的价格是2美元，家庭愿意购买多少面包？如果每个面包的价格是1.75美元，生产企业又愿意提供多少面包？一条曲线不能告诉我们实际的价格和数量，但是当结合在一起时，两条曲线共同决定了价格和数量。

在图1-7中，我们将图1-3叠加得到需求曲线D，从图1-5得到供给曲线S，从而找出在**均衡**（equilibrium）（一个能够不断持续下去的状态，在这个条件下没有人有动机和倾向来改变他的行为）条件下的价格和产量。假设面包的价格是1.30美元。在这个价格水平下，企业愿意提供800万个面包，但是消费者仅仅愿意购买200万个面包。因此，1.30美元的价格并不均衡，因为企业愿意提供的面包比消费者愿意购买的面包更多。这个超额的供给将会降低价格。

那么在0.80美元的价格上是否能成功实现购买者与销售者的合作呢？在这个价格条件下，

面包的需求数量为500万个，超过了面包的供给量300万个，因此在0.80美元的价格上没有足够的面包可供消费。因为有超额面包需求存在，面包的价格将上升。

相似的原因表明，任何商品在供给数量与需求数量不相等的价格上都不能达到均衡。在图1-7中，需求数量和供给数量在0.90美元的价格相等。在这个条件下，产出水平是400万个面包。除非某些条件变化了，否则这一价格和产量组合将长久保持不变，这就是均衡。因此，图1-7证明了价格怎样协调生产者和消费者的行为，使他们合作。

假设某些条件确实改变了，比如，面粉的价格上升。图1-7中的需求曲线D和供给曲线S移动形成图1-8，这样原来的均衡价格和产量就被破坏了。面粉价格上升导致供给曲线向左移动，变为S'。考虑到新的供给曲线，0.90美元就不再是均衡价格了，而是在曲线D和S'的交点找到新的均衡，在该点价格是1.10美元且产出是300万个。就像预期的那样，面粉价格的上升导致了更高的均衡价格和均衡产量。更一般的情况下，模型可以预测出影响供给和需求的变量的任何变动都会导致一个新的均衡，在新的均衡条件下会有新的价格和产量组合。

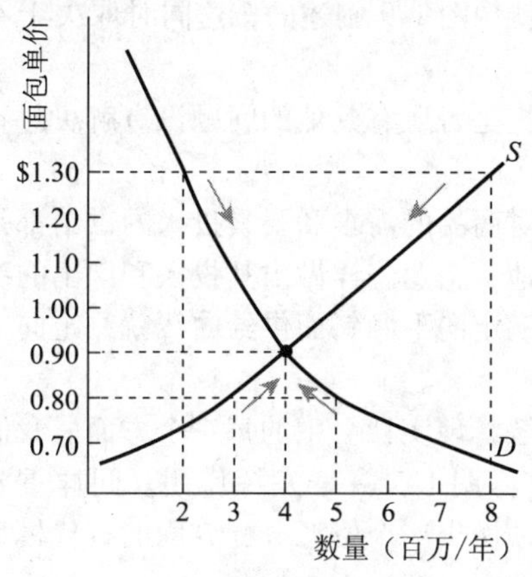

图1-7 供求决定价格

注：在0.90美元以上的任何价格水平下，企业想要生产消费者愿意购买的产量，因此价格下降。在0.90美元以下的任何价格水平下，消费者希望购买多余企业生产的产量，因此价格上升。均衡在价0.90美元时达到，这时需求量等于供给量。

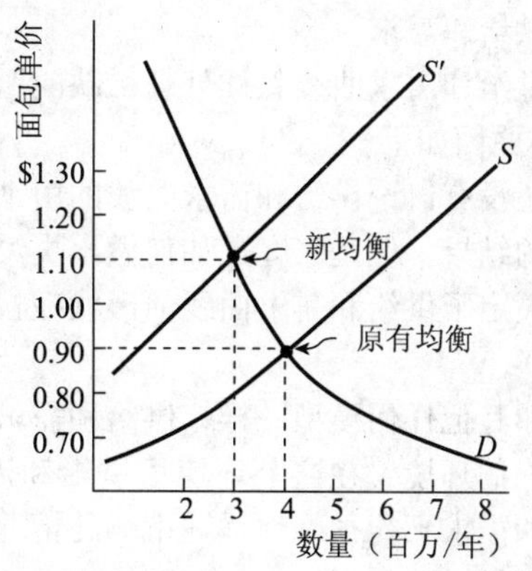

图1-8 供给曲线移动对价格和产量的影响

注：当面粉价格更贵时，供给曲线向S'移动，此时均衡价格不再是0.90美元。新的均衡价格为1.10美元，这时新的攻击和需求量相等。

4. 要素投入的供给和需求 到目前为止，我们已经介绍了供给和需求如何规制循环流模型中的上层部分——商品从企业流向家庭。供给和需求模型能够很好地应用于下层部分，主要是将精力集中于研究要素从家庭流向企业。两者的主要区别在于家庭是要素的供给者，而企业是需求者。

比如，在图1-9中，横轴表示面包师的数量。面包师的价格——每小时的工资率——在纵轴上表示。面包师的供给曲线S是向上倾斜的，因为它在其他条件保持不变时，随着面包师的报酬增加，更多的人愿意加入这一行业。对面包师的需求D是向下倾斜的，反映了面包师的价格越高，企业愿意雇用更少的面包师这一假设，也许还会用机器来替代他们。模型假设会有6 200人选择成为面包师，并且工资是11.50美元每小时。在这种情况下，工资率和劳动力市场上的经济行为相合作，达成一致。

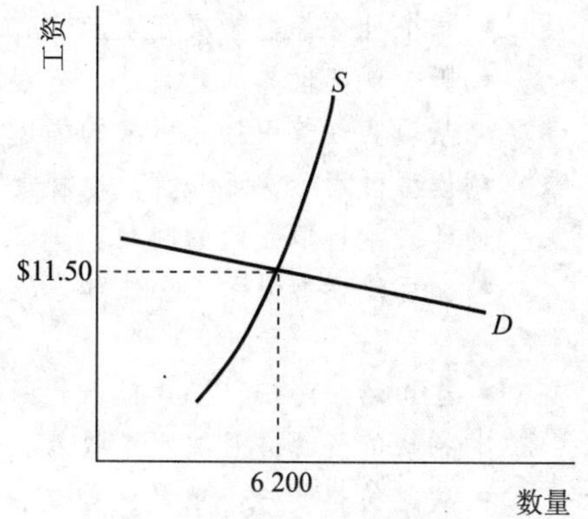

图1-9 一种要素投入的供给和需求

注：供给和需求模型同时适应生产中的要素投入，比如劳动力。面包师的供给和需求曲线决定了面包师的工资率和数量。

5. 价格的作用 简单的供给和需求模型很好地说明了在市场经济中价格所产生的一些相关作用。

（1）价格传递信息。家庭并不需要知道面包是怎样生产的，企业也不需要知道为什么家庭需要面包。价格是一个信号，可以包括所有用来保证家庭和企业保持决策一致性的信息。比如，如果面粉价格上升了，不需要强制决策来保证每个人需要更少的面包。而是像图1-8那样，随着价格的上升，会自动给出一个信号，因为面包价格上升会减少家庭消费面包的动力。通过显示什么是稀缺的，什么是过剩的，价格能够有效地引导生产和消费。

（2）价格分配稀缺资源。如果面包是免费的，就会出现很多需求。但由于生产面包的资源是有限的，因此面包的实际数量会受到限制，并不是每个人都能得到他们想要的数量。面包的数量必须限定在一定的范围内，价格机制用下面这个简单的方法完成这一任务：每个愿意支付均衡价格的人得到商品，不愿支付均衡价格的人就不能得到商品。

（3）价格决定收入。就像前面说到的，一个社会有时应该决定谁得到生产出的商品。在市场机制中，货币收入取决于提供给市场的要素投入价格。就像图1-9阐述的，这同时取决于不同要素投入的供给和需求。

介绍了供给和需求曲线怎样处理稀缺问题，你可能会想是否还有其他的问题没有解决。答案是“不少”，原因如下。

首先，还没有讨论供给和需求曲线的由来。我们知道对商品的需求和要素投入的供给都是家庭做出决定的结果，但是家庭是如何做出决策的呢？相似地，企业怎样做出其投入和产出的决策呢？是什么决定了供给和需求曲线的形状呢？需求曲线就一定向下倾斜而供给曲线就一定向上倾斜吗？

其次，和其他任何模型一样，供给和需求曲线并不能解释现实社会中的每一个方面。我们需要制定出精确的环境，在这个环境里供给和需求曲线能够像图1-7一样发挥作用。同样重要的是，在供给和需求不能很好地描述市场的情况下，我们必须做出一个资源分配方面的替代模型。

因此，我们已经有了一个好的开始，但是还有很多问题有待解决。

小结

稀缺性是人类基本环境的一部分。它使得社会决定生产什么、如何生产以及为谁生产。微观经济学的重点在于研究单个家庭和企业怎样做出决策，并且这些决策怎样转换成社会成果。

- 每个社会都需要决定生产什么、如何生产和为谁生产。
- 因为现实世界的复杂性，当经济学家想要理解一些现象时，需要建立一个模型——一个从现实细节中抽象出来的描述。
- 模型被用于实证分析，也就是说做出关于原因和结果的陈述。它也处理一些规范的问题，即关于价值判断的问题。
- 循环流模型显示了企业和家庭是怎样连接起来的。家庭为企业提供要素，企业向家庭提供商品。
- 在市场经济中，要素投入和商品的价格协调了企业和家庭的行为。同时，价格也调整了稀缺的资源并且决定了收入。
- 决定价格的一个重要模型是供给和需求模型。需求曲线表示当其他条件不变的情况下，需求随价格变化的情况。供给曲线表示当其他条件不变的情况下，供给随价格变化的情况。两条曲线的交点决定了市场价格和交易的数量。

讨论题

1.1 评价下列说法：

(1) 如果一个社会愿意，总是能够生产更多的汽车。因此，从来没有真正的汽车的稀缺性存在。

(2) 政府有权通过征税来提高货币收入。因此，稀缺性对政府来说不是问题。

(3) 瑞典的公民很幸运，因为他们拥有免费的医疗服务，但是美国的公民却需要为此而付费。

1.2 下列情况的机会成本是什么：

(1) 选择上一门经济学的课程

(2) 清洁的空气

(3) 排队等待进入一场免费音乐会

1.3 假设政府引入以下社会服务项目：每位大学生需要离开学校一年参加各种不同的活动，比如造林。参加者将获得免费吃住，但是没有报酬。你如何评价这个项目的开支？

1.4 德国统一后，居民收入稳定增长，同时出生率相对下降。当问一个名叫卡尔拉·霍夫曼的德国妇女为什么不再要第二个孩子时，她说："第二个孩子意味着我们不能出去旅游了。"请用机会成本的概念解释这一情况。在此基础上，发展一个关于决定孩子数量的边际定理。

1.5 诺贝尔奖得主、经济学家肯尼斯·阿罗"1940年从城市大学毕业，当时毕业生的工作机会很少，因此他决定从事统计方面的研究工作。"阿罗的做法是否与图1-1中给出的教育选择模型一致？

1.6 为了准备1996年奥运会，佐治亚州亚特兰大市开展了一项价值5亿美元的工程建设项目。1993年每小时挣13~14美元的泥瓦匠到1995年时工资涨到了每小时17~18美元。请用供给和需求曲线分析这一情况。

1.7 在美国，乘客赶不上飞机是一个常见情况。许多观察者把部分原因归结为高峰时间路上的交通堵塞。该问题是否可以通过市场方法来解决？

1.8 一篇关于毒品市场的文章描述了三个观察结果：(1) 1991年，价格为80美元每盎司；而几年以前价格才30美元每盎司；(2) 到1991年，抽大麻不再流行，因为"大麻的烟雾一缕一缕的，会引起头晕。" (3) 警方有力地打击贩毒行为，使得大麻成为"稀缺商品"(Treaster)。画出这些观察结果的供给和需求曲线。

1.9 联邦法律禁止买卖人体器官。"每年都会有10 000~12 000人的死亡方式使得其成为器官的潜在捐献者，这些人大多数是头部受伤，但是器官仅仅被搜集了1/3。相反，整个国家等待器官移植的人数超过35 000。"(Young)。在这样的状况下，怎样决定捐献的人体器官的配额？市场怎样配给捐献的人体器官？你认为允许个人出卖其体内器官合理吗？

1.10 假设在某城镇理发的需求曲线为 $D=80-2P+5I$，D 是每月的需求量，P 是每理一次发的价格，I 是消费者的收入（这里以万美元为单位）。供给曲线为 $S=4P$，S 是每月供给的数量。

(1) 在这个模型中，理发是正常商品还是低档商品？

(2) 假设 $I=3$，找出理发的均衡价格和数量。

(3) 因为存在经济衰退，I 下降到2。理发市场会发生什么变化？

第一部分

家　庭

微观经济学最初的目标是为了理解个人的行为，以及行为将如何影响社会。个人是核心，即使是研究企业或者政府，经济学家仍然时刻关注个人和他们的相互行为。

我们在第2章引入个体行为的基本模型，主要是讨论人们在稀缺存在的情况下怎样做出合理的决策。特别是表明了人们决定购买什么，以及用多少收入和在什么样的价格水平购买不同的商品和服务。

第1章强调了一个好的模型能够帮助我们预测，以及在环境变化时，人们的行为会发生怎样的变化。第3章使用第2章关于行为的基本模型，并用该模型得出一些预测。这一章的关注重点是当市场价格变化时人们怎样调整行为。这是最重要的，因为市场经济条件下，商品价格是稀缺的一个信号。我们需要找出人们在市场信号下是如何反应的。

第4章介绍价格变化怎样影响人们的福利。在这章介绍的分析工具的一个最重要的用途，就是为了评价在市场机制中政府干预的结果。

到现在为止，我们已经考虑了人作为商品需求者的情况，而循环流模型弄清了人同时作为要素供给者的情况。第5章关注家庭的角色，强调他们在向企业提供多少劳动力和资本时的决策。虽然这是一个新的话题，但并不需要任何新的分析工具。就像商品需求的决定一样，要素供给的决定也包括稀缺存在条件下的理想状况。因此，在第2~4章建立起来的框架仍够用。这说明了微观经济学一个很好的方面：一旦掌握了某种分析技术，就能够用于解决不同的问题。

关于家庭行为的讨论包括第6章，这一章讨论不确定情况下的决定。一种不能有效处理不确定性情形的行为理论，对于现实世界的作用是非常有限的。第6章调整了传统模型以适应这一不确定性。

第 2 章

消费者选择

你不可能总是得到自己想要的东西。

——米克·贾格尔和基思·理查德

在几年前的一次读者财务状况调查中，《消费者评论》杂志讨论了年轻的夫妇均在职工作的群体的情况：

这一群体在以下几点适合雅皮士的类型：年轻、专业、家庭收入很高——这个群体 1/4 家庭的收入超过 59 000 美元。

这些读者经常在外面用餐。他们花费更多的金钱来旅游和娱乐（将近 25 000 美元/年）。虽然这些读者花费很多金钱，但是他们也积累了不少。他们的储蓄率最高。

从上面的论述中，你可能推测这一群体对自身的财务状况很满意。其实不然。

与《消费者评论》的观点不同，大部分经济学家都没有对这些家庭不“满意自身的财务状况”感到惊讶。经济学家假设人的欲望实际上是没有止境的，但是资源却是有限的。即使一年有 59 000 美元的收入也不够买自己想要的所有东西。无论你是一个在去欧洲旅游和买一辆新的沃尔沃之间选择的雅皮士，还是在为孩子购买食物或衣服作出选择的贫穷的父母，有一点是肯定的：都需要做出选择。

在本章，我们建立了一个关于家庭如何做出决策的理论。这个理论是很重要的，原因如下：

- 我们在第 1 章看到，家庭需求曲线在商品市场以及供给曲线在要素市场对市场经济的资源配置起到了至关重要的作用。消费者选择理论让我们深入家庭需求和供给曲线背后——通过使用一个“关于个人如何适应价格的改变”的模型来得到这些曲线。
- 这个理论自身十分有意义。它向我们提供了一个理解人类行为重要方面的总框架，同时提升了我们对一系列活动的洞察力，从职业选择到税收的规避。
- 这个理论为我们提供了一个思考规范性问题的方法，这个问题可以让我们讨论多样化的市场干预是否合理。

本章集中于家庭在产品市场上作为商品需求者的角色。在接下来的一章，我们会使用同样的框架来理解要素市场上家庭的供给决策。

2.1 基本结构

我们从观察一个典型消费者面临的问题开始讨论。与所有人一样，他的资源相对需求来说也是有限的；也就是说，他没有足够的金钱和时间来消费想要的所有商品。消费者选择理论说明个人是怎样在这样一个稀缺性存在的情况下做出合理选择的。

需要三个步骤来理解消费者行为：

- 必须知道消费者想要做什么。如果不了解他在不同商品中的偏好，就不能从他的角度知道，什么是资源稀缺条件下的一个“好”的解决方法。因此，我们需要知道消费者偏好。
- 同时也需要知道，当他面对给定的收入和价格时能够做什么。因此，我们必须设计出他在做决策时，有限预算所带来的限制。
- 第三步是将消费者的偏好（表明他想要做什么）与限制条件（表明他能够做什么）放在一起。这使得我们能够知道哪个可行的决定能够最大化其效用。图2-1总结了这三个步骤。

这个框架的一个重要含义是，消费者选择理论显示个人在其特定的偏好下是怎样做决策的。该理论表明个人在给定瓦格纳歌剧和其他商品偏好的情况下，选择观看多少场瓦格纳歌剧，而并不是说首先喜欢瓦格纳歌剧是否合理。经济学家不能够判断个人的目标是否合理，只能说个人是否以一种理性的方式来到达目标。

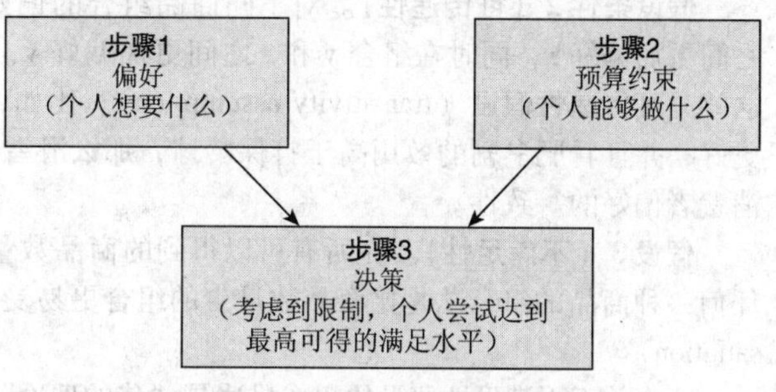

图2-1 个人决策制定的模型

这一点和另一个问题相联系，即“经济商品”的定义。我们很自然地把商品都想象成是有形的——一块牛排、一条项链、一个随身听或者是一个网球拍等。然而，经济学家脑海里对商品的定义更加宽泛。商品包括任何在消费后会对个人的满足水平有积极影响的东西。如果你想呼吸新鲜空气（和污染的空气相反），那么新鲜空气就是一种商品；如果你想休息，那么空闲就是一种商品。

经济学家认为人总是尽可能多地购买商品：“经济学家承认和坚持认为，经济行为的参与者是贪婪的。”这个断言是错误的。经济学理论表明，人们在尝试达到目标时会很理性地行动，这并不是狭义上的享乐主义。如果你喜欢将钱送给贫穷的人，那么慈善就是经济意义上的商品。实际上，我们看到经济理论能够提供一个有价值的预测，即关于慈善捐款是怎样和诸如税率等经济变量的改变相联系的。

2.2 偏好

图2-1中的第一步代表了消费者对所有商品的偏好。假设实际上我们能够得到上千种商品，这是一个很长的排列顺序。为了简便，假设只有两种商品。显然，这个假设不切合实际，但是随后我们就会看到两种商品之间的选择同样适用于任何数量商品之间的选择。实际上偏好理论中所有的重点问题都能从两种商品的例子中得到。

这使得第1章讨论的模型设计方法更加典型：问题在没有失去其精髓部分的同时做到尽量简化。如果通过研究两个商品的模型来理解决策的重要方面，即使是不切合实际的，也仍然能够很好地满足我们的目的。一个不合实际的假设并不一定就是一个差的假设。

讨论单个消费者的偏好，伊丽莎白要在汉堡和墨西哥玉米薄饼卷之间选择。为了表示她的偏好，我们了解一些她“喜欢”和“不喜欢”方面的数据。假设我们能够向伊丽莎白提问她在汉堡和墨西哥玉米薄饼卷不同组合中的偏好，这里的组合仅仅是两种商品混合。比如，在图2-2中，每周的汉堡消费量用横轴表示，墨西哥玉米薄饼卷的消费量用纵轴表示。组合a包括3个汉堡和2个墨西哥玉米薄饼卷，组合b包括4个汉堡和1个墨西哥玉米薄饼卷。那么，我们可能会问伊丽莎白，她是偏好 a 还是 b，或者认为两者是一样的。

为了分析问题，我们认为消费者偏好满足下面三个假设。

假设条件 1（完全性）。当面对任何两个选择时，消费者会告诉我们他更加偏好哪一个，或者认为这两个对他来说是一样的。这叫做**完全性假设**（completeness assumption）。

如果一个消费者不能告诉我们他是否更加偏好一个组合，那么就很难预测他会在不同的环境中选择哪个组合。因此，如果消费者偏好是不"完全"的，我们就无法建立一个消费者选择模型。

假设伊丽莎白的偏好是完全的，那么就能够要求她将不同商品所有可以想象的组合进行排序。任何商品组合的排序都是可能的，而有些甚至与一般意义上的理性要求不一致。下面的假设就给出了一个不一致性的特定类型。

假设条件 2（可传递性）。对不同商品组合的偏好是可以传递的，如果消费者在组合 x 和 y 之间更加偏好 x，同时在组合 y 和 z 之间更加偏好 y，那么他对组合 x 的偏好就一定大于组合 z。这就是**可传递性假设**（transitivity assumption）。比如，如果某人认为下午滑雪比看肥皂剧的效用更好，并且看肥皂剧的效用高于打保龄球，那么滑雪的效用也就高于打保龄球。可传递性保证了消费者偏好的一致性。

假设 3（不满足性）。在所有可以得到的商品数量中，消费者从来不会感到满足。一个增加任何一种商品的组合总是比商品数量少的组合更易受到青睐。这个性质被称为是**不满足性**（non-satiation）。

一个关于不满足性假设的粗俗描述是"猪的理论"（pig principle）——有一定数量是好的，更多则更好。这个假设的图形理解见图 2-3。根据不满足性假设，组合 c 的效用优于组合 d，因为 c 与 d 相比同时拥有较多的汉堡和墨西哥玉米薄饼卷。组合 f 与组合 d 相比拥有更多的汉堡，而且墨西哥玉米薄饼卷的数量相同，因此 f 也优于 d。在组合 d 右上方的任何点的组合都优于组合 d。

同样的理由表明，组合 d 的效用要优于组合 g，因为组合 g 与组合 d 相比同时有更少的汉堡和墨西哥玉米薄饼卷，组合 h 也比组合 d 的效用差，因为即使与组合 d 有相同数量的汉堡，但是只有相对较少的墨西哥玉米薄饼卷。d 点要优于任何位于它左下方的点。

不满足性比完全性和可传递性的基础作用要弱，因为理性的消费者可能会对一个点之后的商品感到满足。虽然你可能更加偏好一个月看 3 场摇滚音乐会而不是 2 场，但 50 场音乐会可能并不能带来更好的效用。当你在某点之后厌倦了摇滚音乐会，并不是"不理性"，如果你确实这样，那么就说明你对它们的偏好还没有达到不满足性的假设。然而，通常认为，对所有商品的偏好都适用不满足性假设，能够使我们的讨论变得更简便。

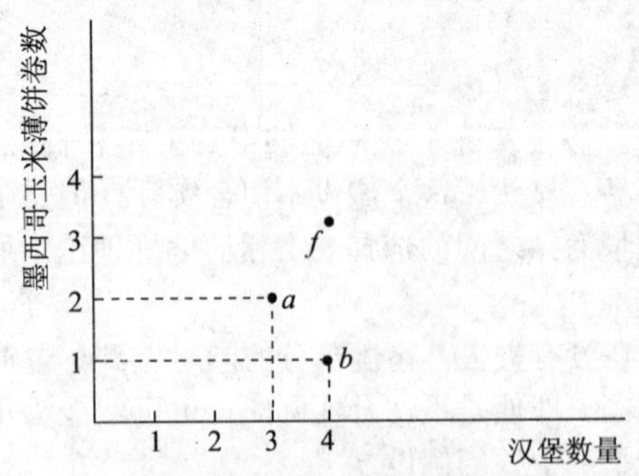

图 2-2　相互替代的商品

注：每个点都代表了商品的一个组合。组合 a 有 3 个汉堡和 2 个墨西哥玉米薄饼卷；组合 b 有 4 个汉堡和 1 个墨西哥玉米薄饼卷；组合 f 有 4 个汉堡和 $3\frac{1}{2}$ 个墨西哥玉米薄饼卷。

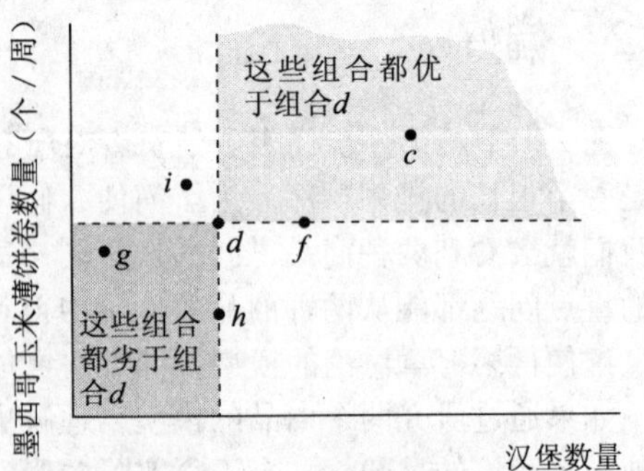

图 2-3　排列商品组合

注：根据不满足性的假设，组合 c 和 f 的效用高于组合 d，同时组合 d 的效用优于组合 g 和 h。

2.2.1　无差异曲线

假设伊丽莎白对汉堡和墨西哥玉米薄饼卷的偏好适用完全性、可传递性和不满足性。提问她一系列关于消费组合的偏好问题，然后将这些信息总结在一张表中。但是这样一张表会非常冗长，并且很不方便使用。幸运的是，有一个简单的作图方法来描述消费者的偏好。

从图2-3中可知，不满足性假设允许我们分辨出一些组合，这些组合被伊丽莎白排在任何随机选择的组合的前面或后面。能够找出一些她随机选择的效用相同的组合吗？为了做到这一点，需要提问伊丽莎白更多的问题。考虑在图2-4的组合 k（每周包括7个汉堡和5个墨西哥玉米薄饼卷）中，问伊丽莎白这样一个问题："如果你要消费组合 k，并且我拿走3个汉堡，如果让你保持先前的满足水平，那么需要给你多少个墨西哥玉米薄饼卷？"假设伊丽莎白回答需要 $3\frac{1}{2}$ 个墨西哥玉米薄饼卷。从定义上说，包括4个汉堡和 $8\frac{1}{2}$ 个墨西哥玉米薄饼卷的组合与原来的组合 k 对她来说效用是相同的。这个组合在图2-4中即为组合 j。

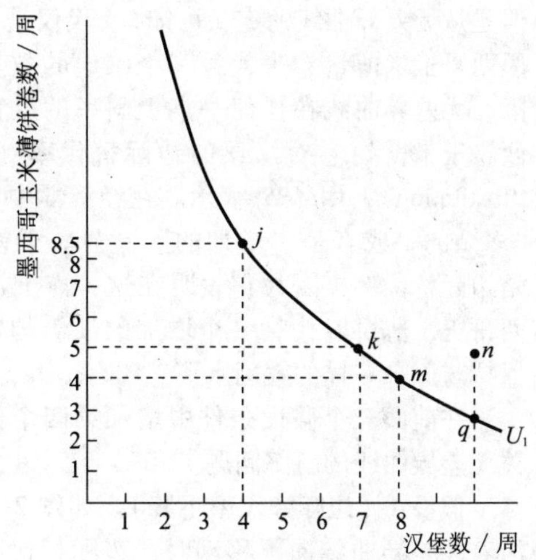

图2-4　一条无差异曲线

注：无差异曲线 U_1 是与对消费者来说效用相同的组合结合产生的。组合 n 在无差异曲线 U_1 的上方，比 U_1 上任何点的组合效用都高。

通过提问以下问题又能够找到一个组合："从点 k 开始，假设拿走一个墨西哥玉米薄饼卷，为了保持原有组合的效用需要给你多少个汉堡？"如果答案是一个汉堡，那么伊丽莎白包括8个汉堡和4个墨西哥玉米薄饼卷的组合（图2-4中的 m 点）与原来的组合 k 效用相同。

可以如此继续下去——从点 k 开始，拿走不同数量的某种商品，再找出另一种商品需要补偿的数量，并且在图2-4中记录下结果。所有商品组合连结起来就是曲线 U_1，显示了消费者相同效用下不同的商品组合。因此，U_1 被称为**无差异曲线**（indifference curve）。无差异曲线将所有的商品组合分为三个部分：与 k 点效用相同的点（在曲线 U_1 上）；比 k 点效用高的点（在曲线 U_1 上方）；比点 k 效用低的点（在曲线 U_1 下方）。我们是如何知道在曲线 U_1 上方的任何点都优于 k 呢？来看位于曲线 U_1 上方的组合 n。不满足性假设告诉我们组合 n 的效用优于组合 q，因为组合 n 比 q 拥有更多的墨西哥玉米薄饼卷并且汉堡数量是相同的。通过可传递性可知，如果 n 优于 q，那么 n 就会优于曲线 U_1 上的任何组合，因为曲线 U_1 上所有的组合对伊丽莎白来说效用都是相同的。用同样的方法可以证明，位于曲线 U_1 下方所有组合的效用都低于曲线 U_1 上方的组合。

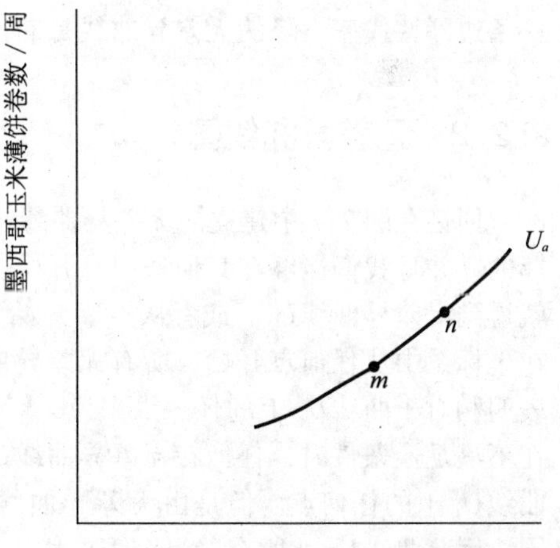

图2-5　存在不满足性时，一条无差异曲线不可能向上倾斜

注：向上倾斜的无差异曲线违背了不满足性的假设。

仔细观察无差异曲线的形状。任何曲线的斜率都是纵轴的变量除以横轴的变量——也就是"上升量除以延伸量"。曲线 U_1 的斜率是负的，也就说明，当汉堡的数量增加时，墨西哥玉米薄饼卷的数量就会减少。实际上无差异曲线向下倾斜不是偶然的——不满足性使得它必须如此。为了找到原因，见图2-5，它显示了一条向上倾斜的无差异曲线。曲线上有两点分别为 m 和 n。由无差异曲线的定义可知消费者在 m 点和 n 点的效用相同。但是从不满足性假设可知，n 点优于 m 点。一个人不可能同时在两个组合上的效用既相同又有差异。因此，只要不满足性存在，无差异曲线必然是向下倾斜的。

无差异曲线的斜率有一个重要的经济学解释，它表明消费者愿意用一种商品与另一种商品进行交换的比率。比如，在图2-6的组合 r 中，无差异曲线的斜率是 -4。但是从无差异曲线的定义可知，4仅仅是伊丽莎白愿意用墨西哥玉米薄饼卷来代替一个汉堡的数量。由于这一原因，无差异曲线在任何一点上斜率的反数，都能称为墨西哥玉米薄饼卷对汉堡的**边际替代率**（marginal rate of substitution），用 MRS_{th} 表示。在经济学中，边际一般都是“多余的”或者是“增加的”意思。无差异曲线的斜率是边际替代率，因为它表明在这一点上消费者愿意用墨西哥玉米薄饼卷代替一个增加的汉堡的数量，并且仍然保持与原来一样的效用水平。

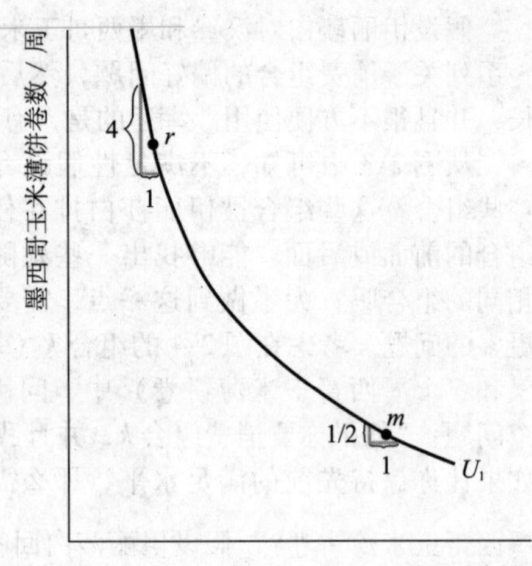

图2-6 边际替代率下降

注：无差异曲线的斜率的负数是边际替代率。无差异曲线 U_1 显示了一个下降的边际替代率：在组合 m（1/2）周围负的斜率比 r（4）负的斜率要小。

在前面三个假设条件中增加第四个假设条件，是有关无差异曲线的斜率问题。

假设4（边际替代率下降）。如图2-6所示，当我们沿着无差异曲线向下移动时，边际替代率逐渐减小。比如，在点 m 的 MRS_{th} 是1/2，比 r 点处的4要小。在组合 r，相对于汉堡来说，伊丽莎白有很多墨西哥玉米薄饼卷，因此她愿意放弃一些墨西哥玉米薄饼卷来交换一个汉堡。一般假设，当我们向曲线下方移动时，MRS_{th} 的减小被称为**边际替代率下降**（diminishing marginal rate of substitution）。可以看出，一条边际替代率下降的无差异曲线是向内弯曲的。在数学术语中，这个形状称为是凸向原点的。

2.2.2 无差异曲线图

回忆在图2-4中建立的无差异曲线，是在以组合 k 为开始的基础上建立的。组合 k 是任意选择的，并且我们能够在其他任何点开始。如果在图2-7中从点 c 开始，并且以同样的方法进行，就得到无差异曲线 U_2。或者从点 d 开始，就能得到无差异曲线 U_0。总之，一条无差异曲线能够在坐标系中从任何点开始。所有无差异曲线的集合被称为**无差异曲线图**（indifference map）。它表明相对于曲线 U_1 上的任意点来说，伊丽莎白更加偏好 U_2 上的组合。为什么？回忆一下，当存在不满足性条件时，任何在无差异曲线 U_1 上方的组合都优于曲线 U_1 上的组合。因此，点 c 优于曲线 U_1 上的任何点。但是由无差异曲线的定义可知，曲线 U_2 上所有的组合都与点 c 的效用相同，因此曲线 U_2 上所有的组合都要优于曲线 U_1 上的组合。同样的逻辑表明，相对于 U_0 上的任何组合，伊丽莎白更加偏好 U_1 上的组合。总结可得，如果伊丽莎白想尽可能达到效用最大化，就会尝试效用最高的无差异曲线上的组合。

图2-7引出了一个有趣的问题。假设很多无差异曲线同时出现在同一坐标中，它们会不会彼此相交呢？只要关于偏好的假设成立，答案就是否定的。为了说明这个问题，见图2-8，它表明一条无差异曲线 U_3 和另一条无差异曲线 U_2 在组合 c 上相交。因为组合 a 和 c 是在同一条无差异曲线 U_3 上，从定义可知，消费者在 a 和 c 上的效用是相同的。相似地，因为 b 和 c 也同时都在无差异曲线 U_2 上，因此组合 b 的效用与组合 c 也是相同的。既然偏好是可以传递的，因此可以得出结论，a 和 b 的效用是相同的。但是组合 a 的汉堡和墨西哥玉米薄饼卷都要比组合 b 少，从不

满足性假设出发，组合 b 应该优于组合 a。因此，矛盾出现了——a 不可能既比 b 差又与 b 相同。

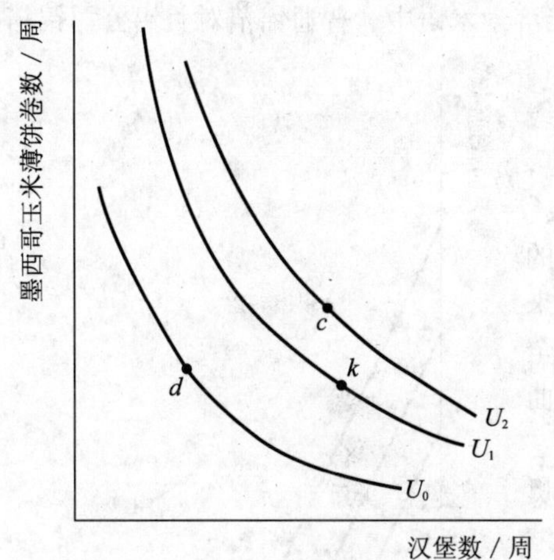

图 2-7　无差异曲线

注：无差异曲线能够从任何点穿过，无差异曲线的集合被称为无差异曲线图。

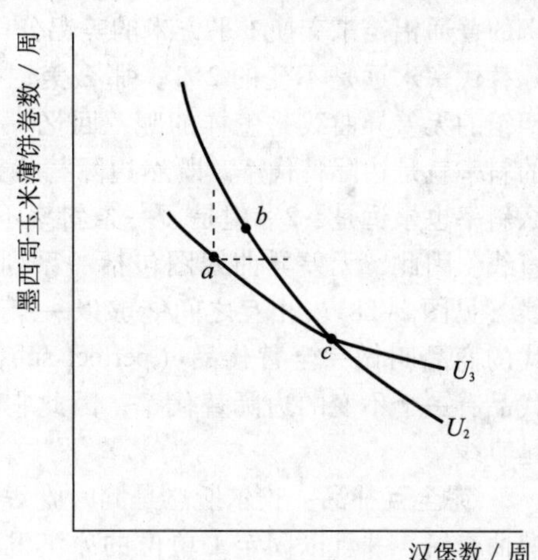

图 2-8　无差异曲线不能相交

注：无差异曲线不能相交。相交的无差异曲线会导致组合 a 既和组合 b 的效用相同又低于组合 b。这违背了可传递性假设。

因此，无差异曲线相交与模型中消费者偏好的假设不一致。

因为同一个人的无差异曲线不可能相交，因此认为它们必须“平行”。情况不一定是这样。在图 2-9 中，即使无差异曲线不平行，也是完全合理的。记住，几何学中的理论线条是没有宽度的，因此无差异曲线之间能够无限接近，但是从来不会相交。凸的无差异曲线在研究消费者决策上起了一个重要作用。为了简单起见，图 2-10 总结了这些无差异曲线的基本性质。

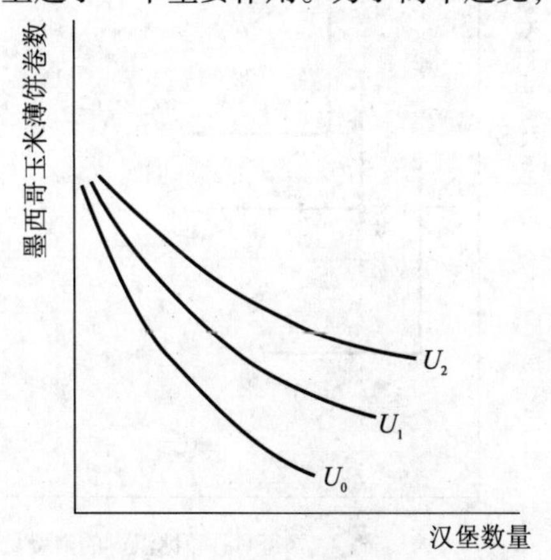

图 2-9　无差异曲线不“平行”

注：虽然无差异曲线不相交，但也不必“平行”，可以越来越接近。

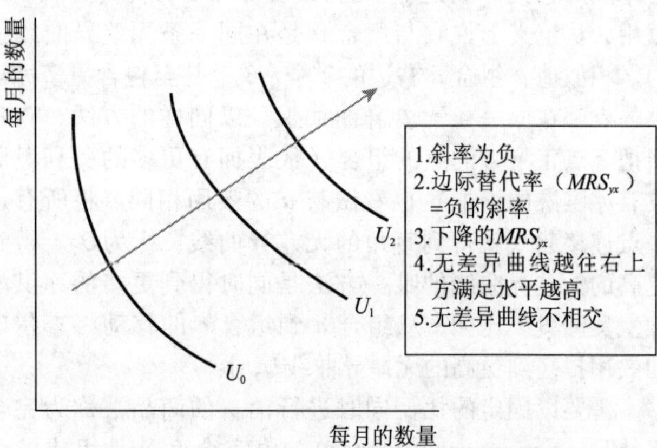

图 2-10　“典型”的凸的无差异曲线的性质

2.2.3　其他类型的无差异曲线

图 2-7 中的无差异曲线建立在不满足性和边际替代率下降的基础上。在某些情况下，这些假设是不合理的。当你改变这些假设时，可能也改变了无差异曲线的形状。以下内容提供了一些例子。

1. 完全替代品　菲利普在两种商品之间选择——本地杂货店生产的普通铝箔和美铝公司的铝箔。菲利普认为，1 平方米的美铝公司铝箔和 2 平方米的普通铝箔完全相等——任何能用 1 平方米美铝公司铝箔包装材料的工作能够用2平方米的普通铝箔来完成。因此，菲利普愿意用2平方米的普通铝箔来交换1平方米的美铝公司铝箔。在经济学术语中，普通铝箔对美铝公司铝箔的边际替代率永远是不变的2∶1。那么美铝公司铝箔和普通铝箔的无差异曲线是怎样的呢？回忆一下无差异曲线负的斜率就是边际替代率。既然边际替代率永远是2∶1，那么斜率也永远是-2。但是，一条斜率不变的“曲线”是直线。因此，无差异曲线图包括一系列斜率为-2的直线（见图2-11）。相互之间能够以一个不变的比率来替代的商品叫做**完全替代品**（perfect substitutes）。完全替代品有一个不变的边际替代率，因此它们的无差异曲线是直线。

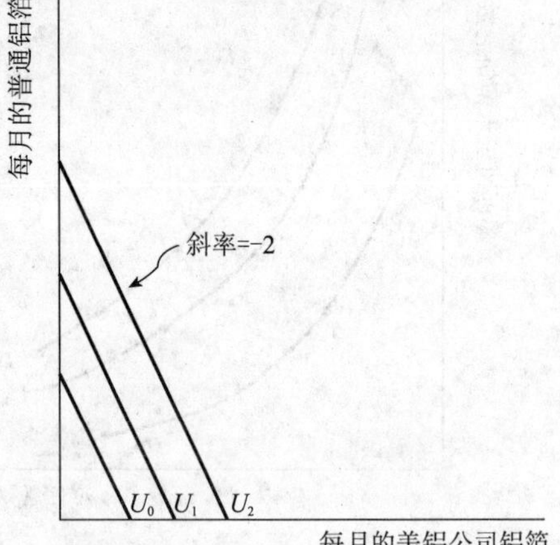

图2-11 完全替代品

注：完全替代品的无差异曲线图包括一系列平行的直线，因为边际替代率并不会随着无差异曲线的移动而改变。在这个特别的例子里，边际替代率是2，因为消费者总是愿意用2平方米的普通铝箔来交换1平方米的美铝铝箔。

2. 完全互补品 查尔斯总是同时吃香草冰淇淋和奥利奥曲奇饼，并且以固定1单位的冰淇淋和3单位压缩的奥利奥的比率混合。假设查尔斯现在消费的是图2-12中的组合a，包括2单位冰淇淋和6单位饼干。现在给他第三单位的冰淇淋，成为组合b。查尔斯可能会有如下反应：“非常感谢，但是如果没有3单位奥利奥在一起，即使增加一单位冰淇淋对我来说也没什么用处。考虑到我的口味，只有在增加一单位冰淇淋的同时再多得到3单位奥利奥时才能得到效用。”

查尔斯的偏好违背了不满足性假设。实际上，只有当他以1∶3的比率拥有冰淇淋和奥利奥时，才会对增加的冰淇淋感到“满足”。因为组合b并没有提高查尔斯的效用，从定义上说它与组合a是在同一条无差异曲线上的。相似地，组合a右边的2个、3个甚至包含更多冰淇淋的点都在同一条无差异曲线上。以同样的方法，查尔斯把a点正上方的点的组合（代表拥有更多的奥利奥而没有冰淇淋的增加）也看做与a的效用相同。将所有这些点连接起来就得到直角的无差异曲线，标为U_1。得到更高的无差异曲线的唯一方法是同时得到更多的冰淇淋加上奥利奥。比如，从组合a到组合c的移动将查尔斯的效用提高到更高的无差异曲线U_2上。

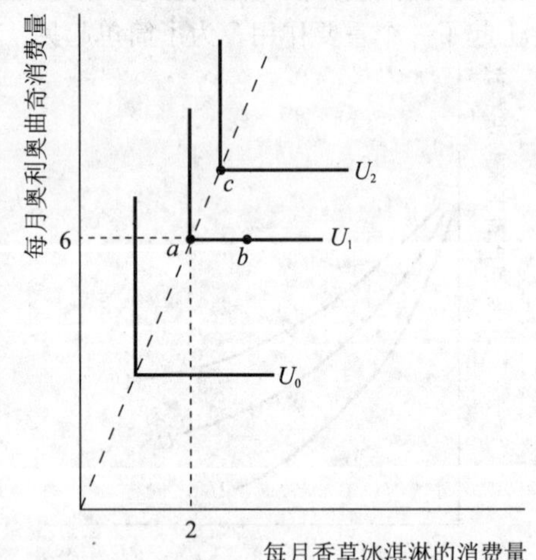

图2-12 完全互补品

注：完全互补品需要以一个固定的比例同时消费，其无差异曲线是直角的。因为奥利奥和冰淇凌必须要以3∶1的比例消费，直角曲线从原始的斜率为3开始展开。

需要以固定的比例同时进行消费的商品被称为**完全互补品**（perfect complements）。由完全互补品组成的无差异曲线图是一系列的直角线条。直角的无差异曲线是从原来商品消费的比率为斜率的点开始形成的。

3. 劣质品 到目前为止，我们都认为商品是经济“产品”：当更多的商品给予个人时，会使得此人效用更好或者至少不会变差。但是我们同时也消费很多我们不喜欢的东西，即使不把这些东西认为是“商品”。污染的空气是劣质品的一个重要例子。当有一种商品是劣质品时，我们怎样才能设计偏好模型呢？

想象一下几年前华盛顿州塔科马市面临的困境。美国环境保护局询问，该镇是愿意关闭一家提供800个工作岗位的炼铜企业，还是接受炼铜过程中砷导致癌症的风险。我们将此想象成塔科马市市长在两种商品之间选择，一个可以使他感觉更好（工作），而另一个则会减少他的社会福利（污染）。

为了画出工作和污染的无差异曲线图，首先要做的是意识到对污染的品味并不符合不满足性的假设。其他的方面也一样，更多的污染总是成为更加糟糕的事情，而不会更好。因此，工作和污染之间的无差异曲线是往上倾斜的。为了寻找原因，见图2-13，横坐标表示的是空气污染程度的单位（以砷的集中程度来测量），纵坐标表示的是提供工作岗位的数量。假设现在的组合是*n*，包括呼吸的空气中含有4.5ppm砷和2 500个工作岗位。考虑下面的问题："我们正在考虑关闭冶炼工厂，砷的集中程度会降低到4ppm。那么你们愿意放弃多少个工作岗位来换得清新的空气？"市长回答说他愿意接受失去500个工作岗位。因此，从定义上说，包括2 000个工作岗位和4ppm砷的组合*m*与原来的组合*n*是在同一条无差异曲线上的。就像前面说的，我们能够问一系列的问题来决定市长将会要求多少个工作岗位来弥补他能忍受的不同程度的污染。将所有通过这种方式得到的组合结合在一起就会得到一个向上倾斜的无差异曲线U_1。

曲线U_1的斜率能够衡量个人愿意用一种商品交换另一种商品的比率。在图2-13中，当沿着曲线U_1进行移动时，斜率增加。为了理解这一重要性，观察组合*p*周围那些相对低程度污染的点，市长并不需要很多的工作岗位来弥补他接受更多的污染的损失。但是在点*q*上，周围有相对很高的砷集中程度，市长就会要求得到很多工作岗位来弥补接受更多污染的损失。总之，图2-13中曲线U_1的形状反映出，市长忍受越多的污染，他就越讨厌污染。

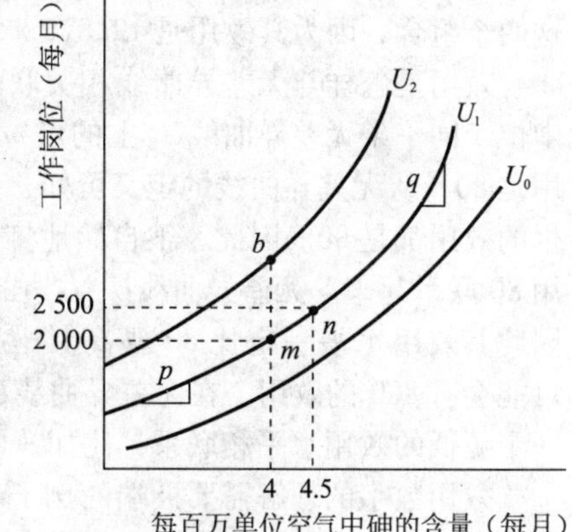

图2-13 无差异曲线包含一种"不利的商品"

注：当有一种商品是"不利的"，就像污染，那么就会违背不满足性假设，并且无差异曲线是往上倾斜的。无差异曲线的弯曲程度表明，这个个人消费污染越多，他就越讨厌污染。

像前面所说的，我们能够画一个完全的无差异曲线图来代表工作和污染之间偏好的相互关系。在图2-13中，曲线U_0和U_2是市长无差异曲线图中另外的两条无差异曲线。市长会更喜欢哪条曲线呢，是U_0还是U_2？在曲线U_2上的组合*b*比组合*m*有更多的工作岗位，但是污染程度上一样的。因此，*b*要优于*m*。但是使用无差异曲线的定义和可传递性的假设，我们可以得出曲线U_2上的点都要优于曲线U_1上的点。一个相似的结论表明，市长会更喜欢曲线U_1而不是曲线U_0。

有一个关于向上倾斜的无差异曲线的重要例子发生在金融理论中。当人们选择一只股票投资时，他们通常认为回报率越高越好。从另一方面来说，人们通常喜欢风险小的而不是风险大的投资。结果，回报是一个"好"的因素，而风险是一个"坏"的因素。因此，在一个纵坐标表示回报，横坐标表示风险的图中，一条个人的无差异曲线图会和图2-13很相似。为了帮助客户选择股票，股票经纪人需要找出到底有多少客户愿意用风险来交换回报，也就是说，股票经纪人需要知道客户在风险与回报之间的边际替代率。

2.2.4 效用理论：为无差异曲线标上数字

消费者偏好理论的一个重要特点是，从来不要求我们用数字来衡量不同商品组合带来的满意程度。所有我们需要的只是不同类型的信息，比如"组合*a*的效用优于*b*"；而不是"组合*a*的效用是组合*b*的3倍"。

然而，有能力将每个组合都标上数字"得分"会让事情变得更加方便，特别是处理消费者面临很多商品时的抉择问题。在两种商品的情况下，在表中记录所有可能组合的等级是相对简单的。但是当有 50、100 或者是 1 000 种商品时，用这种方法记录不同组合则很烦琐。一个更简便的总结这种信息的方法是，为各个商品组合都确定一个数字，这样就能表明它带来了多少满意程度。如果组合 a 比组合 b 的数字更高，就意味着消费者更加喜欢 a 而不是 b。如果 a 和 c 的数字一样，那么消费者在 a 和 c 两者之间的满意程度是相同的。这个数字化的得分与每个商品组合的**总效用**（total utility）相联系。一个**效用函数**（utility function）是一个公式，显示了与每个商品组合相关的总效用。从代数上来说，假设单个人以数量$x_1,x_2,x_3,\cdots,x_n$ 来消费 n 种商品。效用函数 $U(x_1,x_2,x_3,\cdots,x_n)$，告诉我们与每种不同数量商品相联系的总效用。有时候一个组合的效用分数被称为尤特尔（utils）的数量。

比如，假设伊丽莎白对汉堡（x）和墨西哥玉米薄饼卷（y）的效用函数是 $2x+\sqrt{y}$，这意味着一个包括 4 个汉堡和 9 个墨西哥玉米薄饼卷的组合的效用是 11 尤特尔（$2\times4+\sqrt{9}$），一个包括 3.5 个汉堡和 16 个墨西哥玉米薄饼卷的组合也有 11 尤特尔的效用（$2\times3.5+\sqrt{16}$），因此，伊丽莎白在这两个组合上的效用是相同的。从另一方面来说，一个 $x=5$ 且 $y=8$ 的组合优于上面的这两个组合，因为其效用是 12.8（$2\times5+\sqrt{8}$）。

效用是怎样与无差异曲线相关联的呢？考虑图 2-14 中位于同一条无差异曲线U_1 上的点 m。假设组合 m 的效用是 80，从无差异曲线的定义可知，曲线U_1 任意组合产生的效用都是 80。因此，很自然地将无差异曲线U_1 和效用 80 联系起来。无差异曲线U_1 右边的点要优于曲线U_1，因此其效用水平一定比 80 要高。比如，无差异曲线U_2 可能会有 800 的效用。在无差异曲线U_1 左边的组合会与一个更低的效用水平相联系，比如效用是 4 的曲线U_0。

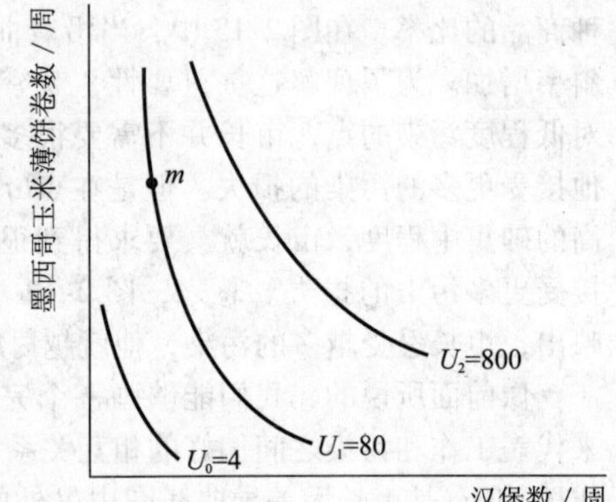

图 2-14　序数效用数字

注：一个效用函数允许我们将特定的效用数量与每一条无差异曲线相联系。无差异曲线里越往右则效用水平就越高。

效用数字的理解需要极端的例子。曲线U_2 有 800 的效用和U_1 有 80 的效用并不表示曲线U_2 上组合的效用比U_1 上的要强 100 倍。这些数字告诉我们U_2 优于U_1，而不是优多少的问题。这样考虑这一问题：当你指导赛跑者Ⅰ是马拉松比赛中的第一名，而赛跑者Ⅱ是第二名，这些信息告诉我们的是Ⅱ比Ⅰ要慢，它并没有告诉你Ⅱ用了 2 倍的时间。同样，效用数字只是表明不同组合的等级，并没有精确地显示它们相互之间的价值关系。像“第一”、“第二”和“第三”这样的数字只是向我们提供了一个次序信息，这些被称为序数。因此，在图 2-14 中给出那些无差异曲线的效用函数只是作为**序数效用函数**（ordinal utility function）。仅仅是因为序数效用函数允许我们将每个组合与一个特定数字单位尤特尔相联系，但并不意味着我们能够客观地评价“幸福”程度。因为尤特尔仅仅是序数，所以要排除这样量化的理解。

序数效用与基数效用的比较　序数效用能够比较两个不同个人的福利吗？表面上，答案看上去是肯定的。你所需要做的就是比较他们的效用水平。比如，如果伊丽莎白比菲利普有更多的尤特尔，那么她就会比他更开心。

不幸的是，这个理由完全不正确，因为它忽略了序数效用的任意性。伊丽莎白的效用函数是序数的，我们能够将其转换到我们选择的任何形式，只要保证无差异曲线次序的完整性。比如，曲线U_0 上的效用是 5 尤特尔，曲线U_1 是 931 尤特尔，曲线U_2 上的是 4 028 尤特尔。但是如果我们能够任意地制定伊丽莎白的效用水平为 13.2 尤特尔，那么将这个数字与（同样任意的）菲利普的效用水平比较又有什么意义呢？

隐藏在这一讨论后面的是一个简单的直觉观点——没有科学的方法可以比较不同人从消费商

品上得到的幸福的数量。就像英国经济学家利奥尼尔·罗宾斯（Lionel Robbins）曾经说的：

假设A和B正在谈论他们各自的喜好，A对B说："毫无疑问，在听音乐过程中，我会比你得到更多的满足。"同时B果断地说出了相反的观点。不用说，你和我作为局外人会有我们自己的看法。但是这个看法会带有相当的主观性，不是客观清楚的事实。我们没有方法测量和比较A和B从音乐中到底得到了多少满足。这是一个充满智慧的谈话，不是吗？但是可能也会有误导。面部表情？那也可能是假象……我们在进行个人之间的比较时充满了很多困难。

总之，我们关于消费者选择的理论不允许我们做出个人之间效用的比较。

然而，如果我们愿意在效用函数的本质上做出不同的假设，这样的比较就是可行的。特别是，假设一个创造了40尤特尔的组合不仅比10尤特尔的组合"好"，同时也精确地表示了是后者的4倍。更一般地说，假设不同组合上的数字准确地告诉我们一个组合带给消费者的快乐要比另一个组合高多少。现在，像"一"、"二"和"三"这样的数字（和"第一"、"第二"和"第三"相反），告诉我们"三"准确地表示了"一"的3倍，并且"二"和它们明显不同。这样的数字被称为**基数效用函数**（cardinal utility function）。和序数效用函数不同，你不能随意的2倍或3倍扩大其效用。因此，如果效用函数是基数的，并且如果人们有同样的效用函数，那么其效用就能比较了。

但是，刚才也指出，没有办法来确定个人是否从消费相同数量的商品组合中得到同样数量的满意水平。结果，相同基数效用函数的假设基本上无法检验。因此我们在下面的关于消费者选择理论的讨论中，假设效用函数是序数的。

2.3 预算约束

我们现在完成了图2-1中的第一步——设计偏好的模型。无差异曲线图或者是效用函数代表了消费者想要什么，这样可以告诉我们消费者更加喜欢哪个组合。在本节，我们开始分析预算限制，这显示了每个个人能够做什么。

2.3.1 作为价格接受者的消费者

让我们回到伊丽莎白的例子中，她是汉堡和墨西哥玉米薄饼卷的消费者。假设伊丽莎白一个星期的食品预算是60美元，所有这些钱都会用在汉堡和墨西哥玉米薄饼卷上（接下来会讨论当她节省一些开支时，会出现什么样的情况）。进一步假设每一个墨西哥玉米薄饼卷花费3美元，每一个汉堡花费6美元，并且伊丽莎白购买汉堡和墨西哥玉米薄饼卷不会引起商品价格的变化。在这种情况下消费者被称为**价格接受者**（price taker）——消费者在面对的价格上没有控制权，因此每单位商品的价格都不会受购买量的影响。

伊丽莎白的选择是什么？根据我们的假设，她的汉堡和墨西哥玉米薄饼卷的开支加起来必须正好是60美元。在汉堡上的开支是汉堡的价格（6美元）乘以购买的数量。用x表示伊丽莎白购买汉堡的数量，用在汉堡上的开支就是$6x$美元。相似地，如果y表示购买墨西哥玉米薄饼卷的数量，那么用在墨西哥玉米薄饼卷上的开支是$3y$美元。伊丽莎白总的开支是60美元，这就意味着如果用完所有的收入，她的购买行为必须满足下面的等式

$$6x + 3y = 60 \tag{2-1}$$

因此，如果伊丽莎白买了10个墨西哥玉米薄饼卷，式（2-1）告诉我们她只能购买5个汉堡：$6 \times 5 + 3 \times 10 = 60$。另一种情况下，如果汉堡的消费量是6个，那么墨西哥玉米薄饼卷的消费量只能是8个：$6 \times 6 + 3 \times 8 = 60$。

为了用图来表示伊丽莎白的选择，我们必须找出满足式（2-1）的一些点。这很简单，这是

一个用直线表示的等式。只要给出直线上的两点，它的形状就能够通过连接这两点得出。在图2-15中，点 r 代表了5个汉堡和10个墨西哥玉米薄饼卷，而点 s 代表了6个汉堡和8个墨西哥玉米薄饼卷。因此，与式（2-1）相关的直线为经过这两点的B_1。画出这条直线得到直线B_1上的汉堡和墨西哥玉米薄饼卷的任意组合都满足式（2-1）。直线B_1就是**预算线**（budget constraint），因为它显示了消费者的收入和其所面对的价格是怎样限制选择的。任何在直线B_1上或者在其下方的组合（阴影部分）都能够购买得到，因为它包括的开支低于或者是正好等于收入。所有可以购买到的组合的集合被称为**可行区间**（feasible set）。任何在直线B_1上方的点都不在可行区间内，因为它包括比收入更大的开支。

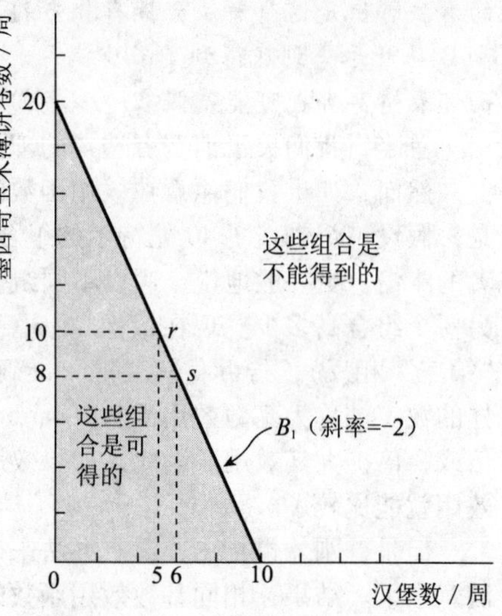

图2-15　线性的预算约束

注：预算约束将那些可得的组合与不可得组合相区别。预算线的斜率显示了市场允许个人进行商品交换的比率。-2表示了横坐标上商品的价格是纵坐标商品价格的2倍。

预算线B_1有两方面需要说明。

第一：直线与横轴、纵轴的交点代表了只消费一种商品的情形。从定义可知，在纵轴的交点是 $x=0$ 时的点。在这一点上，伊丽莎白将所有的收入60美元都花费于墨西哥玉米薄饼卷上，一共买了20个（这仅仅是将总收入60美元在墨西哥玉米薄饼卷3美元每个的价格上进行的分配）。相似地，在与横轴的交点上，伊丽莎白没有购买墨西哥玉米薄饼卷，但是能够支付10个汉堡（$60\div6$）。

第二：预算线的斜率有一个经济学上的理解。为了计算出斜率，注意到预算线与纵轴的交点是20而与横轴的交点是10，因此斜率是-2。同时这也是每个汉堡（6美元）对每个墨西哥玉米薄饼卷（3美元）的价格比，这不是偶然的。预算线的负斜率表明市场允许个人用一种商品代替另一种商品的比率。因为汉堡的价格是一个墨西哥玉米薄饼卷价格的2倍，消费者能够用两个墨西哥玉米薄饼卷交换一个汉堡。换句话说，预算线的斜率表明了将一种商品用另一种商品表示的机会成本——当消费者想要增加一单位另一种商品时，愿意放弃的这种商品的数量。实际上，预算线负的斜率2表明，一个汉堡的机会成本是两个墨西哥玉米薄饼卷。

为了总结上面的讨论，假设每单位 x 的价格是p_x，每单位 y 的价格是p_y，并且收入为 I。那么，通过对式（2-1）的分析，预算约束为

$$p_x \times x + p_y \times y = I \tag{2-2}$$

如果 x 用横轴来表示，同时 y 用纵轴来表示，那么预算线与纵轴的交点就是总收入在价格 y 上的划分，或者是 I/p_y。相似地，横轴上的交点表示为 I/p_x。用纵轴的交点（I/p_y）除以横轴的交点（I/p_x），得到预算线的斜率为 $-p_x/p_y$。一个常见的错误是，既然 y 是用纵轴表示的，那么负的预算线的斜率为p_y/p_x。然而，p_x/p_y 是用 y 来表示 x 的价格。如果p_x上升，那么以 y 表示的 x 的价格也上升，但是只有在p_x为分子时才成立。

2.3.2　价格和收入的改变

依照现在的收入水平和适用的价格，预算约束表明了可行的消费组合。那么当其中的一个改变时会发生什么呢？考虑$p_x=6$，$p_y=3$，并且 $I=60$ 的例子。相关的预算约束，$6x+3y=60$ 在图2-16中以B_1表示。现在假设收入下降到30，新的预算线为 $6x+3y=30$。这条线上纵轴的交点是10，横轴的交点是5。将这两点连接起来，我们得到新的预算线是直线B_0。B_0的斜率为-2，与

上面的B_1一致，因为收入的改变并不会影响p_x/p_y（以墨西哥玉米薄饼卷表示汉堡的机会成本）。由于B_1和B_0斜率相同，因此从图上可以看出它们是平行的。

总之，当收入变化而相关价格保持不变时，预算线会出现平行移动。如果收入下降，预算线会向直线的内侧移动；如果收入上升，预算线则会向直线的外侧移动。

回到原来的预算约束$6x+3y=60$上，在图2-17中用B_1表示。假设汉堡的价格上涨为12美元，但是其他不变。在等式（2-2）中，相关的预算约束变为$12x+3y=60$。这个新的预算线与纵轴的交点为20，与原来的预算线B_1相同。因为墨西哥玉米薄饼卷的价格保持不变，如果伊丽莎白将所有的钱都用于买墨西哥玉米薄饼卷，能够买到与原来一样多的数量。然而，在横轴上的交点现在变成了5个汉堡（60/12）。将这两个交点连接起来，又得到一条新的预算线B_3，其斜率为-4。这反映了这样一个事实，即市场现在允许人们用4个墨西哥玉米薄饼卷来交换1个汉堡。

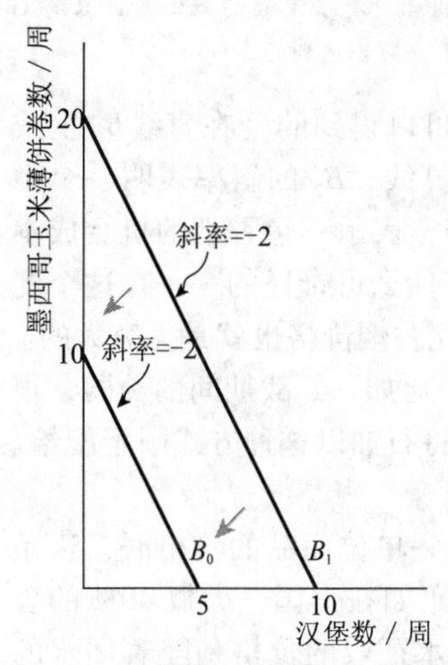

图2-16　收入的改变对预算线造成的影响

注：其他条件不变时，收入的减少会导致预算线与原来相比产生平行移动。

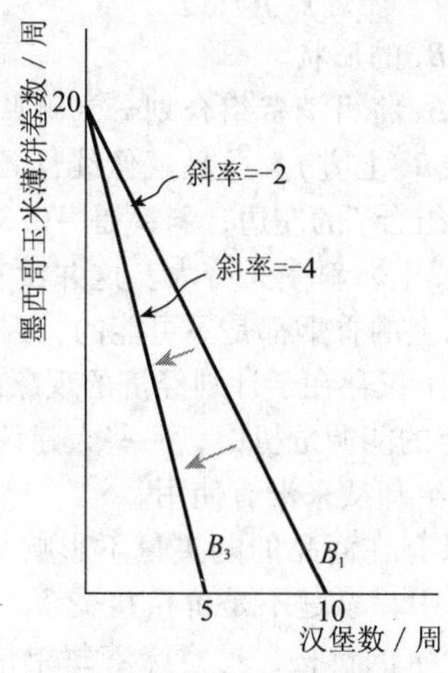

图2-17　相关价格的改变对预算线造成的影响

注：一种商品价格的上升使得预算线向着价格上升产品的左边移动。

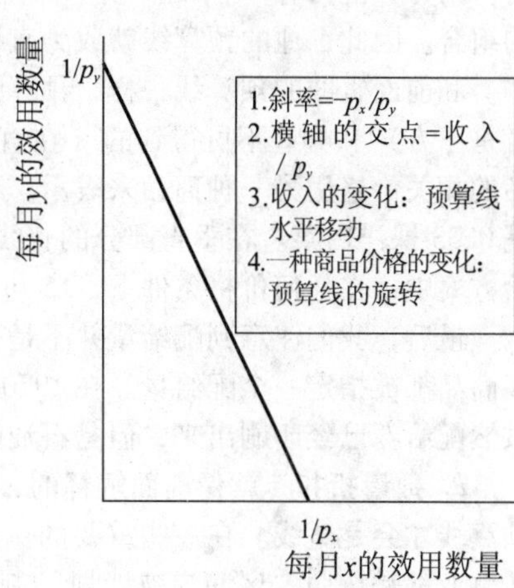

图2-18　线性的预算线的性质

更一般地，当一种商品的价格改变而另一种商品价格保持不变，预算线就会沿着价格变动商品的坐标轴移动。如果价格上升，线段内移；如果价格下降，线段外移。

线性预算约束的性质总结　当人们是价格接受者时，其预算约束是一条直线。线性预算线的性质在图2-18中列出来，作为简单的参考。

2.3.3　非线性预算约束

在前面，所有的预算约束都能用直线来表示。线性预算约束是从特定假设中得到的，即消费者是价格接受者——他能够在一定的价格水平上购买到所有想要的商品。虽然预算约束经常是线性的，但是有时候也有特殊情况。下面会提供一些非线性预算约束的例子。

1. 配给量　在1990年早期，莫斯科市议会规定了香烟的配给量，这个计划使得每个人每月只能在官方价格（0.33卢布一盒）水平上至多买到15包香烟。为了分析和配给量相联系的预算约束，假设伊万月工资为100卢布并且同时消费两种商品：香烟和洋白菜。香烟的价格是0.33卢布每盒，洋白菜的价格是1卢布每棵。在这个假设条件下，如果伊万能够在这个价格水平下购买尽可能多的每种商品，其预算约束是图 2-19 中的直线B_1。横坐标的交点是 300 盒（100/0.33），这是伊万将所有的收入都用来购买香烟时的最大数量。

假设现在政府规定了香烟的配给量。在配给量确定的方案中，每个市民一个月只能得到 15 包香烟的配给券，并且不可买卖交换。对个人想要得到的每一盒香烟来说，他不仅需要支付 0.33 卢布，还要上交一张配给券。因此，伊万每月能购买到香烟的最大数量是 15 包。他的预算线现在看起来是什么样的呢？在购买香烟的数量少于 15 盒时，伊万仍旧能以一盒香烟换 1/3 棵洋白菜的比率来进行交换，此时他的预算线与直线B_1一致。但是在f点右边，直线B_1上的点对伊万来说都是得不到的。因为，他只有 15 张配给券，不能购买任意点f右边的组合。因此，他的预算线就成为直线B_2的形状。

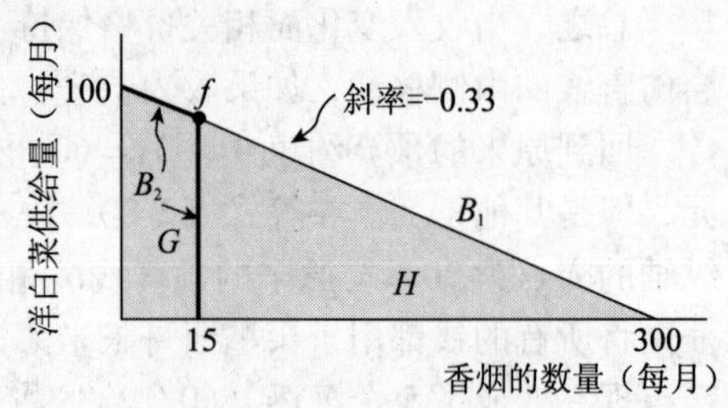

图 2-19　定额配给量的预算线

注：没有定额的配给，区域 G 和 H 代表了可以达到的组合。有了定额的配给后，只有 G 上的组合是可以达到的。

和前面直线的预算线一样，预算线B_2将可消费组合划分为哪些可以得到的（在直线B_2上或者是下方）和哪些不可得到的（在直线B_2上方）。并且就像线性预算线，B_2的斜率表明一个商品的相关价格用另一种商品来表示。在组合f的左边，斜率是-0.33，表示一包香烟的机会成本是 0.33 棵洋白菜。在垂直部分的直线B_2上，斜率无穷大。这并没有什么可奇怪的——在这个配给方案中，在任何价格条件下，15 包以上的香烟都是不可能的，因此香烟价格也就是无穷大的。

最后，我们注意到配给量并不是一个仅存在于计划经济的现象。比如，二战期间的美国，很多商品都被指定一个配给量。在 1970 年的能源危机中，一些人建议将石油以这种方式限定配给。虽然配给券已经印刷出来，但是石油配给却从来没有使用。

2. 数量折扣　就像前面解释的，只有在商品的购买量不影响每一单位商品的价格时，这条预算线才会是直线。在一些重要的例子中，家庭不是价格接受者。比如在美国，大概 40% 的公共事业都是按照“区间递减计划”制定水的价格，这意味着每单位水征收的价格是随着用水的增加而下降的。假设安妮把所有的收入I美元全部用来购买两种商品，面包和水。每个面包价格为 1 美元。当地的供水工厂征收的价格为，一个月前 500 加仑水每加仑价格为p_1，接下来消费的 250 加仑水每加仑的价格为p_2，并且超出 750 加仑后每加仑的价格为p_3。递减的区间定价意味着价格$p_1 > p_2 > p_3$。那么她的预算线是什么样的?

在图 2-20 中，横轴表示用水的数量（加仑），纵轴表示面包的数量（个）。安妮的一个选择是组合a，这样她就把所有的收入都用来买面包而不是水。当安妮开始购买水时，每加仑的价格为p_1。因此，开始预算线的斜率是$-p_1$（记住，面包的价格是 1 美元，因此$-p_1/1 = -p_1$）。然而，当水的消费量达到 500 加仑时（在b点），增加消费的水的价格下降为p_2。既然$p_2 < p_1$，那么这个价格的变化反映在预算线上就是点b的右边更加平坦。当水的消费量达到 750 加仑（在点c）时，价格的斜率为$-p_3$，变得更加平坦。因此，预算线是一条向原点靠近的连接曲线。更一般地，当一种商品每单位的价格随着消费量变化时，其价格的改变会反映在预算线斜率的变化上。

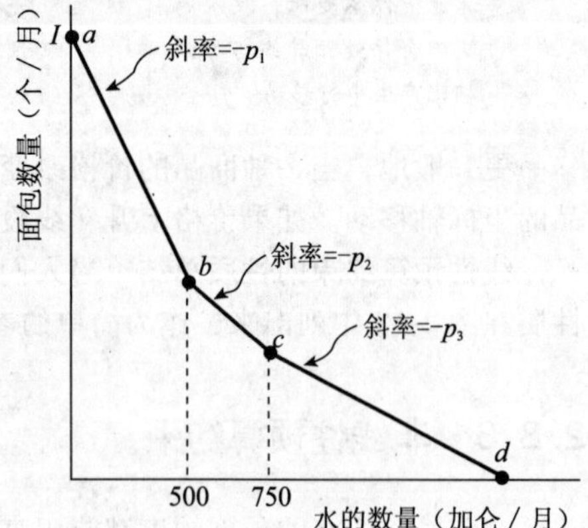

图 2-20　价格不断下降的的预算线

注：当每一单位商品的价格取决于购买商品的数量时，预算线是非线性的。在这个图中，水的价格是随着消费数量的增加而不断下降的。因为负的预算线的斜率与水的价格相等，随着消费水的数量增加，预算线变得越来越平坦。

预算约束显示了消费者可以得到的机会，它表明在给定的商品价格和个人收入的情况下，哪个商品组合是可行的以及哪个组合是不可行的。当消费者是价格接受者时——购买商品的数量并不会影响价格的变动——预算约束是一条直线（见图 2-18）。然而，在一些重要的现实环境中，预算约束并不是一条直线。

2.4　消费者均衡

现在已经完成了图 2-1 描述的前两步。无差异曲线为我们指出了一个消费者想要做什么；预算约束则指出了消费者能够做什么。为了找出消费者实际上做了什么，这两步必须结合起来。

2.4.1　内点解

让我们再次回到上面的例子，伊丽莎白在汉堡和墨西哥玉米薄饼卷之间选择。回忆一下，她的无差异曲线拥有图 2-7 描述的“常见”形状，并且预算约束是图 2-15 中的一条直线。

在图 2-21 中，我们在伊丽莎白的无差异曲线中添加了她的预算线。问题是，要在她的开支不超过收入这一限制之内，找到伊丽莎白最喜欢的汉堡和墨西哥玉米薄饼卷组合。这就是我们预期她会进行消费的组合。

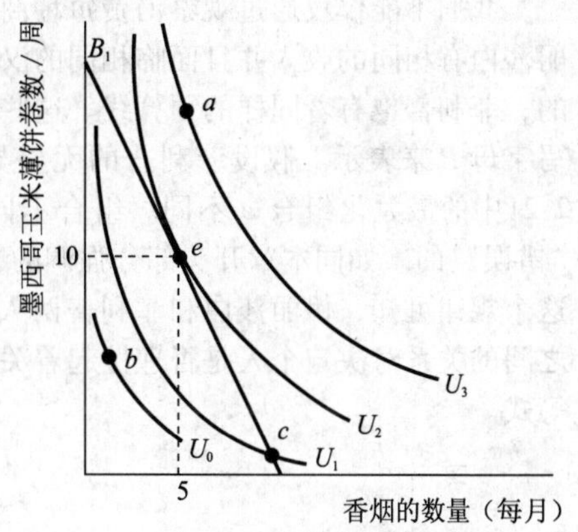

图 2-21　消费者均衡

注：消费者会选择哪个组合呢？组合 a 是不可能得到的，组合 b 中有多余的收入没有消费完，组合 c 在比可以得到的无差异曲线低的另一条无差异线上。只有组合 e 是在无差异曲线与预算线的切点上，是消费者可以得到的最好的效用。

首先考虑无差异曲线 U_3 上的组合 a。这一点被排除了，因为它在直线 B_1 的上方。伊丽莎白也许喜欢无差异曲线 U_3 所提供的效用，但是做不到。

再看点 b。这个组合肯定能达到，因为它在预算线的下方，但不是最大化的，因为伊丽莎白并没有用完所有的收入。实际上，在组合 b 上，她浪费了原本可以用于购买汉堡和墨西哥玉米薄饼卷的钱（记住在本章我们假设收入是不能积累的）。

点 c 怎么样呢？因为它在预算线上，这个组合是可以达到的，并且伊丽莎白没有浪费任何收入，但是她能够通过上升到一个更高的无差异曲线来使效用更好。最终看组合 e，在这一点上她消费 5 个汉堡和 10 个墨西哥玉米薄饼卷。因为这一组合位于直线 B_1 上，所以是可以得到的。进一步说，它比组合 c 更好，因为 e 位于直线 U_2（高于 U_1）上。确实，在直线 B_1 上没有哪一点够得上比 U_2 更高的无差异曲线。因此，组合 e 满足了无差异曲线 B_1 并且最大化了伊丽莎白的效用。换句话说，没有其他方法可以让伊丽莎白在汉堡和墨西哥玉米薄饼卷上分配收入来达到比组合 e 更好的效用。伊丽莎白在组合 e 上的消费被认为是一个均衡——这个状态会持续下去，因为个人没有动机来改变这种行为。观察到组合 e 至少包含每种商品的一定数量——它位于坐标轴的内部。这样的均衡被称为一个**内点解**（interior solution）。

同时注意到在这个均衡上，无差异曲线 U_2 仅仅是“刚好碰到”预算线。这是因为消费者尝试着在预算线保持 B_1 时能够得到最高的无差异曲线。从专业角度来说，直线 B_1 与曲线 U_2 在点 e 处相切。这意味着在点 e 处，无差异曲线 U_2 的斜率和预算线 B_1 的斜率相等。

这个观察给出了一个描述均衡组合特性的等式。从定义上可以得出，无差异曲线斜率的反数是墨西哥玉米薄饼卷对汉堡的边际替代率 MRS_{yx}。同时，就像前面定义的，预算线斜率的反数是 p_x/p_y。但是我们刚刚指出了在一个均衡中，这两个斜率是相同的，也就是说，

$$MRS_{yx}=\frac{p_x}{p_y} \tag{2-3}$$

如果一个特定的组合能够使得消费者的效用尽可能最大化，它就必须满足式（2-3）[⊖]。也就是说，如果消费者的边际替代率与价格的比率不相同，那么他就能够通过在两种商品之间重新分配收入来达到更好的效果。

现在观察图2-22，与图2-21相比，该图放大了点 c 周围的区域。在点 c 处，伊丽莎白在能够得到一个墨西哥玉米薄饼卷的情况下，愿意放弃一个汉堡（因为 g 和 c 都在无差异曲线 U_1 上）。但是假设汉堡的价格是墨西哥玉米薄饼卷的2倍，如果放弃一个汉堡就能够得到2个墨西哥玉米薄饼卷。当伊丽莎白选择这项交易，改为组合 h 时（与组合 c 相比，h 在一个更高的无差异曲线上），对她来说当然是受益的。相似的争论能够用来表示任何直线 B_1 上的点，伊丽莎白在向 e 点方向改变时能使自己的状况更好。

总之，边际替代率表示消费者愿意用一种商品替换另一种商品的比率；而预算线的斜率是能够用一种商品交换另一种商品的比率。在均衡中，两者必须相等。

我们不能仅仅通过观察消费每种商品的数量来推测消费者的行为是否合理。假设菲利普和伊丽莎白有相同的收入并且面临相同的汉堡和墨西哥玉米薄饼卷的价格。因此就像图2-23所表示的，菲利普也有着同样的预算线。这些性质同时也显示出了菲利普的无差异曲线，上方用一个大写字母 P 来表示。假设菲利普的无差异图形中最好的组合是 e_1。很明显，这和伊丽莎白在图2-21中的最大化组合 e 不同。组合不同并不意味着一个消费者是"正确"的，而另一个就是"错误"的。如同本章开头部分强调的，个人的理性只有在结合目标时才能得以判断，并且通过这个规律可知，伊丽莎白和菲利普两人都是理性的。按照式（2-3），是边际替代率和价格比率之间的关系对决定个人是否理性起着关键作用。不同的人，即使其均衡组合不同也能够满足这个等式。

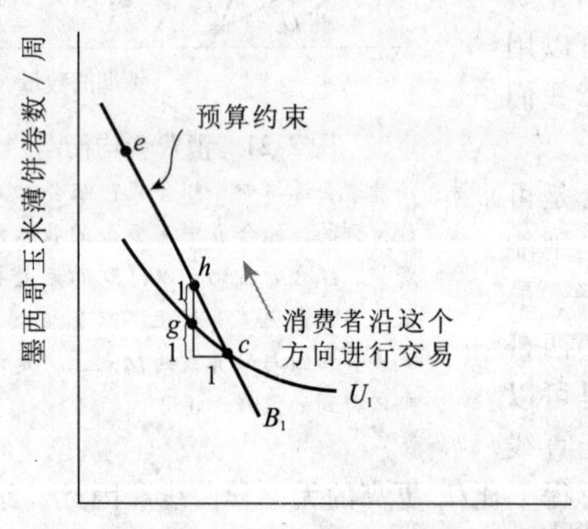

图2-22 一个非均衡组合

注：组合 c 的 MRS 不等于价格比率。此时消费者放弃一个汉堡而只需要一个墨西哥玉米薄饼卷，而市场愿意让她用两个墨西哥玉米薄饼卷来交换一个汉堡。因此 c 不是一个均衡，因为当运动到别的点时会得到更高的效用。

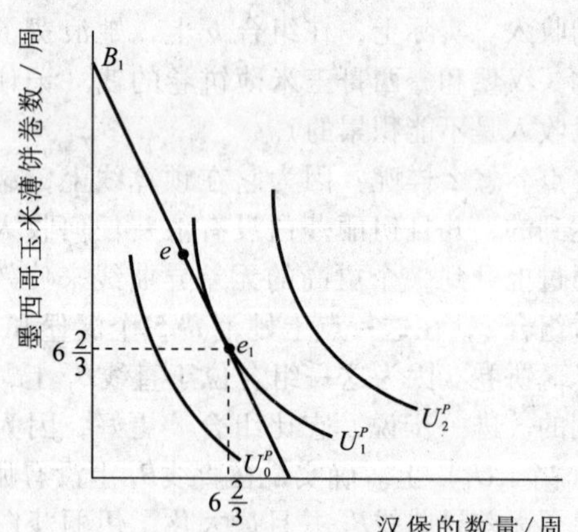

图2-23 另一系列偏好的均衡

注：均衡组合取决于个人体现在无差异曲线上的偏好。比较图中的组合 e_1 与图2-21中的组合 e。消费者在两个图中都表现得很理性，尽管实事上他们的最终决定是不相同的。

⊖ 这个陈述只有在内点解中才成立。如果某种商品的消费量是零，那么式（2-3）就可能不能保持。进一步说，如果无差异曲线有一些接点（像图2-12那样），或者是预算线有接点，那么即使是在内点解，MRS 也可能与价格比率不同。

2.4.2 角点解

到现在为止介绍的均衡都是内点解，即至少会包括一定数量的每种商品。然而，因为商品存在成百上千种，不能期望消费者所有的东西都会购买一些。进一步说，实际上，你没有购买某种特定的商品并不一定表明你不喜欢它。你可能在一定程度上是“喜欢”这种商品的，比如当别人免费送你一些时，它就会增加你的福利。但是在既定的工资和价格下，不值得购买这些商品。

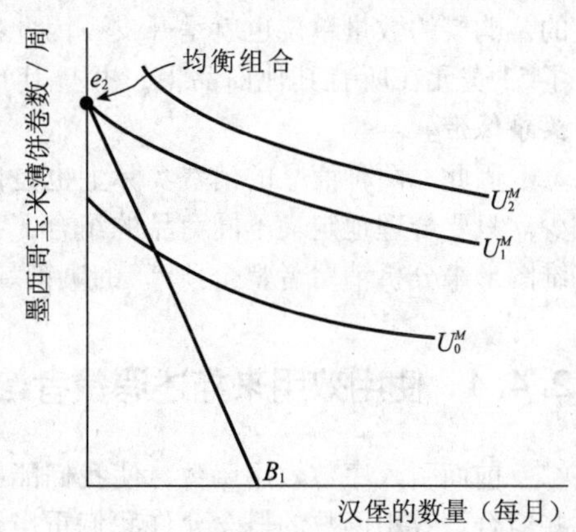

图 2-24 角点解

注：一个角点解对消费者决策问题而言，被认为是边际替代率和价格比率不相等时的交点。在点 e_2 上，$MRS_{yx} \leqslant p_x/p_y$。

那么这种情况下的均衡组合是怎样定义的呢？图2-24描述了玛丽面临的情况。她和伊丽莎白接受相同的汉堡和墨西哥玉米薄饼卷的价格。玛丽的无差异曲线上方用 *M* 标注。从同一个图形来看，点e_2 是在最高的无差异曲线（能够与预算线接触）上。她将所有的收入都用来购买墨西哥玉米薄饼卷，而没有购买汉堡。因为均衡发生在预算线和纵轴相交的点上，因此被称为**角点解**(corner solution)。再仔细观察这个均衡，你会发现和式(2-3）不同，MRS_{yx}不再等于p_x/p_y，而是无差异曲线比预算线更加平坦，也就是p_x/p_y 超过了MRS_{yx}。MRS_{yx}不同于价格比率这一事实告诉我们，玛丽在当前的价格水平下喜欢用一种商品交换另一种商品。特别地，墨西哥玉米薄饼卷对汉堡的边际替代率小于价格比率。因此，玛丽宁愿减少汉堡的购买量，然后用这些钱购买更多的墨西哥玉米薄饼卷。为什么我们认为她是处于均衡的呢？因为玛丽没有消费汉堡。结果，玛丽已经没有收入可用来重新分配达到更好的效用了。因此，e_2 是她的均衡消费组合。

总之，角点解包括 0 个汉堡，一个均衡的情形不再是以等式而是以不等式来确定

$$MRS_{yx} \leqslant \frac{p_x}{p_y} \tag{2-4}$$

MRS 是“小于或者等于”而不是“严格小于” p_x/p_y，这就允许在边角上预算线的斜率正好等于无差异曲线的斜率。

2.4.3 混合商品的均衡

无差异曲线只能允许我们在同一期间内检查两种商品。然而，有时候我们想要更清晰地认识个人消费更多商品的情形。比如，假设我们集中关注乔治进行录像带消费的同时也考虑他购买很多其他商品。解决问题的诀窍是把他的预算在两种商品之间进行分配：首先是录像带，其次是除录像带以外的其他所有商品。怎样衡量其他所有商品的单位呢？为方便起见，我们把花费 1 美元所能购买到的其他商品的数量定义为一单位的所有其他商品。

在图 2-25 中，录像带的数量用横轴表示，所有其他商品用纵轴表示。假设乔治的收入是 90 美元，每个录像带的价格是 3 美元，并且每一单位其他商品的价格是 1 美元，那么我们就能很容易地画出预算线。它是一条斜率为 -3，纵轴交点为 90 单位所有其他商品的直线。预算线上的任何点都显示了当用完个人所有收入后得到的商品组合。

下一步就是描述个人在录像带和其他所有商品之间的偏好。我们能画出一系列“典型”的无差异曲线，见图 2-25。然而，对这些无差异曲线的斜率的解释需要耐心一些。在点 *a*，所有其

他商品组合与录像带的边际替代率是4，这意味着在点 a 周围，为了重新得到一单位的录像带，乔治愿意放弃任何用增加的4美元购买的其他所有商品。

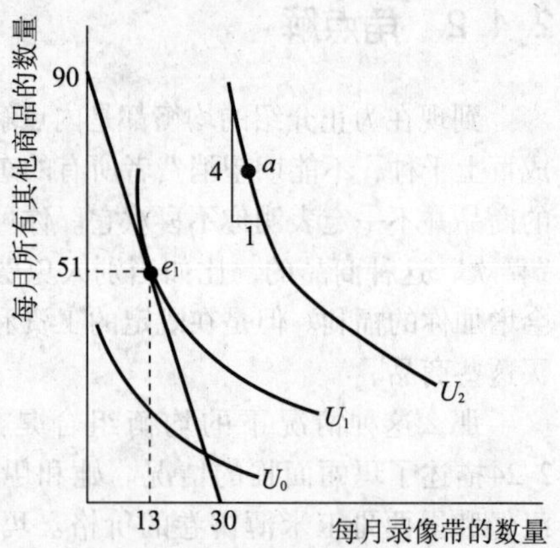

图2-25　一个商品组合的均衡

注：当我们定义一个商品组合的单位时假设价格单位是1美元，那么消费的数量单位同时也代表了在组合上的开支。在图中，个人在除了录像带以外的其他所有商品上花费了51美元。

考虑预算线和无差异曲线，我们能够使用常规方法来找到均衡组合：13个录像带和51单位的所有其他商品。因为所有其他商品是以每单位价格为1美元的形式来衡量的，购买的数量单位也就是开支，因此在均衡中，乔治花了51美元在所有其他商品上，并且其预算的剩余用于购买录像带。

因此，两种商品的消费实际上也是比看上去的约束要少。只要合理地定义不同商品的组合，我们就能够使用二维图形来分析消费者整个预算[⊖]的决策。

2.4.4　使用效用来描述消费者均衡

前面引入序数效用函数，使我们能够用数字来排列这些组合。效用函数的概念允许我们重申消费者的目标。在此之前，我们认为消费者的目标是在给定预算线的情况下，达到可能的最高无差异曲线。但是最高的可能无差异曲线有着最高可能的效用水平。因此，消费者的目标是，在预算约束的情况下最大化效用函数的价值。

效用概念也使得我们重新理解效用最大化的必需条件。为了达到这些，我们从定义墨西哥玉米薄饼卷的**边际效用**（marginal utility）开始，记做MU_y，是指增加一单位墨西哥玉米薄饼卷消费量所带来的效用改变。汉堡的边际效用（MU_x）的定义也同理。现在想象一下沿着墨西哥玉米薄饼卷和汉堡的无差异曲线作微小地向下移动。这个移动包括 Δy 数量的墨西哥玉米薄饼卷的减少和 Δx 数量的汉堡的增加（希腊字母 Δ 被用来表示一个变量的“变化”，因此 Δy 表示“y 的改变。”）。减少的 Δy 的墨西哥玉米薄饼卷降低了 $\Delta y \times MU_y$ 的个人效用。同时，增加的 Δx 汉堡提高了 $\Delta x \times MU_x$ 的效用。

现在，一条无差异曲线上的所有点都代表着相同的效用水平，因此，与 Δy 数量墨西哥玉米薄饼卷相关的效用损失必须等于 Δx 数量的汉堡增加的个人效用。用代数式表示为

$$MU_x \times \Delta x + MU_y \times \Delta y = 0$$

重新整理这个等式可以得到：

$$-\frac{\Delta y}{\Delta x} = \frac{MU_x}{MU_y}$$

但是 $-\Delta y/\Delta x$ 是负的无差异曲线的斜率，也就是说，它是墨西哥玉米薄饼卷对汉堡的边际替代率。因此，我们得出下面的等式：

$$MRS_{yx} = \frac{MU_x}{MU_y} \tag{2-5}$$

式（2-5）告诉我们，沿着无差异曲线上的任何点，边际替代率都与边际效用的比率相等。

现在，只要有一个内点解，回忆式（2-3）在均衡中

⊖ 更严格地说，只有在价格总是以同一数量变动时才允许将一组商品简单地当成一个单一组来处理（参见Hick1946，912－13）。

$$MRS_{yx}=\frac{p_x}{p_y}$$

把式（2-3）代入式（2-5）因此得到在均衡中

$$\frac{MU_x}{MU_y}=\frac{p_x}{p_y} \tag{2-6}$$

因此，我们既能够用两种商品的边际替代率来描述消费者均衡，如式（2-3）；也能够用其边际效用的比率来描述，如式（2-6）。

关于式（2-6）必须说明两点。第一点是技术上的。从前面的讨论中可知，因为效用函数是序数的，效用的价值大小与一条给定的无差异曲线无关。这个原因延续到式（2-6），从这个意义上说，与之相关的只有两种商品的边际效用的比率。如果$p_x/p_y=2$，既可以是$MU_x=20$和$MU_y=10$，也可以是$MU_x=720$和$MU_y=360$。因此，理论需要的仅仅是个人能够按照序数形式排列出高低，而不是基数形式。

第二点是：为什么在前面引入边际效用？一个原因是关于式（2-6）的轻微调整就会导致效用最大化的必需条件背后一些非常美好的直觉。特别地，在式（2-6）的两边都除以p_x，并且两边同时乘以MU_y。在均衡中会得到下面的等式：

$$\frac{MU_x}{p_x}=\frac{MU_y}{p_y} \tag{2-7}$$

现在商品的边际效用被其价格相除，正好得到了花费在商品上每一美元的边际效用。因此，式（2-7）告诉我们只有在每种商品上花费最后一美元带来的边际效用都相等时才是最大化总效用的组合。

为了理解式（2-7），回忆消费者的基本目标——在金钱所及的范围内得到最大的效用。现在考虑查尔斯，他有多余的1美元用来购买汉堡（x）和墨西哥玉米薄饼卷（y）。如果将这1美元用来购买墨西哥玉米薄饼卷，能买到$1/p_y$个墨西哥玉米薄饼卷［比如，如果墨西哥玉米薄饼卷的单价是25美分，那么他能够买到4个（1/0.25）］。

既然已经定义了每个墨西哥玉米薄饼卷都会增加效用MU_y，查尔斯增加的总效用为$(1/p_y)\times MU_y$，或者是MU_y/p_y。相似地，如果查尔斯将增加的1美元用来购买汉堡，他能够多买到$1/p_x$个，并且总效用也会上升MU_x/p_x。

这些事实表明，对查尔斯来说，为了均衡地消费两种商品，MU_x/p_x必须等于MU_y/p_y。为了找出原因，假设查尔斯已经选择了一个商品组合，MU_y/p_y小于MU_x/p_x。只要将1美元中较少的部分用于购买墨西哥玉米薄饼卷而拿出较多的部分购买汉堡，效用就会上升，即使查尔斯的总支出保持不变。因此，原来的组合没有达到均衡。相似地，如果查尔斯在一个MU_y/p_y大于MU_x/p_x的点上，不用花费更多的金钱，而仅仅是将1美元更多地从汉堡转到墨西哥玉米薄饼卷，他能够增加效用。从积极的方面来考虑，刚才指出了，消费者为了最大化效用，必须选择一个满足下面等式的商品组合：

$$\frac{MU_x}{p_x}=\frac{MU_y}{p_y}$$

这就是确切的条件式（2-7）。总之，当每种商品最后1美元的边际效用都相等时，是没有动机来重新分配收入以增加总效用的。这是我们在第1章介绍的均衡边际定理的又一个例子。

2.4.5　选择理论的初步评价

本章设定的目标现在已经完成。我们建立了一个关于个人偏好和预算线的模型，然后将它们联系起来表明决策是如何制定的。现在，让我们回顾一下关于消费者选择的理论是否是好的、有效的。

确实有一系列关于这一理论的异议被提出，常见的一个是认为整个理论框架不现实。大多数人从来没有听说过无差异曲线、效用函数或者预算线。那么我们如何假设它们会在某点上达到边际替代率等于价格比率？答案是，建立模型的目的就是为了帮助我们更好地预测人们会怎样在可以替代的情况下行动。只要人们按照想要的效用最大化来行动，模型就能很好的达到目的。我们可以把消费者选择理论想象成一个能帮助我们做出预测的对实际情况的比喻，这在自然和社会科学中是很常见的。

即使我们接受这个“看起来像”的方法建立模型，仍然需要明白，一个以理性利己主义为基础的理论不会有很好的预测结果。毕竟，你很有可能听说过这样的个例：某人把整月的工资花费在一个之后很后悔的草率决定上。关于这种质疑的一个答案是，否认我们观察到的行为是非理性的：“如果个人已经根据所有可以得到的信息做出了决定，那么这个决定必须将效用提升到可达到的最高的无差异曲线。否则，他从一开始就不会做这样的决定。”

这种质疑的问题在于，它将消费者行为理论下降为一个无意义的重复——一个从定义上讲必须正确的观点。既然一个同义重复不能被任何证据所拒绝，那么我们怎样才能知道它是否是正确的呢？我们的观点是，承认个人可能与理性相偏离是更加合理的，然后考虑这是否会对理论造成致命的影响。答案取决于我们想要理论做什么，如果我们要求理论描述所有人在所有时间的行为，那么它极有可能是失败的理论。幸运的是，我们的目标总体上更加适中——我们利用模型来预测不同的人群是怎样行为的。即使某些个人的行为是“非理性的，”如果只是一小部分，我们仍然能够得到很好的预测。第3章的目标之一就是揭示怎样应用选择理论来得出这些预测。

我们描述了个人根据预算线最大化其福利后的结果。假设个人是价格接受者，同时每种商品都会被消费一定数量，均衡组合就可以用一个简单的关系来描述：任何两种商品的价格比率都等于个人在两种商品之间的边际替代率。当两个假设的任何一个都不能稳定存在时，就不能这么简单地描述均衡了。但是在任何情况下，得到均衡的过程是一样的——找到最高可得的无差异曲线与预算线的交点的组合。

小结

家庭对产品的需求在市场经济对资源的分配中起着重要作用。本章已经建立了一个关于怎样做出这些决策的理论。根据该理论，在既定的工资和价格下，这些选择使得个人的效用尽可能达到最大化。

- 该理论假设个人能够将所有的组合（完整性）进行排序，并且其决策过程是一致的（可传递性）。
- 在很多例子中，我们能够将个人的偏好通过一系列无差异曲线来表示——这些曲线显示了消费者认为是效用等同的组合。边际替代率衡量消费者愿意用一种商品替代另一种商品的程度，并且等于一条无差异曲线的负的斜率。
- 我们能够将每个商品组合与一个数字联系起来，这个数字表明了与这个组合相关的满意或效用程度。这些效用数字是用序数表示的——它们仅仅表明各个组合的顺序，而非精确地显示一个组合比另一个组合优多少。
- 预算线表明，在给定收入和价格的情况下，消费者所能拥有的机会。预算线负的斜率是两种商品价格的比率，它表明一种商品用另一种商品表示的机会成本。
- 消费者选择能够将其置于更高无差异曲线且同时在预算线上的组合。该组合就是一个均衡——这种情况会一直持续下去，因为个人没有动机改变自己的行为。
- 在一个均衡解为内点解的例子中（两种商品都消费了），边际替代率与价格比率相等。

- 一种商品的边际效用是多消费一单位商品所带来的效用改变。对一个内点解来说，每种商品最后1美元的边际效用都相等。

讨论题

2.1 下面哪一种说法与完全性和可传递性不一致？解释原因。

(1) 我不能决定是要到加利福尼亚旅行还是买一对滑雪板。

(2) 在我打了两场台球后，我再也不想玩这个了。

(3) 如果你送一张棒球赛的票给我，我就会把我的新短袜给你。

2.2 报纸上的一篇关于年轻、健康意识强烈的职业人士的购买模式的文章指出，“这些人将卡路里分配得非常合理以**最大化其效用**。”

(1) 根据本章提出的专业术语，用黑体表示的短语是什么意思？

(2) 考虑肯特的例子，他喜欢优质冰淇淋（每盎司70卡路里）和果仁巧克力蛋糕（每盎司140卡路里）。肯特的营养顾问建议他每周食用包含980卡路里的冰淇淋和果仁巧克力蛋糕。假设肯特有足够的钱来购买他想要得到的所有冰淇淋和果仁巧克力蛋糕——收入在他消费这些垃圾食品上没有限制。画出肯特的预算线。一盎司的果仁巧克力蛋糕的机会成本是多少？

(3) 指出肯特关于冰淇淋和果仁巧克力蛋糕的均衡组合是怎样确定的。在果仁巧克力蛋糕和冰淇淋之间的边际替代率是多少？

2.3 “看乌比戈德堡的电影越多，我就越喜欢。”

(1) 根据这个说法，所有其他商品和乌比戈德堡电影的边际替代率是怎样随着乌比戈德堡电影的增加而变化的？

(2) 画出乌比戈德堡电影和所有其他商品之间的无差异曲线图。

(3) 假设每场乌比戈德堡电影的票价为5美元，再假设每周的收入是150美元，请画出预算线。

(4) 找到均衡组合。

2.4 “我总是需要1 000毫克的泰诺才能达到与500毫克阿司匹林提供的同样的止痛效果。”

(1) 画出阿司匹林和泰诺之间的无差异曲线图。

(2) 描述下列情况下阿司匹林和泰诺之间的均衡组合：

1）两种商品每毫克的价格一样。

2）每毫克泰诺的价格是每毫克阿司匹林价格的3倍。

3）每毫克泰诺的价格是每毫克阿司匹林价格的1/3。

2.5 大陆航空公司向顾客提供下列飞行项目：在每年的前30 000公里航程中，顾客要支付全额费用。在当年接下来的20 000公里航程中，费用可以减少20%；在这之外的所有航程中，费用可以减少50%。画出一个典型的大陆航空公司乘客面临的预算线。

2.6 假设

(1) 安德鲁是体育迷，他会从观看足球赛和篮球赛中得到效用。

(2) 每张足球赛门票价格是5美元，篮球赛的门票价格是10美元。

(3) 每场足球赛持续3个小时；而每场篮球赛持续2个小时。

问题：

(1) 假设安德鲁每月有50美元用于购买比赛门票，并且有足够时间来观看他想看的所有比赛。画出安德鲁的预算线。

(2) 现在假设安德鲁每月只能花费18个小时观看体育比赛，但是有足够的钱来观看所有喜欢的比赛。画出他的预算线。

(3) 现在假设安德鲁每月只有50美元的开支和18个小时的时间。画出他的预算线，并且解释为什么图形会有一个结点。

(4) 假设安德鲁效用最大化的点发生在结点上。你对均衡时的边际替代率的值有什么看法？如果均衡不在结点上，那么 *MRS* 是什么？

2.7 图2-19中的例子是建立在这样一个假设基础上的，即伊万不可能得到超过15盒香烟的每月分配量。但是，假设他能从黑市上以5卢布一盒的价格获得更多的香烟。指出黑市的存在是如何影响伊万的预算线的，他是否会改变购买香烟的数量？

2.8 一片高大茂密的雨林覆盖了苏里南80%的地方。亚洲一些大公司正在寻求能够“砍伐古树来制造胶合板，装饰模型和家具”的权利。这在苏里南地区产生了广泛的争议。一些人认为，如果能够促进经济发展，他们就不是非常在意森林的减少；但是另一些人则认为，森林是自然遗留的一项重要财产。画出能够代表两个群体对“树”和“收入”偏好的无差异曲线。

2.9 亚伯和玛丽同时在街坊便利店购买了香烟和啤酒。两人对香烟和啤酒有着不同的偏好，也有不同的收入，并且他们最终购买了数量不同的两种商品。然而，他们有相同的啤酒对香烟的边际替代率。请解释为什么这是可能发生的。

2.10 对履行计划生育的夫妻来说，选择养育一个孩子涉及为了培养孩子所必需的花费和消耗的时间。假设对任何一个家庭来说，每个孩子所花费的钱是持续的（比如每个孩子每年花费8 000美元）。

(1) 在这个问题中“商品”是什么？

(2) 画出预算线。

(3) 史密斯家选择要一个孩子，但是琼斯家选择不要孩子。根据这两个家庭画出与其行为一致的无差异曲线图。

(4) 你是否认为这个模型足以让一个家庭做出养育孩子的选择。

2.11 乔有25个小时来为经济学、微积分和心理学课程的考试做准备。假设乔的目标是最大化在三门课程上的总成绩。使用式（2-7）想出一个策略将时间分配到每门学科上。你自己的学习类型是否与这一策略一致？

2.12 假设某国目前通货膨胀严重，并且经过一年的时间所有价格和收入变为原来的3倍。根据消费者行为模型，这个现象是怎样影响个人消费组合和其效用水平的？

2.13 一个学生每天花费8个小时听音乐，其中 M 小时用来听莫扎特，B 小时用来听贝多芬。该学生效用函数是 $U=M^{1/4}B^{3/4}$，这里 U 用来衡量效用。

请回答下列问题（计算器可能会有所帮助）：

(1) 画出效用水平为4的无差异曲线。

(2) 在同一个图中，画出一条效用为5的无差异曲线。

(3) 写出该学生的一个预算线等式并且在同一图中画出预算线。

(4) 以画出的图为基础，M 和 B 的效用最大化数量大概是多少？

(5) 在均衡中，贝多芬音乐的边际效用对莫扎特音乐的边际效用的比率的意义是什么？

第 3 章 比较静态分析和需求

其他条件都相同——一个长期以来在经济学中最有名的假设；通过使用这个术语的次数，可以大体看出他是否是一个经济学家。

——威廉·戴维斯

当几年前美国富豪唐纳德·特朗普的实际财产和博彩帝国处在崩溃的边缘时，他的债权人要求他减少个人支出，尤其是银行家坚持让他削减月消费额，从 583 000 美元减少到 450 000 美元。新闻记者推测他怎样才能适应这种减少开支的生活环境。他会卖掉私人直升机，放弃在曼哈顿有 50 间房间的豪华住宅，或是解雇一些私人佣工吗？

对于特朗普来说可能很难理解，但所有人都面临着大体相似的情况。我们的经济环境——收入和相关价格——经常改变，并且当它们改变时只能通过调整我们自身的行为来适应。微观经济学一个重要的目标是预测人们面对这种变化时所做的反应。上一章的消费者决策理论提供了一个自然而然分三个步骤的方法来解决这个问题。

1. 在特定改变出现之前决定均衡的组合。
2. 找到变化之后的均衡。
3. 比较两个组合。

两个均衡的比较过程叫做**比较静态分析**（comparative statics）（静态这个词强调比较的是两个静止均衡的过程，不分析消费者从第一个均衡向第二个均衡移动的动态过程）。

比较静态分析很重要，因为通过它可以得到在新情况下人们如何行动的可检验预测。确实，建立模型的一个主要原因是用它进行比较静态分析。建立模型就像是制造一把小提琴，比较静态分析就是用这把小提琴创作音乐。在本章中，将会用之前的消费者决策模型进行比较静态分析。通过这个过程可以达到一个最初的目标——表明消费者的商品需求曲线从何而来。最后，在本章的末尾，会引入弹性的概念，可以简便地总结比较静态分析结果。

3.1 价格和收入的变化

在本节，我们将检验当某种商品或相关商品的价格以及个人收入变化时，个人对某种商品的消费会受到怎样的影响。

3.1.1 自身价格的变化

图3-1复制出图2-21中伊丽莎白对墨西哥玉米薄饼卷和汉堡的预算限制和无差异曲线图。当每个汉堡的价格（p_x）是6美元，每个墨西哥玉米薄饼卷的价格（p_y）是3美元，并且收入是60美元时，她的预算线是B_1，并且最优组合是e_1，在这个组合点上消费了x_1个汉堡和y_1个墨西哥玉米薄饼卷。现在假设每个汉堡的价格降到4美元。预算线B_1绕着它与纵轴的交点旋转，交于横轴上距原点更远的一点，得到新的预算线B_2。在预算线B_2上，e_1不再是均衡点。汉堡价格的下降给伊丽莎白创造了新的机会，并且我们期待她能充分利用这一优势。特别地，对预算线B_2来说，伊丽莎白的最优组合是e_2，即消费x_2个汉堡和y_2个墨西哥玉米薄饼卷。这是一个比较静态分析的典型例子。模型表明了个人行为在一个变化的环境中是如何改变的。然而，这一分析没有说明伊丽莎白从点e_1到e_2的特殊路径，或者这个过程的改变所用的时间。但是，在大多数的例子中，只知道个人在哪里停止就足以解决问题了。

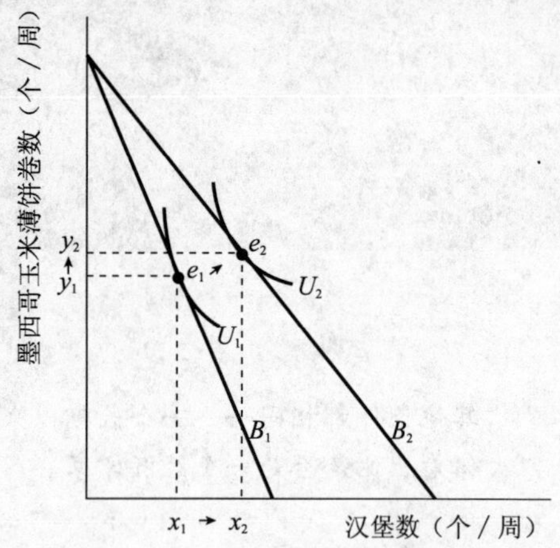

图3-1　均衡价格下降的影响

注：汉堡价格的下降会使预算线从B_1变为B_2。结果，均衡组合也会从e_1变为e_2：消费汉堡和墨西哥玉米薄饼卷的数量会同时增加。

有趣的是，在新的均衡中，汉堡和墨西哥玉米薄饼卷的数量都要比原来的均衡数量多（$x_2 > x_1$；$y_1 > y_2$）。汉堡价格的下降使得伊丽莎白能够买到更多的汉堡并且还有多余的钱省下来买墨西哥玉米薄饼卷。尽管这很常见，但并不总是这样。价格变化对个人均衡组合的影响取决于个人的偏好。假设菲利普和伊丽莎白收入相同并且面临着相同的价格。图3-2表示在价格变化前后菲利普的无差异曲线图和预算线。由图3-2可知，当汉堡的价格下降时，菲利普消费的汉堡数量并没有改变。他的e_1和e_2组合汉堡数量相等，只有墨西哥玉米薄饼卷的消费量增加了。

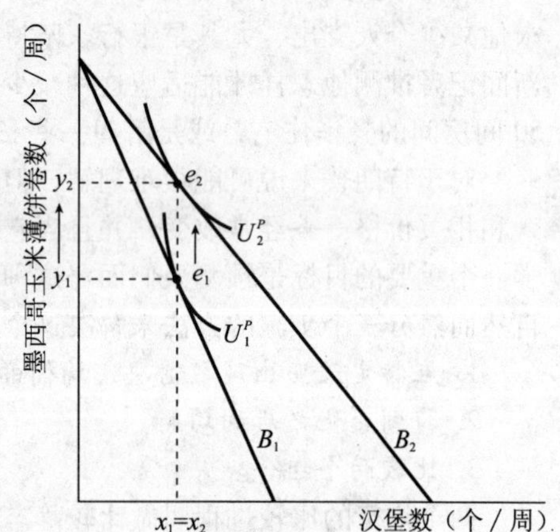

图3-2　商品价格下降并不影响其需求量的例子

注：对菲利浦来说，汉堡价格的下降不会导致汉堡消费数量的改变。然而，墨西哥玉米薄饼卷的消费却会从原来的y_1上升到y_2。

商品价格的变化改变了预算线的位置，因此也改变了消费者的机会，由此达到“最优化”。也就是，消费者找到了新预算线下的最优组合。然而，如图3-1和图3-2所示，不知道消费者的偏好，就无法比较新均衡组合与原来的均衡组合。但是无论结果怎样，我们确实知道只要新的均衡组合是一个内点解，它就表现为预算线和无差异曲线的切点——边际替代率等于新的价格比。

即使个人预算线改变后得到新的商品组合，也不能肯定个人偏好改变了。确实，在一条是原来无差异曲线一部分的新的无差异曲线上，消费者并不会受到价格（或者任何影响预算约束的变量）改变的影响。换一种角度来看，个人的“偏好”就是在不考虑其收入和任何特定价格时，个人如何排列不同的组合。当价格或收入改变时，效用最大化的组合也改变，但是潜在的偏好（效用函数）没有改变。

得到个人的需求曲线　回忆一下，个人对某种商品的需求曲线表示在其他条件保持不变时，个人愿意在一种商品的任何价格下消费得到的最大化效用。“其他条件”是指消费者的偏好（如无差异曲线中包括的）、收入和其他商品的价格。事实上，需求曲线为一系列假设提供了答案，这些假设问题包括“其他条件不变，如果商品 x 的价格有价值，那么消费者会购买多少数量的 x”？不再一遍又一遍地重复“其他条件不变时”，经济学家用更精炼的拉丁语来表达这个意思。

第 1 章强调了需求曲线在市场经济资源配置中起到的重要作用，因此知道需求曲线究竟从何而来很重要。图 3-3a 重新描述了伊丽莎白在图 3-1 中的情形，并且说明当每个汉堡的价格是 6 美元，墨西哥玉米薄饼卷的价格是 3 美元，收入是 60 美元时，她每周愿意购买 x_1 个汉堡。现在看图 3-3b，它也用横坐标表示汉堡的数量，用纵坐标表示汉堡的价格。图 3-3b 中的点 e'_1 表示当汉堡的价格为 6 美元时需求量为 x_1。注意到图 3-3b 中没有包含新的信息，它只是对图 3-3a 中信息的重新理解。唯一的不同点在于图 3-3a 中的汉堡的价格是含蓄地通过预算线的斜率表示，而在图 3-3b 中明确地用纵坐标轴来表示。

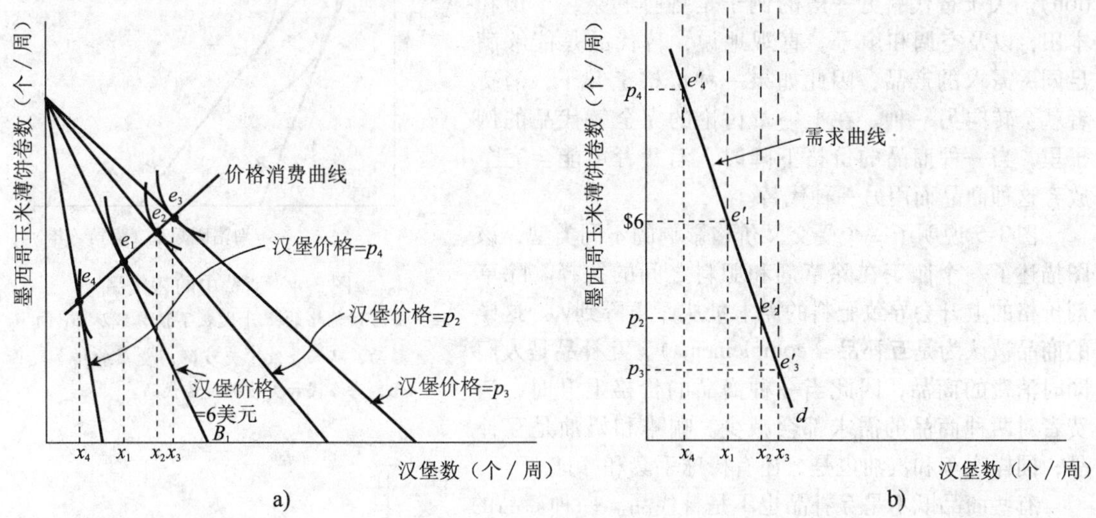

图 3-3　获得一条需求曲线

注：图 3-3a 表示在其他条件不变时，均衡组合是如何随着汉堡价格的变化而变化的。图 3-3b 中描述的图像，用横轴表示汉堡的数量，纵轴表示价格。因此，在图 3-3b 中的曲线是汉堡的需求曲线。

现在可以用比较静态方法来说明，在其他条件不变时，汉堡的需求量如何随价格的变化而变化。当汉堡的价格下降到 p_2，其他条件不变，伊丽莎白对其需求量增加到 x_2，通过图 3-3b 中点 e_2' 表示。类似地，当汉堡的价格下降到 p_3 时，需求量增加到 x_3（图 3-3b 中的点 e_3'）；当价格上升到 p_4 时，需求量下降到 x_4（图 3-3b 中点 e_4'）。每个新的价格都会产生一个新的均衡组合。在图 3-3a 中，由汉堡价格的变化引出的一系列组合，称为汉堡的**价格消费曲线**（price consumption curve）。如何来解释图 3-3b 中的曲线呢？它表示在固定的墨西哥玉米薄饼卷价格（3 美元/个）、收入（60 美元）和偏好（因为无差异曲线图是固定的）下，汉堡的需求量如何随着价格的变化而变化。只是伊丽莎白的汉堡需求曲线记做 d。因此，通过使用比较静态方法，个人对某种商品的需求曲线能够从其无差异曲线中得到。需求曲线简洁地概括出，其他条件不变时，消费者作为一个价格接受者是如何随着价格变化而改变其行为。

3.1.2　交叉价格变化

中国香港特区政府以 13 分每剂的价格提供人工麻醉品美沙酮，这一政策的目的是为使海洛因上瘾者能够戒掉毒品。然而，很多上瘾的人似乎都在海洛因和美沙酮间徘徊。特别是，当海洛因价格上升时，那些经常服用海洛因的人会出现在美沙酮的诊所里。一名在最大的美沙酮诊所的社会工作者这样解释："也许海洛因价格将会上升，人们只会进来一段时间以得到美沙酮。"

这种行为是**交叉价格效应**（cross-price effect）的一个例子——一种商品价格的变化会影响另一种商品的需求量。就像自身价格变化的正确性一样，比较静态方法能够用来分析交叉价格效果。在两个例子中，比较了价格变化前后的均衡组合。对自身价格影响，集中关注价格变化商品的消费量；对交叉价格影响，集中关注家庭消费的一些其他商品。

图3-4是对上述文字的具体说明。海洛因价格的上升导致了美沙酮需求量从y_1上升到y_2。像海洛因和美沙酮这样的商品，其中一种商品价格的上升会导致另一种商品需求量的增加，它们被认为是**替代品**（substitution）。关于替代品更一般的例子是咖啡和茶，丰田和本田，以及空调和扇子。直观地说，替代品是能够满足同一需求的产品，因此如果一种价格上升了，消费者就会转向另一种。在上一章讨论的完全替代品的例子里，当一种商品的价格下降时，消费者可能会完全放弃这种商品而用另一种代替。

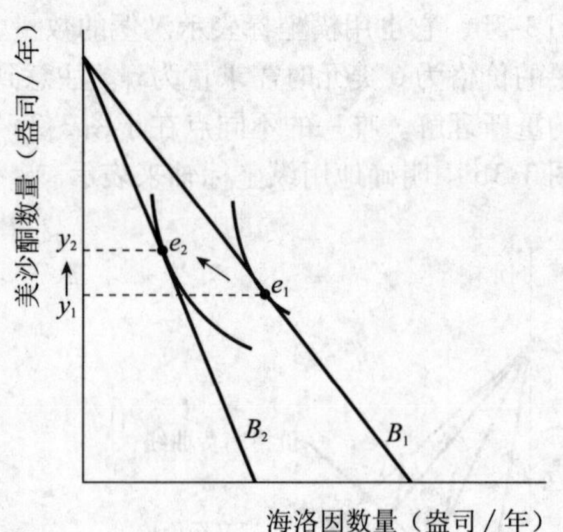

图3-4　消费中的替代品

注：海洛因价格的上升代表了预算线从B_1向B_2移动，从而导致了美沙酮消费量的增加。因此，海洛因和美沙酮是替代品。

图3-5说明了一个受交叉价格影响的不同类型，该图描述了一个园丁在除草剂和肥料之间的抉择。除草剂价格的上升会导致肥料的需求量从y_1下降到y_2。这样的商品被认为是**互补品**（complements）。互补品是人们同时消费的商品，因此当一种商品的价格上升时，消费者对两种商品的需求都会减少。咖啡和奶油是互补品；同样汽车和汽油也是，还有棒球手套和棒球。

有些商品既不是互补品也不是替代品。一种商品的价格上升对其他商品数量的需求没有影响，这些商品被认为是**不相关商品**（unrelated goods）。

理论本身不能说明某两种商品是否是替代品、互补品还是不相关商品，需要分析消费类型对价格变化的反应的数据。确实，两种商品对某个消费者来说可能是替代品，而对另一个消费者来说可能是互补品。比如，如果你认为墨西哥玉米薄饼卷和香草冰淇淋是两种睡前的不同零食，那么它们就是替代品。如果你喜欢将墨西哥玉米薄饼卷混入冰淇淋，那么它们就是互补品。如果你坚持将它们以一定的比例混在一起，那么它们就是完全的互补品。

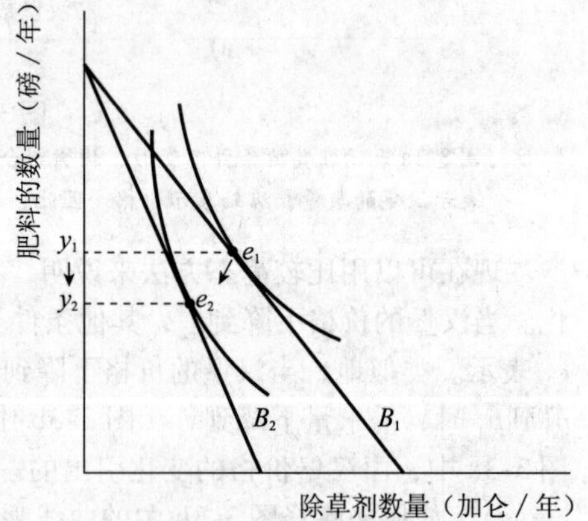

图3-5　消费中的互补品

注：除草剂价格的上升代表了预算线的约束由B_1变为B_2，减少了肥料的消费量。因此，除草剂和肥料是互补品。

需求曲线和交叉价格影响　下面考虑一条商品需求曲线是如何随着一个相关商品价格的变化而变化的。图3-6说明在肥料价格保持不变时，除草剂价格不断变化时威廉对除草剂的需求曲线。假设原来这种肥料的价格为3美元每磅，但是现在肥料的价格上涨到4美元。当发生这个变化时，d（事实上）就没有用了。回忆d表示在肥料价格为3美元时，在除草剂的每一个价格上它的需求量。因此，当肥料的价格上升为4美元时，d不再是需求曲线，因为它并没有正确回答出威廉在每一价格水平上究竟购买多少除草剂？

当肥料的价格上升时，需要重新得到除草剂的需求曲线。首先，保持肥料价格在新的价格水平上不变，通过不同的除草剂价格变换找到一个新的价格消费曲线，然后记录下在每一单位价格下除草剂的需求量。

如何对新的需求曲线和原来的曲线进行比较呢？来看需求曲线上的点 a，它表示在给定的原来的肥料价格下，威廉在除草剂的价格为 1 美元时每年会消费 12 加仑。因为肥料和除草剂是互补品，当肥料的价格上升为 4 美元时，威廉不再愿意在除草剂价格为 1 美元时购买 12 加仑了，其需求量变为 5 加仑。即为图 3-6 中的 b，在除草剂的新需求曲线上。

但是回忆一下点 a 是任意选择的。因为除草剂和肥料是互补品，当肥料的价格上升时，威廉在每个除草剂的价格上需要除草剂的数量都减少。比如，从点 f 开始的话，就会移动到点 g；从点 h 开始时，就会移动到 i。将这些新的点连接起来就能得到方案 d'，它是当肥料价格为 4 美元时得到除草剂的需求曲线。总之，因为肥料和除草剂是互补品，肥料价格的上升会使除草剂的需求曲线向左移动。相同的原因表明，对替代品来说，像海洛因和美沙酮（如图 3-4），如果美沙酮的价格上升，海洛因的需求曲线就会往右移动。这一移动可由图 3-7 说明。

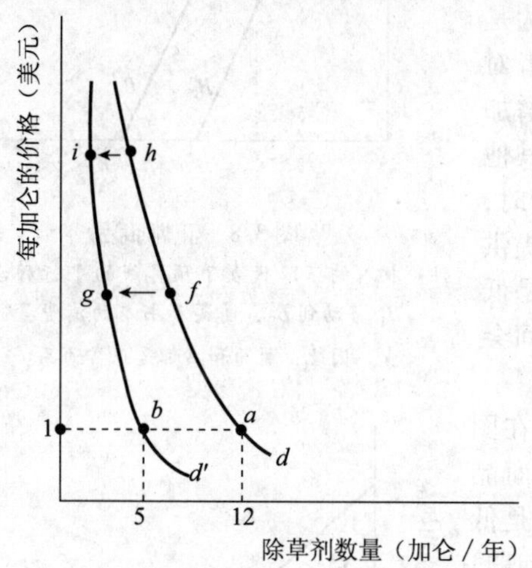

图 3-6　互补品价格的上升使得需求曲线向内移动

注：如果除草剂和肥料是互补品，那么肥料价格的上升会使除草剂的需求曲线向内移动，从 d 到 d'。

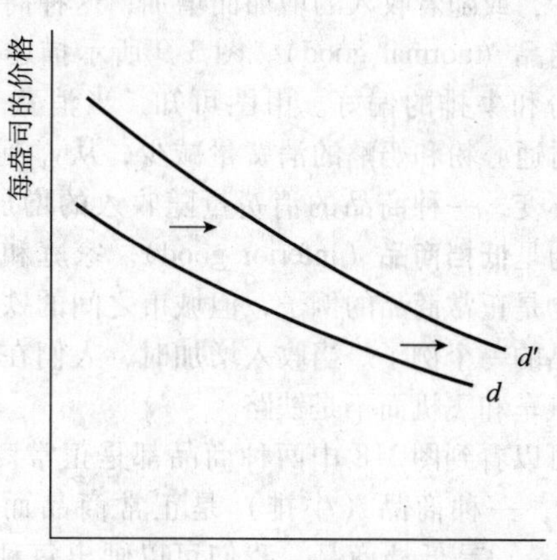

图 3-7　替代品价格的上升使得需求曲线向外移动

注：如果海洛因和美沙酮是替代品，那么美沙酮价格的上升会使得海洛因的需求曲线向外移动，从 d 移动到 d'。

对自身价格和交叉价格影响的讨论有助于区别**需求的变化**（change in demand）和**需求量的变化**（change in quantity demanded）。需求的变化是指整个需求曲线的移动，如图 3-6 和图 3-7 所示。需求量的变化是指在一条给定的需求曲线上的移动。因此，替代品或互补品价格的变化产生了需求的变化。[⊖]另一方面，由于自身价格的变化而导致的在需求曲线上的移动是需求量的变化。比如，图 3-6 中从点 a 到点 f 的移动就是沿着需求曲线 d 上一个需求量的变化。

3.1.3　收入变化

小说家约翰 · 斯坦贝克曾经说过："当人们破产时，他们首先放弃的是书。"事实上，斯坦

⊖ 一种相关商品价格的变化能使需求曲线移动这一概念在第 1 章中被直观地引入。现在将这个讨论置于严格的基础上，该基础是通过说明这样一个移动是个人效用最大化的结果带来的。

贝克的观察描述了一个比较静态联系的结果，这里收入（而不是价格）是一个不断变化的变量。为了找到收入的变化如何影响消费者均衡，考察购买图书和葡萄的罗斯。在图3-8中，罗斯消费的葡萄用纵坐标表示，消费的书用横坐标表示。罗斯原来的预算约束用直线B_1表示，这时的均衡组合为e_1。为了分析收入下降的影响，应用比较静态的方法：画出与较低收入相对应的预算线，找到新的均衡，并且将新的均衡与原来的均衡相比较。已经从第2章中得知，收入的下降代表将原来的预算线水平向内移动，即从B_1到B_2。假设这对他来说是可行的，那么罗斯的最佳效用是在组合e_2上。因此，收入下降的影响就是导致了书的消费量从x_1变为x_2，同时葡萄的消费量从y_1变为y_2。

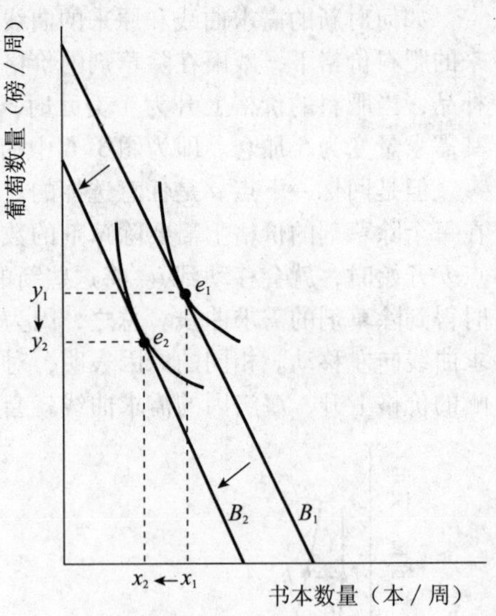

图3-8　正常商品

注：收入的下降代表了预算线的平行移动，从B_1移动到B_2，葡萄和书本的消费量同时减少。因此，葡萄和书都是正常商品。

作为收入下降的结果，罗斯同时减少了书和葡萄的数量。其他条件不变，当一种商品的消费量随收入减少而减少，或随着收入的增加而增加，这种商品被认为是**正常商品**（normal good）。图3-9所示描述了消费者对通心粉和牛排的偏好。由图可知，当消费者收入增加时，对通心粉和奶酪的消费量减少，从y_1到y_2。当其他条件不变，一种商品的消费量随收入的增加而减少时，被认为是**低档商品**（inferior good）。家庭和餐馆所提供的食物是正常商品的例子，但城市之间的铁路运输是低档商品的一个例子。当收入增加时，人们在城市之间会使用汽车和飞机而不是铁路。

可以看到图3-8中两种商品都是正常商品，而在图3-9中，一种商品（牛排）是正常商品而另一种商品（通心粉）是低档商品。我们可以画出每种商品都是低档商品的图像吗？当然不能。这是一个简单的算术问题，当收入上升时，某种商品的消费量也增加。如果一个消费者购买1 000种商品，其中999种会是低档的。

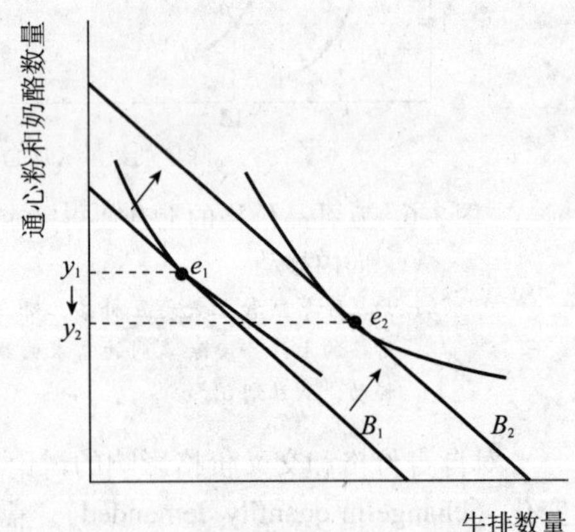

图3-9　一个正常商品和一个低档商品

注：收入的上升代表了预算线平行的向外移动，通心粉的消费量减少，因此起司通心粉是低档商品。

1. 收入消费曲线　给定一系列特定的价格，在其他条件不变时，能够根据收入的变化决定一系列的均衡组合，由此找到与原来预算线平行移动后相一致的一系列均衡商品组合。这一系列均衡商品组合，是在其他条件不变时只根据消费者收入变化得到的，被称为**收入消费曲线**（income consumption curve）。如图3-10所示。正如使用价格-消费曲线找到需求数量和价格之间的关系一样，也可以使用收入-消费曲线找到需求数量和收入之间的关系，这种关系叫做**恩格尔曲线**[㊀]（Engel curve），其推导过程留给读者作为一个练习。

2. 需求曲线和收入的变化　之前关于交叉价格的讨论表明，当某种替代品或互补品的价格变化时，这种商品的需求曲线就会移动。同样，收入的变化也会引起需求曲线的移动。如果一种商品是正常商品并且收入增加，那么消费者愿意在任何给定的价格上都消费更多数量。因此，如

㊀　以19世纪的普鲁士统计学家恩斯特·恩格尔（Ernst Engel）命名。

果书是正常商品，那么收入的增加将会使书的需求曲线向右移动，如图 3-11 中从 d 移到 d'。相反，如果一种商品是低档商品，那么其需求曲线会随着收入的增加而向左移动。

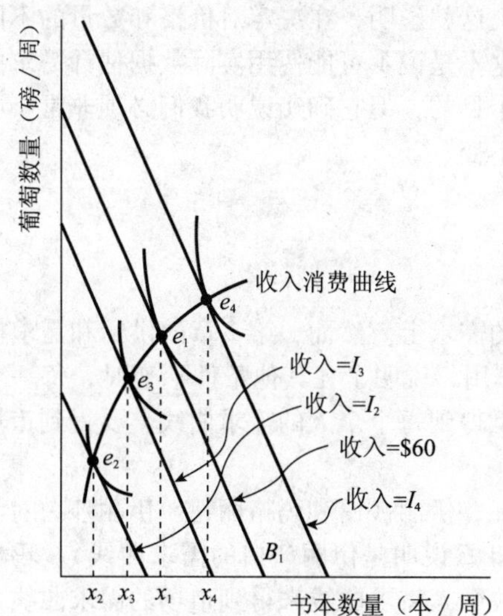

图 3-10　收入消费曲线

注：收入消费曲线显示了在每一个收入水平上两种商品的消费情况。

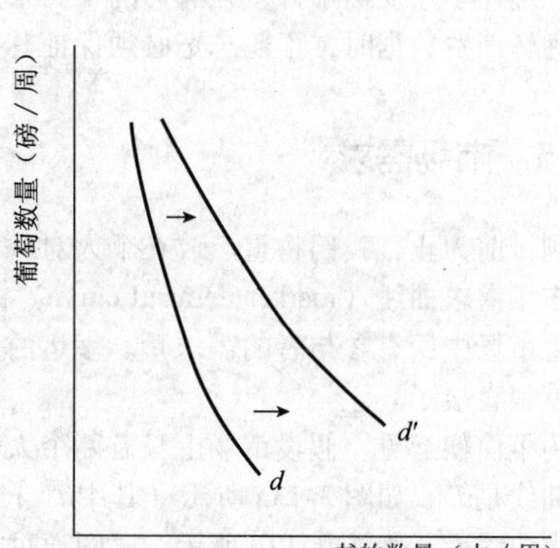

图 3-11　收入变化对需求的影响

注：如果是一种正常商品，那么价格的上升会使得需求曲线向右移动。

3.1.4　解释消费者需求的数据

最终，消费者行为的相关信息需要从现实世界中其支出类型数据中得到。然而，除非这样的数据是从经济理论的视角观察理解的，否则会出现严重错误的结论。

假设 1997 年汽油的价格是 1.25 美元每加仑，在 1998 年是 1.75 美元每加仑。假设史密斯在 1997 年消费了 150 加仑的汽油，同时在 1998 年消费了 200 加仑的汽油。由这些数字，我们可能会怀疑史密斯的汽油需求曲线是向上倾斜的。

这个结论背后的隐含假设在图 3-12 中显示，点 a（价格 = 1.25 美元，数量 = 150）和点 b（价格 = 1.75 美元，数量 = 200）位于同一条需求曲线 d 上。然而，我们的理论约定为“正当合法”，一条需求曲线必须在其他条件不变时，表示每一个价格水平上的需求量。但是本例的 1997 年和 1998 年中未能保证其他条件不变。比如：

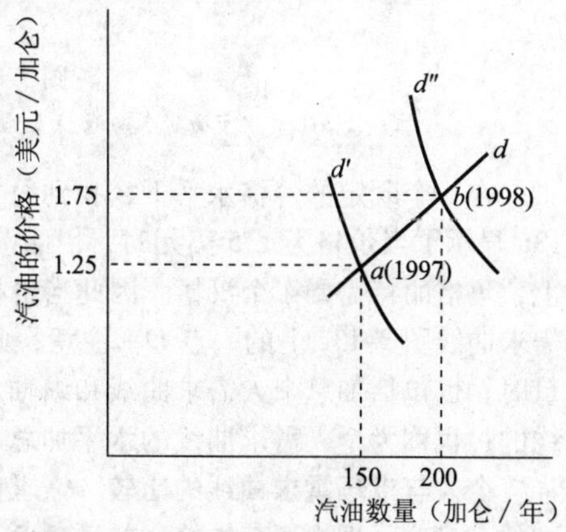

图 3-12　分析价格和数量随着时间的变化

注：点 a 和 b 代表两个关于汽油的不同价格 - 数量组合。因为它们是从两个时间段上得到的，没有理由假设它们处于同一条需求曲线 d 上。相反的，它们可能在两条不同的需求曲线 d'，d''上。

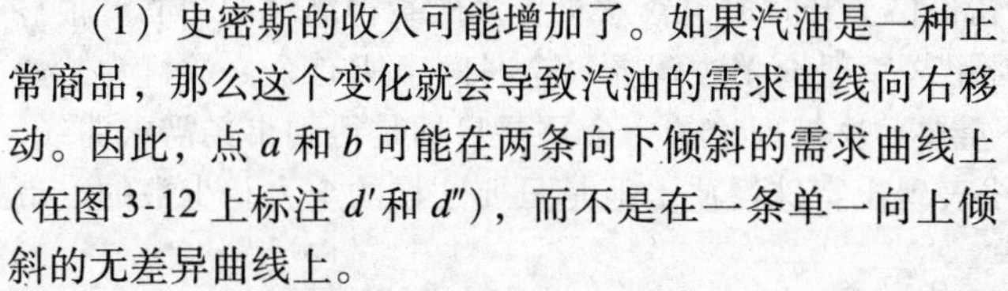
（1）史密斯的收入可能增加了。如果汽油是一种正常商品，那么这个变化就会导致汽油的需求曲线向右移动。因此，点 a 和 b 可能在两条向下倾斜的需求曲线上（在图 3-12 上标注 d' 和 d''），而不是在一条单一向上倾斜的无差异曲线上。

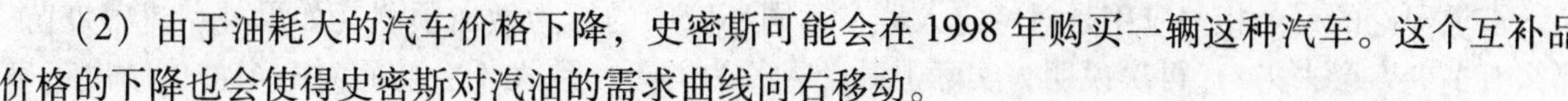
（2）由于油耗大的汽车价格下降，史密斯可能会在 1998 年购买一辆这种汽车。这个互补品价格的下降也会使得史密斯对汽油的需求曲线向右移动。

(3) 史密斯所在城市公共交通相关价格可能会增加。一种替代品价格的增加也可能会代表需求曲线的向外移动。

这些解释不是唯一的，并且无疑可以想出更多。这就说明，在决定对价格和数量的不同观察结果是否在同一条需求曲线上时，必须全面考虑。这不是说不可能使用实际数据估计需求曲线的形状。统计学家发明了许多强有力的工具来达到这个目的，但它确实说明我们必须非常小心，在尝试理解消费数据时，不能忘记必须保证其他条件不变。

3.1.5　市场需求

到目前为止，我们将重点放在个人对一种商品的需求上。然而，第1章的供给和需求模型强调了**市场需求曲线**（market demand curve）的重要作用，说明了在其他条件不变时，每一个价格水平上市场中所有参与者的需求量。幸运的是，一旦得到每个个人的需求曲线，要得到市场需求曲线就很直接了。

为了简便起见，假设市场上只有两个人需要汉堡，伊丽莎白和玛格丽特。伊丽莎白对汉堡的需求曲线是d^E，如图3-13a所示（其中d^E上方的字母E说明是伊丽莎白的需求曲线）。玛格丽特的需求曲线d^M，如图3-13b所示。试图通过加总这些个人需求曲线来得到市场的需求曲线，即列出在任何价格下两个消费者所需汉堡总量。

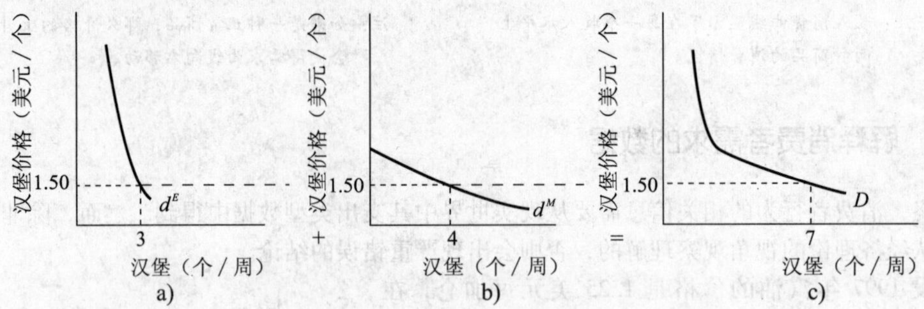

图3-13　需求曲线的水平加总

注：图3-13c中市场需求曲线D是由个人需求曲线的水平加总得到的。

在一个既定的价格水平下，找到每个人的需求量，然后再把这些数量加总起来。比如，图3-13a显示了当价格为1.5美元时，伊丽莎白每周需要3个汉堡。图3-13b说明在相同的价格水平上，玛格丽特需要4个汉堡。因此当价格为1.5美元时，需求总量为7。现在已经找到汉堡市场需求曲线图3-13c上的一点D。注意，此时用d表示个人需求，并且在得到任一价格下的需求总量时，也包括加总个人需求曲线和纵轴之间的水平距离。这一加总个人需求曲线得到市场需求曲线的过程称为个人需求曲线的**水平加总**（horizontal summation）。

个人与市场需求曲线的比较　需求曲线是建立在理性决策的基础上的，但正如在上一章中看到的，对这一理论还存在着一些反对意见。其中之一认为这并不是对个人行为的很好描述。你可能知道一个"明显的消费者"，比如即使在价格上升时他也喜欢买更多的某种品牌的啤酒。很显然，某些个人的消费类型是不规则的，因此这一理论无法解释每个时间上所有个人的行为。然而，就像上一章同时强调的，其实这也不重要。决策理论的一个重要目标是得到市场需求曲线，如图3-13所示。即使某些个人的需求曲线表现出特殊性质，但是只要这样的个人是少数的，市场需求曲线仍然是向下倾斜的。

需求理论的一个相关应用是对特定人群在不同环境中的行为做出预测（如果补贴流感疫苗，那么有多少人会去买?）再次说明，实际上某个人行为的不一致性不会妨碍对一个群体做出正确的预测。某些人可能会购买一种商品"太多"而另一种商品"太少"。只要这些错误能够粗略的抵消，仍然可以很好地对市场行为进行预期，这也是我们试图在做的。

3.2 比较静态分析的应用

本节将会考察两个例子，说明如何用比较静态分析来理解现实政策问题的。

3.2.1 实物转移

1982年，当美国农业部向低收入家庭提供2.24亿磅额外的奶酪、黄油和干奶时，就成了报纸的头条新闻。截至当时，该项目已经捐赠了超过55亿磅的食物。这一项目是**实物转移**（in-kind transfer）的一个例子——以商品或服务而不是现金的形式向个人提供的支付。容易想到政府会经常向低收入家庭以实物转移的形式提供直接帮助，比如食品券、医疗和公共住宅等。然而，中等收入和高收入家庭也能够从实物转移中得到好处。公共教育很显然就是一个例子。关于公共政策，一个重要的问题是实物转移是如何影响接受者的消费组合的，同时直接的现金收入转移是否会受到欢迎。比较静态分析方法为仔细考虑这些问题提供了框架。

第一步是决定实物转移如何影响个人预算约束。图3-14表示了爱德华的例子，他将每月的300美元收入分配于奶酪和房屋。（房屋的数量以平方英尺衡量）奶酪的价格是每磅2美元，房屋的价格是每平方英尺1美元。用横轴表示奶酪的消费，纵轴表示房屋的消费。没有任何的实物转移项目，爱德华的预算约束是直线AB，斜率是-2。

现在假设政府每月向爱德华提供60磅的奶酪，这些奶酪是不允许在市场上出售的。这项计划是如何改变爱德华的情况的？在任何水平的房屋消费下，爱德华能够比以前多消费60磅奶酪。因此，新预算线是由每个AB上的组合再加上60磅的奶酪组成。在几何学上，增加的这些奶酪数量将直线AB向右移动了60单位。因此，新的预算线是一条连接AFD的曲线。

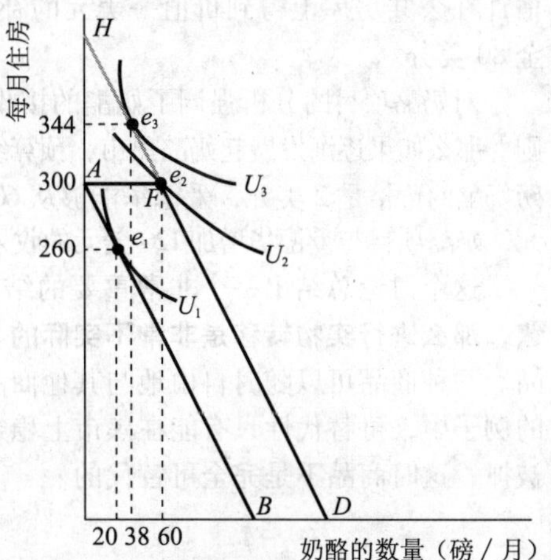

图3-14 实物转移的分析

注：有一个实物转移的60磅奶酪，预算线是AFD并且效用最大化的组合是e_2。当存在一个等值的现金转移时，预算线是HD并且效用最大化组合是e_3。个人更加偏好现金转移。

下面引入个人无差异曲线。在图3-14中，没有该项目时爱德华的最大效用选择是组合e_1，包括20磅奶酪和260平方英尺的房屋。在有了该项目后，根据预算线AFD能够达到的最大无差异曲线是U_2，效用最大的组合是e_2——在曲线拐点，这时爱德华奶酪的消费量是60磅，房屋消费是300平方英尺。有趣的是，和原来的组合相比，爱德华对奶酪和房屋的消费量都增加了。因为政府向他提供了免费的奶酪，爱德华能够将更多的收入用于房屋消费，否则这些开支可能会用在购买奶酪上。

现在假设不是给爱德华60磅的奶酪而是向他提供以这些奶酪市场价值相等的现金120美元。收入增加的120美元使得预算线在每一点上比原来上升120个单位，变成图3-14中的线段HD。注意，现金的转移使爱德华能够在HF部分进行消费了。这在奶酪项目中是不可能得到的，因为爱德华不可能将政府提供的奶酪用来交换其他商品。

当预算线是HD时，爱德华的最大化效用组合在点e_3上达到，这时消费38磅的奶酪和344

单位的房屋。将点e_3与e_2比较，可以得到：①在现金转移的项目中，爱德华比在发放奶酪项目中要消费相对较少的奶酪和较多的房屋；②价值120美元的奶酪使爱德华效用的提高没有120美元现金收入大。因为点e_3比e_2在一条更高的无差异曲线上，现金的转移使得其效用更高。直觉上，奶酪项目的问题在于“强迫”爱德华要消费满60磅的奶酪。实际上他可能更喜欢出售一些奶酪而把更多的收入用于房屋。

那么实物转移的效用总是比同等情况下的现金转移差吗？并不一定如此。图3-15表示了萨拉的情况，她的收入和爱德华的相等，因此面临同样的预算线（在奶酪项目出台以前的预算线是*AB*，出台后变为*AFD*）。然而，萨拉有一个不同的无差异曲线图。在补贴以前，她的最大效用在点e_4，这时消费了50磅的奶酪和200平方英尺的房屋。在补贴以后，她消费了90磅的奶酪和240平方英尺的房屋。萨拉即使是在现金补贴的情况下也不会再有更好的选择，因为她在直线*HD*上最佳偏好的点也能够在奶酪项目中达到。因为萨拉更喜欢消费多余60磅奶酪，对于至少消费60磅这一限制对她来说并不起作用。

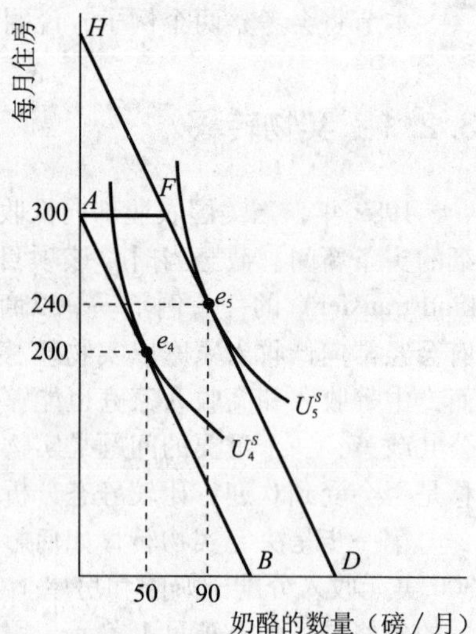

图3-15　一个对实物转移和现金转移效用相同的消费者

注：萨拉的效用最大化组合在点e_5上达到，无论这个转移是以实物还是以现金方式进行，她在这两种方案中的效用是一样的。

总之，从接收者的观点看，实物转移能够与现金补贴一样好，但是不可能比现金补贴更好，或者也可能是比现金补贴的效果差。一些研究表明，价值一美元的实物转移确实比一美元现金的效用要少。比如，斯密丁（Smeeding，1982）估计在公共房屋上得到价值一美元的补贴实际上只相当于现金80美分。

对奶酪项目的分析强调了奶酪的接收者不能将它出售的原则。那么如果逐渐发展起奶酪黑市，预算线会如何变化？因为每磅奶酪的价格是2美元，爱德华能够从60磅奶酪中得到120美元，奶酪项目与爱德华增加120美元的收入效果是相同的，都使他的预算线从*AB*向外移动到*HD*。

这个讨论总结出一个非常重要的结论——**只要所有的商品能购买到并且能在市场上自由出售，那么进行实物转移是非常不实际的**。转移的商品能够转换为现金，这样就能用来购买任何商品。一种商品可以随时自由地与其他商品交换时，它被认为是**可替代的**（fungible）。在实物转移的例子中，可替代性只有能在黑市上稳定交易时才成立。比如，如果有些人并不参加，因为害怕被抓，这时商品不是完全可替代的。

3.2.2　慈善捐赠

全世界所有的人都会支持慈善事业。在美国，大概3/4的家庭平均每年会捐赠798美元，大概占个人收入的2%㊀。在英国，个人自愿捐助大概占个人收入的2%，加拿大是0.5%，而德国是1.7%。这种行为是否与个人效用最大化相一致呢？答案当然是肯定的。就像在上一章指出的，如果给别人捐款能给你带来满足感，那么慈善捐赠就被认为是一种商品，并且标准化工具可以分析个人捐赠多少的决定。

威廉将自己的收入25 000美元在两种商品之间分配，向慈善事业的捐款（*x*）以及自己在所有其他商品上的消费合计（*y*），威廉在两种商品之间的偏好由图3-16中一系列无差异曲线表示。

㊀ 见巴瑞泽（Barringer）（1992）和克劳特菲尔特（Clotfelter）（1985，97－98）。

为了找到威廉究竟捐赠了多少，需要画出他的预算约束，这就要求了解每种商品的价格。假设每单位 y 组合的价格是1美元。一单位慈善捐赠的价格是多少呢？对于威廉捐赠的每一美元，他就放弃了自己一美元的消费。因此，每一美元慈善捐赠的"价格"也仅仅是1美元。将所有这些信息与威廉的税后收入25 000美元集合在一起，就得到了他的预算线：

$$1x + 1y = 25\ 000$$

在图3-16中，这条预算线是直线 B_1，斜率是 -1。威廉最佳偏好的组合是 e_1，这时他向慈善事业捐赠了 x_1，同时将剩余的收入全部用于购买其他商品。

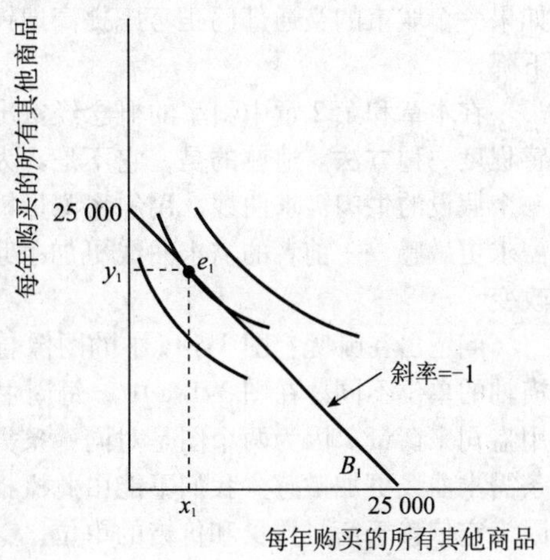

图3-16　慈善捐赠

注：每一美元慈善捐赠的"价格"是1美元。因此，对慈善捐赠的预算线和自身的消费是一条直线，它的斜率是 -1。

加拿大、德国、日本、美国等国家，允许个人减去捐赠后再进行纳税。我们可以使用比较静态分析方法来分析这种规定的效果。分析的关键是，税收的扣除改变了个人实际的捐赠价值，也移动了预算线。为了找到原因，假设威廉将应税收入的25%上交政府。如果没有税收扣除，假设威廉捐赠了1美元给慈善机构，在其他商品上的开支就会减少1美元。但是当存在税收扣除时，如果威廉捐赠了1美元，其税收账单就会减少0.25美元。因此，他可以花费在其他商品上的收入仅仅减少了0.75美元。慈善捐赠的机会成本（以减少其他商品消费的形式）现在只是0.75美元。因此存在税收扣除时，威廉的预算线是

$$0.75x + 1y = 25\ 000$$

在图3-17中，这个约束用 B_2 表示，斜率是 -0.75。更一般地说，如果每单位应税收入的税率为 t，那么因慈善而扣除的税收减少了每单位捐赠的机会成本，从1美元变为 $(1-t)$ 美元。

找出税收扣除的效果仅仅是一个标准比较静态练习。在预算线 B_2 上，最大效用组合是 e_2，这时的慈善捐赠为 x_2。因为税收扣除，威廉的捐赠金额从 x_1 增加到了 x_2。当然，到目前为止，你有足够的经验使用比较静态方法来理解这些，根据无差异曲线的形状，他可能或多或少会增加捐赠额，或者一点也不变。实际上，对英国、德国和美国的统计研究表明，慈善的成本降低10%会使平均慈善捐赠额增加10%或者更多。因此，慈善捐赠的数量很大程度上取决于税收扣除的存在。

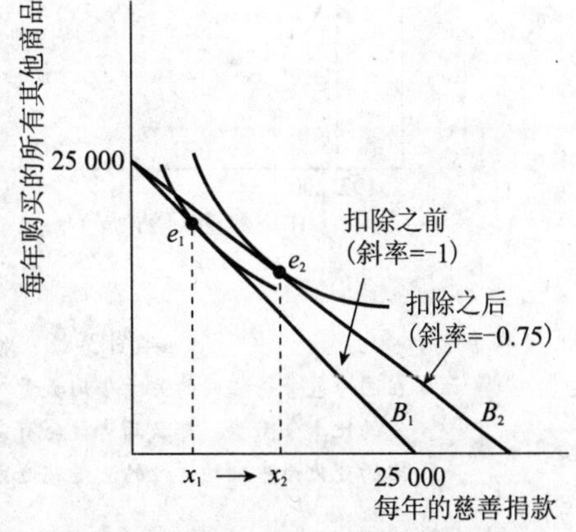

图3-17　存在税收扣减的慈善捐赠

注：慈善扣除降低了捐赠的机会成本，使得预算线由 B_1 变为 B_2。B_2 的斜率是负的替代率减去税率。

那么，是否意味着慈善捐赠是一种逃避税收的方式呢？答案是否定的。毕竟，即使存在着税收扣除，捐赠还是减少了个人的消费水平。然而，不能认为慷慨的人会忽略"做好事"的支出。就像其他多数商品一样，对慈善捐赠的需求曲线是向下倾斜的。

3.3　弹性

需求曲线含有大量关于消费者行为如何受价格变化影响的信息。用一种简洁的方法来总结从不同的比较静态分析中获得的信息会很方便。本节通过一个简单的数据测量来达到这一目的。

3.3.1　需求的价格弹性

我们经常需要测量需求量对价格变化的敏感程度，即描述市场需求曲线的“形状”。比如，如果一个城市的交通部门正考虑提高地铁的价格，那么通过这个信息可能会预测到地铁乘坐量的下降。

在本章和第 2 章中斜率的概念经常出现，因此可能会很自然地想到需求曲线的斜率是测量敏感程度一种方法。遗憾的是，它不是。为了找到原因，考虑图 3-18 中的两条曲线，每一条代表一个假设的牛肉需求曲线。用斜率测量敏感性，就必须总结出图 3-18b 中的需求要比图 3-18a 的需求更敏感——前者的需求曲线更加平坦，所以在任何给定的价格水平似乎会引起数量更大的改变。

问题出在哪呢？图 3-18a 中的图像与图 3-18b 中的完全相同。看上去唯一有差别的地方就是横轴的单位不同。在图 3-18a 中，每周牛肉需求量用磅表示；而在图 3-18b 中，每周牛肉需求量用盎司来衡量。因为两个图是对同一条需求曲线的两种表示，当然无法说明一条需求曲线比另一条需求曲线更加敏感。我们不能由此概括一条需求曲线的形状，它自身的斜率其实是没有用的，因为它依赖于衡量数量和价格的单位。

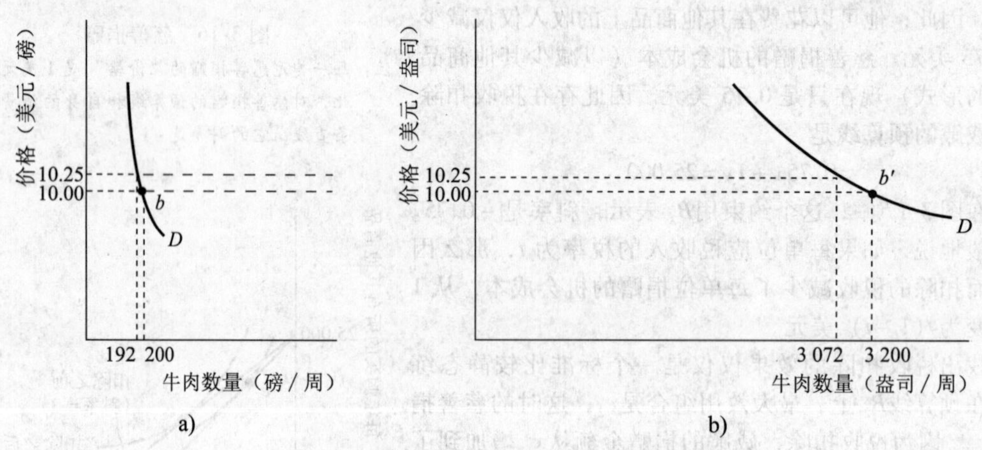

图 3-18　价格弹性不依赖于单位的选择

注：在图中包含着相同的关于牛肉数量对自身价格变化的信息。然而，如果反应度以数量变化与价格变化的比率来衡量，那么两者就会有完全不同的结果，因为两个图中测量的单位是不同的。但以百分比的变化为基础的弹性的测量就避免了这个问题。

为有效达到目的，衡量方法必须不能依赖于任意给定的数量和价格测量单位。合适的衡量方法就是**需求的价格弹性**（price elasticity of demand），定义为负的需求量变化的百分比除以价格变化的百分比。代数上表示为，如果将需求的价格弹性标为 ε，那么

$$\varepsilon = -\frac{\%\Delta X}{\%\Delta p} \tag{3-1}$$

这里的“$\%\Delta$”表示变化的百分比。因为需求曲线是向下倾斜的，价格变化的百分比和数量变化的百分比的符号相反，因此它们的比为负值。然而，负的价格弹性很麻烦而且经常使人困惑。增加一个负号就是为了避免这个问题——只要需求曲线向下倾斜，ε 就是正的。价格弹性的概念，使 ε 更有价值，即用来表示需求比价格更加敏感。

弹性的计算　表示弹性不依赖于度量单位的最简单的方法就是进行直接计算。在实际操作中，弹性能够以多种方法计算出来。所有方法的起点都是注意价格 p 和相关的需求量 X，ε 可表

示成以下形式

$$-\frac{\Delta X}{X} \div \frac{\Delta p}{p} \tag{3-2}$$

Δp 是价格 P 的一个增量，同时 ΔX 是引入的需求量 X 的一个变量。式（3-2）就表示弹性，因为当任意 Z 改变一定的数量 ΔZ 时，变化的百分比是 $\Delta Z/Z$。比如，如果 Z 从 100 上升到 101，$\Delta Z=1$ 并且 $\Delta Z/Z=1/100$，或者是 1%。因此，$\Delta X/X$ 和 $\Delta p/p$ 分别是需求量和价格变化的百分比。

用这个表达式来计算图 3-18a 中假设的牛肉需求曲线上点 b 的需求弹性。在这一点，$p=10$ 美元且 $X=200$ 磅/每周。现在考虑价格 p 小幅增加到 10.25 美元每磅，因此 $\Delta p=0.25$ 美元。于是 $\Delta p/p$ 即 $0.25/10=0.025$。因为需求量下降到每周 192 磅，$-\Delta X$ 是 8 并且 $-\Delta X/X$ 是 0.04（$=8/200$）。将这些变量代入式（3-2）就得到想要的弹性，即 $0.04/0.025=1.6$。这意味着在点 b 周围，牛肉价格 1% 的增加量可能会导致需求量减少 1.6%。

下一步，我们计算图 3-18b 中类似的点 b' 上的弹性。在图 3-18a 中，$\Delta p/p$ 是 0.025。现在 $-\Delta X$ 是 18，但是 $X=3\,200$，因此 $-\Delta X/X=0.04$，和前面的相同。因此点 b' 的弹性是 $0.04/0.025=1.6$，这与从图 3-18a 中得到的变量数字相同。

因此，正如我们所期望的，弹性并不依赖于单位的选择。直觉上，百分比的改变并不依赖于单位的衡量，因为单位在分子和分母上可以同时消去。如果你说你的体重增加了 15%，它说的是一个相同的信息，无论你的体重是按照磅、盎司、公斤还是千克衡量。使用百分比的另一个优点是其简化了商品之间的比较。泡泡糖价格增加 1 美元与梅赛德斯－奔驰价格增加 1 美元是完全不同的。如果我们想比较这两种商品需求的敏感性，那么知道当这种商品价格增加 1% 而不是 1 美元时需求量的改变会更有意义。这就是弹性的作用。

计算弹性时一个特殊的问题是计算百分比的变化时。当计算需求曲线上一点到另一点百分比的改变时，如何知道哪个是原来的（最初的）点。10 和 10.25 之间百分比的变化应该计算成 0.25/10 还是 0.25/10.25？答案是初始点的选择是任意的。然而，只要两个点在需求曲线上是相近并且相关的，特定初始点的选择对 ε 的影响很小。比如，将 $p=10.25$ 美元每磅和 $X=192$ 磅代入式（3-2）后重新计算牛肉需求曲线的弹性，答案是 1.7，与上面得到的 1.6 的差别不是很大。[一]

对于微小的价格变动，有一个很方便的方法来表示价格弹性。如果将原来式子中的分母倒过来再重新整理就得到

$$-\frac{\Delta X}{\Delta p} \times \frac{p}{X} \tag{3-3}$$

注意，$\Delta X/\Delta p$ 就是需求曲线斜率的倒数。[二]因此，需求曲线上任一点的弹性，称为需求的点弹性，以那一点的斜率的倒数乘以 p 与 X 的比。代数上，如果将斜率记做 s，那么可以得到

$$\text{需求的点弹性} = -\frac{1}{s} \times \frac{p}{X} \tag{3-4}$$

总的来说，当沿着一条需求曲线移动时，曲线上的斜率和 p 与 X 的比会同时改变。总之，需求曲线上不同点的弹性是不同的。因此。当说到美国对牛肉需求的“那个”价格弹性是 0.3，表示的是如果价格上升 1%，那么需求量会下降 0.3%。[三]然而，在一个更高或者是更低的价格上，ε 的值会完全不一样。

正如之前强调的，考虑微小的价格变化时，点弹性是非常重要的。然而，有时候必须计算出

[一] 随着 Δp 变得非常微小，这两个结果就会变得没有差异。

[二] 如果将需求函数用代数形式表示 $X=f(p)$，那么 $\Delta X/\Delta p$ 就是需求函数的斜率，而不是它的倒数。然而，$\Delta X/\Delta p$ 是需求曲线斜率的倒数，因为常见的需求曲线都是用横轴表示数量的。对这种做法没有真正的原因，除了传统——自从英国经济学家阿尔弗雷德·马歇尔（1842—1924）那时开始经济学家们就这么做了。

[三] 参考格罗斯曼（Grossman）、辛德拉（Sindelar）、毛拉（Mullahy）和安德森（Anderson）(1993)。

相关的较大价格变化的弹性。比如，几年前，当科学家宣布多吃花椰菜可以减少患癌症的风险时，两周后其价格在短期内就翻了一番。在这样的例子中，初始点的选择会造成一个非常大的差别。比如，如果价格从10美元涨到15美元，这代表了50%的涨幅（5/10）还是33%的涨幅（5/15）。正如已经阐述的，这个问题没有“正确”的答案。最重要的是做出一些决策并且始终坚持。常见的选择是相互妥协，既不是选择10美元作为初始点也不是选择15美元，而是选择两者的平均值12.50美元。使用这个表达方法，我们就能够定义10和15之间百分比的变化是5/12.5=0.40。相似地，需求量的百分比变化是通过需求量的变化除以第一个和第二个数量的平均数得到的。以这种方法计算出的一个弹性叫做需求的弧弹性。

可以用代数形式表示这个过程。定义$\bar{X}$为第一个和第二个数量的平均值，并且$\bar{p}$是第一个和第二个价格的平均值。需求量百分比变化是$\Delta X/\bar{X}$，并且价格百分比变化是$\Delta p/\bar{p}$。然后

$$\text{需求的弧弹性} = -\frac{\Delta X}{\bar{X}} \div \frac{\Delta p}{\bar{p}} \tag{3-5}$$

需求的价格弹性是负的需求量变化的百分比除以价格变化的百分比，对于微小的价格变动，计算一个弹性的最简单方法是代入式（3-4）中；对该变量比较大的情形来说，用式（3-5）表示的弧弹性公式来计算是有必要的。无论哪种情况，价格弹性并不取决于测量价格和数量的单位。

表3-1提供了一个弹性的例子，这些都是经济学家通过分析美国消费支出的类型而估计得到的。这样的信息对政策非常重要。比如，假设政府想要提高烟草产品的价格来使吸烟人群减少10%。烟草产品的价格弹性是0.46，这说明政策制定者需要将价格提高21.7%来得到这一吸烟人数的减少（因为0.46×21.7=10）。

表3-1　美国一些商品的价格弹性

餐馆食品	烟草产品	鞋袜类	珠宝和手表	电	水	房屋租赁	厨房用具	电话	法律服务
2.27	0.46	0.73	0.41	0.13	0.20	0.18	0.67	0.26	0.37

资料来源：Houthakker and Taylor（1970）

3.3.2　价格弹性和总支出

有了需求的价格弹性，我们就能够推测当一种商品的价格变化时花费在它上面的支出会如何改变。为了更加精确，将消费者花费在一种商品上的全部费用定义为**总支出**（total expenditure）。在这个定义中，总支出就是购买商品的数量（X）乘以每单位的价格（p），也就是

$$\text{总支出} = pX$$

比如，1995年人们以平均2.67美元的价格租用了大概30亿盒录像带。因此，在这一时期的总支出为100亿美元（30亿×2.67）。

现在，假设价格p上升了。因为市场需求曲线向下倾斜，数量X下降。因此，总的来说，我们不知道价格上升会使总支出发生什么变化。为了说明这一点，考虑图3-19，表示影响出租的市场需求曲线。由图可知，当每个出租物的价格是p_1时，需求量为X_1。现在，p_1是长方形$A+B$的高而X_1是宽。因此，p_1和X_1的乘积就是长方形$A+B$的面积。因为p_1X_1是当价格为p_1是的总支出，长方形$A+B$表示价格为p_1时的总支出。

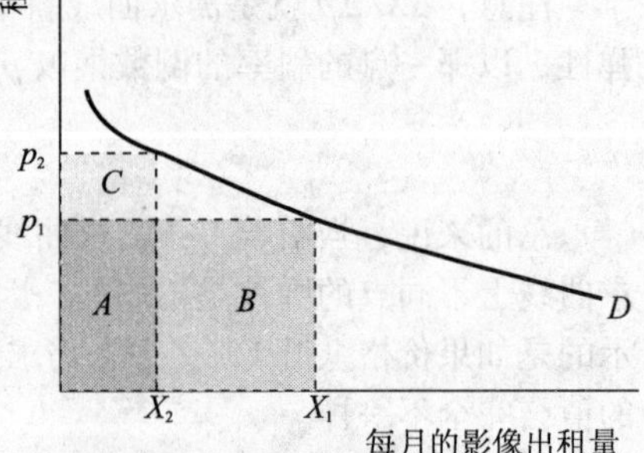

图3-19　价格的变化与总支出

注：当价格是p_1时，总支出是$A+B$。当价格增加到p_2时，总支出变为$A+C$，这里总支出的大小取决于B和C的相关面积。在这个特殊的例子里，总支出随着价格的上升而下降，因此弹性是大于1的。

假设每单位出租品的价格上升到了p_2，需求量下降到了X_2，并且使用和以前一样的逻辑，总支出为$A+C$的面积。那么总支出是上升了还是下降了呢？比较两个长方形的面积，可以看到当价格上升时，总支出增加了C的面积，因为人们对每个出租品支出增多。但是同时总支出也减少了B的面积，因为当价格上升后人们租用更少的录像带。那么B和C哪个面积更大呢？在这个特殊的例子里，B的面积更大，但是从总体情况来说，任何一个的面积都可能比另一个要大——价格变化对总支出的影响主要取决于在这种情况下需求曲线的斜率大小。

现在假设增加了一条信息——需求的价格弹性小于1（$\varepsilon<1$）。从定义中可得，这表示当价格以一个给定的比例增加时，需求量会以一个更小的比例下降（这是正确的，因为它们的商即弹性是小于1的）。因为数量X相对于价格p的上升来说下降的比例较小，其乘积一定是上升的。因此，当$\varepsilon<1$时，价格的增加会导致总支出的增加。在有些价格水平上，$\varepsilon<1$的需求曲线被认为是**缺乏弹性**（inelastic）的。直观地，当一种商品的需求是无弹性的，那么需求量对价格的改变并不敏感。因为当价格上升时需求量并不会下降很多，消费者最终会在这种商品上支出更多。

下面考虑需求价格弹性大于1的一种商品（$\varepsilon>1$）。这样一条需求曲线被认为在这个价格下是**富于弹性**（elastic）的。在这个例子中，需求量增加比例要大于价格增加的比例，总支出减少。对于$\varepsilon>1$的商品，需求量对价格是如此的敏感，以至于当价格增加时总支出实际上是减少的（图3-19所描述情况）。

这就给我们留下了中间的情况$\varepsilon=1$。当需求是**单位弹性**（unit elastic）时，价格增加的百分比正好等于需求量减少的百分比。因为一个量的增加比例正好抵消了另一个量减少的比例，乘积保持不变。当价格上升并且需求是单位弹性时，对商品的支出保持不变。

总支出的改变和需求的价格弹性之间的关系总结可以见表3-2。如果知道需求的价格弹性，就能推测在其他条件保持不变时，价格的改变会使总支出如何变化。同时，如果你观察到总支出是怎样随着价格的改变而改变的，就能够推测出需求的价格弹性。

表3-2 需求的价格弹性和总支出

价格弹性	价格上升在总支出上造成的影响	价格下降在总支出上造成的影响
缺乏弹性（$\varepsilon<1$）	上升	下降
单元弹性（$\varepsilon=1$）	不变	不变
富于弹性（$\varepsilon>1$）	下降	上升

需求的价格弹性的决定因素 什么决定了一条市场需求曲线的价格弹性？主要包括下列因素。

（1）一种商品存在相近的替代品会使得其需求更加富于弹性。如果人们认为本田汽车是丰田汽车相近的替代品，那么其他条件保持不变，如果丰田汽车的价格上升了，很多消费者会转向本田汽车。因此，丰田汽车的需求富于弹性。另一方面，胰岛素则没有相近的替代品，并且我们推测它是一种缺乏需求弹性的商品。通过上述分析，我们注意到一种商品的精确定义对其价格弹性有很重要的影响。鞋子的需求是缺乏弹性的，因为一个人要是不穿鞋就很难出门。然而，对锐步（一种名牌运动鞋）的需求（或者是其他特定的品牌）是非常有弹性的，因为消费者能够很容易地用一个企业生产的产品来代替另一个。总之，一种狭隘的定义上的商品（比如丹尼牛仔裤）的需求要比一种更加广泛定义上的商品（比如衣服）的需求更具弹性。

（2）弹性取决于商品在消费者预算中所占的比重。总体而言（虽然并不是永远成立），在其他条件不变时，收入用于一种商品的比重越小，需求的弹性就越小。我们并没有期望人们在曲别针变得更加昂贵时削减其购买曲别针的数量。相反，如果汽车价格走高，许多家庭将减少汽车的购买。

（3）弹性取决于分析的时间框架。正如前面提到的，在需求曲线背后的比较静态分析对均衡做了比较，但是这并没有说明从一个均衡点到另一个均衡点所需的时间。有时候，很久才能让消费者完全反映出一个价格的变化。因此，长期内一种商品的需求弹性可能要比短期的更大。遗憾的是，这个事实经常被决策者忽略。

比如，市郊间上下班的地铁运输问题。当公共交通部门需要增加收入时，一个典型的策略是增加收费。在这个策略背后的隐含假设是，虽然一些乘客会在价格上升时拒绝公共运输，但是其数量是如此之少以至于价格的上升会超出任何数量的减少。用经济学语言来说，交通部门假设市郊之间的地铁运输是缺乏弹性的。

这个需求缺乏弹性的假设对短期来说是非常可行的。如果一张车票的价格在6月3日上涨，那么在6月4日那些有代表性的乘客没有别的选择，只有继续乘坐之前坐的那趟车。确实，在更详细的统计研究中，福伊斯（Voith，1991）分析了费拉德尔菲亚地区的市郊地铁交通的需求，并且发现短期的需求弹性是0.54。在短期内，收费的上升导致了一个相关部门更高的收入。

那么对长期来说会如何呢？在给定的时间里，一个消费者对价格上升的反应可能是购买一辆汽车（或者是再买一辆汽车），加入开车一族，搬到离工作地点更近的地方居住，或者是找一个离家更近的工作。因此，在一个更长的时间里，费拉德尔菲亚地区的公共交通需求弹性会变得比短期的更大。福伊斯发现费拉德尔菲亚地区市郊间运输长时间内的弹性是1.84。因为短期需求是缺乏弹性的，收费的上升带来收入的提高，所以运输部门认为这个策略是“成功的”。然而，这个措施在长期内是失败的。因为超出一年后其弹性就大于1，这时总支出会随价格的上升而下降。这仅仅只是当决策的制定没有仔细考虑消费者对价格变化的反应时，公共政策如何偏离初始目标的一个例子。

另一个时间影响弹性的重要例子是汽油。在一年中，需求的价格弹性是0.11。但是在5年的时间里，它就上升为0.49，而在10年里就变为0.82（Poterba 1991）。因此，价格的上升是鼓励节约汽油消费的有效方法，但是总的影响可能要很多年才能显示出来。

3.3.3　一些特殊例子中的价格弹性

一些特殊需求曲线类型中的弹性是值得注意的。

1. 垂直需求曲线　现在回到胰岛素的例子。我们希望在一些价格区间上，价格的变化对需求量没有任何影响。图3-20的需求曲线是一条垂直于横轴的直线。因为在价格变化时需求量不再会有任何改变，从定义上得到$\varepsilon=0$。一条垂直的需求曲线被称为**完全缺乏弹性**（perfectly inelastic）。很难想象一种商品严格的在所有价格上都是完全缺乏弹性的。总之，如果一种商品的$\varepsilon=0$并且价格足够高，那么对这种商品的总支出会耗尽人们所有的预算。然而，在一些价格区间之外，某种特定商品的需求可能完全缺乏价格弹性，比如某人得了阑尾炎后需要进行阑尾切除手术。

2. 水平需求曲线　假设华硕公司生产的电脑磁盘被消费者认为与其他任何磁盘没有区别。如果华硕将价格提高到高于市场的价格p_1，这时就卖不出任何磁盘。在这个例子中，华硕公司的磁盘需求曲线是在价格p_1上平行的（见图3-21）。一条平行的需求曲线表明了消费者在这个价格下愿意购买足够多的商品。但是如果价格即使是比p_1上升一便士，那么需求量也会下降到0。在价格上升时需求量大幅下降，这被称为**完全富于价格弹性**（perfectly elastic）或者是**价格弹性无穷大**（infinitely elastic）的需求曲线。如果一种商品是其他商品的完全替代品，那么需求曲线的弹性就是无穷大的。

3. 需求曲线的单位弹性　假设太阳镜的市场需求曲线在任何价格点上都是$\varepsilon=1$。那么需求曲线是怎样的呢？回忆如果在需求曲线的任何点$\varepsilon=1$，那么不管价格怎样，总支出保持不变。比如，假设太阳镜的总支出是1600万美元。那么在需求曲线的所有点上，$pX=1600$万。因此，如果$p=8$美元，那么$X=200$万；如果$p=4$美元，那么$X=400$万；依此类推。画出所有这些点就会得到图3-22中的需求曲线。[⊖]

⊖ 你可能在代数上记得这样一条曲线被称为直角双曲线。

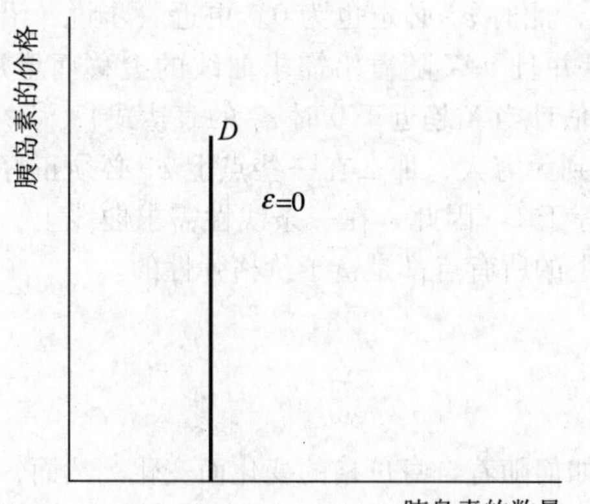

图 3-20 需求完全缺乏弹性

注：当需求曲线是一条垂直于横轴的直线时，需求量并不会随着价格的变化而变化。因此，需求的价格弹性是0。

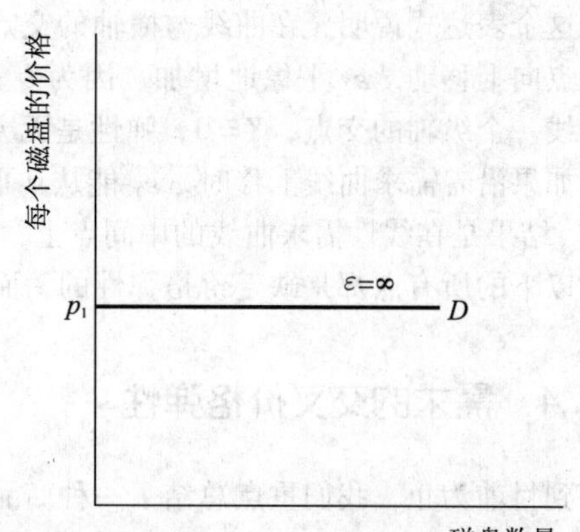

图 3-21 需求完全富于弹性

注：当需求曲线是水平时，消费者愿意在这个价格上购买足够多的这种商品。但是即使价格极小的上升，需求量也会减少为0。此时需求的价格弹性为无穷大。

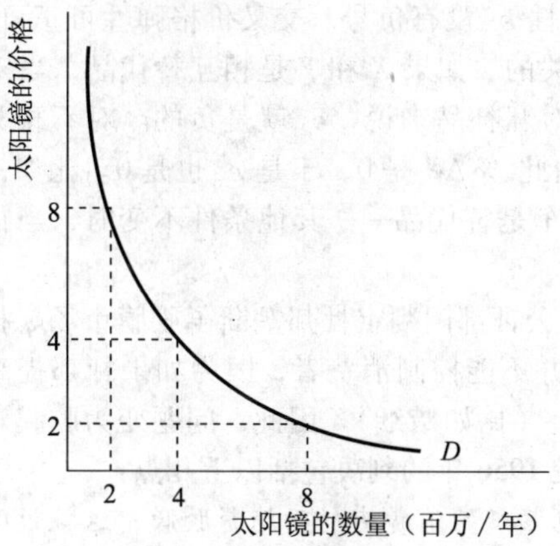

图 3-22 弹性始终为 1 的需求曲线

注：当需求的价格弹性在每个价格水平上都等于1时，总支出在每一个价格水平上保持不变。这样一种商品的需求曲线叫做直角双曲线。

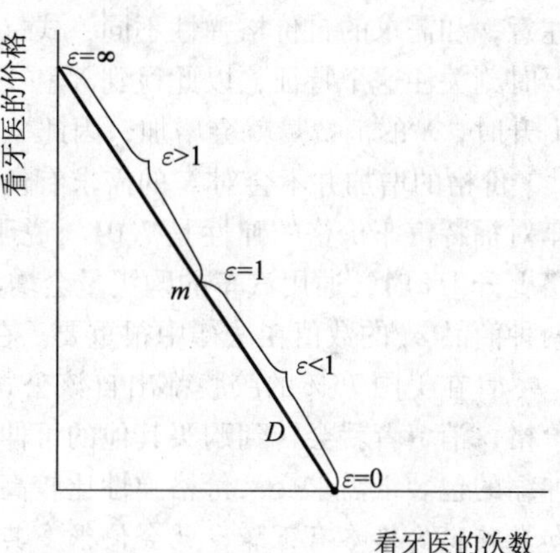

图 3-23 线性需求曲线上的弹性

注：在一条线性的需求曲线上，在中间点 m 以下各处的需求的价格弹性是小于 1 的，在中间点以上各处的弹性是大于 1 的，在中间点时价格弹性正好等于 1。

一个常见的错误是认为当弹性在 1 上保持不变时，需求曲线必须是一条直线。这个错误是由于混淆了斜率和弹性。如果斜率是确定不变的，那么需求曲线是一条直线。但是，如图 3-22 表明的，不变的弹性并不总代表不变的斜率。

4. 线性需求曲线 一条向下倾斜的直线的弹性是多少？这是一个欺骗性的问题，因为当沿着直线需求曲线移动时，从一个点到另一个点的弹性会发生变化。为了找到原因，假设对牙科服务的需求函数是线性的：$X = a - bp$，这里 X 是到访牙医的人数，p 是每次出诊的价格，并且 a 和 b 都是正数。这条需求曲线如图 3-23 所示。在直线的任何点上，$\Delta X/\Delta p = -b$。将其代入式（3-3）得到

$$\varepsilon_L = b\frac{p}{X} \tag{3-6}$$

这里 ε_L 是线性需求曲线上任一点的弹性。

这个表达式说明，在曲线与横轴的交点上，$p=0$，此时 ε_L 必定也为0。更近一步说，沿着这个点向上移动，ε_L 平稳地增加，因为 b 是一个常量并且 p/X 随着沿需求曲线的上移而增加。在曲线一个纵轴的交点，$X=0$，弹性是无穷大的（仅估计当 X 趋近于0时 ε_L 的表达式）。

如果沿着需求曲线上移时，ε_L 能从0平稳地增加到无穷大，那么在一些点上 ε_L 必须正好等于1。结果是在线性需求曲线的中间点上，弹性正好等于1。因此，在一条线性需求曲线上，中间点以下的所有点都是缺乏价格弹性的，而中间点以上的所有点都是富于价格弹性的。

3.3.4 需求的交叉价格弹性

到目前为止，我们重点总结了一种商品的需求量如何随着自身价格的变化而变化。然而，之前对交叉价格影响的分析表明，一种商品价格的变化可以影响另一种商品量的变化。**商品 *X* 的需求量对商品 *Y* 的价格的交叉价格弹性**（cross-price elasticity of demand for good X with respect to the price of good Y）是商品 Y 价格的百分比变化所引起的商品 X 数量的百分比，记做 ε_{xy}。用代数来表示

$$\varepsilon_{xy}=\frac{\%\ \Delta X}{\%\ \Delta p_y} \tag{3-7}$$

注意，和需求的自价格弹性不同，式（3-7）的弹性 ε_{xy} 没有负号。交叉价格弹性可正可负，我们要时刻关注这个特征，以此得到 X 和 Y 是如何相关的。如果 X 和 Y 是相互替代品，当 Y 的价格上升时，X 的消费量就会增加，因此 ε_{xy} 是正的。对互补品来说，ε_{xy} 就是负的。对不相关的商品，Y 价格的增加并不会对 X 的需求有任何影响；因此，$\%\ \Delta X$ 是0，于是 ε_{xy} 也是0。比如，通用汽车对福特汽车价格的弹性是7.01，说明这两种汽车是替代品——其他条件不变时，当福特的价格上升1%时，通用汽车的购买量会增加7%。

两种商品 ε_{xy} 的数值在法律中很重要。在1950年，公证部门判定杜邦垄断了胶膜市场。杜邦认为，尽管在美国75%的胶膜都出自该公司，但公司并不能控制消费者，因为如果杜邦提高胶膜的价格，消费者就会转到购买其他的可伸缩包装之上（比如蜡纸）。因此，问题变为胶膜对其他可伸缩的包装纸需求交叉价格弹性比较高。最高法院1956年的判决包括以下几点：

> 如果胶膜价格略有下降，就会使很多其他可伸缩包装纸的消费者转而消费胶膜，这就说明在它们之间存在着一个高的需求交叉价格弹性，这些商品在同一个市场中竞争。地方法院认为“消费者在可伸缩包装纸市场上对价格和数量的高度敏感性”阻止了杜邦在价格上拥有垄断控制的能力。结果支持这些发现。

因此，杜邦被判无罪，部分是因为有一个高的需求交叉价格弹性。

3.3.5 需求的收入弹性

弹性可以总结任何变量之间的关系。一个重要的例子是**需求的收入弹性**（income elasticity of demand)，即由收入变化百分比所引起的需求量变化的百分比。如果以 $\%\ \Delta I$ 表示收入变化的百分比，那么收入弹性 ε_I 就是

$$\varepsilon_I=\frac{\%\ \Delta X}{\%\ \Delta I} \tag{3-8}$$

正如交叉价格弹性一样，ε_I 也是可正可负。如果一种商品是正常商品，那么 ε_I 就是正的；如果是低档商品，那么 ε_I 就是负的。当 $\varepsilon_I>1$ 时，一种商品的消费量对收入非常敏感，即收入增加的百分比引起一个更大的消费量增加的百分比，这样的商品有时候被称为**奢侈品**（luxury good)。说到奢侈一词，经常会联想到一些物品比如毛皮和鱼子酱，但是更普通的东西通过这个

定义也可以被叫做奢侈品。可以通过表3-3来说明，表中列出了估计的所选商品的需求收入弹性。根据这些估值，家具是一种奢侈品——收入增加10%能使家具需求量增加26%。另一方面，酒精饮料消费对收入变化的敏感性相对较差，收入增加10%只能使需求量增加2.9%。

表3-3 美国一些商品的需求收入弹性

含有酒精的饮料	餐馆食品	动态图片	书本和地图	牙科医生	家具	安葬费用	汽车修理	出租车	玩具
0.29	1.61	0.81	1.67	0.38	2.60	0.48	1.03	1.14	0.59

收入弹性的概念有助于解释一些经济学的重要趋势。比如，通过很多举措，美国已经变成一个“服务型经济体”——在1959年，40%的消费开支由服务业贡献，但是到90年代中期，这个数字变为57%。一些观点认为，这个趋势是国家失去制造业竞争力的一个征兆。对这些数据不那么悲观的理解是，服务业需求的收入弹性大于1。按这个观点，因为服务业的ε_I大于1，随着收入的不断增加，对服务的需求会以更大的比例增加。但是其他条件保持不变，服务业的消费量以一个比收入更高的量增加时，服务业中收入贡献的部分必定会增加。这并不是说服务业的ε_I值一定是决定国民收入中流入服务业部分的唯一或关键因素。然而，对于这个现象，任何忽略收入弹性的分析都存在严重缺陷。

案例

中国居民的收入弹性变化

改革开放以来，我国的经济增长模式以投资和出口拉动为主，如果出口和投资受挫，经济增长就会遇到困难。2005年底召开的中央经济工作会议指出，要实现经济平稳较快增长，关键是要努力扩大国内需求。“十一五”期间扩大消费需求将成为我国经济发展的重点，以期提高消费对经济增长的贡献率，改变一直以来过度依赖投资的经济增长模式，消费需求不足、消费率低下的问题将是当前一个时期必须直面的严峻问题。根据扩展线性支出系统（*Extend Linear Expenditure System*，*ELES*）模型分析浙江省2005年城镇居民的消费支出和消费需求的收入弹性问题。

2005年城镇居民ELES参数估计值

	a_i	b_i	消费增量结构	消费支出结构
食品	2647.80	0.097	16.4	33.8
衣着	120.16	0.068	11.6	10.3
家庭设备用品及服务	124.12	0.031	5.2	5.0
医疗保健	486.95	0.025	4.2	6.8
交通通信	-1529.05	0.214	36.4	17.1
娱乐文教及服务	308.07	0.089	15.1	15.1
居住	459.45	0.038	6.5	8.6
杂项商品及服务	-18.82	0.026	4.5	3.3
合计	2598.68	0.588	100	100

计算结果表明，2005年城镇居民边际消费倾向为0.588，即居民每增加1 000元收入，有588元用于增加消费。在增加的消费中，用于增加交通通讯的支出最多，为214元，其次是食品支出97元，娱乐文教及服务支出89元。如果以消费增量为1来计算八类消费增量所占份额，可以看出消费增量结构与消费支出结构有着明显的不同，它反映家庭收入增加后会更多地用于哪些消费方向，可以揭示消费结构的变化趋势。

消费需求的收入弹性是指收入变化1%，价格不变时所引起的商品需求量变化的百分比。2005年浙江省城镇居民人均可支配收入为16 294元，根据模型计算居民需求的收入弹性如下表：

需求的收入弹性

食品	衣着	家庭设备用品及服务	医疗保健	交通通信	娱乐文教及服务	居住	杂项商品及服务	合计
0.3806	0.8820	0.8171	0.4874	1.6625	0.7820	0.5920	1.0643	0.7819

与基本消费需求一致，食品、医疗保健与居住类支出的收入弹性较小，其对收入变化反应较小，是居民生活的必需品。收入弹性系数大于1的项目是交通通信、杂项商品及服务支出，其对收入变化反应很大，是居民生活的“奢侈品”。(根据国家统计局网站公开资料整理)

小结

本章用选择理论阐述了消费者对价格和收入的变化如何做出反应。我们所需做的就是合理地调整预算约束，比较新旧两种均衡。这种均衡比较的过程称为比较静态分析。

- 使用比较静态分析方法，可以判断在保持其他商品价格、收入和偏好不变时，一种商品的需求量如何随价格的变化而变化。这一信息包括在需求曲线中。
- 商品价格的变化引起需求量的变化——沿着需求曲线移动。相关商品价格、收入或偏好的变化引起需求水平的变化——整条需求曲线的移动。
- 需求的价格弹性是负的需求量变化的百分比除以价格变化的百分比。它衡量需求量对价格变化的敏感程度。因为弹性依赖于百分比的变化，因此其值不会因单位（衡量数量和价格）的选择而受影响。
- 当一种商品需求的价格弹性小于1时，价格上升会引起总支出的上升。如果弹性大于1，那么价格的上升会引起总支出的下降。
- 弹性测量，可以用于任何情况来概括一个变量如何受到另一个变量的变化的影响。需求的交叉价格弹性是商品需求量百分比的变化除以另一种商品价格百分比的变化，并且需求的收入弹性是需求量百分比的变化除以收入百分比的变化。

讨论题

3.1 “大萧条依赖最严重的经济萎靡创造了一部分观众，他们同意限制污染成为奢侈品，以至于连南加利福尼亚州都支付不起……”

a. 根据这句话，清新干净的空气是正常商品还是低档商品？

b. 考虑单个人，他消费干净的空气和其他商品的组合。指出此人的预算约束和收入下降对均衡组合的影响。

3.2 考虑图3-20，它描述了一条弹性为零的需求曲线。画出能够得到这样一条需求曲线的无差异曲线图和预算线。

3.3 奥蒂斯消费两种商品：健康保健和所有其他商品。

a. 假设奥蒂斯能够在价格 p_H 每单位上消费他想要的所有的健康保健，画出他的预算线。

b. 假设政府宣布可以免费向奥蒂斯提供 H^* 单位的健康保健。然而，政府记录了这个过程，以阻止从个人从业者中购买健康保健。画出关于该项目的预算线。

c. 假设奥蒂斯可以在市场购买健康保健和参与政府项目之间进行选择。使用你的答案来区分 a 和 b，指出政府“免费”提供健康保健为什么可能会导致健康保健消费量的减少。

3.4 对琼斯而言，X 和 Y 是完全替代品。特别是，他总是愿意用3单位的 X 来代替2单位的 Y。每单位 X 的价格是5美元，每单位 Y 的价格是8美元，并且琼斯的收入是40美元。

a. 画出琼斯的无差异曲线图和预算线。

b. 琼斯会消费多少单位的 X？

c. 假设 X 的价格上升为6美元，并且所有其他条件都保持不变，琼斯会消费多少 X？

d. 画出 X 的需求曲线。

3.5 右面的图形向我们提供了玛丽在价格增加前后的蛋糕消费量。根据该图，得出玛丽对蛋糕的需求价格弹性是大于，小于还是等于1？

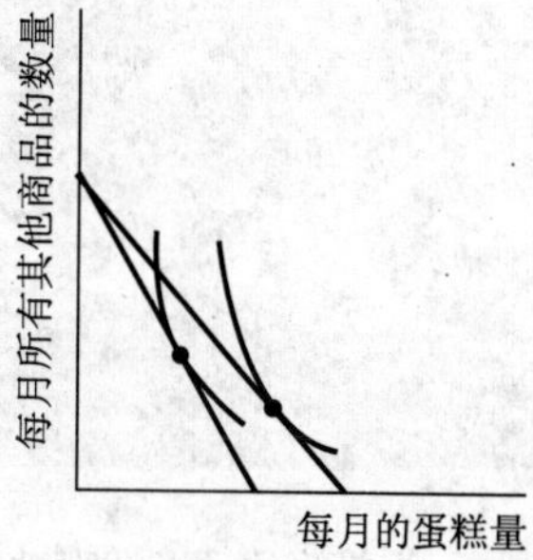

每月所有其他商品的数量

每月的蛋糕量

3.6 “在1990，内达华州每头牲畜的用水量为1 690加仑。在佛罗里达州为3 130加仑。当年内达华州每头牲畜的收入为20 248美元，佛罗里达州每头牲畜的收入为18 785美元”。以上面这些数据为基础，我们如何总结出水是一种低档商品。

3.7 在加拿大，一个打字员能够将捐赠给慈善的收入从应税收入中扣除，但是总的扣除金额不能超过收入的20%。假设一个加拿大人有40 000美元的年收入。该项税收法律如何影响他对慈善捐赠和“所有其他商品”的预算线。这项法律是否会激励人们进行捐赠活动？

3.8 根据 Pommerehne 和 Kirchgassner（1987），德国电影票的需求价格弹性是1.73。假设电影票的价格下降了10%，需求量会如何变化？在电影票上的总支出又会如何变化？

3.9 美国很多州在争论是否应该设立彩票抽奖活动。彩票的提倡者认为有积极影响的一种观点是彩票的收入贡献于教育事业。

画出一个州在“教育”和“其他商品上的支出”的预算线。指出彩票收入的引入如何影响预算线。画出无差异曲线图，并且指出存在彩票收入前后教育支出的比较。根据你的图形，教育支出是否因为总的彩票收入而增加？为什么决定政府是否保证将所有彩票收入都用于教育事业是一件很困难的事情？用替代品的概念来回答这个问题。

3.10 根据范·奥尔斯的观点，鸦片的需求弹性短期内是0.7，而长期内则是1.0。

a. 解释为什么鸦片的需求弹性在长期内会比短期的大。

b. 当鸦片的价格上升时，短期和长期来说其总支出会发生怎样的变化？你认为与鸦片相关的犯罪数量会有怎样的变化？

3.11 图3-23显示了需求的弹性是怎样沿着线性的需求曲线变化的。使用弹性和总支出之间的关系用图形的方法来证实图3-23中的结果。（提示：使用图3-19中应用的技术。）

3.12 假设 X 的需求曲线是线性的：$X = a - bp$，这里 a 和 b 都是常量。

a. 画出需求曲线。斜率和截距各是多少？

b. 支出需求曲线的中点，价格是 $(1/2) \times (a/b)$。这个价格下的需求数量是多少？

c. 应用式（3-4）得出在这条直线的需求曲线的中点上，需求的价格弹性是1。

第 4 章 价格变化与消费者福利

成本低的商品价值也低。

——塞万提斯，《唐吉诃德》

如果你喜欢吃甜食，也许会对下面的事实感兴趣：第三世界国家生产的糖的价格通常低于每磅10美分。然而，欧美国家的消费者却要支付两倍的价格。[㊀]差价如此之大，使得美国海关不得不禁止进口果酱和符合卫生标准的披萨，因为这些产品的进口商可以获得丰厚的利润并且出售这些食品里添加的糖。欧美国家的消费者被强制要求按高价支付，因为其政府通过限制进口第三世界国家的糖来保护本国制造商免于外部竞争。

除了支付双倍的价格，进口限制还使消费者遭受了多大损失？计算这种损失的一种方法就是弄清消费者最终额外支付了多少对糖的消费——在美国大约是11亿美元。但事情到此还远未结束。假设糖的价格是每磅7美分，琼斯每周消费3磅。一项进口限制政策出台后，糖的价格提升至每磅23美分。琼斯相应地将糖的消费量减少至零。显然，因为琼斯不再消费糖，他无须支付每磅糖增加的16美分。我们是否可以说琼斯并未受到进口限制政策的影响？在限制政策出台之前，琼斯有选择不消费糖的权利，但是他选择每周消费3磅糖，所以他必然更愿意将这些钱花费在糖而非其他商品上。因此，尽管琼斯在限制政策出台后不再消费糖了，但这项政策仍使得他的福利状况恶化了。

这个例子有些极端。根据消费者选择理论，我们假设价格的上升会减少商品的需求量，但是不至于使需求量一直减少到零。但是基本的结果是不变的——进口限制政策引起的价格上升会扭曲经济决策，而这会使消费者福利减少。而且，仅仅考虑支出的变化会引起误导。我们必须还要考虑消费者对价格变化的反应。

明确这一点后，仍然面临一个实际问题，即实际测量与价格变化相联系的消费者福利的变化。本章建立在需求理论之上，旨在建立一个框架来分析由价格变动所引起的消费者福利的变化。为了做到这一点，我们需要在价格变化时，对价格变动中的各种因素进行更深入的理解，也需要对包含在需求曲线中的有用信息的数量进行准确的评价。

4.1 收入效应与替代效应

在第2章和第3章，我们认为，在其他条件不变的情况下，当一种商品的价格上升时，需求

㊀ 当然，精确的价格是逐年变化的。

的数量会下降。换言之，需求曲线向下倾斜，这一观点叫做**需求定理**（law of demand）。引述的原因是，虽然这一定理看起来很好地描述了事实，但是其正确性却并非一个理论的必然。要充分理解价格变化的影响，重要的第一步是正确地建立需求定理成立所需的各项条件。

考虑萨姆森的情况，他用 I 美元的收入来消费糖和其他一切商品的组合。起初，糖的价格是每磅 p_1，其他一切商品组合的价格是每单位 1 美元，萨姆森的预算约束是图 4-1 中的直线 B_1。假设糖的价格由 p_1 上升到 p_2，如图 4-1 所示，萨姆森的预算约束沿纵轴由 B_1 转动到 B_2。这一价格的上升产生了两方面的影响：首先，它使得糖相对于其他商品更加昂贵，这一效应由 B_2 倾斜度的增加显示出来，价格上升后，萨姆森不得不放弃更多单位的其他商品以获得额外的一磅糖，其次，对于给定的萨姆森选择要购买的任意数量的糖，他现在能花费到其他商品上的钱减少了。下述事实揭示了这一效应：在价格上升后，萨姆森的可行集合位于价格上升前其可行集合的内部。实际上，价格的上升减少了萨姆森的实际收入——通过缩减预算集使他变得贫穷了。

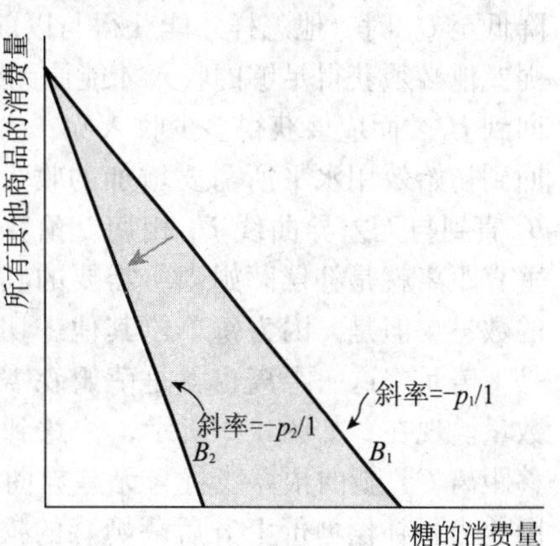

图 4-1　价格上升引起可行集的变化

注：当糖的价格是上升时，预算约束由 B_1 旋转到 B_2，结果糖的机会成本上升了（B_2 比 B_1 陡峭）。另外，消费者因不能再得到阴影部分而变得贫穷了。

当然，当糖的价格上升时，两种效应会同时发生。然而，分离这两种效应并逐一讨论是很有用的。首先，价格上升的**替代效应**（substitution effect）是指由于糖与其他商品的相对价格发生了变化而引起需求数量变化的效应。其次，价格上升的**收入效应**（income effect）是指由于消费者实际收入下降而引起需求数量变化的效应。如后面将介绍的，价格变化的净效应依赖于替代效应与收入效应的总效应。

4.1.1　图形描述

图形分析有助于理解收入效应与替代效应如何发挥作用。如图 4-2 所示，可以看到（由图 4-1 转化而来），萨姆森的初始预算线是 B_1，斜率是 $-p_1$，在 B_1 的预算约束下，萨姆森在无差异曲线 U_1 和预算约束 B_1 的切点 e_1 点实现效用最大化，在这一点他消费 x_1 磅糖，y_1 单位其他一切商品组合。现在假设糖的价格上升到 p_2，萨姆森的预算约束变成了 B_2，此时他在无差异曲线 U_2 上的 e_2 点实现效用最大化，在这一点他消费 x_2 磅糖和 y_2 单位其他一切商品组合。因此，当糖的价格由 p_1 上升到 p_2 时，可观察到的反应是糖的需求量由 x_1 下降到 x_2。

到此，讨论了所有问题。新问题是将 x_1 到 x_2 的变动分解成替代效应和收入效应。为了做到这一点，回忆替代效应仅仅是相对价格变化的影响。与收入效应相关的实际收入的变化不应考虑在内。也就是说，为了分离出替代效应，我们必须在保证初始实际收入水平不变的前提下检验价格变化的影响。

“实际收入”这一概念有些棘手。有一种可能是说，如果一个消费者在两种境况下能消费完全相同的商品组合，那么他在这两种情况下就具有相同的实际收入——即消费者具有相同的预算约束。为了使萨姆森的实际收入在糖价上升后保持不变，必须给他足够的钱以使其具有和之前完全相同的预算约束。但这是不可能实现的。回忆一下图 4-2，预算约束 B_1 和 B_2 因为有不同的糖价而具有不同的斜率。

在糖价上升后，我们可以通过给萨姆森现金来提高实际收入，但这将导致 B_2 向外平移。新的预算约束会比初始预算 B_1 陡峭，因此永远无法与之重合。我们得出结论，为了分离出替代效应，需要其他对“实际收入”的定义。

关于个人的实际收入，一种更有用的定义是指他的效用水平。当糖价的上升使得萨姆森的无差异曲线降低至 U_2 时，他怎样才能获得与以前相同的效用水平呢？他必须获得足够的收入才能使无差异曲线由 U_2 移回到 U_1。而应该获得多少收入呢？为弄清使萨姆森移回到初始效用水平所需要增加的收入数量，我们平移 B_2 直到与无差异曲线 U_1 相切。预算约束必须移动的垂直距离就是补偿萨姆森所需要的其他一切商品组合的数量。但是，因为每单位其他一切商品组合的价格是 1 美元，这一距离也就是萨姆森需要增加的收入的数量。现在，如图 4-2 所示，注意到如果预算约束上移距离 C，新的预算线将与无差异曲线 U_1 切于点 e_c，因此为了补偿糖价上升后萨姆森的损失，他需要获得 C 美元的额外收入。

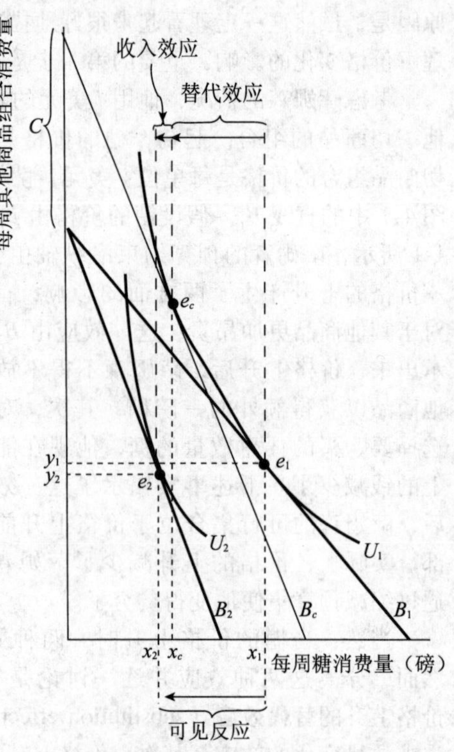

图 4-2　替代效应与收入效应：正常商品

注：价格上升引起替代效应和收入效应。替代效应是在保持个人处于初始效用水平的条件下，由更高的价格引起的需求量的变化，由 e_1 到 e_c 的移动来表示；收入效应是由收入变化引起的需求量的变化，由 e_c 到 e_2 的移动来表示。纵轴上的距离 C 表示价格变化的补偿变动。

现在，我们已从图 4-2 中理解了替代效应与收入效应。从 e_1 到 e_c 的移动显示出了当价格上升时需求量的变化，同时收入得到了调整以保持效用水平不变。那么根据定义，从 e_1 到 e_c 的移动就是价格变化的替代效应。注意，我们刚刚围绕无差异曲线 U_1 进行了旋转，因此，需求量必定下降，即价格上升的替代效应总是负的。从 e_c 到 e_2 的移动显示，当收入下降而相对价格保持不变时，需求量变化了多少（我们知道相对价格保持不变是因为 B_C 平行于 B_2）。因此，从 e_c 到 e_2 的移动是价格变化的收入效应。

简而言之，当糖的价格上升时，需求量从 x_1 下降到 x_2。这种变化的总效应可以被分解成替代效应（从 x_1 到 x_c）和收入效应（从 x_c 到 x_2）。因为替代效应由改变价格引起，而且（假设）同时用收入补偿了个人，所以替代效应又被称为对价格变化的**补偿性反应**（compensated response）。同时，我们实际观察到的数量变化（即从 x_1 到 x_2）有时会被称为**非补偿性反应**（uncompensated response）。

注意，在图 4-2 中，价格上升的收入效应降低了需求量——x_c 比 x_2 大。因此，对于萨姆森，糖是正常商品，收入效应与替代效应是互相加强的。两种效应都表明，当价格上升时，需求量会下降，反之亦然。因此，正常商品必然符合需求定理。

与之相反，图 4-3 描绘了黛利拉的状况，她和萨姆森具有相同的预算约束，但是其无差异曲线说明她具有不同的偏好。对于黛利拉，价格变化的可见反应（或非补偿性的）是从 e'_1 到 e'_2；应用与前面相同的逻辑，这一变化也可以分解成替代效应（从 e'_1 到 e'_c）和收入效应（从 e'_c 到 e'_2）。注意，对于黛利拉，糖是一种低档商品——收入效应自身倾向于增加糖的需求量，即从 x'_c 到 x'_2。然而，黛利拉的行为满足需求定理，因为替代效应（从 x'_1 到 x'_c）比收入效应作用更强。一种商品是低档商品，并不意味着它就不满足需求定理。

然而，如果一种低档商品的收入效应超过了替代效应，那么当价格上升时，需求量会上升——即需求曲线向上倾斜。需求曲线向上倾斜的商品被称为**吉芬商品**（Giffen good），这一名称源自 19 世纪的研究者罗伯特·吉芬，他讨论了吉芬商品的可能性。图 4-4 描述了这种现象，图中显示了大衮[㊀]消费糖和其他一切商品组合的无差异曲线。糖价的上升使 e''_1 移动到 e''_2；替代效应是 e''_1 从到 e''_c。始终不变的是，价格上升的替代效应倾向于减少需求量——x''_c 少于 x''_1。但是这一数量的减少被由更强的收入效应所引起的数量的上升抵消了，收入效应使得需求量从 x''_c 增加至 x''_2。因此，图 4-4 提供了一种理论上可能的吉芬商品的例子。

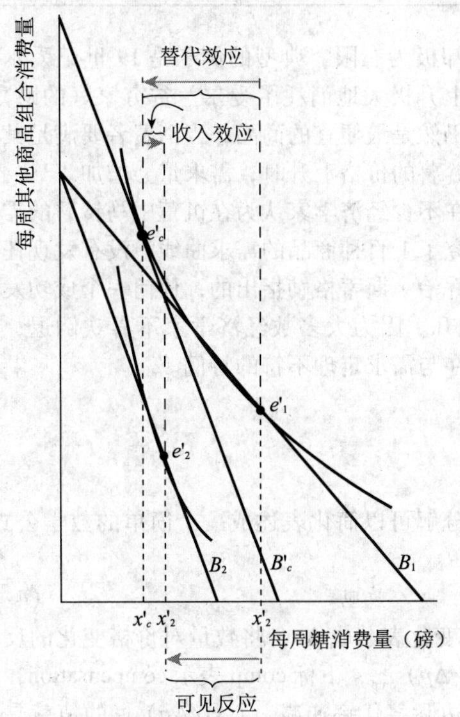

图 4-3　替代效应与收入效应：低档商品

注：对于黛利拉，保持其他条件不变，当收入上升时，糖的需求量下降，因此价格上升的收入效应提高了需求量，由 x'_c 到 x'_2。然而当价格上升时需求量下降了，因为替代效应（从 x'_1 到 x'_c）超过了收入效应。

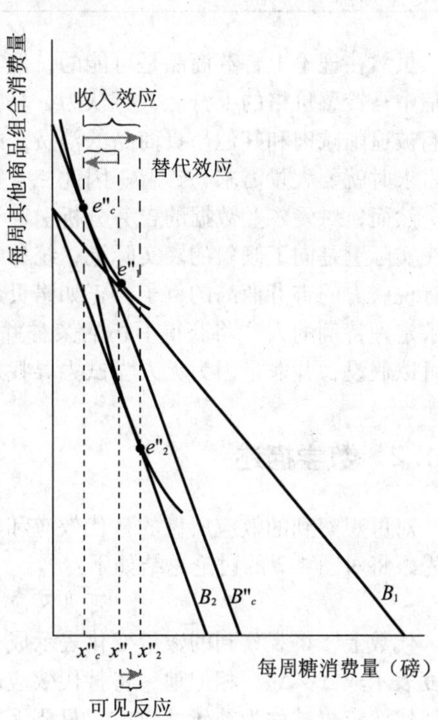

图 4-4　替代和收入效应：吉芬商品

注：对于大衮，价格上升后需求量由 x''_1 上升到 x''_2。因此，糖不仅是低档商品还是吉芬商品，显著的收入效应（使需求量从 x''_c 上升到 x''_2）超过了替代效应（使需求量从 x''_1 上升到 x''_c）。

认识到下面这点很重要，即尽管吉芬商品必定是低档商品，但一种商品可能是低档商品却不是吉芬商品。只要替代效应起主导作用，需求曲线就是向下倾斜的。有许多满足需求定理的低档商品的例子。例如美国的城际铁路运输是低档商品（需求的收入弹性是 -1.35；然而，它具有向下倾斜的需求曲线——需求的价格弹性是 1.1）。[㊁]另一方面，任何一种吉芬商品必然是低档商品。既然当价格上升时，替代效应总是导致需求数量下降，一种商品的需求曲线向上倾斜的唯一方法是使价格上升的收入效应支配替代效应。当收入下降提高了消费时，根据定义，这种商品就是低档商品。这些都已在表 4-1 中总结出来。

㊀　《圣经·旧约》中腓力斯人的主神，上半身是人，下半身是鱼。

㊁　见霍撒克（Houthakker）及泰勒（Taylor）（1970）。

表 4-1 商品价格上升的影响

商品种类	替代效应	收入效应	总效应
正常商品	数量减少	数量减少	数量减少
低档商品（但非吉芬商品）	数量减少	数量增加	数量减少
吉芬商品	数量减少	数量增加	数量增加

虽然在理论上吉芬商品是可能的，但其实际例子却极为有限。典型的例子是 19 世纪爱尔兰饥荒中马铃薯价格的上升。吉芬认为，马铃薯价格的上升极大地消耗了爱尔兰贫穷家庭的财富，他们被迫削减肉和其他昂贵商品的消费。既然马铃薯仍然是最便宜的商品，当消费者要满足其饮食需求时就要大量需求马铃薯。因此，吉芬认为当马铃薯的价格上升时，需求量会增加。

然而，对爱尔兰数据的吉芬分析引起了争议，现在不少经济学家认为在饥荒中马铃薯的需求曲线实际上是向下倾斜的。实际上，统计学家已经研究了上百种商品的需求曲线，没有发现任何具有说服力的吉芬商品的例子。正如诺贝尔奖获得者乔治·斯蒂格勒指出的，任何一个成功发现需求定理特例的人“将获得不朽的荣誉并得到迅速提升。因为大多数经济学家不喜欢倒退，我们可以假设，并非是因为无人尝试去寻找才完全不存在与需求定理不符的特例。”

4.1.2 数学描述

对可观察到的效应所做的替代效应和收入效应的分解可以简化表述成一个简单的数学公式。首先，将对图 4-2 的讨论总结如下：

$$\text{可见反应} = \text{替代效应} + \text{收入效应} \tag{4-1}$$

代数上，将观察到的数量变化表示成 Δx，将价格变化表示成 Δp，将数量对价格变化的反应程度表示成 $\Delta x/\Delta p$。相似地，将替代效应表示成（$\Delta x/\Delta p$）$_{\text{comp}}$，下标 comp 表示 compensation，因为替代效应也被称为补偿性效应。只要无差异曲线的边际替代率递减，（$\Delta x/\Delta p$）$_{\text{comp}}$的值就是负的。应用这种表示法，我们可以将公式（4-1）重新写成：

$$\frac{\Delta x}{\Delta p} = \left(\frac{\Delta x}{\Delta p}\right)_{\text{comp}} + \text{收入效应} \tag{4-2}$$

现在，唯一的问题是将收入效应用数学方法表示。收入效应由两个术语得来。第一个是价格上升 Δp 后货币收入上升的数量，第二个是收入每下降一美元，需求量的变化。为了得到第一个术语，假设在没有替代效应的情况下，萨姆森消费 3 磅糖并且价格每磅上升 1 美元，他的福利减少 3 美元（我们忽略了替代效应，因为根据定义，替代效应被排除在收入效应之外）。更一般地，如果糖的消费量是 x_1 磅，那么被 1 美元的价格上升所引起的收入变化是 $-x_1$（这里用负号是因为价格上升的结果是降低收入）。现在转向收入效应的第二个术语，我们将收入上升 1 美元所引起的需求量的变化表示成 $\Delta x/\Delta I$。因此，价格变化的收入效应是 $-x_1 \cdot \Delta x/\Delta I$。将收入效应代入式（4-2），得到：

$$\frac{\Delta x}{\Delta p} = \left(\frac{\Delta x}{\Delta p}\right)_{\text{comp}} - x_1 \times \frac{\Delta x}{\Delta I} \tag{4-3}$$

式（4-3）被称为**斯勒茨基等式**（Slutsky Equation），以俄国经济学家尤金·斯勒茨基（Eugene Slutsky）的名字命名，他在苏联成立之前提出了这一分解的建议。

斯勒茨基等式暗示了许多对收入效应和替代效应有趣的观察。首先，如果一种商品是正常商品，那么根据定义，$\Delta x/\Delta I$ 为正，因此 $-x_1 \times \Delta x/\Delta I$ 为负。因为（$\Delta x/\Delta p$）$_{\text{comp}}$永远是负的，斯勒茨基等式告诉我们，当 x 正常时，$\Delta x/\Delta p$ 必然为负。但负值仅是当价格上升时，需求量下降的另一种说法。因此，如表 4-1 指出的，当一种商品是正常商品时，它必然符合需求定理。

斯勒茨基等式的另一个含义是，在其他条件不变时，随着 x_1 逐渐减小，收入效应也会逐渐减小。因此，如果消费的商品的数量很小，那么收入效应就不重要了，补偿性结果与观察到的结果也就没有太大差别了。直觉上讲，如果对一种商品的消费量不大，那当价格上升时，你并不会明显变穷。例如，如果铅笔的价格涨了一倍，你可能并不会因此感到自己变穷了。如果房价上升了一倍，你就会感到自己变穷了。这种分析解释了为什么吉芬商品很少存在。大多数人预算中的商品（例如住房）都是正常商品。占消费者预算很少一部分的低档商品的收入效应很弱，使得吉芬商品实际存在的可能性不大。更进一步说，尽管市场中的一部分特殊消费者表现出对吉芬商品的需求，但也不太可能得到向上倾斜的市场需求曲线——在将个人需求曲线相加得到市场需求曲线的过程中，吉芬商品效应被更多的一般商品效应抵消了。

4.2 补偿变动与等价变动

围绕图4-2进行的讨论清楚地证明，当糖的价格上升时，萨姆森的福利状况变差了（将他的无差异曲线由 U_1 降低到 U_2）。本节重在测量他有多少福利损失。解决这个问题的第一步是比较无差异曲线 U_1 和 U_2 所代表的福利数量，然后说明它们之间的差异就是其福利损失。但这种方法是没用的。回顾第2章，效用的数量仅用来表示序数，比较它们的不同完全不会提供任何信息。

因为福利变化的效用单位是不能衡量的，我们必须找到用货币衡量的方式。从货币角度看，萨姆森因为糖的价格上升而损失了多少福利呢？说到这，问题出现了分歧，因为它意味着两种不同的事物：

（1）糖价上升后，萨姆森需要多少钱来使自己恢复到初始的福利水平？通过这种方法找到了因糖价上升对个人的货币补偿，这一测量福利损失的方法被称为价格变化的**补偿变动**（compensating variation，CV）。

（2）给定价格上升前的消费量，那么价格上升后，为降低消费者福利，需要从此人手中拿走多少钱才能等同于价格上升给他带来的福利损失？这种方法是要找到与价格上升同等的收入减少，所以这种方法叫做价格上升的**等价变动**（equivalent variation，CV）。

理解补偿变动与等价变动之间差别的最好的方法就是将它们计算出来。

1. 补偿变动 回顾图4-2，为了分离出价格上升的替代效应，我们不得不给萨姆森足够的钱使他回到初始的福利水平。在图4-2中，这一精确数量是 C 美元。根据定义，C 美元就是价格上升的补偿变动。然而，找到补偿变动仅仅是计算替代效应的一个副产品。要注意，效用是序数的，它对补偿变动的数量完全没有任何影响。不管无差异曲线 U_1 和 U_2 所代表的效用是多少，补偿变动仍然是 C 美元。

2. 等价变动 等价变动是为使个人福利降低到等同于由价格上升引起的福利下降的水平，而必须从个人那里拿走的货币量。等价变动可由将预算线平移至最初水平得到，直到它刚好与无差异曲线 U_2 相切。在图4-5中，为了与无差异曲线 U_2 相切，预算线 B_1 需要移动的量——距离 E——是价格变动的等价变动。

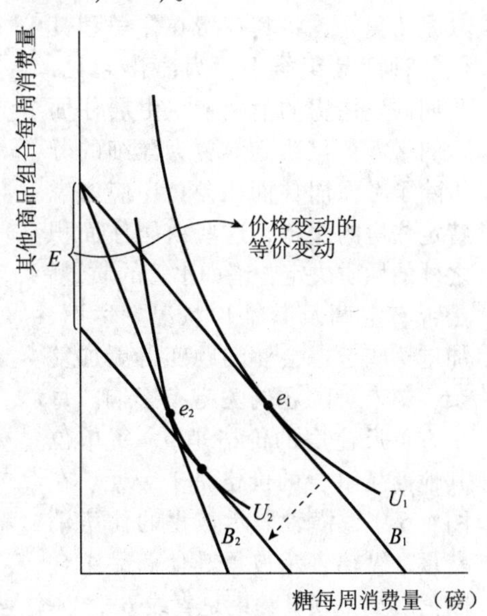

图4-5 等价变动

注：为了找出等价变动，平移与初始价格相关的预算约束（B_1），直至与新的无差异曲线相切，这样就得到等价变动 E。

3. 补偿变动与等价变动的比较 观察到图4-2中 C 的距离与图4-5中 E 的不相等——补偿变动与等价变动对两条无差异曲线之间的美元价值有不同的估算。如前所述，我们不能期待它们永远相等，因为它们回答了两个不同的问题。特别地，两种方法不同是因为它们评估福利变动是根据不同的相关价格设置进行的。补偿变动决定了在给定新价格后，需要多少收入以抵消价格上升的影响。补偿变动的计算涉及曲线 B_2 的移动，而曲线 B_2 的斜率由新的价格比率决定。在另一方面，等价变动决定了我们不得不在初始价格上取走多少收入，以使其对消费者剩余的损害等于价格变化的影响。因此，找出等价变动包括转动曲线 B_1，该曲线的斜率为初始价格比率。

4.3 补偿变动与等价变动的应用

如下面的例子表明的，补偿变动与等价变动有助于思考很多重要的经济问题。

4.3.1 价格补贴评价

全世界的政府都会对各种商品的消费提供补贴。比如，美国、英国、以色列和许多其他国家都对住房提供补贴。这种补贴有许多形式。公共住房的公寓可能以低于市场价格租给低收入者。在英国，廉价公房租金可能低于市场价格 45%。对于中高收入者，住房补贴通常采取税收暂缓的形式，从而降低拥有住房的成本。在美国，据估计，这种补贴每年要花费超过 700 亿美元的财政收入。[⊖] 在我们看来，这些政策的本质是它们降低了住房消费的相对价格。在本节，我们利用等价变动和其他需求理论工具来评价补贴。

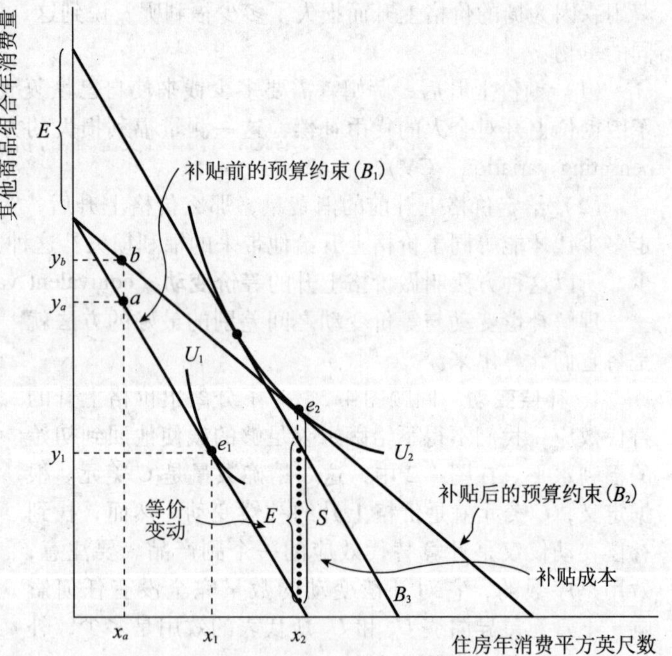

图 4-6　对价格补贴的分析

注：住房消费补贴将个人的预算约束由 B_1 移至 B_2，补贴后，x_2 单位的住房被消费了，住房补贴花费了政府 S 美元，这超过了住房补贴的收益 E，住房补贴收益以与房价下降相关的等价变动度量。

考虑彼得的情况，他的固定收入是 I 美元，将其花费在住房和其他各种商品组合上。为简化起见，我们假设住房的消费量仅由居住面积的平方英尺决定。更为详细的分析除了考虑居住面积外，还应考虑特定住房的服务，这些由居住面积之外的性质决定，诸如水管的质量、是否有空调及其维护状况。然而，加进这些考虑会使问题变得更加复杂，却未对问题的关键有影响。每平方英尺住房的价格是 p，每单位其他商品组合的价格是 1 美元。在图 4-6 中，横轴表示彼得的住房消费量，纵轴表示彼得其他商品组合的消费量。预算约束是直线 B_1，斜率是 $-p$，横轴截距是 I/p。假设彼得追求效用最大化，他会选择点 e_1，此时消费 x_1 平方英尺住房和 y_1 单位其他商品。

⊖ 美国人口普查局（1994，336）。

假设对住房提供比率为 s 的补贴，此时彼得面对的住房价格是（$1-s$）p。补贴将彼得的预算约束移至图 4-6 中的直线 B_2，其斜率为－（$1-s$）p，横轴截距为 I/［（$1-s$）p］。因为其他所有商品组合的价格仍然是 1 美元，所以补贴前后纵截距相同。

注意，对于任意给定的住房消费量，B_1 和 B_2 的垂直距离就是彼得获得的补贴量。为了弄清原因，选择纵轴上一任意住房消费量 x_a 平方英尺。在实施补贴之前，彼得可以消费 x_a 平方英尺的住房和 y_a 单位的其他商品。点 a 位于补贴前的预算约束上。实施补贴之后，彼得在消费同样 x_a 平方英尺的住房的同时可以负担 y_b 单位的其他商品的消费。差距 y_b-y_a 就代表了彼得获得的以其他商品形式表示的补贴量。因为其他商品组合的价格是 1 美元，所以 y_b-y_a 也就代表补贴的金额。

至此，我们还未指出在新的预算约束 B_2 上彼得选择的消费点。图 4-6 指出他的最优化点是 e_2。预算约束 B_1 和 B_2 距离是 S，意味着政府的实际支出是 S 美元。显然，彼得在点 e_2 比在点 e_1 的福利状况要好。㊀一个更细致的问题是，住房补贴是将彼得的无差异曲线由 U_1 提高到 U_2 的一种有效方法么？也就是说，存在可以以低于 S 美元的成本将彼得的无差异曲线提高至 U_2 的替代方案么？

为了回答这个问题，需要一种方法对彼得从补贴中获得的福利做美元估值。既然我们已经试图找到必须支付给彼得的能对其产生同等福利所得的收入金额，等价变动看起来是一种明智的方法。记住，找到等价变动涉及初始预算约束的移动。因此，将 B_1 向外平移相切于无差异曲线 U_2。在图 4-6 中，这样计算的等价变动由纵轴上的 E 表示。因为现在 B_3 和 B_1 平行，这两条直线间的垂直距离总是等于 E。特别地，虚线的长度也等于 E。因此，E 小于 S。

这里得出了一个非常明显的结论：补贴对受惠者的价值（以等价变动的美元价值计算，E）少于补贴的成本（以政府花费的美元计算，S）。换句话说，如果以 E 美元的直接收入转移代替补贴政策，受惠者的福利不会恶化，而政府可以节省（$S-E$）数量的资金。换个角度，如果在直接收入转移政策上而非补贴政策上花费相同的钱（S），受惠者的福利状况会得到更大改善，因为他会得到一条更高的无差异曲线。因此，我们得出结论，住房补贴政策并不像描述的那样有效。

你也许会怀疑这个结果是图 4-6 中所显示的无差异曲线的特殊情况下的人为加工品。其实情况并非如此。只要无差异曲线具有通常的形状，任何改变相对价格的补贴使受惠者获得的价值都少于政府支付的成本，从这个意义上说，补贴政策都是无效的。㊁

直觉上，一项直接收入转移允许受惠者以他认为合适的方式来消费。相反，商品补贴通过改变商品的相对价格“扭曲”了受惠者的选择——与给定补贴前价格的购买量相比，它引导消费者消费了过多的补贴商品。因此，尽管消费补贴政策确实改善了消费者的福利，如果他以一次性补贴的方式得到相同数量的钱，福利状况就会获得进一步改善。因为补贴的无效，许多经济学家出于政治考虑，相信以直接现金补贴代替商品补贴会更受欢迎。

如果这一切都正确，为何商品补贴仍如此流行？有几个因素可能在起作用。至少在那些贫穷、搞家长制的地方，补贴是存在的。捐赠者可能相信穷人不能做出理性的消费决定，因此他们必须被引导着去购买那些对他们来说“好的”商品。美国食品证政策就是一个很好的例子，一个受惠者（按照法律规定）是不能用食品证购买烟酒的。

政治上的考虑也很重要。商品补贴不仅可以帮助受惠者，还可以使补贴商品的生产者获益。例如，住房补贴增加了住房需求，使得建筑公司、建筑工人以及信贷行业获益。因此这些“特殊利益”愿意支持政府的这些政策。

㊀ 这里忽略了已征收的税收来提供补贴的影响。

㊁ 这里假设不存在诸如外部性之类的市场“缺陷”，参见第 12 章。

4.3.2 卡特总统的汽油税

在20世纪70年代，政府考虑减少汽油消费的政策，汽油税是一种选择。然而，许多人认为，一些人只因为偶然消费了大量汽油就要对他们进行惩罚，这是不公平的。因此，卡特政府提出了下面的政策：征收汽油税并通过退税返还给汽油消费者。这项政策遭到了严厉的批评，尤其是下一届总统候选人罗纳德·里根，他认为这项政策不会起作用，因为退税将会取消税收。

究竟谁正确，卡特还是里根？让我们利用图形工具来解决。图4-7描绘了吉米的情况，作为一个典型的消费者，他将自己的收入 I 美元在汽油（以横轴表示）和其他商品组合（以纵轴表示）的消费间进行配置。起初，每加仑汽油的价格是 p，其他商品组合的价格是1美元。在预算约束的限制下（图中的直线 B_1），吉米的最优组合包含了 x_1 加仑的汽油和 y_1 单位的其他商品组合。

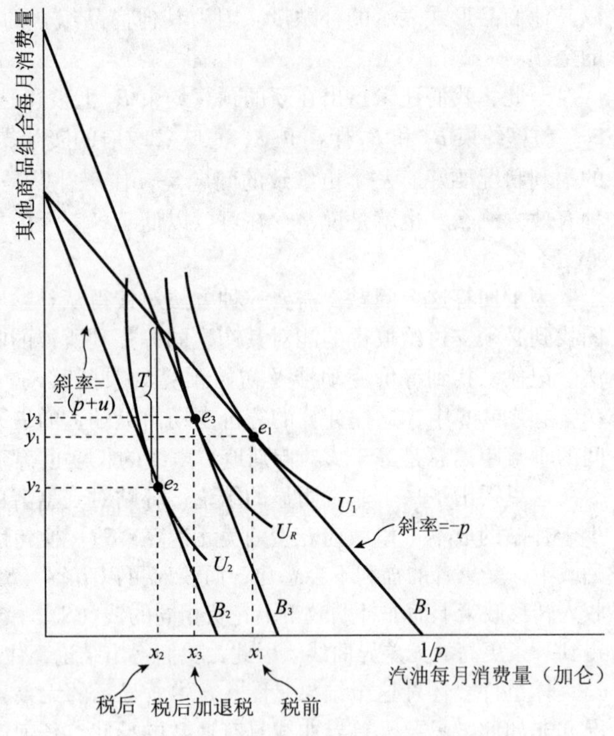

图4-7 附加退税的汽油税

注：x_1 是税前的汽油消费量，x_2 是税后汽油消费量，x_3 是退税后的汽油消费量。税收提高了汽油相对于其他商品的机会成本，因此 B_2 比 B_1 陡峭。所以，即使税款返回了，退税后的汽油消费量（x_3）仍比初始量少。

假设政府对每加仑汽油征收 u 美元的税使得汽油的价格由 p 上升到 $p+u$。[⊖]现在，吉米的预算约束——图4-7中的预算约束 B_2——的斜率是 $-(p+u)$，横截距是 $I/(p+u)$。

现在，回顾前面关于住房补贴的讨论，补贴前后预算约束之间的垂直距离衡量了对于任意给定的住房消费水平所支付的补贴金额。利用相同的逻辑，图4-7中的税收前后的预算约束的垂直距离表示了为消费的每单位汽油所支付的税额。因此，如果吉米税后的最优选择是 e_2，税款就是与之相关的 B_1 和 B_2 之间的垂直距离 T。

如果卡特计划只包含税收，我们的分析就到此结束了，但是还必须分析退税时会发生什么情况。不妨假设全部税收收入 T 都退还给了吉米。给定税后预算约束是 B_2，当他一次性获得 T 美元退款时，新的预算约束必然与 B_2 平行，并且严格高于 T——图4-7中的直线 B_3。给定预算约束，吉米的最优选择是点 e_3，在这一点，他消费 x_3 加仑汽油和 y_3 单位其他商品组合。

图4-7显示出：

（1）卡特计划对汽油消费的减少量少于单独实行汽油税政策的情形——x_3 大于 x_2；

（2）尽管如此，卡特确实比不采取任何措施减少了汽油的消费——x_3 小于 x_1；

（3）尽管退税有助于消费者福利水平的提高（无差异曲线 U_R 高于无差异曲线 U_2），但他的福利状况仍旧比初始时恶化了（无差异曲线 U_1 比无差异曲线 U_R 高）。

⊖ 如第11章所示，消费者所付价格的实际程度提高了，因为税收依赖于市场供给与需求曲线。然而，接下来的分析适用于任何从税收产生的价格上升。

从直观上讲，x_3 比 x_2 大，因为吉米退税得到的增加使他消费了更多的汽油。换句话说，图4-7假设石油是正常商品，这是一个合理的假设。然而，因为汽油税提高了汽油相对其他商品的机会成本，因此消费者消费的汽油比初始时少——即使已经有了退税。这就是 x_3 比 x_1 小的原因。

注意，从 x_1 到 x_3 的移动大致对应于汽油价格上升的替代效应。称为"大致"的原因是精确的替代效应应是通过给消费者足够的现金以使他达到初始的实际收入水平，即补偿变动。相比之下，卡特计划仅给了消费者足够使其获得初始货币收入的现金（T 美元）。这解释了消费者即使在获得退税后，其福利状况也比最初恶化了。

所以，谁是正确的呢？卡特还是里根？由分析看起来是卡特正确。如果税收及退税计划在管理上可行，它确实会减少汽油消费的上升。这就是（大致的）现实中的替代效应。然而，如果退税的目的是保证消费者福利不因税收而恶化，那么我们的分析表明，这将不太可能成功——退税的影响小于价格上升的补偿。

4.4　消费者剩余

我们已经看到补偿变动是衡量福利变化的一个强有力的工具。如图4-2所示，它的计算应用了无差异曲线图。然而。根据需求曲线描述福利变化是很方便的。在本节，我们描述了这个过程并利用这些结论获得大致估计消费者福利变化的一种实际方法。

4.4.1　作为边际价值的需求曲线

为了证明需求曲线在衡量福利变化方面是有用的，首先必须表明需求曲线上每一点都代表个人为消费的每单位产品大概愿意支付的货币。下面看亚历山大的例子，他消费电话服务（以呼叫的分钟计算）和其他所有商品的组合。亚历山大电话呼叫的需求曲线是 d，如图4-8所示，与典型的需求曲线不大相同，d 是由一系列小阶梯构成的而不是连续的倾斜曲线，正如你即将看到的，这仅是为了方便起见，而对基本讨论并无影响。

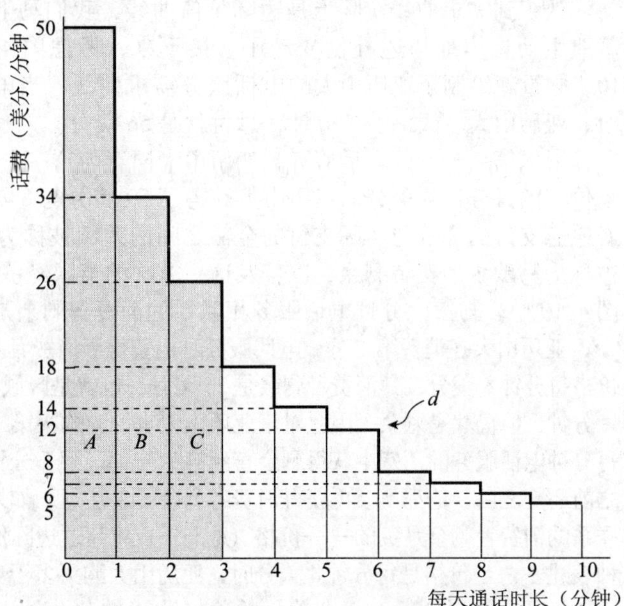

图4-8　作为边际支付意愿曲线的需求曲线

注：消费一单位商品的边际价值是相应需求曲线上的价格，在本例中第一单位的边际价值是50美分，第二单位的是34美分，第三单位的是26美分。这些数量分别与需求曲线下的面积区域 A、B、C 相一致。

根据图4-8，当电话费是每分钟50美分时，亚历山大的需求量是每天一分钟。亚历山大对花费在电话服务上的这一分钟愿支付多少？因为价格是50美分，亚历山大愿意为这一分钟支付50美分，而不是更多。因此，亚历山大对花费在电话服务上的第一分钟支付的价值是50美分。简言之，需求曲线上对应于第一分钟的价格反映了亚历山大对那一分钟的支付意愿。图形上，图4-8中的矩形 A 表示了这点，矩形的高表示50美分，宽表示一分钟通话时间。

第二分钟怎样呢？根据图4-8，对应于第二分钟的价格是34美分。利用与以上完全相同的逻辑，亚历山大愿意为第二分钟支付的价格一定是 34 美分，用矩形 B 表示。更一般地，消费者愿意给自己消费的额外一单位商品支付的价值是需求曲线上与之相对应的价格。基于这个原因，需求曲线可以被认为是边际价值需求曲线——对消费的每一单位商品，它显示了消费者愿意为额外的（边际）一单位商品支付的价格。

假设我们想知道亚历山大对前三分钟的电话服务消费的意愿总支付是多少，答案要通过将对应于第一、二、三分钟的边际价值加总得到。在图 4-8 中，就是矩形 A、B、C 的面积之和，或者 1.10（0.50 + 0.34 + 0.26）。更一般地，对所消费的给定数量的商品所愿支付的价值是将所有单位商品的边际价值加总，用图形表示就是横轴第一单位到最后一单位之间，纵轴需求曲线以下的区域。

现在考虑图 4-9 中的糖的需求曲线，它是一条圆滑的曲线而非阶梯状函数。利用与图 4-8 完全相同的逻辑，对任意给定的消费水平，曲线的高度就代表个人消费这一单位商品的价值。例如，p_1 是消费 x_1 单位的边际价值。在图 4-8 的分析中，从 1 到 x_1 单位的总价值是需求曲线以下与之相对应的阴影部分的面积。

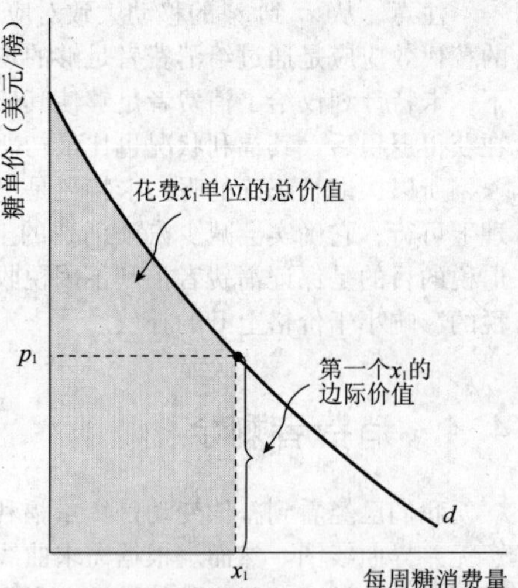

图 4-9　支付总意愿的度量

注：当需求曲线是平滑的时，我们仍能将横轴到曲线的垂直距离解释成相应单位商品的边际价值。因此，在图 4-8 的分析中，在曲线之下两个消费水平之间的区域代表消费这些单位商品的总价值。

4.4.2　价格和消费者剩余

认识到需求曲线实际上是边际价值曲线，我们马上就能生动具体地描述补偿变动了。接下来，考虑图 4-10，它重新绘制了亚历山大的电话服务需求曲线。当电话服务业务的市场价格是每分钟 8 美分时，亚历山大一天消费 7 分钟，总付款是 56 美分。

考虑第一分钟的电话服务，亚历山大愿意为这一分钟支付 50 美分，但是他只需支付现行市场价格的每分钟 8 美分。亚历山大获得了 50 美分与 8 美分之间的差额——42 美分的收益。消费者愿意支付的金额与实际支付的金额之间的差额被称为**消费者剩余**（consumer surplus），有时也被称为**马歇尔消费者剩余**，以普及这一方法的英国经济学家阿尔弗雷德·马歇尔的名字命名。在图 4-10 中，与第一分钟电话服务相联系的消费者剩余是区域 M。

亚历山大在消费第二分钟电话服务时也获得了消费者剩余。他愿意为第二分钟支付 34 美分，给定价格每分钟 8 美分，其消费者剩余是 26 美分，也就是区域 N。尽管第二分钟获得的消费者剩余少于第一分钟，但仍然是剩余，因此对于亚历山大来说，购买第二分钟电话服务是值得的。亚历山大持续在每分钟电话服务的消费中获得剩余直到第 7 分钟，第 7 分钟他的消费者剩余是零。无论购买第 7 分钟之前还是之后，他都不会再获得消费者剩余了。注意，如果亚历山大购买第 8 分钟电话服务，与之相联系的消费者剩余是负的——价格（8 美分）将超过边际价值（7 美分）。这是对我们已知事实的另一种表述——当价格是每分钟 8 美分时，亚历山大购买多于 7 分钟的电话服务是不利的。

亚历山大从以每分钟 8 美分的价格购买的 7 分钟电话服务中获得的总的消费者剩余是多少呢？消费者剩余总量是消费的每分钟电话服务所获得的消费者剩余的总和，或者说是阴影部分 $M+N+O+P+Q+R$ 的面积，等于1. 06 美元。更一般地，与你愿意以现行价格购买的等量的商品相联系的消费者剩余是现行价格之上需求曲线之下的部分。例如图 4-11 中的阴影部分就是价格为 p_2 时的消费者剩余。

为了强化你对消费者剩余的直观认识，考虑下面的情况。为了进入电话服务系统，你不得不支付月租。一旦支付了月租，就可以在现行价格下购买自己所需数量的电话服务。你愿意支付的最高准入费用是多少？答案在于你从电话服务的消费中获得了多少消费者剩余。征收准入费在多数电话服务公司很普遍。大部分人愿意支付这笔费用表明，得自电话服务消费的消费者剩余超过了这笔费用。其他进入费用的例子比如在酒吧，你进入这个娱乐场所时需要付钱，而你在里面要进行娱乐活动时还要另外付钱。这样一种定价制度被称为**两部制定价**（tow-part-tariff）——消费者首先支付一笔费用获得购买一种商品的权利，然后再为自己实际购买的每单位该商品付款。

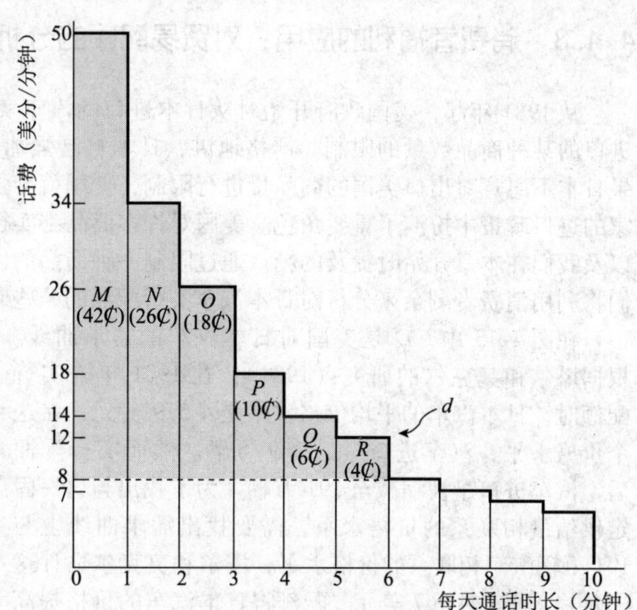

图4-10 消费者剩余

注：购买的每一单位商品的剩余是这一单位商品的边际价值减去价格。因此，如果市场价格是8美分，第一单位的消费者剩余是区域M，第二单位是区域N，依此类推。与以现行价格购买所需数量的商品的能力相联系的消费者剩余是需求曲线之下现行价格之上的区域。

价格变化对消费者剩余的影响 我们现在可以很好地量化价格变动的福利效应了。图4-12表示萨姆森对糖的需求曲线。当价格是每磅p_1时，萨姆森需求x_1磅，消费者剩余是区域A和B的加总。现在假设价格上升到每磅p_2。在这个价格中，需求量下降到x_2。现在消费者剩余是多少？基本原则仍然成立——消费者剩余是价格之上需求曲线之下的区域。现在价格是p_2，消费者剩余是区域B。作为价格上升的结果，消费者剩余从区域$(A+B)$减少为区域B，损失了区域A。因此，区域A是与糖价上升相联系的福利损失的货币表示。

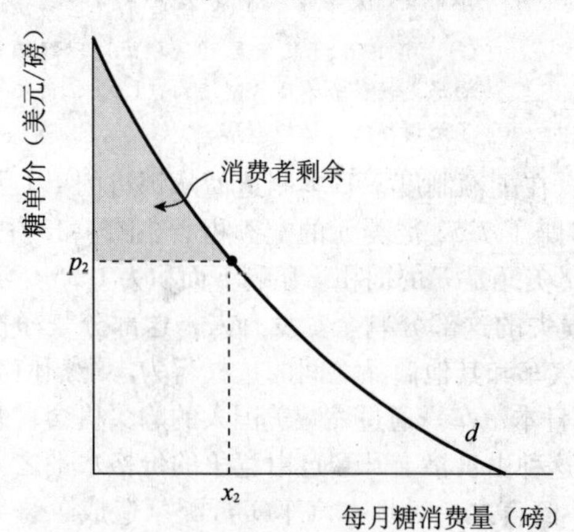

图4-11 光滑需求曲线的消费者剩余

注：当个人以现行价格p_2消费x_2单位糖时，消费者剩余是需求曲线以下价格之上的区域。

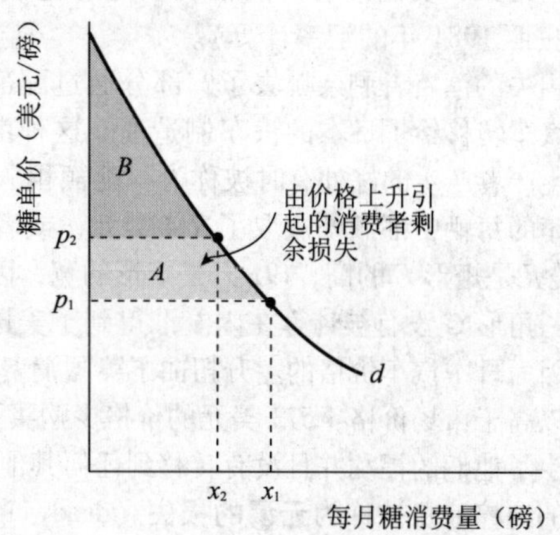

图4-12 价格变化对消费者剩余的效应

注：当价格是p_1时，消费者剩余是区域$A+B$；在价格p_2时，消费者剩余是区域B。因此，当价格由p_1上升至p_2时，消费者福利损失了相差的区域A。

更一般地，当商品的价格由p_1变化到p_2时，在两种价格和需求曲线之间的区域就是引致的福利变化的货币表示。

4.4.3 消费者福利的应用：对贸易配额的分析

从1981年起，美国政府开始对从日本进口的汽车实行限制。[⊖] **贸易配额**（trade quota）是对进口的某种商品数量的限制。严格地讲，日本自己强加配额时，配额是“自愿”的。然而，如果日本不愿意对出口美国的商品量进行限制，美国就会强制施加限额。限额在美国和其他许多国家的进口政策中扮演了重要角色。美国对许多商品都实行配额——包括牛肉、钢铁、彩电、纺织以及我们在本章开始时提及的糖。通过限制一种商品的供给，配额提高了商品价格。在本节，我们将利用消费者剩余来分析对日本汽车实行配额的一些影响。

在图4-13中，D 是美国对日本汽车的需求曲线。根据塔尔和莫克尔的研究（1984），在1981年末实行配额时，日本汽车的平均价格水平是4 579美元，在这个价格水平，汽车进口量是269万辆。然而实行配额后，汽车进口量被缩减至191万辆。为了找出与这一固定供给量相联系的价格水平，需要找出需求曲线上与191万辆汽车相联系的价格水平，塔尔和莫克尔估计这一价格水平是4 967美元。配额将日本汽车的价格提高了394美元。

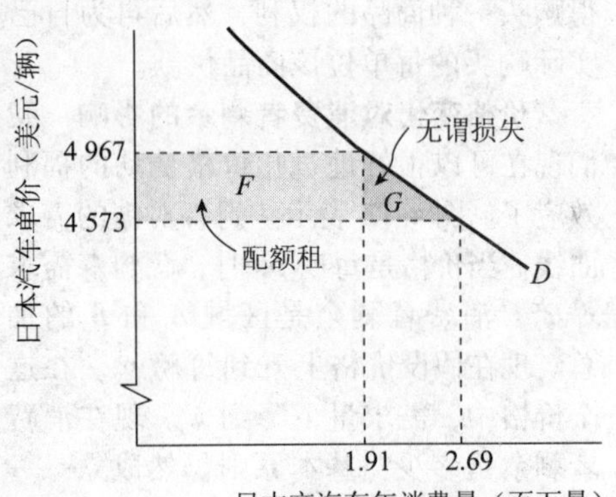

图4-13 对进口配额的分析

注：根据塔尔和莫克尔的研究，对日本汽车的配额使汽车购买量由269万辆下降至191万辆，使价格由4 573美元上升至4 967美元，结果消费者剩余下降了9.08亿美元（区域 F + G），其中7.53亿美元（区域 F）以配额租的形式转移给了日本制造商，1.55亿美元成了无谓损失（区域 G）。

这将如何影响美国消费者的福利呢？正如在上一章所证明的，与价格上升相关的消费者剩余的损失是需求曲线以下两种价格水平之间的区域。在图4-13中就是区域 F 和 G 的面积总和。利用梯形面积计算公式计算出这一损失是9.08亿美元。因此，作为“自愿”限制的结果，美国消费者的福利状况恶化了9.08亿美元（按照1981年的汇率计算）。

损失的消费者剩余哪去了？部分通过配额下高价出售的汽车转移给了日本的汽车制造商。这种由于高价对外国生产者产生的好处有时被称为“配额租”。特别地，在配额制度下日本制造商从销售的191万辆汽车的每辆中都额外赚取了394美元，或者说总共多赚了7.53亿美元的配额租。在图4-13中，394美元是矩形 F 的高，191万是矩形的宽，因此7.53亿美元是 F 的面积。还剩下面积为1.55亿美元的三角形 G 没有被计算在内。谁得到了美国消费者损失的这部分剩余？没有人，这部分是净损失，因为日本汽车价格的上升扭曲了美国消费者在日本汽车和其他商品之间的选择行为。配额使美国人以高于市场价格4 573美元的价格少购买了78万辆日本汽车。通过缩减美国人的购买机会，配额减少了他们的福利并且没有转移到任何其他人身上。这种由价格上升到自由竞争的价格水平之上引起的纯粹浪费被称为**无谓的损失**（deadweight loss）。简言之，对日本汽车实行配额造成了每年9.08亿美元的消费者福利的损失，部分转移给了日本制造商，部分成了无谓损失未使任何人获益。

到目前为止，我们始终忽略了配额对国内汽车市场的影响。我们要等到研究产品市场的供给理论后才充分分析这些影响。尽管如此，已经可以得出主要的结论。作为对日本汽车实行配额的结果，国内汽车市场的价格水平提高了，消费者剩余被转移给了国内的汽车企业和其员工而非外国制造商。塔尔和莫克尔（1984）估计，按照1981年的汇率转移给国内制造商的消费者剩余是1.05亿美元。

正如之前提到的，有许多公司获得了免于进行国际竞争的保护。根据胡佛鲍尔和艾略特

⊖ 这里的分析是塔尔（Tarr）和莫克尔（Morkre）所做分析的简化版本。

(1994) 的研究，在得到最大保护的 21 家美国公司中，有 158 亿美元的消费者剩余转移给了制造商，同时相应产生了 107 亿美元的无谓损失。[⊖]这个结果使人们思考为什么实施这种保护首当其冲?为什么这些生产商和员工的利益在政治范畴内支配了消费者的利益？这类问题将在第 14 章讨论。

案例

2010 年年初以来居民对蔬菜等商品价格的居高不下，产生很大担忧，这直接影响其收入的实际购买力。2010 年 7 月 6 日浙江省宁波市价格监测中心公布了新一期民生商品价格监测信息。本期列入民生价格信息公开范围的 11 家超市 41 种商品价格平均小幅上涨 5.39%，4 家菜市场商品价格总水平小幅上涨 4.03%。超市民生商品中，蔬菜、蛋、奶粉分别上涨 18.63%、5.65%、2.73%；水果、肉、食用油类价格分别下跌 4.76%、0.68%、0.65%。从具体品种看，青菜、丝瓜、蒜苗、贝因美健儿成长配方奶粉（900g 罐装）、青瓜、胡萝卜、韭菜价格分别上涨 130.49%、36.87%、31.23%、22.90%、20.93%、19.21%、10.39%；西红柿、苦瓜价格分别下跌 18.18%、10.40%。菜市场蔬菜、鱼类价格分别上涨 7.83%、1.10%，肉类价格下跌 1.21%。从具体品种看，青菜、菠菜、芹菜、西红柿、青瓜、长毛虾价格分别上涨 36.11%、23.19%、13.13%、9.35%、8.92%、6.93%；茄子价格下跌 2.14%。

随着蔬菜等基本生活用品价格的上涨，持固定收入的居民的实际购买力下降，消费者福利明显受到影响，这是消费者对蔬菜等基本消费品价格居高不下产生担忧和抱怨的原因。

资料来源：http://www.dzwww.com/rollnews/news/201007/t20100706_6285710.htm

小结

本章研究了人们所消费商品的价格变化如何影响消费者福利的度量方法。

- 无论商品价格何时发生变化，都有收入效应和替代效应。当价格上升时，收入效应是由于价格上升降低了个人的实际收入而对需求量造成的影响。替代效应是由相对价格变化引起的需求量的变化。
- 价格变化的可见反应——收入效应和替代效应被斯勒茨基等式联系起来。
- 为了独立出价格变化的替代效应，必须给予个人足够的收入使他获得初始的效用水平。补偿的货币量被称为补偿变动，这是一种（以美元形式）测量价格变化对消费者福利影响的方法。
- 一种替代方法是等价变动，它是为使一个人的福利缩减到价格上升所致的同等水平而必须从他那里拿走的货币量。
- 消费者剩余是一个消费者愿意支付和他必须支付之间的差额。消费者剩余由需求曲线以下价格水平以上的区域面积度量。

讨论题

4.1　在日本，对大米的进口限制使大米价格是世界水平的 10 倍。假设这些限制被解除了，描述这将怎样影响日本消费者的均衡点，将这种变化分解成收入效应和替代效应，并描述这种降低大米价格的补偿变动和等价变动。

4.2　本地游泳池对非会员收费为每次 10 美元。如果入会，你可以每次只付 5 美元，但必须每年

⊖ 这个数字包含了与配额一样的关税的影响。

交一笔 F 美元的固定费用。利用一个无差异曲线图找出是否值得每年交 F 美元加入该游泳池协会，假如该协会只收取这笔费用，你比入会前多游还是少游呢？利用替代效应和收入效应解释你的答案。

4.3 讨论："因为效用是序数的，无差异曲线上的效用数是任意的，这就是不能以货币形式测量两条无差异曲线之间的福利差异的原因。"

4.4 考虑如下数据：在1990年，俄罗斯的月平均工资是303卢布，糖的价格是0. 4卢布/磅，面包的价格是0. 11卢布/磅，1994年月平均工资是552卢布，面包的价格是264卢布/磅。

画出1990年的预算约束线的草图以及无差异曲线图，并标出效用最大化点，并画出1994年的预算约束线的草图。下面两种情况哪一个花费得更多：是在1994年给予个人足够的货币使他能够支付1990年的商品数量，还是在1994给予他足够的货币使他获得1990年的效用水平？用图描述并解释你的答案。

4.5 解释：为了使本章开始时塞万提斯的引证正确，应该加上"边际"二字。

4.6 鲍里斯的网球需求曲线 d 如下图所示。在当地的网球俱乐部，对会员每场网球收费 p_t 美元。为了成为会员，个人需要交年费。在下图中画出鲍里愿意支付的最高年费。

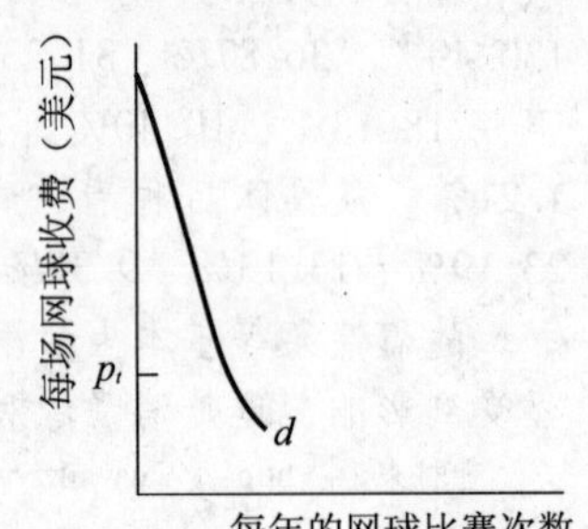

4.7 在下面你看到的是玛莎的住房需求曲线 d。她能以每平方英尺 p_1 的市价购买她想要的房子。玛莎也符合一项政府住房项目的条件。如果她选择了申请住房项目，每平方英尺仅需支付 p_2 美元，但是她必须购买一栋 x_2 平方英尺的公寓。她会选择哪种方式？

4.8 在当地杂货店，蒂姆可以以每磅2美元的价格购买土豆，他每年购买20磅。在蒂姆家附近开了一家"平价俱乐部"。在平价俱乐部土豆每磅1美元，但是蒂姆必须交20美元的会员年费。假设俱乐部仅有土豆销售，那么如果蒂姆是会员，他就会买土豆。你认为蒂姆会加入俱乐部么？利用消费者剩余解释你的答案。

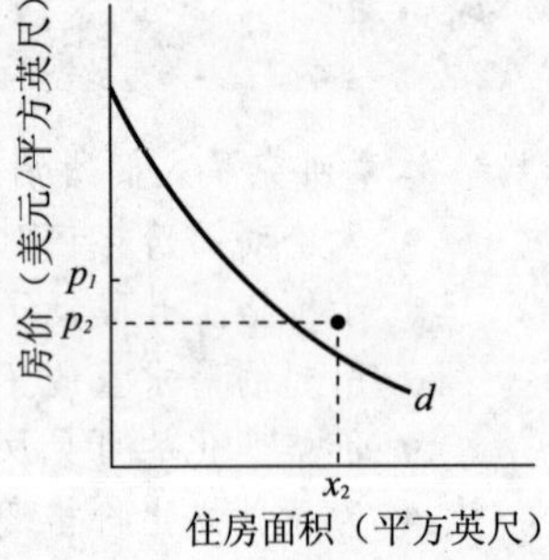

4.9 伊凡消费鞋和其他商品组合。对于伊凡，鞋价变化的收入效应始终是零。

a. 画出伊凡的无差异曲线的草图。
b. 比较价格变化的补偿变动和等价变动。
c. 画出伊凡对鞋子的补偿需求曲线和非补偿需求曲线的草图。
d. 解释下面的论断：对于伊凡，利用马歇尔消费者剩余度量的鞋价变化的影响与精确度量得出的结果相同。

4.10 再次考虑围绕图4-13的对汽车配额的讨论。假设美国政府用对出口美国的日本汽车每辆征税394美元的政策代替说服日本实行配额。这样的进口税被称为关税。从关税转换成配额，谁获益谁受损？（计算中要将政府包含在内）

4.11 如果商品组合 A 和商品组合 B 均负担得起，且 A 比 B 更符合消费者的偏好，那么消费者将选择 A。利用这种理论来分析下面的情况：每周，乔花200美元用于租借影视游戏和购买其他商品。当一次游戏的价格是美元4时，乔每周玩10次，而将160美元用于购买其他商品。当地影视店实行了一种双重定价政策：乔必须每周支付会员费30美元，但是他可以按每次1美元的价格玩游戏。新政策使乔的情况变好了还是变坏了抑或没有变化？

4.12 假设给定梅子的需求曲线是 $Z=10-2p$，Z 是每年需求的总磅数，p 是每磅的价格。找出需求量、总支出和消费者剩余。现在假设政府实行一项政策来限制梅子的供给（的确有这样一种政策），进一步假设，作为计划的结果，梅子的价格上升至2美元。在价格上升后，消费者剩余是多少？为了撤销梅子供给限制政策，梅子消费者愿意支付给立法者的最大贿赂是多少？

第 5 章 作为供给者的家庭

一切罪恶之源主要有两个：没有耐心和懒惰。

——弗兰兹·卡夫卡

在 20 世纪 80 年代和 90 年代初期，全世界的政府都降低了税率。美国将最大边际税率由 70% 降至 33%，英国由 83% 降至 60%，瑞典由 50% 降至 20%。减税的一个重要原因是政府相信减税能刺激经济行为——在较低的税率下人们会工作更多并储蓄更多。然而这些主张是有争议的，它们确实将我们的注意力集中在一个重要的事实上：人们的收入一定程度上取决于他们的决策，这些决策受到工作与储蓄回报的影响。与之相反，在前 3 章里应用的模型假设人们的收入是固定的。如果一个人的目标是研究收入在不同商品上的分配，那么这是一个非常有用的假设，但它没有回答这个重要的问题，收入从何而来？

第 1 章中的循环流动模型提供了答案：在要素市场，人们通过向经济中的生产环节提供要素获得收入。作为劳动力供给的回报，家庭获得工资收入；作为资本供应的回报，家庭获得股息和利息。本章将家庭作为供给者进行分析。

虽然这听上去像一个新课题，其实并非如此。供给投入问题仅仅是一个理性选择的问题——给定供给投入的成本和收益，什么样的决策使得个人获得最大化收益？将家庭作为需求者时所用的分析方法同样适用于将家庭作为供给者时的分析。这是微观经济理论的一个优点。用于解决一个问题的方法能够被有效地用于解决其他问题，至少从表面看是非常不同的问题。

家庭供给的两项最重要的投入是劳动力和资本。我们将依此对其进行讨论。

5.1 劳动力供给

对于大多数家庭，最重要的收入来源是劳动力收入。例如在美国，非老年结婚夫妇平均 89% 的收入来自工资和薪金。本节讨论劳动力供给选择。

5.1.1 预算约束与无差异曲线

奥赛罗（Othello）每周仅具有一定数量的可支配时间。他将一部分时间用于市场工作，剩余的时间花费在非市场活动上，包括做家务、照顾孩子和休闲。然而，为了简化并符合习惯，我们用休闲代表其他所有非市场活动。奥赛罗从对休闲和其他商品的消费中获得满足（或者说效用)。为了购买这些商品，他必须获得货币收入。为了获得收入，他必须工作，因此减少休闲时间。奥赛罗的问题是找到使自己效用最大化的休闲与消费的组合。

为了解决这个问题，我们需要对奥赛罗的各种可能的休闲与消费的组合进行描述——也就是描述他的预算约束。在图 5-1 中，横轴表示用于休闲的时间 n（这个符合提醒我们休闲实际上是所有非市场活动），即使奥赛罗根本不工作，他可用来休闲的时间也是具有上限的，因为每周仅有那么多小时。这些小时数被称为**时间原赋**（time endowment），即图 5-1 中的 T 小时。给定休闲的定义，不用于休闲的时间就用于工作。例如，如果一个人的时间原赋是每周 112 小时，他将 70 小时用于休闲，从而这个人工作 42 小时。从几何上分析，任何横轴上的点同时表示了休闲的时间和工作的时间。例如，在 a 点，n_a 小时用于休闲，休闲与时间原赋间的差值代表工作时间 l_a，代数上有 $l_a = T - n_a$。

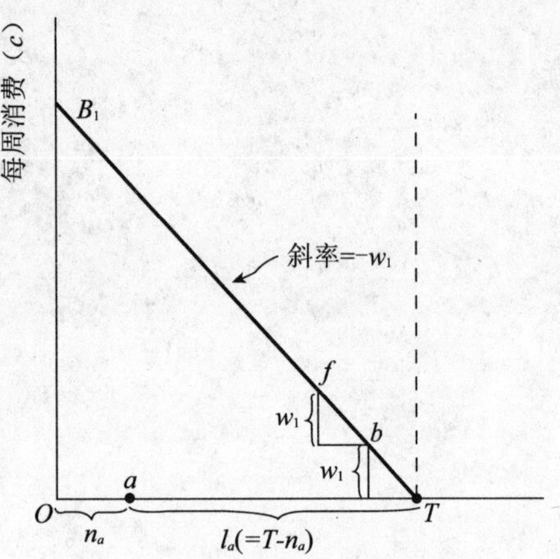

图 5-1　休闲与消费之间的预算约束

注：如果一个人能够以 w_1 的工资率从事他愿意的工作时间，那么此人在休闲与消费之间的预算约束是一条斜率为 $-w_1$ 的直线。在点 a，休闲时间是 n_a，工作时间是 $l_a = T - n_a$。

我们的第一个问题是描述奥赛罗的所有市场商品和服务的消费组合 c——在纵轴度量，如何随他的工作时间变化。他每小时挣得工资 w_1 美元，所以他工作任意小时的工资收入就是 w_1 乘以工作的小时数。比如，假设奥赛罗根本不工作，劳动是他唯一的收入来源，他的收入就是零。这一零工作与零收入的选择在点 T 表示出来。

如果奥赛罗每周工作 1 小时，根据定义，他消费的闲暇就等于时间原赋减去 1 小时。这一点是横轴上在 T 小时左侧距其 1 小时的点。工作 1 小时给予他总额为 w_1 的收入用于消费。工作 1 小时与消费 w_1 的组合以点 b 表示。如果每周工作 2 小时——向 T 点左侧移动 2 小时——其总消费是 $2w_1$，在图中用点 f 表示。继续用这种方法，我们就可以找出奥赛罗的所有可能的休闲/消费组合——直线 B_1，其斜率是工资率的反数。注意 B_1 是对两种商品间选择情况进行一般分析时的预算约束。然而此时的商品是休闲与消费。不变的是预算约束的斜率，反映的是一种商品相对于另一种商品的机会成本。1 小时休闲的机会成本就是因未工作的那 1 小时而失去的消费，也就是工资率。在这个模型里，时间确实就是金钱。

为了从数学角度说明预算约束，注意到 c 的价格是每单位 1 美元，c 代表市场消费的支出。它必须等于收入，即工作小时数（$T - n$）乘以工资率（w）。因此预算约束是

$$c = w \times (T - n)$$

我们可以将这个公式写成

$$c + w \times n = w \times T \tag{5-1}$$

例如，如果工资率是每小时 10 美元，其时间原赋是每周 112 小时，那么他的预算约束是

$$c + 5n = 560$$

式（5-1）突出了与第 2 章的标准预算约束本质上的相似性。像以前一样，在等号左侧，分别将商品与其各自的价格相乘。然而，这里与标准情况稍微有点不同，即等号右边是固定数量的收入。在式（5-1）中，等号右边是**时间原赋的价值**（value of the time endowment）——如果个人将可支配的时间全部用于工作，他可以获得的货币收入。时间原赋的价值是表示个人不得不花费在休闲与消费上的全部货币数额的个人收入。实际上，时间原赋的价值有时会被称为完全收入，当工资率改变时，它不仅仅影响休闲的机会成本（在等号左边），也会影响完全收入（在等号右边）。

要决定奥赛罗在 B_1 选择哪一点，我们需要有关其偏好与预算的信息。一种描述其偏好的普

通方法是一组凹形的闲暇与消费的无差异曲线。在图5-2中，这样的无差异曲线图被加到了奥赛罗的预算约束上。像通常一样，最优解落在预算约束与无差异曲线的切点 e_1，它包含 n_1 小时的闲暇与 y_1 单位的消费。给定一个固定的时间原赋 T 小时，消费 n_1 小时闲暇说明奥赛罗向市场提供了（$T-n_1$）小时的劳动。

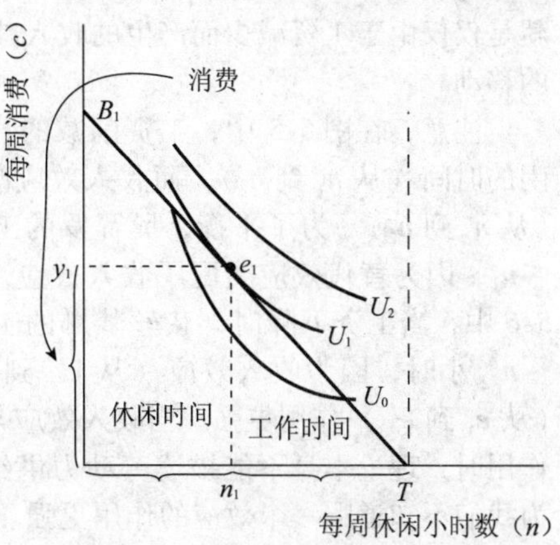

图5-2　休闲与消费的均衡点

注：劳动力供给最优数量由无差异曲线与预算约束的切点决定，效用最大化点是点 e_1，市场的劳动力供给是（$T-n_1$）小时。

5.1.2　消费-休闲模型的比较静态分析

假设工资率由10美元下降到6美元。当消费1小时休闲时，现在仅仅放弃6美元而非10美元。实际上，工资的下降降低了1小时休闲的机会成本，如图5-3所示。现在奥赛罗的预算约束是更加平缓的直线 B_2，斜率是-6。因为工资削减，不再可以得到初始的闲暇-消费选择 e_1。奥赛罗必须在新的预算约束 B_2 上再选择一个点。在图5-3中，这个点是 e_2，在这一点他消费 n_2 小时闲暇，工作 $T-n_2$ 小时，消费 y_2 单位。工资削减使劳动力供给降低了 n_2-n_1 小时。

一个理性的人在工资被削减时，一定会做出减少劳动供给的反应么？为了回答这个问题，考虑荻丝梦娜的情况，她与奥赛罗拥有完全相同的税前税后预算约束，并且在工资削减之前选择与奥赛罗工作相同的时间。如图5-4所示，在荻丝梦娜的工资下降后，她增加了工作时间。这没有任何非理性。取决于个人偏好，在应对工资率下降时，一个人可能想工作得更多或者更少或者与之前相同的时间。

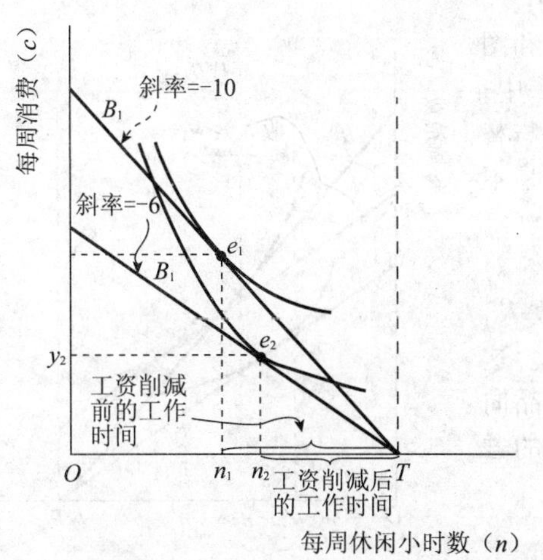

图5-3　工资上升减少劳动供给

注：工资率由10美元降至6美元将预算约束从 B_1 降至 B_2。在新的均衡点，劳动力供给是（$T-n_2$）小时，少于初始（$T-n_1$）小时的劳动力供给。

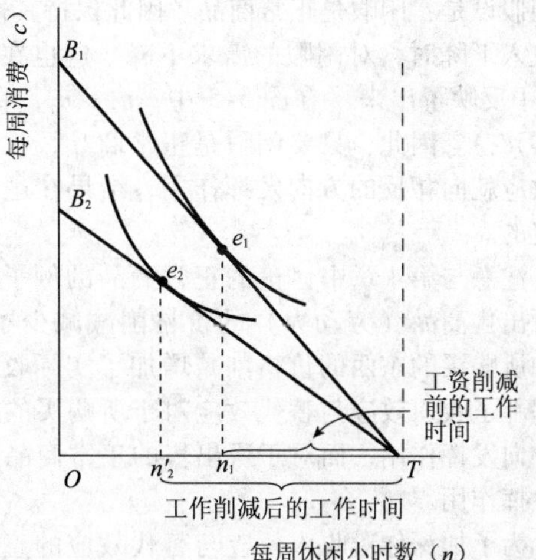

图5-4　工资下降提高劳动力供给

注：对于荻丝梦娜，工资率的下降（由预算约束从 B_1 到 B_2 的移动表示）将工作时间由（$T-n_1$）提高到（$T-n'_2$）。

这种不确定的根源可以通过将工资改变的效应分解成替代效应和收入效应而得到。图5-5重新绘制了由图5-3得到的奥赛罗的状态。如同前面所解释的，工资上升的替代效应是通过给奥赛罗足够的收入以使他获得初始的效用水平而得到的。这与向上平移预算约束 B_2 直到恰与初始无

差异曲线相切于点 e_c 是一致的。因此，替代效应是从 e_1 到 e_c 的移动。另一方面，收入效应，也就是仅仅由于工资减少而产生的收入减少，是由 e_c 到 e_2 的移动。

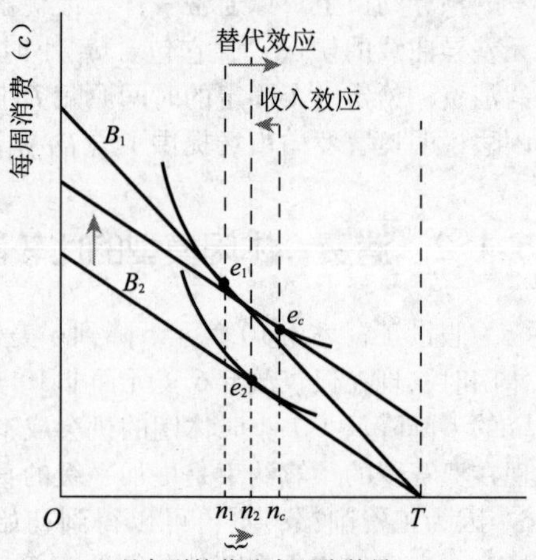

图 5-5　工资变动的替代效应支配收入效应

注：为了找出工资下降的替代效应，向上移动预算约束 B_2 直到与初始的无差异曲线相切，切点是 e_c。替代效应是从 e_1 到 e_c 的移动，收入效应是从 e_c 到 e_2 的移动。替代效应支配了收入效应，因此工资率的下降减少了劳动力的供给。

注意，在图 5-5 中，工资削减的替代效应增加了休闲的时间（从 n_1 到 n_c），而收入效应减少了休闲的时间（从 n_c 到 n_2）。为了平衡，奥赛罗的工作时间减少了 n_2-n_1，因为替代效应支配了收入效应。与之相反，在图 5-6 中，当工资下降时，获丝梦娜的工作时间上升了 $n_1-n'_2$ 小时，因为收入效应（从 e'_c 到 e'_2）比替代效应（从 e_1 到 e'_c）作用更强。当收入效应与替代效应反方向作用时，理论本身不能描述劳动力供给将如何变动，因为我们不知道哪一个效应的作用更强。

直观上，当工资下降时，从工人不得不为一单位的消费放弃更多的闲暇，从这个意义上讲，商品与服务的消费变得更加昂贵。因此有用闲暇替代消费的倾向，也就是减少劳动力供给。这就是工资下降的替代效应，如图 5-5 和图 5-6 所示，它总是倾向于减少劳动力的供给。思考工资下降的收入效应，考虑如下事实：对于任意数量的工作时间，在工资下降后挣得的收入会减少。本质上，个人变得更贫穷了，这引出了收入效应。像通常一样，收入效应的方向取决于商品是正常商品还是低档商品。通过对劳动力供给行为进行大量统计研究而得到的典型假设是：闲暇是正常商品。因此保持其他条件不变，当收入下降时，对闲暇的需求下降。这也在图 5-5 和图 5-6 中反映了出来（在图 5-5 中，$n_c>n_2$，在图 5-6 中，$n'_c>n'_2$）。因此，只要闲暇是正常商品，收入效应与替代效应就向相反的方向发挥作用，结果在逻辑上就是不确定的。

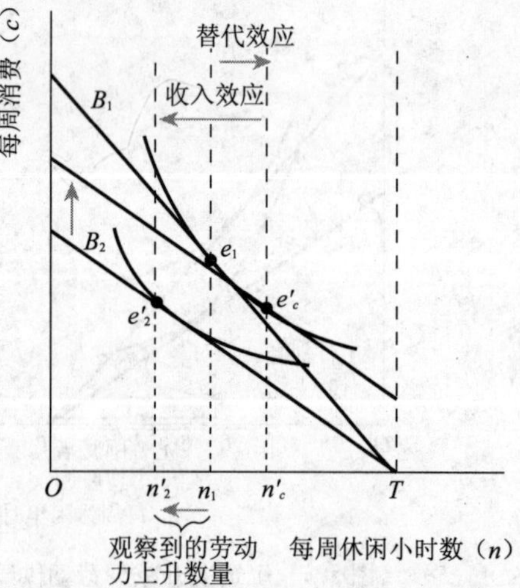

图 5-6　工资变动的收入效应支配替代效应

注：对于此人，工资下降的收入效应（从 e'_c 到 e'_2）支配了替代效应（从 e_1 到 e'_c）。因此，当工资率下降时，劳动力供给上升。

注意与第 4 章中讨论的正常商品的例子的差别。对你所出售商品（劳动力）的价格削减减少了实际收入，正如所购买的东西的价格削减增加了实际收入一样。这就解释了收入效应与替代效应对于所购买的正常商品向同方向发挥作用，而对于所出售的正常商品向相反的方向发挥作用。

为了加深你对收入效应与替代效应的直观认识，考虑下面的观点：

（1）“由于工资率下降，工作和以前相同的时间对于我来说就不值得了。”

（2）“由于工资率下降，我不得不工作更长的时间以保持我的生活水平不变。”

持观点（1）的人，替代效应占支配地位，而持观点（2）的人，收入效应占支配地位。两种观点都能完全反映个人的理性行为。因此，仅仅通过观察当人们的工资变化时他们实际上是如何行动的，我们就可以查明劳动力受到了怎样的影响。这个例子表明微观经济理论的主要目标之一就是注意到我们所忽视的地方。

5.1.3　劳动力供给曲线

在第3章，我们将一种商品的需求曲线定义成在其他条件不变时，需求量与价格的关系。同时演示了如何从个人基本偏好得到需求曲线，也就是通过观察当预算约束被适当旋转时需求量如何随之变化。完全相同的方法也可以用来得到个人的闲暇需求曲线，它表示的是对闲暇的需求量如何随工资率的变化而变化。进一步，给定时间原赋，一旦知道了在任意工资率水平下的闲暇需求量，我们也就知道了劳动力的供给量。因此，通过找出闲暇需求曲线，也能找出**劳动力供给曲线**（labor supply curve），它表示了在其他条件不变时，劳动力供给量如何随工资率变化。

考虑图5-7a，它表示当奥赛罗的工资率是10美元时，对闲暇的需求是 n_1 小时，最大劳动供给是（$T-n_1$）小时。在图5-7b中，纵轴表示工资率，横轴表示工作时间，点 e'_1 记录了当工资率是10美元时，劳动力供给是（$T-n_1$）小时这一事实。相似地，当工资率是6美元时，劳动力供给是（$T-n_2$）小时，这由图中的点 e'_2 表示。当工资率是3.5美元时，劳动力供给是（$T-n_3$）小时，由点 e_3 表示。根据定义，图5-7b中描述的曲线就是劳动力供给曲线，以 s 表示。供给曲线向上倾斜的事实——劳动供给随工资率的上升而上升——表明对于奥赛罗，替代效应支配了收入效应。

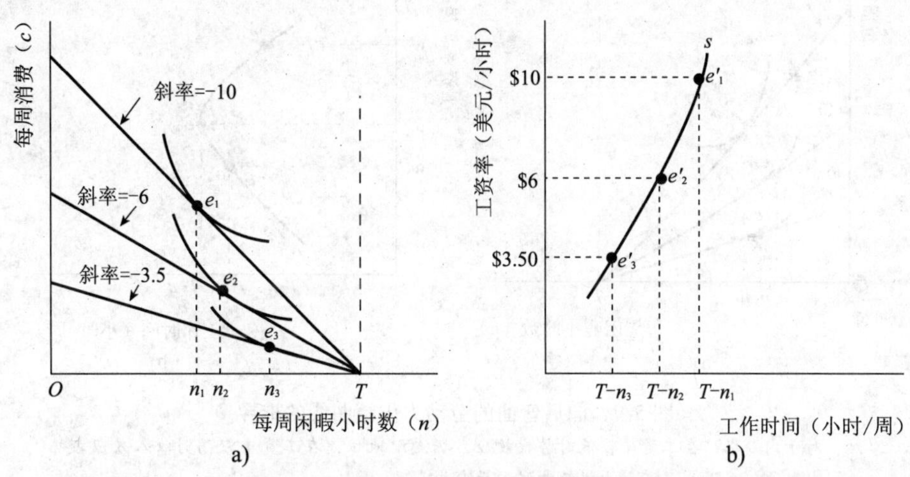

图5-7　向上倾斜的劳动力供给曲线的推导

注：劳动力供给曲线（图5-7b中的 s）是通过决定与每一工资水平相对应的最大化的劳动时间（来源于图5-7a中的无差异曲线图）得出的。曲线 s 向上倾斜是因为替代效应支配了收入效应。

当收入效应支配了替代效应时，劳动力供给曲线是什么样的呢？通过图5-8来分析。图5-8a表示，对于获丝梦娜，当工资下降时，劳动力供给上升。当不同的工资率与劳动力供给的组合被记录在图5-8b中时，我们就得到了曲线 s'，它显示了工资率与劳动力供给之间的相反的关系。

注意到在图5-7中，替代效应在每一工资率都占据支配地位，而在图5-8中，收入效应在每一工资率都占据支配地位。理论上，很有可能的是对于特定的一个人。替代效应在某些点占据支配地位，而收入效应在另外的点占据支配地位。考虑图5-9中内斯塔的情况，当工资率较低时，工资的上涨使他工作更多小时——替代效应占据支配地位。但是随着工资继续上涨，他开始工作更少的时间——收入效应占据了支配地位。如图5-9b所示，他的劳动力供给曲线先向上倾斜，然后又弯了回来，这样的曲线被称为后弯劳动力供给曲线。这种类型的供给曲线可能是每周仅仅工作4天又具有高收入的医生和律师的典型行为特征。

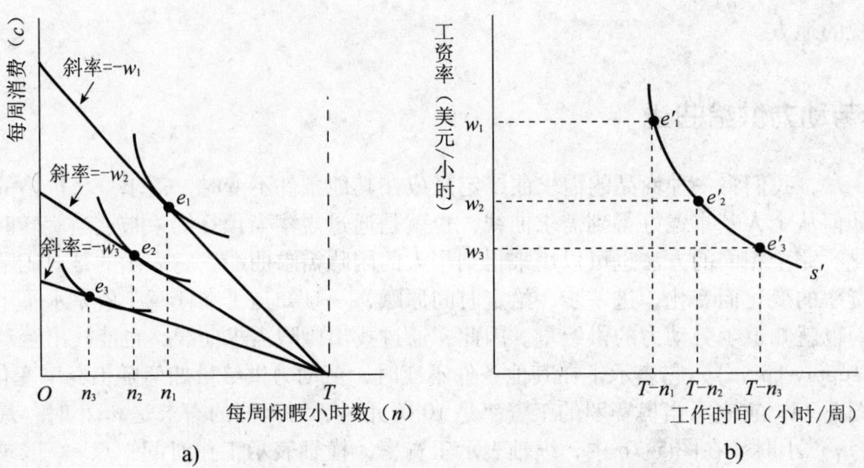

图 5-8　向下倾斜的劳动力供给曲线的推导

注：在图 5-8a 中，工资变化的收入效应支配替代效应。因此，劳动力供给曲线向下倾斜。

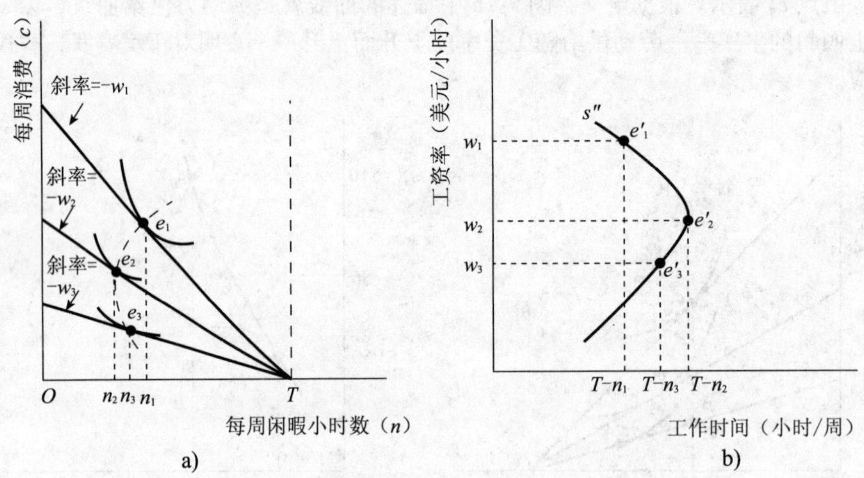

图 5-9　向后弯曲的劳动力供给曲线的推导

注：对于内斯塔，在工资率较低时替代效应占据支配地位，在工资率较高时收入效应占据支配地位。因此，劳动力供给曲线向后弯曲。

5.1.4　初步评价

我们对劳动力供给理论的说明强调了与在不同商品之间进行选择的一般理论的相似性。运用完全相同的方法，要简单解释的一点就是“商品”是什么。当对这点非常清楚时，理性选择理论有助于理解人们实际的劳动力供给决策么？

对这一理论，一种可能的反对意见是，这一理论有一个不切实际的灵活量的假设——通常是老板告诉你你将在某份工作上工作多少小时，而非你自己决定。但是当工人没有充分的灵活性选择工作多少小时时，这并不表明他们完全没有灵活性。工人可以影响工作时间的一个方法是选择工作本身。有些工作需要很长的工作时间，而有的工作是兼职。年轻的律师在纽约高级法律公司每年工作 2 500 到 3 000 小时，在其他公司，这个数字比 1 700 小时多一些。通过从一类工作转移到另一类工作，工人实际上在控制劳动力供给。即使在一份固定的工作中也是由灵活性来决定是否超时工作或者假期长短。从一生的角度来看，个人对他退休的日子具有一定的控制力。简言之，工人在劳动力供给决定上拥有的控制力比你猜测的要强，因此这一理论不应该根据“工人实际上没有选择”的观点而被立即忽视。

实际上，在大量的对劳动力供给行为的研究中，闲暇－消费是一个很有用的工具。这个研究的目的之一是用个人工作的数据来估计工作时间的工资率弹性。尽管并非所有的研究都得出了相同的结果，但已经可以得出以下两个重要的一般结论[一]：

（1）对于大致处于20～60岁年龄段的男性，工资率变动对工作时间的效应很小。大多数的弹性估计落在了区间－0.2到0之间。有趣的是，这个群体有一条后弯供给曲线，表明收入效应支配了替代效应。

（2）已婚女性的工作时间和劳动力参与决定对工资率的变动非常敏感。许多调查发现工作时间的工资率弹性落在0.2和1.0之间。因此，对于这个群体，替代效应支配了收入效应。

当然，由于自身的原因，这一理论的目的并不简单方便指导研究。正如我们将看到的，它帮助我们理解重要的政策问题。

5.1.5　AFDC的工作激励

1997年之前，美国最重要的收入－援助项目之一是对有未成年子女家庭补助项目（Aid to Family with Dependent Children，AFDC）。这个项目对孤儿和离异或者无能力的父母提供现金援助。[二]大部分AFDC家庭由妇女持家。在1992年，约1 400万人从这个项目获得了总共220亿美元的援助。

管理个人收入与他获得的AFDC的援助之间关系的规则很复杂。我们可以将这个系统看成每收入1美元就减少1美元的援助。这一福利收益对收入反应强烈表明工作的激励可能被降低。这一福利是否对劳动力市场的参与率造成了不利影响并且增加了对政府的依赖性问题，已经在针对收入－援助政策的讨论中连续数年占据支配地位，并且在关于AFDC的争论中尤其重要。闲暇－消费选择模型提供了一个非常好的分析AFDC的工作激励的工具。

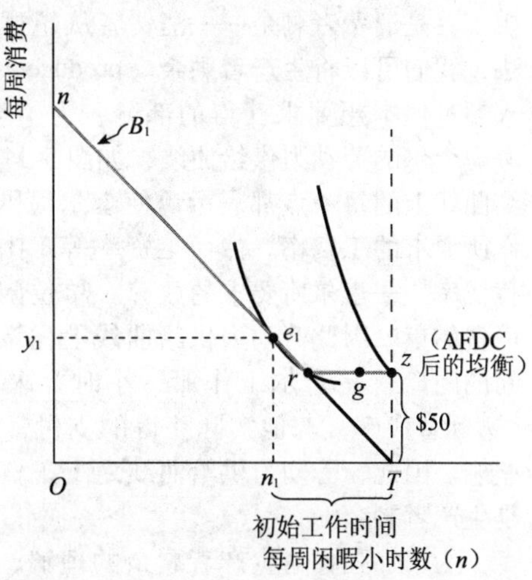

图5-10　在AFDC下的劳动力供给决定

注：当福利当局削减了个人等同于其全部收入的补贴时，预算约束是弯折线zrn。受到预算约束限制，效用最大化点可能是z，此时有零小时的劳动提供给市场。

图5-10描述了格特鲁德的情况，在引入这一福利系统之前，她面对一条典型的线性预算约束B_1，并选择工作（$T-n_1$）小时，这使她获得一个y_1的消费水平。假设现在福利部门宣布格特鲁德符合得到每周50美元的援助条件，但是她收入增加1美元，援助就会减少1美元。这一项目的引入会如何影响她的预算约束？

为了回答这个问题，回忆预算约束假设反映了对于个人而言所有可能的闲暇与消费的组合。很清楚，可能的点是点z，这一点工作零小时，获得50美元的福利援助。现在假设格特鲁德工作1小时，图形上，这由将z向左侧移动1小时表示。当格特鲁德工作1小时，她从雇主那里获得w的工资，同时AFDE援助减少了相同的金额。工作1小时并没有增加她的净收益，她的总收入仍然是

[一] 见汉森和斯图阿特（Hansson and Stuart 1985，340－341）

[二] 在美国一些州，如果父母都在，但是有一人失业了，就会给予他们援助。

50 美元。实际上，AFDC 系统对这些收入征收了 100% 的税。这由点 g 表示，在这点工作时间是 1 小时，但是总消费仍然是 50 美元。额外的工作时间并没有使净收益增加，因此预算约束是水平的。这将持续到点 r，在这点格特鲁德的收入超过了 50 美元，因此她就不在 AFDC 系统中了。在这点之外，每一小时的工作将她的消费提高 w 美元。因此，预算约束是折线 zrn，zr 段的斜率是零，rn 段的斜率是 $-w$。

格特鲁德对这样的激励将做何反应？图 5-10 表示一个很有可能的角点解：她在点 z 实现效用最大化，在这点没有劳动力供给。另一方面，如果无差异曲线足够平坦，她可能会在 rn 段上选择一点。但是在 rz 段一个理性人是不会工作的，因为在任意一点，通过向右移动总会得到一条更高的无差异曲线。这并不奇怪。如果一个人不工作也能获得相同的收入他为什么要工作呢？从收入效应和替代效应的角度，AFDC 对工作激励进行了双重打击。因为闲暇是正常商品，提供援助会促进对闲暇的消费，也就是减少劳动力供给。同时，隐含的 100% 的税率将闲暇对于与其相关的机会成本降低到零。因为闲暇如此便宜，替代效应也倾向于促进对闲暇的消费。

因此，消费 - 闲暇选择模型提供了一个很强的预测：AFDC 因为暗含了 100% 的税率将减少受助者的劳动力供给。有力的证据证明这个预测是正确的，这是 1996 年国会取消这个项目，帮助克林顿总统“结束我们所知的福利”的原因之一。

5.1.6 生产者剩余

在第 4 章，我们说明了一种商品的需求曲线如何被用来衡量价格变化的福利效应。主要的分析工具是消费者剩余——消费者从超过他实际支付的商品消费中所获得的收益。利用相同的方法，我们可以将**生产者剩余**（producer surplus）定义为个人提供一定数量的生产要素所获得的收入超过他本想要求获得的部分。为了度量生产者剩余，考虑李尔的劳动力供给曲线，如图 5-11 所示。劳动力供给曲线上的每一点都表示诱使李尔提供相应时间量的工作所要求的工资率。然而工资率等于闲暇与消费的边际替代率——李尔所要求的放弃一单位闲暇而必须获得的消费的量。因此劳动力供给曲线上任意一点与工资率之间的距离就是李尔工作那一小时要求得到的最低支付（边际替代率）与他实际获得的支付（工资率）之间的差额。因此，劳动力供给曲线之上工资率之下的区域就是生产者剩余。

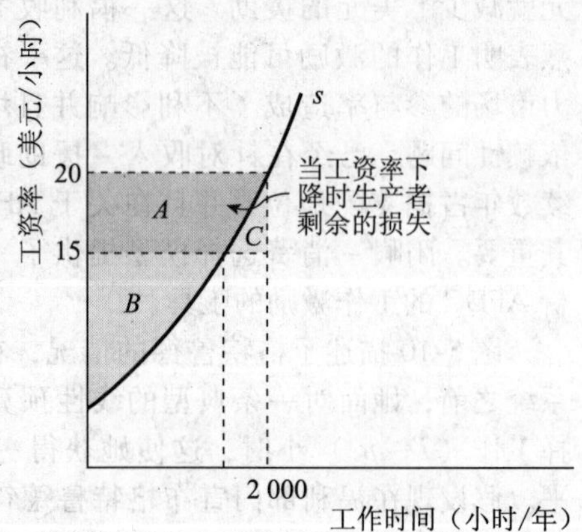

图 5-11 生产者剩余

注：生产者剩余是工资率之下供给曲线之上的区域。当工资率是 20 美元时，生产者剩余是区域（$A+B$），当工资率是 15 美元，生产者剩余是 B。作为工资削减的一个结果，工人的福利损失了区域 A。如果工资率是 20 美元并且个人失业了，他的福利就损失了区域（$A+B$）。

为了加强你对生产者剩余的理解，设想起初李尔在每小时 20 美元的工资率下每年工作 2 000 小时，但之后他的工资降至每小时 15 美元。受工资下降的影响他将遭受多少福利损失？一种可能的答案是：“他本来工作 2 000小时，现在每小时少挣 5 美元，因此损失了 10 000 美元。”这是图 5-11 中的区域（$A+C$）。然而，生产者剩余分析告诉我们这个答案是错误的。在工资削减之前，李尔的剩余是区域（$A+B$）。当工资率降到 15 美元时，他的剩余降到 B。因此，李尔来自工资削减的福利损失是区域 A，这少于区域（$A+C$）这一幼稚的答案。直观上，这个幼稚答案夸大了福利损失，因为它忽视了当一个人的福利下降时，他可以用闲暇替代消费。尽管增加的对闲暇的消费当然不能全部弥补工资的下降，但它确实是有价值的。

失业保险 每一个发达国家都有一定种类的公共失业保险（UI）系统，这些系统向失去工作的人提供收益。在设计 UI 系统时，一个重要的问题是人们需要多少钱来补偿失去工作的损失。生产者剩余提供了一个分析这一问题的工具。再次考虑李尔的情况，他起初在每小时 20 美元的工资率下每年工作 2 000 小时，给他带来的收入 40 000 美元（见图 5-11）。如果失业了，他不需要获得 40 000 美元来补偿工作损失。对福利下降的正确的度量是他剩余的损失，是图中的区域 $(A+B)$，总数少于 40 000 美元。尽管失业迫使李尔消费了多于自己意愿的闲暇，但他确实将一部分价值分配给了那些闲暇，这在决定他失业的净成本时必须考虑在内。

5.1.7　对职业的劳动力供给

到目前为止，我们的理论集中在个人对工作时间的选择上。然而，我们常常对供给于一个特定职业的全部工作时间是如何决定的感兴趣。例如，在美国，对于是否应该将增加护士供给的公共政策付诸实践的问题获得了持续的关注。与此类似，一些观察家认为进入法律行业的人数太多了，而进入工程行业的人太少了。本节在个人劳动力供给决定理论的基础之上来理解不同职业的劳动力市场供给。

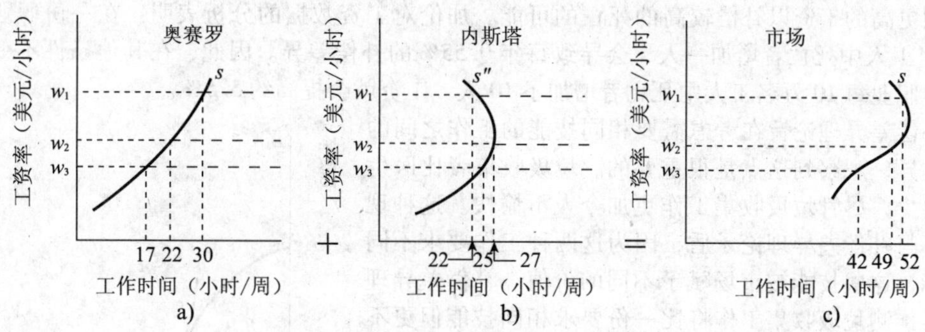

图 5-12　劳动力的市场供给曲线的推导

注：在工资率 w_1，奥赛罗供给 30 小时的劳动力，内斯塔提供 22 小时，因此 52 小时就是当工资率是 w_1 时市场的劳动力供给，它被记录在了图 5-12c 中。相似的，每一工资率下劳动力的市场供给通过横向加总个人供给曲线得到。

简单的数学告诉我们，对某一给定职业供给的全部时间是经济体中的全部时间乘以分配给这一职业的比例。这个等式说明了讨论的基本框架。首先，我们讨论全部供给时间的取得；然后转向讨论个人选择从事哪项职业的决定问题。

1. 劳动力的市场供给曲线　在第 3 章，我们发现从一种商品的个人需求曲线得到市场需求曲线，需要将任意价格水平的个人需求量加总。与之类似，为得到劳动力的市场供给曲线，需要将任意工资率水平的个人劳动力供给量相加。因此，如果假设奥赛罗（图 5-7）和内斯塔（图 5-9）是社会上仅有的两个工人，劳动力的市场供给曲线就是他们两个人供给曲线的横向加总。在图 5-12 中，图 5-12a 和图 5-12b 表示了奥赛罗和内斯塔的供给曲线，图 5-12c 表示了他们的横向加总。图 5-12c 中的曲线 S 是**劳动力的市场供给曲线**（market supply curve of labor）——表示在其他条件保持不变时，市场中的家庭在每一水平的工资率下愿意提供的劳动力总量的曲线。

2. 职业选择　作曲家莫扎特曾经说过："相信我，我唯一的目的就是赚尽可能多的钱……"如果所有的人都这样想，那么为职业选择设计模型就变得很简单了——只要假设每个人都从事报酬最高的职业。

但这不是一个好的模型，因为人们也关心工作的非金钱方面的特征。在其他条件保持不变时，较之那些肮脏、危险的工作，大多数人更喜欢干净、安全的工作。与之类似，可以获得权力、威信的工作比那些不具有这些特征的工作更受青睐。一个更好的模型是个人将劳动力供给与那些在金钱和非金钱特征的组合上可能给其带来最大化效用的职业。

为了明白这个模型的含义，设想一群具有相同技能的人在大学教授与投资银行家之间进行选择。假设在大学教书具有更吸引人的特征——较少的压力、较多的自由时间、与未来领导者进行互动的机会等。如果这是事实，当在大学教书与从事投资银行业的金钱回报相同时，会出现什么情况呢？几乎没有人会从事投资银行业，因为在大学教书的效用更高些。所以，投资银行业不得不提高工资来吸引职员。实际上，投资银行业的工资必须足够高，以使得职员从每一种工作中获得的边际效用是相同的。简而言之，具有“不吸引人”特征的工作必须支付高工资。支付的额外金额被称为**补偿差异**（compensating differential）。直观上，如果一个大学教授比一个投资银行家少挣60 000美元，他对自己工作的非金钱特征的估价肯定至少是60 000美元。否则，他就会辞职成为一名投资银行家（在20世纪80年代，当投资银行家的工资大幅上升时，许多教授确实那样做了）。

一些经验性的研究已经估计了与不同工作特征相关的补偿差异。加伦（1988）研究了一份职业中的死亡可能对该职业的工资的影响。假设我们比较两个具有相同工作资格（教育、经历等）的工人，但一个人的工作比另一个人的风险大。补偿差异理论表明从事更加冒险工作的人会得到更高的工资以补偿较高的死亡的可能。加伦对工资数据的分析表明：在一份职业中，每10万名工人中死亡者增加一人，会导致每年0.55%的补偿差异。因此，在其他条件不变时，如果一份职业每10万名工人中死亡者增加了10人，工资就会提高约5.5%。

补偿差异理论旨在考虑需要相同技能的工作之间的工资差异，观察到这点是很重要的。垃圾收集者比医生挣得要少，尽管垃圾收集工作更加令人不愉快。这种现象并不与补偿差异理论矛盾，因为这两种工作要求不同的技能，这些技能被市场赋予不同的价值。补偿差异理论确实预测垃圾收集工作将比一份要求相同技能但更不令人愉快的工作，比如门卫，获得更高的支付。

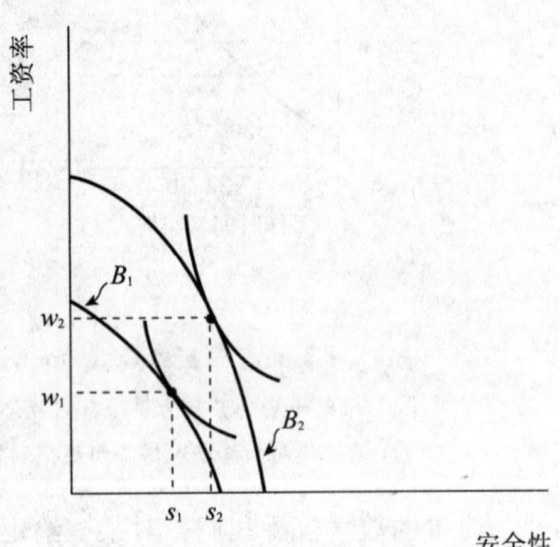

图5-13　补偿差异

注：对于一个低技能工人，他可以得到的安全性与工资的组合（B_1）位于高技能工人（B_2）之下。高技能工人具有一份支付高安全性又高的事实并不与补偿差异理论相冲突。

为了说明这一现象，简单起见，假设每一种工作都可以其一种特征的数量描述，即安全程度，以每年工人不受任何严重伤害的比例来测量。补偿差异理论表示具有一定技能的个人，从事的工作越安全，所能得到的工作率越低。在图5-13中，曲线B_1标出了安东尼可以得到的所有工作率与安全度的组合。曲线的弯曲度反映了这个假设，即一份工作变得越安全，根据放弃的工资，增加一单位安全的额外成本越大。给定无差异曲线中包含的偏好，他选择一份具有w_1的工资率和s_1单位安全的工作。在同一图中，曲线B_2标出了对于屋大维的可能的选择，他的技能高于安东尼。在任意给定的安全程度，屋大维能够要求得到比安东尼更高的工资的事实（B_2位于B_1之上）反映了上述情况。如图所示，屋大维的最佳工作具有w_2水平的工资率和s_2单位的安全程度。

注意，尽管我们发现一个人与其他人相比有一份既有较高工资又更加安全的工作，但这并不与补偿差异理论相冲突。因为B_1和B_2都是向下倾斜的，每一个人都面临在安全程度与工资率之间的选择。

最后，注意到这点很重要，即补偿差异并不一定是具有相同技能的人之间工资差异的唯一来源。雇主对性别与种族的歧视也会导致工资差异。更一般地，仅仅看供给市场一方并不能告诉我们有关工作工资均衡结构的全部信息。市场需求这一方也必须被考虑在内。

5.2 资本供给

在循环流模型中，公司利用实物资本和劳动力生产产品。**实物资本**（real capital）是指那些有助于未来生产的资本，如模具、厂房、办公桌和计算机。和劳动力一样，资本也是由家庭提供给经济部门的。当然，个人并不是真的将模具拖进当地的公司。他们将自己的一部分收入出借给公司，公司在用这些钱（被称为**金融资本**，financial capital）去购买或者租赁模具。更为明确地，人们将超出自己消费的收入部分——也就是他们的储蓄，提供给公司。因此，资本供给理论实际上是储蓄理论。

5.2.1 生命周期模型

对储蓄决定的分析归于**生命周期模型**（life-cycle model）。这个模型是说，人们在给定的一个年度的消费与储蓄的决定，是考虑了他们一生的经济周期的计划性进程的结果。也就是说，你每年的储蓄额并不仅仅取决于当年的收入，还取决于你预期的未来收入和过去取得的收入。

为了理解生命周期模型的结构，回忆我们至此所讨论的问题，一个人在一个特定时间段的效用是他在此时间段所消费的各种商品的数量。生命周期模型采取了更广阔的视角。它假设一个人在整个生命中获得的效用数量取决于他在生命中每个时间段消费的数量。举个例子，考虑哈姆雷特的情况，他希望生活在两个时期：现在（时期0）和将来（时期1）。在现阶段，哈姆雷特有 I_0 美元的收入，并知道他未来的收入是 I_1 美元（将现在视为工作阶段，I_0 是劳动所得；将未来视为退休阶段，I_1 是一笔固定的退休金收入）。如果哈姆雷特现在消费得多了，在其他条件不变的情况下，他在未来就得消费的更少。他的问题是考虑到这种选择，然后选择能使他一生效用最大化的每一时期的消费量。重要的是，当哈姆雷特决定在时期0的消费量时，也就同时决定了储蓄或者借入的数量。如果当前的消费超过了当前收入，他就必须借钱。如果消费少于当前收入，他就有了储蓄。

和劳动供给的情况一样，我们可以利用预算约束与无差异曲线来分析供给多少资本的选择问题（也就是储蓄多少）。首先讨论预算约束，然后再讨论无差异曲线图。

1. 跨期的预算约束 不变的是，预算约束描述的是个人可以得到的各种不同选择。在这个特殊的例子中，选择是哈姆雷特可以获得的当期消费和未来消费的各种可能组合。因为生命周期模型中的预算约束表示在不同时期的消费水平之间的选择，它被称为**跨期预算约束**（intertemporal budget constraint）。

为了描绘这一约束，考虑图5-14，在图中，用横轴表示当期消费（c_0）量，用纵轴表示未来消费（c_1）量。哈姆雷特一个可能的选择是消费与收入相同的量——在当期消费 I_0，在未来消费 I_1。这点被称为**原赋点**（endowment point），在图5-14中用点 a 表示。在原赋点，哈姆雷特既不储蓄也不借款，因为每期的消费恰好等于当期的收入。

另一种选择是储蓄一部分当前收入以使得未来能够消费更多。假设哈姆雷特决定通过今天仅消费 I_0-S 来

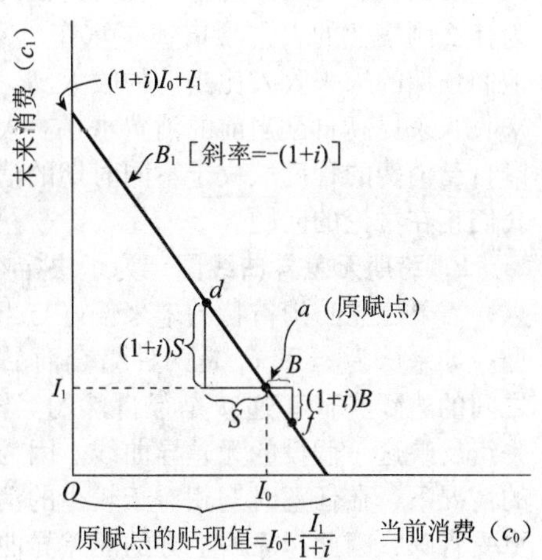

图5-14 跨期预算约束

注：如果个人的原赋点是（I_0，I_1），并且能以 i 的利率借入和贷出款项，那么他的跨期预算约束就是直线 B_1，通过原赋点，具有等于 $-(1+i)$ 的斜率。

使本期有 S 美元的储蓄。如果他将储蓄投资于一项收益率为 i 的资产上，就将他的未来消费提高了（$1+i$）S——资本金 S 加上利息 $i \times S$。换句话说，如果哈姆雷特将当前的消费降低 S，他就将未来的消费提高了（$1+i$）S。图形上，这种可能性是通过在图5-14中将原赋点 向左移动 S 美元，并向上移动（$1+i$）S 美元得到的点 d 来表示的。

另一选择，如果哈姆雷特借自己的未来收入，他就可以消费超过 I_0 的量。假设哈姆雷特可以以相同的利率 i 借钱，也可以以这一利率将钱借出。如果借入 B 美元加到当期的消费上，他必须削减多少未来消费呢？在未来，哈姆雷特必须偿还 B 加上利息 $i \times B$。因此，只要哈姆雷特愿意将未来消费减少 $B + i \times B =$（$1+i$）B，他就能将当期的消费增加 B。图形上，这涉及将图5-14中的原赋点向右移动 B 美元，然后向下移动（$1+i$）B 美元得到点 f。

通过对 S 和 B 的不同值重复这个步骤，我们可以决定在给定任意数量的当期消费时，多少未来消费是可能的。在这个过程中，我们找出了跨期预算约束 B_1，它穿过原赋点 a，并具有斜率 $-$（$1+i$）。不变的是，预算约束的负斜率表示一种商品相对于另一种商品的机会成本。$1+i$ 表示现在的消费1美元是未来 $1+i$ 美元的消费损失。

跨期预算约束的垂直截距表示，如果当前消费是零，未来可以消费的数量。如果全部被储蓄，未来的值是（$1+i$）I_0。加到时期1获得的 I_1 美元说明截距是（$I+i$）$I_0 + I_1$。

另一方面，水平截距表示哈姆雷特现在所能消费的最大数量，包括本期收入加上他能借到的未来收入。给定哈姆雷特的未来收入是 I_1，那么最多借到的 $\hat{B}$ 是多少？我们知道在下一时期，哈姆雷特（或者他的继承人）必须能够偿还贷款本金（$\hat{B}$）加上利息（$i \times \hat{B}$），或者（$1+i$）$\times \hat{B}$。因此，（$1+i$）$\times \hat{B}$ 必须严格等于 I_1——没人会借入用未来收入不能完全偿还的贷款。既然（$1+i$）$\hat{B} = I_1$，那么 $\hat{B} = I_1/$（$1+i$）。因此水平截距是 $I_0 + I_1/$（$I+i$）。因为水平截距是给定原赋时，可以获得的最高水平的本期消费，所以被称为**原赋的贴现值**（present value of the endowment）。

像 B_1 这样跨期预算约束的存在表明一个人并不需要将他在某一特定年度的消费与他在当年的收入过于紧密的联系。即使在某一年的收入很高而下一年的收入很低，那也并不意味着你不得不在第一年有高消费而在第二年降低消费。相反，通过在低收入年度借钱，在高收入年度储蓄，可以平滑你在各时间段的消费。这解释了为什么刚毕业的人常常借钱买汽车、家具之类的物品。他们预期的未来收入比当前的收入高，因此他们借入未来收入来提高自己当前的消费水平。人们实际选择的平滑自己消费的程度取决于不同时期的消费偏好，也就是我们正在讨论的问题。

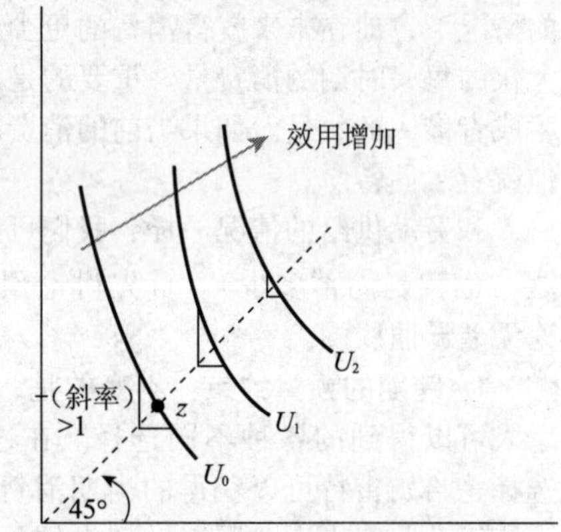

图5-15　"缺乏耐心"个人的偏好

注：在当前消费与未来消费之间的无差异曲线的斜率是时间偏好的边际率。对于一个无耐心的人，在当前消费等于未来消费时，时间偏好的边际率大于1；也就是说，斜率的负值比45°线的斜率1大。

2. 跨期无差异曲线图　为了决定在 B_1 上选择哪一点，需要建立哈姆雷特的未来偏好与当前消费相反的模型。如果认为 c_0 和 c_1 是两种组合商品，那么假设它们之间的边际替代率递减是很自然的。图5-15中描绘了一组反映这一假设的无差异曲线。因为在其他条件不变的情况下，在任意时期相对于较少的消费，较多的消费更受青睐，因此越靠右上方的无差异曲线代表的效用水平越高。

c_0 与 c_1 的边际替代率表示个人在不同时期的消费偏好的强度，因此被称为**时间偏好的边际率**（marginal rate of time preference）。一个常规的与时间偏好边际率相关的假设是人们是"无耐心"的——其他事情也类似，他们有喜欢现在消费胜过未来消费的倾向。图5-15的无差异曲线图体现了这一假设。为弄清原因，考虑无差异曲线 U_0 上的点 z。点 z 位于从原点发出的45°线上。因此在点 z，哈姆雷特当前的消费严格等于未来的消费。现在，如果哈姆雷特不是没有耐心，那么我们预期，在点 z 他放弃1美元的当前消费仅仅要求获得1美元的未来消费。但是点 z 的时间偏好边际率大于1。当每一时期的消费水平相等时，哈姆雷特放弃1美元的当前消费会要求得到多于1美元的未来消费。

因此哈姆雷特"在由原点发出的45°线上，时间偏好边际率大于1"反映出他"缺乏耐心"。与之相反，对一个不是缺乏耐心的人，跨期无差异曲线是关于由原点发出的45°线对称的。

3. 生命周期模型的均衡　预算约束下的均衡点实现了效用最大化。在图5-16中，我们将哈姆雷特在图5-15中的无差异曲线和在图5-14中的预算约束放到一起。哈姆雷特在点 e^f 实现效用最大化，在这点无差异曲线的负斜率（时间偏好的边际率）等于1加上利率（预算约束的负斜率）。在这一点，他当期消费 c_0^f，未来消费 c_1^f。有了这些信息，找出哈姆雷特储蓄了多少就变得容易了。因为当前的收入 I_0 超过了当前的消费 c_0^f，根据定义差额 $I_0 - c_0^f$ 就是储蓄（为了标注不同的点，我们已经从下标换成了上标，因为下标已经被用来标注时期）。

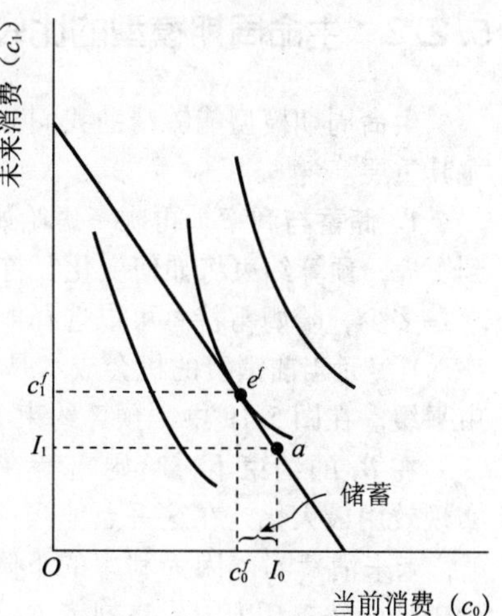

图5-16　储蓄者均衡

注：效用在 e^f 达到最大，在这一点时间偏好的边际率等于 $1+i$。对于此人，当前消费是 c_0^f，因此有 $I_0 - c_0^f$ 的储蓄。

当然，这并不证明储蓄总是理性的。对于图5-17中描绘的奥菲莉娅的情况，最高的可能的无差异曲线与她的预算约束相切于点 a 以下。奥菲莉娅当前的消费超出了当前的收入，也就是说，她是一个借款者。波洛尼厄斯（他的无差异曲线图绘制在图5-18中）既不是一个借款者也不是一个储蓄者——他的效用最大化点恰好在原赋点，因此 $c_0^a = I_0$。

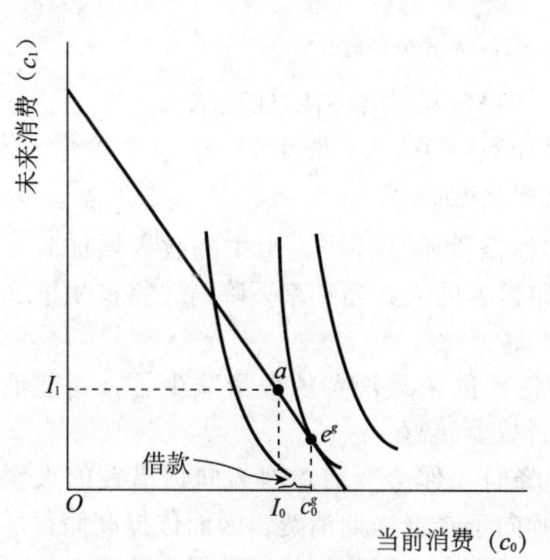

图5-17　借款者的均衡

注：对于此人，当前消费 c_0^g 超过了当前收入（I_0）。因此，此人借款 $c_0^g - I_0$。

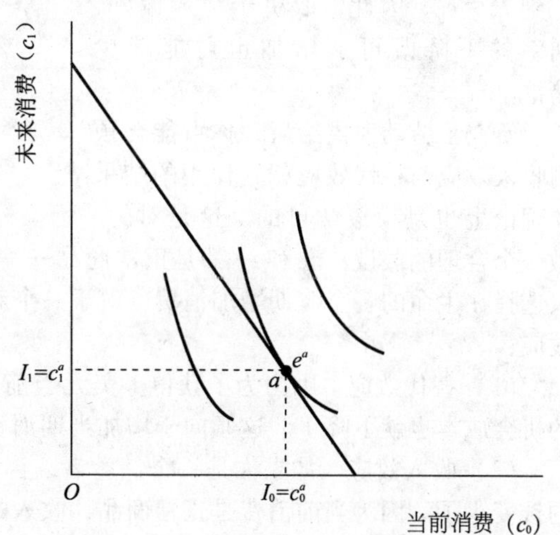

图5-18　既不储蓄又不借钱者的均衡

注：如果最大化效用点与原赋点重合，此人既不借款也不储蓄。

5.2.2 生命周期模型的比较静态分析

生命周期模型能够帮助我们分析经济环境的变化对储蓄决定的影响。储蓄对利率变化的反应尤其重要。

1. 储蓄与利率 再次考虑哈姆雷特的情况，如图5-19所示。假设他可以借贷的利率 i 从降到了 i_b，预算约束将如何变化？首先要注意的是，新的预算约束也必须通过原赋点，因为不管利率是多少，哈姆雷特总可以选择既不借钱也不储蓄。但是利率的下降确实改变了预算约束的斜率。1美元当前消费的机会成本是 $1+i_b$ 美元的未来消费。因此新的预算约束必然比初始预算约束平缓。在图5-19中，预算约束 B_2 通过点 a 具有斜率 $-(1+i_b)$。

在 B_2 的约束下，哈姆雷特在点 e^b 实现效用最大化，在这一点他当前消费 c_0^b，未来消费 c_1^b。因为利率的下降，哈姆雷特的储蓄从 $I_0-c_0^f$ 降到了 $I_0-c_0^b$。

然而这一结果并不是一条通用的准则。图5-20中霍雷肖的情况是一个反例。霍雷肖的预算约束与哈姆雷特的相同，初始均衡在点 e^f。但是在图5-20中，新的均衡出现在点 e^h，位于点 e^f 的左侧。利率下降以后，当前的消费是 c_0^h，未来的消费是 c_1^h。在这个例子中，利率的下降实际上增加了储蓄，从 $I_0-c_0^f$ 到 $I_0-c_0^h$。因此，取决于个人偏好，利率的下降既可能增加也可能减少储蓄。

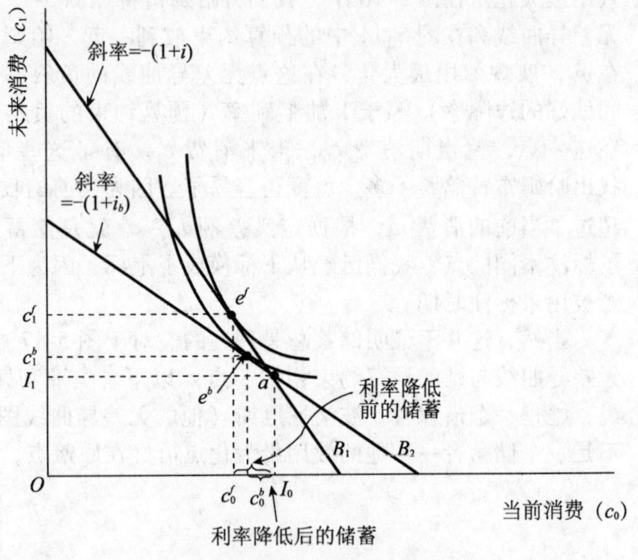

图5-19 利率下降降低储蓄

注：利率的下降将跨期预算约束从 B_1 移动到 B_2，受此影响个人将储蓄从 $I_0-c_0^f$ 降低到 $I_0-c_0^b$。

研究了劳动力供给后，你可能会预测收入效应与替代效应相互作用的结果在理论上也是模棱两可的。这是对的。做一个合理的假设：c_0 和 c_1 都是正常商品——保持其他条件不变，当一生中的收入增加时，个人选择在生命的各个时期增加消费。对于一个起初是储蓄者的人，当利率下降时，将产生下面的效应：

(1) 替代效应。因为为了获得1美元当前消费而牺牲的未来消费的数量减少了，当前消费的机会成本也就下降了。这倾向于增加当期消费，因而减少储蓄。

(2) 收入效应。如果你是一个储蓄者，当利率下降时，你会变穷，因为向你借钱的人偿还的钱变少了。因为当前消费是正常商品，收入的下降倾向于降低当期消费，因而你提高储蓄。

因为对于一个储蓄者而言，收入效应和替代效应是反方向发挥作用的，结果在逻辑上就可能是不确定的。如果当利率下降时，一个理性人实际上也许会增加储蓄的观点使我们诧异，那么不妨考虑"目标储蓄者"这个极端的例子。目标储蓄者的唯一目标是在未来有一个固定的消费量——既不多也不少（也许目标储蓄者想要储蓄足够的钱以支付子女未来的大学学费）。如果利率下降，目标储蓄者达到自己目标的唯一途径就是增加储蓄。类似地，如果利率上升，目标储蓄者仅需要较少的储蓄就可以达到自己的目标。因此，对于目标储蓄者，储蓄与利率总是反方向运动的。图5-20证实了储蓄与利率的相反关系在极个别的情况下是合理的。

至此，我们对收入效应与替代效应的讨论针对的是个人最初为储蓄者的情况。如果个人最初为借款者，结果会如何呢？与最初为储蓄者的情况一样，利率降低的替代效应会提高当期消费（降低储蓄）。与储蓄者不同的是，利率降低的收入效应也倾向于提高当期消费。为什么？如果你是一个借款者，利率下降了，那么必须偿还给债权人的钱变少，这实际上使你变富裕了。因为当前消费是正常商品，因此会在当前消费更多。简而言之，如果一个人起初是一个借款者，那利率下降的替代效应和收入效应是相互增强的——储蓄明确下降，也就是说，借款上升。

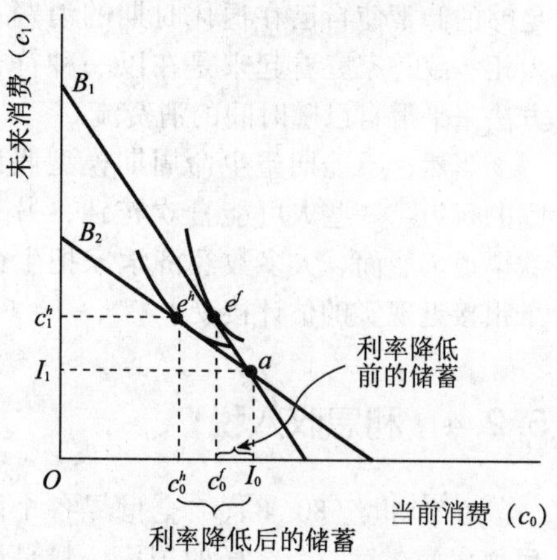

图5-20　利率的下降提高储蓄

注：对于这个人，利率的下降将储蓄从 $I_0-c_0^f$ 提高到 $I_0-c_0^h$。

为了便于参考，图5-21总结了个人作为储蓄者或者借款者的情形与收入效应和替代效应之间的关系。

2. 储蓄供给　一旦掌握了生命周期模型，就可很简单地得到储蓄供给曲线。即找到与利率相联系的均衡储蓄量，然后将这些信息记录在一个图上，储蓄在横轴，利率在纵轴。**储蓄的市场供给曲线**（market supply curve of saving）表示在每一利率水平下，所有个人愿意供给的储蓄总量（保持其他条件不变），通过横向加总个人供给曲线得到。利用同样的方法，补偿储蓄供给曲线通过观察储蓄怎样随利率变化而得到，并假设个人被补偿了足够的钱以使他们保持在初始的无差异曲线上。一般储蓄供给曲线与补偿储蓄供给曲线的推导被留作练习。

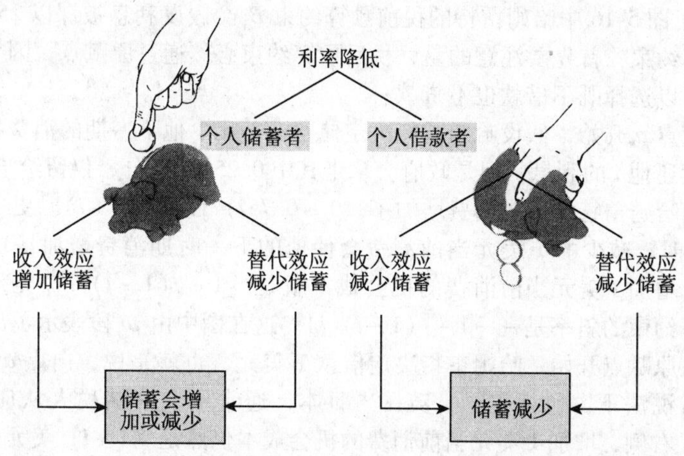

图5-21　利率降低的替代效应与收入效应（假设消费是正常商品）

5.2.3　生命周期模型是否有价值

一些对生命周期模型的批判认为，这一理论的假设太不符合实际，根本不能成为有用的抽象。然而，大量观察到的行为与生命周期模型的要旨相符——人们确实要展望未来以做出今天消费和储蓄的决定。例如，某报纸上的一篇文章报道了下面这件关于20世纪90年代中期日本储蓄率上涨的轶事："樱井原由美打破了日本人的料理习惯，她将一顿饭中剩下的米饭放进冰箱然后再用微波炉加热。与将米饭放在蒸锅里保温相比，这种方法每顿饭节省了8分钱……当折价销售来临时，她为孩子购买一年的衣服。并不是女士突然变穷了，而是因为她担心自己会突然变穷。"引用这个例子的关键之处是，消费者以未来预期收入为基础来决定当前的消费。这就是生命周期模型所描述的行为。

大量统计性研究支持了这种轶事的证据。例如，一些对即将退休的家庭的分析发现，他们有足够的储蓄使自己在退休时期的消费水平与其一生的收入相一致。家庭看起来是在以一种符合生命周期模型的方法来平滑自己随时间的消费流。

当然，不能期望生命周期模型假说描述每一单一家庭的行为。一些人可能喜欢花钱，另一些人可能没有借款渠道。然而，大多数经济学家把生命周期模型作为一个很接近现实的估计接受了。

5.2.4 利息收入税

在20世纪80年代，全世界各个国家都削减了所得税税率。在每一个这样的国家，最易引起争议的问题之一是低税率对利息收入的影响。一些政策制定者辩论说，削减利息税税率将会减少储蓄，而其他人则认为利息税不会造成任何影响。这种争论持续下去直至演变成愤怒；在1996年，美国的几位总统提名后选人许诺废除利息税的征收以刺激储蓄率。本节利用生命周期模型对这一重要问题进行研究。

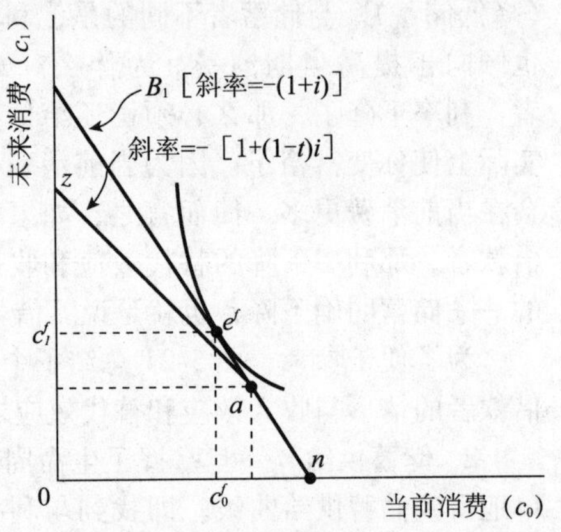

图5-22 利息收入税

注：当利息收入被征收 t 的税收时，有效利率是 $(1-t)i$。因此，减少1美元当前消费的机会成本是 $[1+(1-t)i]$ 美元的未来消费。这就减小了点 a 左边的预算约束的斜率，而在点 a 右边，预算约束的斜率仍然是 $-(1+i)$。因此预算约束是折线 zan。

图5-22复制了图5-16中哈姆雷特的税前预算约束 B_1。假设利息被课以25%税率的比例税。这将如何影响预算约束？首先要注意的是，税后预算约束必然通过原赋点，因为不管是否有利息税，哈姆雷特总可以选择既不借款也不贷款。

现在，从原赋点 a 开始，假设哈姆雷特决定储蓄1美元。他下一期的消费将增加多少？哈姆雷特的债务人将偿还他 i 的利息，但是政府会拿走其中 $0.25i$ 的部分，仅留给哈姆雷特 $0.75i$。因此，储蓄1美元使哈姆雷特将未来消费增加了 $(1+0.75i)$ 而非 $(1+i)$。更一般地，当利息收入被课以 t 的税收时，减少的1美元当前消费会使他的下一时期消费增加 $[1+(1-t)i]$ 美元。在点 a 左侧，增加1美元当前消费的机会成本就是 $[1+(1-t)i]$ 美元的未来消费。因此，点 a 左侧预算约束的斜率是 $-[1+(1-t)i]$。这在图中由 za 段表示了出来。

现在，假设从原赋点开始，哈姆雷特决定借款1美元，也就是说，向点 a 右侧平移1美元。在许多国家的现行税法下，包括美国、英国、日本，通常不允许纳税人从应税收入中抵扣利息。[㊀]因此，在点 a 右侧，增加1美元当前消费的机会成本仍然是 $(1+i)$ 美元的未来消费。这与税前预算约束 B_1 的 an 段相一致。

综上所述，我们发现当利息收入要课税而利息支付又不能被抵扣时，跨期预算约束在原赋点有一个弯折。在原赋点左侧，斜率是 $-[1+(1-t)i]$；在原赋点右侧，斜率是 $-(1+i)$。对储蓄有何影响呢？对于在课税前是借款者的个人，这个系统根本没有影响。也就是说，如果人们在课税前在 an 段实现了效用最大化，在课税后这么做也会实现效用最大化。另一方面，如果人们在课税前是储蓄者，他们在当前消费与未来消费之间的选择必然会改变，因为曲线 B_1 上点 a 之上的点对他们来说已经不能得到了。然而，就像在围绕图5-21进行的讨论中，不能预测他们是否会储蓄得更多还是更少，这取决于与此相关的收入效应与替代效应的强度。

因此，经济理论告诉我们利息税对储蓄供给的影响不确定性。对于给定的一个人，结果取决

㊀ 在美国1986年税收改革法案实施以前，利息支付通常是可以抵扣的。现在消费贷款利息是不能抵扣的，抵押贷款利息是可以抵扣的。

于他是一个借款者还是一个储蓄者，而且如果是一个储蓄者，那么是收入效应还是替代效应占据支配地位。只有经验性的工作能够回答税收系统如何影响储蓄这个问题。许多研究证明对于整体人口，收入效应与替代效应或多或少互相抵消了。

5.3 更多关于贴现值的问题

在图5-14对跨期预算约束的讨论中，我们观察到横轴截距是个人原赋的贴现值——给定当前和未来的收入，个人当前的最大消费量。

贴现值这一概念，是在考虑不同时期的收入流或支出流问题时一个不可或缺的工具。例如，进入商学院读书需要在当前有一笔可观的支出，然后在未来数年后获得回报。如何决定将来的收益是否值当前的成本？在本节，我们研究贴现值这个概念并说明怎样将其运用于现实。

5.3.1 基本公式

假设你将100美元存到银行的账户上，年利率是5%。在年底，将在账户上拥有 $(1+0.05)\times100=105$——100美元的本金或者初始存款，加上5美元的利息。假设你将钱继续在账户上存了一年。在第二年年底，将拥有 $(1+0.05)\times105=110.25$。这也可以写成 $(1+0.05)\times(1+0.05)\times100=(1+0.05)^2\times100$。类似地，如果钱被存在账户上三年，在第三年年底就变成了 $(1+0.05)^3\times100$。更一般地，如果将 M 存了 T 年，年利率是 i，那么在第 T 年年底，就将价值 $M\times(1+i)^T$。这个公式表示当前投资的未来值。任何有银行账户的人都很熟悉这种计算。

现在假设有人提供给你一份协议，承诺从现在开始每年支付你100美元。这个人完全值得信任，所以不必担心违约。假设预期在下一年不会发生通货膨胀，你今天最多愿意为这个承诺支付多少？支付100美元的承诺价值100美元的说法具有迷惑性，这忽略了以下事实：100美元在一年内是不可支付的，而且同时你损失了利用这笔钱可以挣到的利息。如果今天将100美元存到银行的账户就可以在一年后轻松得到105美元，那你今天为什么要为一年后获得100美元支付100美元呢？因此，一年后才能支付的100美元的价值少于今天的100美元的价值。一定数额的未来的钱的**贴现值**（present value）是为获得在未来得到这笔钱的权利而在今天愿意支付的最大数额。

为找出在一年后获得100美元的收入而在今天愿意放弃的最大数额，必须找到当乘上 $(1+0.05)$ 后恰好等于100美元的数。从数学角度看，如果是 PV 贴现值，那么 $PV\times(1+0.05)=100$。因此，PV 是 $100/(1+0.05)$，或者近似等于95.24美元。注意，这与上述讨论的常见的家庭未来投资问题对应。为找到现在货币的未来价值，应乘以1加上利率；为了找到未来的货币在今天的价值，要除以1加上利率。

下一步，考虑一个两年后支付100美元的承诺。在这种情况下，计算就要考虑到如果将100美元存入银行，在第二年年底就将价值 $100\times(1+0.05)^2$。你今天愿意为了两年后得到的100美元的最大数额就是当乘上 $(1+0.05)^2$ 后准确等于100美元的数，即 $100/(1+0.05)^2$ 或者大约是90.70美元。

一般地，当年利率是 i 时，一个 T 年后支付 M 美元的承诺的贴现值简单地就是 $M/(1+i)^T$。因此，即使不存在通货膨胀，将来1美元的价值也低于今天1美元的价值，必须要除以由利率和获得支付的时间决定这个值。因此，i 常常被称为**折现率**（discount rate）。承诺支付的将来越久远（T 越大），贴现值越小。直觉上，在其他条件保持不变时，为获得的一笔钱要等的时间越久，这笔钱今天的价值就越少。

最后，考虑今天支付 M_0，一年后支付 M_1，两年后支付 M_2，依次直至 T 年这个承诺。这项交易价值多少？到目前为止，未经思考很清楚的答案 $(M_0+M_1+M_2+\cdots+M_T)$ 是不正确的，因为它假设未来的1美元严格等于当前的1美元。不用贴现值，将不同时期的美元数加总就像将苹果和桔子加在一起。正确的方法是将每一年的价值转换成的贴现值加总。

表5-1给出了每一年支付的贴现值（PV）。为了找到收入流 $M_0, M_1, M_2, \cdots, M_T$ 的贴现值，只要将最后一列的数值相加：

$$PV = M_0 + \frac{M_1}{(1+i)} + \frac{M_2}{(1+i)^2} + \cdots + \frac{M_T}{(1+i)^T} \tag{5-2}$$

表5-1 贴现值的计算

美元支付	将来年限	贴现值
M_0	0	M_0
M_1	1	$M_1/(1+i)$
M_2	2	$M_2/(1+i)^2$
⋮	⋮	⋮
M_T	T	$M_T/(1+i)^T$

5.3.2 贴现值的实例

我们已经说明贴现值的计算需要谨慎估计发生在不同时点的收入流。这里有两个实例。

1. 迈克尔·威特科斯基的彩票奖金 1984年当一个叫迈克尔·威特科斯基的印刷商获得了伊利诺伊州4 000万美元彩票奖金时，他就出名了（一个周末）。然而，如果仔研究这笔钱是如何被支付的并用贴现值进行分析，就会发现奖金明显减少了许多。

伊利诺伊州彩票的奖金是被等分成20期支付的；威特科斯基在1984年获得200万美元，1985年获得另一个200万美元，持续每年获得200万美元直至2003年。这一收入流在1984年的价值多少呢？换一种说法，在1984年你最多愿意支付给威特科斯基多少钱来换取他的彩票？

威特科斯基在1984年获得的200万美元在当年的贴现值是200万美元。那时的长期市场利率是12%。因此，1985年的支付的贴现值是1 785 714美元（2 000 000/1.12）；1986年的支付的贴现值是1 594 387美元($2\,000\,000/1.12^2$)；依此类推。最后一笔在2003年得到的支付的贴现值是232 214美元($2\,000\,000/1.12^{19}$)。将每一年的贴现值加总得到16 731 553美元。因此4 000万美元的奖金实际上仅值16 731 553美元。当然，那笔钱已经足够大大提高迈克尔·威特科斯基的生活水平。但是你觉得广告宣传彩票的奖金是4 000万美元是诚实的么？在本文中，考虑另一个迈克尔的例子，他姓安德里奇，获得了100万美元的亚利桑那州彩票。当他发现这笔钱将被以超过20年来支付的时候，他起诉“亚利桑那州彩票违约，犯了欺诈罪，因为他们从未提及这个延续持久的支付方案”。安德里奇输了官司；法庭支持了彩票方的说法——如果他不喜欢这项交易，他就应该归还彩票并要回自己买彩票的钱。

2. 终身年金 为了解决与拿破仑打仗的债务，英国政府发行了一种叫“慰问金”的债权，无限期的每期支付一笔固定数额的钱。慰问金是**终身年金**（perpetuity）的一个例子——持续到永远的收入流。一个人如何计算出终身年金的贴现值？更具体点，假设终身年金每年支付 M 美元，为了找出这一收入流的贴现值，仅需决定为了以年利率每年获得 M 美元现在需要投资的数额。因此，我们知道 $i \times PV = M$，说明终身年金的贴现值是

$$PV = \frac{M}{i} \tag{5-3}$$

举个例子，当利率是5%时，250美元的终身年金的贴现值是5 000美元（250/0.05）。

尽管不再发放慰问金，式（5-3）也具有极为重要的意义。因为一些资产，如土地，确实产生永久性收益，这一公式帮助对它们估值。

第二，式（5-3）来自确定几年的收入流的贴现值的近似估计。假设估计一个在未来20年每年获得200万美元的收入流的贴现值，利率是12%。利用式（5-2）计算贴现值很直接，但是很烦琐。如彩票例子指出的，答案是16 731 553美元。假设不是持续20年而是无限期的，这时你可以简单地将 i 和 M 代入公式（5-3）得到贴现值16 666 667美元。因此利用终身年金公式计算出的结果是精确值的近似估计值。直觉上，在非常遥远的未来获得的收入总额的贴现值很小，以至于加上它们也不会产生严重误差。

估值的精确度取决于涉及的利率的高低与年限。我们要强调的是，使用终身年金公式并非是式（5-2）的完美替代。在许多场合，这是一个对重要性排序问题进行快速估计的好方法。

5.4　人力资本

本章前面建立的劳动力供给模型假设个人的工资率是固定的。然而，人们通过投资人力资本——能够提高生产率的技巧与能力，影响而且确实影响了他们的工资率。通过不同形式的人力资本投资，例如正式教育和工人培训，可以提高人们的未来收入。例如在美国，每多受一年教育，工资大约提高8%。在现代经济中，人力资本是一种非常重要的投资形式。柯罗克和斯约洛姆估计，在美国人力资本的投资是物质资本投资的2倍还多。

当然，人力资本投资是有成本的。有些成本是显性的。正如漫画中所显示的，大学学费是一种很高昂的显性成本。在美国，所有水平的教育显性成本都超过了4 000亿美元。另外，一个人必须要考虑获得人力资本所花费的时间的机会成本——如果你仍然读书，就不能同时工作，没有工资——是成本的一种。不管成本是显性的还是隐性的，人力资本投资都要求以降低当前的消费为代价来换取未来的高收入。这表明人力资本投资是另一种形式的跨期决策。实际上，分析人们对市场金融资本（储蓄）的供给量决策的一般方法也适用于人力资本投资决策。

为简化问题，我们将分析个人的情况，其唯一的投资机会是人力资本。也就是说，他根本没有渠道去投资金融市场。分析了这一简单模型后，将分析一个更有趣的例子，在这个例子中，一个人可同时进行人力资本投资和物质资本投资。

5.4.1　以人力资本作为唯一资产

在图5-23中，横轴表示朱利斯少年时的消费水平（c_0），纵轴表示成年时的消费水平（c_1）。在不存在人力资本投资时，朱利斯年少时可以挣到I_0，成年时可以挣到I_1。因此，这一组合代表了他的原赋点。

现在假设朱利斯有机会上计算机培训课。每上一节课都有抛弃现时消费的成本。通过这些课程，朱利斯能够提升他下一时期的挣钱能力。实际上，他在这个时期的课时越多，在下一时期挣的工资越高。然而，这一过程符合边际收益率递减定律——每小时课程对他挣钱能力的提升程度是连续逐渐减少的。在这些假设下，朱利斯的机会就包含在曲线ba中了。曲线被称为**人力资本生产函数**（human capital production function），它表示个人如何将人力资本投资（以损失的消费度量）转换成未来的收入。

为了决定朱利斯的人力资本投资量，我们必须引入他在当前消费和未来消费之间的偏好。在图5-23中，将他的无差异曲线画在人力资本投资函数之上。他的最优选择是点e^f，在这点他在年少时消费c_0^f，在成年后消费c_1^f。因为他年少时的原赋点是I_0，因此朱利斯的人力资本投资（以美元计算）是（$I_0-c_0^f$）。进行这项投资的一个结果是朱利斯能将成年后的消费从I_1提高到c_1^f。

5.4.2　人力资本与实物资本

在图5-23背后一个至关重要的假设是朱利斯没有途径进入金融资本市场。现在做相反假设，他可以现行利率i借入和贷出款项，这将造成怎样的改变？图5-24复制了图5-23中朱利斯的人力资本投资函数。现在，回忆围绕图5-14进行的讨论，它表示当利率是i时，跨期预算约束通过原赋点的一条直线，斜率是 $-(1+i)$。如图 5-24 所示，能够进入资本市场，如果朱利斯愿意，他可以通过沿 B_0 从点 a 移动来借款。

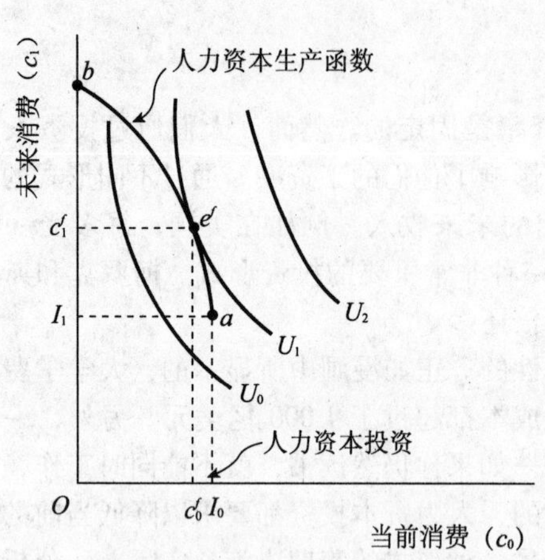

图 5-23 不存在金融市场的人力资本投资决定

注：当个人没有途径进入金融市场时，最优人力资本投资在无差异曲线与人力资本生产函数的切点处决定。

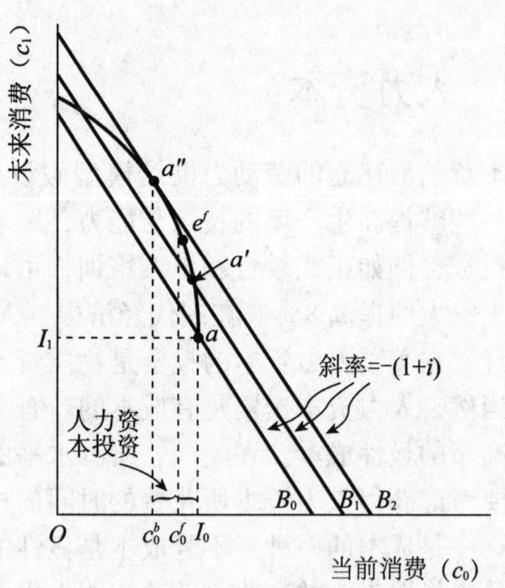

图 5-24 存在金融市场的人力资本投资决定

注：如果存在以市场利率进行借款或贷款的机会，最优人力资本投资是人力资本生产函数和斜率是 $-(1+i)$ 直线的切点，也就是图中点 a''。

然而，在存在人力资本生产函数时，情况就要复杂些。例如，通过参加计算机培训课程，朱利斯能够获得点 a'。一旦他选择了点 a'，通过在资本市场借入或贷出，他的可能选择如直线 B_1 所示，通过 a' 并与 B_0 平行。很重要的一点是，即使不知道朱利斯的无差异曲线，也知道在人力资本生产函数上他应选择点 a' 而非点 a。为什么？因为预算约束 B_1 提供了比 B_0 更多的消费机会。因此，只要更多的消费机会比更少的消费机会更受欢迎，约束 B_1 就比 B_0 更受青睐。

相同的逻辑说明：人力资本投资最理想的量是离原点尽可能远，斜率为 $-(1+i)$ 的直线，也与人力资本投资函数相切。在图 5-24 中，切点是 a''，这时进行了 $I_0-c_0^b$ 的人力资本投资。一旦他选择点 a''，沿着 B_2 他能选择任何消费水平。因此，上升至 a'' 的人力资本投资，给了朱利斯最多可能的消费机会。

为了结束分析，我们只需说明他将在直线 B_2 上选择哪一点。图 5-25 考虑了他的偏好，并且表示出他在点 e^d 实现效用最大化，这点他在年少时消费 c_0^d，在将来消费 c_1^d。让我们再努力思考在图 5-25 中实际发生的情况。决定将人力资本投资提高到 a''，因为该水平的人力资本投资能够使他一生的机会最大化。然而，给定他的跨期偏好，点 a'' 代表了太多当前的消费和太少的将来的消费。毫无疑问，朱利斯去银行借（$c_0^d-c_0^b$）美元是为提高当前的消费，如沿着 B_2 从 a'' 到 e^d 的运动所示。下一期，朱利斯偿还银行 $c_1^b-c_1^d$ 美元（本金加上利息），这些还款来自于他未来的收入 c_1^b 美元。

如果你觉得这些情况看上去不合情理，那么考虑一下那些从大学、家庭或者政府借款来支付学费的人。报纸上一篇

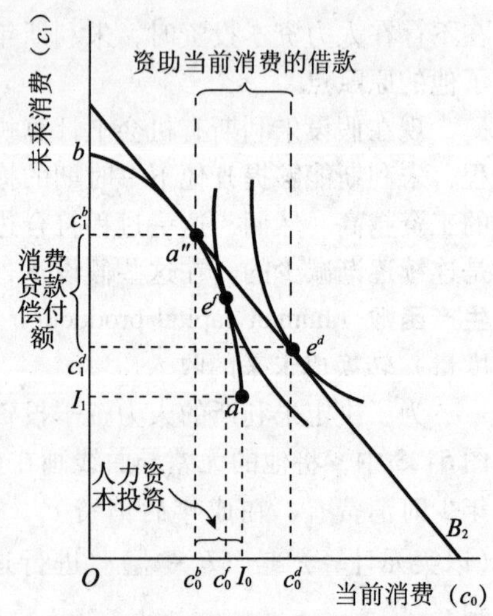

图 5-25 人力资本投资与消费决定的分离

注：不管个人在当前消费与未来消费之间的偏好如何，原赋点的贴现值在人力资本生产函数上的点 a'' 达到最大。偏好则决定了预算约束 B_2 上的哪一点被选择。

题为“现在学习，将来获益”的文章指出，“从常春藤成员到州立大学，大学生都是现在学习，将来获益，经常在毕业时面临债务问题。”这些贷款的目的之一是资助在大学接受教育时合理的消费支出。当你可以以未来收益为担保来借款时，为什么要在大学时忍受基本生活水平的消费呢？

图5-23和图5-25描述了金融市场的作用。在图5-23中不存在金融市场，个人人力资本投资决策取决于他的偏好。也就是说，如果因为某些原因，朱利斯的无差异曲线移动，其人力资本投资决策就会发生变化。与此相反，在图5-25中，存在金融资本市场，朱利斯的人力资本投资决策完全脱离他的偏好，即使无差异曲线改变了，他仍然可以选择人力资本投资函数上的点a''。无论偏好如何，朱利斯都会为最大化自己的消费水平进行人力资本投资。他的偏好决定了他会选择哪一个机会，而非人力资本投资决策本身。

因此，资本市场允许个人将人力资本投资决策与其消费决策相分离，通过这种方式使他获得一个更高的效用水平。这个结果有时被称为**分离定理**（separation theorem），因为它说明了市场的存在如何允许个人将投资与消费决策分离。

为了对分离定理的本质有更深入的了解，回忆跨期预算约束的横轴截距表示个人原赋点的贴现值。因此，在图5-24上寻找距离原点最远的预算约束直线，等价于使原赋点的贴现值最大。分离定理告诉我们，如果个人能够以现行利率借入或者贷出资金，他应该选择能使原赋点的贴现值最大的人力资本投资。一旦贴现值最大，特定的偏好就会决定本期和未来各自的消费量。

案例　浙江省城镇居民收入水平变化与消费结构变化

2009年，浙江城镇居民人均可支配收入24 611元，比上年增长8.3%，扣除价格上涨因素，实际增长9.7%，收入实际增长率时隔6年后再次高于GDP8.9%的增长率；从季度增长情况看，一季度人均可支配收入增长6.9%，二季度增长8.6%，三季度增长9.1%，四季度增长9.3%。随着经济的逐步企稳回升，城镇居民的收入也呈现出加快增长态势。

2009年，城镇居民人均消费支出16 683元，比上年增长10.1%，增幅同比提高2.5个百分点，扣除价格因素，实际增长11.6%。消费水平继续增长，住房条件改善，汽车、旅游、网络消费等热点凸现，居民生活质量进一步提高。

消费结构继续调整，生活水平有所改善。物质消费由传统的满足吃、穿等最基本的消费向交通、通信等现代消费转变，消费领域从物质消费为主逐步向文教娱乐、休闲旅游、医疗保健等精神消费拓展。2009年，城镇居民人均服务性消费支出4 673元，比上年增长3.1%，扣除价格因素，实际增长7.4%。在服务性消费中，家政服务消费支出比上年增长9.9%，家庭服务社会化趋势日益明显，人们的生活水平不断改善。在商品性消费以外，人们更加注重交通、通讯服务消费、休闲旅游消费和子女教育等文化娱乐服务消费。交通通信支出3 291元，占消费支出的19.7%，是列食品消费之后的第二大消费；人均教育文化娱乐服务支出2 295元，占消费支出的13.8%，是居民的第三大消费，消费结构继续优化。

恩格尔系数下降，居民生活质量逐步提高。2009年，城镇居民食品支出为5 605元，比上年增长1.5%，扣除食品价格上涨因素实际下降0.6%。城镇居民“恩格尔系数”（食品支出占消费总支出的比重）为33.6%，比上年下降2.8个百分点。

住房条件进一步改善。2009年末浙江城镇居民人均住房建筑面积35.1平方米，比上年末增加0.8平方米。居民家庭居住越加宽敞，与2004年相比，5年里人均住房建筑面积增加3.2平方米，户均住房面积增加4.5平方米。房屋产权为商品房的城镇居民家庭占54.4%，比五年前提高了近一倍；使用管道燃气的家庭占27.4%，比五年前提高11.3个百分点；使用空调作为取暖设备的家庭占90.4%，五年提高了24.7个百分点，居住条件不断改善。

交通通信支出快速增长，汽车成为消费热点。2009 年浙江城镇居民消费支出中增长最快的是交通通信支出，人均交通通信支出 3 291 元，比上年增长 37.5%，拉动消费支出增长 5.9 个百分点，对消费增长的贡献率达 58.9%，成为浙江 2009 年消费增长的主要推动力。其中人均交通消费支出 2 360 元，增长 62.2%。2009 年免收养路费、征收燃油税及小排量车购置税年内减半征收等政策的实施，使汽车成为城镇居民的消费热点。2009 年浙江城镇居民家用汽车购买量每百户达 2.9 辆，比上年增长 1.8 倍；人均购车支出 1358 元，增长 1.8 倍。截至 2009 年 12 月末浙江城镇居民家庭每百户家用汽车拥有量达 23.6 辆，同比增 20.4%。

网络消费快速增长，信息化程度不断提高。截至 2009 年城镇居民家庭每百户家用电脑拥有量达 84.4 台，已有 86.5% 的家用电脑接入互联网，即每百户接入互联网的家用电脑达到 73 台；随着手机功能及服务的不断拓展，手机上网渐成时尚，2009 年城镇居民每百户接入互联网的移动电话达 14.5 部，信息化程度不断提高。网络购物由于价格透明、购物便捷等优势成为越来越多人的选择，2009 年城镇居民人均通过互联网购买的商品及服务支出 71 元，同比增长 85.6%。

文化及旅游消费需求不减。城镇居民日益重视精神文化消费。2009 年，城镇居民人均娱乐教育文化消费支出为 2 295 元，比上年增长 4.5%。截至 2009 年 12 月末，每百户城镇居民家庭钢琴和中高档乐器拥有量分别比上年末增长 8.4% 和 26.5%；每百户城镇居民家庭摄像机和照相机拥有量分别比上年末增长 8.1% 和 3.6%。外出旅游和健身活动已成为人们工作、学习之余放松身心的一种生活方式。2009 年浙江城镇居民人均团体旅游支出 469 元，增长 17.8%。

家庭拥有高档耐用品增多。城镇居民家庭拥有耐用消费品增加，居民生活变得更加殷实和丰富。洗衣机、电冰箱、彩电、固定电话等耐用消费品在城镇居民家庭已基本普及，高档耐用品逐渐由以减轻家务劳动为主的设备用品向享受精神文化生活的设备用品转变。2009 年末城镇居民家庭洗碗机、家用电脑拥有量分别比上年增长 8.7% 和 5.6%。

（根据国家统计局网站公开资料整理，http://www.stats.gov.cn）

小结

家庭在市场经济中扮演着双重角色——商品的需求者和投入要素的供给者。本章分析了家庭的后一种角色。家庭的供给决策和需求决策非常相似，因为二者涉及在一定的预算约束下使效用最大化的问题。

- 在劳动力供给的问题上，个人要选择的商品是闲暇和消费。在均衡时，工资率等于消费与闲暇之间的边际替代率。
- 当工资率改变时，收入效应与替代效应都会出现。只要闲暇是正常商品，这两种效应就会反方向发挥作用，因此，只以该理论为基础，不能预测工资变动对劳动力供给的影响。
- 在资本供给的问题上（储蓄），个人要选择的商品是当前消费和未来消费。当前消费 1 美元的成本是未来消费 $(1+i)$ 美元，其中 i 是利率。
- 当利率发生变化时，预算约束绕原赋点旋转，储蓄是上升还是下降取决于收入效应与替代效应作用的相对强度。
- 为了使不同时间获得的收入可以比较，就必须计算其贴现值——即一个人为了获得在未来得到一定数量的收入的权利而在今天愿意支付的最高金额。在未来 T 年后获得一美元的贴现值是 $1/(1+i)^T$，其中 i 是利率。
- 个人通过人力资本投资能够提高挣钱的能力。如果个人能够自由地以市场利率借款或者贷款，人力资本投资决策就独立于个人的特定偏好。

讨论题

5.1　在工资率为每小时12美元时，泰迪乐意在一年中工作任意小时。

a. 在闲暇 - 消费图中画出泰迪的预算约束。

b. 假设泰迪有一个富有的叔叔，不管泰迪挣多少钱，每年都会给他1 000美元。画出相应的预算约束。

c. 用无差异曲线图说明从叔叔那获得的收入如何影响了泰迪的工作时间。

5.2　改革福利制度的一种提议是负的收入税。在负收入税下，每人每月被给予 G 美元的补贴金。一个人每增加一美元收入，补贴减少 t 美元。

a. 假设 $G=100$，$t=0.25$。考虑一个小时收入为8美元的个人的情况。画出引入负收入税之前和之后的预算约束。

b. 负收入税将怎样影响劳动力供给？将负收入税与前面的AFDC相比较。

5.3　一位名叫威廉姆斯的注册会计师说："工作使人们变得富有，因此人们愿意对110万美元的收入缴纳40%的税而不愿放松工作并对13万美元的收入缴纳31%的税。"利用消费 - 收入选择理论评价威廉姆斯的话。

5.4　"有些人认为德国人已经忘记了什么是艰苦的工作。甚至当他们正在工作时，工作的时间也较少——每年1 639小时，而美国人每年工作1 904小时，日本人每年工作1 888小时。德国工人比美国工人挣得多——每小时的平均工资是14.93美元，而美国人则是12.39美元"。这段引言清楚地表明，德国人比美国人要懒惰。在消费 - 闲暇模型中，"懒惰"一词如何解释？引言中的数据是否能够证明德国人比美国人懒惰？

5.5　政府对克里奥帕特拉的收入征收30%的税，并用这些收入资助一次阅兵活动。这次阅兵活动对克里奥帕特拉的价值是恰好足以使她回到征税前的福利水平。政府征税与支出这一组合对克里奥帕特拉的劳动供给的影响是什么？（提示：利用替代效应与收入效应理论）

5.6　詹妮弗的生活可以分成两个时期，在第一个时期具有固定收入10 000美元；在第二个时期，具有固定收入20 000美元。她能够按照7%的市场利率借款或者贷款。

a. 画出她的跨期预算约束。

b. 利率上升到9%，画出新的预算约束。你预测这一变化将对她的收入造成什么样的影响？

c. 假设詹妮弗不能以市场利率借款，但仍然能以9%的市场利率将钱借出。画出她的跨期预算约束。

5.7　根据坎贝尔和曼昆（1991）对国际数据的分析，生命周期模型在解释加拿大消费模式时确实很实用。然而，这个模型在解释法国的行为时则不尽如人意，在法国，支出决策似乎更取决于当期的收入而非一生的收入。假设每个国家的政策制定者都发布一项本年度的临时税削减政策来刺激本年度的消费。你预测这项政策在加拿大还是法国更有效果？

5.8　一个即将进入大学的学生从他父母那里得到了15 000美元，这将是他大学四年的零花钱，他的父母或者其他任何亲戚都不会再给他任何礼物。进一步假设他能够以5%的市场利率自由借款或者贷款。

a. 写出该学生的预算约束公式。

b. 如果利率高于5%，该学生的状况是将恶化还是改善？（利用你在a中的答案）

5.9　当好莱坞明星伯特·雷诺兹和罗尼·安德森离婚时，安德森提出书面要求：或者立即支付她1500万美元的现金，或者在她的余生每月支付她7.5万美元。假设你是雷诺兹先生的经纪人，从这位演员的角度出发你会选择哪个方案？

5.10　看护危险设备的伤亡率是每100名工人伤亡17.3名，而贮藏室的工人是每100人伤亡

10.8 人。为何能够选择在贮藏室工作的人要选择在看护部门工作?

5.11 许多大学鼓励学生及其家庭借款作为一种经济援助的方式。一位普林斯顿大学的学生曾经写道:“我将使我的父母脱离14年的债务之苦……送孩子进普林斯顿读书……父母不应该被教育造成的债务所累”。你同意么?为什么?

5.12 考虑布朗的情况,他具有传统的凸向原点的闲暇与消费之间的无差异曲线。

a. 在一幅图中,说明布朗的消费与闲暇的均衡点是如何决定的。初始闲暇水平用 n_1 表示。

b. 现在假设布朗的工资上升了,同时可以获得足够的收入使他保持在初始的效用水平。用 n_2 表示与他的工资相联系的闲暇水平。

c. 分析 b 在工资率下降时的情况,用 n_3 表示相应的闲暇水平。

d. 在一幅横坐标是“每周的工作小时数”,纵轴是“工资率”的坐标图上重新记录你的结果,就得到了劳动的补偿供给曲线。为什么?

e. 讨论下面的表述:“即使个人的劳动供给曲线是向后弯曲的,她的补偿劳动供给曲线也一定是向上倾斜的。”

5.13 当利率是 i 时,每年支付 M 的终身年金的贴现值是多少?现在考虑一份只在 T 年之后才开始支付 M 美元的终身年金的例子,它的贴现值是多少?年金是一份合同,在确定的年度里连续每年支付一定金额。利用你对前面问题的答案写出年支付是 M、支付年限是 T 年的年金贴现值的公式。

第 6 章 不确定性下的选择

这是一个疯狂的世界，任何事情都有可能发生。

——艾尔莎

1965 年，一个叫拉斐的法国人自认为发现了一笔好买卖：“他愿意每月付给一位 90 岁的老妇人 500 美元直到她去世，然后搬进她位于小镇上的豪华公寓，凡・高曾经在那儿漫步。但是拉斐（在 1995 年 12 月 25 日）77 岁时辞世，至此他已经为一栋自己从未住过的公寓支付了 184 000 美元。就在同一天，已经 120 岁的珍妮・卡门，现在世界上最长寿的老人之一，正在公寓附近的疗养院里吃着鹅肝、鸭大腿、奶酪和巧克力蛋糕。”

拉斐的故事告诉我们一个真理：世界充满了不确定性。无论你作为消费者还是要素供给者，都面临着不确定性。你购买的汽车可能是劣质的；当你提供劳动力时，可能在工作中受重伤。当然，出乎预料的结果不一定都是坏的，你可能投资培训而成为一名牙医，然后发现牙医的收入比你入学时想象的要多，或者你购买了一瓶香槟并发现香槟的质量比想象的要好。无论最终结果是好是坏，有一点是始终不变的：人们经常不得不在不知道确切结果的情况下就做出决策。

在本章，我们研究理性人如何处理不确定性。尽管前面的章节忽略了不确定性，我们并不需要完全重新建立一套分析工具。你已经掌握的基本工具是足够灵活的，只要稍做修改，就可以用来研究不确定性条件下的决策制定问题。

6.1 赌博和或有商品

据估计，在美国，每年合法赌博的金额超过 5 000 亿美元。很明显，赌博是一个重要现象。当然，赌博的本质是从赌博者的角度来看，结果是不确定的。我们以一个人是否决定接受一项赌博来开始对不确定性下的选择分析。

考虑瑞特的情况，他的收入是 100 美元，他有机会在下面的赌博中按照意愿下注：对于瑞特下的每一美元赌注，如果从一把牌中抽出的是一个红桃，他将输掉一美元，但是如果梅花、黑桃或者方块被抽出，他会赢得 40 美元。瑞特将下多少赌注？在前面 4 章中，我们建立了一个在不同商品之间进行选择的通用模型。这个通用模型在这里很合适，但似乎有一个问题：当瑞特决定下注多少时，他选择的商品是什么呢？

为了回答这个问题，让我们做一个熟悉的假设：瑞特的消费代表了所有商品和服务的单一商品组合（用 c 标注），价格是 1 美元。给定他的收入是 100 美元，瑞特可以消费多少这一商品组合呢？只有知道瑞特下了多大赌注以及抽牌的结果才能得出答案。但是如果瑞特没有下注，需要看到抽出的牌才能知道他消费了多少。假设瑞特下注 10 美元，如果抽出了红桃，瑞特将输掉 10 美元，他仅能消费 90 单位的商品组合；如果抽出的是其他牌，不管是哪种，他都将获得 4 美元，并且他能够消费 104 单位商品组合。类似地，如果瑞特下注 25 美元，他消费的商品组合或者是 75(100－25，抽出红桃）或者是 110(100＋0.4×25，抽出其他牌)。这里的关键是，在这个模型中实际上有两种商品——出现红桃时的消费水平（用 c_h 表示）和出现其他牌时的消费水平（用 c_a 表示，a 表示“所有其他”)。实际上，决定下注多少是在商品 c_h 和 c_a 的数量之间的选择。

不确定条件下的结果被称为**结果状态**（state of the world)。在现在的例子中，有两种可能的结果：“抽出红桃”和“抽出其他牌”。很明显，两种商品 c_h 和 c_a 的消费水平取决于哪种结果状态会出现。因此，c_h 和 c_a 被称为**或有商品**（contingent commodity)。

尽管这一商品的概念对你来讲似乎是人为设计的，但是它非常有用。它将赌博转换成对每种或有商品消费的等价决策，这就可以使用分析商品选择的标准工具来分析赌博问题。通过标明或有商品的预算约束和他们的偏好来找出消费者均衡。我们将依次对此进行讨论。

6.1.1 预算约束

在图 6-1 中，横轴表示出现红桃时的消费量（c_h)，纵轴表示出现其他牌时的消费量（c_a)。给定 100 美元的收入，瑞特的选择是什么？当然，还有一种选择是根本就不参与赌博。

在这种情况下，瑞特有 100 美元可供花费，不管抽出什么牌，$c_h=100$ 而且 $c_a=100$。这种状况在图 6-1 中由 a 标出，被叫做原赋点。原赋点永远反映消费者如果不进行市场交易，他能够享受的消费点。

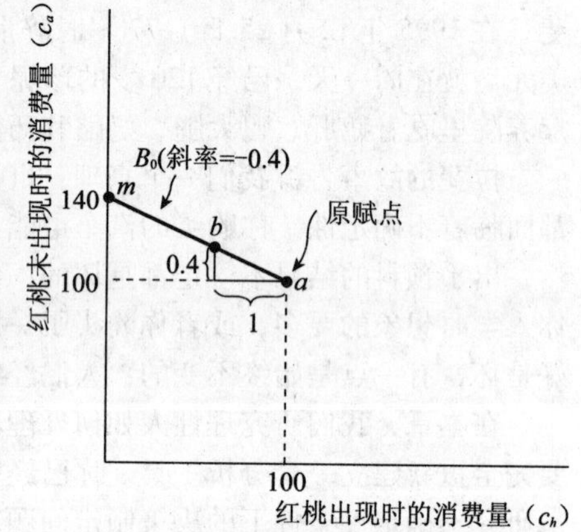

图 6-1 或有商品的预算约束

注：如果没有赌注，个人在每种结果状态都消费 100 单位。因此，$c_h=c_a=100$ 的点是原赋点。个人下的每一美元赌注，c_h 减少一美元，c_a 增加 40 美分。因此，B_0 的斜率是 -0.4。

现在假设瑞特决定下注 1 美元，如果出现红桃，他的消费量是 99 美元；如果出现其他牌，他的消费量是 100.40 美元。从几何上，这由在图 6-1 中将点 a 向左移一个单位，再向上移动 0.4 个单位得到点 b 来表示。因此，点 b 也是瑞特的预算约束。类似地，对于瑞特每增加的一美元赌注，他可以将 c_h 降低 1 美元同时将 c_a 提高 0.4 美元。最极端的情况是将他的全部收入都用来下注。因为如果瑞特输了，必须能够支付赌金，因此不能下多于其收入 100 美元的赌注。如果瑞特下注 100 美元，红桃出现，他的消费量是 0，但是如果出现其他牌，他的消费量是 140 美元，在图 6-1 中由 m 表示。将这些综合在一起，瑞特的预算约束是直线 B_0，斜率是 -0.4。

与前面的章节中的典型预算约束相比，B_0 似乎是不完整的。为什么这条预算线不一直延伸到横轴？理由是至此为止我们并未允许瑞特选择与初始赌局相反的方法下注。也就是说，我们不允许他进行这样的赌博：当出现红桃时，他赢得 1 美元，当出现其他牌时，他输掉 0.4 美元。实际上，使这一选择变为可能，只是使瑞特给了其他人与他曾经获得的赌注相同的赌注。假设现在这一选择成为可能，这将如何改变瑞特的机会？通过反方向下注 1 美元，如果出现红桃，瑞特将把自己的消费量从 100 提高到 101，代价是如果出现其他牌，他将使得自己的消费量降低到 99.60。因此，$c_h=101$ 和 $c_a=99.60$ 的点也变为可能——就是图 6-2 中的点 d。相同的逻辑表明，进行不同数量的这种赌注可以使瑞特消费 a 和 n 之间的线段所代表的 c_h 和 c_a 的组合，斜率是 -0.4。我们得出结论：如果瑞特可以进行两种方式的赌博，他的预算约束就是直线 B_1，通过原赋点 a，斜率是 -0.4。

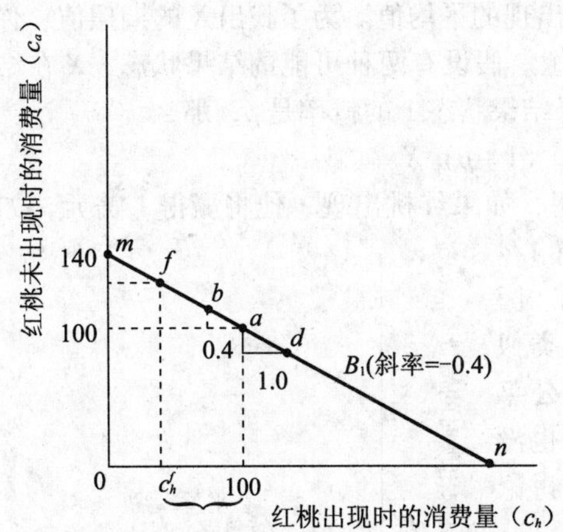

图6-2　可以以正反两方下注时的预算约束

注：如果个人可以以正反两方下注，预算约束 B_1，是通过原赋点的一条直线。横轴上任意一点都与一定的赌注相联系。找出该点与原赋点之间的差额。因此，点 f 表示赌注是 $100-c_h^f$，即大括号标出的距离。

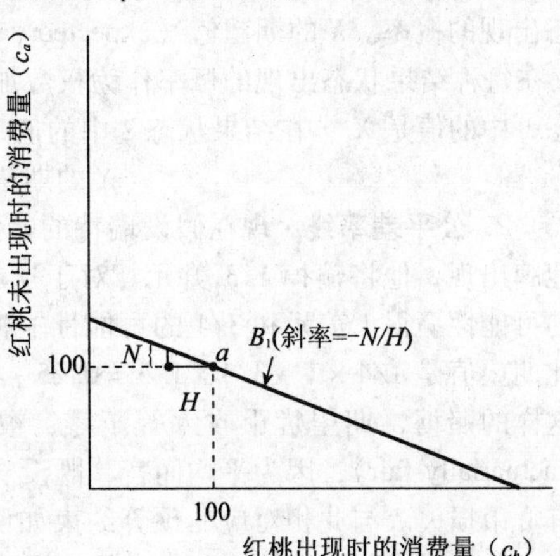

图6-3　或有商品间预算约束的斜率

注：一般而言，预算约束的斜率是 $-N/H$，其中 H 是横轴事件发生时消费的变化，N 是纵轴事件发生时消费的变化。

注意，横轴上的任意一点都代表一定数额的赌注。例如，在点 f 处，如果红桃出现，瑞特消费 c_h^f。因为如果他根本就不赌博，他将消费100美元，这两个数额之间的差额，$100-c_h^f$，代表他下注的金额。

让我们使讨论一般化。假设赌博的规则是如果出现红桃，瑞特将输掉 H 美元，如果出现其他牌，瑞特将赢得 N 美元。进一步假设，可以进行正反方向的下注。为了找出相应的预算约束，在图6-3中重新画出了瑞特的原赋点 a。对于他下的每一美元赌红桃不出现的赌注，瑞特使 c_h 减少 H（向左移动 H 单位），同时使 c_a 增加 N 单位（向上移动 N 单位）。因此，预算约束是一条通过原赋点，斜率是 $-N/H$ 的直线。预算约束的斜率说明，以另一种商品计算的一种商品的机会成本——如果红桃出现将消费提高 H 美元的机会成本是如果红桃不出现时 N 美元的损失。

1. 概率与期望值　到目前为止，我们已经讨论了每一种结果状态下的消费量问题，但是未提及不同结果状态实际出现的可能性。给定的某种结果状态的**概率**（probability）是这种状态出现的可能性。如果事件不可能发生，概率是零；如果事件确定会发生，概率是1。例如，从一副牌中抽出红桃的概率是13/52（或者0.25），即一副牌中红桃所占的比例。这意味着100次有25次机会出现，有75次机会不出现。对于一个给定的随机过程，所有结果状态的概率的和是1，因为肯定不是这种就是那种结果状态会出现。因此，如果仅有两种结果状态，其中一种出现的概率是 ρ，那么第二种状态出现的概率就是 $(1-\rho)$。因为红桃出现的概率是1/4，其他牌出现的概率就是3/4。

回到瑞特的例子，假设他下注1美元赌红桃不出现，他的平均净收入将是多少？结果取决于他从每一种结果状态中的所得（抽出的牌是否是红桃），以不同结果状态出现的概率度量。有3/4的概率抽出的牌不是红桃，这时瑞特赢得40美分。有1/4的概率抽出的牌是红桃，这时瑞特输掉1美元。以每一种结果实际出现的概率为权数，可以得到：

$$\frac{3}{4}\times 0.40+\frac{1}{4}\times(-1)=0.3-0.25=0.05$$

因此，瑞特每一美元赌注的平均预期净收益是5美分。这些净收益的平均值也被称为赌博的期望值。

在估计随机结果时，时常会出现期望值这一概念。假设某一变量 X 的期望值取决于结果状态出现的概率。X 的**期望值**（expected value）是 X 出现的平均值。为了找出 X 的期望值，你要将 X 在每种结果状态出现的概率作为权数加到该事件上。假设有两种可能的结果状态，X 在结果状态 1 中的值是 X_1，在结果状态 2 中的值是 X_2。如果结果状态 1 的概率是 ρ，那么

$$X\text{ 的期望值} = \rho X_1 + (1-\rho)X_2。$$

2. 公平差率线　现在假设瑞特的赌注被固定了，如果红桃出现，他将赢得 1 美元，如果其他牌出现，他将输掉 1/3 美元。对于这个赌注，有 1/4 的可能性赢得 1 美元和 3/4 的可能性输掉 1/3 美元。因此期望值是 $1/4 \times 1 - 3/4 \times 1/3 = 0.25 - 0.25 = 0$。类似这样的赌博，期望货币收入等于零，被称为**精算公平**（actuarially fair），因为平均而言，既没有货币收益也没有货币损失。与此相对应的预算约束如何？从上述讨论中，我们知道斜率的绝对值是红桃不出现的收益（1/3）除以红桃出现时的损失（1），或者 1/3。在图 6-4 中，具有这一斜率并且通过原赋点的直线是 B_2。像 B_2 的预算约束，反映了精算公平赌博的机会，被称为**公平差率线**（fair odds line）。沿着公平差率线，即使以期望值为基础，个人也会破产（也就是说，平均货币收益等于零）。

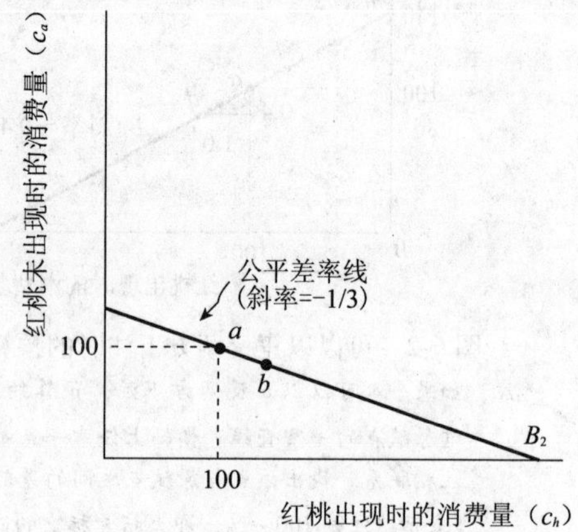

图 6-4　公平差率线

注：当横轴事件发生的概率是 1/4，纵轴事件发生的概率是 3/4 时，公平差率线的斜率是 −1/4 ÷ 3/4 或者 −1/3。

这条线“公平”的原因很清楚，但是“差率”体现在图中何处呢？两件事发生的**差率**（odds）是其发生的概率的比率。如果今天下雨的概率是 1/5，不下雨的概率是 4/5，那么差率就是 1/4。差率用来描述一件事与另一件事的关系。当下雨的差率是 1/4 时，我们知道在下雨与不下雨之间的比率是 1/4。更一般地，如果一件事发生的概率是 ρ，另一件事发生的概率是 $(1-\rho)$，第一件事的差率就是 $\rho/(1-\rho)$。

回到瑞特赌博的公平差率线，斜率为 −1/3，等于横轴上随机事件的概率 1/4 除以纵轴上随机事件的概率 3/4。这不是巧合。公平差率线斜率的相反数总是等于概率的比率，即差率。

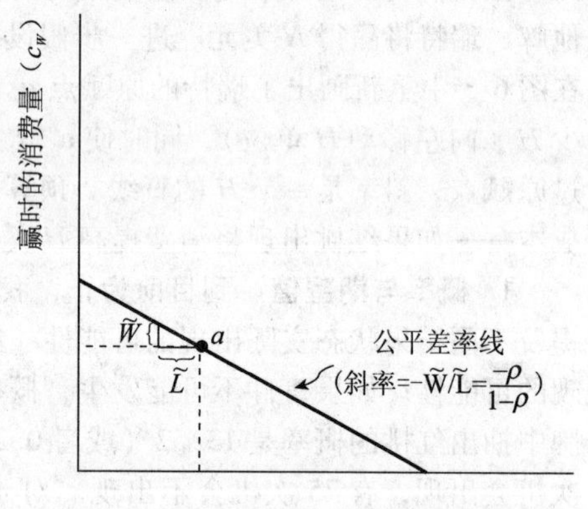

图 6-5　公平差率线的斜率

注：一般而言，公平差率线的斜率是横轴事件发生的概率除以纵轴事件发生的概率的负值。

为了在一般情况下证明这一点，假设一个人面临如下精算公平赌博：对于每一单位赌注，都有 ρ 的概率输掉 L，有 $(1-\rho)$ 的概率赢得 W。给定赌博是精算公平的，L 和 W 的价值是多少？用 $\tilde{W}$ 表示 W 的精算公平价值，$\tilde{L}$ 表示 L 的精算公平价值。根据“精算公平”的定义，赌注的期望值一定是：

$$(1-\rho)\times\tilde{W}-\rho\times\tilde{L}=0，\text{或者 } \tilde{W}/\tilde{L}=\rho/(1-\rho)^{\ominus} \quad (6\text{-}1)$$

既然知道了这个比率，就可以画出预算约束。相关的或有商品是输时的消费（c_L）和赢时的消费（c_W）。在图 6-5 中，c_L 标在横轴，c_W 标在纵轴，原赋点是点 a。但是根据前面围绕图 6-3 的讨论可知，$-\tilde{W}/\tilde{L}$ 是预算约束的斜率。因此，如上所述，公平比率直线的斜率是概率比率

⊖　注意任何满足式（6-1）的 $\tilde{W}$ 和 $\tilde{L}$ 的值都是精算公平的。我们确定知道的是它们的比率，不是其特定值。

的相反数，即 $-\rho/(1-\rho)$。

为了直观地理解这个结果，想象你正面对着一个精算公平赌局，突然输的概率上升了。为了保持平局，或者赢的数量 W 上升或者你能忍受的输的数量 L 下降。任何一种变化都使新的差率线比初始差率线更陡。因此，当上升时，公平比率线将变得更陡，这正是式（6-1）要告诉我们的。

为了进一步探索公平差率线，现在来决定瑞特在公平差率直线上不同点处消费的期望值，再次研究图6-4。在公平差率线上的点 a，计算消费的期望值是很简单的。在这点，瑞特在每一种结果状态下都获得100美元，因此消费的期望值是100美元。现在考虑点 b，瑞特下注10美元赌红桃出现。在公平差率下，如果出现红桃，瑞特将赢得10美元，如果出现其他牌，他将输掉3.33美元。因此，在点 b，$c_h=110\ (100+10)$，并且 $c_a=96.67\ (100-3.33)$。因为出现红桃的概率是1/4，瑞特在点 b 的期望消费是 $1/4c_h+3/4c_a=1/4\times110+3/4\times96.67=100$。严格等于在点 a 处的期望值。这并不是巧合：在公平差率线上，消费的期望值处处相等。[㊀]直觉上，因为公平差率下的赌注具有等于零的期望值，因此不管一个人下注多少，他消费的期望值都相等。

我们对有关或有商品预算约束的讨论做个总结，要强调的是，尽管公平差率线是一个供参考的重要概念，但是没有理由假设真实世界的赌博必然是精算公平的。有些赌局，比如设在赌场中的那些或者赛马比赛赌博就十分不公平（当然，从赌场和赌马老板的角度讲，这比公平要好）。因此，或有商品的预算约束可能陡于也可能缓于相应的公平差率线。

6.1.2 偏好

现在让我们回到图6-2的简单扑克牌赌博。预算约束（B_1）给出了瑞特可以获得的两种或有商品的组合（c_h 和 c_a）。这些不同的选择如何排列取决于瑞特的偏好。在这一部分，我们必须清楚瑞特所关心的——在每一种结果状态下能够获得的消费量。我们不是在问瑞特："你不是更愿意要红桃而非梅花、方块和黑桃吗？"而是在问："你喜欢或有商品的哪一个组合点？"

在典型商品的例子中，我们需要对个人对这些商品的偏好做出假设。像通常所假设的，存在永不满足——人们总是喜欢更多的或有商品，并假设结果状态本身不影响瑞特如何评价增加的一单位消费（消费的边际效用）。在瑞特的例子中，这个假设比较合理——出现红桃会影响他对额外消费的评价这一观点是愚蠢的[㊁]。

为了更多地介绍个人在两种或有商品之间的无差异曲线，我们必须知道他对风险的态度能够分成以下三种：

（1）风险规避者。当一个人面对精算公平赌博不进行下注时，他就是一个**风险规避者**（risk averse）。尽管平均而言，公平赌局并不影响消费，但是风险规避者也会因为它所产生的不确定性而拒绝一个公平赌局。从前面的一节中，知道了与公平赌博相联系的所有或有商品的消费点具有相同的期望值。在具有相同期望值的所有点中，风险规避者喜欢确定的事。

画出一条风险规避者的无差异曲线有助于画出几条参考线。在图6-6a中，首先画出一条从原点出发的45°线。在线上的任何一点都代表在两种结果状态下具有等量消费。因为无论发生什么，这种消费水平总能达到，所以根据定义，它是确定性消费。因此，45°线描绘了所有可能的确定性消费水平的点的轨迹，它被称为**确定线**（certainty line）。现在从确定线上任意取一点 d，

㊀ 证明：假设原赋点的消费值是 x，如果个人赢了赌局，他的消费是 $x+\widetilde{W}$；如果输了，他的消费是 $x-\tilde{L}$。因此他的期望消费是 $(1-\rho)(x+\widetilde{W})+\rho(x-\tilde{L})=x+(1-\rho)\widetilde{W}+\rho\tilde{L}$。但是从式（6-1），沿着公平差率线，$(1-\rho)\widetilde{W}+\rho\tilde{L}=0$。因此，任何满足式（6-1）的点沿着公平差率线的期望值永远是 x。

㊁ 然而这个假设并非永远成立，例如，你在"健康"的结果状态下对额外消费的评价也许与"不健康"的结果状态下的不同。

并画出一条通过它对应于这个赌局的公平差率线。这条直线，在图上用 B_1 表示，具有斜率 $-\rho/(1-\rho)$，在瑞特的例子中是 $-1/3$。

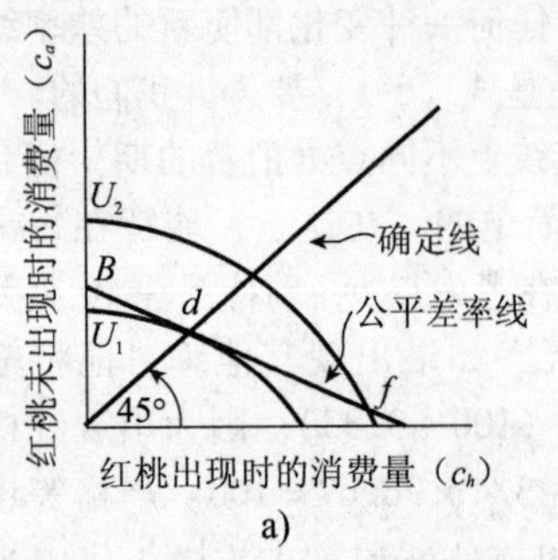

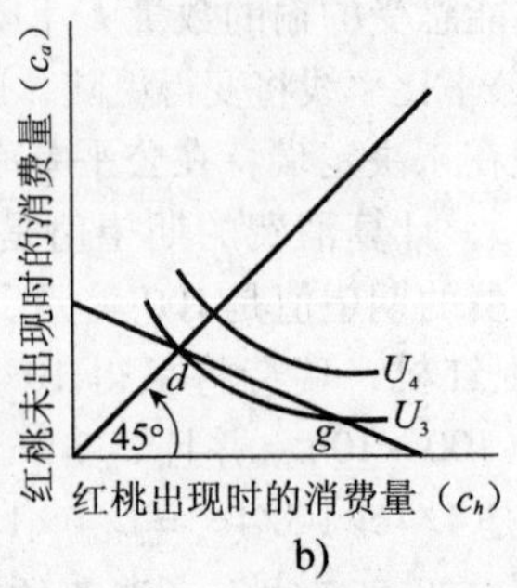

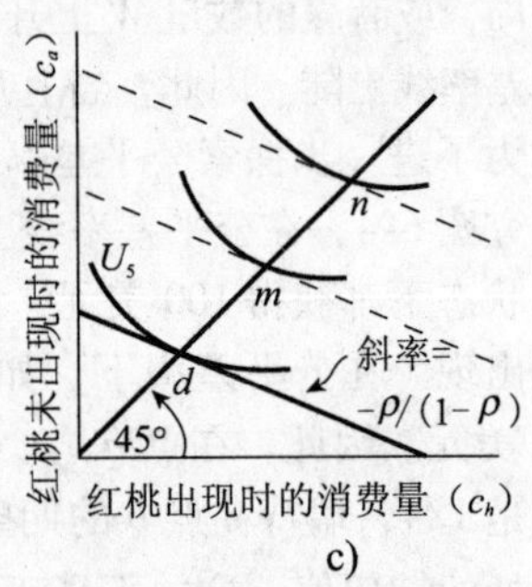

图 6-6　或有商品的无差异曲线

注：风险规避者的无差异曲线是什么形状？它们不是像图 6-6a 中的曲线向外凸出，因为这样的曲线表示在具有相同期望值时，不确定结果（f）比确定结果（d）更受喜爱。也不能如图 6-6b 中那样穿过确定线公平差率线的交点，因为这表示在具有相同期望值时，不确定结果与确定结果等价。风险规避由图 6-6c 正确表示——无论无差异曲线何时与确定线相交，其斜率都是负的差率。

接下来，考虑图 6-6a 中的无差异曲线 U_1 和 U_2，它们能代表风险规避者的偏好么？不能。因为在一条比 d 更高的无差异曲线上，f 比 d 更受喜爱。但是在确定条件下，d 提供的期望值与在风险状态下 f 提供的期望值相同。根据定义，一个风险规避者永远不会选择 f 而放弃 d。我们得出结论：风险规避者的无差异曲线不是从原点向外弯曲的。

接下来，考虑图 6-6b 中的无差异曲线 U_3 和 U_4，因为它们弯向原点，没有在图 6-6a 中出现的问题。它们也不可能是一个风险规避者的无差异曲线图的一部分，为什么？因为由图可知，此人在 d 和 g 之间的选择没有差别。但是一个风险规避者一定更喜欢 d 而非 g——d 具有相同的期望值却没有不确定性。简而言之，风险规避者的无差异曲线不可能穿过确定线与公平差率线的交点。

最后，考虑图 6-6c 中的无差异曲线 U_5。它与公平差率线相切于点 d，因此无差异曲线的斜率是 $-\rho/(1-\rho)$。因为 d 是公平差率线和无差异曲线的一个切点，在公平差率线上，点 d 严格优于其他点，这与风险规避的定义非常一致。因此，一个风险规避者的无差异曲线一定与 U_5 类似，也就是说，当它与 45°线相交时，斜率一定是 $-\rho/(1-\rho)$。进一步，已知点 d 是任意选取的，我们可以选取确定线上的其他任意点（例如 m 和 n），画出通过它们的公平差率线，并得出相同的结果：对于风险规避的个人，每一条无差异曲线在与确定线相交时的斜率是根据横轴上的事件计算出的差率的相反数。

由以上分析可见，如果两个人面对相同的赌局，那么他们的无差异曲线沿着确定线具有相同的斜率，但这并不是说他们的无差异曲线处处相等。风险规避者可以在不同的结果状态下具有不同的消费偏好，事实也确实如此。

（2）风险偏好者。对于具有相同期望值的不确定结果和确定结果，如果一个人更喜欢前者，那他就被称为**风险偏好者**（risk loving）。与确定的事物相比，风险偏好者更喜欢赌博。与围绕图 6-6b 和图 6-6c 提出的观点类似的观点表明，图 6-6a 中的曲线满足风险偏好的定义，因为除了从原点向外凸出外，这些曲线还在确定线与公平差率线相交时与公平差率线相切。这些无差异曲线被重新绘制在了

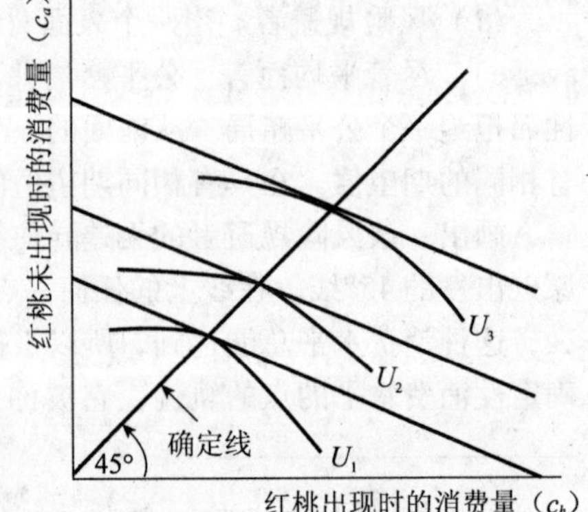

图 6-7　风险偏好者的无差异曲线

注：风险偏好者的无差异曲线是从原点向外凸出的，并且在与确定线相交时，斜率等于差率的相反数。

图6-7中以作参考。有趣的是，对于风险规避者和风险偏好者，其无差异曲线在穿过确定线时，都具有等于差率相反数的斜率。区别在曲线的弯曲方向上——风险偏好者的无差异曲线从原点向外凸出，而风险规避者的无差异曲线向内凸向原点。

（3）风险中性者。对于具有相同期望值的选择，如果一个人对于任何选择都是无差别的，那他就被称为是**风险中性者**（risk neutral）。只要两种结果具有相同的期望值，风险中性者就不关心会得到哪种结果，不管一种结果是否比另一种结果更加不确定。

在图6-8中，再次画出通过确定线上任意一点 d 的公平差率线。已知公平差率线上的每一点都具有相同的期望值。从而可知对于风险中性者，公平差率线上的所有点都是无差别的。因此，风险中性者的无差异曲线与公平差率线重合。无差异曲线簇由一系列平行的直线组成；每一条线的斜率都是差率的相反数。

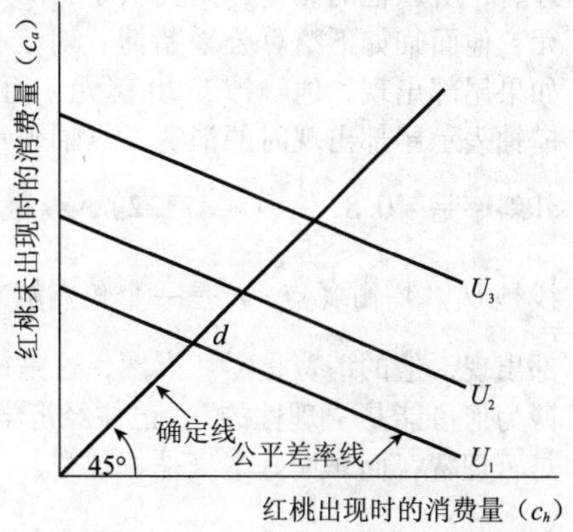

图6-8　风险中性者的无差异曲线

注：风险中性者的无差异曲线与公平差率线重合，无差异曲线图由平行直线构成，斜率是差率的相反数。

6.1.3　均衡

既然已经建立了预算约束和偏好的模型，下面就可以对消费者决策进行分析了。我们将假设瑞特是风险规避者，他的偏好是图6-6c。在图6-9中，瑞特的无差异曲线在图6-2的预算约束之上。均衡是点 e^a。在100的原赋点瑞特会下注多少？在均衡时，他在出现红桃这一事件中的消费是 c_h^a。然而，正如已经证明的，给定的某点与原赋点之间的距离是赌注的金额。瑞特下注 $100 - c_h^a$。直观地，瑞特拿一些钱去冒险是很值得的。已知给定预算约束 B_1 包含的赌博，平均而言，下注会获得货币收益。因此，瑞特愿意拿出一些钱下注。然而重要的是，他不会赌上自己全部的钱。即使差率对他有利，瑞特也不会“赌上全部家当”，因为他是风险规避的。

现在假设瑞特不是面对预算约束 B_1 包含的赌注，而是面对一个精算公平赌博。也就是说，预算约束 B_2 是图6-4中的公平差率线。瑞特如何改变下注的金额？这是一个典型的比较静态问题——我们恰恰必须要找到与新的预算约束相对应的均衡。图6-10将图6-9中的无差异曲线画在了公平差率线之上。可以得到最优点 e^b，在这点如果出现红桃的消费是 c_h^b，出现其他牌的消费是 c_a^b，注意 $c_h^b = c_a^b$，即两种结果状态中的消费相等。这个结果并不奇怪，因为预算约束斜率的绝对值是1/3，在均衡时 *MRS*（边际替代率）一定等于1/3，但是我们已经从图6-6c中得知，沿着确定线所有的 *MRS* 都等于1/3。

瑞特会下注多少？因为均衡点 e^b 与原赋点 a 重合，他根本就不会下注。这仅仅强化了已知的观点——风险规避者不会接受一个精算公平赌博。

在这点，你或许会认为人们确实接受精算公平赌博。但是，找到愿意接受实际不公平赌博的例子并不难。例如，每年都有人下注赌“超级杯”比赛中奖杯的归属。庄家一般给出的差率是5/6，也就是说，如果你预测正确将赢得5美元，如果预测错误将输掉6美元。这个赌博是实际不公平的，因为它的期望值为负：1/2 × 5 − 1/2 ×

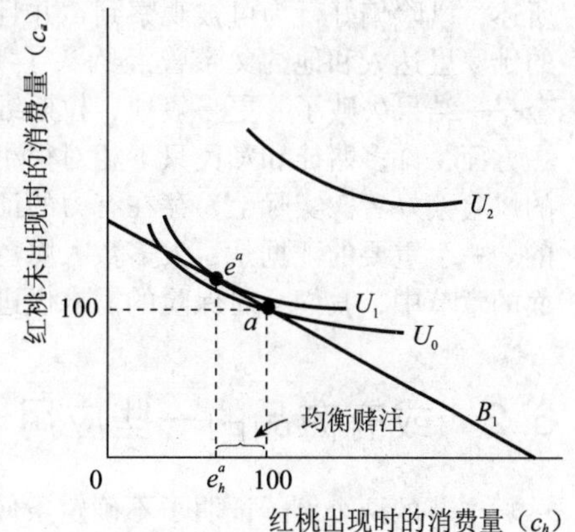

图6-9　或有商品的均衡选择

注：给定预算约束 B_1，最优点是 e^a。在这点，红桃出现时的消费是 c_h^a，少于原赋点的数量100，因此均衡赌注是 $100 - c_h^a$。

6 = -0.50。下注的人愿意支付上升的风险（以损失的货币价值看）。

这种行为是理性的么？如果人们是风险偏好的，这就是理性的。假设汉密尔顿是一个风险偏好者，所以他的无差异曲线从原点向外凸出，如图6-7所示。假设汉密尔顿的初始收入是100美元，他面临如下精算公平赌博：对于他下的每一美元赌注，如果头部出现，他赢得1.00美元；如果尾部出现，他输掉1.20美元，而且他不能反向下注（只有庄家能这么做）。在图6-11中，横轴表示尾部出现时的消费，纵轴表示头部出现时的消费。在这种赌局下，预算约束是直线 B_1，其斜率是 $-0.83\frac{1}{3}$（$-1/1.2$），纵截距是 $183\frac{1}{3}$。给定这个预算约束，可得的最高的无差异曲线是 U_1。均衡（点 e）是一个角点解。在这点，如果头部出现，他的消费是 $183\frac{1}{3}$，但是如果尾部出现，他的消费是零。当然，这是极端的情况，但是它确实描述了接受具有期望货币损失的赌博为何可能是“理性的”。记住经济学对理性的定义是，在给定一个人偏好的情况下，他的行为是否理智，而非偏好本身是否理智。

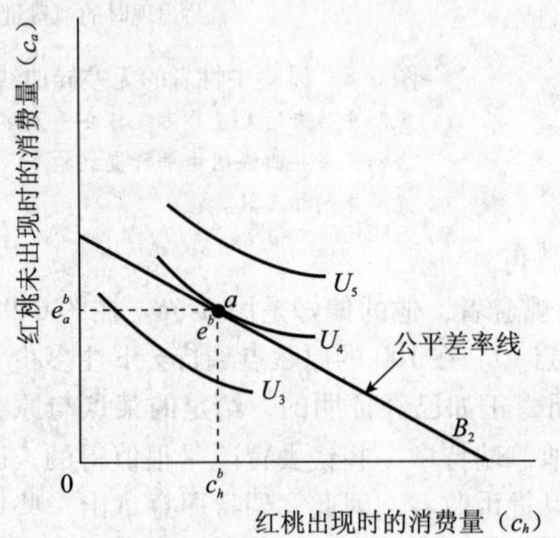

图6-10　存在公平差率线的均衡

注：当面临一个精算公平赌局时，风险规避者在点 e^b 实现最大化效用，与原赋点 a 相一致。也就是说，赌局未被接受。

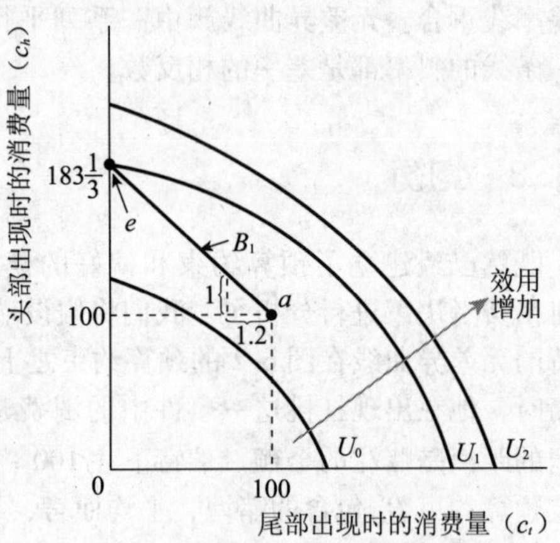

图6-11　风险喜欢者的均衡

注：一个风险偏好者具有从原点向外凸出的无差异曲线。对于这个人，均衡点是点 e，在这点他将全部钱投入了实际不公平赌局。

哪一种偏好更贴近对行为的理解呢？风险规避（图6-6c），还是风险偏好（图6-11）？如上所述，风险偏好行为可被观察到，并且对于一些人而言这是符合逻辑的。一个叫安东尼·贾迪诺的佛罗里达人和他的父亲曾经购买了10 000张1美元的彩票，想要赢得该州1.15亿美元的重金——结果失败了。更一般地，拉斯维加斯和大西洋城赌场的繁荣表明许多人是风险偏好者。另一方面，许多赌徒和彩民只下相对很小的赌注，这些人只是为了出来找点乐趣而并非严格意义上的风险偏好者。实际上，存在有力的证据证明，对于人生中的重大决策，大多数人是风险规避的。一个重要的证据是，大多数人愿意支付不菲的金额来减少其面临的风险——购买保险。在后面的章节中，我们会对保险的需求做进一步的研究。

6.2　或有商品的一些应用

本节的两个例子证明了不确定条件下的选择理论的有用性。

6.2.1　风险溢价

我们已经论证了在一般情况下，人们更可能是风险规避者而非风险偏好者。一个重要的证据是，风险资产比安全资产要求有更高的回报率。例如，美国政府发行的债券无风险，因为联邦政府违约的可能性微乎其微。另一方面，即使非常稳定的公司也有破产的危险。因此，当你借钱给一家公司时（通过购买公司的债券），你可能会损失掉自己的本金。即使收回了本金，也可能得不到你所预期的全部利息收益。如果所有的人都不在乎风险，那么具有相同预期收益的政府债券与公司债券就会具有相同的回报率。然而，如果人们是风险规避者，他们就会要求获得一个额外的回报率以补偿对公司投资的不确定性。泛美炼油公司是一个极端的例子。1995 年，这家公司通过销售债券增值 3 亿美元，尽管该公司之前已经破产两次而且其经营者正面临被自己儿子指控欺诈。这些公司债提供了 18.5% 的回报率，而当时政府债券的回报率大约是 6.0%。补偿风险的额外收益被称为**风险溢价**（risk premium）。

一项风险资产的补偿金是如何决定的？或有商品分析提供了直接详细的答案。考虑杰拉德的情况，他是一个风险规避者，现有 10 000 美元，并且只有两种方式的投资选择。第一种是投资于一项安全资产，对一笔 10 000 美元的投资确定支付 5 000 美元的利息，给他一笔 15 000 美元的确定财富。第二种是花生种植园的股票，以 1/2 的概率支付 10 000 美元的利息，也有 1/2 的概率没有利息收益（在任意情况下，10 000 美元本金都会被收回）。因此，投资种植园股票，杰拉德的财富有 1/2 的概率是 10 000 美元，也有 1/2 的概率是 20 000 美元，产生了一笔 15 000 美元的预期财富。你已经知道杰拉德更愿意选择安全资产，因为当在具有相同期望值的事物之间选择时，风险规避者会选择确定的事物。这里的问题是，为了吸引杰拉德对自己投资，种植园股票必须提供多少补偿金呢？

在图 6-12 中，横轴表示杰拉德在种植园成功时的消费（c_s），纵轴表示他在种植园失败时的消费（c_f）（单位是千美元）。点 a 是杰拉德投资于安全资产时的点——消费是 15 000 美元，无论种植园状况如何。点 b 表示他投资于种植园时的消费——如果种植园成功他消费 20 000 美元，如果失败他消费 10 000 美元。为了便于参考，画出直线 B_1，将点 a 和点 b 连接起来。因为点 b 在距离点 a5 000 单位的右边及 50 00 单位的下面，所以 B_1 的斜率一定是 -1。

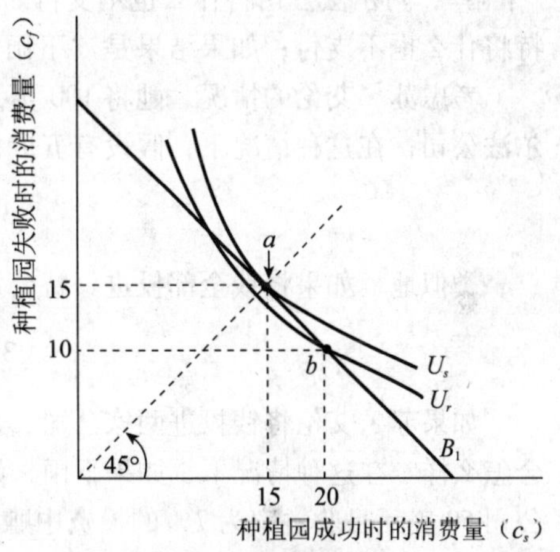

图 6-12 风险溢价分析

注：点 a 和点 b 具有相同的期望值 15 000 美元。因为点 a 的结果确定，它比点 b 受欢迎，点 b 的消费取决于结果状态。通过 a 的无差异曲线 U_s 在通过 b 的无差异曲线 U_r 之上反映了这一点。

假设现在想要画出杰拉德通过点 a 的无差异曲线。我们知道哪些关于在点 a 处的斜率的信息？已知沿着确定线，每条无差异曲线的边际替代率都是横轴上事件的差率。在这个特殊的例子中，两个事件的概率都是1/2，所以差率是 1。因此，在点 a 无差异曲线的斜率是 -1，与 B_1 的斜率相同。因此，无差异曲线用 U_s 标注（代表 safe），一定与 B_1 相切于点 a。

接下来，画出通过点 b 的无差异曲线，用 U_r 标注。已经知道当无差异曲线通过点 b 时无差异曲线的斜率的绝对值小于 1；然而，我们的分析并不需要精确值。关键是风险选择的无差异曲线 U_r 位于安全选择的无差异曲线 U_s 之下。因为对于具有相同期望值的确定事物和风险投机，一个风险规避者喜好前者。

我们现在准备找出种植园股票的风险溢价——为吸引杰拉德购买种植园股票所应多付的。通过放大点 b 周围的区域（见图 6-13）来回答这个问题。假设种植园股票在每一种结果状态下将多付 1 美元。几何上，这由从 b 点到点 c 的移动表示，点 c 位于距点 b 右侧和上方均 1 单位处。这 1 美元溢价足以吸引杰拉德去购买股票吗？答案是否定的，因为点 c 仍然在无差异曲线 U_s 之下。为了吸引杰拉德购买股票，股票的回报必须上升到恰好足够使他在“安全”无差异曲线 U_s 上获得一点。在图 6-13 中，为获得“安全”水平的单位，杰拉德在每一种结果状态下必须获得 R 单位的额外消费。因为每种结果状态都加上 R，它等价于回报的确定增加——这是为使杰拉德在种植园投资与安全资产购买之间无差异所必需的。根据定义，R 就是风险溢价。如果所有的人都和杰拉德一样，就可预期棉花种植园的股票的期望收益比安全资产高出 R 美元。因此，对或有商品的分析有助于解释为何不同风险的资产具有不同的回报率。

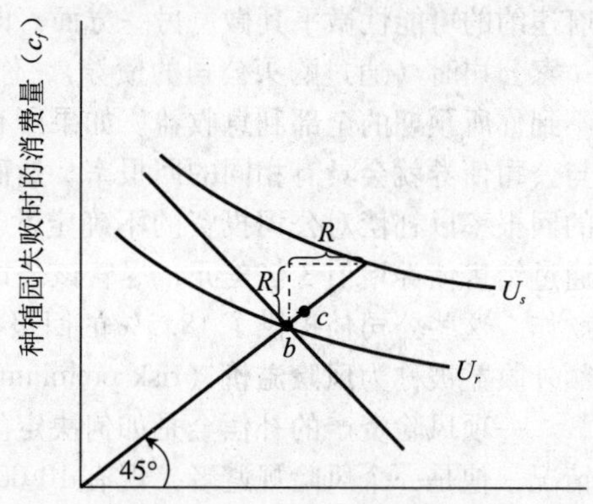

图 6-13 风险溢价的决定

注：从点 b 开始，如果个人能够确定获得额外 R 美元，那么他就能得到“安全”无差异曲线 U_s，因此 R 美元就是对应于不确定结果 b 的风险溢价。

多样化的作用 到目前为止，我们假设只有一种风险资产。现在考虑在阿尔法太阳能公司的普通股票和贝特雨伞公司的股票这两种金融资产间选择的问题。天气预报说明年夏天可能非常晴朗，也可能经常下雨，但是没有人知道究竟哪个预测准确。如果结果是“晴朗”，阿尔法公司支付 7% 的回报，也就是说，对于每 1.0 美元的投资，公司偿付 1.07 美元。然而，如果结果是“下雨”，阿尔法公司将什么也不支付。贝特公司的支付模式恰好相反：如果结果是“晴朗”，贝特将什么也不支付；如果结果是“下雨”，贝特公司将支付 7% 的回报。

考虑苏·艾伦的情况，她将 100 美元用来投资这两种股票的资产组合。假设将钱全部投入阿尔法公司，在这种情况下，假设有五成机会下雨，她的期望收益百分比是：

$$3.5=\frac{1}{2}\times 7+\frac{1}{2}\times 0$$

类似地，如果将钱全部投进贝特公司，她的期望收益百分比是：

$$3.5=\frac{1}{2}\times 0+\frac{1}{2}\times 7$$

如果苏·艾伦将钱投进两家公司，比如 50 美元投进阿尔法，另外 50 美元投进贝特，这时将会怎么样？在这种情况下，如果下雨，她将从阿尔法公司 50 美元的投资中赚到 0 美元，从贝特公司 50 美元且收益率为 7% 的投资中赚到 3.50 美元。如果天气晴朗，苏·艾伦将从阿尔法公司 50 美元的投资中赚到 3.5 美元，而从贝特公司中赚不到钱。因此，她的期望收益百分比为

$$3.5=\frac{1}{2}\times 3.5+\frac{1}{2}\times 3.5$$

同时购买两种股票好像并没有带来什么好处，无论苏·艾伦将钱全部投进阿尔法公司还是贝特公司，或者均分成两半投资，她都将获得 3.5% 的期望回报。但这有一个至关重要的区别——通过购买等量的阿尔法公司和贝特公司的股票，她在每一种结果状态下都获得了 3.5% 的回报。也就是说，她能够获得一个充分安全的 3.5% 的回报，不需要担心天气是晴还是阴。这种购买多种资产以降低风险的过程被称为**多样化**（diversification），简单来说就是，“不要将你的鸡蛋都放在一个篮子里”。

在我们的例子中，多样化使得投资者完全摆脱风险，因为不管一项资产何时升值，其他资产会贬值恰好抵消了上升的资产价值。在统计学术语中，阿尔法公司与贝特公司的收益是完全负相关的。在现实世界中，这种资产很难找到。大多数资产价值倾向于同向运动。当 *IBM* 的股票价格很高时，其他股票的价格一般也较高。然而，只要价格运动不完全同步（也就是说，不完全

正相关)，就可能通过多样化来降低风险，但不能将风险一直降低到零。

因为多样化帮助降低了风险，我们的理论预期风险规避者会持有多样化资产。有证据证明这一预期的正确性。例如，考虑共同基金，它们包含一组多样化的证券并向公众销售股票。当人们购买了共同基金中的一种股票，他们只是购买了所有股票组合的一部分。因此，共同基金使得个人持有高度多样化的资产组合而不需要向股票经纪人缴纳大量费用。

6.2.2 逃税

1990年，棒球职业天皇巨星皮特·罗斯因为345 967.60美元的联邦收入所得税逃税而遭到起诉。作为惩罚，罗斯被判5个月监禁和50 000美元罚金。罗斯的案子正是**逃税**（tax evasion）的一个典型例子，即没有缴纳法律规定应纳的税金。

从本质而言，骗税是极难度量的。尽管逃税看起来是所有经济体中的主要问题。在美国，据税务当局估计，6%～8%的国民生产总值被隐藏。英国这个数字是3.5%，挪威是6.3%。

逃税与不确定条件下的选择有什么关系？逃税是不确定条件下的一种选择。如果你逃税但未被抓到，你就赢了。但皮特·罗斯的经历清楚表明，你也可能输。下面用不确定条件下的决策制定理论来考虑逃税决定和解决逃税问题的公共政策制定问题。

考虑利昂娜的情况，她是一个风险规避者而且是一个不道德的公民，她的税前收入是1 500美元。她面临具有如下三方面特征的税收系统：

（1）利昂娜上报的每一美元收入的税率是t。因此，如果$t=1/3$，那么对利昂娜向征税者上报的每一美元收入，她要支付1/3美元。换种方式，她隐瞒一美元应税收入就会节省t美元。

（2）利昂娜的纳税申报单会以ρ的概率被审计，而且她知道这件事。如果被审计，且她逃税，欺骗行为肯定会被发现。

（3）如果逃税被抓到，对隐瞒的每一美元收入，利昂娜必须支付f美元的罚金。例如，如果$f=0.8$，那么对征税者隐瞒的每一美元收入，利昂娜要交0.80美元的罚金。罚金是加在她应该缴纳的税金之上的。

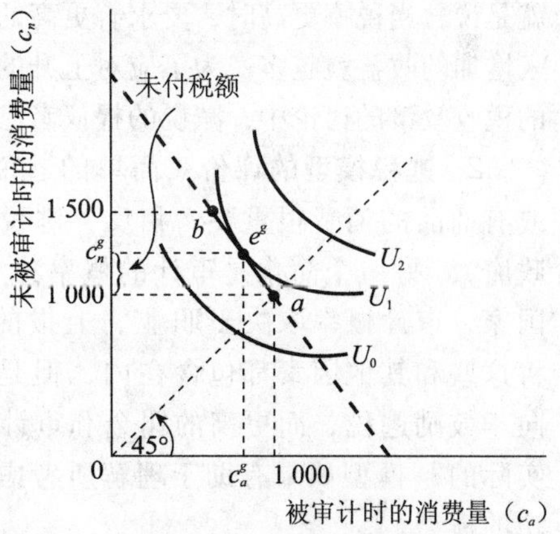

图6-14　逃税

注：沿着从原点发出的45°线，每条无差异曲线的MRS是$\rho/(1-\rho)$，ρ是审计概率。另一方面，预算约束的斜率是边际税率（t）的相反数除以罚金率（f）。在均衡点，税收是（$c_n^g-1\ 000$）。

这个例子中的或有商品是审计时的消费（c_a）和未被审计时的消费（c_n）。在图6-14中，横轴表示c_a，纵轴表示c_n。为画出利昂娜的无差异曲线，已知她是风险规避者。因此，她的无差异曲线凸向原点。而且，因为审计的概率是ρ，我们还知道沿45°线的点，在c_n和c_a之间的边际替代率是$\rho/(1-\rho)$，即被审计的差率。图6-14中画出这些无差异曲线。

现在来看利昂娜的预算约束。她可做出的一种选择是不偷税。在1/3的税率和1 500美元的税前收入下，利昂娜如果诚实，会缴纳500美元的税。在这种情况下，她的税后收入是1 000美元，不管是否会被审计。图6-14中的点a是利昂娜的原赋点。

现在假设她不诚实。利昂娜每逃税一美元，如果未被审计，她可以将消费提高t美元，因为她缴纳了较少的税。但是如果被审计了，她的消费就要降低f美元，因为她必须缴纳罚金。利用已知结论，这意味着利昂娜的预算约束是连接b和a的一条直线，斜率是 $-t/f$。[⊖]注意在本节中，将预算约束一直延伸到横轴没有意义。如果要缴纳多于你收入应纳数量的税金，税务机构也不会给你一项奖励。类似地，预算线不会一直延伸到纵轴，因为如果你上报的收入为负，政府也不会返还钱。

在图6-14中，利昂娜在点 e^g 实现效用最大化，在这点，她在不被审计时的消费是 c_n^g，从上距离原赋点 $c_n^g-1\,000$。这意味着利昂娜少缴纳（$c_n^g-1\,000$）美元的税金。等价的说法就是她瞒报了（$c_n^g-1\,000$）$/t$ 美元的收入。例如，当税率是1/3时，少缴纳200美元的税意味着收入被瞒报600美元。

1. 针对逃税的政策制定　假设税务当局试图减少来自利昂娜这类人的逃税量，它会考虑何种政策呢？要回答这个问题的关键是，一个风险规避者不会参与一个精算公平赌局。因此，如果罚金率（f）和被审计概率（ρ）的设定使从瞒报的一美元收入中获得的预期收益等于被抓住时的预期损失，那么利昂娜将不会瞒报收入。在给定 t 和 ρ 的值的条件下，设定 $\bar{f}$ 是将逃税成为精算公平赌博的惩罚率的价值。那么根据定义，$\rho\times\bar{f}$（利昂娜被审计时的预期损失）一定等于（$1-\rho$）$\times t$（利昂娜未被审计时的预期收益），或者

$$\rho\times\bar{f}=(1-\rho)\times t$$

两边同时除以 ρ，得到

$$\bar{f}=\frac{1-\rho}{\rho}\times t \qquad (6\text{-}2)$$

式（6-2）说明，为减少逃税，罚金率必须至少等于未被审计时的差率与税率的乘积。例如，如果被审计的概率是10%，未被审计的差率是1/9，那么应该有一个更高的罚金率。特别地，如果税率是1/3，那么罚金率应该设在300%［9/1×1/3］。每瞒报一美元收入，逃税者必须缴纳3.00美元的罚金。

式（6-2）的一个有趣的应用是，对于一个给定的审计概率，当 t 上升时，$\bar{f}$ 也一定上升。也就是说，当税率更高时，要求有更高的罚金来避免逃税。为什么？因为税率越高，隐瞒一美元收入增加的收益就越多。为了应对上升的逃税行为，罚金也必须上升。实际上，在北美和欧洲近期的税收政策的讨论中，减税的提议者已经提出减税的利益之一就是可以减少逃税。

2. 逃税模型的评价　简单的逃税模型忽略了一些重要的潜在因素。例如，模型仅假设或有商品的消费很重要。相反，逃税行为可能会受到负罪感的影响（或者，因为人们讨厌政府）。另一个简化是审计的概率独立于逃税的数量和上报的收入的金额。然而，在大多数国家，审计概率取决于职业、上报的收入数和是否有一个前期审计。我们应该扩展模型，将这些和其他因素都包含在内，但是基本观点不变——在其他条件不变时，更高的税率倾向于鼓励逃税，而更高的罚金和审计概率倾向于减少逃税。正如之前强调的，一个“不合实际的”模型如果有助于理解所考虑的现象，它就是好的。按照这个标准，逃税模型是成功的模型。

6.3　保险

本章前面我们问一个消费者他是否愿意以赌博的方式冒险，对一个面临精算公平差率的风险规避者，回答是“不，谢谢”。此人简单地拒绝冒险。然而，在许多情况下，人们并不被问及他们是否愿意冒险，他们往往没有选择。例如，你总有因生病而不能上班的风险。因此，不管你是

⊖ 因为原赋点 a 已经包含了税收缴纳，因此向左移动 f 表示的是既缴纳了税又交了罚金。

否喜欢，你的消费水平是不确定的。或者，如果有一个家，可能会被从你家走廊梯子上摔下来的客人起诉。

如果风险规避者不愿意承担额外的风险，他们就希望摆脱不得不面对的风险也是站得住脚的。保险市场的作用就是化解这些风险。为了明白这个过程如何发挥作用，我们将分析斯嘉丽的例子，她是一个妇产科医生。无论斯嘉丽何时接生一个婴儿，她都以ρ的概率面临指控。因此，她正考虑购买医疗事故保险。

6.3.1　公平保险

首先，必须知道适用于斯嘉丽的保险术语。一美元保额的价格是**保费**（premium），用r标注（它表示每一美元保额的费率）。

无论斯嘉丽是否被起诉，她都要为每一美元的保额支付r的保费。被起诉时，有一美元的保额，她就会从保险公司获得一美元的补偿。因此，在被起诉这个事件中，她从保险公司获得的每一单位保险的净额是$(1-r)$美元——即保险收益减去保费。顺便说一句，这是实际中大多数保险的结构。你继续支付健康保险、汽车保险以及家庭保险，虽然保险公司同时支付给你收益。

给定这个结构，r的价值是多少？在开始，假设保险提供**精算公平保险**（actuarially fair insurance），意味着保费等于保险公司提供的预期赔付。在发生诉讼时，每一单位保险赔付1美元，否则不赔付。既然诉讼发生的概率是ρ，那么预期赔付是$\rho\times1$，或者简写成ρ。设定保费和预期赔付相等，可得到：

$$r=\rho \tag{6-3}$$

式（6-3）说明对于一个精算公平保险，1美元保额的保险的保费是“不好”的结果状态出现的概率。例如，如果诉讼发生的概率是1/5，那么斯嘉丽能够以0.20美元购买1.00美元的精算公平保险。

1. 公平保险的预算约束　现在可画出斯嘉丽的预算约束。首先注意在这个例子中，或有商品是被起诉时的消费（c_s）和未被起诉时的消费（c_n）。在图6-15中，横轴表示c_s，纵轴表示c_n。假设斯嘉丽的收入是I，并且在诉讼中，斯嘉丽将失去全部收入。否则，她会消费所有的收入。在这些假设下，斯嘉丽的原赋点是a，它在纵轴上距原点I单位。点a在纵轴上表明斯嘉丽被起诉，她将一无所有（$c_s=0$）。

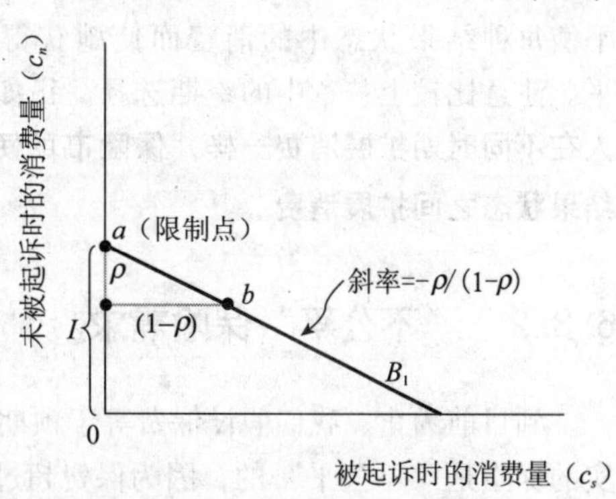

图6-15　精算公平保险的预算约束

注：如果法律诉讼导致全部收入的损失，原赋点就是a，此时c_s是零。在精算公平保险下，预算约束斜率是$-\rho/(1-\rho)$。

假设斯嘉丽想要购买一美元保额的保险。她必须要放弃多少单位的c_n？根据定义，答案是获得1美元保额保险的价格，也就是保费。因为保费是ρ，当斯嘉丽购买1美元保额的保险时，她未被起诉时的消费就会减少ρ单位。在图6-15中，这由从原赋点向下移动ρ单位来表示。与此同时，通过购买保险，斯嘉丽将被起诉时的消费提高了$(1-\rho)$美元——遭到起诉时获得的赔付（1美元）减去保费（ρ）。这由从点a向右移动$(1-\rho)$单位表示。简言之，购买1美元保额的保险将斯嘉丽从a移动到b，它位于点a下方ρ单位，右侧$(1-\rho)$单位处。每一连续购买的1美元保额的保险都会类似地将斯嘉丽向下移动ρ单位，向右移动$(1-\rho)$单位。因此，对应于精算公平保险的预算约束是直线B_1，通过原赋点a，斜率是$-\rho/(1-\rho)$。例如，如果被起诉的概率是

1/5，预算约束的斜率是 - 1/4 = -（1/5）/（4/5）。

2. 偏好　我们的问题是画出表示对不同商品的偏好的无差异曲线。在本节，问题并非相对于免于被起诉，斯嘉丽是否更喜欢被起诉，而是她如何评价不同组合的偶然消费水平。

对斯嘉丽的无差异曲线，我们能给出哪些结论呢？如前所述，如果她要规避风险，这种赌博结果不会影响收入的边际效用，那么无差异曲线表示了边际替代率递减，并且沿着从原点发出的45°线的点上的边际替代率是$\rho/(1-\rho)$。图6-16是具有这些特征的无差异曲线图。

3. 公平保险的均衡数量　最优点是点e^g，在这点被起诉时的消费是c_s^g，未被起诉时的消费是c_n^g，注意$c_s^g = c_n^g$，即在两种结果状态中的消费相等。这不是巧合。预算约束斜率的绝对值等于$\rho/(1-\rho)$，因此在均衡时，*MRS*（边际替代率）一定等于$\rho/(1-\rho)$。但已知只有在$c_s = c_n$时，$MRS = \rho/(1-\rho)$。

为找到斯嘉丽的保险额，就应比较原赋点a和均衡点e^g。通过将点a移到点e^g，斯嘉丽将没有诉讼时的消费从a减少到c_n^g，因此$a - c_n^g$衡量了她花费在保险上的费用。是否有无被起诉，她的消费都相同——她获得了充分的保险。这个结果是一般性的：**在精算公平差率下提供充分保险时，一个风险规避者会购买充分保险。**

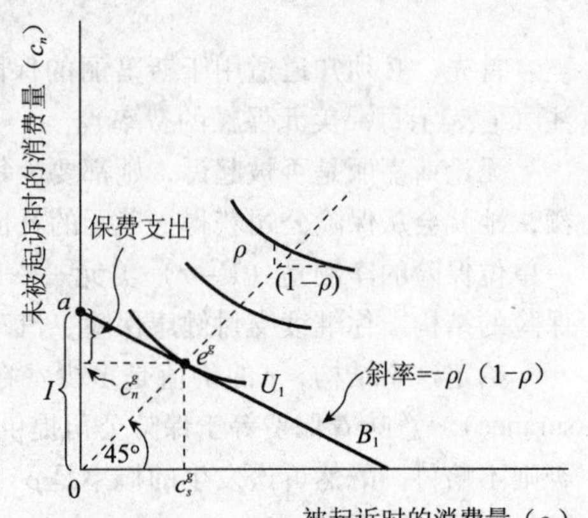

图6-16　精算公平保险下的均衡

注：对于精算公平的保险，均衡发生在$c_s = c_n$处。个人因为在每种结果状态下的消费相同而实现了充分保险。

图6-16表示保险市场如何使一个人在不同结果状态之间平滑消费。如果没有保险市场，斯嘉丽将固定在点a，在这点两种结果状态下的消费大不相同。保险通过平衡每种结果状态中的消费而使她获得更高的福利水平。注意比较上一章中的跨期选择。**正如资本市场使个人在不同时期扩展消费一样，保险市场使得个人在不同结果状态之间扩展消费。**

6.3.2　“不公平”保险需求

到目前为止，我们假设保费等于预期货币收益。尽管对建立概念来说这是有用的假设，但现实的保险是“不公平”的，因为保费超过了预期货币收益——平均而言，你付出的比得到的多。有两个原因：

（1）公平保险没有包含保险公司的运营成本。如果公司支付的赔付正好等于保费（平均而言），它从何获得资金支付工资、租办公楼等？

（2）保险率并不是完全随个人的个性特征调整的。如果斯嘉丽和弗兰克都是外科医生，遇到医疗诉讼的概率不同，那么原则上，保险公司会向他们收取不同的保费。保险公司确实对不同“风险等级”的人收取不同的保费。这些风险等级由人们的可见特征决定。例如，青少年男子的汽车额保险率比其他类别的人高。然而，即使在任意给定的风险等级内，一种事故在不同的人身上发生的概率也不同（一些青少年比另一些要狂野）。很明显，如果具有不同事故概率的人能够以相同的保费购买保险，那么一些人购买的保险对他来说就不公平（从技术角度讲）。

1. 保费的变化　再次考虑斯嘉丽的情况，她被起诉的概率是1/5，因此1美元保额的公平保险的保费是0.20美元（见式6-3）。如果她的保费是每美元保额0.40美元，她会购买保险么？

图6-17对这个比较静态问题进行了分析。首先，考虑对应于新保险的预算约束。对于斯嘉丽购买的每一美元保险，她未被起诉时的消费下降了0.40单位，被起诉时的消费上升了0.60单位——收益（1美元）减去保费（0.40美元）。运用与之前相同的逻辑可得到对应于这项保险的预算约束是直线B_2，它通过原赋点a，斜率是$-0.4/0.6$，或者$-2/3$。注意它比公平差率线B_1陡峭。

接着，考虑无差异曲线图。斯嘉丽两种或有商品之间边际替代率的基础是她对事故发生概率的估计。既然发生事故的概率没有改变，那么她的无差异曲线就与图6-16中的完全相同，如图6-17所示。

可得到最优点e^b，在这点被起诉时的消费是c_s^b，未被起诉时的消费是c_n^b。观察得到$c_n^b > c_s^b$，即遭到起诉时的消费少于未被起诉时的消费。我们已经得到：**当保险实际是不公平的时，风险规避者购买的保险数量甚至也少于充分保险。直观地，当保费比预期赔付高时，个人反过来承担一部分风险以减少对保险公司的支付是理性的。**[⊖]

2. 诉讼概率的改变　为确保对保险需求的理解，考虑下面的比较静态问题：因为过度工作和压力，斯嘉丽面临诉讼的概率从1/5上升到1/3。然而，这并没有被斯嘉丽投保的保险公司注意到，对每一美元的保额，公司仍然向她收取0.40美元的保费。她对医疗事故保险的需求会发生什么变化？

要意识到的第一件事是这个变化移动了斯嘉丽的无差异曲线，因为她愿意以c_s换取c_n的比率取决于ρ，即事故发生的概率。为决定它们怎样移动，应从图6-16中旧的无差异曲线开始分析。在图6-18中分别以U_0，U_1，U_2标注。已知一个关键结论——沿着确定线，边际替代率是$\rho/(1-\rho)$——有助于绘制旧的无差异曲线。因此，对于旧的无差异曲线，因为$\rho=1/5$，在确定线上的每一点的MRS都是1/4。

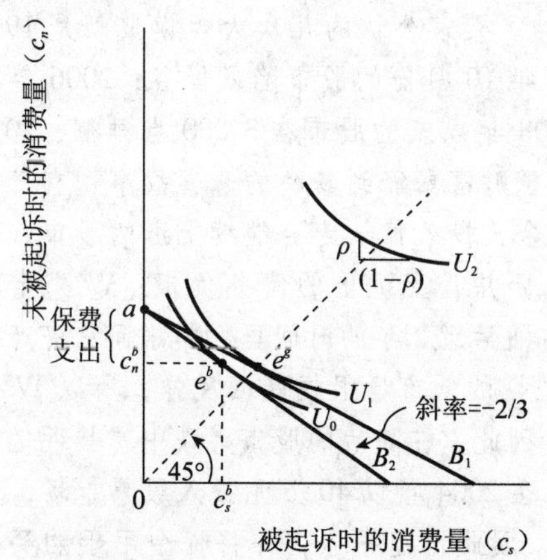

图6-17　精算不公平保险下的均衡

注：当保费比预期支付高时，预算约束B_2比公平差率线B_1陡，个人购买的保险少于充分保险。

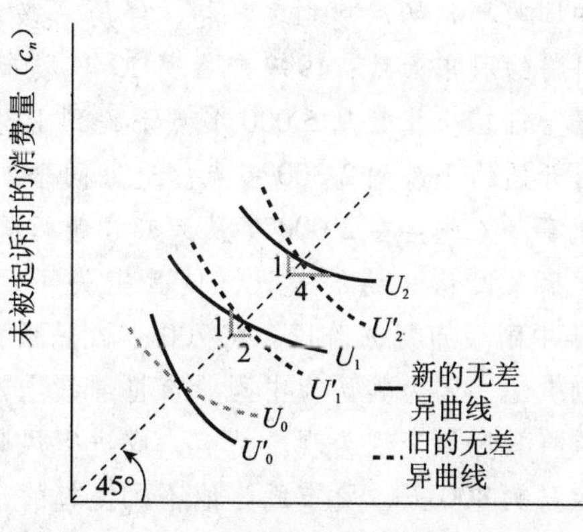

图6-18　概率变化对偏好的影响

注：当法律诉讼的概率上升时，对或有商品的喜好会发生变化，个人会为了换取一单位c_s放弃更多的c_n。也就是说，无差异曲线变陡峭了。

⊖ 例外是个人是十足的风险规避的特殊情况——他具有L形的无差异曲线。

沿45°线的 $MRS=\rho/(1-\rho)$ 不变，无论 ρ 的取值如何。因此，当 ρ 变成1/3，在45°线上的所有点的 MRS 一定是1/2 =（1/3）/（2/3）。我们得出结论，给定一个新的条件，当斯嘉丽的无差异曲线通过确定线时斜率为1/2。在图6-18中有以 U'_0，U'_1，U'_2 标注的无差异曲线。注意它们比初始无差异曲线陡。直观地，越可能遭遇诉讼，斯嘉丽为了获得一单位被起诉时的消费而愿意放弃的未被起诉时的消费的数量越大。

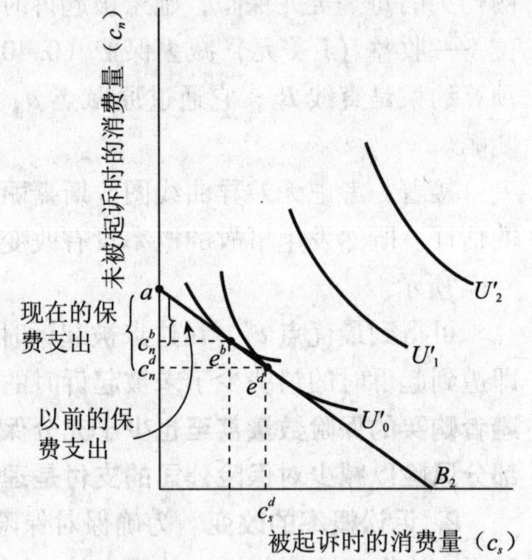

图6-19 概率变化对保险支出的影响

注：在反映新的更大意外概率的无差异曲线下，均衡点是 e^d，这时保险支出是 $a-c_n^d$。当意外概率降低时，仅有 $a-c_n^b$ 花费在保险上。

接着思考事故发生概率的变化如何改变斯嘉丽的预算约束。这一部分很简单——根本没有影响。预算约束的斜率取决于保险公司收取的价格，根据假设，斜率不变。在图6-19中，重新绘制了图6-17中旧的预算约束 B_2。将图6-18中新的无差异曲线画在预算约束之上，我们发现最优点是 e^d，在这点遭遇诉讼的消费是 c_s^d，未发生诉讼时的消费是 c_n^d。将这个结果与之前的均衡点（e^d）进行比较，可以看到在新的无差异曲线下，保额变多。下面是一个在以后的章节中也会用到的重要结论：**在其他条件不变时，有较高事故风险的人会购买更多的保险。**

案例　中国股票市场波动中的个人投资者

中国股票市场从建立之日起，经历了多次大规模波动。大家公认的几次大规模波动是1997年6月份的股市大跌；1999年5月19日股市大跌；2001年10月份的股市陷入低谷；2006年年中开始上证综合指数从6 000多点下跌到1 300多点；2008年以来的股市在3 000点徘徊，2010年6月开始的下跌到2 300多点。这期间个人投资者经历了财富暴涨到暴跌的悲喜故事。有三个经典故事：Y先生在2 000年从亲戚和银行筹集了千万资金，投入他认为会继续上涨的股市，但是随之而来网络神话的破灭，使其丧失了几乎所有资金，并背上沉重的债务负担；W先生在2004年中国股市复苏阶段，将700万人民币投入股市，在随后近2年的时间里，其账面总资产已经达到1亿，因为其认为中国股市将继续上涨，下跌时短期的，市场很快就回反弹，所以W先生没有将其股票变现为现金持有，或进行风险对冲操作。因此，在随后的股市大跌中，其近亿资产最后只剩800万，股市成为他不愿提起的话题；D先生在2004年以40万元投入股票市场，在2006年股市大跌前，D先生认为股市已经处于过热阶段，因此迅速平仓，并将资金用于购买住房，这期间中国的房地产市场正在开始进入蓬勃发展阶段。

以上中国案例说明：市场是充满不确定性，对这种不确定性进行预测是非常艰难的，过于主观的判断是非常危险的；随着市场的发展，投资者将会逐渐从以往的教训中获得经验，转变投资观念，选择新的投资方式和投资对象，市场也才真正成熟起来。

小结

如果人们必须在存在不确定的条件下做出决策，理性的决策制定就不适用了么？本章给出了断然否定的答案。分析理性选择的标准工具能够被改造得适用于不确定性。

- 不确定环境下个人在或有商品之间进行选择——这些商品的价值取决于最终结果（结果状态）。如同一般商品，人们对或有商品有偏好，这种偏好可以用无差异曲线图表示。
- 两种或有商品之间的预算约束的斜率取决于对应于每种结果状态的支付。无差异曲线的弯曲形状取决于个人是风险规避者、风险偏好者还是风险中性者。
- 风险规避者不会接受精算公平赌局。
- 风险规避者购买保险以均衡地在不同的结果状态之间扩展消费。当风险规避者能够购买公平保险时，他们将使自己获得充分保险，即在每种结果状态中的消费相同。
- 保险的需求量取决于保费和不确定事件发生的概率。

讨论题

6.1 乔纳森拥有60美元的收入。他面临如下赌局：掷骰子，如果出现一点，他输掉1美元，如果出现其他点数，他赢得3美元。乔纳森能够成为这个赌局的任何一边，而且他是一个风险规避者。

a. 这个问题中的或有商品是什么？

b. 画出预算约束。

c. 画出无差异曲线。

d. 在一幅图中表示出乔纳森下的赌注。

e. 画出与赌注相对应的公平差率线。如果差率是公平的，他会下多少赌注？

6.2 随机结果的确定性等价是确保一个人认为与随机结果等价的收入的数量。考虑马太的情况，他是一个风险规避者，正在考虑进入一个工作培训项目。项目之后，马太的收入将有1/2的概率是20 000美元，有1/2的概率是10 000美元。画出马太的无差异曲线图。在你的图中标出工作培训项目的确定性等价。证明项目的确定性等价比期望的货币价值少。（提示：画出通过对应于项目的点的差率线。）

6.3 杰克和吉尔是风险规避者，具有相同的原赋点并以相同的概率面临诉讼。

a. 说明两个人购买的公平保险的数量相同。

b. 说明两个人不需要购买相同数量的不公平保险。

6.4 一个风险规避的白领工人正在考虑是否挪用公款。被抓住的概率是ρ，如果被抓住，此人必须为他挪用的每一美元支付ψ的罚金。

a. 图示挪用公款的均衡数量如何取决于ρ和ψ的值。

b. 假设ψ是3.00美元。保证此人不挪用公款的ρ的最低值是多少？

6.5 近年来，一种所谓的“临终安排”在艾滋病患者之间流行开来。在“临终安排”下，个人指定某家公司作为他的人寿保险的唯一受益人。作为回报，公司一次性支付给个人一笔现金。例如，一个43岁的艾滋病患者指定某家公司成为他价值14万美元的人寿保险的唯一受益人，作为交换，公司支付给他9.8万美元的现金。

假设公司的所有者是风险中性的，写出一个等式说明这家公司是否愿意参与特定某个人的“临终安排”。（提示：你需要利用前面章节中的贴现值分析法）

6.6 塞缪尔·约翰逊说：“不精明的人才会放弃确定性而选择不确定性。”用本章中的术语重新更加准确地表述这句格言。

6.7 当飓风“安德鲁”在1992年袭击佛罗里达时，保险公司损失了165亿美元。风暴过后，几家公司停止了向东海岸在海滩安家或者有财产的新客户销售家庭保险。利用或有商品分析说明不能购买保险如何影响一个具有海滩财产的人的福利。

6.8 林恩的收入是2 000美元，并且是风险规避的。有人在她的楼梯滑倒的概率是1/8。如果发生了这种意外，她将被起诉赔偿1 000美元并且必须支付。假设她能以一美元保额0.30美元的价格购买保险。说明均衡数量的保额是如何决定的；说明如果一个人滑倒的概率上升到1/4而保费不变，均衡保额如何变化。

6.9 如果本的房子被烧毁了，他将一无所有（其消费是零）。在下面你看到的是本在有火灾和无火灾时的消费之间的无差异曲线。

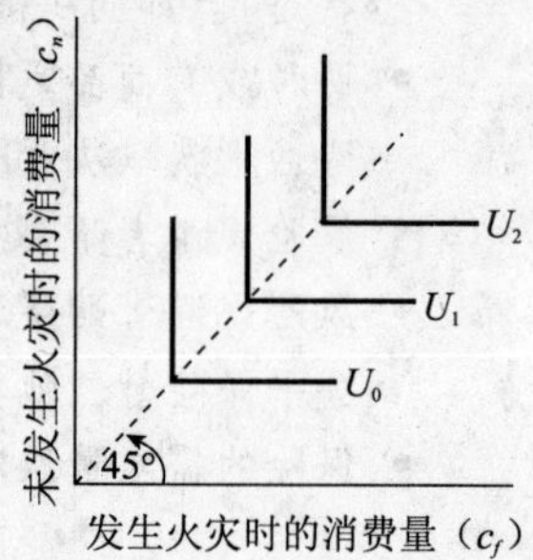

证明即使火灾险的保费是“不公平的”，本也会购买充分保险。你如何描述本的风险偏好的特点？

第二部分

厂商理论

我们在第2~6章的内容中，介绍了家庭行为的经济理论。这一理论让我们能够描述作为价格接受者的家庭在市场中的行为，即在产品市场上用需求曲线来描述家庭行为，在要素市场上用供给曲线来描述家庭行为。这些曲线告诉我们在一组给定的价格下，家庭愿意做出怎样的商品交换。但是什么样的价格会胜出呢？我们在不了解市场是如何运作的情况下是无法回答这个问题的。在任意给定的市场中，家庭行为经济理论只告诉了我们故事的一半，要使故事完整，必须从提出如下问题开始：消费者从哪里购买产品以及他们将服务卖给谁？如果观察循环流程图，我们会发现答案是厂商。厂商是产品市场上的供给者，同时是要素市场的需求者。

为了完整地讲述关于市场运作的故事，我们需要了解厂商理论。就像家庭理论建立在家庭追求效用最大化的假设基础上，厂商理论建立在厂商追求利润最大化的假设基础上。第7章详细探讨了利润这一经济学概念，并且列出了对于任何一个追求利润最大化的厂商均有效的行为基本准则。

在其他事情中，利润最大化的准则说明厂商必须了解产品成本的特定性质。就像我们用无差异曲线来推导家庭的需求曲线和供给曲线一样，我们将会用类似的分析来进一步探究厂商的成本曲线。第8章介绍了如何描述一个厂商的产品技术，并且讨论了这些技术的重要特点。第9章介绍了一个厂商的生产成本是如何同它所采用的产品技术产生关联的。作为计算厂商成本水平的一部分，我们会发现追求利润最大化的厂商如何选择生产技术。

第7章 厂商及其目标

利润的味道是纯净而甜美的，无论它的来源是什么。

——朱文诺

1928年威廉·德莱尔和约瑟夫·埃迪决定创办公司。因为德莱尔是加利福尼亚大学戴维斯分校的冰淇淋制造专业的教授，所以这两个企业家会选择卖冰淇淋并不是令人意外的事。但是他们也面临着其他的抉择，包括制作什么样的冰淇淋，如何去生产，将它们卖向何处，以及如何使公众了解他们新出品的冰淇淋。德莱尔和埃迪做出了这些抉择，而且其开创的公司，Dreyer's Grand Ice Cream在发展中取得了巨大成功，比如发明了石板街冰淇淋（Rock Road ice cream）。但即使这家公司每年已经有超过5亿美元的收益，但依然面临着同样的问题。

在本章中，我们将讨论厂商理论的基础。这一理论让我们能够预测该冰淇淋公司或者其他公司对每天面临的诸多问题是如何做出选择的。

家庭经济理论告诉我们为了预测一个人的行为，我们必须了解他的目的。同样，除非我们知道厂商决策者的目标，否则我们无法预测厂商的行为。厂商理论是建立在企业追求利润最大化的假设基础之上的。本章的一个重要目标就是严格定义“利润”的含义，并且论证追求利润最大化这一假设是合理的。

了解了厂商的目标，我们就可以对厂商的行为做出精确的预测。本章提出了一些关于厂商如何选择其产出水平的非常普遍的规则。你可能会回想起经济学的其他课程中介绍了许多类型的厂商，如“完全竞争”厂商和“垄断”厂商。关于特殊类型的行业我们会在后续的章节中进行更多的介绍。在本章中，我们呈现了厂商一般行为的结果，这样得出的结论适用于处于任何市场类型中的厂商。通过提出这些普遍适用的规则，我们就做好了以后将这些规则应用于各类市场环境的准备。

7.1 厂商是做什么的

第一个任务就是明确我们正试图解释的这一行为——厂商是做什么的？我们来考察一下该冰淇淋公司现任管理者所面临的选择。就像其他厂商的管理者一样，他们也需要做出许多决定。

（1）厂商应该生产什么？管理者必须选择要出售何种类型的产品。德莱尔冰淇淋公司是该生产高热量的冰淇淋，还是低热量的冰牛奶呢？又或者放弃冰淇淋而去烘烤美味的巧克力饼干呢？

（2）厂商该如何生产产品呢？一种给定的产品可以通过多种不同的方式生产出来。德莱尔冰淇淋公司的包装是该由人工来完成呢，还是由机器来完成？管理者必须选择“恰当”的投入组合来生产其产品。

(3) 厂商该销售多少产品？以什么样的价格出售？德莱尔冰淇淋公司应该每个月卖出1万加仑的冰淇淋呢，还是1 000万加仑？而出售的价格应该是每品脱1美元还是5美元呢？

(4) 厂商该如何推销其产品？消费者有时需要被告知产品相关信息后才愿意购买。销售者可以通过打广告等方式来使消费者了解产品情况。如果德莱尔冰淇淋公司可以通过广告将产品销售量提升，那么应该在广告上投入多少钱？在1994年，他们投入4 000万美元来向消费者推广产品。

以上四个问题的答案告诉我们厂商如何运作，它们既是产品市场的供给者也是要素市场的需求者。因此，厂商理论的目标就是要预测一个厂商会如何解决这些问题。

7.1.1 企业为何会存在

在我们预测厂商行为之前，有一个问题值得思考：为什么厂商可以做这些事情？也就是说，厂商为什么会存在？为了回答这个问题，我们首先要回答一个更加基本的问题：厂商是什么？这个问题出奇地难以回答，同时它也让我们更深一步地认识厂商的目标。一种定义是，任何一个买卖商品和服务的组织都可以叫做厂商。根据这个定义，我们任何一个人都可以称为一个厂商。我们通常认为厂商是一个更加复杂的整体，包括至少三种类型成员：①有工人，也就是大多数情况下收到固定工资，被告知该做什么的人；②有管理者，也就是负责做出我们提到过的那些决策，并且管理工人保证他们为公司的福利做出贡献的人；③有所有者，也就是为厂商投资，并且承担与商业相关的金融风险的人。

为什么厂商会以这种形式存在呢？原则上说，所有生产都可以通过一系列的个人组织起来，他们可以通过市场交易彼此单独交涉。**交易成本**（transaction costs）理论预言经济交换将通过最小化这些交换成本的途径组织起来（Coase，1973）。经济学家已经发现，与以市场为基础的交易相比，厂商拥有许多优势。

这些优势围绕着这样一个事实：任何一份合约都是不完备的。也就是说，合约中未涵盖的事件存在发生的几率。这样的情况出现既是因为我们不可能完全预见一切会发生的事情，也是因为——即使所有的事情都是可预见的——完成一份涵盖一切可能事件的合约的成本也会让人望而却步。

现在想象一下，当未涵盖的意外事情出现时，将会发生什么。在一个以市场为基础的关系中，当事人会彼此间进行讨价还价。每一方都希望在新的条件下获得优势。这样的磋商过程本身或许是伤财又费时的，甚至会导致合作的破裂。此外，就像威廉姆森（Williamson，1985）曾经强调的，一方当事人如果知道未来将会在谈判中吃亏，他们今天就不会愿意建立一种关系（比如，通过购买特殊的机器或通过特殊的培训）。当一项交易在厂商内部发生时，一方当事人会拥有剩余索取权。也就是说，存在这样一方当事人，当未预见的情况出现时，他们决定该如何解决。有了这样一方来做决定，可以避免高昂的成本和无效的谈判，从而节约交易成本。此外，一方当事人能够创造一个经济环境，在这样的环境中，其他团体感觉他们可以进行投资而不必担心未来会吃亏。因为这些原因，我们期望看到需要人们广泛合作与协调的大规模生产在厂商内部发生，而不是通过市场完成。

非常重要的是，要认识到成本与厂商紧密相关。成本的一个主要来源就是，雇员可能没有动力去做厂商所有者希望看到的事情，因此，要么员工做无用功，要么雇主不得不花费资源来激舞员工的士气。这些成本揭示了为什么有些交易发生在市场上。

7.1.2 经济利润

当我们考察家庭决策的制定时，假定家庭的目标是最大化效用。同样，我们假定厂商的目标是最大化“经济利润”。

我们通过再次考察循环流程图来对经济利润的含义做初步的了解。一般来说，利润是厂商获得的货币额和支出的货币额之间的差额。如图7-1所示，在产品市场上，当消费者为购买的厂商的产品付款时，货币流入厂商。厂商从产品销售中获得的报酬总额被看做是厂商的**总收益**（total revenue）。当然，货币也会从厂商流出，因为它需要为用于生产产品的投入品支付费用。这些投入品（也称为要素）是在要素市场上购买来的。厂商用于购买投入品的总支出被称为厂商的**总经济成本**（total economic cost）。厂商的**经济利润**（economic profit）简单地说就是其获得的收益和付出的成本之间的差额：

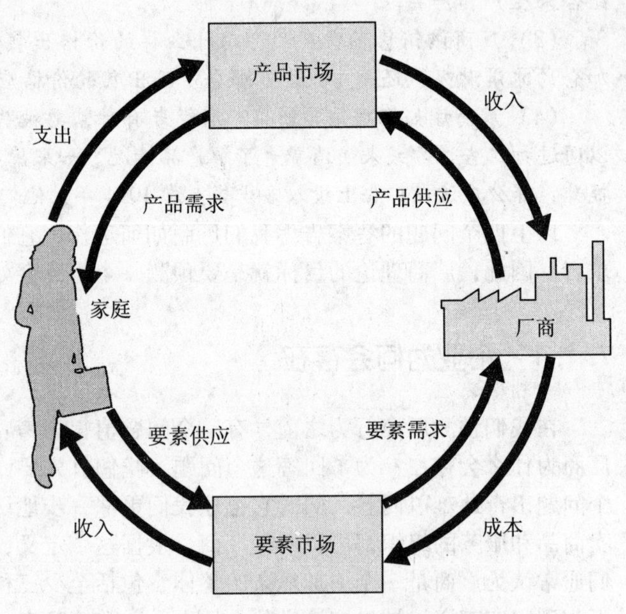

图7-1　循环流动图

经济利润 = 总收益 − 总经济成本 (7-1)

虽然经济利润的概念相当直观，但是我们必须小心衡量它。尤其是当经济学家谈到总经济成本时，他们通常都不是指会计师（或其他非经济学家）所谓的总成本。为了看出经济成本和会计成本定义上的差别，我们考察一下德莱尔冰淇淋公司的假设竞争者——维特冰激凌公司的账簿。吉米拥有这家公司，他去年花费2 000小时经营公司。如表7-1所示，他雇用了一个助手，购买了诸如牛奶、糖之类的原材料，并且租用了一间办公室。在过去一年里，这家公司的总经济成本是多少？经济学家和会计师都会认同支付给工厂工人的73 000美元，支付场所的租金24 000美元，以及花费在原料上的47 000美元都属于成本。这些支出加在一起共144 000美元。那么这家公司的总成本就是144 000美元吗？会计师也许会回答，是；而经济学家则断然回答，不是。

表7-1　维特公司运行一年所发生的费用

工人工资		73 000
工厂租金		24 000
原料成本		
牛奶	36 000	
糖	10 000	
香料	1 000	47 000
总计		144 000

经济学家反对这种计算方法，因为它没有计算吉米的时间成本。实际上，吉米雇用他自己为公司工作，而且为这一劳动所支付的隐性报酬应该计算在公司成本中。但是，我们该用什么工资来计算这个成本呢？对吉米的劳动成本最恰当的度量是其机会成本——这种劳动在其最好的可供选择用途中的价值。假设如果他不是一个冰淇淋大亨，吉米可能成为当地餐厅的糕点主厨，年收入30 000美元。当他为自己工作时，吉米无形中用30 000美元购买了自己的劳动。因为吉米没有直接为自己的服务支付30 000美元，这些隐性的支出被称为**应负成本**（imputed cost）。将这些应负成本考虑进去，维特冰激凌公司的经济成本是144 000 + 30 000 = 174 000美元，不仅是144 000美元的会计成本。

经济学对成本的处理方法可以概括如下：**为了计算经济利润，总经济成本必须被计算为所有投入要素的机会成本的总和**。对于这些投入品，比如助理的工资和原料，其机会成本就简单地等于厂商支付的费用。对于隐性支出，比如雇主的时间，这样的机会成本必须在决定了这一投入品在其最佳用途上的价值后才能计算。

为了巩固对应负成本的理解，假设吉米放弃租用工厂，转而搬入他自己拥有的建筑。如果吉米决定搬家，那么维特公司的总经济成本会下降24 000美元吗？这个问题的答案依赖于场地的租用成本。如果吉米能以每年 24 000 美元的租金把场所租给别人，那么当他利用这个场所开办冰淇淋公司时，他放弃了这项租金。因此，他自己使用这个场地的机会成本即应负租金就是 24 000美元。另一方面，如果吉米出租这个场所给别人每年只能得到 10 000 美元，那么应负租金将是 10 000 美元。

到目前为止看到的两个例子都表明会计成本总是低于经济成本。遗憾的是，生活不是那么简单。有时候，会计成本超出经济成本。例如，假设 4 年前吉米签订了一份为期 5 年的关于定做冰淇淋的混合机租约，这个租约还有一年的有效期。此外，假设租约规定吉米必须每年支付 1 000 美元的租金，那么使用这个机器一年所耗费的成本是多少？一位会计师可能会回答说，这个机器下一年的成本是 1 000 美元，而作为经济学家，我们不能单凭租约的规定来确定成本。为什么不能这样做？因为厂商无论是否使用机器，都要按照承诺支付 1 000 美元。因此，如果厂商签订了租约，那么对厂商而言 1 000 美元就不是使用那台机器的机会成本的度量。那么就意味着机器的机会成本是零么？不能那样说，除非我们决定了这台机器最佳的可供选择的用途。假设吉米不在生产中使用这台机器，而是以 600 美元转租给另外一家厂商。那么在他的冰淇淋公司使用这台机器的成本就是放弃的转租收入 600 美元，而不是租约上的 1 000 美元。租约价格和机会成本之间的差额即 400 美元就是**沉没支出**（sunk expenditure）。之所以这样称呼是因为这笔钱一旦被支付就无法收回。沉没支出有时也被称为沉没成本。我们以后避免使用这一术语，因为根据日常生活理解的“成本”一词，沉没支出和沉没成本都是成本，但是沉没支出不是经济成本。厂商在将这个机器用于可供选择的其他用途时 600 美元是机会成本。400 美元的沉没支出不是经济成本，因为厂商无论是否使用机器都要支付这笔费用。

7.1.3　资本的使用者成本

现在我们假定吉米购买冰淇淋包装机。假设购买价格是 8 000 美元而且这台机器的使用年限为整一年，在一年结束时这台机器能够以 1 500 美元作为废料售出。没有其他冰淇淋公司有兴趣购买这台机器；在这一年的时间中，如果维特决定丢弃这台机器，它只能被当作废料出售。那么在这一年期间使用这台包装机的成本是多少呢？答案依赖于管理者面临的正确决策。

让我们从假定吉米正在为未来着想且还没有购买这台机器开始。如果他继续经营并且购买这台机器，那么他到年底只能有 1 500 美元，因此这台机器的机会成本至少为 6 500 美元（8 000 - 1 500)。购买价格和转售价格之间的差额就是这台机器的**折旧**（depreciation)。但是机器的成本不只包括折旧。通过购买这台机器，吉米失去了 8 000 美元的使用权。假定这笔钱最佳的可供选择的用途是购买利率为 7% 的一年期国库券。那么吉米购买这台机器就放弃了 560 美元（0. 07 × 8 000）的利息。购买这台机器的总经济成本，被称为**资本的使用者成本**（user cost of capital)，就是经济折旧和放弃的利息的总和：7 060 美元（6 500 + 560)。㊀

现在让我们考察一下稍微不同的情况。假定吉米已经购买了包装机并且正在决定是否将它用于生产冰淇淋。在这样的情况下，这台机器的使用者成本是多少？无论吉米是现在卖出这台机器还是在年底卖出，他都将获得这台机器的废料价值 1 500 美元，所以没有折旧。这意味着使用这台机器是免费的么？不，我们必须考虑放弃的利息。如果吉米能获得 7% 的利率，那么这台机器

㊀ 为了用代数的方法定义资本的使用者成本，现在，考察一台价格为 p_n 的机器。如果这台机器的价格在使用一年后下降到 p_0，折旧的数额为（$p_n - p_0$）。假定 i 代表厂商借贷的年利率，那么厂商放弃的利息就是 $i \times p_n$。将这两方面的结果加总，资本的使用者成本就是：（$p_n - p_0$）$+ i \times p_n$。资本的使用者成本通常被解释为一个比率。为了符合这一要求，我们将上面的表达式除以机器的原始价格 p_n，得到资本的使用者成本 $r = (p_n - p_0)/p_n + i = \delta + i$，这里 δ 是折旧率。

的使用者成本就是105美元（0.07×1 500）的放弃利息。

一旦购买了包装机，用它来生产冰淇淋的机会成本就从7 030美元下降到105美元。理由是，吉米已经购买了这台机器，所以购买价格和转售价格之间的差额6 500美元不是机会成本。更准确地说，它是沉没支出——这项费用一旦被支出，吉米就没有任何方法可以将它收回。因此，6 500美元在这种背景下不是折旧，也不存在因为这6 500美元而放弃的利息。

这个案例再次说明一种逻辑，这种逻辑贯穿于我们对经济成本的整个讨论——在一个给定的时间，一种投入品的机会成本就是厂商能从这种投入品的可供选择的最佳用途中得到什么。

7.1.4 苹果电脑忘记如何对记忆定价

当成本的经济定义起初对你而言有些生疏的时候，错误地使用经济意义上的成本可能会导致很多问题。苹果公司吃了苦头才发现这个问题。动态随机存储器芯片（DRAMs）是个人电脑的重要元件，而且价格波动很大。1998年8月，苹果公司以每片38美元的价格订购了几百万份存储芯片。在苹果电脑用完存储芯片的库存之前，存储芯片的价格暴跌——到1989年1月下降到每片23美元。

存储芯片的成本是整个个人电脑成本的重要组成部分——在内存为一兆字节的麦金塔（Macintosh）电脑中有8片这样的存储芯片，4兆字节的机器内有32片。苹果公司想将其机器价格建立在芯片价格的基础上。但是它应该使用哪个价格：付出的价格还是现行的市场价格？机会成本的概念给了我们一个清晰的答案。芯片的经济成本是每片23美元——如果苹果公司不使用这些芯片生产自己的电脑，可以将这些芯片卖给其他公司（最佳的可供选择的用途）的价格是当时的市场价格。从另一个角度看，苹果公司每次使用库存中的一些芯片，一旦库存耗尽，就必须以新的市场价格购进同样多的芯片。无论用哪种方式看这个问题，经济成本都是现行的市场价格，不是苹果公司在过去支付的价格。

苹果公司董事会没有使用经济学的方法衡量成本，恰恰相反，他们将成本建立在历史成本的基础上——初始的购买价格每片38美元。这种价格决策机制导致苹果公司的内存非常昂贵。消费者对此做出反应，即购买小内存的麦金塔电脑。他们从其他制造商那里购买附加内存卡，这些制造商使用了正确的、较低的成本来定价。由于没有使用经济成本的衡量标准，苹果公司的利润直线下滑，并且造成成百万的存储芯片滞销。

以一个可以激励你更加刻苦钻研的观察来结束这个案例。在内存灾难后，对价格决策负首要责任的人被分配到一个承担较少责任的岗位去。苹果公司否认因为她没能运用经济理论而将她调职，但是相关证据表明确实如此。

7.2 作为供给者的厂商：利润最大化的产出水平

现在我们已经知道了如何衡量利润，下面将探讨厂商如何将利润最大化。在现实中，厂商可能同时做出关于广告、投入水平以及产出水平的决策，而且这些决策明显的相互关联。在开始阶段将这些决策分开来考察对简化我们的分析是有益的。我们从分析产出水平的选择开始。

假定维特冰淇淋公司已经决定生产高热量的冰淇淋，而且必须选择生产多少加仑的产品来出售。公司想要找到使其利润最大化的产出水平。回忆式（7-1），利润是总收益和总经济成本之间的差额。因此，利润取决于每个产出水平上的收益和成本。我们更加细致地考察利润的这两个组成部分。

7.2.1　总收益曲线

如前文所述，厂商的总收益是从产品销售中获得的收入总额。对于以同一价格出售其所有产品的厂商而言，总收益等于其出售的产品数量乘以单位产品的价格。例如，如果维特以每加仑6美元的价格出售1 000加仑的冰淇淋，那么总收益就是6 000美元。

厂商的总收益等于其出售的产品数量乘以单位产品的价格。这一事实告诉我们，收益直接或间接取决于产出水平——直接是因为在一个给定的价格下，出售的产品越多厂商获得的收益就越高；间接是通过价格对其产生影响，因为厂商销售产品的最高价格可能取决于它正在销售的产品数量。

厂商能售出其产品的价格是如何依赖于销售数量的？根据家庭选择理论，我们已经知道市场需求曲线总结了消费者愿意购买的产品数量和商品价格之间的关系。然而，市场需求曲线却不是我们需要的用来描述某个厂商的产品售出价格的曲线。市场需求曲线告诉我们在给定的价格下，某个行业里所有厂商总体能够售出多少产品。为了我们的目标，我们需要一条**具体厂商的需求曲线**（firm-specific demand curve），这条曲线表示单个厂商在其接受的任何价格下的产品需求量。

表7-2　维特公司面临的需求曲线

数量（千加仑每月）	1	2	3	4	5	6	7	8	9
价格（美元/加仑）	6.00	5.67	5.33	5.00	4.67	4.33	4.00	3.67	3.33

注：维特公司的市场部发现了这里给出的价格和产量之间的关系。这些数据总结了维特公司所面临的具体厂商需求曲线。

假定维特公司市场部已经观察到了表7-2所描述的价格和产出之间的关系，这张表说明，如果厂商想要出售大量的产品，那么就必须设定较低的价格。图7-2描绘了这种具体厂商的需求曲线，用D表示。此图背后暗含了许多保持不变的东西，有些由厂商选择的（比如，产品的质量和广告的费用），也有些不是厂商选择的（比如，消费者收入和其他商品的价格）。因为厂商试图寻找利润最大化的产出水平，所以我们在这里的兴趣就在于，在其他条件不变的情况下，如果厂商改变其产出水平，那么它接受的产品价格将如何变化。

现在我们知道了维特冰淇淋公司面临的需求曲线，它如何帮助我们找到总收益呢？通常我们使用需求曲线来了解在给定的价格下产品的需求数量。这里我们想从另一个角度提出一个问题：为了在每个月售出4 000加仑的冰淇淋，厂商能开出的最高价格是什么？如我们在第3章看到的，我们使用需求曲线来回答这个问题。图7-2中的需求曲线告诉我们在任何高于5美元的价格下，每个月的冰淇淋需求量将少于4 000加仑。因此，每加仑5美元是公司能保证每月售出4 000加仑冰淇淋的最高价格。

可以将同样的分析过程应用于任何我们感兴趣的数量上。给定任意数量，沿着需求曲线找到能够将其售出的最高价格，然后在纵轴上读出相应的价格。

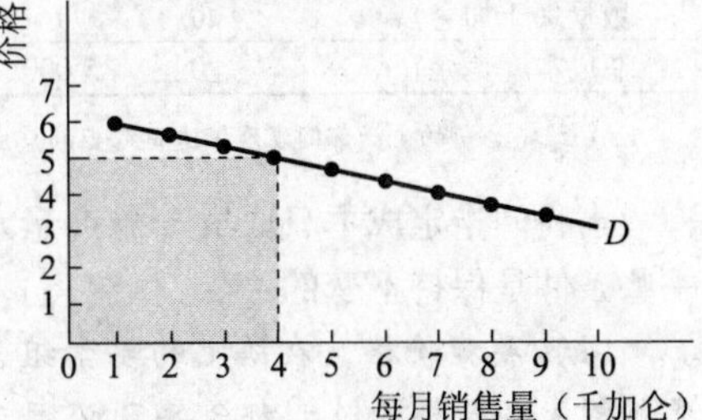

图7-2　从需求到总收益

注：如果企业希望每个月卖出4 000加仑的冰淇淋，那么他能开出的最高价格为5美元。

对每一产量水平重复这一过程我们就会得到厂商的**总收益曲线**（total revenue curve），即表示厂商产出水平和相应的收益数额之间关系的曲线。从挑选一个产出水平开始，比如每月4 000加仑。按照上面提到的过程，找到厂商能够售出这一数量的冰淇淋的最高价格，即每加仑5美元。然后用价格乘以数量得到总收益。当维特公司每月售出4 000加仑冰淇淋时，每月获得的总收益是20 000美元（4 000×5）。将前面介绍的内容总结起来就是：**具体厂商的需求曲线包含了厂商**

计算其总收益函数时需要的全部信息。

当然，我们也能通过需求数据找到厂商的总收益。表7-3的前两栏是表7-2中的需求信息的再现。用第一栏中的数量乘以第二栏中的价格，就可以得到第三栏中给出的总收益。

在图7-3中，横轴表示产出水平，纵轴表示总收益，就可以得到厂商的总收益曲线 R。在每一个产出水平，总收益曲线的高度表示厂商售出这一数量的产品后所能获得的最高收益水平。例如，图7-3表示当厂商每月售出7 000加仑的冰淇淋时，每月能够获得28 000美元的总收益。

表7-3 维特公司总收益

(1) 数量（千加仑每月）	(2) 价格（美元/加仑）	(3) 总收益（美元）
0	–	0
1	6.00	6 000
2	5.67	11 340
3	5.33	15 990
4	5.00	20 000
5	4.67	23 350
6	4.33	25 980
7	4.00	28 000
8	3.67	29 360
9	3.33	29 970

注：用数量乘以价格得到厂商在任意给定产出水平下的总收益。

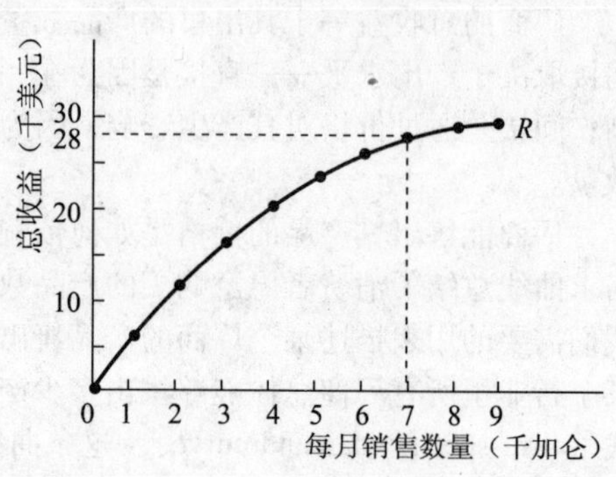

图7-3 总收益曲线

注：总收益曲线 R，描述厂商获得的总收益和其生产且出售的产品数量之间的关系。

7.2.2 总经济成本曲线

我们转向经济利润的第二个组成部分：总经济成本。在产出水平为 x 时的总经济成本是最小的支出——以机会成本来衡量——厂商必须生产 x 单位的产量（为了简化，我们有时省略“总”字，即讨论“生产 x 的成本”）。**总经济成本曲线**（total economic cost curve）是表示厂商的总成本和产出数量之间关系的曲线。

假定维特公司的生产部门已经观察到了表7-4描绘的产品的产出数量和生产这些产品的总成本之间的关系。我们能利用这些数据描绘出维特公司的总成本曲线，在图7-4中用 C 表示。从一个给定的产量水平向上，曲线 C 的高度告诉我们厂商生产该数量的产品耗费的总成本。例如，每月生产6 000加仑的冰淇淋，公司每月将花费14 500美元。

表7-4 维特公司总经济成本

数量（千加仑）	0	1	2	3	4	5	6	7	8	9
总成本（美元）	0	5 000	8 000	10 000	11 000	12 500	14 500	17 500	22 500	30 000

注：维特公司的生产部门发现了这里给出的总成本和产量之间的关系。

当我们指定成本只取决于总产量水平时，假设其他一些条件是保持不变的：

（1）要素价格。在给定的要素组合下，任何一种或多种投入品价格的改变都会导致必须为投入品支付的费用发生改变。例如，如果糖的价格上升，那么生产任何给定数量的冰淇淋的成本也会随之上升。当然，厂商也可以通过改变生产所用的投入品的组合来对要素价格的改变做出反应。例如，为了应对更高的工资率，维特公司或许会选择更多地依靠机器，更少地依赖工人来包装

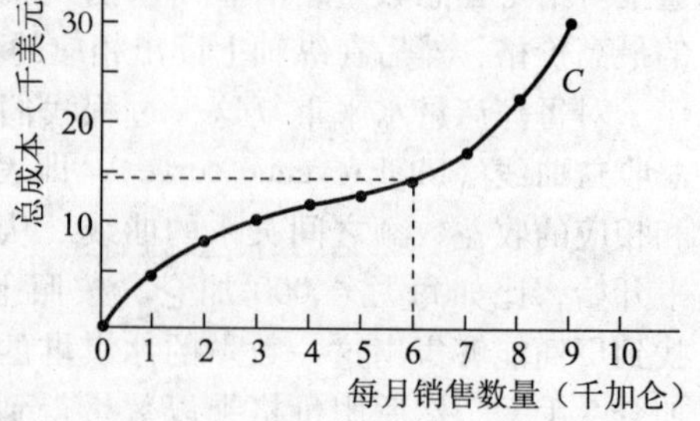

图7-4 总经济成本曲线

注：总收益曲线 C，描述厂商发生的总成本和生产产品数量之间的关系。

冰淇淋。

(2) 技术可能性。生产既定产量水平的必要支出取决于厂商需要多少种不同的投入品。因此，投入和产出之间的技术关系就是决定总成本曲线的关键因素。如果维特公司设计了一种改进包装的方法，以至能减少掉在盒子外面的冰淇淋，那么成本就会下降。

(3) 产品特征。给定产出水平下需要的投入品取决于产品的特征。冰淇淋比奶冰需要更多的油脂。既然油脂有一个既定的价格，那么生产一升冰淇淋的成本就会远大于生产一升奶冰的成本。

现在假定这些因素保持不变，因为我们要把焦点放在厂商对产出水平的选择上，而且总成本曲线总结了我们用来寻找产出水平的所有成本信息。

7.2.3 利润最大化

前面已经探讨了利润的两个组成部分：收益和成本，现在回到最初的问题，探讨厂商在最大化其利润的目标下对产量水平的选择。利润等于总收益和总成本之间的差额。因此，厂商必须在不同的产出水平上将总收益曲线和总成本曲线进行对比。图7-5a将维特公司的总收益曲线和总成本曲线画在一起。利润是两条曲线之间的垂直距离。这个距离在图7-5b中被明确地描绘出来。图7-5b中画出的曲线被称为**利润函数**（profit function）——厂商的利润和产出水平之间的关系，用希腊字母π（发音为“派”）表示。维特希望在利润曲线的最高点处生产。由此可见，**为了最大化其利润，厂商应该在总收益曲线距总经济成本曲线上距离最大处生产**。在图7-5中，利润最大化的产出水平是每月生产6 000加仑冰淇淋。

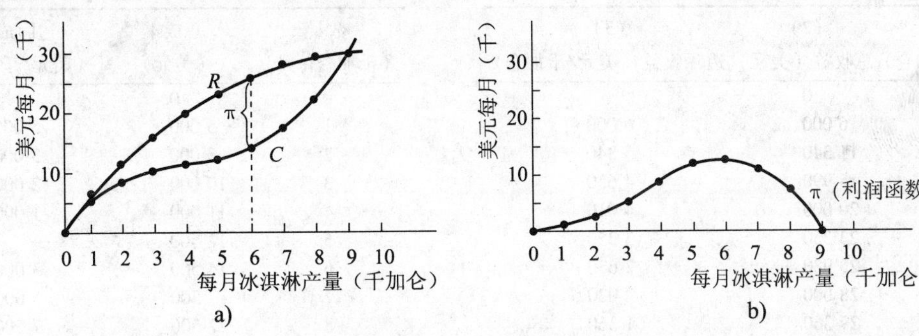

图7-5 总收益、总成本和利润最大化

注：在图7-5a中，利润等于总收益曲线R和总成本曲线C之间的垂直距离，这个距离在图7-5b中描绘出来。利润在每月生产6 000加仑冰淇淋时最大，此时两条曲线间的距离最大。

这一分析证明了总收益曲线和总经济成本曲线的关键作用，但是有些烦琐——为了做出一个决定，厂商必须同时观察其全部成本曲线和收益曲线。通常将这个决策分成两部分来考虑会较为方便：

(1) 如果厂商在经营，它应该生产多少产品？

(2) 厂商究竟该经营还是该停业？

1. 运营厂商的最佳产量水平 假定维特公司决定生产冰淇淋，应该生产多少加仑冰淇淋呢？解决该问题的一个方法是像在图7-5中那样，找到整条利润曲线的最高点。如果用另一种方法来解决这个问题，我们会有更深刻的认识。这种方法就是，我们特别地关注利润如何随着产出的变化而发生变化。该方法利用了这样一个事实：如果厂商每增加一单位产量，利润也会跟着增加，那么就还没有达到利润最大化。这个简单的想法带了深刻的理解。

(1) 边际收益和边际成本。因为利润是收益和成本之间的差额，所以利润的变化量就等于总收益的变化量减去总成本的变化量。总收益和总成本的这些变化对厂商理论十分重要。由于多售出一单位产品而带来的收益的变化被称为**边际收益**（marginal revenue，MR）。表7-5中的前两栏提供了在表7-3中已经总结出来的厂商的收益曲线。从该表中，我们可以通过计算产出每增加一单位带来的总收益的变化找到厂商的边际收益。假定公司现在每月生产3 000加仑的冰淇淋，边际收益是什么？如果公司决定将产出从每月3 000加仑提高到每月4 000加仑，那么总收益将从每月15 990美元上升到每月20 000美元，收益增加了4 010美元。这一事实在表7-5的第3栏中记录下来。同样，如果公司将产出从每月7 000加仑增加到每月8 000加仑，那么每月的总收益将会增加1 360美元（29 360 – 28 000）。边际收益就是每1 000加仑每月1 360美元，如表7-5中的第3栏所示。

值得注意的是，就像我们可以用总收益数据来计算边际收益一样，我们也可以用边际收益数据计算总收益。通过比较表7-5中的第2栏和第3栏，我们发现总收益是所有生产单位的边际收益之和。当公司生产1单位产出时，总收益是6 000美元，等于从0单位产出上升到1单位产出的边际收益。从每月生产2 000加仑的产品中获得的总收益等于产量从0加仑增到1 000加仑获得的边际收益加上从1 000加仑增到2 000加仑获得的边际收益，即每月11 340美元（6 000 + 5 340）。同理，每月生产7 000加仑产品获得的总收益等于产量水平从每月0加仑至每月7 000加仑的所有边际收益之和。

转向成本这边，边际成本的概念同边际收益的概念完全类似。**边际成本**（marginal cost，MC）是多售出一单位产品带来的总成本的变化。表7-6在第2栏中提供了维特公司的总成本数据。通过计算产量增加一单位时带来的总成本增加，我们可以得到第3栏给出的结果。

表7-5 维特公司的边际收益

(1) 数量（千加仑）	(2) 总收益（美元）	(3) 边际收益（美元/千加仑）
0	0	
1	6 000	6 000
2	11 340	5 340
3	15 990	4 650
4	20 000	4 010
5	23 350	3 350
6	25 980	2 630
7	28 000	2 020
8	29 360	1 360
9	29 970	610

注：边际收益等于产出每增加一单位带来的总收益的变化。

表7-6 维特公司边际成本

数量 （千加仑每月）	总成本 （美元）	边际成本 （美元/千加仑）
0	0	
1	5 000	5 000
2	8 000	3 000
3	10 000	2 000
4	11 000	1 000
5	12 500	—
6	14 500	3 000
7	17 500	5 000
8	22 500	7 500
9	30 000	

注：边际成本等于产出增加一单位带来的总成本的变化。

（2）边际产量规则。使用我们的新术语，厂商多生产一单位产品带来的利润变化等于边际收益减去边际成本。由此可见，如果边际收益大于边际成本，那么产出的增长会使利润增加。例如，表7-7说明将产出从每月1 000加仑增加到每月2 000加仑时，利润增长了2 340 = 5 340 – 3 000。

只要多售出的冰淇淋带来的货币数额（边际收益）大于公司多生产这些冰淇淋的新增成本（边际成本），公司就将继续生产更多的冰淇淋。这个推理意味着公司至少要将其产出水平增加到每月6 000加仑。厂商应该继续生产直至将产量增加到边际收益小于边际成本的那一点么？不，因为增加的收益小于增加的成本，利润就会下降。例如，表7-7说明当公司将产量从每月7 000加仑提高到每月8 000加仑时，利润的变化是：– 3 640 = 1 360 – 5 000。

将我们刚刚讨论的结果放在一起，如果维特公司继续营业，应该每月生产6 000加仑的冰淇淋。在任何更低的产出水平上，维特公司可以通过生产更多的冰淇淋来提升利润；在任何更高的产出水平上，维特公司都可以通过生产更少的冰淇淋来提升利润。我们已经对厂商选择什么样的产出水平这个问题上探讨很久了：如果决定生产产品，维特公司应该在边际收益曲线和边际成本曲线交叉处对应的产量水平上进行生产。

表 7-7　找出维特公司利润最大化的产出水平

数量（千加仑每月）	总收益（美元）	边际收益（美元/千加仑）	总成本（美元）	边际成本（美元/千加仑）	利润（美元）
0	0		0		0
1	6 000	6 000	5 000	5 000	1 000
2	11 340	5 340	8 000	3 000	3 340
3	15 990	4 650	10 000	2 000	5 990
4	20 000	4 010	11 000	1 000	9 000
5	23 350	3 350	12 500	1 500	10 850
6	**25 980**	2 630	**14 500**	2 000	**11 480**
7	28 000	**2 020**	17 500	**3 000**	10 500
8	29 360	1 360	22 500	5 000	6 860
9	29 970	610	30 000	7 500	−30

注：利润等于总收益减总成本。只要边际收益大于边际成本，厂商就会不但扩大生产，直到利润最大化才停止。因此，维特公司知道发展到每月生产 6 000 加仑产品时才能实现利润最大化。因为，边际收益 2 020 小于边际成本 3 000，所以继续扩大生产会降低利润。

通常，为了方便起见，我们用光滑的边际成本曲线和边际收益曲线来表示厂商的决策。这样做不仅能画出简单的图解，更重要的是，让我们得到一个关于厂商利润最大化规则的简洁的代数表达式。图 7-6 展示了珍和玛丽冰淇淋公司（Jen and Marry's Ice Cream Corporation）的边际成本曲线和边际收益曲线。刚刚得出的推论告诉我们，珍和玛丽冰淇淋公司的利润在边际成本曲线和边际收益曲线交叉的地方达到最大：产量为 x_1。我们已经说过用代数方法表示，厂商应该在 $MR = MC$ 的产量水平上生产。

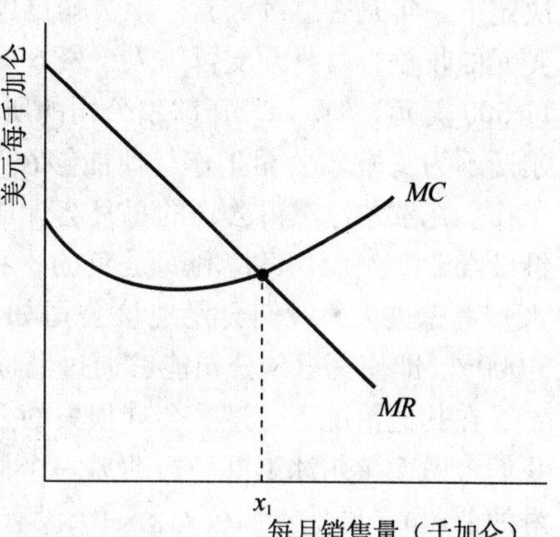

图 7-6　利润最大化的产出水平以持续经营为前提

注：边际收益曲线 *MR*，表示多售出一单位产品所带来的额外收益。边际收益曲线 *MC* 表示厂商在现在出售的产品数量基础上，多生产一单位产品带来的额外成本。如果厂商没有停业，那么它将在 $MR = MC$ 的产出上实现利润最大化，即产量为 x_1。

（3）边际产量规则。如果厂商不停止营业，那么就应该在边际收益等于边际成本的产量水平上进行生产。

要重点强调的是，这个规则非常普遍。即使边际收益曲线和边际成本曲线的准形状取决于厂商经营所在的特定市场，但是这个规则，即厂商应该在边际收益等于边际成本的产量水平上进行生产，适用于任何追求利润最大化的厂商。这里有一个例子，我们已经看到的更为普遍的规则：一件事情应该在边际利益（这里为产品的边际收益）等于边际成本（这里为产品的边际成本）的点执行。在第 1 章，我们已经看到了这一规则在学校教育的选择问题上的运用。

2. 停产决策　边际产量规则本身并不能完全决定厂商的产量选择，因为我们还需要考查如果厂商完全停产，它会不会做得更好。厂商必须比较生产时获得的利润和停产时获得的利润。我们知道厂商进行生产时如何计算利润，如果厂商停产，到的利润是什么呢？回忆一下，经济利润是总收益和总成本之间的差额。如果厂商停产并且不出售任何产品，总收益就是零。那总成本呢？经济成本是机会成本，即要素在其最佳的可供选择的用途上的价值。如果厂商停产，所有的生产要素都会被用到其最佳的可供选择的用途上。例如，一家餐厅倒闭的时候，盘碟、银器、暖炉和其他资产将会通过专门出售二手设备的餐厅用品供应商卖给其他餐厅。即使它使用的场地有长期租约，或许也可以将其转租给其他租户。服务生和厨师会到其他公司找工作。既然当厂商停产时，所有的投入品都用到其可供选择的最佳途径上，那么在厂商产出水平为零时，总经济成本就是零。

当厂商停产时，收益和经济成本都等于零，所以经济利润是零。既然停产带来零利润，如果继续经营使得经济利润少于零，那么停业将比继续经营好。也就是说，如果厂商遭受经济损失那么就应该停业。根据前面的图，对于任何产出水平的选择，如果厂商边际收益曲线下的面积（等于总收益）都少于在边际成本曲线下的面积（等于总成本），那么厂商应该停产。

值得注意的是，利润正好为零的厂商会选择继续经营，这看起来可能有些奇怪。但是你是否记得，我们正在讨论的是经济利润。经济利润衡量的是要素在市场上获得的价值与它们在可供选择的最佳用途中获得的价值之间的差额。当经济利润等于零时，要素不能在最佳的可供选择的用途中给它们的所有者带来更多的货币回报。所以，厂商可能会继续经营。

厂商在获得零经济利润的时候会继续经营表明了这样一个事实：停产规则不是建立在会计利润基础上的。就像我们已经看到的，经济利润和会计利润之间有重要差别，有时经济利润小于会计利润，而有时经济利润大于会计利润。因此，获得正的会计利润的厂商可能会发现经济利润在其停业时达到最大。例如，假设德莱尔公司和维特公司的假定竞争者——瓦歇尔冰淇淋公司正在决定下一年是否继续经营。该公司已经计算了在利润最大化的产出水平下，每月能够获得13 000美元的收益，每月须支付工人工资6 000美元，租金1 500美元以及原料费4 000美元（总支出11 500美元）。此外，瓦歇尔公司的所有者朱尔斯将其所有的时间都用在了治理公司上。如果朱尔斯不为瓦歇尔公司工作，他能够在当地的汽修厂找到一份年收入36 000美元的汽车修理工的工作。瓦歇尔冰淇淋公司的每月会计成本是1 500美元（13 000 - 11 500），说明瓦歇尔公司应该继续经营。然而，经济利润是负的；将朱尔斯的时间的机会成本（放弃的每月3 000美元的薪水）考虑进去，我们会发现该公司如果继续经营，每月会损失1 500美元（13 000 - 11 500 - 3 000）。即使瓦歇尔公司能够通过继续生产获得会计利润，利润最大化规则也会要求它停业。

在其他情况下，遭受会计损失的公司可能会发现继续经营下去是有益的。为了明白为什么，我们考虑德莱尔冰淇淋公司的另一个假定竞争者欧迪泰姆冰淇淋公司（唯一一家生产香草冰淇淋的公司）。欧迪泰姆公司对一个没有其他用途的工厂还有一年的不可中断租约，租约要求在最后一年支付20 000美元租约。管理者计算发现，如果继续经营，利润最大化的产出选择（也就是说，公司在此时边际成本等于边际收益）将给公司带来150 000美元的收益。公司花在工资和原材料上的费用总共140 000美元。结果会计利润将是 -10 000美元（150 000 - 140 000 - 20 000）；公司会遭受会计损失。

公司应该停业么？根据经济利润最大化的标准，答案是不！如果公司停业，它将不必支付工人工资，因此工资是一项经济成本。然而，公司为工厂租约支付的费用不是一项经济成本。如果公司打算停业，那么它仍然需要支付租约租金——租约租金是一项沉没成本。既然在这个例子中，公司对该工厂没有其他用途（也就是说，其可供选择的最佳用途没有利益），该工厂的机会成本是0美元。使用经济成本来计算公司的利润，我们发现继续经营会产生正的利润10 000美元（150 000 - 140 000）。因此，利润的经济度量告诉我们该公司在下一年应该继续生产产品。

为了证明利润的经济衡量给出了正确的答案，我们将该公司在停业情况下可获得的会计利润和在继续经营的情况下可以获得的会计利润进行对比。如果公司即将停业，收益会下降到0美元，工资成本也是如此。但是公司仍然需要支付工厂租金20 000美元。所以现在，用会计方式衡量，该公司将会损失20 000美元而不只是10 000美元。因此，即使公司继续经营的业绩并不好，但停业后状况会更糟。我们用经济方法衡量的成本和收益引导我们得出正确的结论——公司应该继续经营。实际上，公司继续经营一年可以比停业多获得10 000美元的利润。

通常使用平均量而非总量来表达厂商的停业标准是有益处的。特别地，定义平均利润（也被称为单位利润）为某一产出水平上的总利润除以产出单位的数量。例如，如果售出3单位产品的总利润是9 000美元，那么平均利润就是每单位3 000美元。或者，如果公司生产10单位产品时损失5 000美元，那么平均利润就是-500美元。从算术上看，如果在某些产出水平上总利润是负值，那么该产出水平上的平均利润也是负值。现在回想起我们前面关于厂商停产的标准：总利润在任何产出水平上都是负值。由此可见，我们现在也可以将厂商的停业标准表达为：如果厂商无论生产多少数量的产品其平均利润都是负值，那么厂商应该停业。

为了更深入地探讨这个问题，下面介绍平均成本和平均收益的概念。厂商的**平均收益**（average revenue）等于厂商的总收益除以生产单位的数量。如果该公司在每月售出2 000加仑冰淇淋时，每月获得的收益是6 000美元，那么平均收益就是每加仑3美元。用代数方法表示，如果厂商生产x单位的产品，总收益为R，那么平均收益就等于R/x。

厂商单位产量的**平均经济成本**（average economic cost）是总成本除以生产单位的数量。我们用AEC表示厂商的平均成本曲线。用代数方法表示，如果厂商的总经济成本是C并生产x单位的产品，那么平均成本就等于C/x。例如，如果维特公司每月能够以8 000美元的成本生产2 000加仑冰淇淋，那么平均成本就是每加仑4美元。

现在让我们根据平均收益和平均成本来表达厂商的停业标准。因为厂商的总利润或损失等于总收益减去总经济成本，由此可知，平均利润或损失等于平均收益减平均经济成本。因此，停业规则告诉我们，如果生产会导致其平均收益低于平均经济成本，那么厂商就不应该生产。

停产规则：如果对产量水平的每一个选择，厂商的平均收益都小于平均经济成本，那么厂商应该停业。[㊀]

对于以同样价格出售其全部产品的厂商而言，我们可以重新表述这个规则。如果厂商把每单位产品的价格定为p，那么p就是单位产品的平均收益[㊁]。因此，对于这一类型的厂商，我们应该将停业规则表达为：如果对于产出水平的每一个选择，厂商接受的价格总是小于其平均经济成本，那么厂商应通过停产实现利润最大化。

图7-7描述了一个应该停产的厂商——无论选择什么样的产出水平，厂商的平均经济成本都大于其接受的价格。例如，如果厂商每月生产4 000加仑的冰淇淋，它将会获得的总收益等于阴影区域H的面积，因为这个矩形的长度是产出数量，而高度是单位产品的价格。然而，厂商会遭受的总经济损失等于区域H和区域I的面积之和。因此，如果厂商生产这一数量的产品，它会遭受的损失等于区域I的面积。

图7-8描述了一个不应该停业的厂商。假设产出水平为x_a，在这个水平上厂商会获得的利润为每单位$p_a - c_a$，用这个数量乘以售出的产品数量，厂商会获得的总利润等于图中阴影部分的面积。当然，x_a可能不是利润最大化的产出水平。为了找到这个产出水平，我们需要应用边际产出规则。

㊀ 如果我们已经以继续经营为条件计算出了最佳的产出水平，那么我们只需要检查这一点上的利润：如果在最佳产出水平上利润为负，那么厂商应该停止生产。在本文中陈述的规则使我们在不需要寻找经营条件下的最佳产量点的情况下，寻找到停业点。

㊁ 我们不是要说厂商可以在某一固定价格下售出它想销售的任何数量的产品；p的价值可能依赖于x的大小。更准确地说，提出“一个单一价格”是为了表示厂商不会在一个价格下售出一些单位的产品，同时以不同的价格售出其他单位的产品。

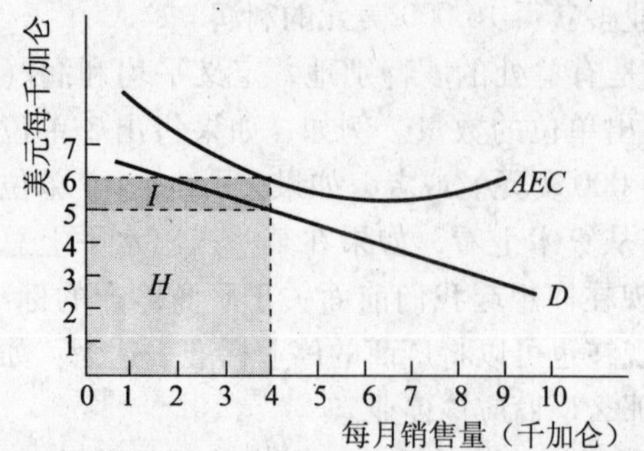

图 7-7 当平均成本曲线在需求曲线上方时，企业应该停产

注：有这样的需求曲线和平均经济成本曲线的厂商应该停产。它不能通过生产获得正的经济利润——不存在价格（平均收益）大于平均经济成本的产出水平。例如。在产量为每月4 000加仑的产出水平下，厂商将遭受等于阴影区域I面积的损失。

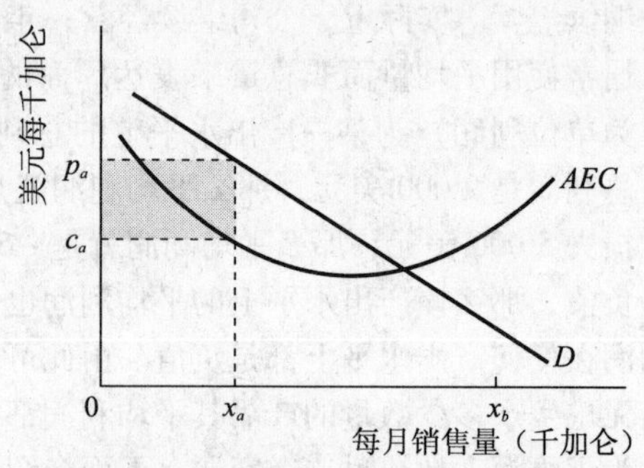

图 7-8 当平均成本曲线与需求曲线交叉时，企业应该生产

注：有这样的需求曲线和平均经济成本曲线的厂商能通过生产产品获得正的经济利润。存在一个价格（平均收益）大于平均经济成本的产出水平。例如。在产量为每月 x_a 千加仑的产出水平下，厂商将获得等于阴影区域面积的利润。

7.3 厂商真正实现利润最大化了吗

我们已经得到了一组适用于任何追求利润最大化的厂商在投入和产出选择方面的规则。一个自然而重要的问题是，厂商真正实现利润最大化了吗？许多人认为答案是不。这些关于利润最大化的疑问有几种形式。首先，你可能会问这个假设的正确性，因为一家油漆公司的决策者实际上并不关心他是否该多生产一加仑的油漆（“边际”加仑）。同样，IBM公司的管理者不会坐下来考虑应该每年生产 103 119 台还是 103 120 个人电脑。事实是，厂商并没有对产量选择关注到这个程度，也不需要这么做，因为经济理论对他们的行为做了正确的分析。我们建立厂商行为模型的目标是找到一般趋势，不是为了做精确到便士或机器的预测，而且这一争议落到具体的事情上就是边际值的恰当大小是什么。对德莱尔冰淇淋公司来说，边际值就是每月 1 000 加仑冰淇淋——分析中用到的单位。显然，这比考察公司根据每年的个人消费的加仑数来选择其产量更有意义。在任何特定情况下，选择为分析找到正确的单位只需要一点常识。

一个非常相关的争议就是，厂商并未真正使用边际选择规则和停业规则对单位做出选择。例如，在一些零售市场上（如杂货店和百货公司)，据说厂商要遵循涨价规则，在这个市场上，商品的价格被设定为平均成本加上某个百分比的利润。面对这个问题，这些根据经验得出的规则好像跟我们说到的关于厂商利润最大化的两个规则中的任何一个都不像。但是毛利润百分比来自于何处呢？不同的商品有不同的毛利润，如果我们考察这些数据，通常会发现模式与利润最大化相一致。就像家庭理论一样，厂商理论的应用不要求厂商把自己想象成按照理论描述的那样行动。当然，许多厂商会按照上面提出的规则来思考，并且有更多的厂商使用这些概念，但是赋予它们稍微不同的名字。例如，当一家航空公司担心某个航线上的“每人/英里的成本”是否高于其收到的平均票价时，该公司就是在不同的名字下使用停产规则。

对利润最大化的第三个潜在争议是即使厂商确实试图实现利润最大化，“完全”的利润最大化也是不可能实现的。通用汽车公司的管理部门对销售到全世界不同市场的成千上万种不同的汽车（各种选择的不同模型）的价格和数量做出选择。他们怎样才能计算出来自不同的可能的产出选择上的最终利润呢？管理者确实不能知道所有的事情，但这一点并不能成为放弃建立在利润最大化假设基础上的经济模型的理由。即使厂商不是万事通而其有时会犯错，但是这些建立在利润最大化假设基础上的模型仍然能够帮助我们理解厂商行为的一般倾向。通常我们不是用“现实主义”而是用它们的结果是否实用来评价一个模型。而且，就像我们将家庭行为模型扩展到允许存在不确定性一样（见第6章），我们将把追求利润最大化的厂商的模型扩展到厂商在不知道确切影响时做出选择的情况。

对于厂商理论最严厉的打击来自于那些质疑厂商是否在追求利润最大化的人。在现实中，“厂商”不是一个人的集合，不是一个单独的决策者。这个观察表明，如果我们希望了解厂商做出选择的过程，就必须分析厂商经营者的行为。因此，我们必须回答两个问题：首先，谁控制公司？其次，这些人为了最大化自身的效用希望厂商如何运营？特别是，厂商利润最大化是厂商管理者的兴趣所在么？

7.3.1 所有权和控制权的分离

现代资本主义的一个明显特征就是大多数大公司不是由所有者来经营的。一个典型的大公司由成千上万的股东所有，他们中的大多数对经营决策没有任何权利。这些决策通常是由专业的管理团队来完成的。当然，一些管理者或许拥有股份，但是有些人没有。在此刻，我们假定，所有者和经营者是两个完全分开的群体，这两个群体或许有非常不同的目标。因为所有权赋予一个人对公司利润的索取权，厂商的利润越大，所有者的收入就越高。因此，公司所有者希望最大化公司的利润。

现在，我们来考虑一下经营者的目标。也许，管理者就像其他人一样——他们希望最大化他们自己的利益。一个管理者的效用或许取决于许多因素，收入是其中的一个。但是，像我们在家庭劳动供给理论（第5章）中看到的那样，人们关心的事情不只是金钱。例如，一个管理者的效用或许也依赖于工作的努力程度、工作条件以及与工作相关的名望。这些观察表明，如果让管理者自行决策，由于以下几个原因，他们对效用最大化的追求可能与利润最大化发生冲突：

(1) 闲暇消费。管理者或许重视工作中的闲暇。一个管理者在工作地点呆着的时间或许不是衡量他是否努力工作的合适标准。管理者可能会在没人的时候放松一下，或者出去享受鸡尾酒“商务”午餐；结果，利润可能会受到损失。

(2) 福利最大化。奥利弗·威廉姆森（1964）建议管理者从宽敞的办公室、众多的下属和昂贵的工作餐中得到效用。因此，如果让管理者自由追逐自己的目标，他们将使企业在这些项目上下重金，从而减少利润。当WPP集团接管汤姆森公司时，前者发现这家公司每年花费80 000美元雇人每天送一个剥了皮的橘子给决策者——每个橘子大约3 000美元。这个例子说明，有时很难将福利最大化从利润最大化中分离出来。

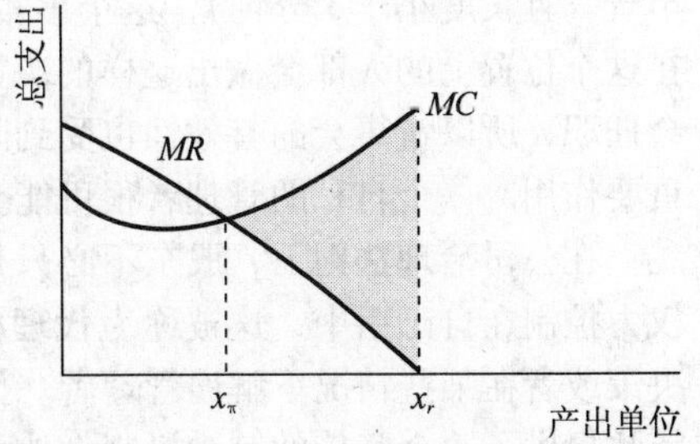

图7-9 总收益最大化

(3) 销售最大化。威廉姆森·鲍默尔（1967）假定一个管理者的名声和公司的收益规模联系在一起。一个追求声望最大化的管理者会努力将公司的总收益最大化。图7-9表明，一个收益最大化的管理者的产出选择与利润最大化的管理者的产出选择是不同的。图中描绘了厂商的边际收益曲线和边际成本曲线。总收益在 x_r 处达到峰值，在这一点，边际收益曲线穿过水平轴。在任何低于 x_r 的产出水平上，边际收益为正，总收益曲线随着产量的提高而增加。在任何高于 x_r 的产出水平上，边际收益为负，总收益曲线随着产量的提高而下降。因此，只要产出对厂商的收益有贡献而不考虑它对成本的影响如何，一个收益最大化的管理者都会继续生产更多的产品。

相反，一个利润最大化的管理者会将成本考虑进来。他会选择在 x_π 水平上进行生产，在这一点上，边际收益等于边际成本。因为追求收益最大化的管理者忽略了增加的产出带来的成本，所以他会生产更多的产品（x_r 比 x_π 大）。从 x_π 到 x_r 的范围内，边际成本大于边际收益，因此利润随产量的增加而下降。换句话说，追求收益最大化的管理者通过生产过多的产品和将价格定在利润最大化水平以下牺牲了利润。

至此我们看到管理者或许有着和他们的“老板”即股东有着不同的兴趣和目标。股东和管理者只是**委托－代理关系**（principal-agent relationship）的一个例子。一方当事人（委托人）雇用另一方当事人（代理人），代表第一方当事人完成某些任务时，就存在委托－代理关系。委托－代理关系令人感兴趣的地方在于，代理人可能不按照委托人希望的那样去行动。结果，委托人必须关注保持代理人始终如一的方法。

7.3.2 控制机制

如果公司所有者没有任何途径来控制管理者，那么追求利润最大化的假定就会是空中楼阁。然而，所有者和管理者的利益分歧并没有被所有者忽视。所有者可以通过许多方法来使管理部门追求所有者的目标即利润最大化。我们会考察许多类似的机制，并且明白，即使没有任何机制能够完美运作，但是每一个机制至少能使管理激励和所有者利益保持一致。

概括地说，我们能够将这些控制机制分成对厂商而言内部的机制和外部的机制。**内部控制机制**（internal control mechanism）是指控制只包括公司本身的管理者和所有者的公司管理层的手段。**外部控制机制**（external control mechanism）涉及公司外部人员。我们会考察每种控制机制的运行情况。

1. 内部控制机制 包含**公司治理方案**（corporate governance scheme）的部门和规则组成一个重要的内部控制机制。这些规则阐明了管理者的责任，建立了一个监管管理者的部门，在必要时取代管理者。负责指导管理者的部门被称为董事会。如果董事会成员觉得现任的管理团队不是为股东利益服务的，那么这些成员可能会解雇管理者并且替代他们，这种取代威胁刺激管理者为股东利益服务。但是董事会没有完全运行。例如，对一个董事会成员来说，很难去评价管理部门做出的复杂决策。恰好在影碟机抢占市场之前，Polaroid 公司的管理部门引进了家庭影院（没有声音，且长度小于3 分钟），这个事实是否说明管理层表现不好呢？或者，根据当时可用的信息，在这个位置上的人都会做出这样的决策呢？存在这样一个事实：管理部门的主要成员通常在董事会任职，所以董事会的有效性也受到限制。而且，最高管理部门在选择其他董事会成员时可能有重要作用。一个自私的管理者很可能会选择他的朋友而不是为股东利益着想的人。

在公司治理法则下，股东不必只是依赖董事会来保护自己的利益。股东能通过举行投票来将权力控制在自己手中，这被称为**代理权争夺**（proxy fight）。通过这种方式，他们选择推翻关键决策或者在某些情况下解雇管理者。代理权争夺既提供了对管理者行为的直接控制，又通过取代威胁提供了一个间接的刺激机制。然而，代理权争夺作为控制管理部门手段的作用受到限制。在1943 年美国证券和交易法案第 14 款第 8 条法则下，董事会能够否决公司“与日常事务运行方式有关的”任何事情。这种控制模式的一个更为重要的限制是当举行公司投票选举时，大部分股东毫无兴趣，这种冷漠可能是理性的。对股东来说，要想对其拥有股票的每一家公司的运营情况都了如指掌代价是昂贵的。股东不愿做一个被告知的投票者，他会说：“我投什么票并不会使结果有明显差别，那么我何必为它操心呢?”当一个股东未能返回一张记名投票时，“投票”通常会自动视为管理层行为。这就是很少有管理者被代理权争夺辞退的原因之一。

有些方法可以使单一股东也能制造影响。如果一个股东愿意花费昂贵代价来发动一场反对管理者的运动，或许能够影响其他股东，从而管理层会被代理权争夺辞退。但是在这里，另一个问题产生了，组织一场反对在职管理层的活动的代价是很高的。股东可能会说："为什么我做所有的工作？即使我不帮忙，如果其他人成功地使管理者更好地为我们服务，我也会得到利益，所以我会让其他人来担心这件事情。"这类股东的冷漠只是一种被称为**搭便车**（free riding）行为的例子。当一个人不采取耗费代价的行动，因为他知道其他人会执行它时，搭便车就发生了（搭便车的人可以在不承担成本的情况下获得利益）。

公司治理依赖于有些人（董事会或者股东自己）监管管理者使他们服务于股东的利益。一个可供选择的方式就是将所有者和管理者的利益统一起来。就像前面提到的，管理者在诸多事情中，对自己的收入感兴趣，股东对公司的利润感兴趣。一个可以将两个目标统一起来的方法就是把管理者的收入同公司的利润联系起来。管理者的薪酬取决于公司表现的机制被称为**绩效报酬**（performance-based compensation）。

管理者的报酬建立在公司表现的基础上，然而公司利润不是衡量公司表现的唯一手段，许多厂商将管理者的薪酬同股票绩效联系在一起。为了达到这个目的，通过发给管理者股票或者给管理者以给定价格购买公司股票的期权等作为管理者的部分薪酬。在股票价格影响当前利润的情况下，股票治理方案和利润分享有同样的运作方式。股票治理方案有个额外的优点，就是它将长期利润列入考虑。后面会稍微讨论一下，股票价格不只取决于现在的利润，也取决于对公司未来表现的期望。

虽然有很多让人吃惊的绩效报酬治理方案的例子，但是它们的作用都是有限的。如果这些合同有这么好的激励效果，那么为什么不是所有的合同都采取这一方式呢？管理风险规避的存在回答了这个问题。不确定是现实世界的一个普遍特征，一个公司的利润会受到超出管理者控制力的因素的影响。假设你被雇用来管理一个基因工程公司，它正在研究一种新的"神奇"药物。即使所有的事情都管理恰当，公司发现研制这种新药的努力也可能会失败。如果你的薪酬同公司的表现紧密联系在一起，就会承担很多与商业相关的风险。在第6章，我们看到，对于一个风险厌恶型的管理者来说，承担风险是一件坏事。而如果所有者是风险中性者，承担这种风险就无所谓了。风险中性的所有者可能会承担所有风险，因为这不会减少他的效用。即使所有者也是风险厌恶者，经济上有效的管理也是让管理者分担一些风险。实际上，股票市场的重要作用是让很多人分担一个公司的风险，同时让投资者分散其资产风险。

为什么不为风险规避型管理者提供应对坏结果的全保险呢？因为，这会减少管理者避免低利润的激励。简单地说，将管理者的薪酬同公司的利润联系起来加强了他追求利润最大化的激励，但是同时也会让管理者承担巨大的风险。我们的理论预测，管理者薪酬结构必须在保险和激励中保持平衡。这样，我们预测，管理者的薪酬会跟公司表现联系在一起，但是不会联系得过于紧密。这一预测被统计研究证实，研究表明，薪酬与公司股票回报率之间的弹性值为0.10。

2. 外部控制机制　我们已经看到了几种内部控制机制，现在了解一些外部控制机制。回忆一下，这种控制机制涉及企业外部人员，这样的机制由公司控制的市场提供。如果在职的管理者不能实现利润最大化，其他人可能会通过敌意收购来得到公司的控制权。一群投资者抵制管理者对现有股东的期望和意见，购买一个公司的控制权，此时就发生了敌意收购。典型的情况是，新的所有者利用其控制权辞退现任管理层。

为了理解为什么接管一家运营很差的公司并且取代其管理层，假定斯洛斯公司现任管理者在最大化公司利润上表现欠佳。用 V_L（L 表示"低"）代表现任管理者在职时公司的股票价值。假设在一个优秀的管理者管理下，公司的利润会上升，结果股票价格会是每股 V_H（H 表示"高"），这里 $V_H > V_L$。如果反对者（优秀的管理者）能以每股低于 V_H 的价格买到公司的股票，那么他们会通过接管公司获得利润。

一个真正意义上的接管，会用优秀的管理者替代失败的管理者，而且接管威胁本身也会导致现任管理者最大化公司利润而不是冒被抛弃的风险。虽然存在这些好处，敌意收购也遭到了很多批评。这些批评指出，敌意收购是对公司的恶意敲诈，应该被取缔。因为敌意收购能够在激励管理者方面扮演重要角色，许多经济学家相信政府政策不该对它加以限制。

即使没有在法律上禁止敌意收购，然而，还是有许多因素限制了这种公司控制的市场有效性。今天，管理者已经找到了许多反收购的方法，并给它们起了美丽的名字——“鲨鱼驱逐剂”和“毒瘤去除丸”。虽然这些方法通过不同的方式发挥作用，但是所有方法都是为了使得收购更加昂贵和困难。因此，给了管理者更多的空间去追求自身的利益而不是股东的利益。实际上，关于收购的统计分析表明，“在取代威胁成为残酷的现实之前，现任管理者已经挥霍了公司1/3的财产。”

公司控制市场也受到我们前面提到的搭便车行为的限制。在原来的管理者管理下，股票每股价值为V_L，而在新任管理者的管理下股价会是每股V_H。可以看出，优秀的管理者可以通过购买公司控制权将股价提高$V_H - V_L$。但是，假设你是一个股东，而且你听说新的管理者即将接管公司，你会认为你的股票价值是多少呢？如果优秀的管理者即将接管公司，股价会是V_H。因此，如果你认为他们会成功，你就不会愿意以低于V_H的价格将股票卖出。但是，如果现有的股东都持有股票期待股价上升到V_H，那么潜在的收购者就没有动力进行昂贵的收购了。这个问题存在解决的途径，但是它确实影响了收购作为激励手段的有效性。证据表明，收购者很少能在收购公司后表现良好。

还有其他市场力量为激励管理者发挥作用，其中一个就是产品市场竞争。面临强大产品竞争压力的厂商可能会被迫最大化其利润从而防止倒闭。当然，如果厂商没有面对强有力的竞争，管理者可能会在没有财务压力的情况下自由追求其他目标。有些人认为，这就是那些在境内没有竞争压力的归政府所有的航空公司有时会效率低下的原因。同理，如果所有参与竞争的管理者也不能实现利润最大化，那么竞争的压力会比较弱。

厂商也会受到资金供应者的监督。如果厂商不能遵循特定的政策，那么贷款人会拒绝供应资金。由于贷款人决定了管理者应该怎么做，因此外部控制机制的有效性可能会受到限制。一个借钱给光盘制造商的银行家，在公司如何运转和应该如何运转这个问题上，不像管理者知道的那么多。而且，有些公司一旦建立起来，就会通过内部融资来满足投资需要，从而避开资本市场。

7.4 在长期和不确定条件下的利润最大化

像家庭一样，厂商经常必须在不确定结果或者只能在长时间后才知道结果的情况下做出决策。例如，新型微处理器或新飞机的开发都具有以上两个特征。为了开始销售奔腾芯片，英特尔公司用4年时间投资超过40亿美元来设计芯片和建立生产能力。没有任何事情保证计算机制造商和消费者会使用足够数量的芯片来证明这项投资是正确的。当波音客机在20世纪90年代早期决定继续开发波音777客机的时候，公司面临着成本上40亿美元的花费和需求上的巨大不确定性。本章将考察当存在这些因素时利润最大化的假设是否适用。

7.4.1 股东近视?

通常认为美国的厂商不会最大化其利润的现值。特别是，评论家认为美国的公司过于近视，特别是同日本公司相比较。例如，《纽约时报》认为：“美国的管理者与日本同行不同，前者很少在收益较远时进行投资。”。对这种短视的批评尤其集中在股东身上，股东通常被认为只关注公司短期的表现。对于这种所谓的股东短视的一种“解释”是：股东对一家公司的股票只会持有一段较短的时间，因此他们不关心厂商的长期表现。根据这种观点，股东希望在短期内尽快获得很大的利润。管理者根据这点做出回应，采取那些短期内可以获利的行动（比如，削减在科研和开发上的投资）。但是这对长期利润很不利，“追逐短期收益的热钱极大地阻碍了长期的规划和增长。”

让我们更仔细地观察这种短视行为的原因。我们的讨论建立在短期持有股票的人只关注公司的短期表现这一观点基础上，为了分析这个观点，我们考察一个相对简单的假想的例子，它将表明这个观点是站不住脚的。

股东希望最大化从其股票中获得的收入。公司的股票是获得公司部分利润的所有权凭证，这些分配被称为**股利**（dividend payments）。因此，每一份股票代表了一份获得公司远期股利的权利。所以，在给定时间的情况下，公司股票的价值是其未来股利的现值之和。

假定汉克森公司打算只营业两年，即 1997 年和 1998 年。在 1997 年初，卡尔以 p_{1997} 的价格购买了该公司的股票，他打算只持有股票一年。在年终，他将获得 1997 年的股利每股 d_{1997} 美元，然后即将他的股票以 p_{1998} 的价格售出。他从这次投资中获得的总收入有两部分：第一部分是在年终收到的股票分红；第二部分是购买股票价格和出售股票的价格之间的差额带来的收益（损失）。买入价格和出售价格之间的差额被称为**资本收益**或**资本损失**（capital gain or capital lost），取决于售出价格是高于还是低于买入价格。我们会发现，短视的观点是不正确的，因为它忽略了股东关注资本收益这一事实。

因为卡尔的收入是跨时的，所以我们不需对不同组成部分应用现值计算公式。卡尔持有股票一年所得的股利的现值为 $d_{1997}/(1+i)$，其中 i 表示一年期利率。卡尔的资本收益是售出价的折现值和买入价之间的差额。因为卡尔在 1998 年初售出股票，因此资本收益等于 $p_{1998}/(1+i)-p_{1997}$。注意到这是经济资本收益，不是会计资本收益。为了看到其中的差别，假定投资者买入和卖出股票的价格都是 50 美元。大多数的人都会说，他不会得到任何的资本收益或资本损失。但是，实际上，投资者会遭受机会成本损失，因为从现在算起一年后的 50 美元比今天的 50 美元要少。

将股利和资本收益加在一起，我们发现卡尔通过持有一年该股票，每份股票获得的收入：

$$d_{1997}/(1+i)+p_{1998}/(1+i)-p_{1997} \tag{7-2}$$

为了计算收入，卡尔必须知道 p_{1998}，即他售出股票的价格。购买股票的人会用未来一年中他们可以获得的股利来计算股票的价值。在 1998 年初，股利的现值为 $d_{1998}/(1+i)$，因此，我们会得到在第一年末股票的价格为：$p_{1998}=d_{1998}/(1+i)$。用 p_{1998} 的表达式代替式（7-2）中卡尔的收入，结果如下：

$$d_{1997}/(1+i)+d_{1998}/(1+i)^2-p_{1997} \tag{7-3}$$

假设卡尔希望收入越高越好，他会希望公司如何运作？式（7-3）给出了答案。因为 p_{1997} 已经支付了，公司就不可能通过任何途径来逆向改变。利率 i 也是超出公司控制范围的因素。管理者唯一能够影响的就是股利，d_{1997} 和 d_{1998}。从式（7-3）可以看出，在其他条件不变的情况下，卡尔会希望 d_{1997} 越大越好。而且，在其他条件相同的情况下，卡尔会希望 d_{1998} 越大越好，这是一个令人吃惊的结果。虽然卡尔实际上在一年后就将股票售出，但是他很关心下一年的股利。更准确地说，注意到式（7-3）中 $d_{1997}/(1+i)+d_{1998}/(1+i)^2$ 是整个未来股利流的现值。不考虑什么时候将股票售出，卡尔的收入会在公司最大化整个未来股利流的时候达到收入最高点。公司最大化长期股利流的现值即使对于短期股东来说也是有益的。

那么为什么不让厂商支付无限的股利呢？答案是，股利基金来自于厂商利润。就像家庭面临跨期预算约束的情况下，不能让消费支出的现值超出家庭未来收入流的现值。厂商也面临一个约束，在这个约束下，股利支付的现值必须不能大于利润流的现值。因此，如果厂商想要最大化股利现值，就必须最大化其利润现值。因此，卡尔希望管理者最大化公司整个未来利润流的现值。

当然，我们的例子是一个特殊情况。大多数公司计划营业两年以上，而且不是所有的股东都知道他们只希望持有这只股票一年。然而，不管股东持有股票的时间长短，也不管公司是否营业多年，这个逻辑都是适用的。一般的结论是：一个股东即使会在短期内售出股票，他也希望厂商最大化其全部未来利润流的现值。管理者的短视并不符合股东的利益。原因在于，你向后来的投资者出售你的股票的价格取决于公司未来的利润。一旦我们认识到公司所有权市场的特性，我们就会发现，那种认为股东必定短视的观点是值得怀疑的。如果美国的公司短视，那么解释必定在别处。

7.4.2　不确定性下的决策

所有的厂商都面临不确定性，电影市场是个典型的例子。《夺宝纵横》”耗资近 1.15 亿美元，而票房只有 1 000 万美元。虽然《夺宝纵横》的票房惨淡，但它并不唯一。平均来说，在 1995 年一部有影响的好莱坞电影需要斥资 5 400 万美元来生产和推广。即使包括从家庭录像到电视的全部收益，大多数的电影都会遭受会计损失而非会计利润。

其他行业的管理者，从钢铁产品到家具工业，都面临不确定性。他们该如何应对它呢？股东希望他们怎么做呢？既然厂商的行为影响所有者的收入，那么我们可以认为，如果所有者是风险规避的人，那么厂商也应该以规避风险的方式运行。毕竟，我们已经在第 6 章中说明风险规避型的人会为了降低风险而放弃一些期望收入。将这个结论用到厂商理论中，就会发现所有者不会希望管理者只是简单地追求期望利润的最高水平；而是所有者更喜欢减少风险的行动，即使这意味着他们也要减少期望利润。

让我们回到波音公司决定生产新型飞机的例子中，在 20 世纪 70 年代末，波音必须决定是否生产波音 767 客机。需要设计的一个关键特征就是节能——与替代的客机相比，它可以节省 25% 的燃料费用。但是这样的燃料效率需要开发一种使用更加昂贵的材料生产出的机翼。飞机的需求能弥补这些更高的成本么？先前的研究表明，制造一架新型飞机的开发和制造的成本以 1978 年的美元计算，大约为 10 亿 ~ 20 亿美元。到飞机成产出来，搭载乘客至少需要 3 年的时间。如果石油价格居高不下，而且航空旅行的需求强劲，那么航空公司对节能飞机需求就会很迫切。但是，如果石油的价格下降，或者航空旅行的需求下降，那么波音 767 的需求也会很低，从而给波音公司带来巨大损失。当开始这项工程的时候，他们不能确定地预测未来会发生什么。这个项目非常冒险。

波音公司的确还有另一个选择——放弃生产一种全新的飞机，选择改造一种已存在的机型，如波音 737。这一行为按照 1978 年的美元计算耗费的成本大概只是 1 亿 ~ 2 亿美元，因此，遭受损失的金钱数量也会有限。另一方面，由于这样得到的机型只是原有机型的修正版本，因此销售量和利润也会较小。总之，这项工程会有较低的风险，所以公司风险规避说明，改装现有机型是维护所有者利益的最佳选择。

然而，这种观点忽略了一个关键点，即股票市场的存在对所有者的关于厂商目标的态度有重要影响。就像我们在第 6 章看到的，股东能够通过将自己的资产进行多样化的投资来减小公司利润波动带来的风险。分散是股票市场的重要经济特征之一，也是其存在的原因之一。虽然它明显不能完全为股东消除风险，但是多样化的投资是有效的，因此一个多样化投资的股东希望管理者最大化期望利润也是合理的。在波音公司的案例中，这意味着应该建造全新的机型。

在得出厂商最大化期望利润的结论之前，我们必须记得所有权和控制权的分离。管理者会顺从所有者的意愿吗？同股东一样，大多数管理者可能是风险规避者。然而，与股东不同的是，一个管理者不能分散他管理的公司的风险。例如，管理者的声誉（因此其长期收入）可能依赖于他正在管理的公司的表现。很难想象一个人为了“分散风险”同时管理几个不同的公司。而且，为了激励管理者努力工作，所有者希望把管理者的薪酬同公司业绩联系得更紧密，这样公司的投资风险转为了管理者的收入风险。

一个没有将自己的人力资本进行多元化投资的管理者将考虑其抉择中的风险，而恰当的分散投资风险的股东只关注预期的回报。从所有者的角度看，管理者会对风险类的项目有偏见，幸运的是，有很多控制机制可以纠正这种偏见，并使得管理者最大化期望利润。例如，如果一个管理者拒绝投资于风险项目，他可能会发现他的公司被其他愿意这样做的人接管。在波音公司，管理者选择一个比其他战略更冒险的战略，他们决定同时进行新型飞机的研制和原有飞机的改造。

1. 利润最大化的政策阻碍　在1991年，加利福尼亚的众议院议员亨利·沃克斯曼提议应该出台“消费者法案”，这一法案将迫使从防治艾滋病药物中获得超额利润的厂商降低产品价格。本来希望关注艾滋病的人支持这一法案，但是，很多人如詹姆斯·德瑞斯克（一个提出开发新的艾滋病治疗的组织的创立者）并不支持。在一篇题为“消费者保护将艾滋病患者于死地”的文章中，德瑞斯克说道，沃克斯曼的建议将最终导致艾滋病患者受害。因为“孤儿药物（如，目标消费人数相对较少的药物）通常会产生较低的利润，如果公司无论何时开发一种有利可图的孤儿药物都要受到惩罚，那么它们将会简单地选择停止生产”。根据本章的术语，厂商会以其预期利润为基础做出投资和生产决策。即使一个冒险的决策可能会带来损失，只要预期利润是正值，那么公司就会去冒险。但是，如果无论何时只要存在高利润的企业，政府就会加以惩罚，那么，期望利润将会为负值，公司将不会承担这个项目。简单地说，如果政府提供一个游戏，这个游戏的规则是“反正总是你吃亏”，那么公司就不会参与这个游戏，而最终受到损失的是公司的潜在顾客。

2. 金矿、停产以及期权价值　面对不确定因素时，公司经常需要做出一些决定，这些决定他们事后想要修正，却发现修正的成本很高。关闭一个金矿就是这样的一个决定。当金矿停产时，它将会被水淹没，内部支撑结构会由于缺乏维护而老化，使得重新开业的成本较高。为了决定今天是否关闭一个金矿，管理者需要预测未来是否会重新开业。

考虑一个简单的两年的模型，在这个模型中只考虑两年的运营时间。为维持金矿的开业和安全生产，每年需要花费基本费用10万美元。另外开采并提取每盎司黄金的成本是380美元。全面生产的前提下，金矿每年的金产量是1 000盎司。

假设第一年金子的价格是每盎司400美元，如果公司选择停产，那么收入和费用的价格为0美元；如果公司选择开业，则需承担基本费用并且生产尽可能多的金子。产量在小于1 000盎司的情况下，每盎司的边际收益为400美元，边际成本为380美元，因此，如果公司在第一年营业，那么它将获得为收入为40万美元（1 000×400），但是会发生成本48万美元（100 000+1 000×380）。单独看第一年的经营情况，公司选择开业会损失80 000美元。

这是否意味着公司应该在第一年关闭金矿？假设一旦停业后再重新开业的成本为50万美元，那么为了避免重新开业的费用，第一年遭受80 000美元的损失也是值得的。在管理者做出决定的第一阶段，他们不能确定下一年金价的情况以及那时是否会继续开业。假设有50%的可能是第二年金价会上涨到每盎司920美元，50%的可能是金价保持在每盎司400美元。管理者应该做什么？

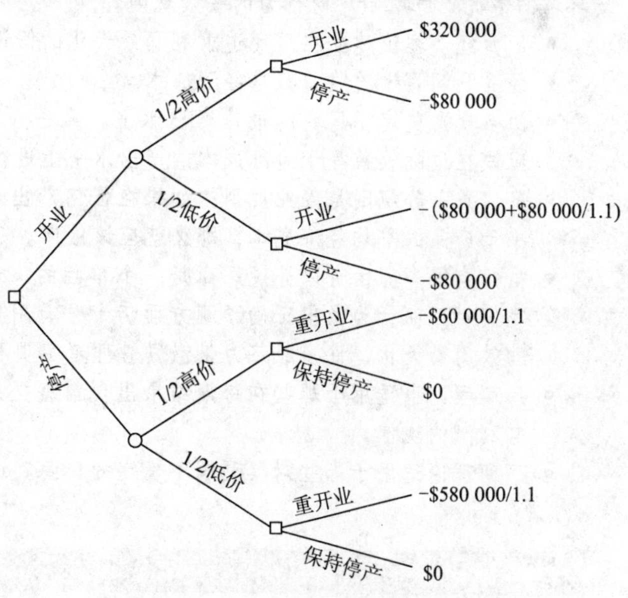

图7-10　金矿管理者的决策树

注：在第一年，厂商必须决定是开放还是关闭金矿。在第二年，厂商又一次要面临是开放还是关闭的选择，但是现在它知道了第二年的价格。

图7-10提供了解决这个问题的决策树。第一年，管理者需要决定是否开

业；第二年，管理者同样面临这个选择但是此时他知道了第二年的金价。我们用倒推法解决这个问题：如果金矿第一年停产，维护和重开的费用是60万美元（50万重开费+10万维护成本）。再加上开采和提取的费用，第二年获得1 000盎司金子需要花费98万美元（60万+1 000×380），即每盎司的生产成本为980美元。即使金价格上升到每盎司920美元，平均成本仍然高于平均收益，所以公司不会重开金矿。因此，如果第一年金矿关闭，那么第二年利润的预期现值为0美元。

现在，我们考虑第一年保持营业，第二年将会发生什么。在这种情况下，第二年维护金矿的费用为10万美元，继而生产1 000盎司金子的生产成本为48万美元（100 000+1 000×380），平均成本为每盎司480美元，如果市场价格继续保持每盎司400美元，则公司应选择第二年停业，两年的金矿收益的现值为-80 000美元，即第一年的损失。如果价格上升为每盎司920美元，公司将会在第二年继续经营，在此期间将获得利润为44万美元（（920-480）×1 000）。按照10%的折现率折现并且减去第一年的损失，公司收入的现值为32万美元（440 000/1.1-80 000）。当然我们知道公司不能决定金价，所以如果金矿保持营业，有50%的概率会亏损80 000美元，有50%的概率获得32万美元的利润。将这两个利润水平平均，如果该公司保持运营，那么预期利润是12万美元。

我们现在已经发现，如果在第一年保持金矿运营，公司可获得预期利润12万美元；如果第一年关闭金矿，公司将得不到利润。因此，即使第一年的收益小于第一年的成本，公司也应该在第一年保持金矿运营。通过保持金矿运营，公司也保持期权运营，一个运营的金矿的期权价值大于第一年保持运营时遭受的成本80 000美元。

小结

在本章，我们从对家庭的研究转向对厂商的研究，而且我们介绍了一些在忽略厂商运行的市场环境的情况下适用于厂商行为的一般规则。

- 厂商经济理论建立在厂商追求利润最大化的假设基础上。
- 经济利润等于总收益减总经济成本。
- 两条规则决定了厂商的最佳产出水平。第一，边际产出规则：如果厂商不停产，那么它应该在边际收益等于边际成本的产出水平上进行生产。
- 第二条一般规则是停业规则：如果在任何产出水平上，厂商从产出中获得的平均收益都小于产品的平均经济成本，那么就应该停产。
- 虽然有很多理由可以怀疑厂商是一个单独的、追求利润最大化的决策者，但这个假设在我们对厂商行为做出正确预测方面仍十分有用。厂商管理者有可能牺牲利润来追求自己的效用最大化，许多经济力量激励管理者实现利润最大化。
- 厂商理论也适用于那些在跨期结果出现前就必须采取行动的厂商。这类厂商尽量最大化其利润的现值。
- 厂商理论适用于那些对其利润不确定的厂商。这类厂商尽量最大化利润的预期价值。

讨论题

7.1 假设一个年轻的厨师开了一家饭店。为了做这件事情，他辞掉了年薪28 000美元的工作；兑现了价值5 000美元、年利率5%的存款单（用来购买设备）；并且接管了属于他妻子的一座房子，这个房子本来每月租金1 000美元。他第一年的支出为：食物50 000美元，其他的员工40 000美元，各种工具4 000美元。

这个厨师试图计算出如果他去年没有开店，自己的状况会不会好一些。他知道如何计算收益，但在成本计算方面他需要一些帮助。这个厨师的经济成本是多少？

7.2 假设你开设了自己的文字处理公司。你买了一个以英特尔奔腾处理器为基础的IBM电脑。你为这台电脑支付了5 000美元。由于个人电脑市场竞争加剧，这台电脑的价格降到了2 500美元，而你所用过的电脑只能卖到1 000美元。如果你不做这项业务，你一年可以挣20 000美元。你也可以以每年20 000美元雇一名员工（他可以做一切你可以做的事情而且可以取代你）。结果是，一个人用一台电脑一年可以提供11 000页的打字服务（不能两人共用一台电脑）。打字服务每页2美元。你应该如何调整你的业务，扩大、收缩、保持营业还是完全关闭？

7.3 某位拥有一家餐馆的父亲认为："我们将会结束这家餐馆的经营，因为我们的孩子已经长大并且不会在这里工作。如果他们在这里工作，我们可以盈利，但他们为了更高的工资要在其他地方工作。"说说你对这段话的看法。

7.4 下面是关于一家农场总利润和总成本的数据。

总产出	1	2	3	4	5	6	7
总收益（美元）	15	29	41	51	60	66	70
总成本（美元）	7	14	22	31	42	55	70

计算厂商的边际和平均成本曲线，并将它们在图中画出。计算并画出厂商的边际和平均收益曲线。如果可以任意选择，该厂商的产出应该是多少？通过数字和图回答这个问题。厂商能获得的利润是多少？

7.5 许多企业开始生产时都要承担一次准备成本。例如，不管是卖一份还是一千份文字处理程序，这家公司都必须一次编写出基本计算机代码。同样，一家飞机制造商不管要生产多少架飞机，都必须产生一次工程和设计的费用。由于准备成本的存在，第一单位产品的边际成本会相对较高——从0单位到1单位的产品投入引起所有的准备成本。概括地说，最开始的边际成本比边际收益还要高。下图显示出一家企业的边际成本曲线与边际收益曲线交于不同的两点。这家企业应该计划开始生产多少产品？区域*A*和区域*B*相对面积的大小如何影响你的答案？

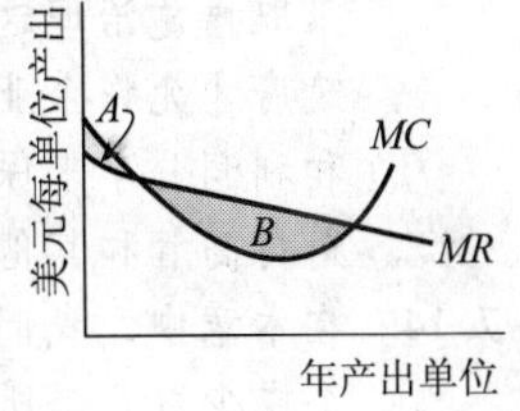

7.6 解释一下下面这句话为什么是错误的："平均成本告诉我，我正多花费钱来生产我的产品。我要拿它和价格进行比较。因此，要使我的利润最大化，我应该把产出提高到平均收益（产品价格）与平均成本相等的那一点上。"

7.7 在本章中，我们考察了厂商如何找到其利润最大化的产出水平。然而现实世界中的企业倾向于选择关注价格，而不是产出。假设右图表示的是美国必胜公司已知的需求曲线、边际收益曲线以及边际成本曲线。解释为什么对于这家企业来说，选择利润最大化产出水平与选择利润最大化价格水平是相同的。如果这家企业面对的需求曲线是不确定的，你认为这种等价的情况还会成立吗？

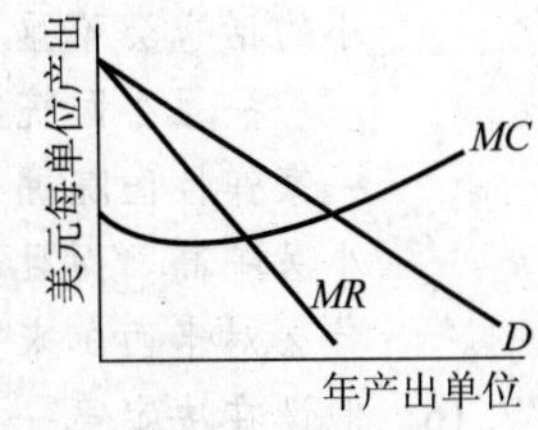

7.8 有人说敌意收购成为管理者无视股东权益的表现，而不是约束管理者的机制。一个收益最大化的管理者有激励去实施可能与企业股东最佳权益相违背的收购吗？你同意如果敌意收购被宣布不合法后股东的状况会好一些吗？

7.9 美国趋势公司执行总裁正在考察农产品部门的经理的表现。这位部门经理仅仅是两种产品的"消费者"——研发和执行办公室，并且对于他在这两种产品上的花费还有一个固定的预算：

a. 假设农产品部门的最初预算是每年 B 美元。运用边际替代率递减的无差异曲线分析出研发和执行办公室的均衡量。

总裁注意到经理分配了很少一部分预算给研发部。总裁对此做出回应，每年分配给这个部门额外的 I 美元并规定这笔额外补助必须花费在研发上。

b. 用图表分析研发部和办公室的均衡量表明，由于额外补助的出现，研发部的量会上升还是下降。执行办公室的消费发生了什么变化？下列说法你同意吗：“因为额外补助已经被设定目标，所以这是一个能控制部门经理行为的好方法。”

7.10 许多企业都把股权作为经理人报酬的一部分，通常这种情况的出现伴随着这种需求，即执行官在能操作股权之前会短期持有股权。例如，迪士尼的米歇尔·艾斯纳收到了股票形式的年度红利，随之而来的限制是他必须持有股票三年才能出售。讨论这项措施会怎样服务于企业所有者的利益？

7.11 赫兹汽车租赁公司在决策是否要购进一个新车队用以出租。两年后，赫兹公司必须卖掉这些车因为他们的顾客不喜欢旧车。赫兹公司需要做如下的计算：赫兹公司能以每辆15 000美元的价格购进新车。在两年中的每一年，一辆租出去的汽车可以带来8 000美元的收益，同时花费2 000美元维修。在这两年结束后，公司可以以每辆8 000美元的价格卖掉这些用过的车。公司可以以8%的年利率存、贷款。赫兹公司应该购置新车吗？

7.12 重新以赫兹汽车租赁公司为例，在更加现实的假设条件下，公司并不确定两年后会以什么样的价格卖掉用过的车。实际上，假设公司认为以每辆5 000美元的价格卖掉车的几率有1/4，以每辆10 000美元的价格卖掉车的几率有3/4。公司应该买新车吗？

7.13 在20世纪90年代早期，有一场关于管理者获得不公平的高收入原因的争论。当时总统候选人比尔·克林顿受到关注，他认为绩效薪酬仅仅是管理者的一项特殊福利。他呼吁政府采取措施治理这类问题，包括：“免除高管支出减税制度……只有其他员工也获得红利时政府才允许企业将给高管的红利与利润挂钩……通过鼓励公司提供所有员工的员工所有权和利润分享来保留报酬和表现的联系，而不仅仅是对高管”。经济学在设计报酬组合时，对待高管和其他员工待遇是相同还是不同这个问题有何评论？

7.14 在本章中，我们主要关注拥有大量所有者（股票持有者）的大企业。有许多企业只有一个或少数几个所有者。假设弗利克斯经营一家五金商店，是商店的独立所有者。你预计弗利克斯能将利润最大化吗？当面对不确定性时，你认为弗利克斯会努力达到预期的最大化利润吗？弗雷克斯可能还会实现其他什么目标？当你在考量企业的经济利润和弗利克斯是否会尽力去使利润最大化时，一定要仔细考虑弗利克斯劳动的经济成本。

7.15 卡西尔健康基金是美国最大的医疗护理供应商，在确切了解需求量之前就必须开始修建医院。它可以选择是建小医院还是建大医院。建设大医院的花费要比小医院多，如果需求很小的话也会不盈利。但是如果需求很大的话，小医院又不适合满足卡西尔的需求。

一旦小医院建立起来，要扩建成大医院成本很高。然而，“弹性”医院也可以实现。一家弹性医院拥有与小医院一样的规模，但是更容易扩建。弹性医院最初的建造成本要比小医院高。而且，把弹性医院扩建成大型医院的总成本比直接建造一家大型医院还多。为什么对卡西尔来说建立弹性医院更有意义呢？

7.16 假设在决定第一年是否开矿之前，在本章结尾讨论到的金矿所有者可以准确预测第二年的黄金价格。这条信息对于他们来说有多大的价值？（提示：回顾第6章讲到的，我们在审视信息对家庭的价值时应该怎么做。）

第8章 技术和生产

殊途同归。

——谚语

在1989年即将结束时，日本汽车行业巨头丰田和尼桑各在美国市场购入一条新的汽车生产线。尼桑创建了英菲尼迪公司，而丰田创建了雷克萨斯公司。在生产第一台模型时，两个公司都面临着许多选择，以决定如何生产汽车。车身可以用钢铁、纤维玻璃、铝，甚至塑料来制造。汽车制造可以完全由手工完成，或者几乎可以全部由自动装配线完成。就像这些汽车制造商一样，每一个厂商都必须决定用什么样的投入组合来生产产品。

厂商之所以关心投入组合有以下两个原因。第一，总有一些比其他更好。因为投入品需要厂商花费很多成本，厂商希望用尽可能最便宜的组合来生产其选择的产量。第二，找到成本最低的投入组合能使厂商计算平均成本曲线和边际成本曲线。就像在上一章中看到的，这些曲线在厂商的产出水平选择上起到重要作用。因此，为了明白厂商的决策过程，我们必须了解可用的生产选择。

8.1 技术

把厂商对用于生产的投入组合的选择称为技术。本节研究一种建立厂商技术机会模型的方法。

8.1.1 生产函数

现在来考察国家汽车公司（National Motors），它使用各种投入品，包括劳动、钢铁、铜线、乙烯基、机器人以及电能来生产汽车。我们主要把注意力集中于两种投入品的选择上：劳动（用L表示）和机器人（用K表示）。在这个例子或其他情形中，用资本一词表示持续时间较长的投入品，如建筑物和机器等。假定国家汽车公司的管理者正试图决定将多少条装配线自动化。为简化分析，假定其他投入品的需要不会受到劳动/机器人决策的影响。国家汽车公司的管理者已经要求工程部门决定劳动和机器人的各种不同组合和与之相应的产出水平之间的关系。工程部门的报告如表8-1所示，从表中可以看出，厂商在使用1 000名劳动者和200个机器人的情况下可以每天装配160辆汽车。

厂商可获得的技术选择的表述被称为**生产函数**（production function）：表示厂商在给定的投入组合下可生产的最高产出水平的曲线。在给定的投入品数量下，厂商可以生产的产品的最高产量被称为 ***L* 和 *K* 的总产品**（total product of L and K）。

可以用代数方法表示生产函数，用 $F(L,K)$ 表示用 L 数量的工人和 K 数量的机器人可以生产的最高产出水平。[⊖]对国家汽车公司来说，可以用 $F(K, L)$ 简洁地表示表 8-1 中的信息。例如，回顾此表会发现，$F(1\,000, 200) = 160$。有时，可以用特定的表达式表示生产函数，而不是用图表。例如，一个有 4 单位劳动力和 16 单位资本的厂商，如果生产函数是 $F(L,K) = 3 \times L + 2\sqrt{K}$，那么它可以生产 $3 \times 4 + 2\sqrt{16} = 20$ 单位产品。

表 8-1 国家汽车公司的生产函数

每天的投入		每天的产出
劳动力	机器人	
500	300	160
1 000	200	160
1 300	170	160
500	350	180
1 000	220	180
1 300	190	180

注：国家汽车公司的生产函数通过给出在不同投入组合下可以生产的最高产出水平，总结了制造的工程数据。

使用生产函数 $F(L,K)$ 来表示消耗 L 单位的劳动和 K 单位的资本得到总产出，与之前用效用函数 $U(X, Y)$ 表示家庭从消费 X 单位一种产品和 Y 单位另一种产品中获得的总效用非常相似。但是，存在一个重要的差别。就像在第 2 章，效用函数是序数不是基数，因此，诸如“苏珊使自己的效用翻番”的表述是无意义的，而“埃克森使石油产量水平翻番”的说法是正确的。

1. 等产量线 用图形表示生产函数同样有效。现在面临的问题是如何在一个二维坐标中表示三个变量（两种投入品和产量）。考虑一下该如何处理这些信息，这里希望表达厂商为实现一个给定的产量可以选择的投入组合。因此，坐标轴对应两种投入品使用表示效用函数的技巧，在该图中，坐标轴对应两种商品。考虑表 8-1，在表中劳动力的数量 L 用横轴表示，机器人的数量 K 用纵轴表示。象限中的每一点代表机器人和劳动力的某种组合，因此联系着某一产量。假定现在希望画出能够生产给定产量的不同投入组合，比如每天生产给定的 180 辆汽车。厂商该使用哪种投入组合呢？从表 8-1 可以看到，500 名工人和 350 个机器人可以完成这项生产，该组合用图 8-1 中的点 a 表示；公司也可以用 1 000 名工人和 220 个机器人（图 8-1 中的点 b）。虽然未在表 8-1 中标出，但是其他组合也可以完成这项生产。将这些组合连接起来就得到**等产量线**（isoquant），说明生产相同产量水平的所有投入组合的集合的曲线（iso 表示不变的，quant 表示数量）。在图 8-1 中，x_{180} 曲线是国家汽车公司每天生产 180 辆汽车的等产量曲线。注意，厂商的等产量线和第 2 章谈到的家庭无差异曲线之间的相同之处。生产者的无差异曲线表示生产一个固定的产量水平可用的各种投入组合，就像消费者的无差异曲线表示得到一个固定的效用水平可用的各种商品组合。

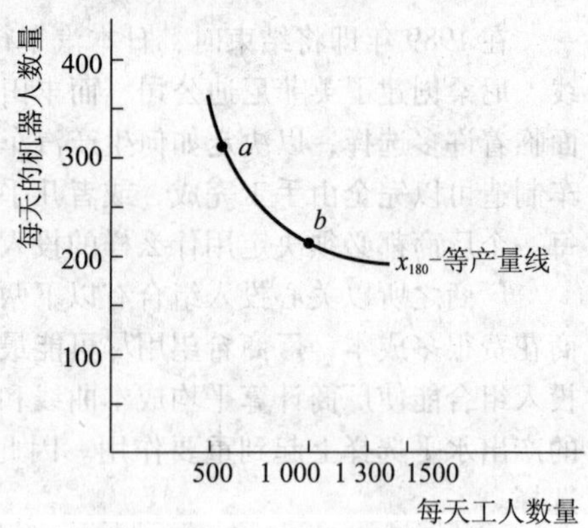

图 8-1 用等产量线表示生产函数

注：等产量线表示产出同一产量水平的所有投入品组合。

当然，最初产量水平为每天 180 辆是任意选择的，任意产出率下的等产量线都可以画出。考虑每天生产 200 辆汽车的情况。我们知道每天生产 200 辆汽车的等产量线位于每天生产 180 辆汽车的等产量线的右上方，因为生产更多的产品需要更多的资本和劳动。同样，每天生产 160 辆汽车的等产量线位于每天生产 180 辆汽车的等产量线的左下方。这三条等产量线如图 8-2 所示。给

⊖ 我们用 F 表示生产函数而不是 P，因此我们不会将它同价格混淆。

定生产函数对应的所有等产量线的集合被称为**等产量线图**（isoquant map）。

2. 投入多少 假定厂商只用两种投入品来生产产品显然不符合现实。即使只使用两种原材料来生产糖果的公司也要使用很多其他要素，比如工人、生产糖果的机器，以及包装糖果的纸和锡箔，还必须购买运输服务来将糖果运往超市和便利店。这里考察两种要素的情况不是因为它真实而是因为它是一个有用的简化。

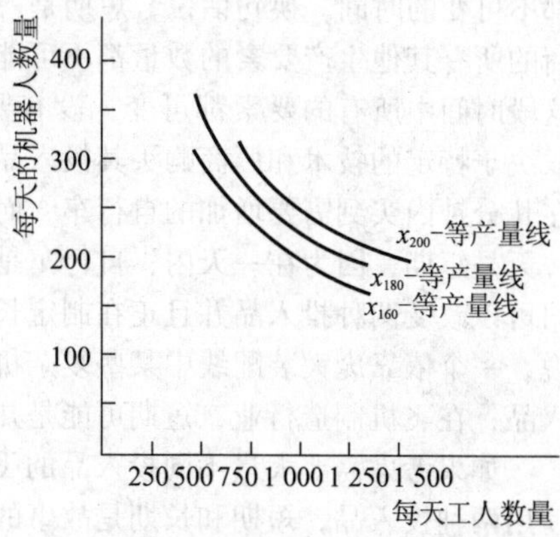

图 8-2 国家汽车公司的等产量线图

3. 产出是什么 值得花时间来考虑一下生产函数衡量了什么。在已经看到的这个案例中，生产过程的产出是汽车。这是一个典型的案例，说明人们倾向于把产出看做某种有形物质生产过程的一个最终结果——自行车、房子、胡萝卜等。虽然以这种方式考虑产出没有什么错误，但应该注意生产函数的概念就像适用于有形物质一样也适用于服务。例如，医院将劳动力（医生和护士）和资本（皮下注射器和核磁共振设备）结合提供健康服务，同时，学校使用劳动力（老师）和资本（桌子和课本）提供教育或教学服务。

之所以强调这点，是因为一般认为提供服务不如提供有形物质有价值。一个作者曾不以为然地评论："最近几年美国的国民生产总值已经由更多的财富消费服务行业组成，更少由财富生产行业组成。"经济学家认为对"财富消费"和"财富生产"的区分是无意义的。虽然服务行业的产出水平比生产有形物质的行业的产出水平更难衡量，但它们确实具有现实和经济学上的意义。如萨缪尔森提到的，无知的人认为，生产一辆汽车是有用的，但是"将这辆汽车运送给零售商（服务），销售汽车（服务），支付（服务），提供保险（服务），或者修理（服务）都是不重要的工作。"

8.1.2 决策范围

生产函数告诉我们一个给定的投入组合是否能够生产某一特定的产出水平。生产函数本身并不能说明厂商是否真的能够得到需要的投入组合。为获得厂商可用的投入组合，也需要考虑厂商做出投入选择的时间跨度。时间之所以重要，是因为改变时间投入的能力依赖于对厂商改变它们的时间限定。有些投入品的数量会很快改变。例如，一个雇用本地非熟练工人的搬家公司或许能够在一两天之内雇用到所需工人，而其他行业则需要很长的时间来调整特定投入品。如果克莱斯勒决定在装配线上使用更多的机器人，那么从机器人订购到安装完毕可能会需要很长时间，而建立一家新的工厂可能需要几年的时间。从通用汽车公司决定建立一个工厂作为土星车型工程一部分的那天起，到工厂生产第一批汽车，经历了7年时间。

显然，厂商必须考虑是否能够改变投入品水平。当克莱斯勒组织下周的生产计划时，设想有另外30个机器人能够生产多少辆汽车，那就是在浪费时间；因为公司不能在一周内完成机器人的定制和安装。在做出这些选择的过程中，厂商需要关注那些可以改变的投入品。可以被改变的投入要素被称为**可变要素**（variable factor），不能被改变的投入要素被称为**不变要素**（fixed factor）。

一个给定的要素是可变的还是不变的取决于厂商的时间水平。以下周来说，机器人是不变要素，但是对于一个正在做下一年生产计划的厂商来说，机器人是可变要素。总的来说，厂商必须做出决策的时间越长，选择的机会越多——可变要素比不变要素多。换句话说，短期比长期选择的余地小。

为使这个区别更确切，定义**短期**（short run）为一段只有一种投入要素可变，所有其他要素都不可变的时间。换句话说，短期是一段时间，在这段时间内一种投入要素的数量可变，但是厂商的所有其他生产要素的数量都不可能调整。相反，**长期**（long run）是一段足够长的时间，在这段时间中所有的要素都可变，没有要素固定不变。对于“多短算是短期”这个问题的答案，取决于特定的技术和厂商购买其投入品的市场。一个购买自行车，并且雇人骑车送快递的公司能在几分钟内买到需要增加的自行车，而该公司确定和雇用额外的骑车人需要耗费一两天的时间。一天是短期，因为在一天内，自行车是可变要素，但是骑车人是不变因素。然而，给定两天，公司可以改变两种投入品并且正在制定长期决策。对公司而言，一个两天的时间段是长期。换句话说，一个依靠庞大装配线中某些复杂机器的飞机制造商，可能需要等很多年才能完全调整所有投入品；在飞机制造行业，短期可能是几年。

如果考虑需要大量不同投入品的飞机制造业，只讨论短期和长期是一种简化。当一个厂商只使用两种投入品，短期和长期是故事的全部；当只有一种要素可变时，厂商正处于短期，而当两种要素都可变时，厂商正处于长期。然而，当一个厂商在生产中雇用两种以上投入要素时，厂商会有更多的期间。在几个要素是变动的而其他几种要素不变时，有可能存在“中期”。幸运的是，厂商理论的所有结论可以从长期和短期的角度来考虑，在以后的分析中将坚持这种两分法。重要的是厂商的决策过程越长，调整其投入品水平的机会就越大。

现在来看厂商如何利用等产量线来识别可行的投入选择。先来考虑一个短期决策。假定对国家汽车公司而言，劳动是可变要素（公司可以在几天内雇用和解雇工人），而机器人是不变要素（订购新的机器人或为已有机器人找到一个买家需要10个月的时间）。对这个公司来说，10个月是长期的时间水平。现在，假定国家汽车公司有安装好的200个机器人，希望从下周起每天生产160辆汽车，如果国家汽车公司使用图8-3中点 c 代表的投入组合即 x_{160} 等产量线下面的点，是不可能每天生产160辆汽车的。因此，等产量线以下的投入组合不可行。公司可以使用等产量线以上的投入组合，如点 d，但是公司会使用超过必须用量的投入品。因为投入品会耗费成本，而厂商希望成本越低越好，因此不会选择点 d 表示的投入组合来每天生产160辆汽车。由此可知，不需要进一步考虑这样的点。

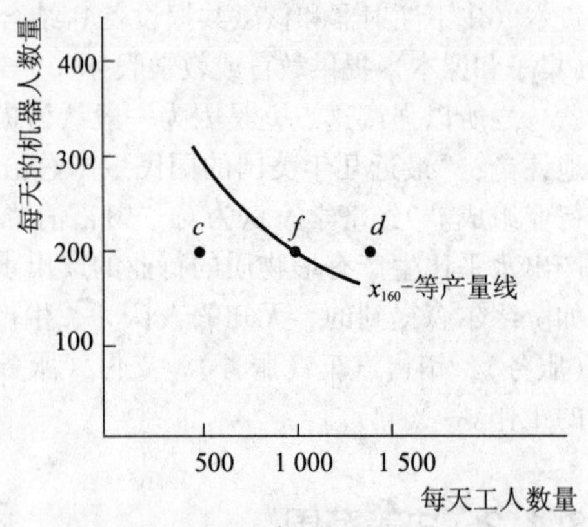

图8-3 呈现所有可用的投入选择

注：为了每天生产160辆汽车，公司会选择 x_{160} 等产量线上的投入品组合。在短期，机器人的数量固定不变为200，x_{160} 等产量线上唯一可行的投入品组合是（1 000，200）。在长期，两种要素都是可变的，所以厂商能够选择 x_{160} 等产量线上的任何投入品组合。

为了每天生产160辆汽车，公司选择图8-3中恰巧在 x_{160} 等产量线上的投入组合进行生产，但是公司正在制定短期决策，而机器人的数量是固定的200个。因此，x_{160} 等产量线上唯一可用的投入组合就是（1 000，200）；如果公司希望每天生产160辆汽车，唯一的选择就是使用已有的200个机器人并雇用1 000个工人。从另一方面说，既然公司的资本水平在短期内是固定的，那么它的投入决策包括确保雇用足够的劳动力来生产期望的产量——找到能满足 $F(L,200)=160$ 的 L 的数量。

现在考虑国家汽车公司的长期决策。假定厂商希望每天生产160辆汽车。在长期中，劳动和机器人数量都可变，因此公司可以从每天生产160辆汽车的投入组合中任意选择。可行的投入组合已经在图8-3中的 x_{160} 等产量线上。使用代数表达方式，公司能够自由选择 L 和 K 的任意组合，比如 $F(L, K)=160$。像在短期一样，使用等产量线之上的投入组合是浪费，如点 d。需要注意短期和长期的重要区别。在长期，厂商为了生产给定的产量有很多选择，可以改变所有投入品的数量水平。因此，厂商在短期内可以做出的任何选择，在长期也可以。但逆命题却不正确。因此，我们希望厂商在长期投入组合上的花费比短期投入组合少。在下一章会将这种直觉表达得更确切。

8.2 生产函数的性质

在使用生产函数预测厂商行为之前，需要考察它的一些特点。先从思考生产是如何对单一投入水平做出反应开始。这一性质在短期投入品选择中具有重要作用，因为在短期，厂商需要决定单一投入品水平：可变投入品。然后再考虑包括多种投入品一起变化的性质，因此这与长期决策的制定有关。

8.2.1 边际物质产品

在厂商决定购买多少投入品时，必须估算购买该投入品可获得的利益。衡量这种利益的一种方法是，保持其他投入品水平不变，计算增加一单位该投入品可以贡献多少产出。保持其他投入品不变，厂商多使用一个单位的某种投入品，可以增加的产品数量被称为该投入品的**边际物质产品**（marginal physical product，MPP）。因此，如果使用额外 ΔL 单位的劳动可以把产出提高 ΔX，劳动的边际物质产品为：

$$MPP_L = \Delta X/\Delta L \tag{8-1}$$

MPP 是以每单位投入的实际产出数量来衡量的（就像每小时劳动生产的汽车数量一样）。

接下来考察边际物质产品和生产函数之间的关系。假定国家汽车公司已有200个机器人，当公司已雇用1 000个工人并正在考虑多雇用一个人时，需要找到劳动的边际物质产品。这种计算需要在资本存量保持200个机器人不变的情况下，比较1 000个工人的产量和1 001个工人的产量。根据表8-1，1 000个工人和200个机器人的产出是每天160辆汽车。假定1 001个工人和200个机器人的产出是每天160.1辆汽车，那么劳动的边际物质产品是0.1。你可能觉得奇怪，边际物质产品小于1——谁会买1/10的汽车呢？这个数字的真实含义是，厂商可以选择雇用10个新的工人使得每天多生产一辆汽车，也可以只雇用一个工人而等待10天之后才能多生产一辆汽车。

在许多情况下，需要知道其他条件不变时，随着一个要素使用量的增加，该要素的边际物质产品会如何变化。随着国家汽车公司不断雇用更多劳动力，每个劳动力增量的贡献和先前劳动力增量的贡献相比有什么变化？答案依赖于公司的技术特性。在其他条件不变的情况下，随着一种要素的使用量增加，其边际物质产品有可能上升、不变或是下降。

1. 边际报酬递增　至少在最初，当其他条件不变，一种投入品的边际物质产品会随着使用量的上升而上升。一个现代化的化学工厂是高度自动化的并且需要很少的工人来操作，但只有一个工人或许不能使这个工厂运转，简单地说就是，不可能完全由一个人操控那么多生产线。因此，一个单独的工人不可能生产出任何产品。两个工人或许能够运转这个工厂，虽然在一个较低的产出率水平上进行生产。增加第三个工人也许真的会使情况好转。表8-2表明工厂在大小和厂房数量不变的情况下，总产品如何随工人数量的变动而变化（60单位的资本被认为是6 000万美元的厂房和设备投入）。

通过该表可以计算生产函数不同点上劳动的边际物质产品。一个单独的工人不能够生产任何产品。因此，如果厂商没有工人，然后第一个工人的边际物质产品为零。当第二个工人被雇用时，产出确实会上升。表8-2中1个工人的总产出和2个工人的总产出之间的差额就是第二个工人的边际物质产品，即8。第三个工人的边际物质产品更大，是24。

表 8-2 从生产函数中找到劳动的边际物质产品

劳动的总数量	资本的总数量	总产出	劳动的边际物质产品
0	60	0	0
1	60	0	8
2	60	8	24
3	60	32	38
4	60	70	(*fill in*)
5	60	147	91
6	60	238	192
7	60	430	

注：当厂商雇用一单位额外劳动时带来的产出数量的增加被称为边际物质产品。化工厂的生产函数呈现递增的边际回报。

就像这个例子所说明的，劳动的边际物质产品总会随着雇用的劳动数量的增加而上升，因此与之相关的技术属于**边际报酬递增**（increasing marginal returns）。以总产品来说，如果随着要素增量的扩大，总产出的增加越来越快，那么这项技术就属于边际报酬递增。

图 8-4 表示总产量曲线和边际产量曲线之间的关系。图 8-4a 描述了一个厂商的总产量曲线，其资本水平固定于 K_f。纵轴表示产出单位，横轴表示雇用的劳动力数量。$F(L,K_f)$ 图说明随着雇用劳动力数量的增加，产出水平如何上升，L 不断上升，而资本量保持在 K_f。

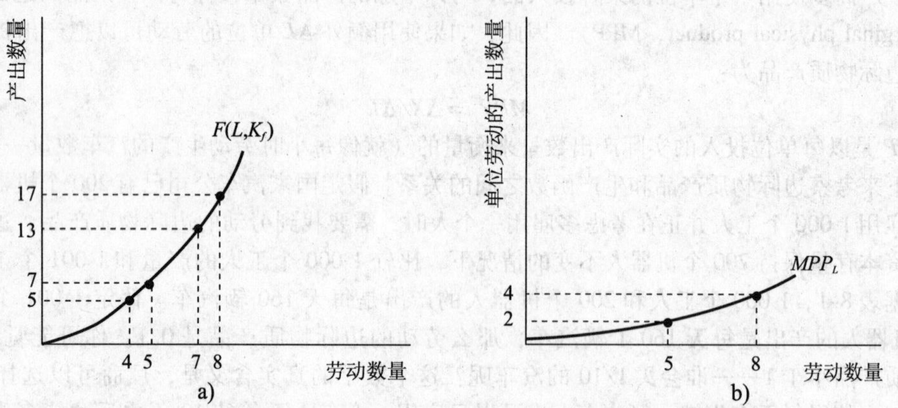

图 8-4 总产量和边际产量与边际报酬递增的劳动之间的关系

注：总产量曲线的斜率是劳动的边际物质产品。当厂商的技术表现为对劳动边际报酬递增时，总产量曲线会随着劳动力数量的增加而变得陡峭，边际物质产品曲线是向上倾斜的

为了观察这条曲线与边际物质产品之间的关系，假定厂商雇用 4 单位劳动力。从横轴上劳动单位为 4 的点向上读取在产量曲线上对应的纵轴数据，得到厂商生产 5 单位产品。如果厂商多雇用一单位的劳动力，由图知将可以生产 7 单位产品。生产中增加一单位劳动力数量会导致产出增加 2 单位。因此，总产量曲线的斜率是 $(7-5)/1=2$。因为劳动的边际物质产品也是 2，也正说明总产量曲线的斜率（保持资本不变而改变劳动力的数量）等于劳动的边际物质产品。劳动的边际物质产品曲线如图 8-4b 所示。

当厂商的技术对劳动表现为递增的报酬时，随着这种要素投入的增加，总产量曲线上升得更快。随着雇用的劳动力数量增加，总产量曲线也越来越陡峭。因为 MPP_L 曲线的高度等于总产量曲线的斜率，图 8-4 中的劳动边际物质产品曲线是向上倾斜的。

2. 边际报酬不变 现在考虑一家法律咨询公司。不管公司再雇用多少名其他律师，每个受雇的律师每天可以为 20 位顾客提供咨询。因此，无论公司雇用多少名律师，劳动的边际物质产品是每天 20 人次。当一种要素的边际物质产品不随要素使用量的改变而改变，那么该技术就表现为**边际报酬不变**（constant marginal returns）。边际报酬不变时，边际物质产品曲线的高度保持不变，曲线是水平的，如图8-5所示。

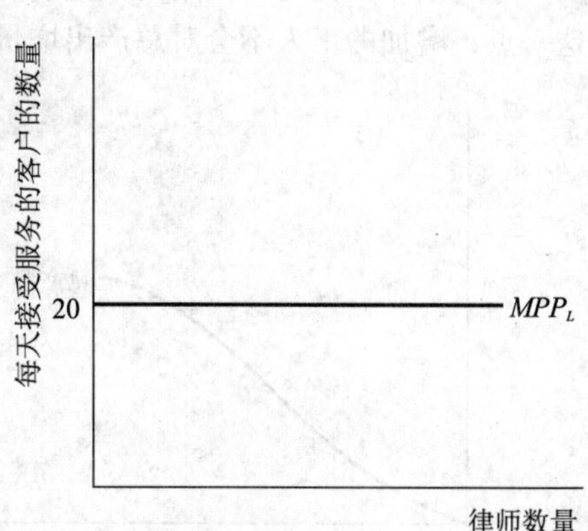

图8-5　劳动边际报酬不变

注：当技术表现为边际报酬不变时，劳动的边际物质产品不受雇用的劳动力数量的影响，边际物质产品曲线水平。

3. 边际报酬递减　作为边际报酬如何变化的第三个例子，考虑一个种番茄的农场主如何做出一个短期生产决策：她有一定面积的土地，正考虑雇用多少劳动力。随着雇用的劳动力增多，工人就能更好地对农作物施肥、浇水、除草以及收割。由此可见，番茄的总收入上升。图8-6a，说明了这种情况。随着雇用的劳动数量增加总产出也增加，然而增加的速度下降——在某些点，农作物浇灌和除草工作已经很完善，所以上升的空间变小。换句话说，保持其他要素不变，劳动的边际物质产品随雇用劳动力数量的上升而下降。这种随着投入水平上升，其边际物质产品下降的技术表现为**边际报酬递减**（diminishing marginal returns）。相应的 MPP_L 曲线如图8-6b所示。因为这条曲线的高度衡量了多雇用一个工人的贡献，而这种贡献随着工人数量的增加而下降，MPP_L 曲线向下倾斜。由此得到总产量曲线的斜率和边际产量曲线高度之间的关系：随着总产量曲线越来越平坦，边际产品曲线向下倾斜。

再次注意，虽然边际报酬递减，但是总报酬在上升（如图8-6a所示）。尽管增长率随工人数量的上升而不断下降，但总体上，增加的工人越多，生产的番茄就越多。在图8-6b中，总报酬的上升表现为正的 MPP_L 曲线；总报酬以增长率下降的方式上升表现为 MPP_L 曲线向下倾斜。

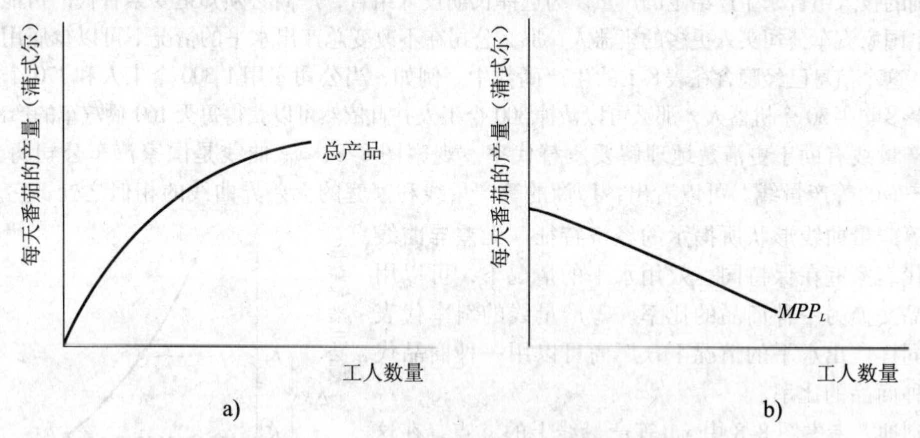

图8-6　劳动的边际报酬递减

注：当一项技术表现为边际报酬递减时，边际物质产品曲线随着投入品数量的上升而下降，但是曲线依然为正值。因为边际物质产品曲线的高度是总产品曲线的斜率，总产品的数量会随着工人数量的上升而增加，但是上升的速度不断下降（曲线随着劳动力数量的增加而变得越来越平缓）。

4. 边际报酬的类型变换　虽然已经单独考察了每一种情况，但在不同的投入水平，某一生产函数可能表现为三种不同类型的边际报酬形式。如图8-7所示的国家汽车公司的技术情况。在最初阶段，边际报酬递增，然后在一个很小的范围内边际报酬不变，紧跟着在一定范围内边际报酬递减。图8-7a为这种类型的边际报酬的总产品曲线，图8-7b为边际报酬曲线。

还有很多例子符合这个类型。例如，将这个案例用于工厂雇用劳动。在较低劳动力水平，工人会难以操作机器并确保装配过程顺利进行。开始时只有少量的工人，增加的工人对总产出产生越来越大的影响——劳动的边际回报率上升。然而，在某一点，更多工人会导致利用率的下降。

工人超过生产线上可以使用的数量，因为只有这部分人可以使用给定的机器设备工作。一旦达到这一点，增加的工人不会对总产出增量带来任何贡献。换句话说，新增劳动力的边际报酬下降。

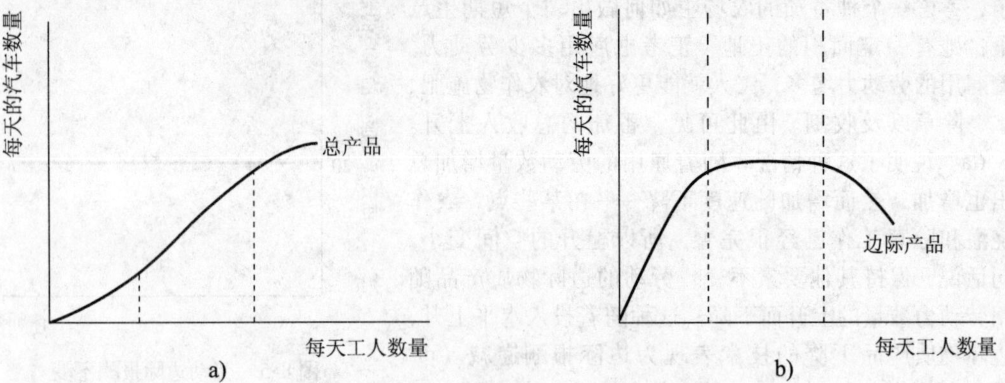

图 8-7 国家汽车公司的劳动总产品和边际产品曲线

注：图中展示了最具有一般性的情况：最初边际报酬递增，然后在一定范围内边际报酬不变，接着在一定范围内边际报酬下降。

8.2.2 边际技术替代率

在长期，厂商要同时改变多种投入品水平。像之前提到的，需要回答一个基本问题，即厂商如何选择正确的投入组合来生产给定的产量。为选择长期投入组合，厂商必须知道要素替代的可能性。例如，如果国家汽车公司买入更多的机器人，那么公司在不改变总产出水平的情况下可以少雇用多少劳动力呢？这个信息已经隐含在表 8-1 的生产函数中。例如，当公司雇用 1 300 个工人和 170 个机器人时，如果多购买 30 个机器人，那么可以裁掉 300 个工人并且依然可以获得每天 160 辆汽车的产出。

等产量线有助于更清楚地理解要素替代率。观察图 8-8，x_{180} 曲线是国家汽车公司每天生产 180 辆汽车的等产量线。可以看出，厂商的等产量线和家庭的无差异曲线的相似之处，它们有助于理解等产量曲线形状所揭示的经济特征。无差异曲线的斜率代表家庭在保持同一效用水平的情况下，可以用一种商品交换另一种商品的比率。等产量线的斜率代表在生产同样产出水平的情况下，厂商可以用一种商品代替另一种商品的比率。

特别地，考虑图 8-8 中 x_{180} 等产量线上的 g 点，在这一点上，国家汽车公司雇用 L_g 的工人和 K_g 的机器人。假定国家汽车公司决定将增加雇用工人数量 ΔL，即提高至 L_h，并以此替代一些机器人。公司仍然要每天生产 180 辆汽车，那么它能够少使用多少机器人？在图中可以找到答案，从横轴的 L_h 向上找到等产量线上的 h 点，然后读取纵轴上的 K_h。由图可知，每天生产 180 辆汽车需要的机器人数量下降了 $\Delta K = K_h - K_g$。因为公司减少使用机器人，所以 ΔK 是负值。前面已经指出，公司可以用 ΔL 的工人代替 ΔK 的机器而不影响产出水平。换句话说，在 g 点，公司能够以 $-\Delta K/\Delta L$ 的比率用一种投入品替代另一种投入品。根据定义，$\Delta K/\Delta L$ 是等产量线在点 g 的斜率。由

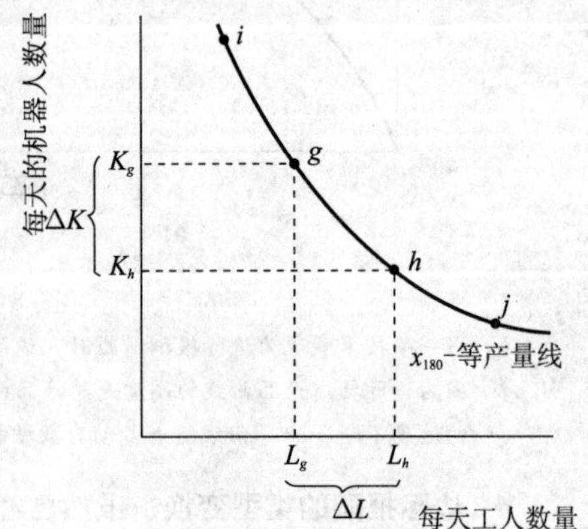

图 8-8 要素替代

注：如果国家汽车公司增加劳动力 ΔL，从 L_g 到 L_h，然后公司能够减少机器人使用 ΔK，从 K_g 到 K_h，并且仍然可以每天生产 180 辆汽车，在点 g 附近，公司可以用机器人替代劳动力，替代率为，$K_g - K_h$ 机器人每 $L_h - L_g$ 工人。

此得出结论，等产量线的斜率乘以 -1 得到一个比率，在这一比率上，可以使用技术进行一种要素对另一种要素的替代，这一比率被称为**边际技术替代率**（marginal rate of technical substitution, MRTS）。边际技术替代率完全类似于家庭的边际替代率，加入技术是为了区分这两个概念。

1. 要素替代率的两种极端情况 边际技术替代率是生产技术的一个非常重要的特征。为了巩固对生产函数和等产量线如何表现要素替代的理解，下面来看两种极端的情况。

（1）情况Ⅰ：完全替代。假定一家运输公司的卡车使用普通汽油 G 时，每加仑运行 10 英里，使用汽油酒精 H 时，每加仑运行 8 英里，而无论使用哪种燃料，发动机的维修费用相同。该公司的生产函数可以用公式 $F(G, H) = 10G + 8H$ 表达。那么相关的等产量线是什么样子呢？为了思考这个问题，选定一个产出水平，假定运输 200 英里，那么汽油和汽油酒精应该怎样组合呢？根据生产函数，能实现 200 英里递送的组合可以用等式 $10G + 8H = 200$ 表达。这些组合的轨迹是一条直线。在图 8-9 中，汽油的加仑数用横轴表示，汽油酒精的加仑数用纵轴表示。将 H 值固定于 0，可以发现横轴的截矩满足 $10G = 200$ 的情况，因此，横轴的截矩是 20（200/10）加仑汽油。同样，纵轴的截矩是 25（200/8）加仑的汽油酒精。由此可知，x_{200} 等产量线的斜率是 -5/4。

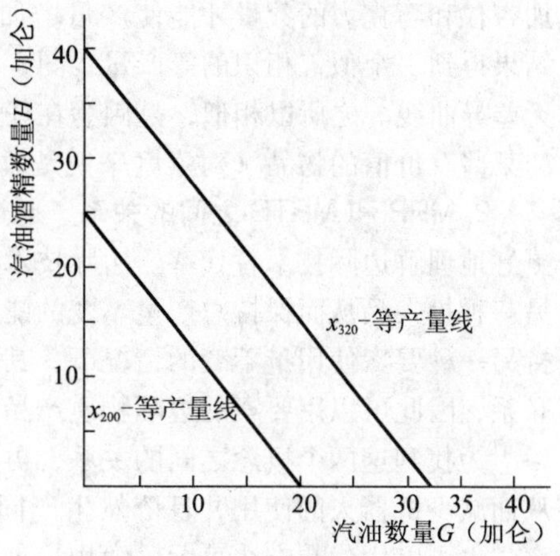

图 8-9 完全替代

注：如果一项技术对两种投入品有不变的边际技术替代率，那么最终的等产量线是直线。因为汽油和汽油酒精总是能在同一比率上彼此替代，它们在这项应用中完全替代。

现在任意找到另一个产出水平，比如运输 320 英里。这条等产量线在图 8-9 中记为 x_{320}。因为公司必须在汽油和汽油酒精的众多组合中做出选择，以使总英里数相加达到 320，这样的等产量线可以表达为 $10G + 8H = 320$。像前面一样，等产量线是一条斜率为 -5/4 的直线。实际上，当生产函数为 $F(G, H) = 10G + 8H$ 时，每一条等产量线都是一条斜率为 -5/4 的直线。

-1 乘以等产量线的斜率等于边际技术替代率。因此，当生产函数为 $F(G, H) = 10G + 8H$ 时，无论何种产出水平，也无论厂商选择怎样的投入组合，边际技术替代率永远都是 5/4。由此说明，无论公司共使用多少燃料，作为产出运输服务的投入品，可以用 1 加仑汽油代替 1.25 加仑的汽油酒精。因为汽油和汽油酒精总能够在同一比率下相互替代，所以对这项技术来说汽油和汽油酒精是被认为是**完全替代**（perfect substitutes）。更一般的，无论何时，只要两种投入品表现为不变的边际技术替代率，那么这两种投入品就被认为对彼此完全替代。

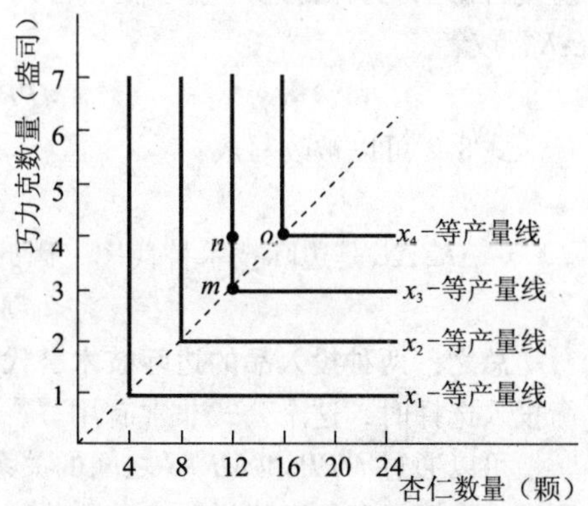

图 8-10 不存在要素替代

注：当两种投入品必须按照一个不变比例一起使用时，不存在要素替代的可能性，而且所有等产量线都是直角折线，这些折线位于一条从原点出发的射线上，这条射线的斜率等于两种投入要素的搭配比。

（2）情况Ⅱ：不存在要素替代。下面考察与完全替代相反的极端。有一家糖果公司，用两种投入品即巧克力和杏仁来生产特色产品——美味杏仁。食谱要求每一颗美味杏仁严格使用 4 颗杏仁和 1 盎司巧克力——不能多也不能少。那么与美味杏仁的生产函数相关的等产量线是什么？在图 8-10 中，横轴表示杏仁的数量，纵轴表示巧克力的盎司数。据此图，这些等产量线都是直角折线，且位于一条从原点出发的斜率为 1/4 的射线上。为什么？假定这家公司在 m 运营，这一点上用 12 颗杏仁和 3 盎司巧克力来生产 3 个美味杏仁。如果公司正打算购买另外一盎司巧克力，并且保持杏仁的数量不变（如图中 n 点），它的产量会如何变化呢？根本不会变化。杏仁和巧克力需要按照固定比例4:1来使用。多余的巧克力是无用的，因为公司会在生产3个美味杏仁后耗尽全部的杏仁。因此，产量保持不变，而且根据定义，点 m 和点 n 在同一等产量线上。同样，所有在 m 正上方的点都和 m 在同一条等产量线上。同理，从 m 点开始，如果公司购买更多的杏仁而保持巧克力的数量不变，产量不会增加；因此，所有在 m 点正右方的点都和 m 在同一条等产量线上。因为不可能用巧克力代替杏仁，在这个范围内边际技术替代率为零。由图8-10看出，当一种投入品不可能替代另一种投入品时，等产量线是直角折线。只有同时增加杏仁和巧克力的数量才能使产量增加。在图8-10中，这样的增长表现为从 m 点移动到 o 点。结果得到一个似曾相识的等产量线图。回到第2章，当两种商品完全互补时，一个家庭有同样的无差异曲线。之所以相似，是因为在任一情况下，都存在必须按固定比例投入的两种要素，以生产某些有价值的物品（对家庭来说是效用，对厂商来说是产品）。

2. MPP 和 MRTS 之间的关系　通过考察边际技术替代率与边际物质产品之间的关系，可以更好地理解边际技术替代率。边际技术替代率描述了厂商增加一种投入品而同时按这个比率减少另一种投入品从而保持总产量不变的能力。边际物质产品说明当厂商增加一种要素的使用量而保持另一种要素使用量不变的情况下，其产出会发生什么变化。这是两个不同的概念，但彼此存在联系，因此可以用要素的边际物质产品来表达边际技术替代率。

为找到这两个概念之间的关系，再来看国家汽车公司的例子。如果厂商增加劳动力雇用量，从而减少机器人的使用并且依然生产同样数量的汽车。图8-8中用等产量线的斜率表示了替代率。也可以用代数方法表示厂商用一种要素替代另一种要素的比率。为此，首先规定当每个新增工人使产出增加 MPP_L 时，厂商多雇用 ΔL 的工人，总产出增加 $MPP_L \times \Delta L$。例如，如果劳动的边际物质产品为1/2而公司多雇用2个工人，那么这次雇用的结果是厂商每天多生产1辆汽车。减少使用机器人，直至这种减少给产出带来的损失抵消了多雇用劳动力带来的产出增加。如果厂商少雇用 ΔK 的机器人，总产出就会减少 $MPP_K \times \Delta K$（因为机器人的数量正在减少，ΔL 是负值）。因此，为保持总产量不变，公司必须选择 ΔL 和 ΔK 以使得 $MPP_L \times \Delta L$ 恰好抵消 $MPP_K \times \Delta K$，或者

$$MPP_L \times \Delta L + MPP_K \times \Delta K = 0 \tag{8-2}$$

式8-2可以被改写成：

$$-\Delta K/\Delta L = MPP_L/MPP_K \tag{8-3}$$

$-\Delta K/\Delta L$ 是边际技术替代率，因此由式（8-3）得

$$MRTS = MPP_L/MPP_K \tag{8-4}$$

总之，两种投入品的边际技术替代率等于两种投入品的边际物质产品之比。在考察厂商的均衡投入选择时，这个公式非常有用。

可以通过 *MPP* 和 *MRTS* 之间的关系来理解等产量线的一般形状。图8-8中的等产量线弯向原点。在第2章，已经说明这种形状的无差异曲线表现为边际替代率递减。同样，图8-8中的等产量线表现为**边际技术替代率递减**（diminishing marginal rate of technical substitution）。沿等产量线移动，随着劳动数量的上升和资本数量的下降，*MRTS* 也下降。例如，在 i 点，$MRTS = 4$，而在 j 点，$MRTS = 1/6$。大多数技术表现为边际技术替代率递减。这种类型凭感觉是合理的，因为已知边际物质产品普遍递减。在 i 点，相对于劳动量，厂商使用了大量的资本。因为资本相对充裕，其边际物质产品相对劳动的边际物质产品来说较低。因此，厂商会放弃一些资本来换取更多的稀缺资源即劳动，此时的等产量线非常陡峭。在 j 点，正好相反。相对资本而言，厂商正雇用大量的劳动。此时，与劳动相比，资本的边际物质产品较多。因此，厂商可以减少少量的资本来换取更多的劳动，所以等产量线相对平坦。

8.2.3 规模报酬

边际技术替代率说明当厂商为保持产量不变，按照这个比率用一种要素替代另一种要素时会发生什么，这是在长期中选择最佳途径来生产给定产量的一个重要性质。厂商也需要考虑如何才能生产更多的产品。很明显，对于一个公司而言，得到更多产品的途径之一是按比例增加其所有投入品。假定国家汽车公司最初使用1 000个工人和200个机器人每天生产160辆汽车。如果它将所有投入品翻倍，那么每天可以生产多少辆车（也就是说，如果使用2 000个工人和400个机器人）？显然总产出会增加。但是它会是原来的2倍，少于2倍，还是多于2倍呢？当厂商以同样的比例调整所有投入品水平时（这里，每一种都翻倍），厂商就被认为改变了经营规模。更一般地说，给定一个初始的投入水平集合，我们会问，如果厂商通过按同一比例改变两种投入品的水平来改变经营规模，那么会发生什么？当厂商按某一比例增加所有投入品时，产出增加的比率被称为**规模报酬系数**（degree of returns to scale）。因此有三种情况：规模报酬不变、规模报酬递增和规模报酬递减。

1. 规模报酬不变 当存在**规模报酬不变**（constant return to scale）时，总产量完全按照所有要素增加比例而增加。如果厂商将使用的所有要素翻倍，那么总产量也会翻倍。如果厂商将所有投入品的水平减少1/3，那么总产量也会下降1/3。前面已经有一个规模报酬不变生产函数的例子。美味杏仁的生产函数表明巧克力和杏仁必须完全按照4:1的比例使用。假定这家公司最初使用15盎司巧克力和60颗杏仁进行生产，因为每个美味杏仁需要1盎司巧克力和4颗杏仁，所以可以用这个投入组合生产15个美味杏仁。如果将使用的两种投入品都翻倍，产出也会翻倍；使用30盎司巧克力和120颗杏仁，可以生产30个美味杏仁。

2. 规模报酬递增 对很多厂商而言，总产量上升的比例高于要素增加的比例。例如，投入品翻倍可能会使产量变为原来的3倍甚至4倍，即**规模报酬递增**（increasing returns to scale）。例如，铁路的生产函数表现为规模报酬递增。据估计，伊利诺伊中心湾铁路的规模报酬系数为2.73，也就是说，将铁路的所有投入品翻倍，那么每种要素会使产出增长5.46。相比，联合太平洋铁路和艾奇逊－托皮卡－圣菲铁路的规模报酬系数分别为3.33和2.39。

规模报酬递增可能有许多原因，其中一个最主要的原因是，厂商在较大规模下运营可以实现广泛的专业化。例如，如果国家汽车公司只使用两个工人和一个机器人，他们必须出现在生产汽车需要的所有工作中。因为有大量不同的工作需要他们去做，所以这些工人不可能成为特定工作的熟练工人。当公司雇用600个工人和300个机器人时，事情发生了改变。现在，每个工人被分配到他所擅长的那份有限的工作中去。同样，公司支付费用来购买专业化的设备。结果，可以预期国家汽车公司每个人和每个机器人的产量会随着生产规模的增加而上升。换句话说，随着厂商规模扩大，产量增速大于投入品增量。

大规模、高容量生产还有另外一个优势。许多研究发现，随着工人从生产一种产品中得到的经验越来越多，其生产率显著上升。凯泽尔（Kaiser Permanente）是美国最大的医疗组织。因为有庞大的规模，其外科医生可以专业化——每个人负责一项特定的手术。这样，一个外科医生可以从特定的手术中获得丰富的经验，从而提供高质量的手术并且极大地减少提供医疗服务的成本。类似的经验同样适用于对机器的学习上，随着管理者从生产中得到的经验增多，他们开始更好地使用机器进行有效的生产，并使每台机器的产量上升。

经济中规模扩大的第三种类型存在于包含流动液体的产业，比如化工和熔钢。一个水槽的体积呈变长的立方增长，而表面积（它决定了制造这个水槽需要的材料数量）呈平方增长。因此，制造一个体积为原来8倍的水槽只需原来4倍的材料。类似的情况也发生在厂房的建造上，由此可见，大工厂每平方尺的造价比小工厂低。

3. 规模报酬递减 当一个厂商按照某一比例增加所有投入品并且总产量以小于这一比例增

长时，这项技术被归为**规模报酬递减**（decreasing returns to scale）。一些经济学家认为不该存在任何规模报酬递减的事情。为究其原因，假定厂商将使用的所有投入品翻倍。如果没有其他情况，可认为该公司像两个公司一样经营，每一个的规模等同于原公司。通过这种方式，产量会像前面一样简单的变为原来的2倍。简单地说，厂商可以自我复制，但没有理由说明会规模报酬递减。

很难用两个重要的观察来推翻这个很有说服力的论断。第一，许多实证研究表明，一些技术表现为规模报酬递减。例如，伯恩特、弗里德兰德和蒋在分析通用汽车公司的生产函数时发现，规模报酬系数为0.633——所有投入品翻倍只会使每种要素的产量增加1.2。他们还发现福特汽车（0.758）和克莱斯勒汽车公司（0.753）也存在规模报酬递减。第二，随机观察表明，大公司会由于庞大难以操控的组织机构而变得效率低下。由此可以联想到，目前正在缩小规模的一些工业巨头，如通用汽车和IBM。[㊀]

一种潜在的解释是，大公司可以和小公司有同样低的成本，如果管理者选择这样做。这种解释基于管理者更喜欢控制庞大集中的组织，而不是许多自治的分公司。这样，公司运行的低效率就与生产函数所描述的潜在技术无关；相反，低效率来自上一章讨论的管理者控制问题。

规模报酬递减的另一种可能解释是，实证研究没有将某些投入品列入考虑范围。实证研究只考虑哪些容易衡量的投入——工人数量、钢铁吨数等。然而，还存在许多难以量化的投入品，比如企业家能力。为什么这些被遗漏的投入品扭曲了实证研究的发现呢？因为小公司会比大公司使用更多的未衡量投入品。因此，或许小规模的优势只是假想。这里需要讨论的是，如果真的将所有因素包括那些难以衡量的都考虑进来，那么实证研究就不会发现规模收益递减规律了。

本着务实精神，本书将同时考虑实证研究和一般观察，而且在本书的其他部分也包含了对规模报酬递减技术的思考。

4. 规模报酬图解 我们可以利用等产量线在图中表示规模报酬系数。如图8-11中a点的投入组合，16单位资本和12单位劳动。一条从原点出发经过这一点的射线的斜率为4/3（16/12），它表示了所有同a点的劳动和资本具有相同比例的投入组合。例如，点b代表8单位资本和6单位劳动的组合，又一次使用了4∶3的资本和劳动比例。因为都按照同一比例使用两种投入品，所以这条线上所有点的区别只在于公司的生产规模不同。

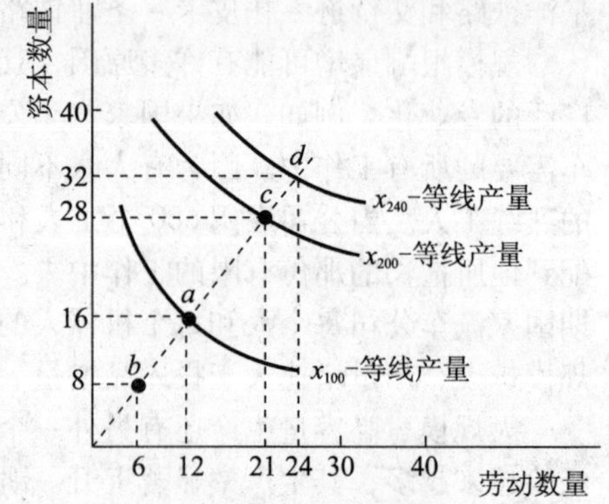

图8-11 规模报酬递增

注：当厂商将其规模翻倍，从使用12单位劳动和16单位资本发展到使用24单位劳动和32单位资本时，产量大于原来的2倍。产量从原来的100产出单位变为240产出单位。技术表现为规模报酬递增。

点a的组合位于x_{100}等产量线上，即公司用12单位劳动和16单位资本生产100单位产品。为使产量达到200单位，公司要沿着这条射线走多远？答案可以通过画x_{200}等产量线来找到，已在图中表示出来。找到x_{200}等产量线和从a点出发的射线的相交处，得到按资本和劳动4∶3的比例，公司需要用图中c点所示的投入组合来生产200单位产品。这一投入组合包括28单位资本和21单位劳动，少于生产100单位产品时所使用的投入组合的2倍。这表明图8-11表示的等产量线的技术属于规模报酬递增。当公司可以只使用原投入量的7/4生产原来产量的2倍时，如果公司将投入品翻倍，那么产量肯定会大于原来的2倍。事实上，从图中可知，如果公司将规模翻倍即使用24单位劳动和32单位资本，那么产量会上升到240单位。

相反，图8-12画出了一条规模报酬不变技术的等产

㊀ 在某些方面，IBM正像早些时候被建议的那样，试图通过像一系列小公司那样经营来避免低效率。

量线：为了使产量翻倍，厂商必须精确地将使用的两种投入品翻倍。从 X_g 等产量线上的 g 点开始，厂商需要精确地将投入水平从 L_g 和 K_g 提高到位于 $2X_g$－等产量线上的 h 点。

5. 边际报酬与规模报酬　边际物质产品曲线的形状（边际报酬的类型）和规模报酬系数都反映出当投入水平改变时总产出会如何变化。但是必须意识到一个重要的问题，规模报酬系数不依赖于边际物质产品曲线的形状。边际物质产品曲线反映的是单独一种要素的变化产生的影响，而规模报酬关注的是所有要素同时按同一比例变化产生的影响。

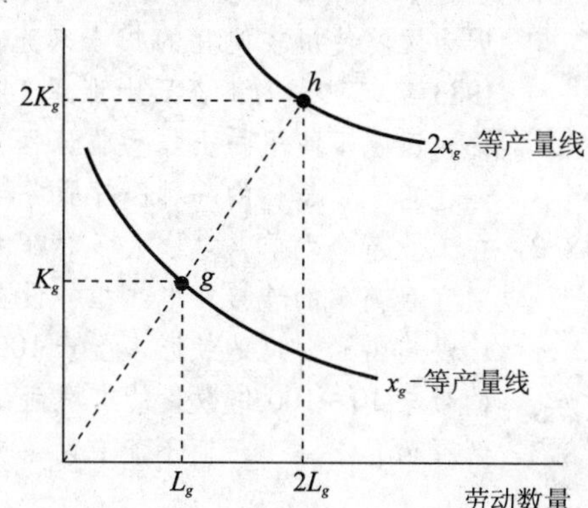

图 8-12　规模报酬不变

注：厂商从 X_g－等产量线中的 g 点开始生产。为了使产出水平翻倍，厂商需要精确地使投入水平翻倍，即从 L_g 和 K_g 到 $2X_g$－等产量线上的 h 点。这项技术属于规模报酬不变。

一个没有任何替代的生产函数绝好地说明了这个差别。再次看美味杏仁的生产函数。食谱要求每个美味杏仁必须严格使用4颗杏仁和1盎司巧克力。假定公司现在有20颗杏仁。如果巧克力小于5（20/4），其边际物质产品等于1，通过增加另外一盎司巧克力，公司会拥有足够的两种投入品来多生产一个美味杏仁。但是如果巧克力大于或等于5，增加一盎司巧克力对公司可以生产多少没有任何影响——没有足够的杏仁来生产更多的美味杏仁。因此，当巧克力大于或等于5时，其边际物质产品为零。类似的，假定公司有8盎司巧克力，如果杏仁的数量小于8，其边际物质产品为1/4，而如果杏仁的数量大于或等于8，其边际物质产品为0。对杏仁和巧克力来说，要素的边际物质产品急剧下降——下降到零！虽然这看起来有些惊人，但这一事实并不意味着存在规模报酬递减。实际上，这项技术表现为规模报酬不变。

小结

在第7章，可以看出了解厂商的结构对理解厂商行为非常关键。第8章分析了厂商的生产技术，这是说明成本曲线是必要的第一步。

- 生产函数总结了厂商的技术机会，说明厂商在给定的投入组合下可以生产的最大产量。
- 生产函数可以用等产量线表示。等产量线是表示生产同一产量水平的所有可能的投入组合的曲线。对每一个产量水平都有一条不同的等产量线。
- 在短期，只有一种投入品是可变的。生产函数通过说明需要多少可变投入品来生产期望的产量来指导短期生产决策。
- 在长期，所有的投入品都可变。生产函数通过说明厂商哪个投入组合可以生产预期产量来指导长期生产决策。因此，生出函数表明什么样的替代可能性是可行的。
- 生产函数有许多重要的特性。边际物质产品衡量了在其他投入品水平固定不变的情况下，厂商使用的一种要素增加一单位时，产出会增加多少。
- 边际技术替代率说明厂商保持产量不变时可以用一种投入品替代另一种投入品的比率。两种要素的边际技术替代率能够表示为这两种要素的边际物质产品之比。
- 规模报酬系数衡量了当厂商按同一比例同时扩大或缩小所有投入品时，对产出会有何影响。

讨论题

8.1 在过去10年，接受过培训的护士一直存在“缺口”。根据一些医疗经济学家的研究，这是因为医院使用较便宜的护士来充当非护理人员的角色。1987年，一位专家说：“因为从1983年起护士的工资只上涨了14%，而医院其他雇员的工资上升了20%，我只能得出结论，医院正使用护士作为临床医生、药剂师、秘书和维修工的替代品来降低成本。”这一陈述暗示了怎样的一种医疗服务生产函数？

8.2 在工业革命之前，电线大多数都由手工制造，一个铁匠生产量很低。然而，“给铁匠一个便宜且简单的连接在电线拉伸设备上的五马力蒸汽机。使用这种新的动力来源，铁匠可以比没有得到协助的铁匠多生产100倍的电线。在下一年，一两英镑的机器投资可以很容易的带来10~100倍数量的有用商品。”使用边际物质产品递减的概念解释发生了什么？

8.3 解释为什么一个厂商不能有两条交叉的等产量线？一个厂商的等产量线能够一直向上倾斜吗？

8.4 假定番茄生产使用两种投入品生产：劳动和土地。

a. 为番茄生产描绘一张等产量图。

b. 最近，科学家宣布已经发现了一种改变番茄基因的方法，因此它们可以比普通的蕃茄在藤上待更长的时间，而不会成熟或老化。科学家指出这些番茄与现有番茄品种相比，运送中的损失明显减少。说明这一基因工程如何影响你在8.4（a）中画出的等差量线图。

8.5 考虑一家使用劳动和机器人装配电子烤面包机的公司。假定在1950年，机器人非常粗糙，它们在装配烤面包机时不起作用，所以装配工作完全由手工完成。画出这种情况下的等产量线图。现在假定，随着机器人设计和制造的进步，机器人可以替代劳动。画出等产量线图。如果机器人制造有了进一步的发展，一个机器人可以完成原来两个机器人的工作，那么先前画的等产量线图会如何变化？

8.6 填写下表中的空格。

总劳动量	总资本量	总产量	劳动边际物质产品
0	38	0	10
1	38	—	15
2	38	25	—
3	38	—	20
4	38	65	20
5	38	—	—
6	38	95	

8.7 考虑生产函数 $F(L,K)=3L\times K$。

a. 这一生产表现的劳动报酬类型是什么？资本呢？

b. 当资本量变化时，劳动的边际物质产品如何变化？

8.8 考虑一个生产函数为 $F(L,K)=\sqrt{L}\times\sqrt{K}$ 的公司。当使用9单位劳动和4单位资本时，产量是什么？如果将投入水平翻倍，产量将如何变化？如果最初的投入水平是 L_0 和 K_0，其产量是多少？这项技术表现为规模报酬递增，不变还是递减？

第9章 成本

你们谁想建造一座塔，为何不先坐下来计算一下成本，看看是否有足够的钱来完成它？

——路加福音

在上一章，日本汽车巨头丰田和尼桑在美国市场分别于1989年投入了一条新的汽车生产线。尼桑开创了英菲尼迪公司，丰田建立了雷克萨斯公司。每家公司都必须做出许多关于如何生产汽车的决策。例如，都必须选择生产车身的材料，它们都选择了铁。在选择使用多少劳动和资本时，两家公司做了完全不同的选择。英菲尼迪公司选择大量使用手工来生产Q45和M30。相反，雷克萨斯公司选择高度自动化的工厂来生产ES250和LS400。

这些公司是以什么为基础做出选择的呢？如果丰田想要在几个月内生产3 000辆雷克萨斯400s，那么必须确保足够的劳动、钢铁和其他投入品来进行生产。但是存在许多投入品组合可以实现这一产量，而且这些组合有不同的成本。例如，在生产线上使用劳动比使用机器人更昂贵。因为对厂商而言，较高的成本意味着较低的利润，所以追求利润最大化的厂商想要找到成本最低的可用投入品组合。

在本章，将要学习厂商如何在给定的产量水平下选择最佳投入品组合。也就是说，我们会研究一种方法，使厂商在给定的产量下选择最便宜的方式来生产。

知道厂商如何选择投入品对理解厂商如何做出产量的整体决策非常重要。特别是，根据厂商的投入品决策可以得出厂商的总成本曲线和相应的边际成本和平均成本曲线。就像在第7章中看到的那样，这些成本曲线在厂商的产量水平选择中具有关键作用。

9.1 短期成本

为了找到最佳的投入品组合和最终成本，厂商必须依照一个两步骤的程序。首先，需要鉴别选择。在上一章中，已经知道生产函数如何解释要素的哪种组合可以用来生产给定的产量。现在的问题是决定这些组合中哪一种可以以最低的（机会）成本生产出给定的产量。

正如在上一章中看到的，厂商做出投入决策的时间越长，选择就可能越多。由此可见，厂商的要素选择依赖于做出决策的时间。如果投入品的选择随时间发生改变，那么生产的总成本也会变化。因此，需要考虑调整时间来研究成本概念。就像在第3章中区分短期和长期的需求价格弹性一样，本章会区分短期和长期的生产成本。

回顾国家汽车公司的案例，它使用劳动和资本来生产汽车。该公司可以在几天内雇用和解雇工人，所以在短期内劳动是可变要素。相反，机器人在短期内是不变要素；订购和安装新增的机器人需要10个月的交货时间。假设公司有220个机器人，每天生产180辆汽车。为了生产这个产量，国家汽车公司必须使用x_{180}－等产量线上的投入品组合进行生产，如图9-1所示。当机器人的数量固定在220个时，x_{180}－等产量线上唯一可用的投入品组合就是（1 000，220）；也就是说，如果公司想要每天生产180辆汽车，在短期内，唯一的选择是雇用1 000名工人。因为在短期内只有一种要素可变，所以公司的投入决策相对简单。

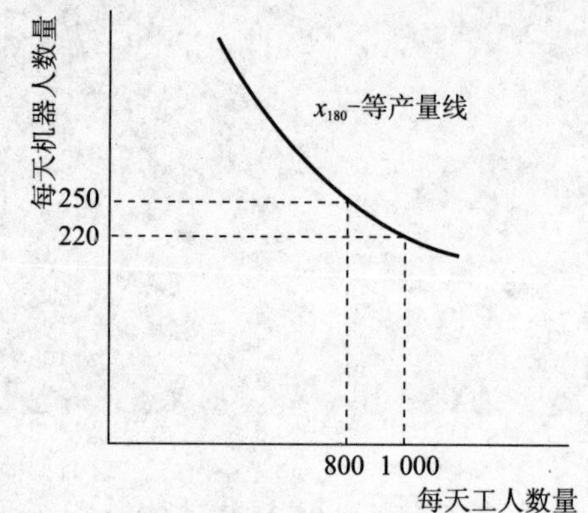

图9-1　选择短期的投入品组合

注：当国家汽车公司的资本存量在短期固定在220个机器人时，公司必须每天雇用1 000名工人才能每天生产180辆汽车。如果资本存量固定在250个机器人，国家汽车公司只需要雇用800名工人来实现每天生产180辆汽车。

一旦找到公司用于生产180辆汽车的投入品组合，就需要决定生产这些投入品所需的成本。在做这件事情时，需要记得为什么首先要计算成本：正如在第7章中看到的，厂商的成本曲线提供了对产量水平选择非常重要的信息。为了这个决策，必须使用厂商的经济成本。只要记住关键的一点：必须使用机会成本来衡量成本，那么计算生产180辆汽车的成本是非常简单的。特别是，假定每天每个机器人资本的使用成本为200美元，而每名工人每天的工资率是100美元。然后，当公司雇用1 000名工人和220个机器人时，在劳动上的花费是100 000美元（100×1 000），在资本上的支出为44 000美元（200×220）。因此，公司的要素总支出是144 000美元。但是144 000美元是公司生产180辆汽车的经济成本吗？不是。因为资本在短期内是不变要素，根据定义它没有任何可供选择的其他用途。因此，使用220个机器人生产的短期机会成本（真正的短期经济成本）为0美元[⊖]。只有花费在劳动上的10万美元是机会成本。由此可知，当公司的短期资本水平固定在220个机器人时，生产180辆汽车的总经济成本是10万美元。

对于资本支出的处理可能有些极端——它们根本不计入短期经济成本。这是由资本在短期内为完全不变要素的假设导致的。因为假定资本在短期内完全没有其他可供选择的用途，那么资本的短期机会成本为零。从另一角度看，在这种假设下，对于短期决策的制定来说，资本支出为沉没支出。

很多情况下，这只是一种近似的假设。通常，即使在很短的时间内，厂商也可以将资本用于其他用途。如果所有方法都失败的话，还可以将设备卖为废铁。然而，如果资本的机会成本为零，在短期内缺乏可供选择的途径，依然意味着短期的机会成本低于长期的机会成本。这里关键的一点是，要素可供选择的使用途径在短期内明显比长期受到更多限制，并且厂商用在这些投入品上的成本应该反映机会成本。因为包括所有的要点，所以应坚持短期机会成本为零的简单情况。

因为考虑的是厂商的短期决策，所以最终得到的成本水平被称为生产x的**短期经济成本**（short-run economic cost）。这个定义中的经济一词提醒我们，只需关注这些要素真正的经济成本，或机会成本。正因为如此，即使厂商对资本提供者的支付是必需的，这里也没有包括短期资本支付。

因为这一成本与用于生产的可变要素有关，所以短期经济成本也可称为**短期可变成本**（short-run variable cost）。经济成本和可变成本是同义词，因为如果厂商不能改变支出水平，那么它就是沉没成本，而不是经济成本。用VC_{SR}来表示生产x单位产品的短期可变成本，下标SR

⊖　为了简化，我们也假定使用机器人没有维修费用。

说明这是短期成本。

通过上述过程找到了我们所感兴趣的任意产量水平下的短期可变成本 x_0。这个过程总结如下：

(1) 画出与我们想找到的可变成本的产量水平相关的等产量线（图9-2中的 x_0-等产量线）。

(2) 标出资本在短期内的固定水平，称为 K_f。

(3) 通过这个固定的资本水平找到 x_0-等产量线上与 K_f 机器人相关的点（图中的点 a）。

(4) 用第 (3) 步中找到的劳动力数量乘以工资率来得到短期可变成本，$VC_{SR}(x_0)$。

为了找到整个短期成本曲线，我们只需要在每个产量水平上重复上面的步骤。

虽然它不是经济成本，但是有时对于寻找固定要素费用是有用的。正如在第7章看到的，这种费用与在短期内产量和如何生产无关；因为厂商的行为与这种费用无关，所以它对厂商的经济决策没有影响。既然它并不是真正的经济成本，又为何关注所谓的**短期固定成本**(short-run fixed cost)呢？因为厂商可以通过两条途径使用这条信息。首先，长期中所有的要素都可变，所以为了计划的目标，厂商需要关注所有投入品的费用。其次，固定成本除对计划未来的行动有用外，也可评价过去的行为。虽然在目前的短期内固定，但是固定生产要素是在过去某一时点选定的。通过考察可变成本和固定成本之和，也被称为**短期总成本**(short-run total cost)，是高于还是低于平均收益，厂商可以评价管理层在过去是否做出了正确的决策。这种评价对于决定管理层是否继续被聘用并对他们过去的表现给予奖励至关重要。总之，虽然焦点在于短期可变成本，但我们有时会关注短期总成本。

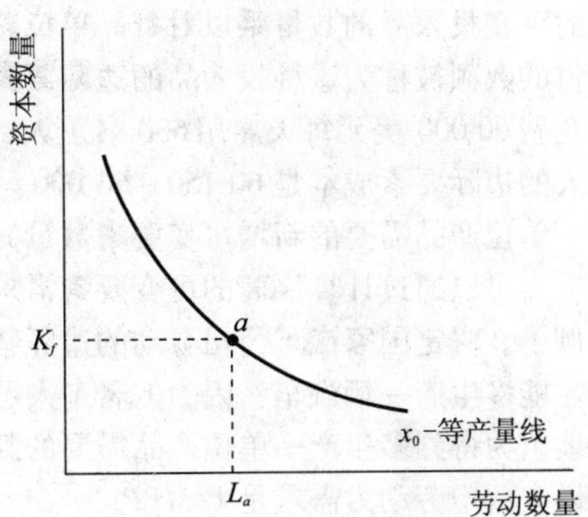

图9-2　找到短期可变成本

注：资本固定在 K_f，厂商必须雇用 L_a 单位的劳动力才能生产 X_0 单位的产品。因此，生产 X_0 单位产品的短期可变成本是 $w \times L_a$，w 代表单位劳动的工资。

9.1.1　短期成本的性质

1. **可变成本**　厂商的短期可变成本曲线是什么样的？有件事可以肯定，**即短期可变成本曲线向上倾斜**。为什么？因为厂商按照生产函数生产，不可能在没有任何付出的情况下得到什么——厂商要生产更多的产品就必须有更多的投入品，而更多的投入品就花费更多的成本。

短期可变成本的另一特征是其位置取决于短期固定资本的数量。重新考虑图9-1中每天生产180辆汽车的等产量线。根据该图，如果固定资本是250个机器人而不再是220个，那么公司只需要雇用800名工人而不再是1 000名工人来每天生产180辆汽车。因为短期可变成本简单的等于工资率乘以雇用的工人数量，所以生产180辆汽车的可变成本从10万美元下降到8万美元(100×800)。固定资本水平和短期可变成本之间的关系也适用于其他产量水平。有较高的资本存量，厂商可以少雇用一些工人来完成既定的产量，因此，资本的增加会导致厂商的短期可变成本曲线向下移动。

雇用更多的资本会降低经济成本，这个事实看起来有些不可思议。理解的关键在于谨记我们正在讨论短期经济成本，而衡量经济成本的正确方法是机会成本。由于资本在短期固定不变，因此它没有机会成本，但这并不意味着厂商应该无限制地大量购买资本。首先，在短期内做不到，资本是固定的。而且在长期，当厂商可以改变它的资本水平时，资本有正的机会成本：如果厂商不在机器人上花钱，那么它需要在其他事情上花钱。因此，在制定长期决策时，厂商会将资本支出包含在成本中。

2. 边际成本　一旦知道短期可变成本函数，就很容易得到其他类型的经济成本函数。在第7章，厂商的边际成本曲线对决定利润最大化的产出水平起到关键作用。因此我们定义**短期边际成本**（short-run marginal cost，MC_{SR}）是，多生产一单位产品带来的短期可变成本的变化[⊖]。

根据定义，边际成本来自可变成本，而可变成本来自于生产函数。因此可以知道，边际成本取决于正在使用的技术的特征，就像对生产函数的总结。为更清楚地认识问题，考察边际成本和边际物质产品之间的关系（它反映了生产函数的斜率）。如果厂商想要生产更多的产品，在短期就必须购买更多的可变投入品。因此，在短期，产品的边际成本等于厂商为生产额外产品而增加的可变投入品的数量乘以对每一单位新增可变要素支付的货币。厂商为每一单位新增可变要素支付的数额被称为这种投入品的**边际要素成本**（marginal factor cost，MFC）。例如，如果厂商能够花费60 000美元每天雇用600名工人，而雇用601名工人需要花费60 150美元，那么第601个工人的边际要素成本是60 150 - 60 000 = 150美元。用新术语表示就是，短期边际成本 =（多生产一单位产品需要的新增可变要素数量）×（可变要素的边际要素成本）。

可以通过计算厂商的可变要素需求量来更多地了解短期边际成本。首先考虑一个特殊的数值例子。假定国家汽车公司劳动的边际物质产品MPP_L是每人0.1辆汽车，公司需要雇用多少工人才能多生产一辆汽车？因为1名工人可以生产一辆汽车的1/10，所以需要新增10名工人。一般地，为得到多生产一单位产品需要的新增劳动量，用1（产量的增加额）除以MPP_L——也就是说，新增劳动力需求是$1/MPP_L$。

厂商为多生产一单位产品而增加的$1/MPP_L$单位劳动带来多少成本？根据定义，因为每单位新增劳动的成本是MFC_L，所以新增工人的总成本是

$$MFC_L \times 1/MPP_L = MFC_L/MPP_L \tag{9-1}$$

因为在短期内，劳动力工资是生产额外数量的产品的唯一经济成本，所以短期边际成本是：

$$MC_{SR} = MFC_L/MPP_L \tag{9-2}$$

例如，如果$MPP_L = 0.1$且$MFC_L = 150$，那么厂商需要雇用额外10名工人，工资成本增加1 500美元。短期边际成本是1 500美元。当然，如果在短期其他投入品是唯一的可变投入品，那么就用这种要素的边际要素成本和边际物质产品来计算短期边际成本。式（9-2）清楚地说明了技术（正如边际物质产品表示的）和边际成本之间的直接联系。

如果做出更现实的假定，即厂商在投入品市场上是价格接受者，那么可以更好地讨论技术和边际成本之间的关系。这意味着，厂商在不能影响购买的投入品价格时做出投入选择，并且能够在现行的价格下购买想要的任何数量的投入品。

（1）价格接受者的边际要素成本。价格接受者的假设有助于了解更多边际成本的性质，因为这个假设简化了边际要素成本的计算。假定现行的工资率是每天120美元。如果作为价格接受者的厂商每天多雇用一名工人，那么总工资费用会增加120美元，无论最初工人的雇用量。因此，劳动的边际要素成本——为了多雇用一单位劳动，厂商需要支付的数额——是120美元日工资。这一推理表明无论何时只要厂商是要素市场上的价格接受者，那么边际要素成本等于这种要素的价格。

（2）价格接受者的短期边际成本。我们正试图找到作为价格接受者的厂商的产品短期边际成本。假定现行的工资率是w。将等式

$$MFC_L = w \tag{9-3}$$

代入边际成本表达式（9-2），可以发现作为价格接受者的厂商生产额外一单位产品的短期边际成本是

$$MC_{SR} = w/MPP_L \tag{9-4}$$

⊖ 注意短期边际成本的一个等价的定义是，多生产一单位产品带来的短期总成本的变化；短期可变成本是短期总成本中唯一随着产量变化而发生变化的部分。

这个公式说明，其他条件不变，劳动的边际物质产品越高，产品的边际成本越低。这个结论很有意义。如果一名新的工人能够生产很多产品，那么就不需要雇用很多新工人来生产给定数量的额外产品，而且新增的产品也不需要耗费大量成本。

用式（9-4）来观察短期边际成本曲线的形状是如何依赖于劳动的边际物质产品曲线的形状。因为厂商的劳动边际报酬可能递增、不变或是递减，所以需要考虑三种情况。首先假定国家汽车公司的技术表现为劳动边际报酬递减，也就是说，随着雇用的劳动力数量上升，劳动的边际物质产品下降，这意味着 MPP_L 随着雇用的劳动量的增多而下降。但是根据式（9-4），当 MPP_L 下降时，MC_{SR}成本上升。因此，当生产函数表现为劳动边际产量下降时，短期边际成本曲线向上倾斜。在边际报酬递减的情况下，随着总产量的上升，多生产一单位产品需要的劳动量增量变大，因此它需要逐渐变大的劳动支出增量。图 9-3 表示了这个结果。

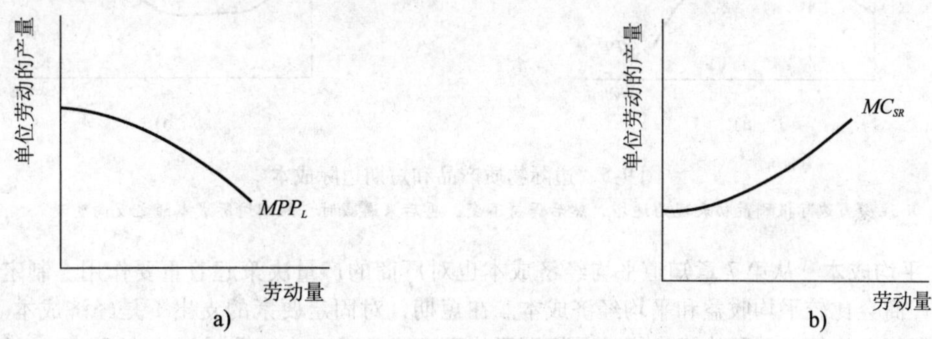

图 9-3　可变要素边际报酬递减与短期边际成本

注：当存在劳动边际报酬递减时，为了生产更多的产量劳动量增量逐渐变大。因此，当 MPP_L 曲线向下倾斜时，MC_{SR}向上倾斜。

一个数值例子可以说明这个结果。假设每天的工资率是 100 美元，国家汽车公司的投入品组合为劳动边际物质产品 0.1，每天生产 200 辆汽车。在每天 200 辆汽车的产量水平上，短期边际成本是 1 000 美元（100/0.1）。现在假设当国家汽车公司雇用足够多的新增劳动来每天生产 250 辆汽车，劳动的边际物质产品下降到 0.05。那么在每天 250 辆汽车的产量上，短期边际成本是 2 000 美元（100/0.05）。作为劳动边际物质产品下降的结果，产品的短期边际成本从 1 000 美元上升到 2 000 美元。

不是所有厂商的生产函数都表现为边际报酬递减。如果厂商的技术表现为劳动的边际报酬不变，那么 MPP_L 和 w/MPP_L 不会随着产量水平以及生产这一产量使用的劳动数量的变化而发生变化。在这种情况下，短期边际成本曲线是水平的，如图 9-4 所示。

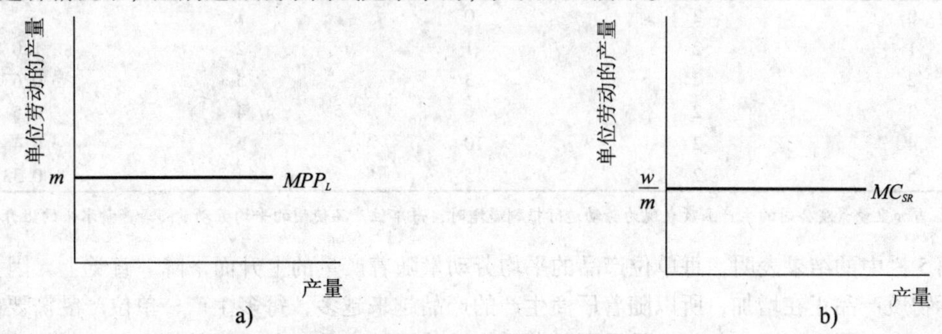

图 9-4　可变要素边际报酬不变与短期边际成本

注：当劳动的边际物质产品为 m 且不变时，每增加一单位产量，需要 $1/m$ 单位的新增劳动。因为每个劳动力获得的工资是 w，所以短期总成本上升 w/m。因此，在每个产量水平上，短期边际成本是 w/m。

在抛开边际生产率和边际成本的关系之前，考察一个重要的特例。像早前在生产函数的讨论中提到的，正常情况是最初边际报酬递增，但是最终转变为边际报酬递减（被称为边际报酬递减法则）。图 9-5a 表示这种技术的边际物质产品曲线，图 9-5b 表示相应的短期边际成本曲线。正如式（9-4）说明的，在边际报酬上升的最初范围内，短期边际成本下降。然而，一旦边际报酬递减到来，短期边际成本上升。

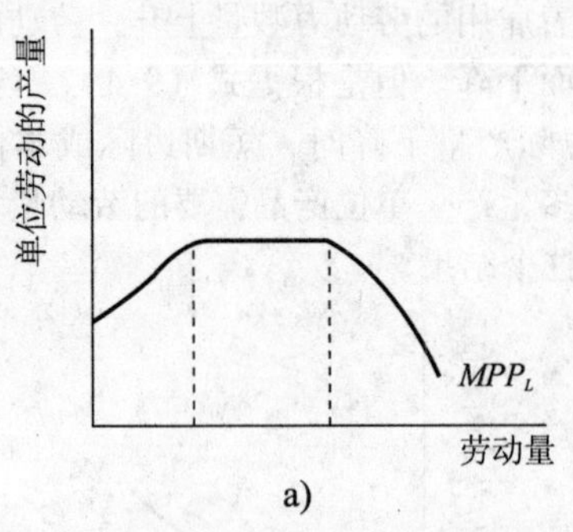

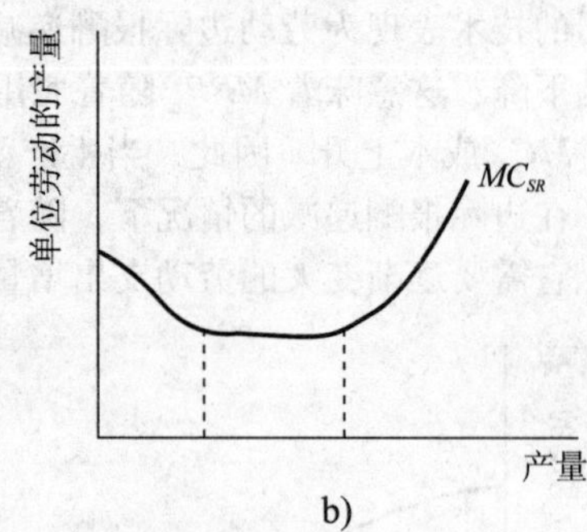

图 9-5　边际物质产品和短期边际成本

注：当边际报酬最初表现为递增，然后保持不变，再后来递减时，短期边际成本随之反向变动。

3. 平均成本　从第 7 章知道平均经济成本也对厂商的产量决策起着重要作用。制定停业决策时，厂商会比较平均收益和平均经济成本。在短期，对固定要素的支出不是经济成本。因此，制定短期停业决策时，平均成本指的是**短期平均可变成本**（short-run average variable cost），定义为短期可变成本除以生产的产品数量。使用 AVC_{SR} 来表示生产 x 单位产品的短期平均总成本，$AVC_{SR} = VC_{SR}/x$。

就像短期边际成本一样，当厂商是要素市场上的价格接受者时，短期平均成本与采用的技术相关。考虑一下表 9-1 的前三栏中表现的生产函数。这个生产函数说明了加里曼景观公司如何将劳动（用每月工人数量衡量）和拖拉机数量组织在一起为房东提供环境美化服务。如第 4 栏所示，这个生产函数表现为在任一投入水平上，劳动边际报酬递增——总产量随着雇用劳动的增多增长速率加快。用第一栏除以第三栏，得到单位产品使用的劳动的平均数量，如第 5 栏所示。

表 9-1　加里曼景观公司的生产函数

(1) 工人数量	(2) 拖拉机数量	(3) 每月景点数量	(4) 每单位新增 劳动的产量	(5) 每个景点使用 工人的平均数量
0	2	0	1	—
1	2	1	2	1.0
2	2	3	3	0.67
3	2	6	4	0.5
4	2	10	5	0.4
5	2	15		0.33

注：当加里曼景观公司的生产函数表现为劳动边际报酬递增时，每单位产品使用的平均劳动量随着产量水平的上升而下降。

第 5 栏中的结果表明，每单位产品的平均劳动量随着产量的上升而下降。直觉上，因为劳动的边际物质产品正在增加，所以随着厂商生产的产品越来越多，每多生产一单位产品需要的劳动就越来越少。因为新增一单位产品需要的劳动小于前面的产品，所以每单位产品的平均劳动量随着产出水平的上升而下降。

劳动力支出是短期经济成本的唯一组成部分，用来计算表 9-2 中的短期可变成本和平均可变成本。因为厂商是劳动力市场上的价格接受者，而且劳动力支出是短期可变成本的唯一组成部分，所以短期可变成本可以通过工人总量（栏2）乘以工资率（栏3）表示。例如，3个景点的短期可变成本是2×1 000 =2 000 美元，如栏4所示。短期平均可变成本可通过两种途径计算。第一，简单使用表9-2中栏4中的短期可变成本除以栏1中相应的产量数据来计算。例如，当产量为3个景点时，AVC_{SR} =2 000/3，或者667美元，如表9-2中栏5所示。另一个选择，可以通过使用表9-1中栏5中的数据乘以工资率来得到短期平均成本。当公司每月修建3个景点时，表9-1表明公司每个景点平均使用0.667名工人，因此每个景点的平均可变成本是667美元（0.667×1 000）。当然，这个结果与表9-2中栏5的平均可变成本相同。用第二种方法计算短期平均可变成本的原因是，它有助于理解平均可变成本曲线的形状。回忆一下，由于劳动边际报酬递增，所以单位景点的平均劳动量随着景点数量的上升而下降。因此计算短期平均可变成本的第二种方法表明当存在边际报酬递增时，平均成本会随产量上升而下降。这个结果在表9-2中第5栏得到证实。相应的短期平均可变成本曲线如图9-6a所示。

表9-2 加里曼景观公司的短期成本

(1) 每月景点数量	(2) 每月工人总量	(3) 月工资（美元）	(4) 短期总成本（美元）	(5) 每个景点使用工人的平均数量
0	0.0	1 000	0	—
1	1.0	1 000	1 000	1 000
2	1.6	1 000	1 600	800
3	2.0	1 000	2 000	667
6	3.0	1 000	3 000	500
10	4.0	1 000	4 000	400

注：在短期内，劳动上的支出是可变成本和平均可变成本的唯一组成部分。因此，如果 MPP_L 随产量上升，那么短期平均成本下降。

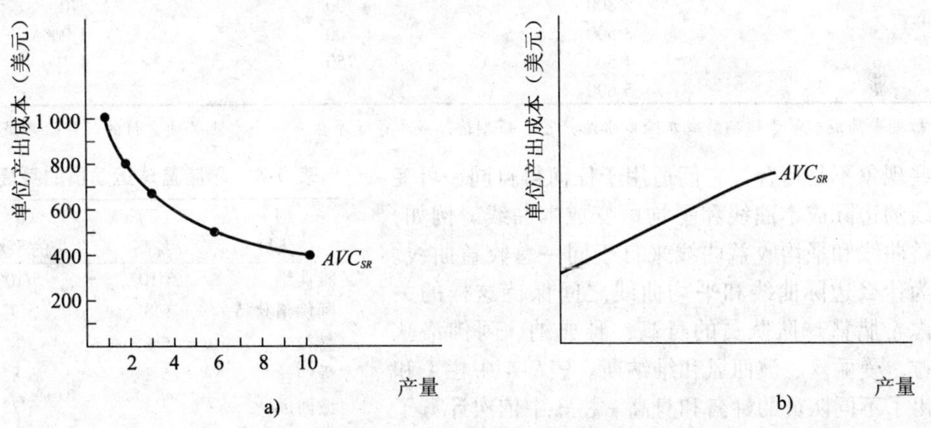

图9-6 边际产品和短期平均可变成本曲线

注：短期平均可变成本等于单位产品平均使用的劳动量乘以工资率。因此，如果一个厂商的技术在任何产量都表现为边际产品递增，短期平均可变成本随着产量的上升而下降（图9-6a）。如果厂商的技术在任何水平都表现为边际产品递减，那么平均可变成本随着产量的上升而上升（图9-6b）。

当厂商的技术在任何水平上都是边际产品递减时，情况就不同了。在这种情况下，随着总产量的上升，单位产品需要的劳动越来越多。因此，短期平均可变成本随着产量的上升而上升，如图9-6b所示。

有时用图表示**短期平均总成本**（short-run average total cost，ATC_{SR}）是有效的，定义为短期平均总成本除以产量。如图9-7所示，短期平均总成本和短期平均成本随着产量增大而趋向集中。这不是一种巧合。它们之间的差额等于**短期平均固定成本**（short-run average fixed cost, AFC_{SR}），定义为短期固定成本除以产量。因为短期固定成本不变，所以短期平均固定成本随产量增加而下降。

4. 短期边际成本和短期平均成本之间的关系　已知边际和平均可变成本曲线来自同一可变成本曲线，你可能会猜测两条曲线肯定存在某种联系。这种猜想的正确性在表 9-3 得到证实，它表示了深水水池公司的短期成本。注意表中边际成本和平均可变成本之间的关系：

（1）无论何时，只要边际成本位于平均可变成本下方，则平均可变成本下降。例如，当产量从 2 单位上升到 3 单位时，在 2 单位时边际成本 600 美元小于平均成本 900 美元，而在 3 单位时平均可变成本下降到 800 美元。

（2）无论何时，只要边际成本位于平均可变成本上方，平均可变成本上升。当产量从 5 单位上升到 6 单位时，边际成本 1 000 美元大于平均可变成本 700 美元，在 6 单位时平均可变成本上升到 750 美元。

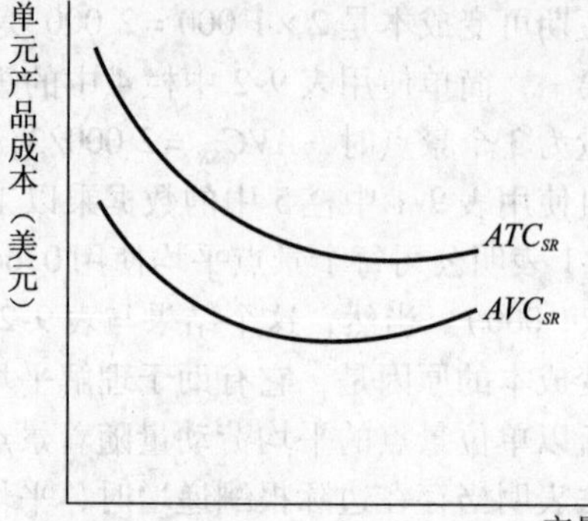

图 9-7　短期可变成本和总成本曲线

注：短期总成本和短期平均可变成本之间的差额等于短期平均固定成本。因为短期平均固定成本随着产量上升而下降，所以短期总成本和短期平均可变成本随产量的上升逐渐靠近。

表 9-3　深水水池公司的短期成本

(1) 水池数量	(2) 短期总成本（美元）	(3) 短期平均成本（美元）	(4) 短期边际成本（美元）
0	0	—	1 000
1	1 000	1 000	800
2	1 800	900	600
3	2 400	800	400
4	2 800	700	700
5	3 500	700	1 000
6	4 500	750	1 100
7	5 600	800	

注：短期平均成本等于短期总成本除以水池产量。短期边际成本等于多生产一个水池必须支付的额外短期成本。

这些现象不是巧合，它们适用于任何得自同一可变成本曲线的边际成本曲线和平均可变成本曲线。例如，边际收益曲线和平均收益曲线来自于同一总收益曲线。为明白为什么边际曲线和平均曲线之间保持这样的关系，考虑希腊篮球队队员的身高：雅典纳、阿佛洛狄特、赫拉、爱丽丝、波西风和维纳斯。表 9-4 中栏 1 和栏 2 列出了不同队员的姓名和身高。栏 3 中依次计算了队员的平均身高。注意，无论何时只要新加入的队员的身高大于早前的平均身高，新的平均身高就会更高。相反，只要最后加入的队员的身高小于平均身高，那么平均值身高下降。将最后一个加入队伍的队员看成“边际”队员，可以发现只要边际队员身高小于平均高度，平均值下降。只要边际队员的身高大于平均身高，平均值随新队员的加入而上升。

表 9-4　希腊篮球运动员的身高

(1) 队员	(2) 身高	(3) 队员的平均身高
雅典纳	5′10″	5′10″
阿佛洛狄特	5′8″	5′9″
赫拉	5′6″	5′8″
爱丽丝	5′8″	5′8″
波西风	5′3″	5′7″
维纳斯	6′1″	5′8″

注：栏（3）持续记录了队员的平均身高。只要新加入的队员的身高高于早前的平均身高，平均升高就会上升。只要最后加入的人的身高低于已有的平均身高，平均身高下降。

回到主题，当最后一单位即边际单位，成本低于早前的平均可变成本时会发生什么？当这个边际单位被包含于平均成本值中时，它将平均值拉低——平均可变成本曲线向下倾斜。相反，如果边际单位的成本大于早前的平均可变成本，它的加入会将生产的平均可变成本拉高，平均成本曲线向上倾斜。图9-8表示了这种关系。在所有低于x_s的产量水平，边际成本曲线位于平均成本曲线下方，平均可变成本在下降。相反，在所有大于x_s的产量水平上，边际成本曲线位于平均成本曲线之上，平均可变成本正在上升。

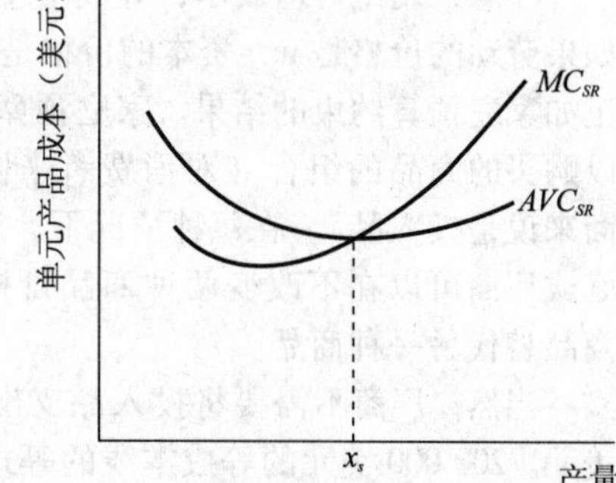

图9-8 短期边际和平均可变成本曲线之间的关系

注：无论何时，只要边际成本位于平均可变成本下方，平均可变成本下降。无论何时只要边际成本在平均可变成本上方，平均可变成本上升。短期边际成本曲线在平均可变成本最小的点穿过平均可变成本曲线。

还有一个重要的事实对后两章考察厂商的供给决策会非常有用。从图9-8可知，平均可变成本曲线在与边际成本曲线交叉之前一直下降，而后开始上升。由此看见两条曲线的交叉点是平均可变成本曲线的最低点：

短期边际成本曲线在平均可变成本的最低点穿过短期平均可变成本曲线。

尽管已经考察了短期边际成本曲线和短期平均可变成本曲线的特例，但要注意，这些性质并不适用于长期成本曲线以及其他源于同一总曲线的边际和平均曲线。

9.2 长期成本

在一段足够长的时间内，厂商可以调整所有投入品水平。当厂商的决策时间足够长以至所有投入品都可变，不存在固定投入时，厂商就在制定长期决策。长期内所有要素可变有两个重要含义：

(1) 因为长期内所有的要素都可变，那么所有要素的费用（显性的和隐性的）就是长期的经济成本。

(2) 因为不只一种要素水平可变，所以厂商可以用一定量的某种要素替代另一种要素。

要素替代的可能性意味着长期内厂商可以真正对要素组合的选择做出决策。追求利润最大化的厂商如何制定这些决策？

9.2.1 图解分析

为使利润最大化，厂商必须选择为了生产预期产量成本最低的投入组合。也就是说，厂商必须做出**经济有效**（economically efficient）的投入选择。用图示法解决厂商问题的第一步是表达可以生产预期产量水平的要素组合的集合，这正是等产量线可以做到的。第二步是将能生产预期产量水平的所有要素组合划分等级。在这一点上，我们正寻找一种可以比较不同投入品组合成本的方法。

1. 等成本线 为了比较不同投入品的成本，假设试图画出所有每天消耗公司300 000美元机器人和工人的组合。继续假定厂商为要素市场上的价格接受者，工人的日工资为100美元，机器人的日使用成本为200美元。如果厂商雇用L单位工人和K单位机器人，总成本为$100 \times L + 200 \times K$。因此，花费公司300 000美元的$L$和$K$的组合（已知劳动和机器人的价格）必须满足等式：$100 \times L + 200 \times K = 300\ 000$。正如在考察家庭预算约束（第2章）时看到的，这个等式定义出一条曲线。这条曲线如图9-9所示，标记为$IC_{300\ 000}$，其纵截距为1 500而且斜率为$-1/2$。因为这条线表达了所有耗费公司同样成本（在这个例子中，300 000美元）的资本和劳动组合。它被称

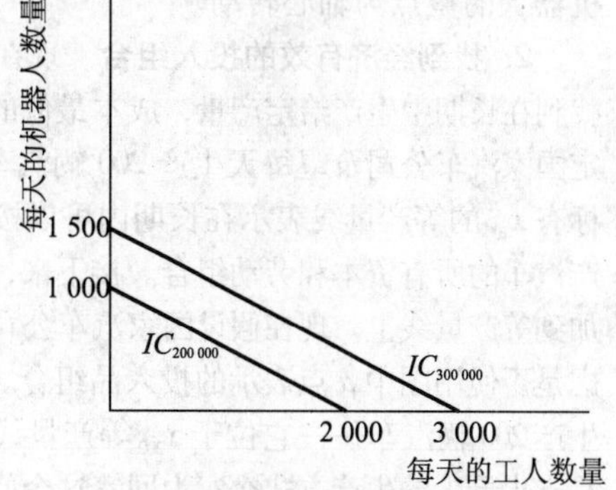

图9-9 等成本线

注：等成本线表示厂商成本相同的所有资本和劳动的组合。在绝对值上，等成本线的斜率等于投入品价格之比。

为**等成本线**（isocost line）。

注意，用绝对值表示，等成本线的斜率等于投入品价格的比率，这里为1/2。更一般而言，如果劳动的价格是 w，资本的价格是 r，那么等成本线斜率的绝对值是 w/r。这一结果十分熟悉，正如家庭预算约束的结果。家庭预算约束和厂商等成本线作用相同，都表示在既定货币支出下可以购买的商品的组合（对消费者来说是最终商品，对厂商来说是投入品）。在每种情况下，这条线的斜率说明家庭或厂商可以在不改变两种商品价格的情况下，用一种商品替代另一种商品。

当然，厂商不需要将投入品支出严格限制在300 000美元。200 000美元的等成本线的等式是 $100 \times L + 200 \times K = 200\ 000$，如图9-9中 $IC_{200\ 000}$。注意这条新等产量线的以下特征。第一，像 $IC_{300\ 000}$ 一样，斜率为 $-1/2$。这并不奇怪——等成本线的斜率反映了市场可以允许厂商使用一种投入品替代另一种投入品的比率，而且它没有改变。第二，新的等成本线比原来的等成本线更接近原点。直觉上，厂商使用200 000美元比300 000美元购买的投入品少。

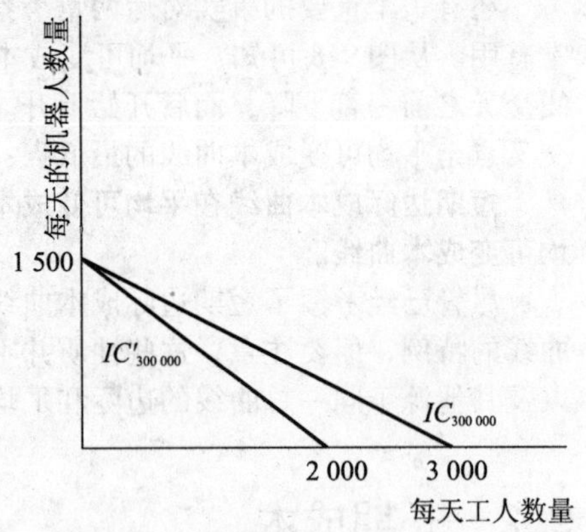

图9-10　一种要素价格上升使等成本线向内旋转

注：当劳动价格上升时，机器人的价格保持不变，等产量线围绕与纵轴的交点旋转。

可以得出总结：①对于任何给定的投入品价格，都存在一组等成本线，即**等成本图**（isocost map）；②等成本线离原点越远，表示的支出越高；③对于一个价格接受者的厂商，所有的等成本线有同样的斜率（绝对值等于要素价格的比率）。

接下来考察当一种投入品的价格改变时，厂商的等成本线如何变化。假设最初日工资是100美元而机器人的日成本是200美元。相应的300 000美元等成本线已经画在图9-10中，并标有 $IC_{300\ 000}$。当劳动的价格上升为每天150美元时，等成本线如何变化？每条等成本线的斜率（绝对值）是工资率除以资本价格。当工资率上升，这一比率从1/2上升到3/4。因此，等成本曲线变得更陡峭。同时，我们知道新等成本线的纵截距不变——因为机器人的价格没有变化，如果将300 000美元完全花费在机器人上，公司依然能购买1 500个机器人。将这些结果放在一起就可得到新的等成本线，即图9-10中的 $IC'_{300\ 000}$。比较新旧等成本线，可以发现，当劳动价格上升时，等成本线以价格不变的要素——机器人的截点为轴心转动。

2. 找到经济有效的投入组合　现在试图用等成本线找到在长期中生产给定产量，成本最低的投入品组合。假定国家汽车公司希望每天生产200辆汽车。在图9-11中，标有 x_{200} 的等产量线表示在长期内可以按照这个生产率生产汽车的所有资本和劳动组合。接下来，将等成本线组叠加到等产量线上。现在假设国家汽车公司的管理者正在考虑是否使用图中 a 点表示的投入品组合。组合 a 能够每天生产200辆汽车——它位于 x_{200} 等产量线上——但是 a 点是支出最少的生产方式么？为回答这个问题，考虑 b 点的投入品组合。它也位于 x_{200} 等产量线上，所以每天也可生产200辆汽车。但是 b 点比 a 点成本低。如何得到的呢？因为 b 点所在的等成本线更接近原点。因此 a 点肯定不是生产200辆汽车成本最低的方式。

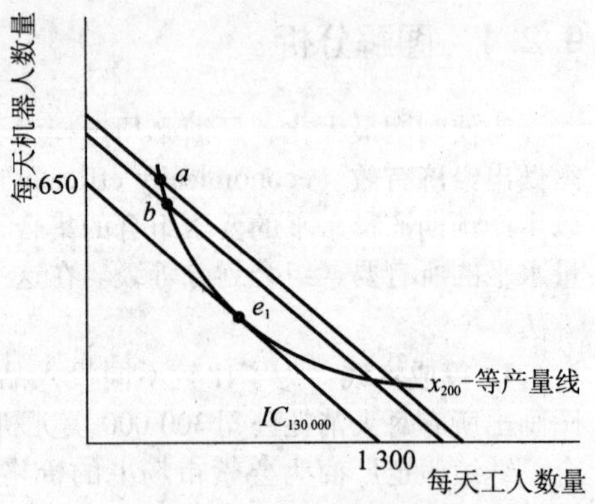

图9-11　选择长期的投入品组合

注：公司通过使用既在 x_{200} -等产量线上又在可能的最低等成本线上的投入品组合使生产200辆汽车的总成本最小化。这一组合是 e_1，即 x_{200} -等产量线和 $IC_{130\ 000}$ 等成本线的切点。

同理，即使投入品组合 b 比 a 成本低，公司仍然可以比 b 做得更好。特别是，公司可以通过

使用同时位于 x_{200} – 等产量线和最低的等成本线上的点代表的投入品组合来使生产 200 辆汽车的成本最小化。该投入品组合为图 9-11 中的点 e_1，它是 x_{200} – 等产量线和 $IC_{130,000}$ 等成本线之间的切点。因为投入品组合 e_1 使生产该产量的成本最小化，它是均衡的投入品组合。因为要素组合 e_1 在成本为 130 000 美元的等成本线上，所以此图说明，每天生产 200 辆汽车的最低成本为每天 130 000 美元。因此，每天生产 200 辆汽车的长期总成本是每天 130 000 美元。

在下一步学习之前，需要清楚消费者理论和生产理论之间的异同点，才能免于混淆。等成本曲线与消费者的预算约束线很相似，两者都画出在既定支出下可以购买的各种数量的两种商品（一种情况下是投入品，一种情况下是产品）。同样，等产量线与无差异曲线很相似。它们可以说明，在任何情况下，从既定商品组合中你所能得到的（产量或效用）。知道这些共同点，可以自然地将你对消费者做的事情用于厂商：通过画出等成本线，找到与它相切的最高的等产量曲线，从而找到厂商的均衡。这不是我们要做的，但是它有助于我们分析其中的原因。

最初，消费者知道自己所需的支出，但不知道在既定预算下可得到的效用。厂商恰好相反，最初知道所需生产的产量，但不清楚实现这一产量所需的支出。对于消费者，可以从给定的预算约束开始，使用不同的无差异曲线去评价可行的选择。为此，画出一组无差异曲线来找到家庭的均衡点。对于厂商，从对应于预期水平的那条等产量线开始，通过画出一组等成本线来评价等产量线上可选的要素组合。

9.2.2 代数解释

用代数方法表示厂商的均衡投入选择。在图 9-11 中的切点 e_1，等成本线和等产量线斜率相同。已知等成本线斜率的绝对值等于要素价格比率 w/r。而且，根据定义，等产量线的斜率的反数是资本和劳动之间的边际技术替代率。因此，在切点处：

$$MRTS = w/r \tag{9-5}$$

但是，现在回忆式（8-4），沿着等产量线，$MRTS = MPP_L/MPP_K$。因此式（9-5）可以表示为：

$$MPP_L/MPP_K = w/r \tag{9-6}$$

成本最小化的重要条件说明，作为要素价格接受者的厂商应该在执行边缘点，在该点要素的边际物质产品同价格成比例。强调边缘一词是为提醒，投入品的边际物质产品会随着投入品使用量的变化而发生变化，而且式（9-6）只适用于购买的最后一单位计算出的价值。

有一个更直观的理解等式（9-6）的方法。在选择投入品时，厂商希望用既定支出得到最大产量。假定厂商有额外一美元为要素投入，那么通过把这一美元花费在工资和机器人上，最多可以得到多少新增产品？如果厂商将一美元花在资本上，可以多购买 $1/r$ 单位的机器人。因为每个机器人贡献 MPP_K 额外产品，因此总产量会上升 MPP_K/r。如果厂商将新增的一美元花在劳动上，可多雇用 $1/w$ 名工人。因为每个工人可以贡献 MPP_L 额外产品，因此总产量可上升 MPP_L/w。

以上事实说明，要使厂商均衡使用两种投入品，MPP_K/r 必须等于 MPP_L/w。为解释原因，假定厂商已经选择一个 MPP_L/r 小于 MPP_L/w 的投入品组合。在这种情况下，厂商可从每一美元得到的更多的额外产出——物美价廉——通过雇用更多的工人。在资本上少花一美元而在劳动上多花一美元，产量上升，但是投入品总支出不变。厂商没有任何付出但可得到更多。因此，初始投入品组合没有实现均衡。类似的，如果在 MPP_L/r 大于 MPP_L/w 的点，可以通过增加一美元资本支出减少一美元劳动支出来增加产量。同样，这种投入品组合不可能均衡。因此可以肯定地说，对于厂商而言，为实现有效经济，必须选择符合以下条件的一种投入品组合：

$$MPP_K/r = MPP_L/w \tag{9-7}$$

注意，式（9-7）等价于式（9-6）。两种寻找厂商均衡投入选择代数条件的方法得到了相同的答案。

9.2.3　比较静态分析

已经知道如何在以下四个因素保持不变的前提下，找到厂商成本最小化的投入品组合：①要素价格；②生产技术；③产品的特征；④产量。对于一个实际的厂商而言，所有这些都可变。上述厂商模型预测出这些变化会如何影响经济有效的投入品组合。

1. 要素价格　继续假定国家汽车公司是要素市场上的价格接受者。假定劳动的价格从每天100美元上升到115美元，这会对厂商的长期投入选择有何影响？我们从厂商的初始状态（图9-11）到图9-12开始分析。初始的均衡选择在点 e_1，即 x_{200} - 等产量线和 $IC_{130,000}$ 等成本线的切点。厂商雇用 L_1 的工人和使用 K_1 的机器人。既然工资的增长影响均衡，那么它也必定改变了等产量线或等成本线。等产量线完全通过生产技术和产量来定义，与要素价格无关。由此可见，等产量线不受要素价格变化的影响。

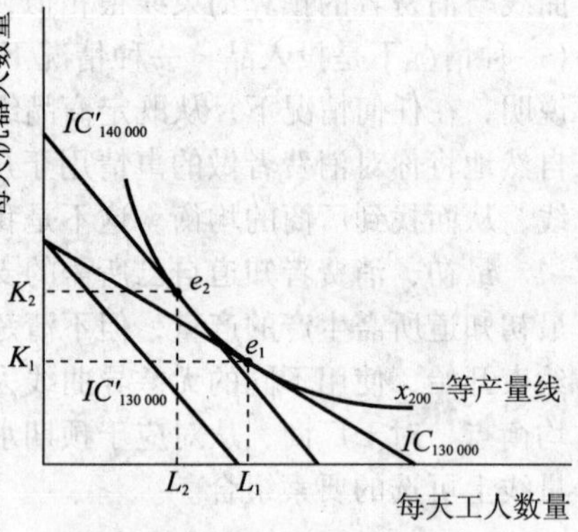

图9-12　一种要素价格增长的影响

注：当劳动的价格上升时，等成本线向内旋转。新的均衡出现在 e_2 点，它是 x_{200} - 等产量线和代表要素费用为140 000美元的 $IC'_{140\,000}$ 等成本线之间的切点。

然而，等成本线受到要素价格变化的影响。等成本线围绕与价格不变要素所在坐标轴的交点旋转，且新的斜率是新的劳动价格和资本价格的比率。当工资率上升时，比率上升，等成本线变陡峭。新的等成本线为图9-12中的 $IC'_{130\,000}$ 和 $IC'_{140\,000}$。

根据这组新的等成本线，e_2 为成本最小的组合，即在等成本线 $IC'_{140\,000}$ 与 x_{200} - 等产量线的切点。此时雇用 L_2 工人，使用 K_2 机器人。比较新的均衡点 e_2 和最初的均衡点 e_1，可知雇用的劳动量下降，而资本的使用量上升。这一点非常有意义：厂商为了生产既定产量，替换了价格上升的要素。

在这个例子中，劳动价格的上升使每天生产200辆汽车的总成本从130 000美元上升到140 000美元。进一步可得到，总成本一定会随着生产中某种要素的价格上升而上升。等成本线（$IC_{130\,000}$）向下旋转得到同一成本水平下新的等成本线（$IC'_{130\,000}$）。既然初始成本线恰好与 x_{200} - 等产量线相切，新的等成本线必定在该等产量线下方。因此，一旦要素价格上升，只有更高成本下的等成本线才能与 x_{200} - 等产量线相切。

2. 技术　假设有一种提高工人和机器人安装汽车仪器板效率的方法，使得国家汽车公司现在可以用更少的两种投入品生产相同产量。这个变化如何影响厂商的均衡？从回答该变换是否会影响等成本线或等产量线开始。技术进步无论如何不会对要素价格产生影响，等成本线不会受影响，但是等产量线肯定会移动。图9-13复制了图9-11中原始的 x_{200} - 等产量线。点 a 表示在技术改变前每天生产200辆汽车的投入品组合。技术变化后，与点 b 一样位于点 a 下面的点表示产量为200辆汽车的投入品组合。同理，初始的 x_{200} - 等产量线上的其他点也是如此。因此，技术进步使等产量线向下移动到新的 x'_{200} 等

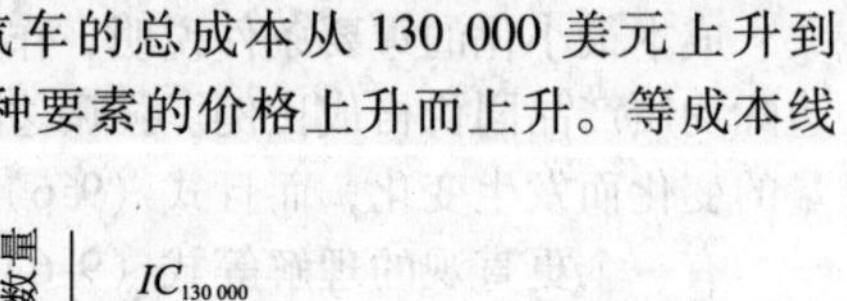

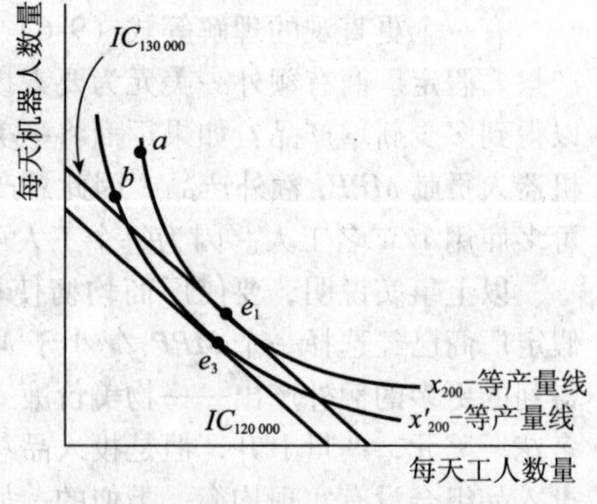

图9-13　技术进步的影响

注：作为技术进步的结果，公司可以使用更少的工人和机器人继续每天生产200辆汽车。等产量线从 x_{200} - 等产量线移动到 x'_{200} 等产量线。新的均衡点为 e_3，每天生产200辆汽车的总成本下降10 000美元。

产量线。给定新的等产量线后，有新的方法使生产200单位产品的成本最小。如图9-13中的点e_3所示。虽然等成本图没有变化，但新的均衡出现在另一条等成本线而非原来的等成本线上。实际上，新的等成本线降低，技术进步降低了厂商的总成本。

技术进步使很多行业发生了巨变。几年前，组装一台个人电脑需要几万美元，而今天，只需要几百美元。如果在1970年走进银行，看到的都是人，看不到一台自动取款机。银行为什么安装自动取款机？主要是为了降低成本。技术进步给厂商新的机会利用资本和劳动来生产更多产品。这种情况也可以作为要素替代行为的另一个例子——当一个分支机构的租金上涨到原来租金的5倍时，便开始安装自动取款机。银行用自动取款机形式的资本替代办公地点。

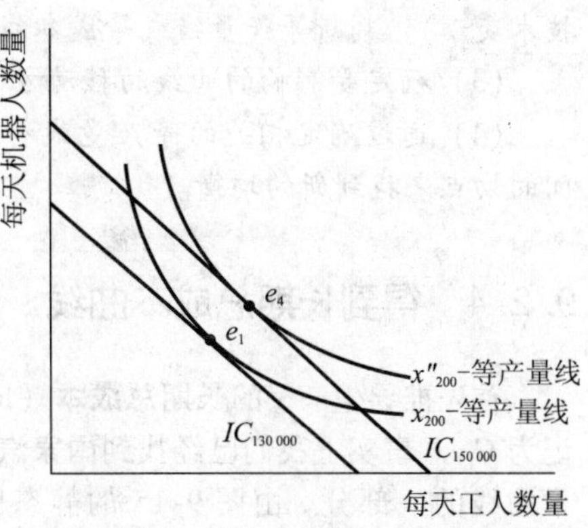

图9-14 产品质量上升的影响

注：为保证汽车的高质量水平，国家汽车公司必须贡献更多的资源来生产每天给定的汽车数量。等产量线从x_{200}－等产量线向外移动到x''_{200}－等产量线。新的均衡点是e_4，每天生产200辆汽车的每天的总成本上升20 000美元。

3. 产品特征 除了改变既定产品的生产方式，厂商还可选择改变产品本身。假设为适应国际竞争，国家汽车公司决定通过在装配线上增加更多检测设备提高汽车的质量。生产同样数量的汽车，厂商必须雇用更多的工人和机器来执行检测。与上述推理相同，该变化会将x_{200}－等产量线向外移动——每天需要更多的投入品来生产改进后的200辆汽车。等产量线向外移动如图9-14所示，记为x''_{200}－等产量线。

不同于等产量线，等成本线不受厂商生产高质量汽车的决策的影响。当然，因为等产量线已移动，所以厂商新的均衡投入品组合，图9-14中的点e_4，位于与原来的均衡组合不同的一条等成本线上。实际上，新的均衡在更高的等成本线上，这说明高质量对厂商而言是昂贵的——200辆高质量汽车成本最低的投入品组合比200辆低质量汽车成本最低的投入品组合更昂贵。

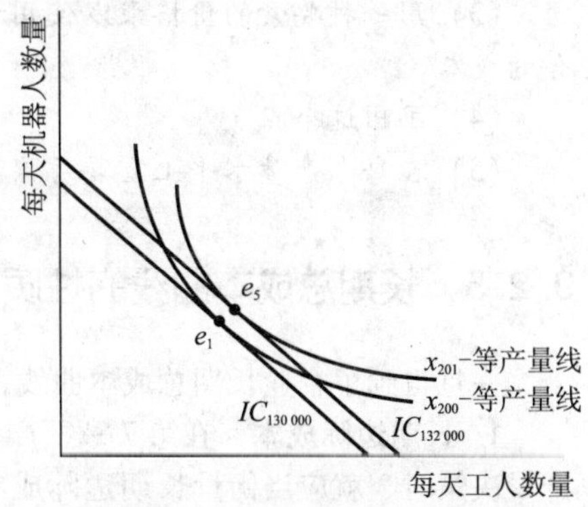

图9-15 产量增加产生的影响

注：为了生产更多的汽车，厂商必须选择位于更高等产量线上的要素组合。每天生产201辆汽车成本最低的组合e_5。每天生产201辆汽车时，总成本从130 000美元上升到132 000美元。

4. 产量水平 假定国家汽车公司决定增加汽车产量，从每天200辆汽车增至每天201辆汽车。图9-15表示两条等产量线，x_{200}－等产量线（初始等产量线）和x_{201}－等产量线（每天生产201辆汽车新等产量线），如图9-11一样，生产200辆汽车成本最低的投入品组合是e_1。而且，经过类似的分析，如果厂商生产201辆汽车，它会选择x_{201}－等产量线和等成本线相切的点e_5达到成本最小的投入品组合。因为e_5在132 000美元－等成本线上，而e_1在130 000美元－等成本线上，所以第201辆汽车的成本是2 000美元。

当然，对产量的选择是任意的，可以在任意选择的产量水平上重复该分析。该过程包括画出不同产量水平的一系列等产量线，然后找到相应的切点，从而画出一条穿过所有均衡点的曲线，找到在其他条件不变的情况下，成本最低的投入品水平如何随着产量的变化而变化。最终得到的曲线，被称为厂商的**扩张路径**（expansion path），如图9-16所示。扩张路径的推理是一个静态分析练习，改变产量水平但是保持技术特征、产品特征和投入品价格不变。

5. 总结比较静态分析 我们已经说明某些条件的变化是如何影响厂商的投入品选择以及生

产的最终成本。总结静态比较分析的过程非常有用。

（1）描述市场条件发生变化之前的均衡。

（2）给定市场的某种变化（比如要素价格变化或是技术变动），判断等产量线或等成本线是否受影响。

（3）确定受影响的曲线的移动方向。

（4）通过确定相关的等产量线和相关的等成本线之间的切点来找到新的均衡。

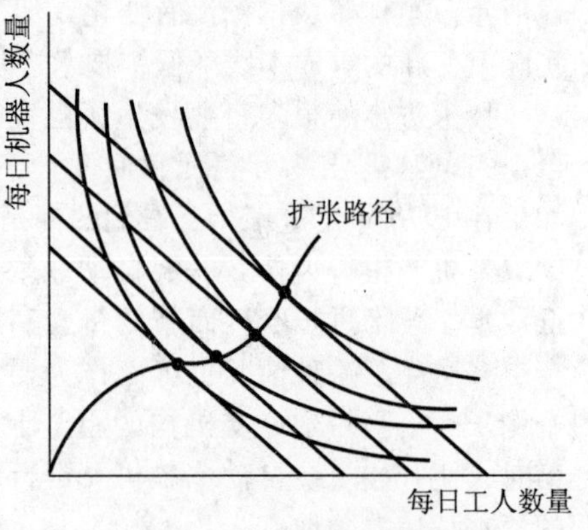

图 9-16　扩张路径

注：扩张路径是在其他条件不变的情况下，长期中成本最低的投入品水平如何随着产量变化而变化的轨迹。

9.2.4　得到长期总成本曲线

首先推导生产 x 的**长期总成本**（long-run total cost），记为 C_{LR}。事实上我们已经找到国家汽车公司的长期总成本曲线的一部分。由图 9-15 的静态比较分析得到生产 200 辆汽车和 201 辆汽车的总成本。并且得到长期总成本曲线上的两个点——生产 200 辆汽车的长期总成本 130 000美元，生产 201 辆汽车的长期总成本 132 000 美元。重复这种静态比较分析可以通过得到的轨迹找到整个长期成本曲线。为找到长期总成本曲线，只需根据以下步骤：

（1）选择一个产量水平。

（2）通过找到等产量线与等成本线的切点，找到最佳的投入品组合。

（3）用一种要素的价格乘以使用量，并将所有投入品的成本相加，从而得到这种投入品组合的成本。

（4）画出这个点。

（5）在每个产量水平上重复步骤（1）到（4）。

9.2.5　长期总成本曲线的性质

一旦得到了企业长期总成本曲线，我们就能够找到它的几个性质。

1. 长期边际成本　在第 7 章，产品的边际成本对于产量的决定有关键作用。厂商制定长期产量决策时，就应当衡量长期边际成本。产品的**长期边际成本**（long-run marginal cost）等于多生产一单位产品带来的长期总成本的变化。

从前面的静态比较分析可以知道如何找到边际成本——当厂商多生产一单位产品时，简单地观察新旧等成本线的区别。例如，图 9-15 表明，当公司将产量从 200 辆汽车提高到 201 辆时，长期总成本从 130 000 美元增加到 132 000 美元。因此第 201 辆汽车的长期边际成本是 200 美元。该图简洁地表示了厂商的边际成本如何依赖于技术（改变等产量线）及要素价格（改变等成本线）。

2. 长期平均成本　产品的平均经济成本在厂商的停产规则中起着重要作用。对于长期决策来说，厂商必须将选择建立在长期平均经济成本基础之上。因为在长期中所有的要素支出都是经济成本，所以生产 x 单位的长期平均经济成本恰好等于长期总成本除以产量。因为在长期内所有的成本都是经济成本，所以，将经济一词从长期平均经济总成本中删除，简洁地称为**长期平均成本**（long-run average cost）。使用 AC_{LR} 表示长期平均成本，即 $AC_{LR}=C_{LR}/x$。例如，当国家汽车公司每天装配 200 辆汽车时，长期平均成本是 650 美元（130 000/200）。

（1）经济规模。分析短期成本时，需考虑其他要素数量保持不变时，增加一种要素的数量会有何变化，厂商在长期也可以这样做。但是在长期中，厂商比在短期更有灵活性，因为可以同时改变所有投入品的数量。换句话说，厂商能够改变经营规模。一个重要的问题是，成为规模很大的公司是否会有优势。也就是说，随着产量的增加，平均成本会上升还是下降？当长期平均成本随着产量上升而下降时，我们说成本表现为**规模经济**（economies of scale）。当长期平均成本随产量水平上升时，成本表现为**规模不经济**（diseconomies of scale）。

成本函数中的规模经济和生产函数中的规模报酬有密切的联系。假设厂商决定将产量翻倍，如果厂商的技术表现为规模报酬不变，那么需要将所有投入品都翻倍才能实现目标。假设投入品价格不会随着购买量的增多而变化，投入品数量的翻倍会带来要素支出翻倍。回忆一下，平均成本是总成本和总产量的比率。如果产量翻倍导致投入品成本翻倍，那么总成本和总产量的比率不变。**当生产函数表现为规模报酬不变时，长期平均成本在产量水平改变时保持不变。**这一事实反映在图9-17a中。

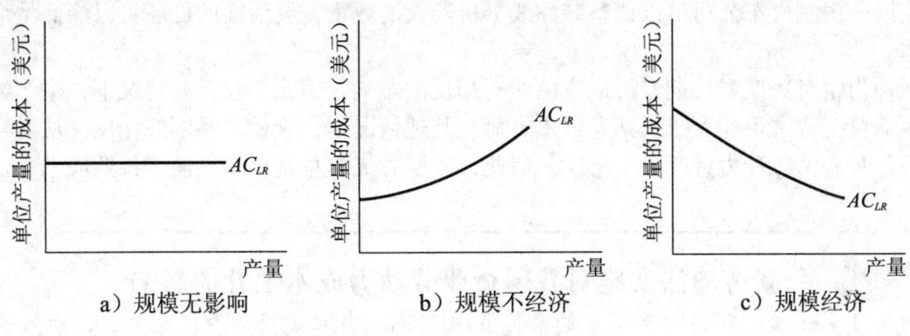

图9-17 规模经济

注：经济规模的程度表明随着产量增长，长期平均成本如何变化。

如果生产函数表现为规模报酬递减，那么要提高产量必然需要更大比例的投入品增长。因此，要素支出（总成本）比产量上升得快，平均成本上升。换句话说，当生产函数表现为规模报酬递减时，长期总成本函数表现为规模不经济——平均成本曲线向上倾斜，如图9-17b所示。当技术表现为规模报酬递增时，平均成本曲线向下倾斜，如图9-17c所示。这种关系来自于以下事实：为了使产量翻倍，厂商需要的投入品不到原来的两倍，因此总成本比产量水平上升得慢。因此，当生产函数表现为规模报酬递增时，长期平均成本函数表现为规模经济。

规模报酬递增不是规模经济的唯一来源。规模经济也来自于某种创立成本，即来自于无论生产多少产品都必须一次支付的成本。比如一家软件公司，它正计划销售文字处理程序，这个程序将会同Word和WordPerfect竞争。在销售这个软件的拷贝之前，公司必须编写程序——这项任务可能需要耗费程序员数千个小时，并且花费数十万美元。然而，一旦这个程序完成，生产新增拷贝非常便宜。这暗示了何种平均成本曲线？它表明第一单位产品的平均成本很高——第一单位产品的平均成本包括全部的研发成本。随着厂商生产更多程序的拷贝，创立成本被分配到更多的单位上，从而平均成本下降。生产额外一单位产品的边际成本低于平均成本，平均成本会持续下降。因此，生产的拷贝越多，平均成本越低——厂商的成本表现为规模经济。

（2）范围经济。当两种产品同时由一个厂商生产比分别由两个专门厂商生产便宜时，成本表现出**范围经济**（economies of scope）。宠物食品是一个产值为几十亿美元的行业。一家同时生产猫和狗食品的公司能够依赖于同样的工厂、仓库和销售来生产和配送产品。这种共享提高了成本节约，是专门生产某一类型的宠物食品的厂商无法享受的。因此，在20世纪80年代有一种趋势，就是专门生产一种类型宠物食品的公司转向生产两种。类似的，波音公司制造不同类型的飞机，这使得公司的分支机构可以共享设计和制造原理以及熟练的劳动力。当地的电话公司使用共享设备为公司或个人客户提供声音和数据服务。以上这些例子表明，范围经济与规模经济相联系。直觉上，当固定设备可以"共享"以大量生产某种产品（单个产品或产品组合）时，规模经济和范围经济都提高。范围经济在很多行业非常重要，它可以解释为什么很多公司同时有多种产品。

3. 长期成本和短期成本比较 厂商的投入品选择依赖于面对的是短期决策还是长期决策。因此生产既定产量，短期成本和长期成本不同也就不足为奇了。如何比较短期成本和长期成本呢?

短期成本和长期成本有两个关键的区别，源于之前分析的长期投入决策和短期投入决策的两个区别：

（1）在短期，有固定要素。因为固定要素没有其他用途，所以对其支付的费用都是沉没成本，因此也就不是经济（机会）成本。然而在长期，所有的要素都可变，不存在沉没成本；因此，所有支出都计为经济成本。因为成本包括了更多的要素，这种影响相对于短期经济成本而言，提高了长期经济成本。

（2）在长期不只一种要素水平可变，所以可以用一定数量的某种要素替代另一种要素。例如，在长期，国家汽车公司可以调整装配线上机器人的数量。灵活性的提高可以降低生产既定产量的成本。

这两种力量对短期和长期经济成本曲线有相反的影响。因此，在某些情况下，生产给定数量产品的短期可变成本可能大于长期总成本，而在其他情况下，这种关系刚好相反。从要素总支出的角度看，只有第二种力量产生了影响。因此，短期总成本总是至少等同于长期成本。

案例 新劳动法实施对我国企业劳动力成本上升的影响

2008年1月1日，新的《劳动合同法》正式实施，引起了社会的广泛关注，而且因为新法律条文中多项新规的修订，引发了用工企业适应新法的种种举动和变化。对于劳动密集型的制鞋行业来说，在这场劳资双方权利和义务发生变化的情况下，企业要承担更多更大的义务，新的《劳动合同法》给企业带来的最大、最直接的影响就是劳动力成本的大幅上升。

新《劳动合同法》的实施，给制造业带来了不小的震荡。新法的实施，直接增加了企业人力资源的管理成本，甚至对企业全面经营管理都产生了深远的影响。长期以来，依靠低成本的劳动力优势，中国制造以物美价廉纵横全球。如今，这一优势正在慢慢减小。根据人保部及国家统计局的测算，《劳动合同法》的颁布给制造业企业劳动力成本大概增加了25%到30%。面对新的《劳动合同法》，劳动密集型的企业纷纷寻找对策。于是，在新《劳动合同法》实施前后，制造业乱像频出。有的企业打擦边球运用各种手段规避新法，有的企业试图将新法的影响降到最低，还有的企业干脆将工厂关闭。

新《劳动合同法》不仅维护了劳动者的权益，规范了企业用工制度，更是促进产业升级的一种手段。新《劳动合同法》实施会面临着巨大的挑战，劳资关系能否真正有所改善还有待观察。但中国制造的发展模式需要从低成本的劳动力优势向技术与品牌优势转化是毋庸置疑的。

（转引自 http://it.cmwin.com/CBPResource/StageHtmlPage/952/2008123015364536.htm）

小结

第7章说明厂商的成本结构对理解厂商的行为至关重要。只要知道厂商可用的要素价格和技术，就可得到厂商的所有成本曲线。

- 厂商的要素选择取决于制定短期决策还是长期决策。
- 在短期，只有一种要素可变。厂商必须购买足够的可变要素同已有的固定要素一起生产既定的产量。短期可变成本等于可变要素的最终支出。固定要素支出，也被称为短期固定成本，不是短期经济成本，因为它是短期机会成本。为了评价管理者的业绩，也可关注短期总成本，它是短期可变成本和短期固定成本之和。
- 短期边际成本等于可变要素的边际成本除以该要素的边际物质产品。对于作为价格接受者的厂商，边际要素成本等于可变要素的价格，因此短期边际成本等于可变要素的价格除以其边际物质产品。

- 对于由同一总成本曲线得到的任何边际成本曲线和平均成本曲线，边际成本曲线交于平均成本的最低点。
- 在长期，不只一种要素可变，所以厂商要做出真正的要素选择。厂商寻找经济有效的投入品组合——生产既定产量的成本最小的投入品组合。因为在长期中，所有要素都可变，所有要素的支出都纳入长期经济成本的计算。
- 为了实现经济有效，作为价格接受者的厂商要选择与要素的边际物质产品和价格成比例的要素组合。
- 要素价格的变化、技术变化、产品性质的变化都能影响生产既定产量的总成本。

讨论题

9.1 问题1涉及下表。

要素水平	劳动边际物质产品	资本的边际物质产品	劳动价格	资本价格
L_1，K_1	21	10	3	1
L_2，K_2	100	50	50	10
L_3，K_3	4	20	2	10

上表给出资本和劳动的各种组合，以及每种要素的价格。不同的组合对应不同的产量。哪种组合在现有的要素价格下能使厂商在生产既定产量时成本最小？

9.2 化学物质 $X-2000$ 需要两种要素——苯和劳动，根据生产函数：$X=min(B,L)$，其中 X 是 $X-2000$ 的加仑数，B 是苯的加仑数，L 是劳动的小时数。考虑在两种投入品市场上都是价格接受者的厂商。苯的价格是每加仑2美元，劳动每小时10美元。

这种化学物质的生产会产生增大工人致癌概率的烟雾。所有现任的员工都知道这种烟雾对他们的健康产生影响。如果工人带上有过滤系统的面具，就不会受到毒气的影响。这种面具需要厂商在工人的每小时工资外多支付2美元。在当前的均衡点，厂商不提供这种面具。

a. 用等产量线图表示当前厂商长期的均衡要素选择。

b. 找出当前厂商的长期成本函数。

c. 假设为应对这种健康风险，政府规定，要求工厂为每位工人提供带过滤系统的面具。这个规定会对厂商生产既定产量的要素投入量产生怎样的影响？

d. 找到厂商在规定实施后的长期成本函数。

e. 厂商提供工人面具后将无利可图，这一事实反映出如果工人自身加强防范的价值是什么？（提示：回忆第5章中的补偿差异理论）

9.3 鲍勃加油站是一家独立的加油站。该加油站拥有容量为10 000加仑的油罐。在燃气批发价格上涨之前，加油站以每加仑0.80美元大规模购买汽油来填满油罐。不久，批发价上升到每加仑1.00美元。罗伯塔，鲍勃加油站的所有者，正试图计算出如何给汽油定价。已知油罐里还剩5 000加仑汽油。

a. 假设是自助式加油站，一加仑汽油的边际成本是什么？如果罗伯塔的油罐里还剩下600加仑汽油，你的答案会改变么？

当地新通过了一项禁止自助服务加油站的法规，因此必须由工作人员加油。加每加仑汽油需要员工1分钟时间。罗伯塔每小时要支付6美元。不加油时，员工在修理汽车，这样罗伯塔每小时支付18美元（罗伯塔只为修理的时间付费）。罗伯塔有足够的修理工作让两个工人一直很忙碌。

b. 假定罗伯塔只有一个工人（他自己不工作），并且不能解雇工人，不能改变工作的时间，在决策制定过程中不能雇用新的员工，一加仑汽油的边际成本是什么？

c. 如果可以解雇现有工人，改变工作时间，或者在制定决策过程中雇用新的工人，那么每加仑汽油的边际成本是什么？

9.4 简氏润滑油联合公司是要素市场上作为价格接受者的厂商。简氏使用两种要素，即劳动和机油来改变汽车使用的燃油。简氏在劳动力市场是价格接受者——每天以50美元雇用所需任意数量的劳动力。在燃油市场上不是一个价格接受者——简氏的石油供应者给出折扣。每月第一个1 000夸脱的价格是每夸脱1美元。每月大于1 000夸脱的数量都可以每夸脱0.50美元购买。画出简氏润滑油联合公司的等成本线。

9.5 固体糖果是一种新的糖果，由总重一磅的甜菜糖和高果糖玉米糖浆的任意组合而成。固体糖果的制造者在甜菜糖和玉米糖浆市场上都是价格接受者。画出这个厂商的等产量线。MRTS是上升、不变还是下降？说明对于大多数价格，厂商既不会选择完全用甜菜糖来生产也不会选择完全用玉米糖浆生产。

9.6 一家正计划开发新的电子表格程序的软件公司。开发成本预计为300 000美元。一旦开始编写程序，它将被存入光盘，以每张1.00美元出售。画出这种产品的长期边际和平均成本曲线。写出平均成本的公式。

9.7 假设你是航空公司的总裁，一天早晨你去上班，发现桌子上有一个备忘录，记录着公司租用的在纽约和伦敦之间飞行的波音747飞机每天能带来200 000美元的收益。你也知道直接的运营费用（飞行员的工资、燃料费用、食品）是每天180 000美元。最后，假设你计算出支付这架飞机的贷款的利息成本是每天40 000美元。你应该继续使用这架飞机么？为什么你的答案会取决于决策时间的长短，而你还需要什么其他的信息？

9.8 下表列出了美国食品公司的一些长期成本（单位：美元）：

产量	总成本	平均成本	边际成本
50	____	1 000	____
51	52 000	____	____
52	____	1 038	5 000
53	____	____	

a. 填写表中空缺的值。

b. 在这个产量水平范围内，厂商的生产函数的规模报酬上升、下降还是不变？

9.9 自动售卖机在日本比在其他国家更为普遍。除了别的之外，它们被用于分销“珠宝、鲜花、冻牛肉、大米、威士忌、汉堡、杂志、录像带以及电池”。为什么？“因为租金极高和劳动短缺，自动售卖机创造了更多的货架空间并且可以24小时运营，只需要不时的填补货物。”

写下零售服务的生产函数。使用等产量/等成本分析说明劳动成本的上升会导致大量使用自动售卖机（资本）。假设技术变化使得跟以前相比，有更多的商品可以通过自动售卖机售出。使用等产量线和等成本线分析它对零售服务的总成本的影响。

9.10 许多公共用品（如煤气、电、水等）受利润率限制，在这种限制下厂商可以选择它的价格，但必须证明这种价格下它不会获得过多的利润。特别是，厂商被允许在刚好够支付劳动和材料的费用的情况下获得“公平”的资本回报率。你能够想到这种管理体制下存在什么问题么？特别是，你如何看待该计划对厂商用资本替代劳动的动机产生的影响？

9.11 画出一个表现为规模经济的生产函数的长期边际和平均成本曲线。平均成本曲线向上倾斜还是向下倾斜？边际成本曲线和平均成本曲线之间的关系是什么？长期总成本曲线的形状是什么？

9.12 提供电话服务的成本大多数与计划和设备有关。电话公司必须装配足够多的设备（开关和连接开关的电线）来应对每天的高峰期的需求。最近，一家电话公司总裁说：“任何晚间通话都是外快。”解释这个观点即使在夜间花费率比白天花费率低的情况下也是正确的。

第三部分

竞争模型

第二部分讨论了利润最大化的投入产出的一般规则，这些规则的运用部分依赖于厂商面临的供求曲线性质。与家庭理论相类似，在第10章，我们仍假设厂商无论是在销售产品还是购买生产资料时均是价格接受者。尽管并不是所有的厂商都是价格接受者，但很多都是，而且这个模型为研究厂商行为提供了重要的观点。

当厂商和家庭都是价格接受者的时候，市场价格是经济行为的重要影响因素。价格信号影响家庭商品的消费量和生产资料的供给量。同样，价格影响厂商的投入产出决策。但是这些价格从哪里来？第1章的供给需求模型提供了答案。价格产生于市场中家庭和厂商的相互作用。既然已经详细了解了个体家庭和厂商行为，我们就可以更详细地分析供给和需求。这一分析的核心是第11章讨论的完全竞争模型。

第12章将基本竞争模型向两个重要方面进行扩展。第一，分析一个竞争体系中各种市场如何相互作用，我们称之为一般均衡分析。第二，引入福利经济学的概念，作为衡量社会对市场产出需求的标准。这样，正如在第1章约定的范式，我们继续遵循既强调规范研究，又注重实证分析的方法。不仅探讨市场是如何运作的，而且还要关注是否能得到最佳产出。

第 10 章 作为价格接受者的厂商

我啜饮过生活的芳醇，付出了多少？告诉你吧，不多不少，整整一生。他们说，这是市价。

——狄更斯

1987 年，对美国 2 000 个种植酸樱桃的农民来说，生活只是一碗樱桃而已。酸樱桃的价格已经从一年前的 460 美元/吨跌落到 300 美元/吨。种植者如纽约哈德逊河流的布朗不得不决定是否要花费力气去收获樱桃，这样低的价钱，或许不值得把樱桃摘下来；一些农民在考虑是否要砍掉樱桃树种上获利较多的庄稼。

布朗先生和其他农民不得不决定要销售多少樱桃，要雇用多少工人采摘、洗刷和包装樱桃。他们不得不决定是否要继续种植樱桃或者改种苹果树。第 7 章和第 9 章的基本厂商理论解释了厂商如何做决策。虽然这些理论为分析厂商的投入产出选择提供了一般性原则，但是还没有出现可以做更详细预测的理论模式。

下面通过分析一个酸樱桃生产者的供给决策来看之前理论所缺少的。第 7 章的分析结论表明在利润最大化的产量水平，边际收益等于边际成本，平均收益不小于平均经济成本。要使利润最大化，公司必须既知道边际成本曲线和平均经济成本曲线的形状，又要知道边际平均收益和平均收益曲线的形状。上一章阐述了如何得到公司边际成本和平均成本函数。但是厂商边际和平均收益曲线是什么形状呢？本章将以一个价格接受者的厂商为例子给出答案，它将检验该厂商作为产品供给者和生产要素需求者的行为。

我们需要明白作为价格接受者的厂商的含义。因为厂商既是供给者又是需求者，这个角色有两部分。首先，作为产品市场的供给者，厂商相信在固定的主导价格下可以卖出想要卖的产品数量。其次，作为要素市场的需求者，厂商相信在一个固定的主导价格下，可以购买他想要的要素数量。总之，作为**价格接受者的厂商**（price-taking firm）的选择行为是假设他既不影响卖出的产品价格也不影响买入的投入要素的价格。

我们之所以考察作为价格接受者的厂商的行为，其原因在于：

（1）最重要的原因在于很多厂商都是价格接受者。例如，没有一个酸樱桃农民的生产规模能够大到影响樱桃的价格。即使一个农民完全停止生产，对整个酸樱桃市场供给量的影响也是微不足道的，同样，单个农民购买化肥或者农场机器的数量也不可能影响这些投入品的价格。在大多数其他农产品市场（如玉米、小麦、和大豆），作为农作物销售者和生产要素购买者的农产品生产者是价格接受者，这和很多制造企业的厂商是一样的。

（2）我们完全可以从产品市场的供给曲线和生产要素市场的需求曲线总结出作为价格接受

者的厂商的行为。第 11 章将把这些曲线与产品市场的家庭需求曲线和要素市场中生产要素供给曲线相结合来预测单个市场的参与者承受的均衡价格。

（3）很容易分析作为价格接受者的厂商的投入产出选择，因此，这是厂商理论应用的一个良好开端。

本章的第一个任务是推导作为价格接受者的厂商的边际和平均收益曲线，以便于用利润最大化的一般规则来分析这样一个厂商的产量决策。我们的目标是在任意给定的价格下来预测作为价格接受者的厂商的产品供给量，换句话说，是要推导作为价格接受者的厂商在产品市场中的供给曲线。

考虑产量决策后，我们将讨论生产要素的需求。第 9 章已经研究了有关生产要素定价决策的理论。与本章不同的是，前者把产量水平看做固定量，仅仅讨论厂商如何安排生产，我们不必去关心产量水平是如何决定的。本章将讨论价格接受者如何同时选择投入和产出。这样，也可以推导出企业在要素市场上的需求曲线。

10.1　产品市场供给

首先考虑单个厂商的产量选择，以皮茨樱桃果园为例。我们的目标是建立皮茨果园的供给函数，也就是说，要用厂商行为模型来回答如下问题：对于任一给定价格，皮茨果园愿意供给多少吨樱桃？

10.1.1　利润最大化的两个原则

正如任一利润最大化厂商一样，皮茨果园也根据以下两个原则来实现第 7 章的利润最大化。

（1）边际产量原则：如果公司不倒闭，那么它应该在边际成本等于边际收益的水平上生产。

（2）倒闭原则：对于每个产量水平的选择，如果厂商的平均收益小于平均经济成本，厂商将倒闭。

执行这两个原则，厂商必须计算平均成本、边际成本和收益函数。假设皮茨樱桃果园的管理者已经根据上一章的过程获得边际成本曲线和平均成本曲线。厂商仍然需要知道收益曲线。假设果园在产品市场是价格接受者——它能以 300 美元/吨的价格卖出想要卖的任意数量的樱桃，因此皮茨樱桃园特有的需求曲线是图 10-1 中的水平线 d。用第 3 章的术语表述，即这个需求曲线在 300 美元/吨的价格下具有完全弹性。

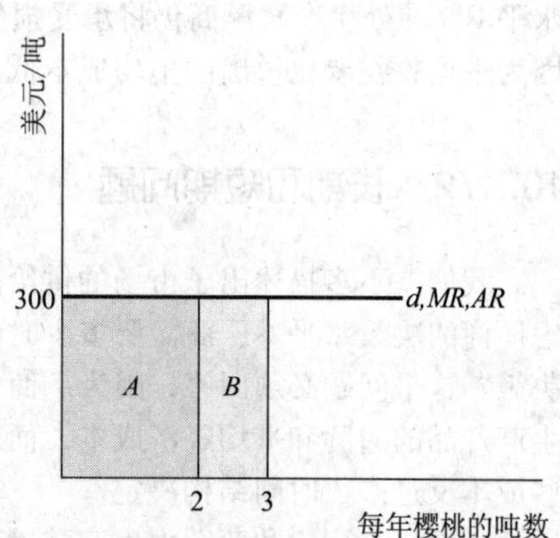

图 10-1　作为价格接受者的厂商的需求曲线和边际收益曲线重合

注：在给定价格下，作为价格接受者的厂商的需求曲线弹性无穷大，此处的价格是 300 美元/吨。当厂商产量从 2 增加到 3，总收益将增加面积 B，为 300 美元。对于价格接受者，边际收益曲线、平均收益曲线和需求曲线重合。

因为第 7 章表明厂商特定的需求曲线同时也是厂商平均收益曲线，所以皮茨的平均收益等于 300 美元/吨。接下来寻找皮茨的边际收益曲线。

根据定义，厂商的边际收益等于厂商增加一单位产量时总收益的变化量。当像皮茨樱桃果园这样作为价格接受者的厂商多卖出一单位产量时，现在价格的确为每吨 300 美元。从其他单位获得的收益不受影响，所以总收益的变化只能来自于由销售的边际单位产品得到的额外收益，而边际收益刚好等于价格。由此可以得到，**作为价格接受者的厂商的边际收益总是等于给定的价格**。在每个产量水平，皮荚的边际收益是300美元/吨，即给定的价格。图10-1表明厂商特有的需求曲线和相关的边际收益曲线的关系。如图所示，两曲线重合。

1. 边际产量原则 根据相关的收益曲线和成本曲线，可以将利润最大化产出的一般选择原则运用到作为价格接受者的厂商。第一条原则说明作为价格接受者的厂商，边际收益必须等于边际成本，正如刚才分析所知。同样，作为价格接受者的厂商的边际产量原则表述如下：

价格接受者的边际产量原则：如果厂商的产品价格给定，企业将在价格等于边际成本的水平上生产，除非企业完全倒闭。

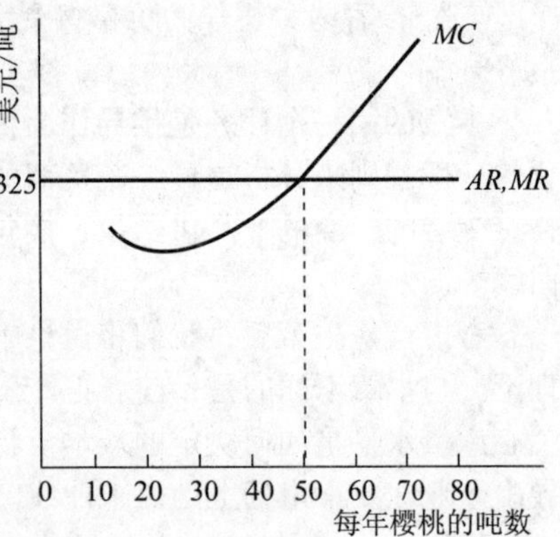

图10-2 作为价格接受者的厂商的边际产量原则

注：厂商边际收益衡为325美元，边际产量原则表明（如果它继续生产）在边际成本等于边际收益的产量水平，厂商利润最大化，此时的产量是50吨樱桃。

图10-2是该原则的实例。厂商接受的给定价格为325美元/吨，因此，厂商的边际收益为325美元，边际产量原则表明（如果厂商继续进行生产）在边际成本等于325美元时利润最大，即图10-2中的50吨。

2. 倒闭原则 将第二个一般原则应用于特殊的价格接受者。在倒闭原则下，厂商将售出产品获得的平均收益和生产的平均经济成本进行比较。这已经表明，价格接受者的平均收益等于给定的厂商价格，因此对于作为价格接受者的厂商，倒闭原则表述如下：

价格接受者的倒闭原则：如果厂商接受给定的产品价格，而且这个价格比每单位产量的平均经济成本低，那么该厂商将倒闭。

图10-3是一个倒闭优于生产的樱桃园的特定需求曲线和平均成本曲线。在每个产量水平，生产的平均成本比300美元/吨的平均收益高，即使厂商在平均成本最低的水平100吨处生产，厂商仍将承受损失（等于阴影部分），因为平均收益要比付出的平均成本低。

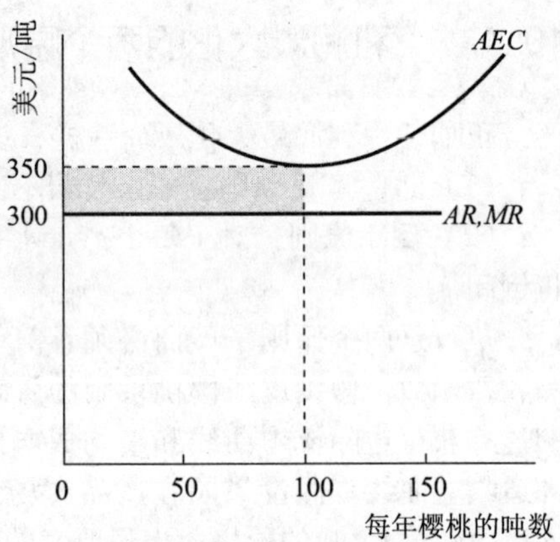

图10-3 作为价格接受者的厂商的倒闭原则

注：该图表明一个倒闭优于生产的樱桃园的特定需求曲线和平均成本曲线。在每个产量水平，生产的平均成本比300美元/吨的平均收益高。例如，如果厂商生产100吨，阴影部分即为产生的损失。

10.1.2 长期和短期问题

我们差不多描述出了市场的供给曲线，然而，必须考虑厂商的决策水平。厂商需要多少时间来做出供给选择的决策？这个问题必须回答，因为厂商供给决策依赖于厂商生产产品的边际和平均经济成本，而且在上一章看到，这些成本反过来由时间结构决定。

考虑一个用树和劳动力生产酸樱桃的农民，酸樱桃价格从350美元/吨上升到400美元/吨时，他对此将会做出何种反应？在几天时间里，他要获得更多樱桃的唯一方法是雇用更多劳动力采摘樱桃。没有足够的时间增加果树——只有劳动力是可变的。在第8章，定义短期为一个决策期内只有一个要素是可变的。因此，在这个例子中，农民正在做一个短期生产决策，而且短期决策是以短期边际和平均经济成本曲线为基础的。回顾第9章，在短期内，只有在可变要素上的花费是经济成本。因此，短期平均经济成本是由短期平均可变成本曲线给定的。

如果给予足够的时间，农民能调整所有投入——购买更多的土地并种上樱桃树。回顾第8章所讲的，厂商能够调整所有要素的时期称为长期。当决定种植多少树时，农民正在做长期供给决策，该决策是以长期边际和平均成本曲线为基础的。

因为基于不同的成本曲线，所以厂商的短期和长期供给曲线一般是不同的，考虑到这个不同，在推导这两种供给曲线时，要分别进行研究。

10.1.3 短期供给曲线

首先，研究一个厂商的短期供给决策。假设酸樱桃行业的厂商已经选定了固定要素水平（如樱桃树的数量），试图找出该行业的每个厂商在某个特定价格下的供给量。

厂商短期供给曲线 构建一个像皮茨樱桃园一样的作为价格接受者的厂商的短期供给曲线，我们只运用能达到利润最大化产量水平的两个原则。首先，描绘图10-4中的短期边际成本曲线和平均可变成本曲线。假设厂商能以350美元/吨的价格销售，将供给多少产量呢？由边际产量原则得知，如果厂商继续生产，它将会种植60吨樱桃，因为这个产量的边际成本是350美元/吨，等于边际收入。由倒闭原则得知，厂商坚持生产比倒闭要好，因为以350美元/吨的价格卖出60吨樱桃获得的收益，超过了300美元/吨的平均可变成本，皮茨获得正的经济收益60×（350－300）=3 000美元，如图10-4阴影部分所示。因此在皮茨樱桃果园短期曲线上找到一点，当价格为350美元/吨时，每年供给60吨樱桃。同理，当价格为400美元/吨时，皮茨樱桃果园供给70吨樱桃。

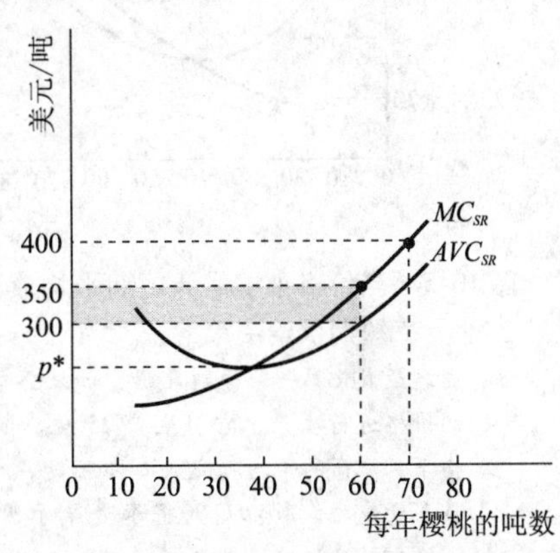

图10-4 价格大于最低短期平均成本时皮茨的短期供给决策

注：当价格是350美元/吨时，如果厂商继续生产，它将生产60吨樱桃；在这个产量下，$MR=MC_{SR}$。倒闭原则表明，厂商生产60吨樱桃比倒闭要好，在这个产量下，$AR>AVC_{SR}$。皮茨樱桃果园的最终利润是阴影面积。只要价格超过p^*，厂商将在相应的边际成本曲线上的点进行生产。

事实上，对任何一个大于p^*的价格，厂商在价格等于边际成本的点生产使利润最大化。p^*的特点是其等于厂商的短期平均可变成本的最小值。在任何高于p^*的价格，厂商可以找到某个产量水平使得平均收益等于平均可变成本，而且将继续生产而不倒闭。注意到在p^*点，边际成本等于平均成本并不是巧合，在第9章讲过，边际成本曲线一定交于平均可变成本曲线的最低点。

如果厂商销售产品的价格低于p^*，如图10-5中的170美元/吨，该怎么办？根据利润最大化的第一条原则，如果厂商继续生产，那么它将生产25吨。但是在这个价格下，厂商的平均可变成本，为图中A的距离，大于平均收益170美元/吨。如果继续生产25吨的樱桃，皮茨果园将遭受的损失等于图10-5的阴影部分，厂商最好停止营业。同理，在小于p^*的任何价格下厂商都将停止营业。

如果价格等于p^*又会怎样呢？边际产量原则表明，如果厂商继续生产，它将生产x^*吨樱桃。厂商会继续生产吗？在这个价格和产量下，价格恰好等于厂商的平均可变成本，因此，无论厂商仍在该行业还是停止生产，它获得的利润都为0。这样，追求利润最大化的厂商就无所谓是以p^*的价格销售x^*吨樱桃还是停止营业了。尽管没有经济利润的厂商仍留在行业里看起来很奇怪，但是请记住，我们说的是经济利润。根据定义，获取零经济利润的厂商的投入要素没有更好的可替代用途时，它仍将停留在该行业中。

现在，将图10-4和图10-5的讨论放在一起。图10-5表明只要价格在最低平均可变成本之上，供给量将在厂商的边际成本曲线上。图10-5表明，对于任何低于短期平均可变成本曲线最低点的价格，厂商将不进行供给。因此，**当价格低于厂商最低短期平均可变成本时，作为价格接受者的厂商的短期供给曲线与纵轴重合。短期供给曲线与厂商短期边际成本曲线高出厂商短期平均可变成本的部分重合**。如图 10-6 虚线所示皮茨樱桃园的短期供给决策。

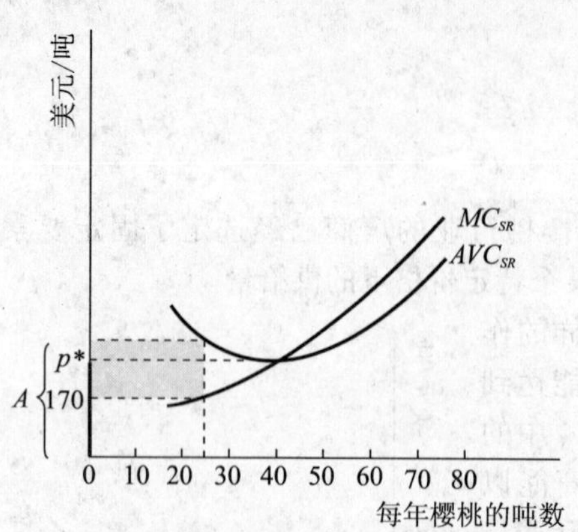

图 10-5　当价格小于最低短期平均成本时皮茨的短期供给决策

注：利润最大化第一条原则表明，如果公司以 170 美元的价格进行生产，它将生产 25 吨。但是在这个价格下，厂商的平均可变成本即距离 A，高于平均收益 170 美元，所以厂商将承受等于阴影面积的损失，厂商最好停止营业。同理，在小于 p^* 的任何价格下厂商都将停止营业。

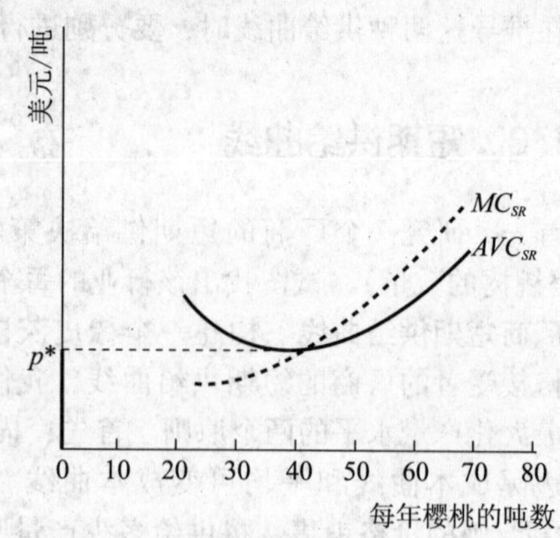

图 10-6　作为价格接受者的厂商的短期供给曲线

注：价格接受者的厂商的短期供给曲线与短期边际成本曲线重合，且高于短期平均可变成本曲线。对于任何低于短期平均可变成本最低点的价格，厂商都不进行供给。

在总结关于作为价格接受者的厂商短期供给曲线的讨论之前，值得注意的是，厂商可能继续供应樱桃，即使它正在遭受短期会计损失。也就是说，厂商可能继续运营，即使其收益小于短期总成本——包括固定和可变投入要素的总花费。从平均量的角度考虑，这意味着当产品价格低于平均总成本（*ATC*）时，厂商会继续生产。图 10-7 说明了这个可能性。为什么厂商会在短期内继续生产呢？因为即使停止生产，它还是要支付固定要素的成本。只要价格高于可变要素的平均费用——平均可变成本——如果停止营业厂商将承受更多的会计损失。因此，该图强化了一个基本理论：理性的决策仅依赖于经济成本。图 10-7 中的厂商就是根据经济成本在获取利润。以上所有理论都可以解释厂商为何愿意继续营业。平均总成本曲线并没有为短期生产决策提供任何有用的信息。

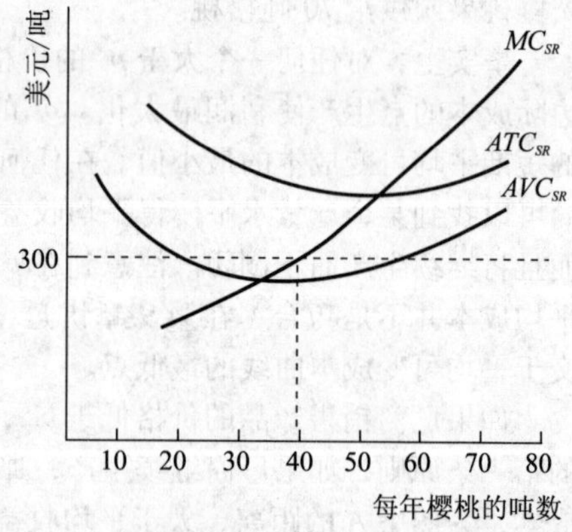

图 10-7　短期内厂商承受会计损失而不停止营业

注：当价格为 300 美元/吨时，短期内厂商将供给 40 吨樱桃，即使短期平均总成本高于这个价格。在短期内，只有可变要素的支出与经济决策有关，而固定要素的支出并不影响厂商的短期供给选择。

10.1.4　长期供给曲线

当厂商面对价格变化产生的一个新的长期价格水平时，它有足够的时间调整所有生产要素。因此，其长期供给决策是由厂商的长期边际成本曲线和平均成本曲线决定的。

1. 单个厂商的长期供给曲线的推导　假设农民期望在一个足够长的时间内樱桃价格保持在

400 美元/吨，这样能够根据价格调整所有生产要素。这时，厂商被定义为在做长期供给决策。

尽管依据的成本曲线不同，但获得短期和长期供给曲线的过程是相似的。像短期供给曲线一样，为了找到厂商的长期供给曲线，我们只运用能达到利润最大化产量水平的两个原则。唯一的不同就是现在是长期的边际成本曲线和平均经济成本曲线，而不是短期的。在长期，所有的要素可变，所以，所有的要素支出都是经济成本。因此，平均经济成本就是给定的长期平均成本曲线。

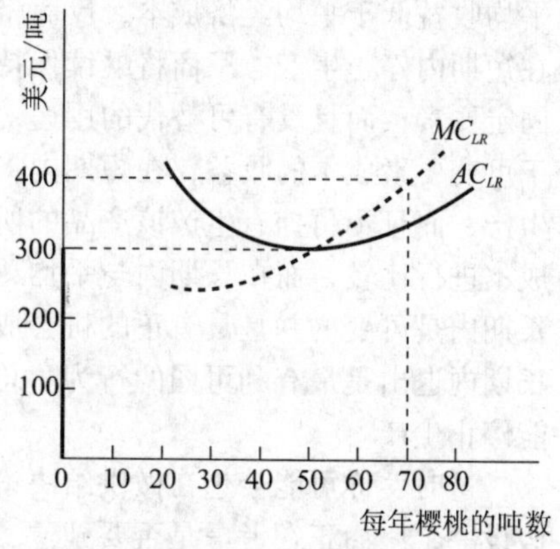

图 10-8　作为价格接受者的厂商的长期供给曲线

注：作为价格接受者的厂商的长期供给曲线和长期边际成本曲线在长期平均成本曲线之上的部分重合。对于任何低于长期平均成本曲线最低点的价格，厂商都不供给。

图 10-8 表示皮茨樱桃果园的长期边际成本曲线和长期平均成本曲线。假设樱桃价格为 400 美元/吨。边际产量原则表明如果厂商继续生产，将生产 70 吨樱桃——在该点边际收益等于边际成本。而且，倒闭原则表明厂商不应该退出市场——价格在厂商平均成本之上，所以能获得经济利润。然而，当价格为 300 美元/吨时，厂商将停止营业。

重复进行这个过程，就可得到长期供给曲线。这样，作为价格接受者的厂商，其长期供给曲线可以描述如下：**在价格低于长期平均成本的最小值时，单个厂商的长期供给曲线与纵轴重合；而在价格高于长期平均成本曲线时，长期供给曲线还与其长期边际成本曲线重叠。**最终得到的长期供给曲线是由图 10-8 中的两段虚线部分组成的。

2. 对比厂商短期和长期供给曲线　对比厂商短期和长期供给曲线是很有意义的。在给定价格下，能不能说出厂商是将在短期内生产更多产品，还是在长期内呢？结果证明不能。厂商供给曲线由边际成本曲线和平均经济成本曲线决定，在第 9 章看到短期成本曲线和长期成本曲线之间的两个重要区别：

(1) 在短期内，一些要素是固定的，而且固定要素的支出不属于短期经济成本。在长期内，所有要素都是可变的，而且其支出属于经济成本。

(2) 在长期内，厂商有机会替代要素；而在短期内则不可以。

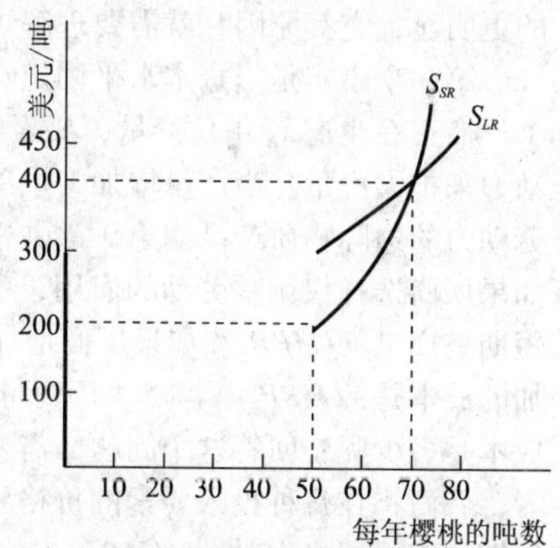

图 10-9　短期和长期供给曲线的对比

注：因为厂商有更多的机会进行调整，所以长期供给曲线比短期供给曲线更富有价格弹性。

图 10-9 表明如何将这些成本曲线的区别转换成短期和长期供给曲线的区别。如图所示，长期供给对价格变化更敏感（即更有弹性）。直觉上这是合理的，因为在长期内，厂商有更多的机会进行调整。

进一步分析这个调整过程。假设农民已经以 400 美元/吨的价格每年卖出 70 吨樱桃，考虑当价格增加到 450 美元/吨时，厂商将如何反应。在短期内，厂商只有一种方法扩大生产——使用更多的可变要素，即劳动力。正如第 9 章所说，该要素服从边际报酬递减规律，将明显增加短期边际成本。因为短期供给曲线与短期边际成本曲线在短期平均可变成本曲线之上的部分重合，所以 S_{SR} 也随着产量水平增加。然而，在长期内，厂商可以改变所有投入要素的水平——农民能够种更多的树来进一步增加产量。结果，厂商的长期供给曲线保持相对平缓，在 450 美元/吨的价格下，长期内厂商将比短期供给更多产量。

当价格低于 400 美元/吨时，短期供给量和长期供给量的关系正好相反。当价格为 200 美元/

吨时，厂商在短期内生产 50 吨樱桃，但在长期内将完全退出该行业！为了理解这一行为产生的原因，需要仔细思考倒闭和退出决策。在某一个水平上，厂商的短期和长期决策是相同的：如果平均收益低于平均经济成本，厂商将停止生产。但是有一个重要区别，当一个有固定投入的厂商在短期内停止生产，厂商将继续保持这些固定投入，即使它不再进行生产。因为厂商要继续持有固定要素，而且没有可替代的用途，所以这些要素的机会成本为 0。因此，如果厂商能够获得大于可变要素成本的收益，在短期内将继续生产。相反，如果厂商在长期内选择倒闭，不但要停止生产，而且不再拥有生产该产品的所有固定要素。这就是为什么平均收益在短期内要与平均可变成本进行比较，而在长期内与平均总成本进行比较。从另一个角度来看，短期内固定的要素，在长期内是可变的并且具有正的机会成本。如果厂商收益不能支付这些成本和其他要素成本，那么长期内退出是最有利可图的行为。总之，当产品价格下降时，短期内继续生产的厂商在长期内可能停止生产。

这时，你可能会想在做供给决策时厂商将面临一个困境：是采用短期成本还是长期成本呢？假设一个厂商正在考虑是否要建立一个工厂，判断该工厂是否会盈利，厂商需要知道生产的产量。当考虑建立工厂的时候，厂商正在做长期决策。因此，厂商必须用长期边际和平均成本来寻找利润最大化的产量水平并估计工厂是否会盈利。

假设已经建好了工厂，将销售多少产品呢？因为工厂现在是一个固定要素投入，所以厂商正在做短期决策，而且花在工厂上的沉没支出不是经济成本。现在，利润最大化的产量水平和最终的利润水平是根据短期边际和平均可变成本估算的。

看起来好像厂商是非理性的。在建立工厂之前，厂商计划生产某一产量；工厂建立之后，又是另一产量。两个决策分别是根据长期成本和短期成本做出的。幸运的是，这种非理性比实际中的更明显，究其原因，就需要理解短期和长期成本关系的两个事实。

第一个事实是当资本水平固定在长期的均衡值时，长期边际成本等于短期边际成本。假设一个厂商正在生产 x_0 单位产量，要素价格分别为 w 和 r。短期内，资本固定。厂商只能通过增加劳动力来扩大产量。当产量增加 1 个单位，必须以每天 w 的工资多雇用 $1/MPP_L$ 的工人，MPP_L 是劳动力的边际物质产品。第 9 章讲过，短期边际成本 $= w/MPP_L$。在长期内，厂商有更多的选择，如果厂商选择仅调整劳动的雇用，就必须以 w 的工资多雇用 $1/MPP_L$ 的工人。因此，边际成本和短期一样是 w/MPP_L。如果厂商增加资本，就必须以每单位 r 的价格增加 $1/MPP_K$ 单位资本，增加的成本是 r/MPP_K。当然，厂商可以决定同时调整两种要素。对于所有这些选择，厂商的边际成本是多少呢？回答这个问题，需要使用前面得出的一个重要结论——作为要素市场的价格接受者，厂商将在每种投入要素的价格和边际产量的比相等的点进行生产。因此，当厂商已经选择了长期均衡要素投入时，$w/MPP_L = r/MPP_K$（见式 9-7）。结果是无论厂商如何调整，其长期边际成本等于 w/MPP_L。

现在来比较短期边际成本和长期边际成本，二者似乎一样——表达式都为 w/MPP_L。但是常言道，眼睛可能是骗人的。边际劳动产品的价值由厂商使用的要素投入组合来决定——资本水平有助于决定劳动边际物质产品的价值。一般情况下，厂商在短期和长期使用不同的投入要素组合，这样就产生了短期边际成本和长期边际成本的区别。然而，当厂商在两个期间用相同的投入要素组合时，它们相等。因此可以总结：**当资本水平固定在其长期均衡价值时，长期边际成本等于短期边际成本。**

因为厂商的短期和长期供给曲线分别与其边际成本曲线（两个都在平均经济成本曲线之上的部分）重合，边际成本曲线之间的关系表明，当厂商选择建立利润最大化规模的工厂时，其选择的产量水平相同，无论依据短期还是长期的供给曲线。如图 10-10 所示，价格为 70 美元/单位时，根据任一曲线，厂商每天供应 1 400 单位产品，厂商不会面临任何困境或遇到不一致带来的风险。因为当产量是每天 1 400 单位时，长期边际成本等于 70 美元/单位，由于这个特殊的工厂处于恰当的位置，所以短期边际成本也是这个值。

正如边际选择原则，厂商是用短期还是长期成本（这里指平均经济成本）致使倒闭原则也有所不同。短期和长期成本之间关系的第二个重要事实是，当固定要素的数量在长期均衡点时，短期平均可变成本小于长期平均成本。为什么？因为无论怎样，短期资本水平会固定在其长期均衡价值，所以弹性缺乏也不会使短期成本相对于长期成本而提高。然而，固定要素的支出不是短期经济成本或可变成本，而是长期经济成本。这样，当固定要素的数量在长期均衡价值时，短期平均可变成本小于长期平均成本。

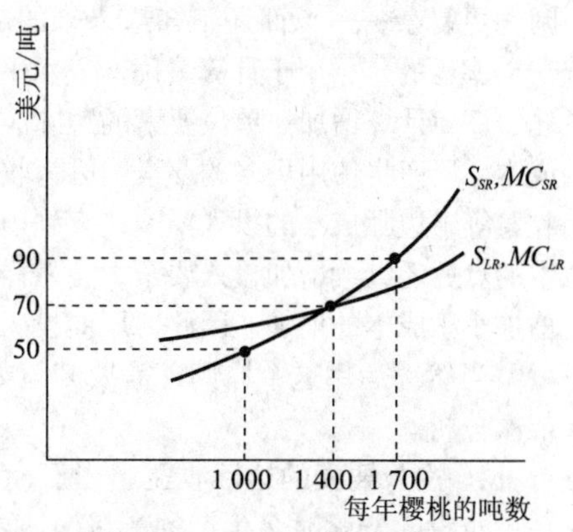

图 10-10　厂商计划连续性

注：假设厂商建立的工厂规模在预期的产品价格为 70 美元/单位是最优。只要在建设完成后价格确实是 70 美元/单位，厂商将选择生产 1 400 单位产品，无论用长期还是短期供给曲线。如果工厂建好后产品价格上升为 90 美元/单位，那么厂商将选择根据短期供给曲线每天生产 1 700 单位产品。

这表明（假设在厂商做长期计划时，价格是其所期望的）一旦工厂建立，厂商在短期内不会倒闭；又一次证明，厂商的计划中不存在不一致性。当然，如果产品价格后来变化了，那么厂商不得不调整产量水平来维持工厂已有的规模。在新价格下，短期和长期供给曲线将分离。因为新的产量决策建立在既定的固定工厂规模之上，有一个相对的短期供给曲线。例如，假设工厂建好以后，产品价格上涨为每单位 90 美元。如图 10-10 所示，短期供给曲线表明，追求利润最大化使厂商每天将生产 1 700 单位产品。

同样，因为工厂是沉没支出，所以要促使厂商在进入市场后再离开，价格必须低于最初阻止厂商进入市场的水平。例如，如果厂商已经预计价格是每单位 50 美元，将不会建立工厂——在这个价格下的长期供给量为 0。但是，一旦工厂建立，厂商在这个价格下将继续生产——厂商正在做短期决策，如图 10-10 中的短期供给曲线所示，厂商将以 50 美元的价格每天供给 1 000 单位产品。这个不同很合理，因为一旦厂商已经建立工厂，就形成沉没支出，而且厂商不能通过离开而重新得到已有支出。只要收益大于平均可变投入成本，厂商就将继续经营工厂。但是，如果不进行这个项目厂商能够节省所有对工厂的支出，这比建立工厂要好得多。

10.2　要素需求

前面已经分析了产品市场中作为供给者的价格接受者——厂商，下面在要素市场上检验它们的需求决策。一个厂商需要商品的原因与家庭不同。家庭购买商品和服务是为了从消费这些商品和服务中获得满足和效用。相反，厂商不是为了自身需求而看重投入要素的价值——获得把金属压成叉子和勺子的机器本身并不使其所有者产生满足感。然而，投入要素被看重是因为它所生产的产品，销售这些产品反过来可以获得收益。这样，投入要素的需求取决于或者产生于对最终产品的需求。因此，投入要素的需求被称为**派生需求**（derived demand）。

正如区别短期和长期供给决策一样，在下面两部分将区别短期和长期需求决策。

10.2.1　短期要素需求

假设皮茨樱桃园投入两种生产要素：资本（樱桃树）和劳动力（农场工人）。在短期内，劳动力数量 L 可变，但是资本量是固定在 K_f 的。因为资本量在短期内是固定的，所以厂商唯一的要素需求决策是要雇用多少劳动力。已经在第 9 章看到厂商的短期投入要素选择。当时假设知道厂商预期的产量，能够通过在相应的等产量线上寻找点来计算需要多少劳动力。这里厂商面临的问题更复杂——厂商还不知道未来的产量，必须同时考虑投入和产出的量。

幸运的是，用于计算最优产量水平的边际主义逻辑同样适用于寻找利润最大化的投入水平。首先，厂商计算增加一单位要素的边际成本和收益。然后，比较收益和成本。如果边际收益大于边际成本，厂商将使用更多的要素：因为收益比成本增长得更快，利润也会增加。厂商使用每单位边际收益等于边际成本的投入要素，直到边际收益等于边际成本。如果厂商在达到边际收益等于边际成本的点后还继续增加投入要素，会怎样呢？如果这样，增加一单位要素会减少厂商的利润；收益的增加小于成本的增加。因此，厂商投入的要素刚好是厂商的边际收益等于边际成本的量。

当然，运用这个原则，需要知道如何寻找增加一单位投入要素的边际收益和边际成本。下面依次分析。

1. 投入要素的边际收益 当厂商增加一种要素时，产量会增加。在第 8 章，定义厂商增加一单位投入要素时多生产的产量为该要素的边际物质产品（MPP）。MPP 是根据每单位投入要素所生产的产量来测度的（如每英亩土地生产樱桃的吨数或者每加仑牛奶所生产的冰淇淋的量）。边际物质产品不只是它本身，而是对厂商收益的衡量。生产产品是为了从销售中获得收入，厂商真正关心的是当增加一单位要素时收益如何变化。因增加一单位投入要素而增加的产量所引起的收益的变化称为**边际收益产品**（marginal revenue product，MRP）。MRP 通过每单位投入要素所获得的收益来衡量（例如，每单位劳动力所获得的收益）。把收益的增加称为边际收益产品来区别边际物质产品。

尽管边际物质产品和边际收益产品是不同的概念，但是密切相关。例如，假设樱桃园的第三个工人的劳动力的边际物质产品是 7 吨樱桃。如果每吨樱桃可以为厂商带来 300 美元的额外收入，那么劳动力的边际收益产品就是 2 100 美元。更一般的，要找到一个投入要素的边际收益产品，只是简单地将边际物质产品乘以与每单位产量相关的边际收益。用代数方式表述这一关系。对于劳动力来说：

$$MRP_L = MPP_L \times MR \tag{10-1}$$

对价格接受者来说，边际收益产品的公式更简单，让我们找出皮茨樱桃园的劳动力边际收益产品。价格接受者的边际收益曲线恒等于厂商卖出产品的价格。因此，对于价格接受者来说，要素的边际收益产品等于边际物质产品乘以产品价格。用代数式表示，如果产品的价格是 p，然后用 p 替代（10-1）等式中的 MR，得到

$$MRP_L = MPP_L \times p \tag{10-2}$$

把这个公式用到表 10-1 中，通过第 3 栏和第 4 栏来计算第 5 栏。

表 10-1 通过价格和生产数据计算边际收益产品

(1) 劳动力（工人数）	(2) 产量（吨）	(3) 边际物质产品（吨/工人数）	(4) MR（$=p$）（美元/吨）	(5) MRP_L（美元/工人数）
0	0			
		26.0	300	4 800
1	16			
		11.0	300	3 300
2	27			
		7.0	300	2 100
3	34			
		4.0	300	1 200
4	38			
		1.2	300	360
5	39.2			
		0.8	300	240
6	40			
		0.7	300	210
7	40.7			

注：从生产函数，我们可以得到 MPP_L。对于作为价格接受者的厂商，通过 MPP_L 乘以产品价格来得到 MRP_L。

2. 投入要素的边际要素成本 既然可以得到厂商增加一单位投入要素所产生的收益，那么下一步就是计算边际成本。在第 9 章，定义厂商增加一单位要素时，对投入要素增加的总支出为边际要素成本。

由第9章可知，只要厂商是要素市场的价格接受者，边际要素成本就等于要素价格。如果厂商能够以每周210美元的工资增加想要增加的劳动力，那么劳动力边际要素成本在任何雇用水平上都是210美元。

3. 利润最大化的投入水平　苏联解体之后，成千上万的苏联科学家失去了工作。西方企业不久就认识到可以无限制地雇用这些科学家，以每月40～50美元的工资使他们为其做研究。例如，AT&T雇用了100名科学家，康宁公司雇用了115名科学家。作为价格接受者的厂商将怎样决定雇用多少科学家或其他要素呢？

一旦知道了增加单位要素的成本和收益，我们就能运用厂商应该在边际收益等于边际成本处生产的一般原则来回答这个问题。

要素使用原则：为达到利润最大化，厂商的要素使用量应该在边际收益产品等于边际要素成本那一点（*MRP* = *MFC*）。

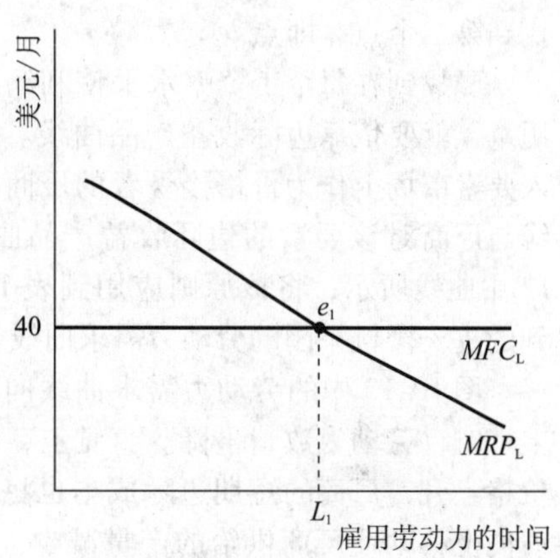

图10-11　要素使用原则

注：在任何小于L_1的投入要素水平，$MRP_L > MFC_L$，如果雇用更多劳动力，厂商利润上涨。在任何大于L_1的要素投入水平，如果减少雇用，厂商利润上涨。雇用L_1小时的劳动力，厂商利润最大化。

图10-11描述了美国科学出版公司的要素使用原则。当该公司雇用更多的苏联科学家时，其边际产量递减。结果，边际收益产品曲线下滑。因为这个厂商是劳动力市场的价格接受者，边际要素成本曲线是每月40美元工资下的水平曲线。在任何投入要素小于L_1时，雇用更多科学家的边际收益大于边际成本，即$MRP_L > MFC_L$，如果增加雇用劳动力，厂商利润增加。在任何投入要素大于L_1时，多雇用一个科学家的边际收益小于边际成本，即$MRP_L < MFC_L$，如果减少劳动力，厂商利润增加。厂商雇用L_1的苏联科学家时，厂商利润最大。注意这个原则与之前讨论的利润最大化的产量水平原则$MR = MC$的逻辑相同——使边际收益等于边际成本。

（1）这些原则一致吗？边际产量选择原则引发了新的思考，它提供了一条计算利润最大化产出水平的途径。但是要素使用原则提供了另一个途径——厂商的资本水平在短期固定，所以劳动力的雇用量决定了产量。因为要素使用原则由产量决定，我们希望边际产量原则也能给出同样的答案。

通过基本的概念表述，这两个原则确实是一致的。要素使用原则表明应该使用一种要素使得$MRP = MFC$。因为$MRP = MPP \times MR$，也可以写成

$$MPP \times MR = MFC \tag{10-3}$$

边际产量原则表明厂商应该选择一个产量水平使得$MR = MC$。从第9章的式（9-2）可得知$MC = MFC/MPP$，因此边际产量原则也可以写成

$$MR = MFC/MPP \tag{10-4}$$

式（10-3）和式（10-4），用两种方法表达了边际收益、边际物质产品和边际要素成本之间相同的代数关系。换句话说，通过要素使用原则和边际产量原则得到相同的产量。

（2）价格接受者的要素使用原则。对于价格接受者来说，边际收益产品等于边际物质产品乘以产品价格（p），边际要素成本等于投入要素价格（w）。因此，可以重写式（10-3）来简化要素使用原则：

价格接受者的要素使用原则：在要素市场和产品市场都是价格接受者的厂商要想实现利润最大化，就要使一种要素的边际物质产品乘以产品价格等于投入要素价格，或者 $MPP \times p = w$。

为运用这个原则，进一步研究表10-1中樱桃园的例子。如果工资率最初是210美元/周，那

么要素使用原则说明厂商雇用劳动力使得边际收益产品为 210 美元。表 10-1 第 5 栏表明当厂商雇用 6 名工人收获 40 吨樱桃时，才能实现该收益水平。这样当劳动力价格是 210 美元时，厂商雇用 6 名工人[⊖]。换句话说，已经在劳动力需求曲线上找到一个点与 210 美元/周的工资相对应。该点就是图 10-12 中需求曲线上标出的字母 a。

假设工资上升为 240 美元/周。这种情况下，厂商在边际收益产品等于 240 美元的这一点停止雇用劳动力，因为 240 美元是现在的边际要素成本。表 10-1 说明，此时厂商只雇用 5 名工人收获 39.2 吨樱桃。在图 10-12 的厂商劳动力需求曲线上找到第二个点，即点 b。

要找到在每个工资率水平使利润最大化的劳动力使用量，就要依靠边际收益产品曲线。换句话说，可变投入要素市场上作为价格接受者的厂商的短期派生需求曲线与厂商对该要素的边际收益产品曲线重合。如图 10-12 中曲线所示，将该原则应用到表 10-1 中的数据所得到的皮茨樱桃果园的劳动力需求曲线。

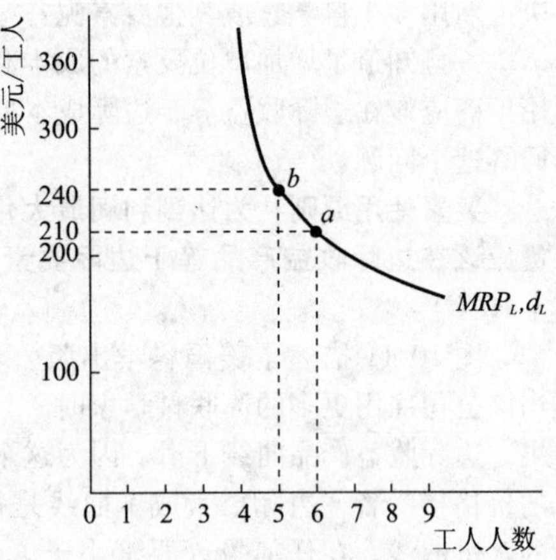

图 10-12　作为价格接受者的厂商的派生需求曲线

注：厂商是可变要素市场上的价格接受者，可变要素 d_L 的厂商短期派生需求曲线与投入要素的边际收益产品曲线重合。

图 10-12 中的劳动力需求曲线向下倾斜——当工资上涨时，劳动力数量下降。直觉上，当一个可变要素的价格上升，厂商的短期边际成本也将上升。边际成本曲线向上移动使厂商供给的产量减少，如图 10-13a 所示。因为厂商的产量水平下降，所以可变要素的使用量也将下降，如图 10-13b 中的等产量线所示。投入要素的短期派生需求向下倾斜的原因是**产量效应**（output effect）——较高的投入要素价格导致较低的产量，从而导致较少的投入要素需求。

10.2.2　长期要素需求

在长期内，厂商可以调整资本和劳动力数量。在这种情况下，当劳动力价格上涨时，对长期劳动需求量有两种效应。第一种是和短期一样的产量效应。因为劳动力变得更贵，生产产品的边际成本可能上涨，减少均衡产量水平和要素使用总量。当总产量下降时，至少一种投入要素的数量要减少。第二种是长期要素需求的价格上涨效应，这是短期内所没有的。在长期内，厂商可以用一种要素替代另一种价格上涨要素。在这个例子中，厂商用资本代替劳动来应对劳动力价格的上涨。当检验长期投入要素的需求时，除了考虑产量效应，还必须考虑**要素替代效应**（factor substitution effect）。

事实上，当一种投入要素价格变化时，要素替代效应和产量效应同时起作用，但先分别考察每种效应的作用是有意义的。短期分析中，我们已经检验了产量效应，所以在长期分析中先来看要素的替代效应。

1. 要素替代效应　要独立分析要素替代效应，需要利用第 9 章的等产量 - 等成本分析。这个分析框架可以在给定的一系列投入要素价格下，找到最优的投入要素组合来生产一个给定水平的产量。图 10-14 中的实线表示皮茨樱桃园的等产量线和等成本线。最初劳动力和资本的价格分别是 w_a 和 r_a，在这两个价格下，厂商均衡投入要素水平是 L_a 和 K_a，产量水平是 x_m。

⊖ 更精确地说，厂商无所谓停止雇用 6 名工人，还是雇用第 7 名工人——因为 $MRL_L = MFC_L$，第 7 名工人多生产的收益将等于雇用他的成本。

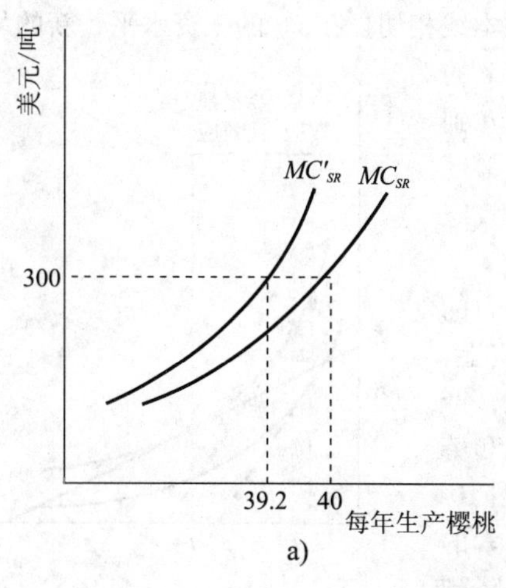

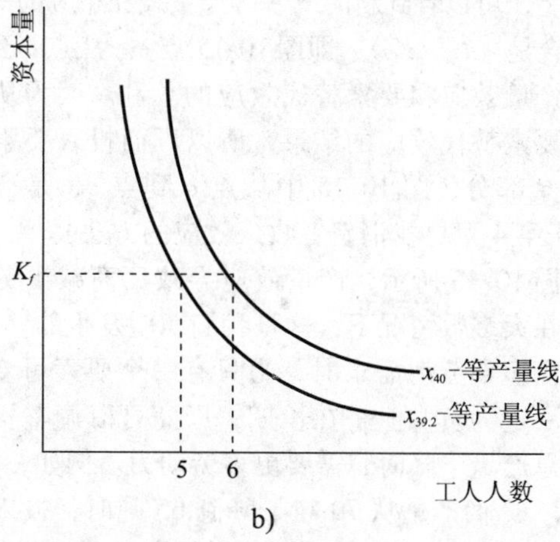

图 10-13　产量效应

注：当劳动力价格上升时，生产樱桃的短期边际成本也上升，图 10-13a 中从 MC_{SR} 到 MC'_{SR}。厂商边际成本曲线向上移动导致产量减少。因为厂商产量减少，所以它选择一个较低的等产量曲线上的投入组合，如图 10-13b 所示。因为资本在短期内固定在 K_b，所以厂商通过减少劳动力的量来调整投入要素使用量。

假设劳动力价格上涨到 w_b，价格上涨既有产量效应也有要素替代效应。我们可以用学习第 4 章消费者需求时分离替代效应和收入效应的方法，来分离要素替代效应和产量效应。那时，为了分离替代效应，表示出当市场价格变化时，一条无差异曲线的均衡是如何变化的。同样，这里考察当厂商调整到一个新的要素价格但仍保持在原产量（就是保持原来的产量水平）时，要素的使用量将发生什么变化。

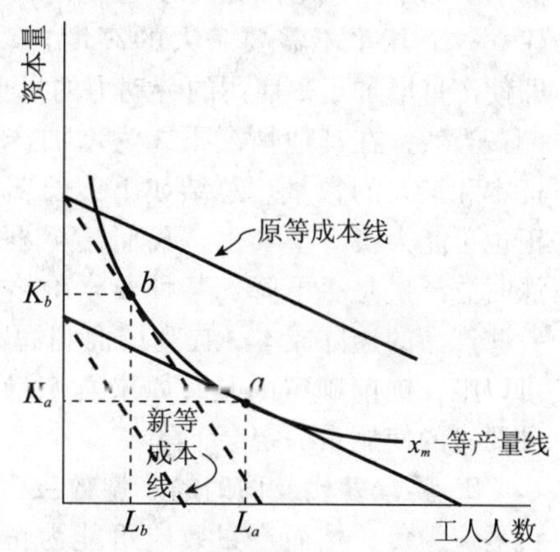

图 10-14　劳动价格上涨产生的效应

注：要分离出要素替代效应，我们需要检验一条等产量线（这里是指 x_m - 等产量线）上的均衡是如何随着要素价格变化而变化的。当劳动力和资本价格分别为 w_a 和 r_a 时，实线是等成本线。在这两个价格下，厂商投入水平分别为 L_a 和 K_a。当劳动力价格上涨到 w_b，新的等成本曲线是更陡峭的虚线。在点 b 处达到新的均衡。劳动力从 L_a 降到 L_b 就是要素替代效应。

当等产量线保持不变时，劳动力价格上涨产生一条新的家庭等成本曲线。每条新的等成本线（图 10-14 中的虚线）是围绕原来的成本线与 y 轴交点向下旋转而成。当 x_m 等产量线和相关的等成本线相切时达到新的均衡时，要素组合为（L_b，K_b）。因为新的等成本曲线更陡峭，所以新的切点 b 一定在原切点 a 的左侧。如图所示，厂商使用更少的劳动力和更多的资本来生产给定的产量。劳动力需求量从 L_a 下降到 L_b 就是替代效应。

总结关于要素替代效应的讨论，**当一种要素的价格相对于另一种要素的价格上升时，厂商用相对价格下降的要素替代价格上升的要素（只要在生产中厂商能够用一种要素进行替代）**。注意，一种投入要素价格上涨的替代效应总是负的。因此，要素替代效应是长期需求曲线向下倾斜的一个原因。

2. 产量效应　当然，和短期一样，厂商在长期可能通过调整产量变化来对要素价格的变化做出反应，进一步研究长期产量效应。假设当劳动力价格从 w_a 上升到 w_b，总产量会从 x_m 下降到 x_n。可以用等产量线来分析产量下降如何影响投入要素水平——在新的等成本图（根据新的要素价格画出的）上，可以看到新的 x_n－等产量线和相应的等成本线相切。在 w_b 的工资水平，新的均衡投入要素组合是（L_c，K_c），即图 10-15 点 c。从点 a 到点 c 的变化是产量效应和要素替代效应的总和。因为从点 a 到点 b 是要素替代效应的结果，所以厂商投入要素水平变化的其余部分，图 10-15 中从点 b 到点 c，是产量效应（类似于第 4 章寻找消费者收入效应的方法）。

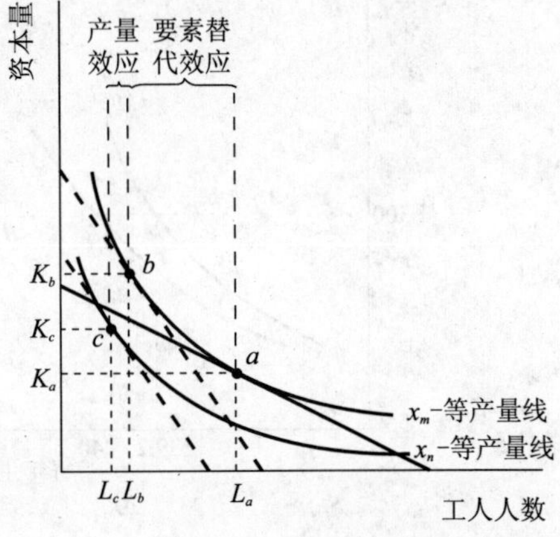

图 10-15　分解的产量效应和要素替代效应

注：从 a 点到 b 点的变化是产量效应和要素替代效应共同作用的结果。劳动力需求量下降 $L_a - L_b$ 是要素替代效应的结果，厂商投入要素剩余变化量 $L_b - L_c$ 是产量效应的结果。

如图 10-15 所示，产量效应导致厂商减少劳动力的使用，在大多数情况下，这是我们期望发生的。事实上，检验厂商短期劳动需求时，当只有一个要素可变时，产量效应一定为负。但是在长期，厂商可以调整资本和劳动，当总产量下降时，需要更多劳动力。例如，如图 10-16 所示，厂商产量从 70 吨下降到 65 吨时，投入要素的均衡组合从 g 变到 h。虽然需要的资本量从 K_g 下降到 K_h，但劳动需求量从 L_g 上涨到 L_h。这个例子中，价格上涨的产量效应为正。

总产量下降为什么会导致一种要素需求量增加呢？考虑计划废除现在的工厂而建新工厂来提高生产水平的例子。如果产量增加是可以替代的，那么厂商可能选择建立一个几乎不需要工人的高度自动化的工厂。这样，即使产量增加了，雇用的劳动力的量也将下降。

当然，在其他情况下，为增加产量，可能同时增加资本和工人的数量。总结如下：长期的产量效应可能为正也可能为负。事实上，我们甚至不能确定要素价格上涨时总产量是否下降：某种要素价格上涨可能确实降低一些产品的边际成本，提高厂商利润最大化的产量水平。可以唯一提前确定的是，如果总产量水平下降，至少一种要素的使用量一定会下降。

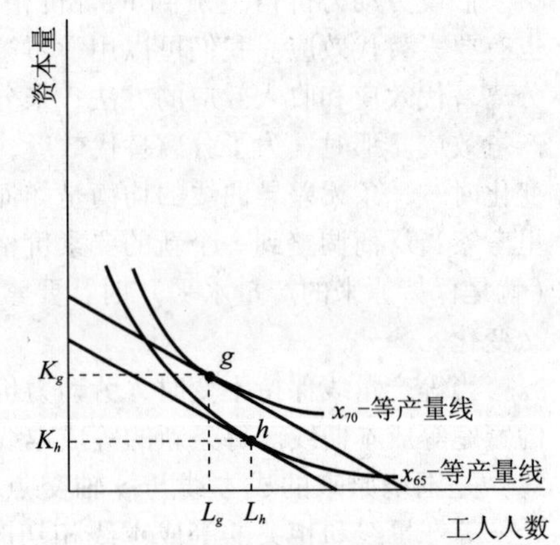

图 10-16　产量效应可能为正

注：当总产量从 70 吨/年下降到 65 吨/年时，厂商达到均衡时使用劳动力的量从 L_g 降到 L_h。

3. 要素替代及同时的产量效应　要素价格上涨的替代效应为负，然而产量效应可能为正也可能为负。二者的混合效应又如何呢？你可能猜测答案是无效应。分析消费者对某种产品的需求时，理论上可能是正的收入效应超过负的替代效应——称为吉芬商品。然而，**对于一个厂商，当一种要素的价格上涨，需要投入的要素数量下降——要素替代效应和总量效应的总和为负**。换句话说，派生需求曲线总是向下倾斜。

凭直觉可以做如下解释。假设一种要素（如资本）的价格上升，这种价格上涨能使厂商购买更多的资本吗？甚至在原来的资本价格，厂商也可以购买更多的资本。厂商没有这样做，说明增加的资本支出超过了额外收入或者减少了其他要素支出所带来的收益。一旦资本价格上升，选择购买更多资本会比以前获得更少的利润。因此，利润最大化的厂商不会因为一种投入要素价格的上涨而增加使用这种要素。

你可能仍然想知道为什么这个答案与之前消费者的不同呢？为什么不存在吉芬要素呢？主要原因是消费者以预算约束开始，然后做出效用最大化的选择。当商品价格上涨，消费者的可行域收缩，他们不能承担最初的商品约束。另一方面，厂商在价格上涨后可以保持做同样的事情——初始投入水平不再使利润最大化，但是仍在可行域内。一定有新的选择比初始投入要素更好，这意味着减少价格上涨要素的使用。

4. 代数方法　用代数方法分析长期要素需求，我们采用价格接受者的要素使用原则。厂商对某种要素使用量，要符合产品价格乘以要素的边际物质产品等于要素价格。尽管得到这条原则是为进行短期要素选择（只有一种可变要素），但它在长期同样有效。与短期代数分析唯一的区别是，长期有多种可变要素，所以必须对每一种要素运用该原则。

现在回到果园，使用劳动力 L 和资本 K 生产酸樱桃。假设每吨樱桃价格为 p，劳动力成本是每单位 w，资本成本是 r。对每种投入要素运用要素使用原则，厂商劳动力和资本的量满足

$$p \times MPP_L = w \tag{10-5}$$

和

$$p \times MPP_K = r \tag{10-6}$$

只有一种资本和劳动力的组合满足这些条件使利润最大化。

将这个代数方法和第 9 章选择成本最小化的投入要素相联系。用式（10-5）除以式（10-6），可以得到

$$MPP_L / MPP_K = w / r \tag{10-7}$$

式（10-7）是我们熟悉的成本最小化条件，见式（9-6），即每种要素的边际物质产品应该与按市场价格的边际要素成本成比例。这样，无论从利润最大化还是成本最小化考虑要素选择问题，得到的答案一致。

5. 投资和资本需求　厂商的投资决策经常要在一段时间后才能看到效果。假设厂商正在决定是否要定制一台无残值的机床。今天购买了机器，但是不会生产产品，因此两年的收益：第一年是 MRP_0，第二年是 MRP_1。正如在第 7 章看到的，当厂商的成本和收益在一段时间内自然增长时，要素使用原则的运用要求边际收益产品的现值等于边际要素成本的现值。

假设厂商正在考虑要以市场价格 p_M 购买多少台机器。因为购买机器的所有成本是今天产生的，所以边际要素成本的现值就是机器的价格；

$$MFC_M = p_M \tag{10-8}$$

机器产生的收入流现值等于 $MRP_0 + MRP_1 /（1+i）$。

因为厂商销售产品是价格接受者，每个时期的边际收益产品等于该时期的产品价格乘以机器的边际物质产品。因此，边际收益产品的贴现值是

$$MRP = p_0 \times MPP_0 + p_1 \times MPP_1 /（1+i） \tag{10-9}$$

p_0 和 p_1 分别是第一年和第二年的价格。

既然已经从现值的角度解释了边际收益产品和边际要素成本，就可以运用要素使用原则，厂商将增加购买机器使得

$$p_0 \times MPP_0 + p_1 \times MPP_1 /（1+i） = p_M \tag{10-10}$$

图 10-17 表示机器的边际收益产品价值，标为 MRP_M。如图所示，随着产量上升，MRP_M 曲线下降。（这个形状反映每一时期都是边际收益递减）假设机器价格是 25 000 美元。运用要素使用原则，厂商购买 6 台机器，如图 10-17 中的点 a。

重新改写式（10-10），以另一种更有意义的形式表达要素原则。将式（10-10）的两边都减去 p_M，厂商购买的机器将达到

$$\{p_0 \times MPP_0 - p_M\} + p_1 \times MPP_1 / (1+i) = 0 \tag{10-11}$$

我们可以这样理解式（10-11）：$p_0 \times MPP_0 - p_M$ 是厂商第一期的净现金流——第一期内机器产生的收益减去支付的金额。$p_1 \times MPP_1 /（1+i）$ 是第二期厂商折扣现金流。因此，式（10-11）左边是机器净现值公式，只要多投资一台机器的净现值为正，厂商就将多购买一台机

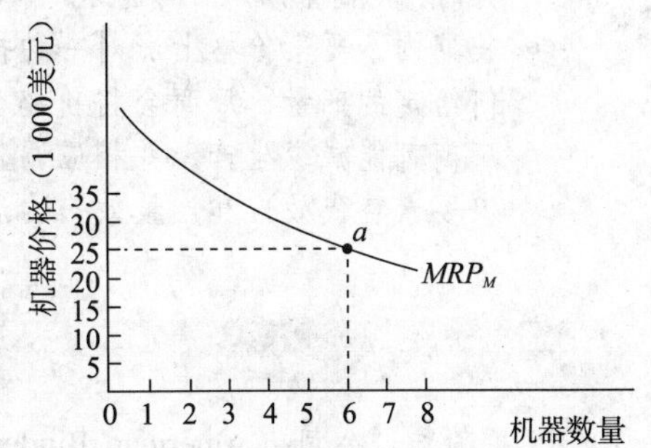

图 10-17　机器边际收益产品的贴现值

器。得出结论：**只有当一个项目的净现值为非负时，厂商才会进行投资。**

额外机器或者资本的量恰好完全满足式（10-11）（恰好平衡）。厂商投资的其他项目可能获得严格的正利润。厂商不断购买资本直到没有有利可图的投资机会剩余。

通常，当厂商是要素市场的价格接受者时，边际收益产品曲线与要素需求曲线重合。向下倾斜的曲线说明随着机器的价格上升，需求量将下降。

因为利率对资本使用成本的重要性（见第7章），把利率当成价格来看很有帮助。考察利率的变化如何影响机器的需求量，假设利率 i 上升。因为假设所有购买成本都在今年发生，利率的变化不影响边际要素成本的现值。同样，边际收益产品的现值也不受影响。但是，一年中边际物质产品现值 $MPP_1/(1+i)$ 下降。结果，机器的总边际收益产品的贴现值也下降。

从净现值投资标准解释，以上事实说明利率越高，给定的任意一台机器的现值越低，净现值为正的机器数量越少。因此，随着利率的上升，资本（如机器的数量）需求量下降。如图10-18向下倾斜的需求函数，横轴表示机器的需求量，纵轴表示利率。

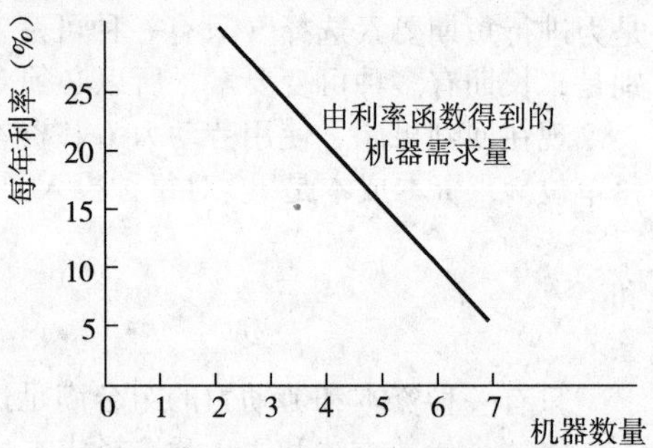

图10-18 由利率函数得到的机器需求量

注：利率越高，给定的任意一台机器的现值越低，净现值为正的机器数量越少。因此，随着利率的上升，机器需求量下降，其他情况均同。

小结

第7章和第9章提出厂商利润最大化行为的一般原则。本章我们将这些原则运用到厂商的特定案例中，即厂商在投入要素市场和产品市场都是价格接受者。

- 作为价格接受者的厂商，在不能影响销售的产品价格和购买的要素价格的假设下，选择自己的行为。
- 和任何一个厂商一样，作为价格接受者的厂商遵守两条原则来决定最优的产量水平：边际产量原则和倒闭原则。
- 对于一个作为价格接受者的厂商，边际产量原则表述如下：如果厂商接受给定的产品价格，那么除非厂商完全倒闭，否则它将在价格等于边际成本的水平上生产产品。
- 对于一个作为价格接受者的厂商，倒闭原则表述如下：如果厂商接受给定的产品价格，而且这个价格比每个产量水平的平均经济成本要低，那么厂商停止生产会使利润最大化。
- 任何一个利润最大化厂商遵守要素使用原则：对一种要素的使用，其边际收益产品等于边际要素成本。对于作为价格接受者的厂商，该原则可以表述如下：使用一种要素使得产品价格乘以要素的边际物质产品等于要素价格。
- 由于产量效应的作用，对一种可变要素的厂商短期派生需求曲线是向下倾斜的。当要素价格上升时，厂商生产产品的边际成本也上升。相应的，厂商减少产量和可变要素的使用量。
- 长期内，要素价格上涨对一种投入要素需求量有两种效应。一种是要素替代效应：在任何给定的产量，厂商会将价格上升的要素替换掉。第二种是产量效应：由于价格上涨，厂商可能减少生产，并相应调整投入要素的使用量。尽管产量效应可能为正也可能为负，但要素替代效应和产量效应的混合结果总是为负的，派生需求曲线向下倾斜。

讨论题

10.1 美国装订公司（American Binder Company，ABC）用塑料和一种特殊形式的机器进行装订。假设已经购买了10台机器，其短期供给曲线是什么样的？回答这个问题时，画出你认为合理的相对应的成本曲线。现在假设机器应将损坏，*ABC* 正在决定是否要替换它们。现在 *ABC* 供给曲线是什么样的，与上面得出的供给曲线对比有何不同？区别这两条供给曲线是短期的还是长期的。

10.2　假设奶农可以每14天给奶牛注射一种新的生长激素。每次注射成本为7.00美元。一位接受该价格的农民称，如果能将他养的奶牛每天平均生产的牛奶量从80磅至少提高到90磅，他就使用这种药物。他销售的牛奶价格是多少？

10.3　假设厂商是要素市场和产品市场的价格接受者，产品价格是每单位10美元，每个工人的工资是每天40美元。厂商的总产量如下所示：

工作天数	0	1	2	3	4	5
总产量	0	7	13	18	22	25

a. 得到并画出厂商的劳动需求曲线。

b. 在同一张图中，画出厂商的劳动供给曲线。厂商将雇用多少工人？

10.4　第8章我们举了美味杏仁的例子，生产1单位美味杏仁需要1盎司巧克力和4单位杏仁。假设厂商已经签合同购买10 000盎司巧克力，每盎司巧克力卖50美分，厂商能以每单位30美元的价格购买杏仁（这是特种杏仁）。厂商将在短期内以1.50美元的价格供给多少美味杏仁，在长期内又供给多少呢？

10.5　解决下面的矛盾：

由于在长期内要素替代的机会增加，所以长期生产一定产量的平均总成本将比短期的低。然而，在短期内决定不停止生产的厂商可能会在长期内停止生产。在解决这个矛盾时，我们应该假设投入要素和产品在长期内保持不变。

10.6　假定一个皮茨樱桃果园的竞争者。假设樱桃的价格是400美元/吨，厂商可以以每周270美元的工资雇用足够多的工人。用给定的树的数目、土地的量、拖拉机的台数，厂商可以找到总产量和劳动雇用量之间的关系：

工作周数	0	1	2	3	4	5	6	7
樱桃吨数	0	12	19	23	24	24.9	25.6	26

假设该果园的一位职工想出了一种采摘樱桃的更有效方法，由于这个建议，总产量和劳动雇用量之间的关系如下：

工作周数	0	1	2	3	4	5	6	7
樱桃吨数	0	14	22	27	28.2	29.2	30.1	30.5

短期内这个建议提高了厂商的多少利润？如果考虑也可以改变其他投入要素水平的长期情况，答案有什么不同吗？

10.7　在加利福尼亚，消费水的最主要途径是“灌溉牧场：在附近沙漠气候地区为养殖奶牛而种的草”。主要原因是开垦局以“经常低得惊人的每吨0.25每分的补贴率”卖水给养牛农民。稼穑好，养牛农民买水的价格就上涨，对一个典型的加利福尼亚农场来说，水的边际物质产品、边际收益产品和养牛过程中需要水的量是怎样的？用图说明答案。

10.8　一个生产商6年内一直在两种同样的轻质灯泡中选择来为工厂提供光亮。一个100瓦的白炽灯需要1.25美元，能维持6个月。一个25瓦的节能荧光灯能持续6年，但是要花15美元。如果每年利率为5%，生产商将选择哪一种灯泡？如果利率是15%呢？（回答这个问题时，忽略电的成本和替换灯泡的劳动力成本）

第11章 竞争市场均衡

经济学是一门不以人的意志为转移的学科。

在一个小规模行业，上一章我们看到1987年酸樱桃价格大幅度下降30%，造成酸樱桃行业大萧条。为什么价格会剧烈下降呢？究其原因，想一想酸樱桃市场。作为价格接受者的厂商理论回答了一组假设问题：在每个价格下，厂商将供给多少吨樱桃？同时也回答了另一组假设问题：在每个价格下，每个酸樱桃购买者（制作派和果酱的厂商）需要多少酸樱桃？尽管已知市场参与者将对任何一个假设价格做何反应，但是不知道实际价格是多少。结果，以现在的形式，该理论不能说明为什么酸樱桃价格下降，也不允许我们根据变化的市场状况预测任何未来价格变化的决策。

为了理解酸樱桃（或者任何其他商品）价格是如何决定的，必须把市场的两方放在一起以研究其相交的情况。这正是在第1章研究供给需求模型时所做的。如果只回到第1章的内容，那么中间插入的章节意义何在呢？在第1章，我们把市场供给和需求曲线作为基本价格信息，而且我们满足于找到市场供给量和需求量。相反，消费者理论和厂商理论阐述了这些曲线是如何从基本偏好和技术得到的。而且，一旦知道了市场价格，就可以用它找到单个厂商和消费者供给和需求的均衡量。通过这个更详细的方法可以更进一步对市场进行实证和规范分析。

市场和个人水平成熟的均衡模型被称为完全竞争模型。从描述完全竞争模型的建立开始，可以找到它适用的条件类型，从而可以去寻找一个竞争市场的均衡。

11.1 完全竞争的基本模型

首先做出价格决定模型的基本假设，然后花些时间研究什么类型的真实市场符合这些假设。

11.1.1 基本假设

竞争模型基于四个基本假设。无论考虑的市场是产品市场还是要素市场，这些假设都存在。前三个假设是关于市场供给的，第四个假设是关于需求的。

第一个假设是销售者是价格接受者。也就是说，在一个竞争市场，每个销售者能够卖出想要卖的任何产品量，而不影响市场价格。

（1）销售者是价格接受者，这个假设有两个方面。一方面，每个供给者相信其产量选择对市场价格的影响可以忽略；如果其他所有供给者都保持产量不变，一个供给者产量水平的变化对价格几乎没有影响。另一方面，每个供给者相信自己的行为不影响其他供给者的集体行为。之所以需要这个条件是因为如果不满足，一个厂商的行为可能得到其他供给者的响应，从而会影响市场价格。该假设的第二方面很重要，因此把它作为一个单独的假设。

（2）销售者不采取策略行动。供给者不采取策略行动意味着供给者在选择自己的行为时认为竞争者不会采取任何行动。例如，在选择要卖多少吨樱桃时，一个农民不用担心其他农民会改变其销售量来对他的选择做出反应。与非策略供给者相反，策略供给者预期竞争对手会做出反应并在决定自己的行为时考虑这些反应。例如，当可口可乐公司考虑改变可乐价格时，必须考虑百事可乐可能的反应。

（3）进入市场是自由的。关于竞争市场供给者的第三个假设是对于一个新的供给者来说，开始生产很困难或者成本很高。如果供给者可以没有任何特殊成本进入一个市场，那么市场就是可以自由进入的。进入成本是指新进入者需要承担而已经进入者不用承担的费用。当然，任何供给者生产产品时都要发生费用。自由进入是指进入过程不受限制，并不是指供给者进入和生产产品都是免费的。

相反，市场可能存在进入障碍，这意味着对任何新企业来说，要想以任何合理费用进入市场是不可能的。进入可能受到法律障碍或者技术障碍限制。例如，一家公司尝试开启从纽约到巴黎的新航班，就会面临一个严峻的法律障碍——进入基本上会被法国政府所禁止。在其他市场，新供给商的进入会受到无法获得生产所需技术的限制，或者无法获得其他所需要素的限制。如果生产的核心矿石——矾的供给量被锁定，那么要开一家铝公司是很困难的。

很显然，无论进入是有障碍的还是自由的，都对市场均衡的性质有重要影响。完全竞争模型是建立在进入没有限制的假设基础上的。

（4）购买者是价格接受者。竞争模型剩下的基本假设关注的是市场需求方的决策者。和销售者一样，我们假设购买者也是价格接受者。

在一个竞争市场，每个购买者（无论是厂商还是消费者）相信在给定价格，可以购买足够多的商品，而且对价格没有任何影响。

表11-1　完全竞争市场的基本假设

1. 销售者对价格的影响	销售者是价格接受者
2. 策略行为的范围	销售者不采取策略行动
3. 进入条件	自由进入
4. 购买者对价格的影响	购买者是价格接受者

表11-1总结了完全竞争模型的基本假设。

11.1.2　适合的市场结构

在一个绝对正式的水平，如果满足表11-1的四个假设，市场是完全竞争的。但是现实中何时能满足这些假设呢？换句话说，看到一个市场时怎么能知道该市场是竞争市场呢？答案取决于购买者和销售者所处的环境。该环境称为**市场结构**（market structure）。

市场结构中有一些重要要素，下面将检验每个要素的哪些条件与完全竞争假说一致。

1. 购买者的规模和数量　市场结构之所以重要，是因为它影响单个购买者是否有能力影响价格。如果仅有几个购买者，每个购买者的购买量很大，这些购买者能够通过改变购买量来影响商品价格。例如，通用汽车购买的钢铁量占美国总钢铁销售量的7%，这个份额足够大到影响市场价格。另一方面，如果有很多购买者，每个都如此小以至于不能影响价格。如果你去一家超市为早餐麦片购买牛奶，你购买的是总量中很小的一部分，以至于对市场价格没有明显的影响。这样，当有很多购买者时，价格接受者假设是最适合的。

2. 供给者的规模和数量　行业供给者的规模和数量对以下两方面有重要影响：①供给者是

否是价格接受者；②策略行为的程度。如果有很多供给者，每个相对于市场来说都是很小的，任何个别供给者的产量决定对市场总供给量的直接影响都很小。即使一个供给者的产量份额有很大变化，对市场总量的变化份额来说也是很小的，因此导致市场价格的变化比很小。用之前的术语表达，个别厂商的需求弹性很高。如果你是一个拥有总作物量1/10000的农民，那么即使产量加倍，也只能增加市场总量的0.01%。如果市场价格弹性为2，产量加倍将使价格下降0.005%，你的个别厂商弹性是20000=-（总量增加100%）/（价格下降0.005%）。依照这个价格弹性，要使市场价格下降1%，你不得不使产量达到原来的200倍。

在这个例子中，个别厂商弹性等于市场弹性除以市场份额：20000=2/0.0001。这个关系的一般形式是：如果用m代表厂商市场份额，$m=x/X$，那么，

$$\in_{firm}=\in_{mkt}/m^{⊖}$$

这个表达式说明，如果其他条件相同，行业总量的厂商份额越小，个别厂商的需求弹性越大。个别厂商的弹性越大，供给者越接近价格接受者，因为厂商不会感受到产量变化对价格的影响。

除了影响供给者作为价格接受者的程度，供给者的规模和数量也是其是否会采取策略行为的重要决定因素。如果行业中只有少数供给者，每个供给者很可能互相注意。在美国市场上，有三家主要的长途电话服务商——美国电话电报公司、世通公司和斯普林特公司。如果任一家服务商考虑降低价格，它知道另外两家可能会回应：这些厂商采取策略行为。另一方面，如果有很多供应商，每个对价格影响很小，供应商不可能对另一家的行为做出反应。因此，如果市场上有很多供应商，供给者的价格接受和非策略行为假设都最可能被满足。

3. 不同销售者产品的可替代程度 如果消费者认为两种产品是一样的，就称为同质产品(如其边际替代率恒为1)。如果所有购买者认为不同销售者的产品是一样的，购买者将从他们知道的价格最低的供应商那里购买所有产品。因此，如果供应商提供一致性商品，任何试图将价格提高到一般水平以上的供应商就无法卖出产品。例如，对一些快餐连锁店来说，所有年轻人都是一样的。任何年轻人试图获得比一般劳动力价格更高的工资，他就会面临失业。每个年轻人的劳动力需求曲线都是完全弹性的，而且是价格接受的供应者。

相反，如果不同供应者的产品不是同质的，供应商可能会在不减少销售量的情况下提高价格。考虑纽约市的夜总会市场。有几百家夜总会，没有一家的市场份额很大，但是每家俱乐部都提供一种与其他俱乐部不同的产品（娱乐设施）。俱乐部在不同的地点，演奏不同的音乐，伴着音乐提供不同的服饰和不同的食物。如果俱乐部的拥有者决定提高价格，他们不会失去所有的支持者。对一些客户来说，这个特别的俱乐部比其他的好得多，因此值得更高的价格。换句话说，这个夜总会面对一个向下倾斜的需求曲线，而且不是一个价格接受者。

因为完全竞争是为价格接受的销售者建立的模型，所以最合适的市场结构为不同供给者的产品是同质的。

4. 消费者所知道的价格和可供选择的商品范围 从前面我们可以看到，对同质商品，消费者将寻找最低的价格，使得销售者不能将价格提高到市场价格之上，这个逻辑基于消费者很清楚市场上可供选择商品的假设之上。相反，如果消费者不完全知道价格和可供选择的商品，个别销售者需求可能对价格更敏感。如果供给者想要卖出更多的商品，它能够通过降低价格吸引新的客户吗？如果没有人知道价格已经下降了就不会。同样，当供给者提高价格而消费者不知道可供选

⊖ 根据定义，厂商的需求弹性$\in_{firm}=-(\Delta x/x)\div(\Delta p/p)$，$x$是厂商的产量水平。重新分配等式各项，$\in_{firm}=-(p/x)\div(\Delta p/\Delta x)$。$\Delta p/\Delta x$告诉我们厂商的价额如何随着厂商产量水平变化而变化。因为假设其他厂商不会变化其产量水平，如果厂商多生产一单位产量，市场产量水平也会上升一单位。结果，价格变化是由市场需求曲线的斜率s决定的，且$\Delta p/\Delta x=s$。因此，$\in_{firm}=-(p/x)(1/s)$。然而根据式（3-4），$\in_{firm}=-(p/X)(1/s)$。对比个别厂商的这些表达式和市场弹性，我们可以获得正文中的公式。

择的商品时，供给者可能保持其销售不变，因为消费者不知道可以获得更好的交易。

作为价格接受者的销售者是竞争模型的一个基本假设。假设销售者是一个敏感的价格接受者，他一定可以很清楚地了解可供选择的商品。

5. 进入条件 因为完全竞争市场自由进入假设的有效性，新厂商不会遇到进入障碍。从前面可以看出，障碍可能是技术性的或法律的。在完全竞争市场没有任何进入障碍。

表 11-2 总结了竞争模型最合适的条件。根据该表，我们可以研究一个市场，并且决定竞争模型是否可能是合适的。例如，竞争模型是否可以应用于酸樱桃市场？酸樱桃卖给制作派和果酱的公司。有很多消费者，没有一个消费者的购买量足够大而影响价格，消费者是价格接受者是合理的。市场上也有很多供应商，仅在密歇根就有 1 700 家酸樱桃果园。而且，不同果园的樱桃基本上是可以替代的。这些结构条件都使销售者是价格接受者和采取非策略成为合理假设。最后，我们必须考虑进入条件。政府允许种植樱桃，果园的土地可以购买，种植樱桃需要的知识也是可以获得的。进行樱桃生产既没有技术障碍，也没有法律障碍。总之，这个行业有完全竞争市场结构。

表 11-2 完全竞争市场结构

a. 购买者的规模和数量	很多购买者，没有一个占很大的市场份额
b. 销售者的规模和数量	很多销售者，没有一个占有很大的市场份额
c. 不同销售者产品的替代程度	不同销售者的产品是同质的
d. 消费者所知道的价格和可供选择的商品范围	消费者很清楚竞争性
e. 进入条件	供应商所提供的商品既不存在技术障碍也不存在法律障碍

正如我们将看到的，竞争模型也影响很多其他产品和要素市场的行为，这不意味着这些市场完全适合完全竞争市场的所有假设。正如之前强调的，判断模型的关键不是它有多现实，而是它怎样帮助我们理解市场行为。完全竞争模型已经被证明是一个很强大并且有用的方法来理解各种市场，从劳动力市场到农业市场再到消费者市场。

11.1.3 寻找竞争市场均衡

既然已经提出完全竞争市场的条件，我们就几乎准备好了寻找一个竞争市场的均衡。因为一个竞争性市场的所有供给者和需求者都是价格接受者，就可以通过供给曲线或需求曲线总结市场的每一种行为，因此可以用第 1 章的供给和需求分析找到均衡市场的价格和产量。

然而，有一个很小的问题。市场价格和产量均衡是通过市场需求和供给曲线找到的，第 3 章和第 5 章对消费者需求和供给选择的分析表明如何找到市场和供给曲线。但是，第 10 章对作为价格接受者的厂商研究只是针对单个厂商的供给和需求曲线。我们仍然需要找到如何描绘厂商的市场需求曲线和市场供给曲线。

对厂商的研究表明其短期和长期行为有很大区别。短期内，新厂商不能进入市场，因为它们不能获得需要的固定要素。因此，找到短期内市场曲线只需要将已经在市场上的单个厂商的供给和需求曲线加总。然而，长期内新厂商能够进入市场而且已经存在的厂商能够退出，结果长期内行业中的厂商数量不是理所当然得到的——它的数量是由均衡本身决定的。因为有很大区别，所以我们将分别考虑短期和长期的情况。

11.1.4 短期

检验短期竞争均衡，我们的首要任务是从单个厂商供给曲线描述市场供给曲线。

1. 厂商的市场供给 要研究如何描述市场供给曲线，假设酸樱桃市场仅有两家厂商，鲍尔斯果园和雷丁农场。第 10 章的理论告诉我们如何描述每个厂商的供给曲线。鲍尔斯的供给曲线是图 11-1 中的 s^B，而雷丁的是 s^R。我们想要将单个厂商的供给曲线相加来找到樱桃的市场供给曲线。这只是按照第 5 章寻找消费者市场供给曲线的方法——对于一个给定价格，找到该价格下每个厂商的产量，并把这些产量加总。例如，图 11-1 表明如果樱桃价格是 400 美元每吨，鲍尔斯果园愿意供应 50 吨樱桃，雷丁农场愿意供给 100 吨。把这两个相加，市场在这个价格下的供给量是 150 吨。我们找到市场供给曲线的一个点：在每吨 400 美元的价格下，市场供给量是 150 吨。通过一个方向的加总可以得到市场量，这样做的原因是想知道在一个给定价格，行业内的厂商总共愿意供给多少商品。因为横轴表示供给量，所以将曲线水平相加来回答这个问题。

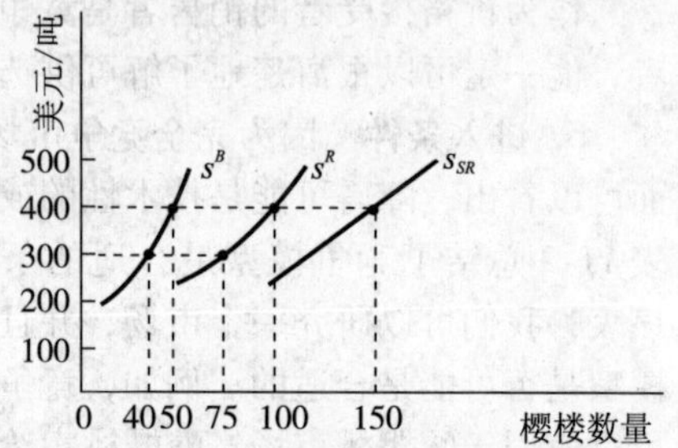

图 11-1 通过水平加总单个供给曲线得到短期市场供给曲线

注：价格为 400 美元/吨时，鲍尔斯果园愿意提供 50 吨樱桃，雷丁农场愿意提供 100 吨。（将这两个量加总（水平相加），可以得到该价格下的市场供给量是 150 吨）。

接下来描述市场供给曲线，如果你已经研究过一个价格（知道怎样用这个价格），你就会研究所有的价格了。对于任何价格，可以将单个厂商的供给量水平相加，然后找到相关的市场供给量。反复进行这个过程可以描绘出整个市场供给曲线 S_{SR}，如图 11-1 所示。

完全竞争市场有很多供给者。当行业中有两个以上厂商时，我们只能加总更多的单个产量水平来得到每个价格下的市场总量。但是，有多少生产者呢？短期内，还没有进入市场的厂商在这期间没有足够的时间得到必要生产要素。短期内，只有那些拥有所需要的固定要素水平的厂商才会在行业中。其他所有厂商都在行业之外，因此没有关系。因为短期内行业中的厂商数目是固定的，将单个供给曲线加总没有什么特别的困难。酸樱桃市场供给曲线 S_{SR} 如图 11-2b 所示。

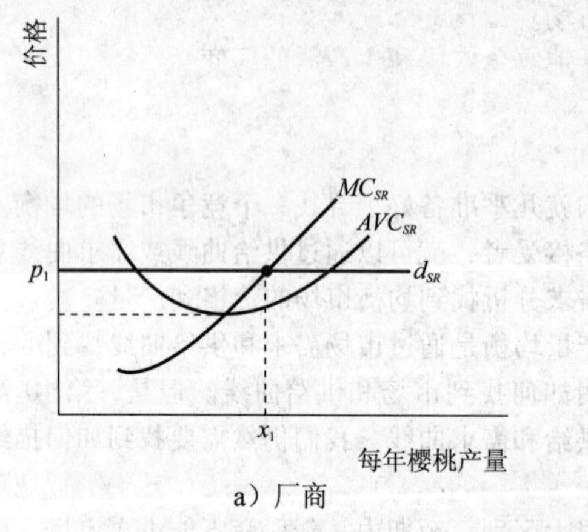

a）厂商

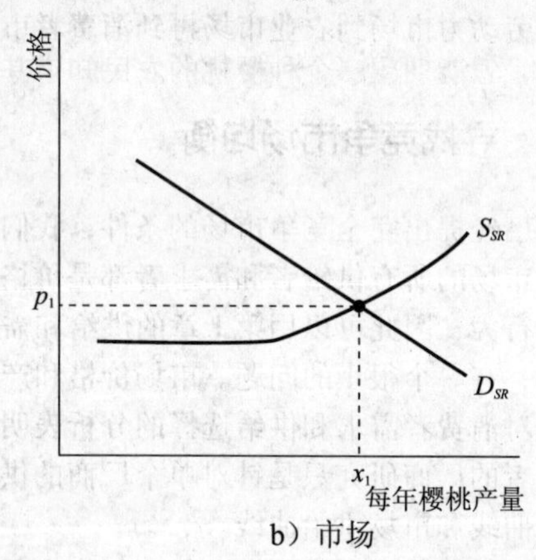

b）市场

图 11-2 樱桃市场的短期均衡

注：均衡是在供给和需求曲线相交时的价格和产量。在价格 p_1 下，市场需求量等于市场供给量——都等于 X_1。每个供给者面对的单个厂商需求曲线在价格 p_1 下完全有弹性，如图 11-2a 中的曲线 d_{SR}。

2. 市场需求 消费者是价格接受者的假设允许我们从市场需求曲线总结消费者行为。如果销售的产品由消费者购买，就可以用第 3 章的过程得到每个消费者需求曲线。如果商品是一种要素（如用来做派和果酱的酸樱桃），消费者是厂商，我们就可以像第 10 章一样得到其派生需求。在这两种情况下，发现市场需求曲线没有什么新的内容；我们水平加总单个需求曲线。酸樱桃的市场需求曲线 D_{SR} 如图 11-2b 所示。

3. 市场均衡 已经得到了市场供给和需求曲线，接下来研究市场价格是如何将市场的两个方面带入均衡的。因为所有的市场参与者都是价格接受者，竞争市场在以下条件下是均衡的：

①在市场价格下，消费者选择了最优的购买水平；②在给定的价格下，销售者选择了最优的产量水平；③供给者愿意生产消费者希望购买的产量，并且消费者愿意购买供给者选择生产的量。

第1章表明，图11-2b的均衡价格为 p_1：供给曲线和需求曲线相交时的价格。在这个价格下，需求量等于供给量，都等于 X_1。任何希望在该价格下购买的消费者都会这样做，任何希望在该价格下卖出产品的生产者也会这样做。结果，该价格既没有上升也没有下降的趋势。

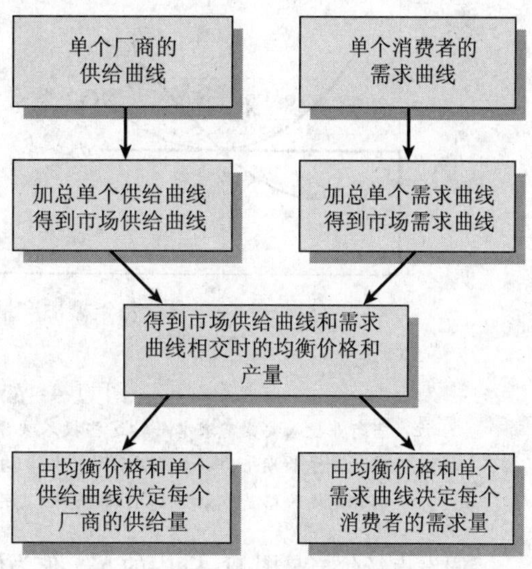

图11-3　得到产品市场的竞争性均衡

4. 单个供给者的角度　我们已经从市场供给和需求的角度研究了竞争性均衡，很有必要研究单个供给者的行为。单个供给者根据其需求曲线做决定，假定每个厂商都是价格接受者，单个厂商曲线是图11-2a中的 d_{SR}。第10章表明，这也是厂商的边际收益曲线。我们知道如果厂商卖出任何产品，肯定以市场价格卖出——卖更低的价格很愚蠢，卖更高的价格不可能。厂商的均衡量是单个厂商供给曲线和需求曲线的交点——图11-2a中的 x_1。

图11-3描绘出如何从单个决策者（消费者和厂商）行为模型到达市场行为模型，然后再重复进行。

5. 价格角色　均衡要求供给者和需求者有不变的产量和消费计划。谁可以做保证呢？在一个竞争性市场，没有人能够使供给量和需求量保持一致，这个重要任务由市场的非个人力量承担。

从表面上看，达到均衡极其困难复杂——任何决策者可能的选择依赖于所有市场参与者的行为。例如，怎能期望一个种樱桃的农民知道其他每个农民和生产派的厂商在做什么呢？这一令人惊讶的事实是在表明，在完全竞争市场，单个决策者没有必要搜集这些信息。决定购买多少时，消费者不需要知道任何技术、要素价格或者供给者的数量。从消费者的角度，市场状况完全能够从市场价格的角度总结出来。同样，供给者不需要知道任何消费者的偏好或者收入；因为对于一个消费者，市场状况能够从市场价格总结出来。

11.1.5　长期

在足够长的一段时间内，新的供给者可以进入市场，旧的供给者可以退出。结果，短期市场和长期市场的均衡可能非常不同。本小节试图检验一个竞争市场的长期均衡，我们首先要找到市场的供给曲线。

1. 市场供给　通常，要得到市场供给曲线，需要将市场上所有供给者的供给曲线加总。如果进入市场受阻，这个问题很简单，因为供给者的数量是固定的。如果是自由进入市场，如在完全竞争市场，长期市场供给曲线就不容易得到了。行业中的厂商数量是由厂商自己根据价格来决定的。特别是，长期内厂商能够搜集所有需要的投入要素（作物、机器和劳动力）进入市场。同样，整个行业中非盈利厂商能够清算。总之，每个厂商做长期决定，留还是不留在市场中。要知道给定价格下的市场供给量，我们必须找到市场上每个厂商的供给量和在该价格下选择留在市场中的厂商个数。

假设存在无限多的潜在供给者，所有人都能获得同样的技术。而且，假设无论多少厂商能够进入这个行业，要素价格保持不变。换句话说，存在大量的潜在供给者，所有人都有图11-4中的长期成本曲线。为了便于以后的应用，注意，最低水平的长期平均成本等于该产量水平下的平均成本，即图中的 p^*。通常，在这个产量水平下，边际成本等于平均成本。

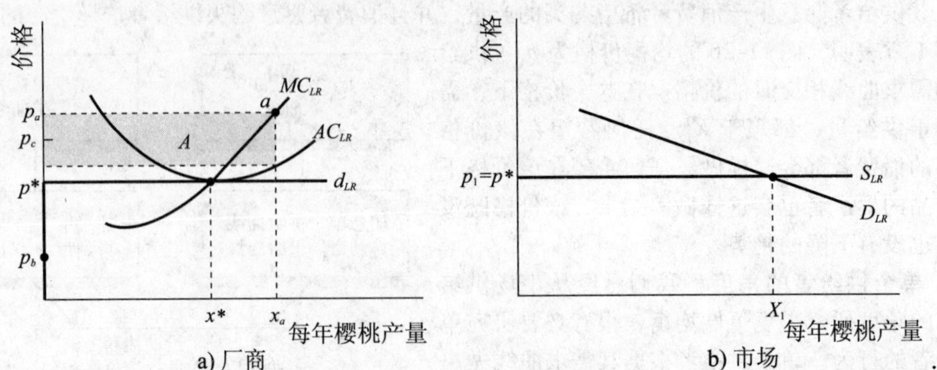

图 11-4 酸樱桃市场的长期均衡

注：当行业投入要素需求水平对这些投入要素价格没有影响时，完全竞争行业的长期供给曲线是水平的，等于长期平均成本最低时的价格。均衡价格是通过找到长期供给和需求相等时的价格得到的。长期均衡价格是 p_1，市场上购买和销售的均衡量是 X_1，每个厂商生产 x^* 吨。

假设市场价格是图 11-4a 中的 p_a。作为价格接受者的厂商供给曲线为正的部分是边际成本曲线在平均成本曲线之上的部分。在价格 p_a 下，市场厂商将生产 x_a 吨樱桃。如图所示，我们可以看到当厂商生产这个量时，价格大于平均成本，厂商获得的正利润为阴影 A。

在价格 p_a 下，新厂商将进入这个行业以获得正的经济利润。每次一个新厂商进入这个市场，供给总量上升到 x_a。因为只要价格等于 p_a，新厂商就会继续进入这个行业，所以市场供给量在这个价格下是无穷大的。当然，因为地球上资源是有限的，这个量不可能是无限的。我们将很快看到，说“供给是无限的”是厂商愿意在该价格下的供给量大于消费者需求量的一种简便说法。

对其他超过 p^* 的价格的讨论相同。如果市场是自由进入的而且价格比平均成本的最小值高，厂商可以通过进入市场获得正的利润。获得正利润的可能性吸引更多厂商进入该行业，增加市场供给量。可以得出结论，**如果市场是自由进入的，那么对任何大于长期平均成本最小值的长期市场供给量都是无限大的。**

价格在 p^* 以下的长期市场供给曲线是什么样的呢？假设价格是图 11-4a 中的 p_b。因为 p_b 低于 p^*，无论厂商做什么，其产品价格要低于平均成本。因此，市场上已经存在的厂商退出要比生产好，不在市场上的厂商不进入要比进入好。如果每个厂商的长期供给量是 0（点 b），很明显，市场产量也是 0，其他低于 p^* 的价格也一样。可以得出结论：在任何低于长期平均成本最小值的价格下，市场供给量为 0。

最后，假设市场价格等于 p^*。在这个价格下，市场中的厂商生产如图 11-4 中的 x^* 吨樱桃以使利润最大化，因为这一产量使边际成本等于边际收益，厂商获得的经济利润为 0。进入还是退出市场对这样一个厂商是无关紧要的。因此，任意数量的厂商愿意进入市场并且每个厂商提供 x^* 吨樱桃。所有厂商在等于长期平均成本的最小值的价格 p^* 下，愿意提供任何产量的产品。

总结以上讨论，可以得到长期市场供给曲线是在等于长期平均成本最小值的价格下的一条水平线，这条曲线是图 11-4b 中的 S_{LR}。理解产量是如何随着 S_{LR} 曲线中价格变化进行调整是非常重要的。并不是每个厂商为了扩张行业产量而生产更多的产品。无论市场总量是多少，市场上的每家厂商生产 x^* 吨樱桃（如图 11-4a 所示）。然而，这个调整完全通过厂商的进入和退出完成。注意，无论长期供给量是多少，产品的平均成本是 p^*。因此，市场的这种类型被称为**成本不变行业**（constant-cost industry）。

2. 市场需求 既然已经检验了长期供给曲线，我们现在来研究市场的需求方。当产品卖给消费者时，出现的长期和短期唯一不同是因为长期内消费者有更多机会寻找替代品。结果，正如在第 3 章讨论的，市场需求在长期内可能更有弹性。

在要素市场增加的替代可能性同样会起作用。在樱桃农场的例子中，长期需求曲线可能更有弹性，因为派和果酱的生产商可以寻找其他水果代替。而且，因为要素需求源于购买者的产品需求，所以必须考虑该产品需求的时间效应。我们预计在一段时间内，购买者的产品（樱桃派）需求会更有弹性，也使得一段时间内的要素（酸樱桃）需求更有弹性。

最后还有一点比较复杂，因为要素市场的购买者是厂商，购买者的数量是由市场均衡的一部分决定的。长期内，我们希望酸樱桃的价格上升导致一些卖樱桃派的厂商退出市场，进一步减少酸樱桃的需求。下一章，我们将对市场内的相互作用做更多研究。

总之，对消费者和厂商，我们希望长期需求都比短期需求更有弹性。酸樱桃的长期市场需求曲线是图 11-4 中的 D_{LR}。

3. 市场均衡　得到长期市场供给和需求曲线，就已经为寻找长期均衡价格和产量做好了准备。在短期的情况，均衡价格在市场供给和需求曲线的相交处。图 11-4 中，长期均衡在点 e_1，价格为 p_1，市场交换量是 X_1。

4. 单个供给者的角度　已经找到长期均衡价格是 p^*，我们知道每个供给者面对一条单个厂商的需求曲线，即图 11-4a 中的 d_{LR}，在价格 p^* 处的水平线。价格为 p^* 时，如果厂商进行生产，它就会生产 x^* 单位产量使利润最大化。已经看到在这个价格和产量下，厂商获利为 0，而且与是否生产无关。

有多少厂商愿意选择留在行业内并且生产 x^* 呢？在长期均衡中，有足够多的厂商选择留在行业中（都生产 x^*），行业的市场供给等于市场需求量 X_1。因为已知生产的总量和每家厂商的产量，所以计算长期内厂商的均衡数量是件很容易的事。用 N_1 代表厂商的均衡数量，厂商的数量调整直到 $N_1 \times x^* = X_1$，因此厂商的均衡数量为 $N_1 = X_1 / x^*$。

11.1.6　长期也是短期

尽管已经分别分析了短期和长期均衡，但要特别关注二者的关系。长期均衡也是短期均衡：每家厂商在价格等于边际成本处生产，而且没有正在运行的厂商能够通过倒闭来增加利润。然而，并不是每个短期均衡都等于长期均衡。要找到长期均衡，行业内的厂商必须要达到一定数量。特别是，如果厂商获得正的经济利润或者遭受经济损失，长期内的短期均衡不存在。当所有供给者有同样的成本曲线时，厂商的长期均衡数量一定是使每家厂商都获得零经济利润的数量。这里我们看到价格的重要作用，对于生产者，高价格将导致高利润，新的供给者将被吸引进市场。例如，20 世纪 80 年代，个人电脑行业的获利性使得很多厂商进入这个相对较新和增长性市场。同样，低价格导致低利润甚至是损失。损失将使市场上不需要的资源转移出市场，例如打字机市场。

11.1.7　厂商是要素的价格接受者但行业不是

前面研究了完全竞争市场的基本情况，现在考虑两种更复杂的情况。首先，如果把行业看做一个整体不接受给定的价格时将发生什么？然后研究拥有不同供给成本的生产者的不同结果。

在一个完全竞争市场，每个供给者都是产品市场的价格接受者，但是所有供给者是价格决策者；个别厂商的需求曲线是水平的，但行业需求曲线是向下倾斜的。同样的情况也发生在供给者购买投入要素的要素市场。即使任何厂商的个人投入要素选择对要素价格没有明显的影响，但是行业范围内投入要素需求量的增加可能使价格上升。

例如，1990 年西雅图和华盛顿经历了住宅市场的繁荣。这使得为建筑公司提供电器订约服务的厂商产品需求增加。尽管任何单个电器订约能够以现有工资雇用更多的工人，但是当所有厂商决定雇用更多工人时，电工的市场工资将上升。

要看到这个现象对供给的影响，参见图 11-5a 描述的提供电器订约服务的典型厂商情况，图 11-5b 表示将西雅图市场作为一个整体来看会怎样。首先，我们要问图 11-5b 中电器订约要接受什么价格才愿意提供每年总共 x_j 小时的服务。在这个产量水平下，行业需要的工人数量相对较少，而且厂商付给雇员的工资率也相对较低。在低工资水平下，单个订约的边际和平均成本曲线分别是图 11-5a 中的 MC_L 和 AC_L。当工资率低时，带有这些成本的电器订约愿意以等于平均成本最小值的价格 p_j 每年提供 x_j 小时服务。我们已经证明图 11-5b 中的点 j 在行业的长期供给曲线上；当价格是 p_j 时，市场供给量是 X_j。

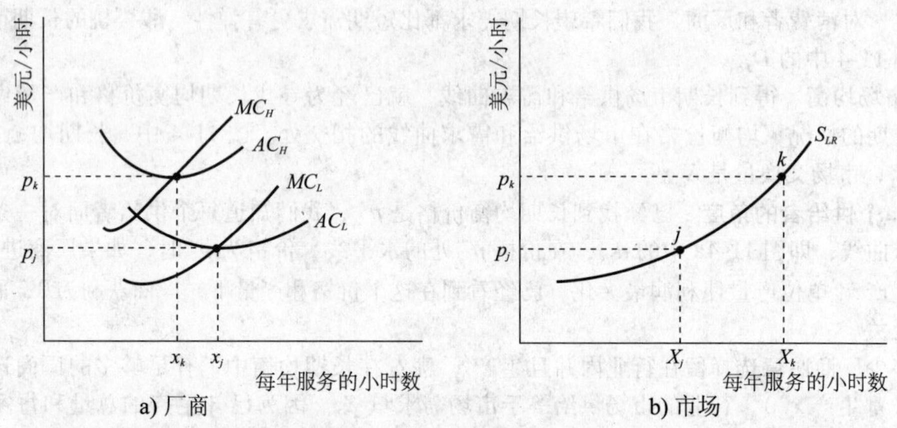

图 11-5　投入要素价格随市场的产出水平的变动而上升时的长期供给决定

注：随着市场产量上升，要素的行业使用量也上升。当要素价格提高时，单个厂商发现它们的成本曲线向上倾斜。为了促使厂商提供更多的产量，产品价格必须上升。结果，长期市场供给曲线向上倾斜。

在图 11-5b 中，行业内的厂商将接受什么价格才会愿意每年提供 X_k 小时的服务呢？因为 X_k 大于 X_j，所以需要大量工人来生产这个产量，而且工资率也更高。如图 11-5a，在更高的工资下，单个订约公司的边际和平均成本曲线分别上升到 MC_H 和 AC_H。因此，工资率更高时出现平均成本曲线最小值的价格 p_k 处，厂商愿意提供 x_k 小时的服务。已知图 11-5b 中的点 k 也在行业长期供给曲线上。重要的是厂商要提供更多的产量，必须获得更高的价格；p_k 大于 p_j。

对所有价格反复进行这个过程，就可得到整个长期市场的供给曲线，如图 11-5b 中的 S_{LR}。这个曲线向上倾斜。有人可能会认为这条曲线向上倾斜和短期供给曲线是同样的原因，但并不是这样，当由于可变要素的边际产品下降使得每个厂商的边际成本上升时，短期供给曲线向上倾斜；甚至厂商购买的投入要素价格不变时，短期供给曲线也可能向上倾斜。相反，当厂商购买的投入要素价格不变且所有厂商都相同时，长期供给曲线是平坦的。当所有供给者都相同时，长期供给曲线向上倾斜是由于行业范围内的价格效应——当行业增加投入要素的需求量时，所有厂商的投入要素价格上升。因为生产产品的长期平均成本随着行业产量水平上升，这样的市场被称为**成本上升行业**（increasing-cost industry）。

图 11-6b 中重新画出了长期市场供给曲线，也画出了长期行业需求曲线 D_{LR}。找到供给和需求曲线的交点，可以看出长期均衡价格和产量分别是 p_1 和 X_1。

因为长期供给曲线向上倾斜，供给者接受的产品价格比除去最后一单位供给的供给曲线都高。回忆第 5 章对家庭劳动供给的检验，价格曲线下方和供给曲线上方区域（图 11-5b 中的阴影部分）被称为生产者剩余。正如研究劳动力供给时讨论的一样，生产者剩余代表供给者实际接受的总支付和愿意接受的最小总支付之间的差额。当供给者是厂商时，厂商的生产者剩余等于利润。

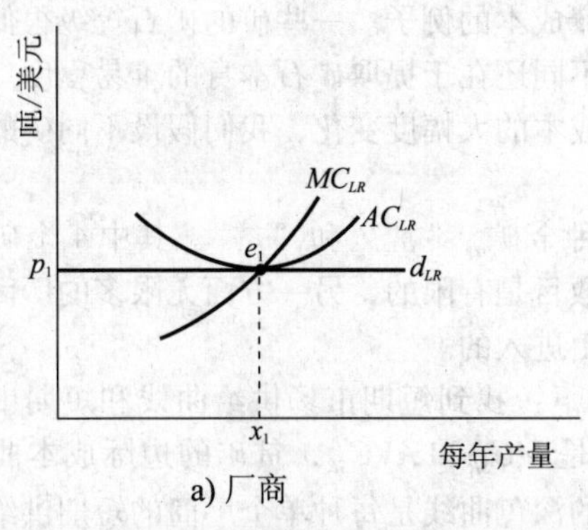

a) 厂商

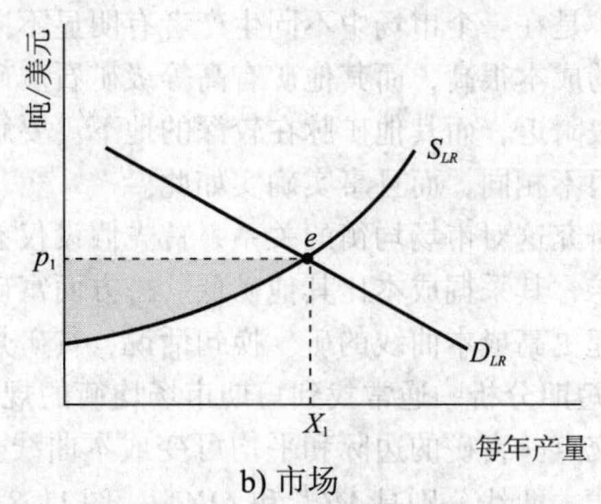

b) 市场

图 11-6　厂商是价格接受者但行业不是价格接受者的情况下的长期均衡

注：由于投入要素的价格效应，长期供给曲线向上倾斜，处于长期均衡市场上的所有厂商都获得零利润。生产者剩余为由投入要素供给者自然产生的阴影部分所示。

图 11-6b 中，看似行业中的厂商获取的正利润等于市场上的生产者剩余。但是，正如通常的情况一样，表面现象都是骗人的。抛开表面现象，行业中的厂商仍然获得零利润。要说明为什么，我们需要记得为什么长期供给曲线向上倾斜——随着行业产量上升，要素价格也上升。在均衡产量水平 x_1 下，要素价格足够高使得最小的长期平均成本刚好等于均衡平均收益 p_1；图 11-6a 表明了这种情况。因为平均收益等于平均成本，所以每个厂商在长期均衡内获得零经济利润。

如果行业中厂商获得零利润，谁获得图 11-6b 中的生产者剩余？答案是要素供给者。因为投入要素价格随着行业购买量上升，所以投入要素市场本身一定是向上倾斜的。供给曲线向上倾斜有两个原因。首先，要素生产者全体不是价格接受者。如果是这样，那么问题就回到了考虑为投入要素提供要素的厂商。当然，这个过程能够进一步往前推，但是在某一点我们必须停止往前推。我们最终得到长期供给曲线向上倾斜的第二个原因：不同生产者的生产成本不同，我们将在后面检验这种情况。

在这之前，值得注意的是，长期供给曲线也向下倾斜，如图 11-7 所示。当该行业投入要素的生产服从于强规模经济使得要素价格随着该行业使用的投入要素总量上升而下降时，这种情形将出现。一些电子行业符合这种模式。当越来越多的电子键盘被卖出时，进入的集成电路生产商能够使用大规模生产技术降低要素成本和价格。个人电脑的磁盘驱动器遵从同样的过程。当更多的磁盘驱动器被卖出时，用来生产它们的零部件价格下降。因为生产的平均成本随着行业产量增加而下降，所以这样的市场被称为**成本下降行业**（decreasing-cost industry）。

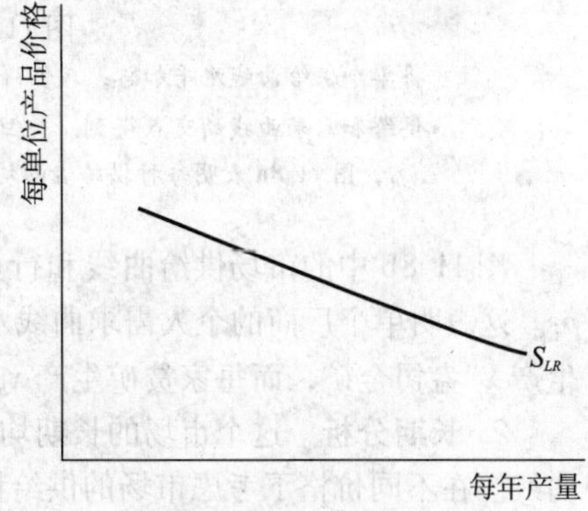

图 11-7　成本递减行业的长期市场供给曲线

注：随着行业生产和要素水平的上升，要素价格下降时，单个厂商将发现其成本曲线随着行业扩张向下移动。所以，长期市场供给曲线向下倾斜。

11.1.8　异质性供给者

在完全竞争市场的基本模型中，所有厂商拥有相同的技术，因此有同样的成本。然而，在现实市场中，情形可能更复杂，不同生产者的成本可能不同，所以这样的生产者成为**异质性供给者**（heterogeneous suppliers）。在本小节，我们回到要素价格不随市场需求量变化的假设，但是要放弃所有供给者都相似的假设。

金矿是在一个市场中不同生产者有明显不同生产成本的例子。一些矿的矿石等级很低，从中提取金的成本很高，而其他矿有高等级矿石。矿的不同还在于提取矿石本身的难易程度。一些矿石在地表附近，而其他矿脉在较深的地下。要解释成本的大幅度变化，我们假设不同矿的个人供给曲线很不相同，而且事实确实如此。

要研究这对市场均衡的关系，首先假设仅有两种金矿，“富”和“贫”。其中4个矿是高等级的富矿，其采掘成本比其他矿低。一方面富矿的数目是有限的，另一方面无限多的厂商进入市场建立起更高成本曲线的矿。换句话说，贫矿是自由进入的。

1. 短期分析　通常找到短期市场均衡的规则如下：找到短期市场供给曲线和短期市场需求曲线的交点。富矿的边际和平均可变成本曲线分别是 MC_{SR}^{G} 和 AVC_{SR}^{G}，贫矿的边际成本曲线和平均可变成本曲线分别是 MC_{SR}^{B} 和 AVC_{SR}^{B}。图11-8a中的深色曲线是每种单个厂商的短期供给曲线为正的部分。通常短期内，经营中矿的数目是固定的。由于每个矿或者其他厂商的劳动边际收益递减，所以每个厂商的供给曲线向上倾斜。厂商短期市场供给曲线并没有产生额外的困难。要得到短期市场供给曲线，只需将短期内活跃的矿的市场供给曲线水平加总。

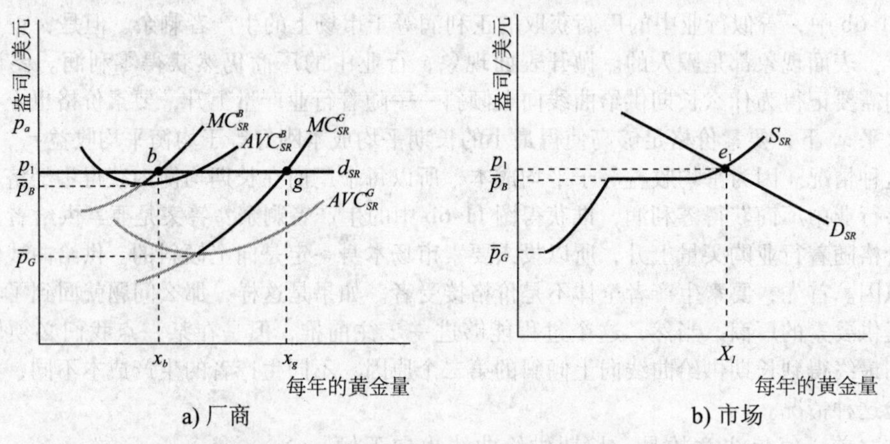

图11-8　异质性供给者的短期均衡

注：将单个供给曲线水平加总，我们得到市场供给曲线图11-8b中的 S_{SR}。均衡价格由图11-8b中的行业供给和需求曲线的交点得到。一旦得到该价格，就用它来描述每个供给者的单个厂商的需求曲线 d_{SR}，图11-8a表明每种供给者的均衡位置。

图11-8b中的市场供给曲线和行业需求曲线重合。从图11-8b可以看出，均衡市场价格是 p_1。这表明单个厂商的个人需求曲线水平等于 p_1。从图11-8a可以看出，在该价格下，每家富矿生产 x_g 盎司金矿，而每家贫矿生产 x_b 盎司。

2. 长期分析　这个市场的长期均衡怎样呢？要回答这个问题，我们首先找到长期市场供给曲线。在不同价格下考虑市场的供给量。首先，假设价格为图11-9中的 p_h，这个价格低于 p_G^*。在这个价格下，没有厂商愿意提供产品，市场供给量为0。供给在其他低于富矿的最低平均成本的其他价格下同样为0。

现在，考虑高于 p_G^* 但低于 p_B^* 的价格 p_i。在这个价格下，没有贫矿能够通过生产获利，但每家富矿在供给曲线上经营是利润最大化，且生产 x_i 盎司。因此，市场供给量是 $4x_i$，如图11-9b所示。对任何在 p_G^* 和 p_B^* 之间的价格，市场供给量就是一家富矿供给量的4倍。

最后，假设价格正好等于 p_B^*。那样，每家富矿愿意供给 x_j 盎司。每家贫矿在完全退出市场和进入市场生产 x_B^* 盎司之间没有区别。因此，在这个价格下，市场供给量从 $4x_j$ 盎司到无穷。当然，如果价格高于 p_B^*，将有大量进入者涌入市场，市场供给量无限大，因为所有厂商都愿意提供产品。

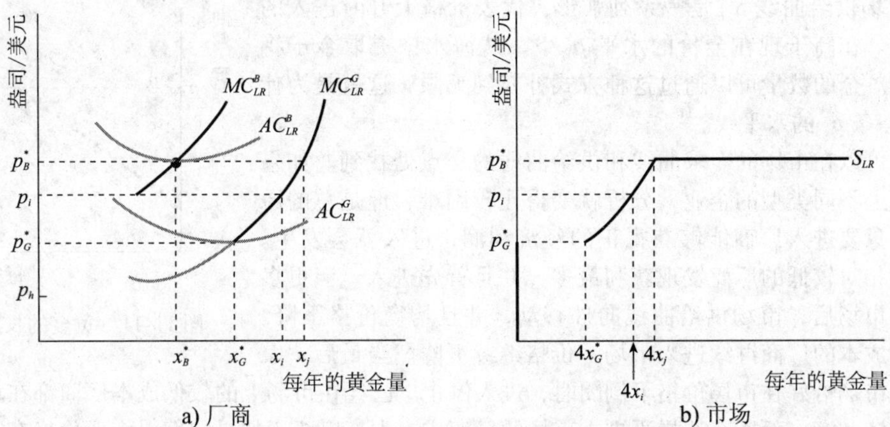

图 11-9　市场上异质性供给者的长期供给决策

注：当只有四家富矿而且贫矿可以自由进入时，长期行业供给曲线最初向上倾斜，然后在等于贫矿最小长期平均成本的价格下保持水平。

图 11-9b 的最终市场供给曲线是 S_{LR}。我们可以这样理解这条曲线的形状：价格上升导致已经进入市场的厂商沿着长期边际成本曲线扩张，这使得新的而且成本更高的供给者进入市场。新的供给者继续进入市场直到边际供给者（市场中成本更高的供给者）在市场价格下获得零经济利润，其他低成本供给者获得正经济利润。

利用图 11-10b 中市场供给和需求曲线 S_{LR} 和 D_{LR} 的交点，可以得到均衡价格 p_B^*。在这个价格下，每个高成本矿在平均成本最低且生产 x_B^* 盎司金的产量水平下运营。高成本矿的价格等于平均成本；它们获得零经济利润。如果这种矿是自由进入的，那就是我们所期望的。另一方面，低成本矿不在其平均成本曲线最小值处经营。每家富矿生产 x_j 盎司金子，获得的正经济利润等于图 11-10a 中阴影部分面积 H。这些厂商怎样在长期中也能获得正经济利润呢？之所以这些正经济利润不会吸引更多厂商进入，是因为没有其他厂商的成本比这四家更低。外部没有潜在进入者能够进入市场并且在均衡价格 p_B^* 获得正的经济利润。

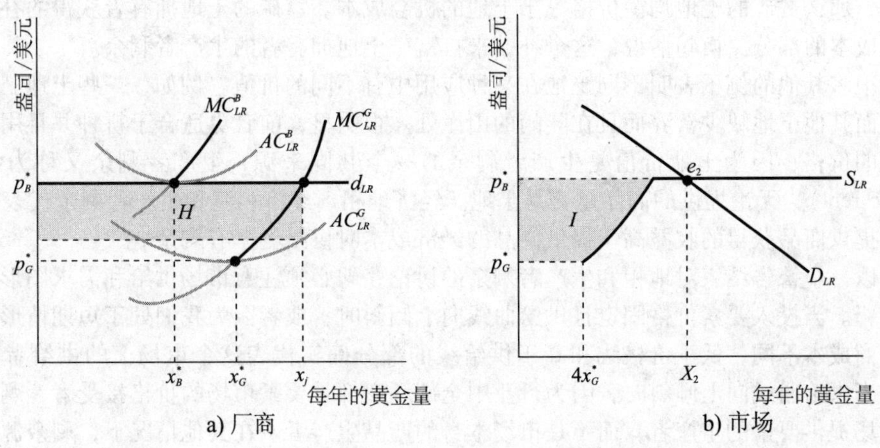

图 11-10　异质性供给者的长期均衡

当然，现实中有很多不同质量的矿藏，不仅两种。我们可以通过画更多的成本曲线来把这个更复杂的问题简单化。上诉理论表明随着金的价格上升，开家金矿提取质量越来越差的矿石变得有利可图。事实正如此，高成本矿在金价高的时期运营，在金价低的时期倒闭。图 11-11 中的最终长期市场供给曲线 S_{LR}是一系列弧形，代表价格上升时进入的每家新矿。在高于现在金价的水平 p_s 下，从海水中提取金子将有利可图。金的数量可以通过这种方式补充到无限，这就是为什么 S_{LR}是一条 p_s 的水平线。

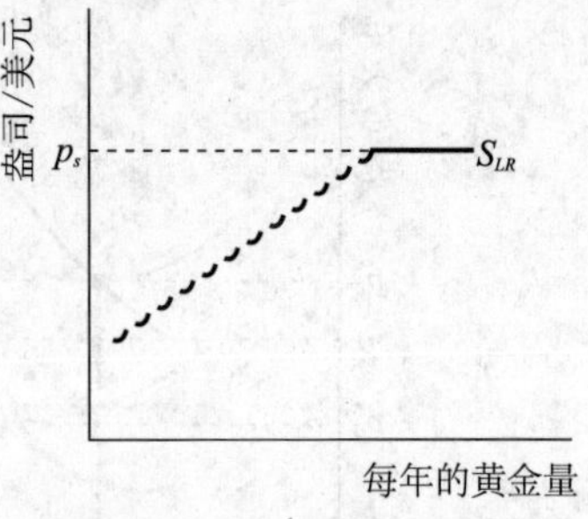

图 11-11 黄金的长期供给

均衡可以在市场的需求曲线和供给曲线的交点处找到。如果有两家以上不同类型的企业，分析就变得比较困难，但是总的原则一致：只要进入厂商能够获得正的经济利润，进入就会发生。那些成本相对较低的厂商发现获利最多，并且首先进入。当更多厂商进入市场后，市场供给曲线向外移动，并且均衡价格下降。随着更高成本的厂商继续进入市场，价格继续下降。当最后一家厂商进入市场恰好在市场价格下倒闭时，进入停止。已经在市场上的较低成本厂商都在均衡处获得正的经济利润，而所有选择不进入市场的厂商成本太高以至于如果它们以市场价格在行业中生产和销售产品将会遭受损失。

3. 经济地租 我们研究金矿时没有区别矿的经营者和土地拥有者本身。已有分析只是假设土地拥有者和矿的经营者相同。对于土地是重要投入要素并且随着质量变化而变化的市场，区别土地拥有者和使用它的厂商是很重要的。

要明白为什么，假设拥有含有金矿土地的所有权的人完全不同于矿的经营者。哪部分人将获得图 11-10b 中阴影部分 I 所表示的生产者剩余呢？当有厂商自由进入经营矿的行业，并且能够获得相同的技术，我们预期矿的经营者在长期进入中能够获得零经济利润。因为矿的所有权拥有者控制稀有资源，所以我们期望他们能够获得生产者剩余。特别是，高等级矿的土地拥有者应该能够卖出他们对土地的所有权，而且价格要比低等级矿的所有者高。

这个价格区别有多大呢？图 11-10 提供了答案。为了便于讨论，假设所有矿的土地以同样的价格卖出。这样，每家富矿的经营者能够获得的正经济利润等于图 11-10a 中的阴影部分 H。但是，所有经营者将努力购买富矿的所有权。结果，矿的经营者对富矿所有权的定价，会直到卖富矿所有权比卖贫矿所有权多出阴影面积 H 为止。

如果仔细考虑这个市场，我们可以说出更多 H 代表的意义。假设除了金矿，所有土地的生产力相等，那么贫矿的土地均衡价格等于土地的机会成本。富矿的土地拥有者获得的补贴为超出土地机会成本的部分。换句话说，这个补贴来自富矿土地拥有者的生产者剩余。

还有很多其他的例子表明不同土地在某种应用中有不同的价值。例如，一些土地肥沃并且容易耕种，而其他土地缺少营养而且在陡峭的山崖处。很明显，前者更适合于耕种并且用于农业能够要更高的价格。因为土地价值是生产者剩余的一个共同来源，生产者剩余又称为**经济地租**(economic rent)，无论提供的商品是否是土地。经济地租、经济利润和生产者剩余代表的意思相同——当提供商品获得的收益高于提供商品的经济成本时供给者享有剩余。

我们以一个警告结束对地租和生产者剩余的讨论，即必须注意市场供给和需求图形中生产者剩余的解释。当投入要素价格固定且供给曲线向上倾斜时，或者因为我们处于短期情形，或者因为不同厂商成本不同，低于价格线和高于供给线的部分确实代表这个市场上的供给者享有的剩余。但是当供给曲线向上倾斜时，因为行业中全部厂商都是要素市场的价格接受者，剩余源于所考虑的市场提供要素的生产者，而不是市场本身的产品生产者。在其他情况下，剩余源于一些供给者，所以我们把它称为生产者剩余。

11.2　竞争模型的应用

竞争模型有助于理解市场对潜在经济条件变化的反应。本节我们运用竞争模型推导几个统计结果。

11.2.1　税收效应

在美国以百分比为基础征收的销售税每年达2 000亿美元。例如，在加州阿拉米达县，对衣服、杂志、汽车、饭店的食物和其他很多商品和服务都征收8.5%的销售税。这种税被称为**从价税**（ad valorem tax），因为该税取决于被征税商品的价值。在其他例子中，如对汽油和烟草征收的州和联邦税，这种税按每单位的固定量征收，被称为**从量税**（unit tax）。下面仔细研究一种特别税的影响——酒的联邦税。

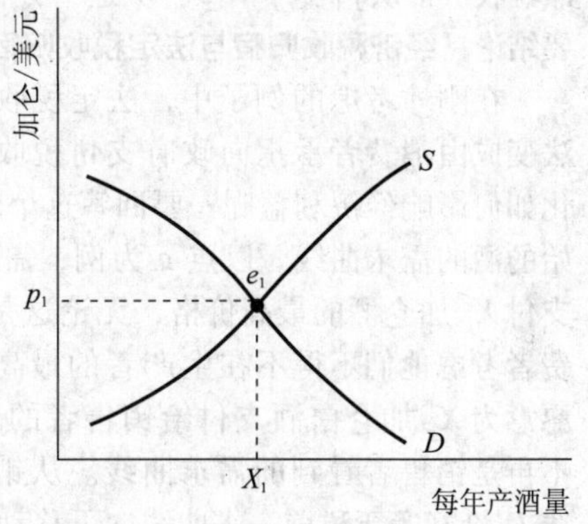

图11-12　酒市场加上税收前的均衡

注：在加上税收之前，酒的均衡价格产量分别是p_1和X_1。

一个关于利益的问题（至少对酒商和消费者来说），即谁为酒纳税？税法提供了一个答案。**税收的法定归宿**（statutory incidence of a tax）表明了谁对付税负有责任。在这个对酒征税的例子中，税收的法定责任在卖者一方。

可是，法定责任没有对付税方做任何说明。要决定谁应该纳税，必须计算**经济归宿**（economic incidence）——强制税收带来的收入分配变化。正如我们看到的，经济税收归宿可能根据法定归宿的不同有很大区别，这两者之间的区别是由税收转移产生的。

假设没有税收，酒市场是竞争型的，且如图11-12所示的市场供给和需求曲线。在强制税收之前，酒的均衡价格和产量分别是p_1和X_1。

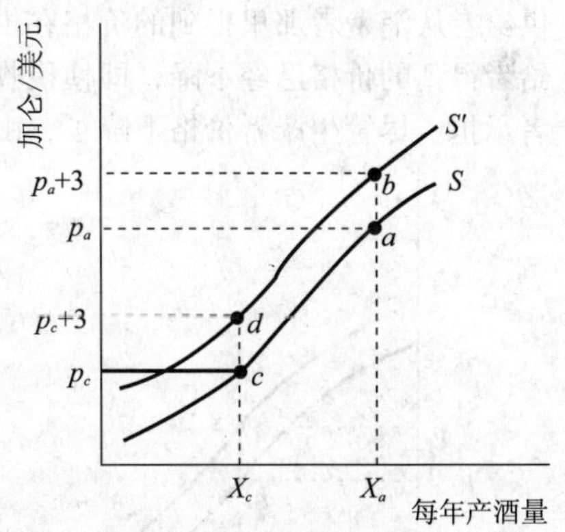

图11-13　消费者看到供给曲线上白酒的税收效应

注：强加给供给者的从量税提高了供给曲线，消费者观察到的提高量刚好为税收量，这个例子中是3美元/加仑。消费者看到的供给曲线为S'。

假设将酒3美元/加仑的从量税加于每单位商品上，税收的法定责任在销售者一方。对酒的征税将如何影响供应时间表呢？假设图11-13中供给曲线上任意一点a，供给曲线上这一点表明，厂商至少得到p_a的价格才会提供X_a加仑酒。加上从量税之后，供给者必须仍然得到p_a的净价格，才能达到这个供给量。然而，对得到这个净价格的厂商来说，消费者必须付每加仑酒p_a+3的价格，图11-13中的这一点为b。

供给曲线上其他任一点的情况和任意选出的点a相同。这样，例如，征收税收以后，供给者必须获得p_c的净价格才能使其生产X_c加仑酒，这意味着消费者必须付每加仑白酒p_c+3的价格，图11-13中标出的这一点为d。对每个产量水平重复这个过程，可以看到，供给者承担的从量税提高了供给曲线，消费者看到的正好是提高了税收的量，这个例子中是3美元/加仑。当然，消费者观察到的供给曲线是图11-13中的S'。从销售者的角度，供给曲线保持在S，因为一个供给者关心的是他实际上从每笔交易获得多少。

一旦找到加上税收后的供给曲线，就为找到加上从量税后的酒的均衡产量做好了准备。税后均衡量是 X_2，产量水平是图 11-14 中需求和供给曲线交点 e_2。

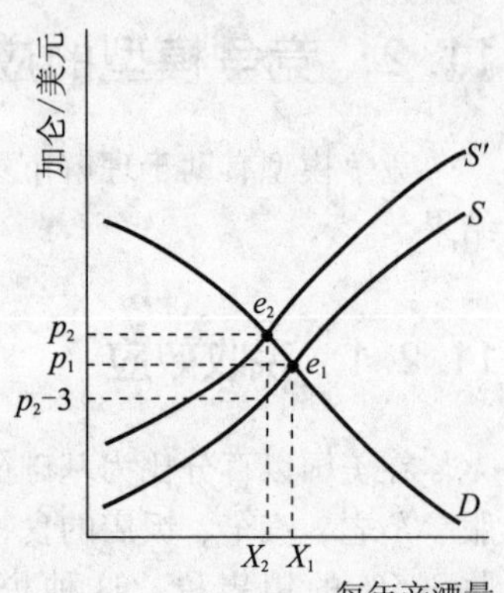

图 11-14 法律税收责任人是供给者时的酒市场税后均衡

注：税后均衡量在需求和有效供给曲线的交点 e_2 处，税后均衡量是 X_2。支付给消费者的均衡价格是需求和有效供给曲线的交点 p_2。比较 p_1 和 p_2，我们看到消费者支付的价格上升。尽管供给者从消费者那里得到的总价格增加到 p_2，但是净税收价格下降到 p_2-3。

下一步是找到均衡价格。之前我们只跟踪一种商品的一个单价，这很重要，出现税收后的新均衡中实际上有两个价格：消费者支付的价格和销售者获得的价格。消费者价格在需求和有效供给曲线的交点，即图 11-14 中的 p_2。比较 p_1 和 p_2，我们看到消费者支付的价格上升——消费者承担了部分税收负担，即使法律上应该由生产者实际承担。这意味着生产者不受税收影响吗？不，一些税收负担也由酒的生产者承担。尽管生产者从消费者那里得到的总价格上升，净税收价格从 p_1 到 p_2-3。从这个分析得到对税收效应的第一个主要结论：**经济税收归宿与法定税收归宿可能有很大不同。**

在刚才考虑的例子中，法定税收归宿在供给者一方。假设税法变成由消费者承担向政府支付税收的责任。酒税法定归宿的变化如何影响经济利益呢？要回答这个问题，考虑图 11-15 画出的原始的酒的需求曲线。以点 g 为例，需求曲线表明 p_g 是消费者愿意支付 X_g 加仑酒的最高价格，无论这是否真实都会有税收。一旦消费者考虑他们不得不在生产者的最高价格上再支付 3 美元，他们愿意为 X_g 加仑白酒支付给销售者的最高价格是 p_g-3。因此，D 不再是销售者看到的需求曲线。从销售者的角度看，税后需求曲线 D' 恰好等于税前需求曲线向下移动了税收量。

从供给者接受的价格来看，当对消费者征税时，供给曲线不受税收影响。图 11-16 将生产者的供给曲线和税后需求曲线画在同一张图上，我们看到均衡产量水平是 X_3。下一步是找到均衡价格。供给者从消费者那里得到的价格在供给和有效需求曲线的交点 p_3 处。比较 p_1 和 p_3，可以看到供给者得到的价格已经下降，即使税收由消费者来“支付”。然而，不是所有的税收负担都由生产者承担。尽管生产者价格下降了，由消费者支付的总价格（包括税收）从 p_1 上升到 p_3+3。

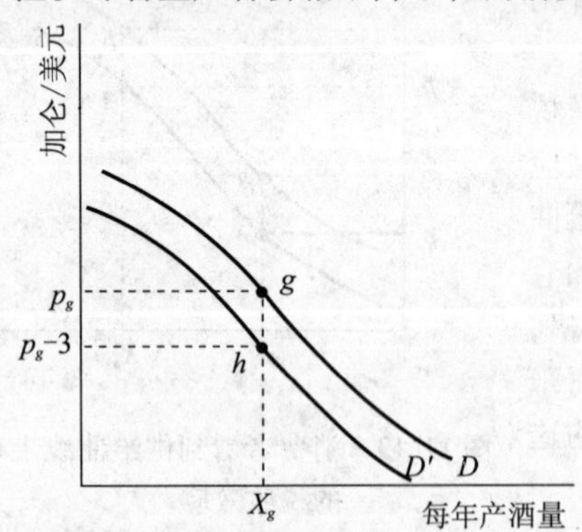

图 11-15 供给者看到的需求曲线上酒的税收效应

注：从销售者的观点，税后需求曲线 D' 恰好等于税前需求曲线 D 向下移动税收量。

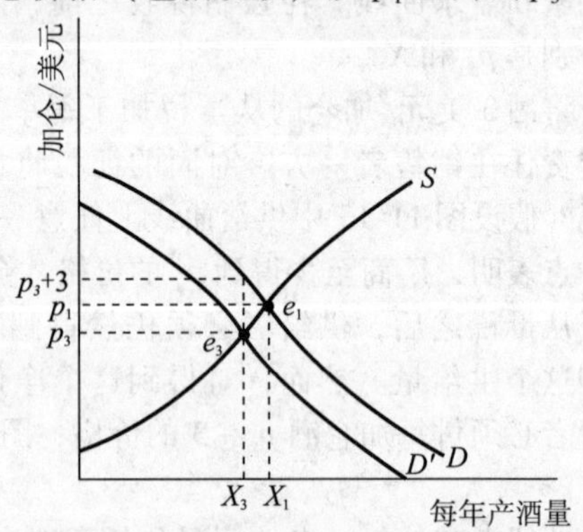

图 11-16 当税收的法定归宿是消费者时酒市场的税后均衡

注：在供给者看到的供给曲线和税后需求曲线交点 e_3 处达到均衡。均衡产量为 X_3，供给者从消费者那里得到的价格为供给和有效需求曲线的交点 p_3。当生产者的价格下降，消费者支付的总价格（包括税收）上升至 p_3+3。

注意，图11-16的税后均衡量在原来的（税前）供给和需求曲线间垂直距离等于税收量时的点，这个量恰好是图11-14中向供给者征收的税收，因此$X_2=X_3$。同样，消费者支付的价格上升和供给者得到的价格下降在图11-4和图11-16中是一致的。从以上分析可以得出令人惊讶的结论：**在竞争市场中，经济税收归宿与向消费者还是生产者征收税收无关。**

这个概括加强了早期的结论：法定税收归宿与经济税收归宿无关。无论征税者站在消费者面前而且每购买一加仑酒就征收3美元，还是站在销售者面前每卖出一加仑白酒征收3美元税。如图11-14和图11-16所示，重要的是税收带来的消费者支付的价格和生产者获得的价格之间的差额，而无论这个差额是从哪一边引进的。

弹性和归宿 如果不是法定归宿决定多少税收负担落在市场的各方，那是什么决定的呢？下面的例子给出了答案。伊利诺伊州库克县决定对所有在权限范围内生产的手枪征收30美元的从量税，谁将承担这笔税呢？要回答这个问题，需要画出供给和需求曲线。图11-17中，D是在库克县生产手枪的需求曲线，S是供给曲线。注意，库克县制造商生产手枪的需求曲线已经画出，并且在每把枪350美元的价格下有完全弹性；350美元代表整个美国市场在没有税收情况下的均衡价格。在这一点需求曲线水平，因为库克县的手枪制造商全部是价格接受者。如果要提高手枪的价格，消费者将从其他地方的生产者购买手枪。

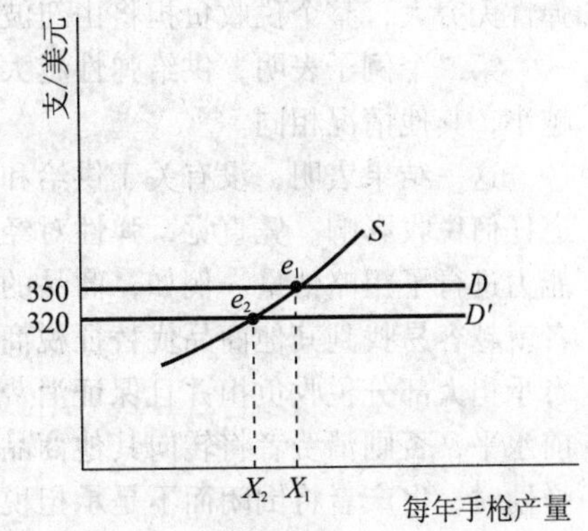

图11-17 需求曲线具有完全弹性时的从量税效应

注：D是在库克县生产的枪支的需求曲线，S是供给曲线。30美元的枪支税使销售者观察到的消费者有效需求曲线向下移动到D'，就是D曲线向下移动30美元。税收的结果是，库克县枪支生产商的均衡价格从每支枪350美元向下移动到320美元。

考虑税收效应，假设在枪支生产者游说议员后，政府决定枪支税的法定归宿由购买者承担，税收使销售者看到的有效需求曲线向下移动到D'。D到D'的距离反映了供给者每把枪得到的价格和消费者支付的价格之间的差别。因此，D'曲线只是D曲线向下移动30美元。加上税收后，库克县得到的均衡价格下降为320美元。注意，消费者支付价格的税收效应。税收之前，消费者支付350美元，税收之后只向生产者支付320美元，但是消费者还要向政府支付30美元。因此，消费者支付的全部价格（包括税收）保持在350美元不变。另一方面，供给者看到其获得净税收的价格降低了——从350美元到320美元。换句话说，供给者承担整个税收负担。他们游说议员的努力被市场力量抵消。

考虑相反的一端。假设胰岛素需求是完全没有弹性的，在一个广泛的价格范围内生产X_a产量，尽管供给曲线既不是完全无弹性也不是完全有弹性。如图11-18所示，没有税收的情况下，均衡价格和产量分别是p_a和X_a。假设向消费者征收从量税，一旦加上税收，需求曲线向下移动税收量。但是因为需求曲线垂直，这个移动对消费者向供给者支付的均衡价格和均衡产量没有影响。消费者继续支付每单位胰岛素p_a，而且现在他们要在这个价格上支付从量税。结合这条供给和需求曲线，经济归宿是图11-17中手枪的反例——现在所有税收负担都由消费者承担。

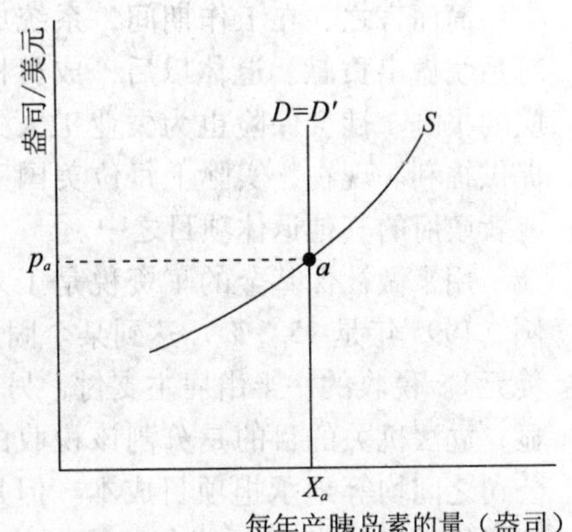

图11-18 需求没弹性时的从量税效应

注：当胰岛素的市场需求完全没有弹性且市场供给小于完全无弹性时，税收的全部负担由消费者承担。生产者获得的价格保持不变。

这两个例子表明下面的一般观点：**在其他条件不变的情况下，需求弹性越大，税收负担由消**

费者承担的越少。

税收影响取决于**供给弹性**（elasticity of supply）——供给量变化的百分比除以价格变化百分比。例如，假设罗德岛州纽波特镇决定向居民征收汽艇税。因为纽波特相对于世界汽艇市场很小，所以纽波特的汽艇供给曲线在市场价格 p_b 下具有完全弹性。假设需求曲线向下倾斜，纽波特需求曲线如图 11-19 所示。税收影响模型表明因为供给弹性无穷大，整个税收负担将由纽波特的居民承担。

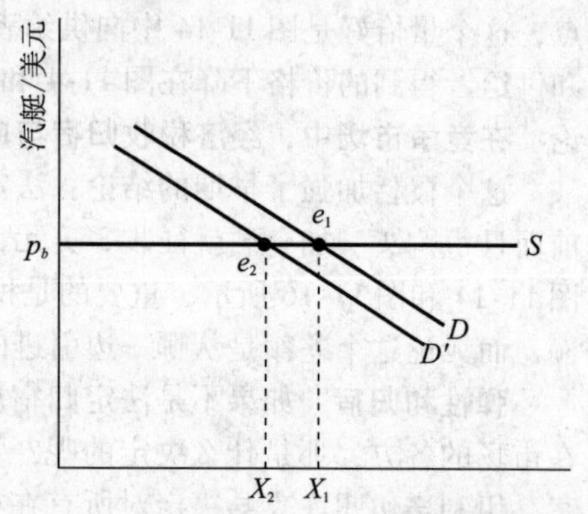

图 11-19　供给是完全弹性时的从量税效应

注：当商品的市场供给是完全弹性的并且市场需求小于完全弹性时，税收的全部负担由消费者承担。生产者获得的价格保持不变。

第二个例子表明，供给弹性越大，供给者的税收负担越小，其他情况相同。

这一结果表明，没有关于供给和需求的信息就不会知道任何税收影响。凭直觉，弹性对经济代理人逃避税收的能力进行了粗略估量。例如，商品的需求弹性越大，消费者就越容易找到其他商品代替征税商品。因此，除非生产者承担大部分税收负担并且保证消费者支付的价格接近税前水平，否则消费者将转向其他商品。同样，当供给富有弹性时，生产者将倒闭而不是承担税收，消费者将不得不承担税收。这种转移不是任何透明交易的结果，然而它是竞争模型而非个人工作的结果。

11.2.2　谁来支付社会保险

社会保险——养老保险、人身保险和伤残保险——是美国政府最大的家庭支付项目，这也是政府“收入”最大的来源（我们其余部分的“税收”）。仅在 1994 年的会计年度内，美国政府就通过社会保险税和捐赠征收了 3 350 亿美元。

简而言之，在工作期间，系统成员和雇员通过工资税对系统做出贡献。退休以后，成员根据贡献的多少获得相应的报酬。社会保险也为失业工人失业及退休工人的生存提供福利。现在，实际上每位美国工人都包含在社会保险或者政府的其他退休项目之中。

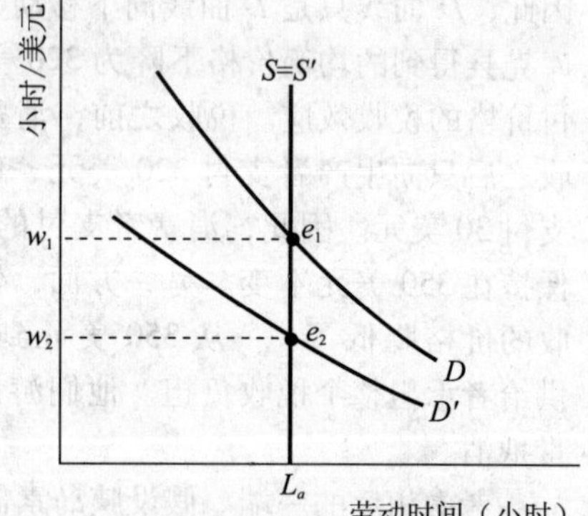

图 11-20　劳动供给完全无弹性的社会保险税效应

注：D 是劳动需求曲线的税前需求，S 是税前供给曲线，w_1 是税前均衡工资率。雇主缴纳的税将有效需求曲线移动到 D'。工人缴纳的税将有效供给曲线向上移动税收量到 S'，与 S 重合。加上税收之后，雇主付给工人的工资下降到 w_2，尽管雇主付给工人的全部价格（包括税收）保持在 w_1 不变。

用来做社保基金的工资税是工人总工资的一个固定比例（1995 年是 15.3%）达到某个固定量（1995 年是61 200 美元）。税收的一半由雇主支付，另一半由工人支付。很明显，立法机关的目的是分割该税收的法律负担，在工人和公司之间均等地承担项目成本。但是我们知道，社会保险工资税的经济归宿可能与法定归宿有很大不同。实际上，将税收负担精确地对等分开是不可能的。

这一点如图 11-20 所示，D 是税前需求曲线，S 是税前供给曲线。为了解释说明，该图的劳动供给是完全缺乏弹性的，保持在 L_a 量。在加上社会保险税之前，均衡工资率是 w_1。

工人支付的工资税将需求曲线向下移动到 D'。通常 D

和 D'之间的距离反映购买商品和供给商品之间的差别。注意税前和税后有效需求曲线之间的距离不是不变的——更高的工资，两条曲线之间的距离更大。这是社会保险根据从价税征收的结果——按工资的一定百分比征收。工资越高，两条需求曲线之间的税收缺口越大。转向市场供给一方，工人支付的工资税部分将有效供给曲线向上移动税收的距离，到达 S'。在图 11-20 中，劳动力供给曲线是完全无弹性的，因此 S 和 S'重合。

税后均衡由 D'和 S'的交点决定，即图 11-20 的点 e_2。比较点 e_1 和点 e_2，可以看到，加上税收后，付给雇主和工人的工资下降到 w_2。重要的是，雇主支付给工人的全部价格（包括支付的税收）保持在 w_1 不变。换句话说，雇主并不承担税收。另一方面，工人直接付给政府一半的税，并以更低工资的形式支付雇主所分担的税收。在这个例子中，尽管存在税收的法律分配，但工人还是承担了全部税收——工人得到的税后工资率正好下降了税收的量。当然，对于富于弹性的劳动供给曲线，能够得到相反的结果（你可以自己尝试一下）。关键是没有相关供给弹性和需求弹性的信息，就不会知道社会保险工资税影响的情况。

11.2.3　派生需求弹性

在前面的例子中，我们已经看到供给和需求弹性在决定政府政策如税收政策的影响时所发挥的作用。考虑需求价格弹性的重要性，需要花些时间来考虑要素派生弹性的决定因素。第 10 章提出的完全竞争模型和派生需求理论有助于找到影响一种要素需求的价格弹性的市场特征。特别地，理论表明，需要识别影响产量效应或者要素替代效应的市场特征。

1. 最终产品的需求弹性　厂商的要素需求取决于产品的需求情况。据此，就不奇怪厂商对要素的需求性质受家庭或其他行业厂商对要素购买者产品的需求性质的影响。事实上，要素需求的总产量效应随着最终产品的需求价格弹性增加而增加。烟草是生产香烟的一种投入要素，如果对香烟的需求是完全无弹性的，那么香烟供给者为应对作为一种投入要素的烟草更高的成本而提高价格时，对最终产品的需求量并无影响。在这个例子中，对烟草的派生需求并无产量效应。

在另一个极端，假设香烟的市场需求曲线是有完全弹性的，那么所有对要素价格上涨带来的更高边际成本做出的调整是以减少产量的形式进行的；烟草供给者不能通过提高产品价格来对成本增加做出反应，因为这样做将切断所有的销售。因此，当烟草价格上涨时，烟草生产者将对因为减少生产香烟数量而提高的烟草边际成本做出反应。产量水平的下降将导致烟草需求量下降。

2. 接近的替代品　要素替代效应的大小取决于可获得的替代要素的范围。考虑一家航空公司对飞行员的需求弹性并且和冷冻面条的需求弹性进行比较。两种要素都是航空公司服务的投入要素，但是冷冻面条相对于飞行员有很多替代品。如果冷冻面条价格上涨，航空公司提供更少的面条和更多的煮鸡块。然而，当飞行员工资上涨时，要素替代的数量是很有限的。一些要素替代品是可能的——航空公司可以增加自动航空器将航班成员从 3 人减少到 2 人。但是很明显这种替代的可能性非常小。你愿意坐一架没有或者半个飞行员的飞机吗？结果，航空公司对飞行员的需求弹性要比冷冻面条小得多。

替代品供给的价格弹性与市场特征紧密相连。如果行业面临一个替代要素相对无弹性的供给曲线，那么行业内所有厂商转向这种替代品的成本较高。结果，要素替代效应很小并且初始要素的派生需求相对无弹性。

3. 考虑的时间期限　产品和消费品的替代都影响要素的需求。两种替代都需要时间。消费者和生产者需要的调整时间越长，就越能找到更经济的调整。在第 3 章讨论了原因，最终产品市场需求的长期价格弹性可能比短期价格弹性更大。因此，时间越长，派生需求的产量效应越大。

长期调整也能增加要素的替代范围，正如之前讨论的，下面的例子将进一步解释。在 20 世纪 70 年代，喷射燃料价格大幅度上升。在短期内，航空公司会做这样的事情，如更频繁地清洗飞机来减少风的阻力，或改进飞机的里程计算（在某种意义上，航空公司用肥皂水代理喷射燃料）。在中期内，一些航空公司停止粉刷飞机，因为涂料给飞机增加几百英镑的燃料。长期内（这个例子中是10年），航空公司转向更贵但是轻质材料的飞机，如碳光纤机翼板。增加要素替代品导致燃料价格稳定下降，而后者与航空服务的客运里程密切相关。

总之，当产量效应（由产品购买者所做出的替代引起的）和要素替代效应朝同一方向起作用时，时间越长，投入要素需求弹性越大。

4. 总生产成本中要素的重要性　如果一种要素仅占产品总成本的一小部分，厂商不可能对产量水平做出很大的调整，因为那种要素价格已经上升了㊀。再一次考虑航空公司的服务，很多要素被用来提供航空服务。从费用的角度计算，飞行燃料是一个最重要的要素，燃料花费可能是航空公司总成本的20%。当燃料价格上升时，航空公司成本大幅度上升，这导致机票价格上涨和坐飞机旅客的数量下降。在1990年初，美国航空、联合航空和其他一些航空公司宣布飞机票价增长10%以回应燃料价格上涨。和飞行燃料成本相反，航空公司在每名乘客在飞行期间用餐使用的塑料叉子上花几美分。即使塑料叉子的成本加倍，对航空公司票价或者飞行量也几乎没有影响。结果，航空公司飞行燃料派生需求产量效应很大，但是塑料叉子派生需求的产量效应并不大。

11.3　完全竞争的规范分析

到目前为止，本章已经讨论了竞争市场是如何运行的。然而，在很多情况下，我们不仅想要知道竞争市场是如何运行的，而且想要知道运行结果在某种程度上是否是“好的”。在本节，我们研究市场运行情况的测量。

11.3.1　用总剩余度量绩效

市场绩效的测量方法是以传统供给和需求线为基础的。图11-21表示酒的供给和需求分别是S和D。前面已经表明，如果酒市场是完全竞争的，那么均衡时以每加仑p_1的价格交换X_1加仑酒。以这个价格购买这些酒对消费者来说得到了什么呢？第4章表明消费者得到的等于消费者剩余，在需求曲线之下和购买的每单位商品价格之上的部分，为图11-21中的阴影部分A。㊁同样的方法，销售者从以每加仑p_1价格卖出X_1酒所获得的是生产者剩余，即区域B。从社会的角度，总收入是消费者和生产者剩余的和，或者说是区域A和B。消费者剩余和生产者剩余的和称为总剩余（total surplus）。

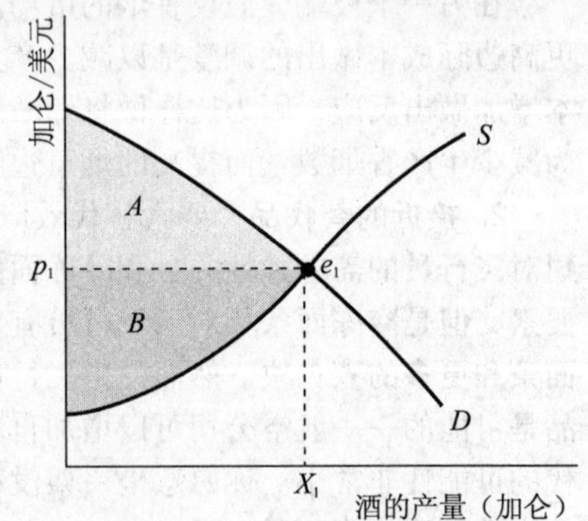

图11-21　酒市场的全部剩余

注：消费者剩余是在需求曲线以下和价格线以上的阴影部分A。生产者剩余是供给曲线以上和价格线以下的阴影部分B。全部剩余就是A和B。

总剩余可以看成是消费商品的总收益减生产商品总成本得到的总福利。消费X_1加仑酒的总福利是愿意支付曲线（需求曲线）下方与消费量之间的区域，即图11-22a中的阴影部分。生产X_1加仑酒的总成本等于边际成本曲线下方与生产量之间的区域，即图11-22b中的阴影部分。取两者的差，总剩余是图11-22c中的阴影部分。注意，这个区域

㊀ 因此，如果要素需求厂商的产品行业需求弹性很大，相对不重要的要素变化可能导致较大的产量效应。

㊁ 正如第4章所说的，只要收入效应不为0，消费者剩余只是获得福利的近似值。我们将假设收入效应很小以至于这个近似值就足够了。

应该等于图 11-21 中的区域 A 和 B 的和，因为两个图中的区域衡量的事物相同。

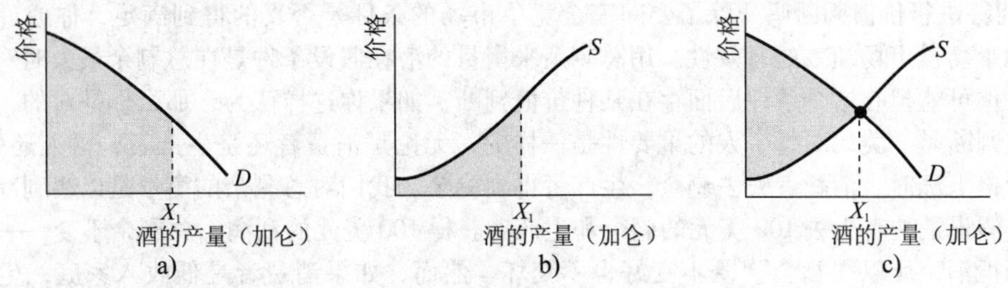

图 11-22　总剩余等于愿意支付的总量减总成本

注：消费 X_1 加仑酒得到的总收益为图 11-22a 中的阴影区域；生产 X_1 加仑白酒的总成本为图 11-22b 中的阴影部分；取两者的差，总剩余为图 11-22c 中的阴影部分。

任何数量的酒的总剩余都可以用同样的过程计算，即需求曲线之下和边际成本曲线之上以及特定需求量之间的区域。因此，可以计算任何产量水平下的总剩余。

现在可以用总剩余衡量市场绩效，关键的问题是总剩余是否在竞争均衡处最大。如果其他点有更高的总剩余，那么产量水平 X_1 将没有效率，因为消费者和生产者可能都会更好。另一方面，如果没有选择可以产生更高水平的总剩余，那么在这个意义上竞争均衡是有效的。

要研究竞争均衡是否使总剩余最大化，让我们先考虑图 11-23 中的产量水平 X_a。X_a 小于竞争水平。怎样比较相应的总剩余水平呢？即从 X_a 移动到 X_1，总剩余是增加还是减少呢？我们必须考虑这个移动所增加的利益和成本。对于消费者，多消费 X_1-X_a 加仑带来的福利是需求曲线 X_1-X_a 下的区域（现在先忽略成本）。这个区域等于图中阴影部分 F 和 G 的和。图中，供给更多的产品所需的成本为供给曲线下 X_a 到 X_1 间的区域 F。该图表明获得的消费福利超出额外成本部分为区域 G。因此，当市场上交换的商品量在竞争均衡水平而不是在 X_a 时，总剩余更大。

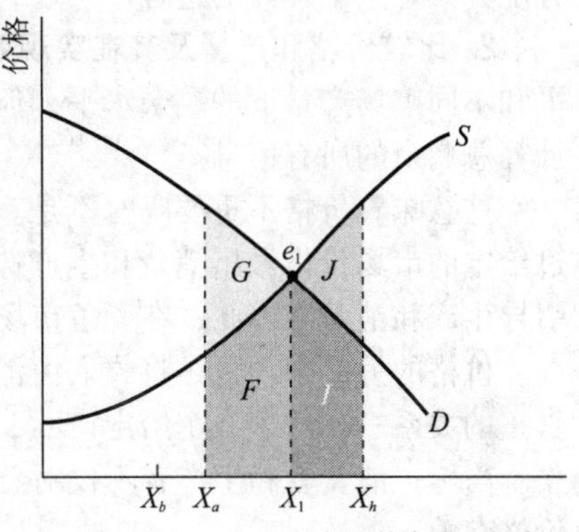

图 11-23　当总产量在竞争水平时酒市场的总剩余最大

注：当总产量等于完全竞争均衡水平 X_1 时，酒市场的总剩余最大。产量从 X_1 降到 X_a 时，总剩余将减少区域 G。产量从 X_1 提高到 X_h 时，总剩余将减少区域 J。

用同样的方法可以说明，任何其他 X_1 下的产量水平在某种意义上都太小，从而使总剩余在竞争产量水平上可以更大。从更低的产量水平移动到 X_1，用消费者愿意支付的量衡量的额外产品价值超过了其成本。

下面考虑一个超过竞争水平的产量水平，如图 11-23 中的 X_h。要决定从社会的角度是否需要将产量从 X_1 增加到 X_h，我们必须再一次考虑增加的收益和成本。消费者多消费 X_h-X_1 加仑酒所带来的收益是需求曲线下 X_1 到 X_h 之间的阴影区域 I。供给额外产量的成本是供给曲线下从 X_1 到 X_h 之间的区域 I 和 J。因此，供给者的成本超过消费者收益的面积为 J，也就是比均衡量交易更多商品的净结果是减少总剩余。尽管允许个人消费更多的酒确实能增加总消费福利，但是这个增长不足以抵消生产更多酒所需要的成本。同样的讨论可以用来表明大于 X_1 的任何其他产量水平产生的总剩余更少。

我们已经看到无论行业产量水平比竞争均衡水平多还是少，总剩余都会减少。得出结论：**在竞争市场，总剩余在均衡产量水平最大**。这个结论很重要，它表明在完全竞争条件下，市场在分配社会资源方面做得很好（如测度总剩余）。当然，这个结果不能保证完全竞争市场条件总能满足。正如将在下一章看到的，它们通常不能得以满足。然而，甚至在那些情况下，这个结果也是有用的，因为它为比较其他条件下的市场绩效提供了一个基准。

1. 能够进行价值判断吗 除了要问完全竞争市场的条件是否真的得到满足，你或许也想知道用总剩余衡量市场绩效的有效性。用总剩余来衡量的潜在假设条件是在总剩余最大时对社会最好，但是你可能担心这个条件后面存在某种价值判断。如果你这样认为，那么你是对的，确实存在。价值判断是一美元对每个人的重要性是一样的，无论是消费者还是生产者，富人还是穷人。当商品价格上涨时，消费者失去剩余，生产者得到剩余。我们对总剩余的衡量是以福利净变化为基础的，假设消费者失去100美元的剩余和生产者获得100美元的利润，总剩余不变——收入和损失互相抵消，所以“社会”既不变好也不变坏。然而，如果消费者是低收入家庭，生产者是相对富裕的个人，你可能认为这个收入转移不是社会想要的。总剩余的衡量并不比较这个分配问题。

这样，总剩余最大化导致一个有效的结果，但是不一定“公平”。根据这个事实，能够说总剩余是衡量社会福利的有效方法吗？这个方法的判断是，一旦总剩余最大化，可以根据公平的公共观念进行重新分配——把蛋糕尽可能做大，然后考虑分配的问题。总剩余最大化是第一步，收入重新分配是第二步。这个过程是合理的，只要我们相信如果收入公平地重新分配，就不需要太多供给和需求曲线的转移。当这个条件满足时（正如在大多数实际情况下经济学家假设的一样），适合的第一步不取决于所选择的特殊的第二步。因此，在总剩余的基础上评估可供选择的分配方案是一个理性的过程。

2. 比较价格和产量及其在实现效率方面的角色 我们已经对比了竞争性均衡下的总剩余水平和不同市场产量下的剩余水平，但是没有对价格做任何说明，因为如果知道产量，那么就有了计算总剩余的所有信息。

这意味着价格不重要吗？不是。价格在竞争市场中扮演很重要的角色，消费者和生产者要通过给定的市场价格做出消费和生产选择。价格向供给者和需求者传递信息，而且他们产生的动机引导生产和消费。因此，在竞争市场上，价格影响产量决定，进而（间接）影响总剩余。

价格的另一个角色是将收入由消费者向生产者转移。与其他角色不同，这个角色与效率没有真正的关系——对于一个给定产量，价格变化只是导致剩余转移，而不是剩余的净创造或者损失。当然，消费者和生产者不仅对总剩余感兴趣，而且对获得的总剩余份额感兴趣，这个份额与价格有关。

价格的作用及其对总剩余不同的影响（由生产者剩余和消费者剩余组成）可以通过两个例子看出：第一个例子，政府政策直接影响价格；第二个例子，政府政策间接影响价格。

11.3.2 评价房价管制

纽约、巴黎和伯克利有什么共同点呢？都有租金管制法。实际上，租金管制法非常复杂，但是其主要特点是都规定了出租人可以向租客征收的最大租金。房价管制的支持者认为强加的价格上限能够帮助租客以低价格租房。然而，反对者认为房价管制使得除了幸运的少部分人外，其他人租不到房子，结果实际上减少了提供房屋的量。我们可以用竞争模型处理房价管制的影响。

要建立租赁房屋的市场模型，认为每个公寓都提供一定量的房屋服务。房屋服务的量取决于公寓面积、物业质量和维修好坏等因素。在图11-24中，D是一个特定城市对房屋服务的需求，S是供给。房屋需求曲线向下倾斜，因为每单位房屋服务的价格上升，人们想要的公寓就越小、质量越差。供给曲线向上倾斜，因为当房屋服务价格上升，房主就会建更多的房子和更好地维修已有的结构。从图11-24中我们看到，没有房价管制时，房屋服务的均衡量为X_1，市场租金为p_1。剩余是什么？如图所示，消费者剩余是需求曲线之下和供给曲线之上到市场产量之间的区域。因此，没有房价管制时，消费者剩余是区域A和B的和。生产者剩余是价格线和供给曲线到市场量之间的区域，即图中区域 C、D 和 E 面积之和。

现在假设租金上限 $\bar{p}$ 是强加的，也就是有效实施没有人能够作弊。图 11-24 表明当价格为 $\bar{p}$ 时，需求量为 X_b，但是大多数供给者只愿意供给 X_a。因为 X_b 大于 X_a，所以短缺 $X_b - X_a$ 单位住房服务。

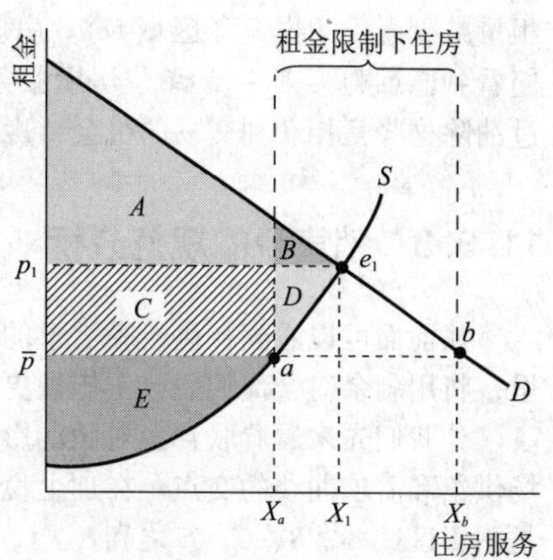

图 11-24 消费者和生产者剩余的房价管制效应

注：没有房价管制时，竞争均衡在点 e_1。加上的租金上限为 $\bar{p}$ 使房屋供给量从 X_1 降到 X_a。结果总剩余减少区域 B 和 D 的面积。

这个缺口有多大？答案取决于供给和需求对价格变化的反应，也就是取决于需求和供给弹性。短期内，房屋供给可能非常没有弹性——出租人能对拥有的公寓做得很少，因为房价管制法律通常限制所有者卖出共同所有的建筑。只要租金上限大于短期平均可变成本，出租人将继续在短期内出租。然而，长期内，供给量对价格反应更强烈。当现存的建筑损坏时，所有者可能不愿意承担需要的维修。老建筑毁坏后，土地可能用来建办公楼而不是替代的公寓。波特巴（1984）估计房屋供给的长期价格弹性大约为 2.0。如果这个估计正确，就表明保持价格 10% 低于自由市场水平的房价管制政策将导致供给的出租房屋总量减少 20%。因为需求弹性为正——以至于价格下降将导致需求量上升——实际缺口将非常大。

现在使用模型找出谁从房价管制中获利谁又遭受损失。在没有房价管制时，价格为 p_1，市场量为 X_1。在房价管制制度下，价格下降到 $\bar{p}$，产量下降到 X_a。这些价格和产量变化导致生产者、消费者和总剩余变化。

- 房价管制使生产者遭受损失。生产者剩余是新价格线之下和供给曲线之上到新市场产量之间的区域，为图 11-24 中的阴影面积 E。没有房价管制时，生产者剩余是区域 C、D、E 的和。生产者剩余减少，而且减少了两部分。阴影长方形区域 C 代表生产者在房价管制下以低价格出租 X_a 间公寓的损失，区域 D 代表在低租金下不值得供给像以前一样多的公寓带来的损失。
- 一些家庭从房价管制获得好处。这些消费者在房价管制下获得公寓是幸运的，他们获得的好处等于租金减少量乘以租赁的量。X_a 单位的价格从 p_1 下降到 $\bar{p}$，所以消费者获得的是图 11-24 中的阴影长方形区域 C。
- 一些家庭从房价管制遭受损失。一些人愿意支付竞争价格 p_1，而且会在自由市场获得一间公寓，但是在强加房价管制且房屋供给量下降后，他们将得不到公寓。房价管制对这些人唯一的影响是将他们驱逐出房屋市场。他们损失的剩余是图 11-24 中的区域 B。

尽管一些人在管制价格下得到公寓并从房价管制中获利，但是出租人和不能得到公寓的人遭受了损失。这个矛盾提出了一个明显的问题：均衡时，收益大于损失吗？房价管制是一个“好的”政策吗？

伯克利市政府中房价管制的支持者通过对居住在房价管制公寓中的人们进行调查来回答这个问题。根据对剩余的分析表明，这些人确实能从房价管制政策中获利。要正确衡量房价管制的影响，我们不得不比较这些租客的收益和出租人及那些被驱逐出租赁市场的人们的损失。

总剩余的测量为做这个比较提供了一个有价值的框架。从剩余分析的角度，可以将中心问题转述为：房价管制提高还是降低了总剩余呢？要回答这个问题，需要加总消费者和供给者的效应。如前所述，那些在房价管制下获得公寓的消费者将变好，收益为租金减少量乘以租赁的量，即区域 C。但是这个区域不代表社会净收益，因为区域 C 等于出租人以低价格出租 X_a 间公寓所遭受的损失。换句话说，区域 C 只是收入从出租人转移到了租客——不代表任何总剩余的净变化。结果房价管制唯一的净效应是那些租不到公寓的租客所遭受的损失（区域B）和出租人因出租量减少遭受的损失（区域D）。房价管制的结果是总剩余减少了区域B和D的和。凭直觉，我们看到愿意购买X_1-X_a单位房屋服务的人被在生产者愿意接受的价格下的房价管制所排斥。通过消除这些互相获利交易的机会，房价管制降低总福利。

11.3.3 销售税的规范分析

从前面可以看到，供给和需求的相对价格弹性决定如何在消费者和销售者之间分担负担。这里，将用剩余对全部的税收负担做更多分析。

让我们先来看看联邦税对酒的影响。在没有任何税收的情况下，均衡处于图11-25画出的市场供给和需求曲线的交点。在加上税收之前，均衡价格和酒产量分别是p_1和X_1。总剩余的结果是阴影区域A、B、C、E之和。

假设每加仑酒征收3美元从量税。如前面图11-14所示，从消费者的角度，这一税收将供给曲线向上移动3美元，新均衡处于需求曲线和新的供给曲线交点，即图11-25中的点e_2。税后均衡量为X_2。

总剩余的最终水平是多少？可能有人会说是“阴影A和B的和”。如果这个答案正确，那么总剩余减少了区域C加E的面积。但是这个方法漏掉重要的一点——征税不是社会的一个真实成本。收入只是从酒生产商和消费者转移到了政府部门。换句话说，当政府包含在市场中时，即使只是间接的，也不得不将政府剩余包含在市场总剩余的计算中。政府剩余是其所征的税收，这里征收的税收等于3美元乘以加上税收后卖出酒的量，即图11-25中阴影部分C的面积。因为只是纯粹的转移，区域C代表总剩余既不增加也不减少。

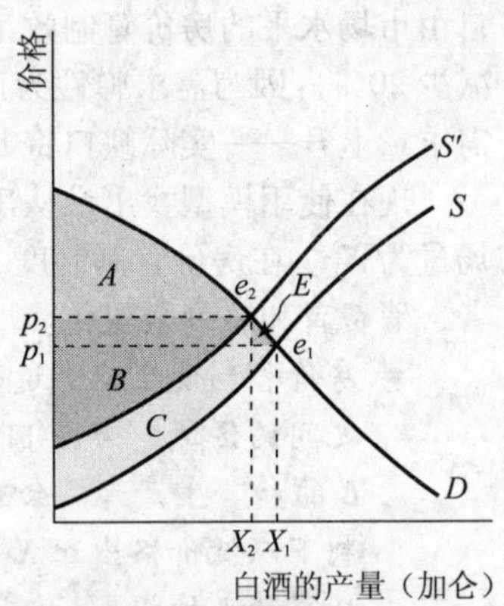

图11-25 白酒增税的结果

注：例如，中国增加对白酒的税率，那么将对市场产生什么影响？从消费者的角度，税收将供给曲线向上移动了3美元。均衡从e_1移动到e_2。税收结果为总剩余减少了区域E，这个面积代表税收的额外负担。

所有这些留给了我们什么呢？因为总剩余是需求曲线之下、边际成本曲线之上到市场量之间的区域，所以税后总剩余是区域A、B、C之和。总剩余减少了区域E的面积。直觉上看，酒的从量税通过扭曲价格使消费者购买的和生产者卖出的都少于产品的竞争性均衡水平。结果，即使生产者愿意以小于消费者愿意付的量提供X_1-X_2加仑酒，这些酒也不会被生产和消费。通过阻止这些互相获利的交易，税收使总剩余减少了区域E的面积。税收带来的损失被称为税收的**额外负担**（excess burden），该损失也被称为无谓的损失，因为厂商和消费者的损失并没有通过政府征税获利而抵消掉。

案例 **白酒征收从价税前后价格波动与税收分担**

第一阶段：2009年7月30日白酒消费税在市场的一片争议声中尘埃落定：中国国家税务总局制定的《白酒消费税最低计税价格核定管理办法（试行）》将于8月1日起执行。此次消费税调整保持税率不变，但是将税基提高至出厂价的50%～70%，其中对规模较大和利润较高的大企业原则上提高至60%～70%。业内人士认为，此次白酒消费税调整将会影响企业净利润，白酒提价箭在弦上。

虽然还没接到正式的调价通知，但调价预期已在之前被消化了部分。一著名超市食品质量处负责人说2009年6月底开始，五粮液和茅台已经提过价，涨价幅度在5%左右。新品五粮液52度等部分品类已经开始涨价，每瓶涨了30元左右。越稀有的品种越走俏。一瓶15年陈的茅台批发价已经涨到3 800多元，一瓶30年陈的茅台也从8 000元不到涨到了9 000多元。白酒税的调整，影响最大的就是厂家的毛利率。一白酒经销商算了笔账：以飞天茅台为例，目前“公司出厂价”约为220元，“销售公司出厂价”为439元。按以前标准计算，应当按“公司出厂价”征收，只需上缴消费税：220元×20%（从价税率）=44元。执行新标准后，将以销售单位对外销售价格（即销售公司出厂价）和最低计税价格进行计算，上缴消费税为：439元×60%×20%≈52.7元。厂家把增加的税收成本转嫁到零售终端，由消费者来买单，这是很自然的事情。某市代理商认为高端白酒消费群体非常稳定，即使涨价也难以撼动其市场占有率。目前高端白酒市场几乎是垄断局面，厂方直接掌控了市场价格的话语权。

第二阶段：2009年12月10日。贵州茅台日前发布公告，称鉴于产品原辅材料价格上涨、市场供求状况等因素，贵州茅台酒股份有限公司决定自2010年1月1日起适当上调贵州茅台酒出厂价格，平均上调幅度约为13%。年终岁末，白酒又兴涨价冲动，茅台提价只是揭开序幕。事实上，茅台并不轻易调整出厂价，而每次一旦调整就是一年中动作最大的。茅台在2008年1月11日调整出厂价格的平均幅度为20%。根据申银万国发布2009年监测数据显示，一段时间内茅台终端零售价与出厂价之间存在70%（300元）的价差。而且，这种价差还在随着白酒终端价格上涨不断扩大。因此是终端销售价格推动了出厂价格的上升。

小结

本章检验了完全竞争模型，该模型为分析很多重要市场提供了一个有用的框架。

- 竞争模型依赖四个基本假设：①销售者是价格接受者；②消费者不采取策略行为；③市场是自由进入的；④消费者是价格接受者。
- 当满足下列条件时，竞争模型下的基本假设最有可能是有效的：①有很多消费者；②有很多销售者；③不同供给者的产品是几乎可以替代的；④消费者清楚地了解可供选择的商品；⑤新厂商进入市场既没有技术障碍，也没有法律障碍。
- 短期内，行业中厂商数量是固定的。市场供给和需求曲线由个人曲线水平加总得到，市场均衡由市场供给曲线和需求曲线的交点决定。
- 长期内，市场上厂商的数量随着市场条件而变化。在行业被看成一个整体接受给定的投入要素价格的产品市场中，所有厂商都有相同的成本曲线，长期供给曲线在价格等于平均成本最小值处是水平的。
- 在整个行业投入要素需求增加能推动这些要素价格上升的产品市场中，长期供给曲线向上倾斜。均衡价格和产量水平仍然可以通过寻找市场供给和需求曲线交点得到。
- 在供给者有不同成本的市场中，长期供给曲线向上倾斜。均衡时，在市场中活跃的边际厂商获得零经济利润。
- 完全竞争模型均衡得到的产量使总剩余达到最大化。
- 完全竞争模型表明，税收或价格上限的影响可能与政策制定者想要的效果完全不同。

讨论题

11.1　考虑中国的蜗牛市场。有很多消费者，但没有一个占市场很大份额；也有很多供给者——你可以在公寓里养它们。而且，不同农民养的蜗牛是近似的替代品，消费者对此都很了解

(他们都是将蜗牛出口到法国的专业人士)。政府允许养蜗牛，不需要什么技术，只需要自己建个蜗牛房，而且有人很愿意为你提供养蜗牛的全部知识。这个市场是竞争模型所适合的市场吗？解释是否满足完全竞争市场所要求的每个基本假设。

11.2 考虑一个短期边际供给曲线向上倾斜，但是长期供给曲线水平的市场。为什么这两条曲线看起来如此不同？

11.3 考虑一个由100家相同厂商组成的竞争行业，每个厂商的成本表如下：

产量	0	1	2	3	4	5	6	7	8	9
总成本	300	400	450	510	590	700	840	1020	1250	1540

每个厂商的市场需求表如下：

价格	360	290	230	180	140	110	80
产量	400	500	600	700	800	900	1000

a. 画出单个厂商的供给曲线。在另一幅图中，画出整个行业的供给和需求曲线。在第一幅图中画出单个厂商的需求曲线，并表示出厂商的均衡价格和产量。

b. 解释为什么（a）中的只是短期均衡。长期会怎样？尽可能详细地描述长期均衡。

11.4 一个朋友曾经在纽约市找房子，找到一间房价管制房且租金至少在纽约是很便宜的。公寓里有家具：一张坏床、一张旧桌子、两把椅子。要租这间公寓必须要买这些家具，价格为10 000美元。一些人确实租了这间公寓并且以该价格买了这些家具。解释这是怎么回事。

画出出租房屋的供给和需求曲线的形状。在图中，表示出租家具的价格。

11.5 自从1938年公平劳动力标准法案（the Fire Labor Standard Act）通过以来，政府设定了雇主支付工人工资的一个最低限制。自从1997年起，这个限制已经是每小时5.15美元。最低工资的支持者认为保护低工资工人的利益并且确保他们获得支付给劳动力的一个公正工资是很重要的。反对者认为是厂商成本高于自由市场水平且通过减少工作数量伤害工人利益是不公平的。用劳动力市场的供给和需求模型分析最低工资效应和评价这些争论的可信度。(提示：最低工资价格基础可以通过本章用来检验房价管制价格上限的曲线来分析。)

11.6 在11.5的问题中，你已经发现最低工资伤害了雇主的利益，在帮助一些工人的同时，也损害了其他工人的利益。这个效应的和是怎样的？换句话说，最低工资对总剩余水平有什么影响？强加的最低工资法产生了有效的结果吗？

11.7 假设你拥有一家仿制IBM个人电脑的公司。你期望产品的需求是有弹性的还是没有弹性呢？所有电脑制造商集体面临的需求曲线又是怎样的？

11.8 有时，美国政府考虑征收汽油税来努力鼓励环保。使用供给和需求分析解释该税收对消费者和生产者的影响。

11.9 在美国，6 000家不同的公司提供信用卡，最大的一家供应商拥有4%的市场份额（尽管你的卡片可能标有“万事达卡”或者是“维萨”，但本质上都是清算中心）。1991年，美国参议院投票限制信用卡的利息率为14%。最终，布什政府和银行业成功阻止了这一提案。假设参议院的提议成为法律，对市场上信用卡借贷的消费者剩余、生产者剩余和总剩余将有何影响？

11.10 1992年，叶利钦总统执政的俄罗斯政府允许大多数商品的价格由市场决定，但是对一些基本商品如某些食物和燃料继续设定上限。一个记者说：“即使在限定价格下，基本商品还是很稀缺的……”解释为什么记者所说的显示其对竞争市场运行缺少理解。如何表述更合理？

第12章 一般均衡和福利经济学

最高级、最好的效率形式是自由人民的自发合作。

——伯纳德·巴鲁克

在20世纪90年代，美国政府开始了一场针对香烟行业的激烈斗争。你可能认为只会对烟草生长地区如弗吉尼亚和北卡罗来纳州的贸易产生影响，但是影响却贯穿了整个经济体。因为香烟运输的减少使货运行业受到损害，销售香烟的街角杂货店发现生存受到威胁。一位分析师或许有些夸张地说："你认识的人都一度离开了烟草行业。"因为对香烟广告的限制，张贴香烟广告的公司变得更糟，但是其他广告商因为更低的费用做得更好了。香烟消费量的减少改变了对不同健康护理人员的需求量，而且销售香烟替代品的厂商的状况也有所改善。

这个时期不同的一面是反香烟运动的影响从一个市场向另一个市场蔓延。因此，要理解运动的结果，我们必须将不同市场放在一起分析。上一章只是单独分析一个市场的均衡，称为**局部均衡分析**（partial equilibrium analysis）。本章，我们同时分析所有市场的均衡，称为**一般均衡分析**（general equilibrium analysis）。

一般均衡分析表明，经济体的不同部分是如何作为一个整体融合起来运行的。除了知道系统是如何运行的，我们也想知道它是否产生了"好的"结果。因此，本章第2节讨论了福利经济学，它是关于可选择的经济状态的社会需求的一个分支经济学。福利经济学为评价经济系统提供了一套标准。

12.1 一般均衡分析

12.1.1 供给和需求曲线

一般均衡的溢出效应可以在任何市场结构下发生。然而，本章关注的是可以用供给需求模型分析的竞争性市场。

1991年联邦政府对每6扎啤酒征收税额上升提供了一个很好的应用。如图12-1a所示，D^B 和 S^B 分别是征收啤酒税前的供给和需求曲线。均衡价格是4美元/6扎，相应的产量为 X。图12-1b描述了作为啤酒替代品的葡萄酒市场。征收啤酒税之前，D^w 是葡萄酒的需求曲线，S^w 是供给曲线，均衡价格是6美元/瓶，产量为 Y。假设经济体中所有其他市场在税收增加前也都处于均衡状态，那么啤酒 4 美元/6 扎和葡萄酒 6 美元/瓶是一系列均衡价格，意味着它们与每个市场的均衡一致。

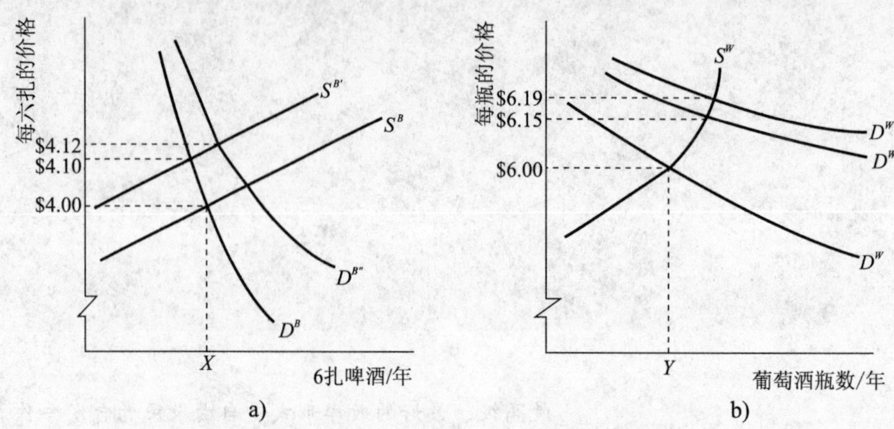

图 12-1 用于一般均衡分析的供给需求曲线

注：最初，经济均衡时，每 6 扎啤酒的价钱为 4.00 美元，每瓶啤酒 6.00 美元。开始时税收将啤酒的价钱从 4.00 美元提高到 4.10 美元。使葡萄酒的需求曲线从 D^W 移动到 $D^{W'}$；葡萄酒的价格上升到 6.15 美元，反过来使啤酒的需求曲线移动到 $D^{B''}$。最终，经济达到一个新的均衡。

现在来看啤酒税。第 11 章表明，加上从量税后，消费者看到的供给曲线将正好是提高税收的量。新的供给曲线为 $S^{B'}$，消费者面对的新的均衡价格为 $S^{B'}$ 和 D^B 的交点——4.10 美元/6 扎。

如果这是一个局部均衡分析，工作就已经完成了。但是，在一般均衡分析模型中，我们必须考虑与其他市场的关系。具体地说，因为啤酒是葡萄酒的替代品，所以啤酒价格的上涨增加了葡萄酒的需求量。图 12-1b 中，需求曲线从 D^w 上升到 $D^{W'}$，新的价格为 6.15 美元/瓶。

新的一般均衡价格为啤酒 4.10 美元/6 扎和葡萄酒 6.15 美元/瓶吗？不是。要记得最初啤酒的需求曲线是在保持其他条件不变的情况下根据变化的啤酒价格得到的，这包括相关商品的价格不变（见第 3 章）。这意味着 D^B 是在替代品葡萄酒保持在最初 6.00 美元的价格不变的情况下画出的，当葡萄酒的价格从 6.00 美元上升到 6.15 美元，啤酒的需求曲线向外移动，从 D^B 移动到 $D^{B''}$。啤酒新的均衡价格由 $S^{B'}$ 和 $D^{B''}$ 决定，为 4.12 美元。但是，啤酒价格从 4.10 美元变到 4.12 美元又使得葡萄酒的需求曲线从 $D^{W'}$ 移动到 $D^{W''}$，影响葡萄酒价格，反过来又影响啤酒价格，如此反复。在每一轮调整中，反馈效应变得越来越小。最终，产生了葡萄酒和啤酒的一套新的价格并使其供给量等于需求量。

图 12-1 中的一般均衡分析忽略了其他可能的相关商品。葡萄酒的价格变化将影响葡萄的需求量，从而影响农民的需求，进而影响移民量，等等。令人信服的是，经济体中的每个市场都可能受到影响，不仅是图中所描述的两个市场。然而，我们的简易模型很好地表明了一般均衡理论的两个重要观点：

（1）如果两种商品“相关联”（替代品或互补品）或者一种商品是生产另一种商品的投入要素，那么两种商品的市场是“相关联”的。如果市场关联，那么一个市场中供给需求曲线的移动将影响另一个市场的价格和产量（如税收或者制度）。因此，当政策制定者想要干预一个市场时，他们也应该仔细考虑可能对另一个市场的影响。

（2）假设商品 X 和 Y 相关联，而且商品 X 的需求或供给曲线移动了。由于存在 Y 市场的反馈效应，所以移动效应的局部均衡分析可能是错误的。例如，图 12-1a 中，啤酒的最终价格高于忽略反馈效应时估计的 4.10 美元。

反馈效应可能会令人苦恼——它把一个非常简单的供给需求问题弄得十分复杂。你能真的知道每次一个市场的供给或需求变化时，世界上每个市场会发生什么吗？一般均衡分析告诉我们，反馈可能发生，而不是说它们都很重要。如果不考虑一些反馈只是导致很小比例的不精确预测，那么没关系，用局部分析也是可以的。

说到这，我们也应该指出，在重要的经济部门供给和需求曲线发生大幅度移动时，忽略相关商品可能会导致很严重的错误。20 世纪 70 年代的阿拉伯石油组织联合抵制是一个很好的例子，导致原油价格大幅度上升，对天然气、汽车、绝缘体材料和很多其他商品都有很大影响。在决定对一个特殊的例子用局部还是一般均衡时，首先要考虑反馈作用是否重要。如果是，那么就要用一般均衡分析的方法。

12.1.2 一般均衡和最低工资

最低工资法设定了雇主最少应支付的工资。最低工资法的局部均衡分析简单地应用第 1 章介绍的劳动力市场供给和需求分析。假设最低工资超过了均衡工资，那么最低工资处的劳动力需求量少于供给量。也就是说，所有以最低工资找工作的人都找不到，结果就失业了。能够以最低工资找到工作的人现在得到了更高的工资。

这个分析是假设所有厂商都受到最低工资法的限制，以至于如果一个人因法律而失去工作，他在其他任何地方都得不到工作。在美国，在小零售商店、服务业、农场工作的工人不受法律约束。从事“地下经济”的工人，包括非法活动和为了避税而不上报的合法交易。关于最低工资效应的其他观点可以从同时考虑两个市场的影响中得到——受限制部门的劳动力市场和不受限制的劳动力市场。继续用简单的一般均衡分析，假设：①两个部门的劳动供给量是固定的；②两个部门的工人拥有同样的技术水平——例如，一个人可以为大公司工作，也可以为非正式的私有雇主工作；③工人无论在哪里工作都可以拿到更高的工资。

如图 12-2 中分析的情况，横轴代表经济中的工人总数。从点 O 开始的距离代表受限制部门的工人数，从 O' 开始的距离代表不受限制部门的工人数。因此，当从左向右移动时，受限制部门的规模增大，不受限制部门的规模减少。

MRP_c 曲线是受限制部门的劳动的边际收益产品，向下倾斜表明受限制部门的边际产品递减。MRP_u 是不受限制部门的边际收益产品，当更多劳动力进入不受限制部门时（如当向左移动时），该部门的边际收益产品也减小。

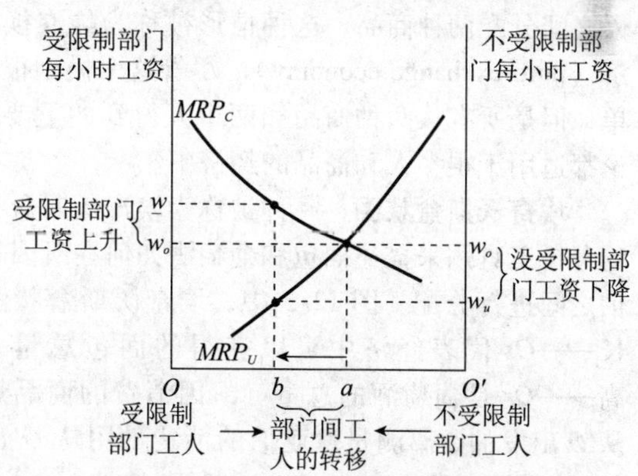

图 12-2 最低工资的一般均衡分析

注：没有最低工资限制时，两个部门的工资率是 w_0。当强加一个最低工资 $\underline{w}$，受限制部门的劳动力减少 ab 的工人数。这些工人在不受限制部门找工作，那里的工资从 w_o 降到 w_u。

现在回顾竞争市场的工资率等于雇用的最后一个工人的边际收益产品。因此，在上面列出的三个假设条件下，在没有最低工资时每个部门支付同样的工资。如果不是，那么低工资部门的工人将进入高工资部门，提高前者的 MRP（等于工资率），降低后者的 MRP。在图中，每个部门最初的工资率为 w_o；受限制部门有 Oa 的工人，不受限制部门有 $O'a$ 的工人。

现在假设强加给受限制部门的工资是 $\underline{w}$。因为 $\underline{w}$ 高于 w_0，所以工人更愿意到受限制部门。然而，提供 $\underline{w}$ 工资的厂商通过减少 ab 的工人来保持利润。在受限制部门已经没有工作的 ab 工人该怎么办呢？因为我们假设劳动总供给量不变，所以每个工人将在不受限制部门寻找工作。因此，除了该部门最初的 $O'a$ 工人，不受限制部门必须吸收被受限制部门解雇的 ab 工人。结果，不受限制部门的工资率降到 w_u。

图 12-2 可能夸大了最低工资对不受限制部门工资率的副作用，因为一些在受限制部门失去工作的工人可能保持失业状态，希望他们足够幸运地在受限制部门以$\underline{w}$的工资找到工作。如果越少工人进入不受限制部门，图 12-2 中所表示的不受限制部门的工资率将下降得越少——但仍然是下降的。

这个一般均衡模型说明了什么呢？跟局部均衡模型一样，它表明在最低工资下一些工人获得利益，一些工人遭受损失。获利者是那些仍然幸运地留在受限制部门的工人，损失者是那些曾经在受限制部门工作或者失业或者在不受限制部门获得更低工资的工人。但是一般均衡模型提供了一个重要的新观点，即最初在不受限制部门工作的工人不意味着他们不受最低工资影响。相反，最低工资的损失者包括在不受限制部门工作的工人，因为有受限制部门的工人进入，所以他们的工资下降了。

12.1.3　纯交换经济的一般均衡

用供给和需求曲线进行的一般均衡分析为竞争市场的相关性提供了有价值的观点。然而，只是关注市场的结果，供给需求分析对单个决策者的说明很少。而且，供给需求曲线的多次移动也不能很灵活地研究经济中整个价格决定机制。要克服这个困难，我们要用一个更基础的分析。

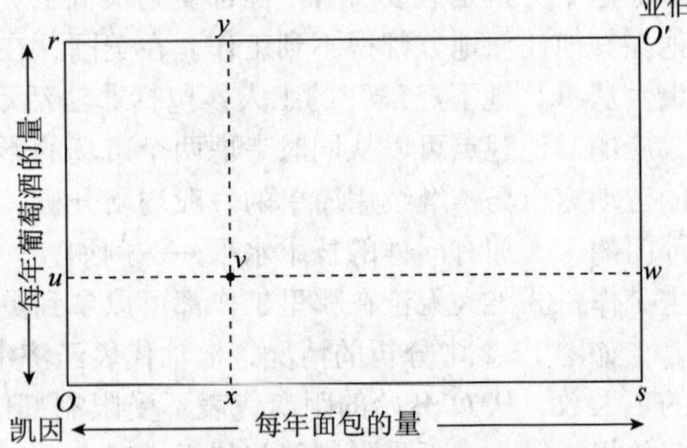

图 12-3　埃奇沃斯盒状图

注：埃奇沃斯盒状图中的任一点代表商品在两个消费者之间的分配。在点 v，凯因消费 Ox 片面包和 Ou 加仑葡萄酒；亚伯消费 $O'y$ 片面包和 $O'w$ 加仑葡萄酒。

我们从一个非常简单的经济体开始研究。想象一个岛只居住了两个人，凯因与亚伯。假设凯因与亚伯消费两种商品——葡萄酒和面包，其总供给量固定。通过假设供给者都是固定的，忽略经济的生产者（后面我们再研究生产者）。先不考虑生产者，存在的唯一经济问题是如何在两个人之间分配两种商品，这种情形被称为**纯交换经济**（pure exchange economy）。尽管这个模型很简单，但是所有从两种商品和两个人得到的重要结论都适用于很多人和商品的经济中。

埃奇沃斯盒状图　一种被称为埃奇沃斯盒状图的分析工具用来描述面包和葡萄酒如何在凯因和亚伯之间进行分配。图 12-3 中，埃奇沃斯盒状图的长——Os 代表经济中可以获得的面包总量，其高——Or 是葡萄酒的总量。凯因消费的商品量用从 O 出发的距离测量；亚伯的消费量用从 O' 出发的距离测量。例如，在点 v。凯因消费 Ou 加仑葡萄酒和 Ox 片面包，而亚伯消费 $O'y$ 片面包和 $O'w$ 加仑葡萄酒。因此，埃奇沃斯盒状图中的任一点代表在凯因与亚伯之间对面包和葡萄酒的某种分配。

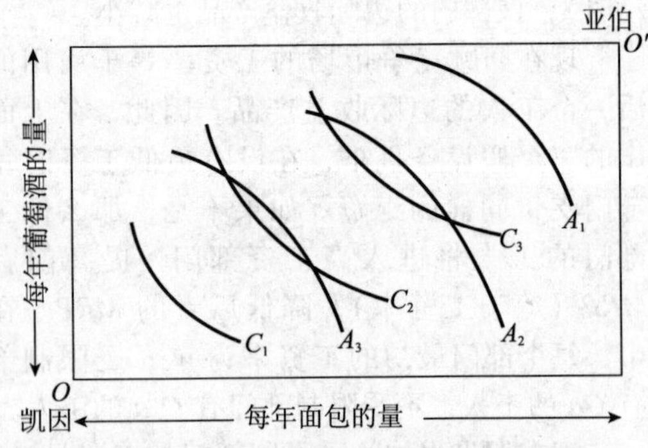

图 12-4　埃奇沃斯盒状图无差异曲线

注：对于凯因，越向右上方移动代表效用越高；对于亚伯，越向左下方移动代表效用越高。

现在假设可以用一系列传统的无差异曲线来描述凯因和亚伯对面包和葡萄酒的偏好。在图 12-4 中，两套无差异曲线都被放在了埃奇沃斯盒状图中。凯因的标为 C，亚伯的标为 A。无差异曲线的编号与效用水平相对应。凯因在无差异曲线 C_3 上比在 C_2 或 C_1 上更幸福，而且亚伯的效用随着效用曲线向左下方移动而增加，而凯因的效用随着向右上方移动而增加。

假设面包和葡萄酒在凯因与亚伯之间分配的最初点在图 12-5 的 g 点。也就是说，凯因分到了 Oc 片的面包和 Od 加仑葡萄酒，亚伯分到 Of 片面包和 Oh 加仑葡萄酒。给定这个起始点，我们的问题是找到葡萄酒的价格和面包的价格，那么：

（1）给定这个价格和分配量，使得凯因与亚伯的效用最大化。

（2）葡萄酒和面包市场的供给量等于需求量。

定义这个价格是纯交换经济的一般均衡价格。要解决这个问题，我们以一系列任意价格开始，看它是否“符合”，如果不符合，要做怎样的调整。假设面包价格 p_b 是 1 美元/片，葡萄酒的价格 p_v 是 2 美元/加仑。在这些价格下，凯因需要多少面包和葡萄酒呢？要回答这个问题，先不考虑亚伯而只关注凯因。回想他的原赋点是 g，所以他最初有 Oc 片面包和 Od 加仑葡萄酒。因为葡萄酒的价格是面包价格的两倍，所以凯因能够以 1 加仑葡萄酒与两片面包的比率进行交易。凯因的预算线是一条穿过原赋点的斜率为 1/2 的直线。图 12-5 中，这条直线为 B_1。

认识到在这个预算约束下，凯因并不满足于消费束 g 是很重要的。他愿意从 g 移动到 e_C，这使得他的效用提高（这样认为是因为无差异曲线 C_e 要比穿过拐点的无差异曲线 C_g 距右上方更远）。但是从 g 移动到 e_C 需要卖出一些葡萄酒和买进一些面包。具体地说，凯因想要卖出 gi 加仑葡萄酒和买进 ie_C 片面包。

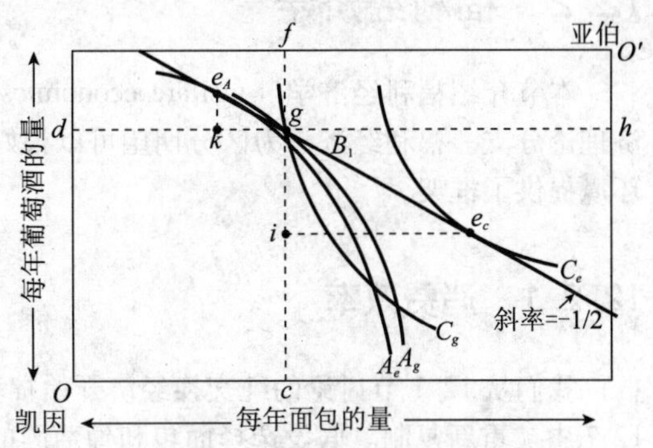

图 12-5　纯交换经济的不均衡

注：如果原赋点在 g，面包的价格是 1 美元，葡萄酒的价格是 2 美元，那么每个人的预算线是 B_1。给定这个预算线，凯因想在消费束 e_C 而不是 g；亚伯想在消费束 e_A 而不是 g。经济不能同时处在两个不同的消费束。因此，这种状态不可能是一个均衡。

现在从亚伯的角度研究。点 g 也是他的原赋点；他得到 $O'f$ 片面包和 $O'h$ 加仑葡萄酒。亚伯面对和凯因同样的价格；因此他的预算线也是 B_1，尽管他的消费束是从 O' 而不是 O 开始衡量的。给定这个预算约束，亚伯最想要的消费束是 e_A（记住，亚伯的效用随着他向距左下方更远的无差异曲线移动而增加）。他想要卖出 e_Ak 加仑葡萄酒和 gk 片面包。

当 $p_b=1$ 和 $p_v=2$ 时，存在一般均衡吗？图 12-5 告诉我们答案是不存在。找到原因的最简单的方法是注意这些价格，凯因与亚伯想要处于埃奇沃斯盒状图中的不同点，但是经济不能同时处在不同位置。换句话说，这不是一般均衡的情况，因为每个市场的供给量不等于需求量。葡萄酒市场的供给量过剩，因为凯因与亚伯都想要卖出；面包市场的需求量过剩，因为都想买入。

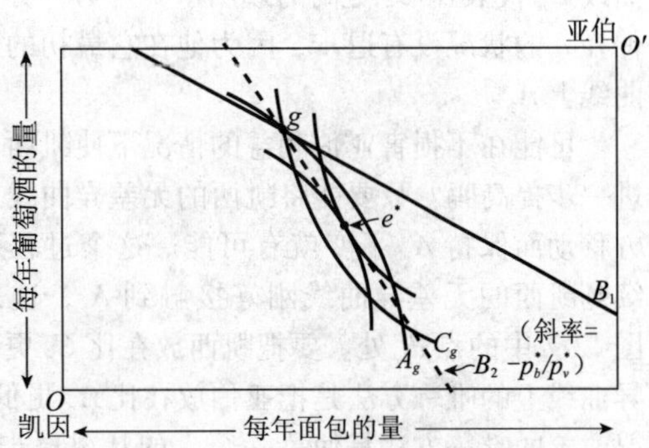

图 12-6　纯交换经济中的一般均衡

注：当最初的原赋点为 g 时，e^* 是与一般竞争均衡相一致的点。在点 e^*，双方效用最大化，给定他们的预算约束，两个市场供给量等于需求量。

市场将如何调整这种不平衡的情况呢？因为葡萄酒供给过剩和面包需求过剩，p_b 将相对于 p_v 上升。相对价格的变化将影响凯因与亚伯彼此的预算线，它仍然通过点 g，但是因为 p_b/p_v 上升，它比 B_1 更陡峭。现在假设凯因与亚伯再一次使符合这个新的预算线的效用最大化。如果两个市场的供给量和需求量不相等，价格比率再一次变化，两个人都找到新的均衡。只有两个人的效用最大化决策与两个市场的供给和需求量相等的决策一致时才能达到一般均衡。价格 p_b^* 和 p_v^* 定义图 12-6 中 B_2 的斜率。给定这些价格，凯因与亚伯在消费束 e^* 点效用最大化。而且，在 e^* 点，他们的选择一致，因为市场供给量和需求量都相等。因此，p_b^*/p_v^* 是一般均衡的价格比率。

注意消费束 e^* 处，凯因与亚伯的无差异曲线相切，这不是偶然的。效用最大化时，凯因与亚伯的边际替代率（*MRS*）等于价格比率。因为他们面对相同的价格，所以他们的 MRS_s 一定相等。但是 *MRS* 只是无差异曲线斜率的负值，斜率相等且过同一点的两条曲线一定相切。

我们已经在纯粹的商品经济中实现了决定一般均衡价格的目标。重要的是，经济能够以分散的方式“找到”均衡。每个人只需要知道自己的偏好、分配量和价格束。凯因不需要知道亚伯在做什么，亚伯不需要知道凯因在做什么，而且不需要中央计划者知道他们在做什么。价格传递了调节个人决定所需要的所有信息，这种做分散决策的能力是价格体系的主要优势。

12.2 福利经济学

本节介绍**福利经济学**（welfare economics），它是关于可供选择的经济状态下社会需求的经济理论分支。福利经济学为区分期望可以很好运行的市场环境和会产生不期望看到的结果的市场环境提供了框架。

12.2.1 消费效率

我们从 12.1 节讨论的纯交换经济开始福利经济学的研究，这种经济的埃奇沃斯盒状图在图 12-7 中被重新复制。假设选择面包和葡萄酒的某个任意分配——如点 g，C_g 是凯西过点 g 的一条无差异曲线，A_g 是亚伯的无差异曲线。现在提出一个问题：以这种方式在凯西与亚伯之间分配面包和葡萄酒会不会使凯西的状况改善而不会改变亚伯的状况呢？我们从图中可以看到点 h 就是这样一个分配。凯西的状况在这个点上变得更好，因为无差异曲线 C_h 代表比 C_g 更高的效用水平。另一方面，亚伯在 h 的状况没有退步，因为他在它最初的无差异曲线上 A_g。

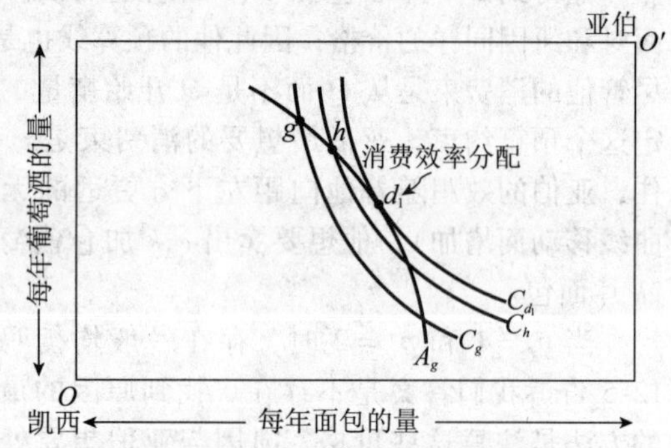

图 12-7 使凯西改善而不会使亚伯退步

注：在点 g 出开始，向 h 移动使凯西的状况改善，而不使亚伯的状况退步。从 h 向 d_1 移动完成同样的事。在点 d_1 处，使一个人的状况改善的唯一方法是使另一个人的状况退步。这个位置就是消费效率。

可能在不损害亚伯利益的情况下使凯西的福利进一步提高吗？只要能将凯西的无差异曲线向右上方移动而保持 A_g 不变就有可能。这个过程可以持续到凯西的无差异曲线刚好接触到 A_g，这发生在图 12-7 中的点 d_1 处。要把凯西放在比 C_{d_1} 更高无差异曲线上的唯一方法是把亚伯放在比 A_g 更低的无差异曲线上。在点 d_1 处的分配，使一个人的状况改善的唯一方法是使另一个人的状况退步，这称为**消费效率**（consumption efficient）。世界上的商品供给是固定的，消费效率是评价资源分配需求的一个有效标准。如果分配不是消费效率，那么因为可能使一个人的状况变得更好而不损害其他人的利益，所以会造成“浪费”。

点 d_1 不是唯一的消费效率分配，它也可能在初始点 g 达到。图 12-8 中，检验了是否可能使亚伯的状况变得更好而不降低凯西的效率。与图 12-7 中类似的分析逻辑表明将亚伯的无差异曲线向左下方移动，假设保持 C_g 上的分配。在 d_2 处，改善亚伯福利的唯一方法是把凯西向更低的无差异曲线移动。那么，根据定义，d_2 是消费效率分配。

至此，我们已经研究了在一个人的效用水平不变而使另一人提高的移动，也有可能使凯西与亚伯的状况都提高。例如，在点 d_3，凯西比在点 g 更好（C_{d_3} 比 C_g 更远），亚伯也是（A_{d_3} 比 A_g 更远）。点 d_3 是符合消费效率的，因为在那个点不可能使任何人的状况都提高而不使其他人的状况下降。现在很清楚了，从 g 点开始，可以找到一系列有效的消费点，他们根据每个组合可以从资源分配中获利的多少而有所不同。

回忆自由选择的初始点 g，寻找消费效率分配的过程可以对任意起始点重复。如果图 12-9 中的点 k 是初始点，消费效率束可能是被分离出的 d_4 和 d_5。关键是在埃奇沃斯盒状图中有一整套消费效率点。所有消费效率点的位置称为**契约线**（contract curve），用图 12-9 中的 MM 代表。

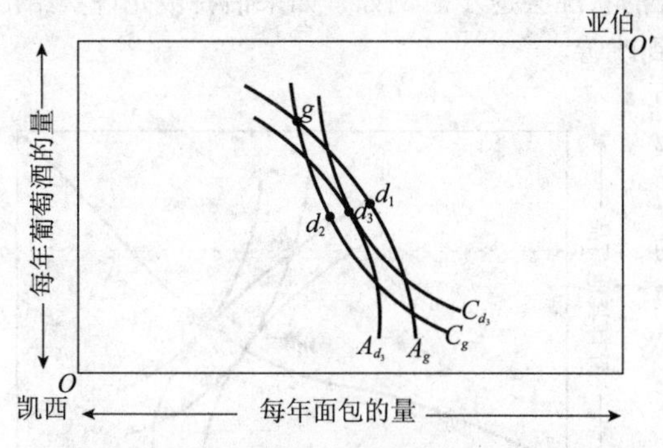

图 12-8 找到消费效率分配

注：从点 g 开始，到 d_2 时使情况恶化。而且，使一个人的状况在点 d_2 改善的唯一方法是使另一个人的状况降低。因此，跟 d_1 一样，d_2 也是消费效率。在消费效率点 d_3，每个人都会比在初始位置好。

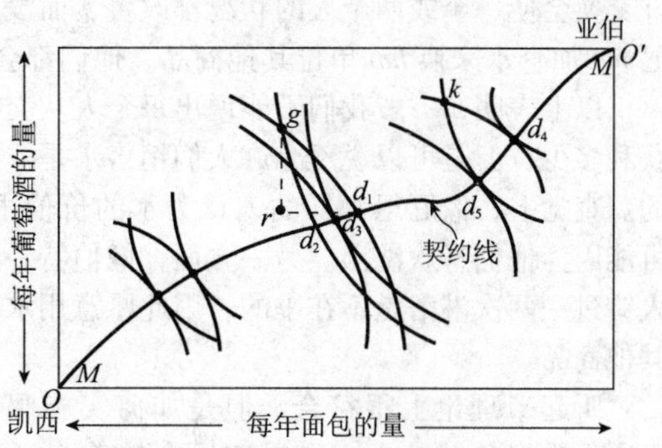

图 12-9 契约线

注：一个新初始分配的选择如 k 点得到另一个消费效率分配。契约线 MM 是所有消费效率点的连线，它是由两个消费者无差异曲线的切点定义的。

注意消费效率的位置（在 MM 上），它一定是凯西与亚伯的无差异曲线相切的点——无差异曲线的斜率相等。现在回想无差异曲线的定义是两个商品之间的边际替代率，因此资源的消费效率分配要求所有消费者的边际替代率都相等。用代数式表示，消费效率的一个必要条件是

$$MRS_{vb}^{\text{Cain}} = MRS_{vb}^{\text{Abel}} \tag{12-1}$$

MRS_{vb}^{Cain} 是凯西的面包和葡萄酒的边际替代率，MRS_{vb}^{Abel} 的定义相似。

尽管我们已经把埃奇沃斯盒状图中从一些点到另一些点的运动称之为“重新分配”，但也把它们看成“交换”。例如，图 12-9 中，可以想象从 g 向 d_1 移动是凯西用 gr 加仑葡萄酒从亚伯交换 rd_1 片面包的结果。这表明仅仅因为一个人从交换中获利并不意味着另一个人就必须损失。实际上，假设人们获得全部信息，且没有强迫性，很难想象为什么一个人会同意一个使他境况退步的交换。

注意把“重新分配”看成“交换”让我们对契约线有了一个新的解释——它表明在所有分配处的交换获利都用不完。当人们在契约线上时，没有任何机会进行使彼此都获利的交换，这一解释也说明了这个名称。MM 代表预期凯西与亚伯在交易中可以达到的交换契约束。

在这个点，你可能会想到下面这个问题：“图 12-6 中，当凯西与亚伯在 g 点开始并进行交换时，能准确说出他们什么时候停止呢（在点 e^*）。但是图 12-9 中，当他们在点 g 开始时，我们知道如果交换中的获利都用完了，他们就会在契约线上 d_2 和 d_1 之间的某处停止，但是我们不知道在哪。为什么‘交换’在两个图中产生的结果不同呢？”差别来自图 12-6 中的交易是根据每个人都是价格接受者的特殊“规则”发生的，商品只能以给定的价格比进行交换。相反，图 12-9 中凯西与亚伯可以以彼此同意的任何比率进行交换。因为他们不能以规定的市场决定价格进行交换，因此我们决定他们在哪停止。

12.2.2　消费效率和水的配给量

为了应对20世纪90年代中期新泽西的干旱，许多地方政府制定了水的配给制度。消费效率的埃奇沃斯盒状图分析有助于分析该政策。

图12-10验证同一社区的两个人，伯特和厄尼，他们消费两种商品，水和所有其他商品的组合。厄尼所有其他商品的初始消费量为 Oa，伯特的消费量为 $O'b$。现在假设政府宣布因为干旱，公平原则要求伯特和厄尼分得等量的水。而且，不允许任何人把水卖给其他人以“牟取暴利”。点 h 是点 a 和点 b 的中点，代表最终的分配。需要注意的问题是这个点不再契约线上。因此，允许交换会使一个或两个人的状况都改善，而没有谁的状况会退步。例如，如果伯特被允许卖给厄尼 mn 加仑水来换 hm 单位其他商品，他们都会得到改善。

以上表明，一般我们不能说出每个人从交换中获利多少，但是可以说不允许人们销售水是非效率的。直觉上，像厄尼一样的人认为水的价值很高，可能因为他们喜欢洗澡。另一方面，像伯特一样的人错过一两次淋浴是不在乎的，因此愿意用水交换其他商品。

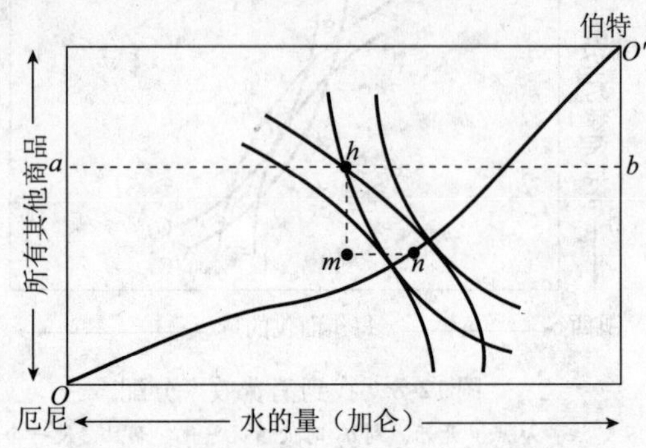

图12-10　水的配给

注：当每个人分得相同份额的水时，最初的分配是点 h。因为原赋点 h 不在契约线上，禁止销售水是非效率的。

听起来理论上很符合，但是如何实施呢？毕竟，很难想象城镇中心受旱灾民会拉着水桶来交易。一个简单的解决方法是当地水工厂发放可交换配给券。每张配给券分给持有者一加仑水。配给券交易和水交易的结果一样，但是会少很多麻烦。

为什么干旱期间不能采用这个计划呢？政府可能认为对一些人来说，水比其他人少是“不公平”的，尤其如果卖水的是社区中相对贫穷的人。这种情况后面隐含的观点是这些人不能期望以获取个人利益而进行交换，因此必须通过根本不允许他们交易而进行保护。

12.2.3　生产效率

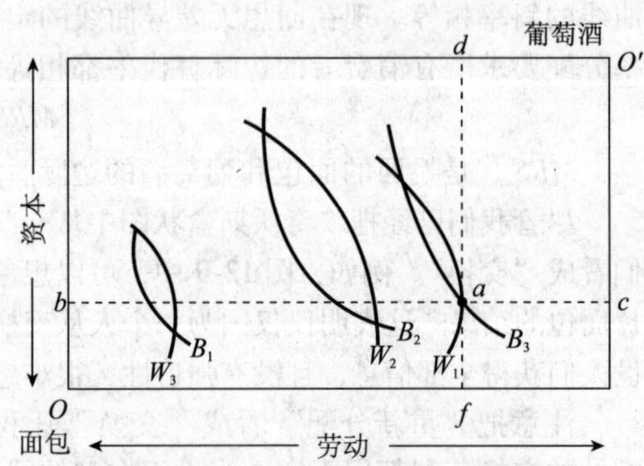

图12-11　生产的埃奇沃斯盒状图

注：生产的埃奇沃斯盒状图中，长和宽代表各自投入要素的量。埃奇沃斯盒状图中的每个点表示两种产品投入要素的分配。

消费效率分析假设商品供给是固定的，因此用于每个商品生产的投入要素量也是固定的。很明显，如果我们希望得到判断生产要素的分配是否有效的标准，这个条件是不充分的。因此，现在来分析一个可以通过重新分配商品的生产要素改变不同商品产量的模型。

假设有两种要素，劳动（L）和资本（K），用来生产面包和葡萄酒。经济中可以获得的每种要素总量是固定的。图12-11使用埃奇沃斯盒状图来表示这种情况。埃奇沃斯盒状图的宽是劳动总量，高是资本总量。面包生产中的投入要素量用到 O 点的距离表示；葡萄酒生产的投入要素量用到 O'点的距离表示。例如，在点 a 处，Of 单位劳动和 Ob 单位资本用于面包生产，$O'd$ 单位劳动和 $O'c$ 单位资本用于葡萄酒生产。资本和劳动的每种组合反过来又与每种产品的某个产量相关。

现在假设每种商品的生产技术可以用一系列等产量曲线表示。图 12-11 表示两组等产量曲线。面包的每条等产量曲线标为 B，而葡萄酒的每条等产量曲线为 W。距右上方越远的等产量曲线表示的面包产量越大；距左下方越远的等产量曲线代表葡萄酒的产量越大。

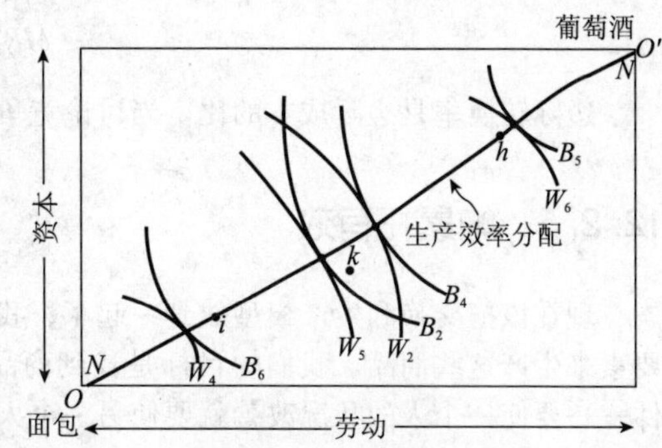

图 12-12 生产效率分配

注：有效生产点的位置由两组等产量线的切点决定。在生产效率点，增加一种商品生产的唯一方法是减少另一种商品的生产。

与消费效率的概念相似，把当提高一种商品产量的唯一方法是降低另一种商品产量时的要素分配称为是具有**生产效率**（production efficient）的。根据图 12-9 中的讨论，很容易看到生产效率分配是由等产量线彼此相切定义的。因此，图 12-12 是根据图 12-11 重新描述的埃奇沃斯盒状图，生产效率分配是 NN。

要得到生产效率条件的代数表示，回想等产量曲线的斜率是两个要素之间的边际技术替代率（$MRTS_{KL}$），切点是斜率相等的点。因此，生产效率的条件是

$$MRTS_{KL}^{\text{bread}} = MRTS_{KL}^{\text{wine}} \tag{12-2}$$

12.2.4 生产可能性曲线

一旦经济是有效率的生产，生产更多的面包就要放弃生产一些葡萄酒。图 12-13 中，横轴表示面包的产量，纵轴表示葡萄酒的产量。曲线 pp 是由生产效率分配得到的**生产可能性曲线**，它表示当某种产品产量一定时，可以生产的另一种产品的最大产量。点 h'是图 12-12 中点 h 的对应点。图 12-13 中点 i'的对应点是图 12-12 中点 i。这里面包产量相对较低，葡萄酒的产量相对较高。点 k'是图 12-12 中点 k 的对应点。因为远离生产效率点的位置，所以 k'一定在生产可能性曲线内部。这反映的事实是，在点 k'可以提高两种商品的产量。

如图 12-13 所示，经济中可行的一个选择是生产 X_1 片面包和 Y_1 加仑葡萄酒。经济可以将面包的产量从 X_1 提高到 X_2。当然，这样做，葡萄酒的生产必须从 Y_1 下降到 Y_2。距离（$Y_2 - Y_1$）与（$X_2 - X_1$）的比被称为葡萄酒和面包的**边际转换率**（marginal rate of transformation，MRT_{vb}），因为它表示将面包转化成葡萄酒的比（当然，面包不是字面意义上的“转化”成葡萄酒；资源从面包生产中释放到葡萄酒生产）。正如 MRS_{vb}是无差异曲线斜率的负值时，MRT_{vb}是生产可能性曲线斜率的负值。曲线 PP 相对于原点向外凸反映了 MRT 随沿着曲线向下移动而提高。

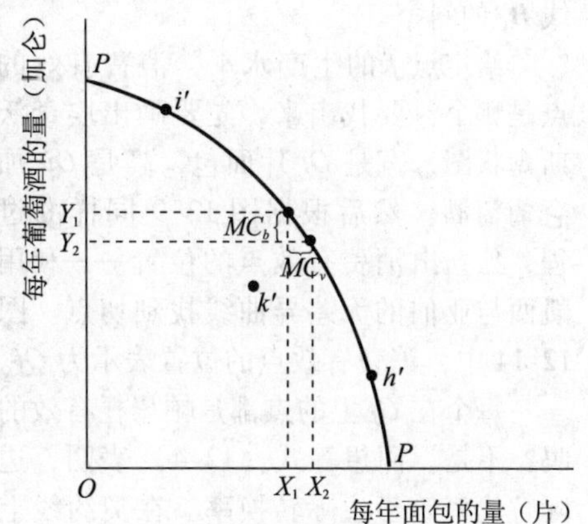

图 12-13 生产可能性曲线

注：生产可能性曲线 PP 是图 12-12 中生产效率点的轨迹。生产可能性曲线的负值是边际转换率。

从边际成本的角度表达边际转换率——增加一单位产品所增加的生产成本——是有意义的。要这样做，回想使面包的生产从 X_1 提高到 X_2，就要放弃生产（$Y_1 - Y_2$）加仑葡萄酒的成本。那么，距离（$Y_1 - Y_2$）代表生产面包增加的成本，我们用 MC_b 表示。同样，距离 $X_2 - X_1$生产葡萄酒所增加的成本，表示为 MC_p。根据定

义，生产可能性曲线斜率的负值是（$Y_2 - Y_1$）与（$X_2 - X_1$）的比，或者 MC_b/MC_p。但是也可以定义，生产可能性曲线斜率的负值是边际转换率。因此，已经证明

$$MRT_{vb} = \frac{MC_b}{MC_p} \tag{12-3}$$

边际转换率是边际成本的比。当讨论竞争性经济是否有效率时，这个关系很重要。

12.2.5 帕累托有效

现在该把交换和生产模型放到一起了，我们要同时考虑个体间要分配多少商品和怎样用投入要素来生产这些商品。我们的目标是找到商品和要素分配的**帕累托有效**（Pareto efficient）的条件——要使一个人的状况改善就要使另一个人的状况退步的分配。当经济学家用有效这个词时，他们头脑中一般都会出现帕累托有效。

很明显，帕累托有效的分配一定是具有消费效率（在契约线上）和生产效率（在生产可能性曲线上）的。而且，帕累托有效的结果一定是具有**分配效率**（allocation efficient）的：

$$MRT_{vb} = MRS_{vb} \tag{12-4}$$

MRS_{vb}是消费者共同的边际替代率。可以用代数式表示为什么等式（12-4）一定成立。假设在给定的分配处凯西的 MRS_{vb}是 1/3，MRT_{vb}是 2/3。根据 MRT_{vb}的定义，在这个点多生产 2 加仑葡萄酒要放弃 3 片面包。根据 MRS_{vb}的定义，如果凯西失去 3 片面包，他只要 1 加仑葡萄酒就能保持最初的效用水平。因此，放弃 3 片面包然后将其转化成 2 加仑葡萄酒会使凯西的状况得到改善，而且在这个过程中没有人的状况会变坏。只要边际替代率和边际转换率不同，这样一个交换就总是可能的。只有当边际替代率和边际转换率相等时才不可能使一个人改善而不损害其他人的利益。因此，$MRT_{vb} = MRS_{vb}$是帕累托有效的必要条件。面包转化成葡萄酒的比（MRT_{vb}）一定等于消费者愿意用面包交换葡萄酒的比（MRS_{vb}）。

图 12-14 说明了帕累托效率。生产可能性曲线 PP 是从图 12-13 得到的。从曲线 PP 上任一选择的点 f，面包产量是 Ot，葡萄酒产量是 Ou。根据定义，点 f 的 MRT_{vb}是 PP 在那个点的斜率，等于切线 B_1 的斜率。

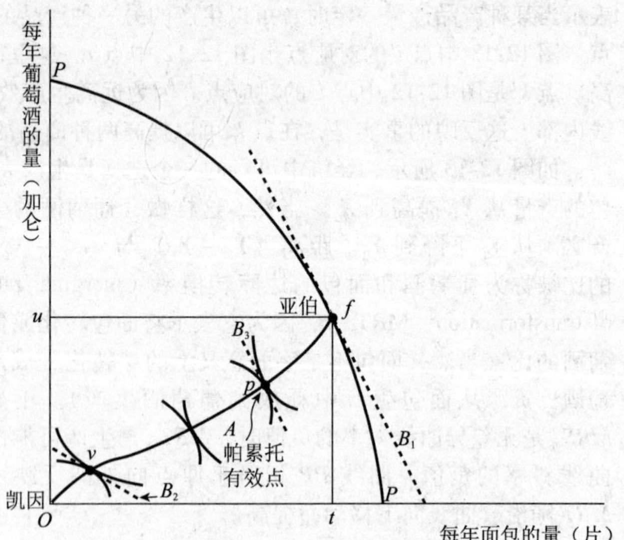

图 12-14 帕累托有效

注：我们可以画出 PP 曲线上任意一点的消费埃奇沃斯盒状图。只要满足下面的条件就能满足帕累托分配效率：①总消费量位于 PP 曲线上；②点的位置在契约线上；③MRS 等于 MRT。点 v 满足前两个条件，但是不满足第三个条件；点 p 满足所有三个条件，因此是帕累托有效的。

给定点 f 的生产水平，消费有效的点是哪个？要找出来，先要画出埃奇沃斯盒状图，宽是 Ot 片面包，高是 Ou 加仑葡萄酒。然后根据图 12-9 同样的过程，独立出消费有效点的位置——利用凯西与亚伯的无差异曲线找到切点。图 12-14 中，消费有效点的位置表示为 Of。

每个在 Of 上的点都是帕累托有效的吗？不是。回想等式（12-4）表明，边际替代率等于边际转换率。在契约线上能够保证 MRS_s 都相等，但是它们不都等于 MRT。例如，点 v 在契约线上，但是该点的 MRS_{vb}不等于 MRT_{vb}（因为 B_1 的斜率不等于通过点 v 的切线 B_2 的斜

率）。另一方面，在点 p，MRT_{vb} 等于 MRS_{vb}，因为穿过 p 的切线 B_3 与 B_1 平行。我们总结出点 p 具有帕累托分配有效。

只有点 p 是帕累托分配有效的吗？有两个原因说明答案是否定的：①契约线 Of 上可能有其他点的两个 MRS 都等于 MRT；②生产可能性曲线上的起始点 f 是任意选择的。我们可以选择埃奇沃斯盒状图中任何其他的点，而且找到另一个帕累托有效的分配。总之，有无数多个点符合帕累托分配效率。

如图 12-15 所示，横轴代表凯西的效用水平（U^C），纵轴代表亚伯的效用水平（U^A）。**效用可能性曲线**（utility possibilities frontier）UU，表示在亚伯的效用给定的情况下，凯西可以获得的最大效用。当沿着效用可能性曲线移动时，提高凯西效用的唯一途径是降低亚伯的效用。因此，根据定义，效用可能性曲线上的点是所有的帕累托有效。例如，与图 12-14 中与帕累托有效点 P 相对应的点 p'。另一方面，点 v' 与图 12-14 中的点 v 相对应，因为 v 不是帕累托有效，所以 v' 不在 UU 上。

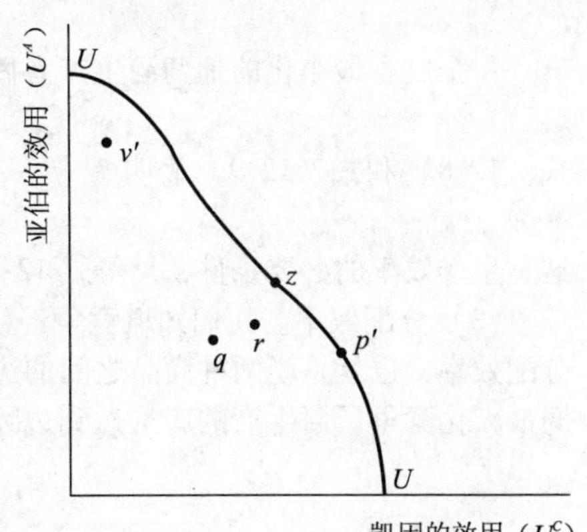

图 12-15 效用可能性曲线

注：效用可能性曲线 UU 是帕累托有效点的轨迹。能提高一个人的效用而不损害另一个人效用的移动是帕累托改进。因此，从 q 到 r 的移动是帕累托改进；从 r 到 z 的移动也是。

如果一种资源的重新分配能使一个人的状况改善而不损害其他人的利益，就称之为**帕累托改进**（Pareto improvement）。图 12-15 中，从 q 到 r 和从 r 到 z 的移动都是帕累托改进的例子。一个帕累托改进只有在效用可能性曲线之内才是有可能的。

12.2.6 福利经济学第一定理

我们已经描述了帕累托有效的必要条件，但是还没有讨论世界经济是否会达到这种状态。市场机制会“自然”达到效用可能性曲线吗？**福利经济学第一定理**（或简称为**福利第一定理**）提供了答案：

只要生产者和消费者是价格接受者而且每种商品都有市场，资源的均衡分配就是帕累托有效的。也就是说，经济在效用可能性曲线上的某一点运行。

换句话说，经济由价格接受者组成——竞争性经济——“自动”分配效率资源，不需要任何集中指导（亚当·斯密的“看不见的手”）。在某种程度上，福利第一定理只是一种老的观点标准：提供商品和服务时，自由企业制度是非常有效的。

1. 福利第一定理中的直觉 福利第一定理的严格证明要求很复杂的数学，但是我们可以提供一个直觉判断。用价格接受行为表明，资源分配是：①分配效率，②生产效率，③帕累托有效。

（1）消费效率。从我们的例子看，所有人面临相同的价格意味着凯西与亚伯为每片面包（p_b）和每加仑葡萄酒（p_v）支付同样的价格。消费选择理论的基本结果是使凯西效用最大化的必要条件是

$$MRS_{vb}^{\text{Cain}} = p_b/p_v \quad (12\text{-}5)$$

（见式 12-2）同样，亚伯的最大效用组合是

$$MRS_{vb}^{\text{Abel}} = p_b/p_v \quad (12\text{-}6)$$

式（12-5）和式（12-6）共同表明

$$MRS_{vb}^{\text{Cainl}} = MRS_{vb}^{\text{Abel}} \quad (12\text{-}7)$$

这个条件恰好是消费效率的要求，见等式 12-1，因此竞争分配是消费效率。这个讨论只是图 12-6 的一个代数总结。该图中的点 e^* 是竞争均衡；因为无差异曲线在那一点相切，所以它是

消费效率。

（2）生产效率。在竞争条件下，厂商既是要素市场也是产品市场的价格接受者。因此，所有厂商面对同样价格的劳动（w）和资本（r）。在第 10 章，我们知道要使成本最小，面包厂商必须使边际技术替代率等于劳动和资本的价格比：

$$MRTS_{KL}^{\text{bread}} = w/r \tag{12-8}$$

一个成本最小化的葡萄酒生产者做同样的事：

$$MRTS_{KL}^{\text{wine}} = w/r \tag{12-9}$$

式（12-8）和式（12-9）表明

$$MRTS_{KL}^{\text{bread}} = MRTS_{KL}^{\text{wine}} \tag{12-10}$$

这是生产效率的必要条件，见等式 12-2。

（3）分配效率。我们知道竞争经济既是消费效率也是生产效率，下面要说明的是它们都是分配效率，也就是说两种商品之间的边际转换率等于边际替代率（等式 12-4）。回顾第 10 章利润最大化竞争厂商生产的产量达到边际成本与价格相等的点。因此，$p_b = MC_b$ 且 $p_v = MC_v$，或者

$$\frac{MC_b}{MC_v} = \frac{p_b}{p_v} \tag{12-11}$$

现在考虑式（12-5）、式（12-6）和式（12-11），而且注意 p_b/p_v 在每个等式的右侧。因此，这三个等式共同表明 $MRS_{vb}^{\text{Cain}} = MRS_{vb}^{\text{Abel}} = MC_b/MC_v$。但是，在式（12-3）中，$MC_b/MC_v = MRT_{vb}$。因此，我们说 $MRS_{vb}^{\text{Cain}} = MRS_{vb}^{\text{Abel}} = MRT_{vb}$ 只是帕累托有效的必要条件，如图 12-14 所示。伴随所有人最大化行为的竞争产生帕累托有效的结果，这表明了福利第一定理。

结束福利第一定理的讨论之前，注意式（12-11）是表达帕累托效率必要条件的另一种方法（因为有效要求 *MRT* 等于价格比是对的，但是 *MRT* 是边际成本的比）。资源的帕累托分配效率要求价格比与边际成本的比相同，而且竞争保证这个条件能够满足。商品的边际成本代表提供给它的社会额外成本。根据式（12-11），有效要求每种商品的额外成本反映在价格上。直觉上，如果商品的机会成本相对较高，那么有效就要求它的价格相对较高，因为要为有效利用它的消费者提供一个价格信号。

这个讨论提出非常重要的一点：低价格并不一定是公共利益所在。如果商品价格太“低”，某种程度上比边际成本更低，那么消费者就得到一个对社会商品机会成本错误的价格信号，因此鼓励他们浪费商品。例如，20 世纪 70 年代 *OPEC* 大幅度提高石油价格时，美国领导人迫于公共压力限制当地石油价格提高。结果，美国消费者面对一个比边际成本要低的石油价格。他们想要无效率地购买大量的石油，短缺出现了，增加了美国对国外石油的依赖性。大多数经济学家一致认为如果政治体制不拒绝通过市场解决石油分配，美国将会变得更好。

2. 价格和分散化 福利第一定理的重要应用是价格体系允许在整个分散系统中实现帕累托有效。没有人引导人们使边际替代率等于边际转换率。然而，这是每个消费者和每个生产者通过观察价格和私下决定他的福利最大化过程的结果。通过价格调节实现效率，这提供了不同商品相对稀缺的信号。因为相对价格为人们传递他们需要的所有信息，来分配效率资源，实现分配效率的问题可以在个人水平上得以解决。

12.2.7 次优定理

福利经济学第一定理看似提供了一个简单的政策建议——如果想要有效率，允许每件商品价格等于边际成本。然而，现实世界对这个定理的运用更复杂。政府正考虑对录像带征税，然后询问你对效率的看法。如果你知道福利第一定理，答案可能会很好：“不要那样做。帕累托有效要求每件商品的价格等于边际成本。如果对录像带征税，它们的价格将超过边际成本，资源分配就将是无效率的。”

现在假设你获得下面这些信息：由于不同的历史原因，已经对电影票征收了一种税。电影税不能取消，你必须接受它。这个信息会如何改变你的建议呢？在这些条件下，当征收录像带税

时，在录像带市场也产生了效率损失，但是故事还没有结束。如果录像带和电影是替代品，那么由对录像带征税导致的录像带对消费者价格上涨会提高对电影的需求。结果，电影的需求增加。现在，因为电影也是被征税的，所以电影的价格超过了其边际成本，而且它们“很小一部分”被消费了。录像带税引起电影消费量的增加推动电影消费回到其效率水平。在电影市场的效率获利帮助抵消录像带市场的效率损失。理论上，录像带市场实际上能够提高整个市场的效率。

前面已经表明不能单独研究任何能在价格和边际成本之间产生税收楔子的效率测量结果。如果其他市场中的价格不等于边际成本，而且这些市场的商品是相关的，那么整个市场的影响取决于所有市场。这个观点被称为**次优定理**（theory of the second best），因为它表明，如果第一次分配（如帕累托有效）不可能获得，那么第二次分配可能含有引进的价格和边际成本之间的价格楔子。根据第二定理，两个“错误”可以产生一个“正确”！

次优定理可能会很有干扰性，因为严格地说，它意味着必须研究经济中的每个市场以评估任何市场中价格和边际成本之间楔子的运用效率。在大多数情况下，从业者只是假定他们关注的市场和其他市场之间的相互关系太少了，以至于交互效应完全可以被忽略。尽管这明显是一个简便的假设，但是其合理性要在任何特殊情况下都进行检验。

12.2.8　福利第一定理和总剩余分析

第 11 章最后，我们研究了局部均衡模型的福利情况，讨论了只要总剩余最大，福利就最大。很自然的一个问题是：剩余分析与本章帕累托有效的讨论有什么关系呢？你可能认为它们之间没有任何关系，尤其因为本章总结了有无数多个帕累托分配效率，但是第 11 章中看起来只有一个分配。为什么会有差别呢？

实际上真的没有差别，因为剩余最大化也与多样效率最大化是一致的。要弄明白为什么，回顾第 3 章市场需求曲线是通过个人需求曲线的加总得到的。每个人的需求反过来取决于他的收入。因此，如果收入分配变化了，个人需求曲线就会变化，使剩余最大化的分配也会变化。

12.2.9　福利经济学第二定理

前面表明竞争性经济可以有几种分配效率，这取决于最初的收入分配。据此，可能会提出下面的问题：假设最初有一个合适的资源安排，任一个和每一个帕累托分配效率都能通过一些竞争价格实现吗？**福利经济学第二定理**，或称为**福利第二定理**提供的答案是能：

假设所有无差异曲线和等产量线都凸向原点，对资源的每个帕累托分配效率都有一系列价格可以获得一般竞争均衡分配。

福利第二定理很重要，因为它的应用至少在理论上使效率和公平分配的问题分开。如果社会认为现在资源的分配是不公平的，那么就不需要干预市场价格和削弱效率。然而，社会应该以一种被认为是公平的方法在人们之间转移资源。当然，政府需要采取一些途径重新分配资源，如果这样做的机制（如税收）本身会引起无效率，那么问题就产生了。我们在 12.4 节将进一步讨论效率和公平之间的关系。

12.3　时间和不确定性的福利经济学

12.3.1　效率和跨期资源分配

你可能对在某个给定的时间点，竞争性市场能够进行资源的有效分配的观点很赞同，然而仍然无法接受跨期竞争能够产生效率的观点。尤其是，现在对高消费和利润水平感兴趣的消费者和生产者不会浪费社会资源以至于将来没有“足够”的资源吗？

回答这个问题的关键是采用第 5 章的方法——对于现在的问题，把不同时期的消费水平看成不同商品，不同商品的相对价格取决于利率。更具体地说，假设阿比盖尔的效用取决于现在的谷物收入（g_0）和谷物消费（g_1）。假设阿比盖尔是价格接受者，价格是每个期间每蒲式耳 1 美元，利率为 i。事实上，现在谷物消费的价格为 I，未来谷物消费的价格（从现在价值的角度）是 $I/(1+i)$。如第 5 章说明的，要使阿比盖尔效用最大化就要

$$MRS_{g_1g_0}=1+i \tag{12-12}$$

$MRS_{g_1g_0}$是未来和现在谷物消费的边际转换率。

现在转向生产者的问题。假设约翰是现在有一定量谷物的作为价格接受者的农民。今年约翰可以卖给消费者一部分谷物，剩下的谷物用于耕种为下一年生产更多的谷物。正如第 10 章表明的，跨期利润最大化的规则与通常的规则相同，人们只需要确定所有价格都是根据现在的价值给出的。因此，每单位商品边际收益（这里是价格）等于边际成本的原则告诉我们，约翰在 $MC_{g_0}=1$ 和 $MC_{g_1}=1/1+i$ 处进行生产。回顾式（12-3），边际转换率等于边际成本得到

$$MRT_{g_1g_0}=\frac{MC_{g_0}}{MC_{g_1}}=1+i \tag{12-13}$$

现在注意式（12-12）和式（12-13）右边都等于（$1+i$），表明

$$MRT_{g_1g_0}=MRS_{g_1g_0} \tag{12-14}$$

这恰是分配有效的条件，见等式（12-4）。因此，竞争市场跨期有效分配资源：在现在和未来之间不能进行重新分配使一些人的状况改善而不使其他人的状况退步。凭直觉，今天不能吃了所有谷物，因为生产者意识到把一部分谷物用于未来生产会有更大的利润。未来和现在谷物的相对价格传递给生产者要储存多少谷物的信息，传递给消费者每个时期要购买多少谷物的信息。

在当期环境下，谷物作为商品的不同点是其是可再生的——用现在的谷物进行投资可以得到更多的谷物。同样的讨论表明，跨期市场能够有效分配不可再生资源，如石油和天然气。在第 10 章，期望未来更高的价格使这些资源的所有者不为了近期利益而把它们都投入到市场上。

12.3.2　效率和不确定性

当存在不确定性时，就会产生关于竞争效率的怀疑。如果人们不确切知道他们行为的结果时市场会解散吗？不一定。而且，一些情况下市场为人们减少或完全消除暴露风险提供了机会。要说明这个命题，想象一则天气预报报道可能会有干旱的情况，但是并不确定。假设伯特和厄尼都有井，而且每个井在雨季比在旱季的水量多。用第 6 章的研究框架，有两种互补品，多雨状态的水（w_r）和干旱状态的水（w_d）。和传统商品一样，可以用埃奇沃斯盒状图分析在两个人之间如何分配互补品，如图 12-16 所示，长是 w_r，宽是 w_d。最初的原赋点是 b。在 b 点，在两种情况下厄尼比伯特有更多的水，假设他的井比伯特的井更深。

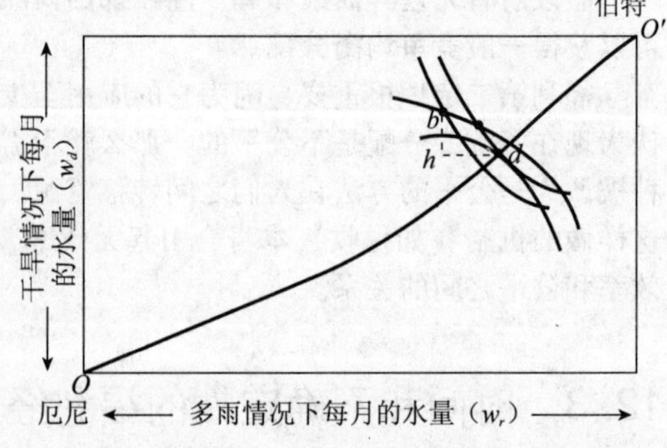

图 12-16　有效风险的分担

注：从 b 向 d 移动时是有效风险分担的过程。如果用多雨时的 bh 加仑水作为干旱时厄尼卖给伯特的 hd 加仑水的回报，那么两者都会变好，因为每个人都消费受到发生情况的影响变小。

厄尼和伯特都是风险厌恶者，所以在 w_r 和 w_d 之间的无差异曲线的 MRS_s 递减。与图 12-8 环境相同的论述表明，厄尼和伯特有兴趣进行交易的点在

契约线上，如点 d。如果干旱厄尼会给伯特 bh 加仑；相反，如果多雨伯特同意给厄尼 hd 加仑。这个交易允许伯特和厄尼在任何情况下都能顺利进行水的消费；实际上，他们互相销售保险，而且状况都会变好。福利第一定理表明，只要竞争性保险市场存在，个人将会承担帕累托有效的风险。

市场允许人们减少风险的另一种方法是为多样化提供机会。股票市场在这个环境中扮演关键的角色。考虑莱文的情况，他是一名工程师并称自己发明了一种方法能合成糖的替代品，该替代品看起来、做起来和尝起来都和真的一样。问题是在1982年要花30 000美元生产一磅糖的替代品。莱文相信成本可以降低，但是要为进一步研究和开发花上百万美元。当然，很可能生产成本没有减少，或者进一步检验可能证明替代品并不安全，没有一个贷方愿意承担这个风险。因此，莱文找到万方公司，该公司出售股份来分担风险，因此将该工程的风险分散给更多的投资者。尽管存在风险，但现有的股票市场允许莱文筹集1 000万美元。这件事有了一个好的结果。1991年4月，当万方公司获得经济生产糖的替代品 D – 塔格糖方法的专利时，其股票上涨43.3%，

股票市场的相关功能是允许人们改变其风险组合。如果你决定一个特定公司的政策风险太大（或者不够冒险），可能会卖出所持股份而购买其他公司股份。实际上，股票市场允许人们之间彼此交易风险，允许风险的帕累托分配效率。

12.4 福利经济学和现实世界

要恰当运用竞争市场有效分配资源，我们还需要讨论些什么呢？特别地，经济学家关于政府在经济中扮演的角色会是什么呢？只有很有限的政府职能是必要的。政府愿意提供法律、秩序和司法体系，任何其他的东西是多余的。然而，这个推理是建立在对福利经济学表面理解之上的。由于两个原因，事情实际上要复杂得多。首先，如果现实市场不能满足假设，福利第一定理不需要一个小型政府。其次，即使所有条件都满足，最终分配可能与社会道德标准不一致。下面依次讨论这些问题。

12.4.1 市场失灵

由于两个普遍的原因，自由运行的市场经济可能不会产生有效的分配。每种失灵都与公共政策问题相联系，这些问题将在下一章讨论。

1. 市场力量 只有在消费者和厂商是价格接受者时福利第一定理才成立。如果一些个人或厂商不是价格接受者（他们能够影响价格），那么资源将不会被有效分配。为什么呢？有市场效力的厂商可能会通过供给比竞争者更少的产品把价格提高到边际成本之上。如果这样，等式(12-11) 就违背了帕累托有效的一个必要条件。很小一部分无效率资源被分配给了商品。

市场力量能够在几种不同环境中出现。一个是垄断，市场上只有一家厂商，而且存在进入障碍。即使在不极端的供不应求的情况下（少数销售者），行业中厂商也可能将价格提高到边际成本之上。最终，一些行业有很多厂商，但是每个厂商都有一些市场力量，因为厂商生产不同的产品。

2. 市场缺失 福利第一定理的证明假设对每个商品都存在一个市场。毕竟，如果一种商品的市场不存在，我们就不能期望市场能够有效分配资源。现实中，某种商品的市场可能无法出现。例如，考虑保险市场。第6章强调，在不确定的世界里，保险是非常重要的商品。尽管存在安泰保险和好事达保险这样的厂商，人们还是不能为某些事情购买保险。例如，假如你想要为贫穷购买保险。竞争市场中的厂商觉得提供“贫穷保险”是有利可图的吗？答案是否定的，因为如果你购买这样的保险，就不会很努力地工作。要避免这种行为，保险公司会监控你的行为来决定你的低收入是由于坏的运气，还是由于不认真工作。然而，实施这样的监控会很困难或者不可能。因此，没有贫穷保险的市场。

这里的问题是信息不对称——交易一方有的信息另一方没有（只有你自己才确切知道怎样

努力工作)。第17章将表明不对称信息怎样毁坏一个私有市场，又怎样影响资源分配。

另一种无效率的产生是因为市场的外部性，一个人的行为以一种在现存市场之外的方式影响另一个人福利的情况。例如，假设亚伯开始抽雪茄，污染凯西的空气，使他的状况变坏。为什么这是无效率的呢？当抽雪茄时亚伯用完了稀缺资源——清洁的空气。然而，没有让亚伯为清洁空气进行支付的市场。亚伯没有为清洁的空气进行任何支付，因此“过度使用”它。价格体系没有为商品的机会成本提供正确的信号。

3. 市场失灵和政府干预的作用 福利第一定理表明每种商品市场的竞争经济在没有市场干预情况下能够产生一种资源的帕累托有效分配。然而，我们已经证明在现实世界中，竞争可能不存在，也不是所有市场都是存在的。因此，资源的市场决定分配不可能是有效的。那么，政府就有机会干预和加强经济的有效性。

必须强调，效率问题尽管为政府干预经济提供了机会，但它们却不需要政府。市场产生的资源分配不完善不意味着政府可以做得更好。例如，在某些情况下，建立政府代理解决外部性的成本可能超出外部性本身的成本。而且，政府和人一样会犯错误。事实上，一些人认为政府内部不能有效运行，所以尽管理论上能改善现状，实际上不能。极端的情况下，这个论述确实强调了福利第一定理仅在干预可能提高效率的情况下是有意义的。

12.4.2 平等

关于帕累托有效的一个好处是它不依赖于测量和对比个人获得的效用量。所有我们需要知道的是，要使一个人的状况变化，是否就要使另一个人的状况变坏——而不是每个人是否“值得”。然而，每个帕累托有效的结果并不明显都是想要的。要知道为什么，再看图12-15中效用可能性函数 UU。根据定义，UU 上所有的点都是帕累托有效的，但是它们不代表凯西与亚伯之间真实收入的不同分配。哪个点最好？帕累托有效没有为对它们的选择提供任何标准。

如果想要选择一点，迟早要进行人们之间的效用对比，这要求我们引进价值判断。假定一个**社会福利函数**（social welfare function），它将社会对凯西与亚伯相对值的看法具体化。假设一个人的福利取决于他消费的商品量，社会的福利是每个人的效用函数：

$$社会福利 = W\ (U^C,\ U^A) \tag{12-15}$$

和以前一样，U^C 是凯西的效用水平，而 U^A 是亚伯的。

假设社会福利的价值随着 U^C 或者 U^A 的增加而提高。也就是说，只要社会上任何成员的状况改善，社会就会变好。注意，我们还没有讨论社会如何表述这些偏好。在一些条件下，社会成员可能无法对如何排列其他每个人的效用达成一致，而且社会福利函数甚至将不存在。暂时，我们只是假设它不存在。

正如商品的个人效用函数产生这些商品的一系列无差异曲线一样，社会福利函数也产生一系列效用的无差异曲线。图12-17描述了一系列典型的社会无差异曲线。曲线向下倾斜表明如果亚伯的效用下降，保持社会福利水平不变的唯一方法是提高凯西的效用，反之亦然。无差异曲线的斜率代表社会对两个人的效用关心多少的价值判断。随着向右上方移动，社会福利增加，表明任何个人效用的提高将提高社会福利的事实，其他情况相同。

在图12-18中，社会无差异曲线分层分布在图12-15中效用可能性曲线上。点 a 不像点 b 一样有需求（点 b 比点 a 在更高的社会无差异曲线上），即使点 a 是帕累托有效的，而点 b 不是。这里社会的价值判断在社会福利函数中具体化，偏向一个真实收入更均等的分配，尽管它可能是无效率的。当然，点 c 比其他两个都受欢迎，它既有效又“公平”。

福利第一定理表明，有一个完整市场的竞争体系导致效用可能性曲线的某种分配。然而没有理由证明会有一个特殊点使社会福利最大。得出结论：**即使经济产生一种资源的帕累托有效，也需要政府干预获得一个“公平”的效用分配。**

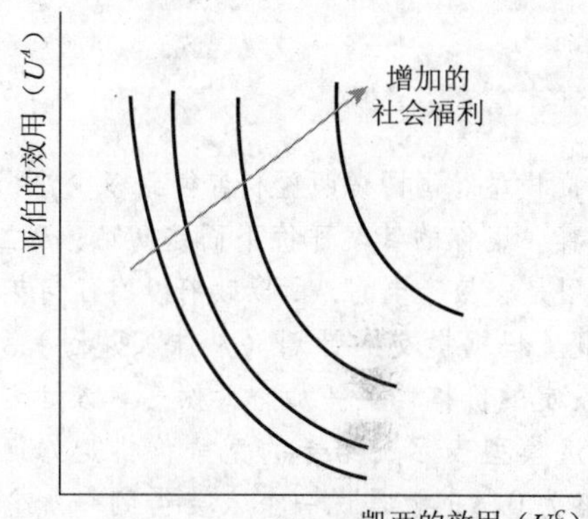

图 12-17　社会无差异曲线

注：社会无差异曲线表明社会中一个人愿意进行交易的效用水平与另一个人的效用水平之比。

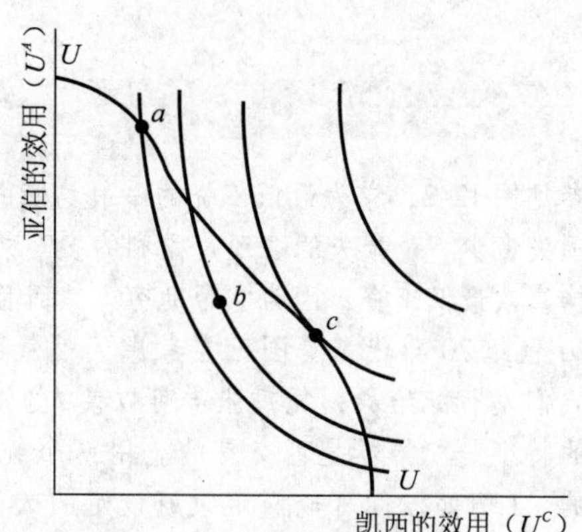

图 12-18　社会福利最大化

注：资源的某个帕累托有效分配不一定是社会想要的。点 b 不是帕累托有效的，而它比帕累托有效的点 a 要好。

小结

第 1 章的循环流动模型说明经济的不同部门是紧密相连的。本章通过讨论一般均衡分析将该观点强化和标准化，表明所有市场的价格和产量是同时决定的。并介绍了福利经济学，为决定经济产生的结果是否是社会需要的提供了一个框架。

- 供给和需求分析表明如果市场是相关联的，那么一个市场上供给和需求曲线的移动能够影响其他市场的价格和产量。如果它们中的一种产品是生产另一种产品的投入要素，或者如果两种商品是消费或者生产的替代品或互补品，那么商品市场是相关联的。
- 对于与一般均衡相一致的一系列价格，每个厂商必须在技术给定的情况下使利润最大化，每个消费者必须在服从其预算约束的情况下使效用最大化，而且每种商品的供给必须等于需求。
- 纯交换经济模型表明价格体系作为经济活动调解者的作用。
- 福利经济学为评价经济结果提供了一套标准。一个重要的标准是帕累托有效，它描述了一种分配，是要使一个人的状况变好就要使另一个人的状况变坏。
- 对于一个帕累托有效的分配，在两种商品之间每个消费者必须有相同的边际替代率（消费效率），在两种生产要素之间每个生产者必须有相同的技术替代率（生产效率），而且消费的边际替代率必须等于生产的边际转换率（分配效率）。
- 根据福利经济学第一定理，如果所有消费者和厂商都是价格接受者，而且每种商品都有一个市场，那么资源的分配将是帕累托有效的。在这些条件下，竞争市场在包括跨期的资源分配以在不确定性条件下的资源分配情况下也能产生效率。
- 福利经济学第二定理告诉我们，如果所有人的无差异曲线凸向原点，任何给定的帕累托有效的结果可以被认为是对某些价格和初始分配资源的一般竞争均衡。
- 某种程度上，福利第一定理的假设不成立，现实世界中的经济将产生无效率的结果。例如，当厂商有控制市场的能力时，价格可能超出边际成本。而且，当出现外部性和不对称信息时，某种商品的市场可能不存在。
- 如果与其相关联的真实收入分配被认为是不公平的，那么资源的帕累托有效分配可能并不被社会所需要。社会福利函数通过表明社会愿意在成员之间进行效用交易而引入道德的思考。

讨论题

12.1 参见图12-2，它为最低工资的一般均衡的影响建立模型。画图说明盈利者得到多少，损失者损失多少。是损失的多还是盈利的多？并给予解释。用你的答案评价下面这句话："立法机构喜欢最低工资，因为它帮助穷人，而且因为费用是交易产生的，所以政府没有任何花费。"

12.2 20世纪70年代，美国正在考虑天然气配给问题。根据提交的计划（从未实施过），将给人们发行配给券；凭每张券可以使人们以政府设定的价格购买一加仑天然气。该计划重要的特征是配给券是可交易的。用一个纯交换经济模型表示配给券的竞争价格是如何决定的。（例如，你可能假定政府设定的天然气价格为0，也就是说一个人要得到一加仑天然气只需要一张配给券。）

12.3 你的飞机在太平洋失事。你和另一位乘客落到一个荒岛上。一个装有100小袋花生的箱子也被冲到岛上。花生是仅有的食物。在这个二人经济中，一种商品，没有生产，用一张图表示可能的分配，而且解释为什么每种分配是帕累托有效的。每种分配都是公平的吗？

12.4 法国政府对作为法国电影替代品的外国电影进行征税。这个税收/补贴体系可能与资源的帕累托有效分配相关联吗？加以解释。

12.5 考虑一个只有两种要素，即资本和劳动力的经济，每种要素的总量都是固定的。进一步假设投入要素在两个厂商之间进行分配，一家生产枪支，另一家生产黄油。

a. 说明资本和劳动生产效率分配的条件。

b. 用（a）的答案证明，根据生产效率，生产枪的资本和劳动的边际产品比等于生产黄油的资本和劳动的边际产品比。

12.6 根据教皇约翰·保罗二世所说，"如果不把个人利益放到社会整体利益的对立面，而是寻找方法使他们更和谐，社会秩序将会越来越稳定。"市场会根据这个标准组成一个好的"社会秩序"吗？你的答案与福利第一定理有何关系？

12.7 1988年，《纽约周刊》杂志宣布萨姆·斯伯士狄安尼给加利福尼亚州的一个葡萄酒制造厂投资300万美元："这是一个会使华尔街发疯的投资：直到1993年，他不会看到任何以葡萄酒形式的回报。"为什么作者说华尔街认为这个投资"疯狂"呢？福利第一定理关于这个问题说了些什么？

12.8 有两个人组成的经济，埃莉诺和富兰克林。

a. 如果社会福利函数为 $W = U^E + U^F$，U^E 和 U^F 分别是埃莉诺和富兰克林的效用函数。画出社会无差异曲线。你怎样描述他们各自福利的相对重要性。

b. 当 $W = 2U^E + U^F$ 时，重复（a）。

c. 假设效用可能性曲线如下：

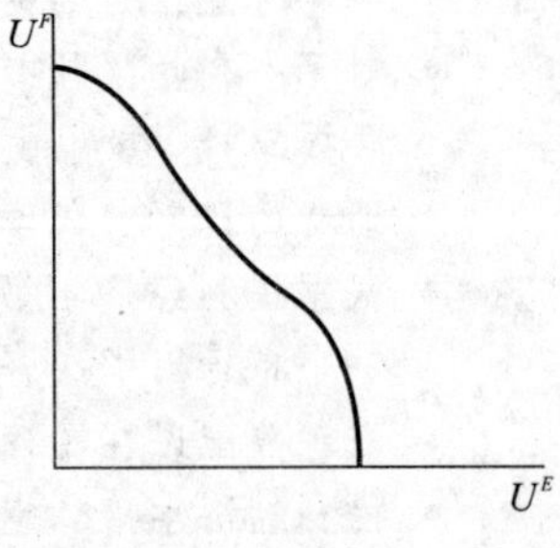

图表明选择的解决方法与（a）和（b）部分的福利函数有何不同。

12.9 说明是否有一种"市场失灵"可以证实下面每种政府项目的存在：

a. 国家洪水保险项目中，如果房屋在飓风中被毁，政府将支付35万美元来替换岸边的房屋。个人必须支付保险金，但是很少（几百美元）。

b. 联邦政府补贴收入在25 000～37 000美元之间的首次购房者购房。

c. 1992年的国家能源政策法案要求所有新厕所都只能用1.6加仑水冲洗。20世纪80年代每次冲厕一般要消耗5.5～7加仑水。

第四部分

市场的力量

福利经济学第一定理给出了市场可使商品和服务的分配达到有效均衡的条件，但遗憾的是，有些条件通常同现实不相符。在本书剩下的部分，我们将探讨在市场经济中出现了什么问题，并将探讨政府干预能否提升市场效率，如果能，又是如何提升的。

福利经济学第一定理的一个假设条件是买卖双方都是价格接受者。然而，现实中很多厂商都能并且都在影响其买入和卖出商品的价格。IBM、梅赛德斯-奔驰和索尼就是这类公司中的代表。在第四部分，我们将探讨在经济决策的制定者意识到他们对价格的影响时会怎样。

第13章考察了只有一个供应商的市场的例子。在这个市场中，厂商面临的向下倾斜的需求曲线就是市场需求曲线。因此，厂商意识到其产出水平会影响到产品售出的价格。正如我们将要看到的，利润最大化产出选择的两条原则——边际产出原则和停产原则依然有效，它们适用于所有利润最大化的厂商。但是当一个有能力影响价格的厂商应用了这些原则后，就会产生新的结论。特别是，我们将看到，市场均衡不再是有效的产出水平。

非价格接受者同样出现在很多卖方多样化的市场中，这些市场将在第14和第15章中进行考察。第14章同样会考察买方意识到其能够影响所购买的产品的价格时，会对市场产生什么影响。在第15章中，给这些模型新增一个内容：每个厂商都关心其竞争对手对市场价格的影响并且试图通过预测这些厂商的行为来选择自己的行为。它们之间这些策略性行为的相互作用会对市场行为和均衡的性质产生重大影响。在第16章中，我们将会形成一套可以用来分析各种策略情况的工具。

第13章 垄断

我的观点是，当每个人看到大的、强壮的和有力的东西的时候，都会立即感觉到如果它的所有者知道如何利用它的大小和规模，那么他将会得到巨大的收获，并成为一个快乐的人。

——柏拉图

1960年施乐公司引进了914复印机模型，这是第一个现代化的普通纸复印机。当时，施乐公司几乎没有竞争对手。虽然当时有一些替代品，如一些公司生产的特殊表面纸的复印机和手抄书，但是消费者并不认为它们是相近的替代品。施乐公司的管理层要为其打印机选择一个出租价格。如果公司是价格接受者，选择就简单了，只要收取市场价格就可以了。但问题在于没有给定的市场价格，即施乐公司不是一个价格接受者，管理层也意识到了这个事实。施乐公司知道，和价格接受者不同，如果它想租出更多的复印机给消费者，必须降低价格。换句话说，施乐公司面临一条向下倾斜的需求曲线。

许多其他厂商都意识到了自己对其卖出的商品和服务的价格的影响，这样的例子包括航空公司、饭店、电脑游戏制造商和软饮料公司。当一个厂商买入或卖出的产品的数量对其所面临的价格有重大影响的时候，厂商就是**价格制定者**（price maker），因为它可以通过产量的选择来影响价格。厂商有能力影响市场价格的另一种说法是——厂商拥有**市场力量**（market power）。在本章中，我们将研究在垄断这一特殊市场条件下，价格制定行为的积极和消极意义。回忆一下，在上一章的证明中，占主导地位的假设——厂商和家庭都接受给定的价格——使得市场经济获得了帕累托有效。考虑到价格在福利第一定理中的关键作用，当经济决策制定者是价格制定者时，市场是如何表现的就很重要了。正如将要看到的，存在价格制定者的市场无法获得资源分配的帕累托有效。

13.1 基本的垄断模型

13.1.1 基本假设

我们的目标是理解价格制定的行为是如何影响市场均衡的。要建立一个完全的市场均衡模型，除了供应商是价格制定者的假设之外，需要做一些基础的假设。回顾一下到目前为止我们已经仔细研究过的模型——完全竞争模型，对找到一个明智的组合假设是有帮助的。

回忆一下，完全竞争模型是建立在关于市场供给的三个关键假设的基础之上的，分别是：供应商是价格接受者，供应商没有策略性的行为，供应商可自由进入市场。

有时这些假设是不恰当的。例如，价格接受者的假设需要满足三个条件，即市场中有很多的厂商，而且每个厂商只占有整个市场的一小部分；消费者将所有厂商的产品都看做是完全的替代品；购买者了解所有可供选择的供应商及其收取的价格的全部信息。对于生产鳄梨的农民和钉子的厂商来说，价格接受者的假定是有意义的，但是这个假定对于很多主要产业是不适合的。

供应商没有策略性行为的假设也几乎不能符合一些产业的特点。当福特汽车公司调整其汽车价格时，它完全知道通用汽车和丰田汽车会注意到它的行为，并且十分可能改变自己的价格来回应。类似地，当亨氏公司考虑调整其产品价格时，玛氏和雀巢也会做出相似的回应。

最后，自由进出的假设在某些情况下是不恰当的。如果在20世纪初期你就开始生产抗艾滋的药物AZT，你很快将因Wellcome PLC控告你侵犯其专利权而被告上法庭。在那时，没有厂商拥有生产具有竞争力的抗艾滋药物所需要的知识，这一市场就是不能自由进入的。还存在其他的市场也是由于缺乏懂得如何生产产品的厂商而使得进入市场受到限制。还有一些其他的市场，厂商的进入由于难以获得必需的投入要素而受到限制。例如，假如你想进入制铝行业，你会发现，最好的矾土供给（对生产铝必不可少的一种矿石）已经被已有的生产者控制了。

完全竞争模型的基本假设对某些市场不适用，并不意味着这个模型不好。模型的作用在于提取一个经济状况的根本因素，以将其转化成一个可以分析的简化形式。没有一个模型能在所有的市场类型中都起到这个作用。经济学的目标是形成一套有用的工具，这套工具随着形势的变化依然可用，而不是找到一个一般的包含所有内容的模型。完全竞争模型是一个很好的模型，因为它使我们理解了很多重要的市场。

我们现在的工作是要形成一个分析垄断市场的模型，垄断市场代表了一类重要的市场结构，对于这些市场完全竞争模型是不适用的。垄断模型的第一个假设就是每个供应商都意识到自己的产量会影响价格。

（1）销售者是价格制定者。一个制定价格的供应商可以通过调整其产出水平来影响出售的产品的价格。换句话说，制定价格的厂商的需求曲线是向下倾斜的，即价格随着售出产品数量的增加而下降，反之亦然。

虽然垄断市场有关供给的第一个假设同竞争模型中的第一个假设相反，但第二个假设与竞争模型相同的。

（2）销售者没有策略性的行为。回忆第11章，竞争模型中供应商无策略性行为的假设的讨论，即当供应商自己采取了某种行动之后，对其对手的反应没有预期。

第三个假设和竞争模型是相反的。竞争模型中假设进入市场是自由的，这里我们假设：

（3）进入行业是完全受阻的。换句话说，没有新的厂商可以进入这一行业。

在需求方面，我们继续假设：

（4）买者是价格接受者。在表13-1中总结了这些假设并且同竞争模型的假设相比较。

表13-1 垄断模型的基本假设

	垄断市场	完全竞争市场
1. 卖者对价格的影响	卖者是价格制定者	卖者是价格接受者
2. 策略行为的程度	卖者没有策略行为	卖者没有策略行为
3. 市场进入情况	进入市场是完全受阻的	进入市场是自由的
4. 买者对价格的影响	买者是价格接受者	买者是价格接受者

13.1.2 合适的市场结构

我们想要把表13-1中的模型应用于什么类型的市场呢？要回答这个问题，应依次考虑市场结构的每一个方面。

（1）买者的规模和数量。因为要考虑需求者是价格接受者的市场，所以需要很多消费者，以至于他们中没有一个大到能影响价格。在这方面，新的市场结构同完全竞争市场相同。

（2）卖者的规模和数量。正如在第11章中看到的，如果市场中有很多卖者，而且他们生产的是完全替代品，那么供应商将是价格接受者。如果仅仅有几个供应商，每一个都占有市场供给量很大的比例，那么一个供应商有能力影响市场价格。由于模型假设卖者是价格制定者，所以考虑的是仅有少量卖者的例子。但是，我们也想考察供应商没有策略行为的市场。然而典型的，我们预期在仅有几个厂商的市场中，供应商关心其他供应商的行为并且会有策略性的行为。因此，假设行业中只有一个厂商。由于市场中只有一个供应商，所以没有策略性行为，因为没有竞争对手。当只有一个供应商时，市场结构就是垄断——垄断意味着只有一个。

（3）不同卖者的产品之间的替代程度。不同卖者的产品之间的替代程度也会影响供应商是价格制定者或是价格接受者的程度。在只有一个垄断者的例子中，市场中没有其他的厂商。虽然这个听上去很简单，但这是一个非常困难的问题：什么是市场？地方性电话公司在提供电话服务上是不是垄断的呢？大多数人（包括经济学家）都会说是的。但是这个厂商仍然有竞争对手。美国邮政总署、私人隔夜服务商和当日快递服务商在一定程度上也是同当地的电话服务竞争的。客运服务也是这样。可是这些替代者中没有任何一个是非常接近的，地方电话公司因而被认为处于高度垄断地位。

更一般地，只要一个供应商生产的产品没有相近的替代品，无论生产的是商品或是服务，该供应商就是一个垄断者。什么程度的相近才算是相近，这个问题十分棘手。美国司法部建议观察当供应商将其商品价格提升5%时，会不会引起经济意义上的销售量流向其竞争对手的重大损失。当然，我们必须首先规定重大损失包括哪些方面。另一种判断两家厂商生产的商品是否是相近的替代品的方法是，考察一种商品价格的变化对于另一种商品的需求是否有替代效应。交叉价格弹性0.01是一个很强的标志，表明两个厂商生产的产品不是近似的替代品，因此，它们不是产品市场上的竞争对手。需求的交叉价格弹性是7也是一个很强的标志，表明这两个厂商确实生产替代品。但是对于中间的弹性，就很难对其进行定论了。一个厂商是否是典型垄断者的最终考查方法是：①它是否面临着一条向下倾斜的需求曲线，管理者在做决策时会考虑这条需求曲线；②厂商没有竞争对手，不需要在做出利润最大化的决策时还要考虑其竞争对手的反应。

（4）买者对价格及可供选择的卖者的信息的了解程度。像以前一样，我们假设买者完全了解可供选择的卖者的信息。在垄断市场中，这意味着所有的买者都知道垄断厂商的商品价格及其商品的特性。

（5）市场的进入情况。我们的模型假设只有一个厂商。因此，该模型适用于新厂商进入完全受阻的市场，这种阻力来自于技术或法律。

在表13-2中，总结了完全垄断市场结构的特点，并同完全竞争市场比较。

表13-2　垄断市场结构

	完全垄断市场	完全竞争市场
（1）买者的规模和数量	有很多的买者，没有一个能够大到影响整个市场	有很多买者，没有一个能够大到影响整个市场
（2）卖者的规模和数量	只有一个卖者	很多卖者，没有一个能够大到能影响整个市场
（3）不同卖者产品之间的替代程度	没有相近的替代品	不同卖者的产品是同质的
（4）买者对卖者商品价格及可供选择的了解程度	买者非常清楚供应商产品的信息	买者非常清楚竞争供应商产品的信息
（5）市场进入的情况	或者被技术或者被法律完全限制	没有技术或法律的进入壁垒

13.1.3 均衡

厂商是一个完全垄断者，而不是一个完全竞争者会产生什么区别呢？让我们来看一下加利福尼亚化工厂的产出选择，该化工厂是二甲苯——一种专利产品的主要生产商。回忆在第7章中观察的厂商行为，任何一个利润最大化厂商在选择产出水平时都遵循两条规律：

边际产出规则：如果厂商不停产，它应该生产当边际收入等于边际成本时的产出水平。

停产规则：如果在每个产量水平上边际收入都小于边际成本，那么厂商就应该停产。

垄断厂商仍须符合这两条规律。要应用它们，我们需要知道垄断者的成本和收入方程。垄断厂商的成本方程——遵循第9章中讨论的程序，同其他厂商的成本方程是一样的。垄断厂商和完全竞争厂商的区别在于收入方面，所以我们将研究重点放在这里。

1. 垄断厂商的边际收入 表13-3中的第（1）列和第（2）列是二甲苯的市场需求曲线数据。加利福尼亚化工厂是唯一的供应商，市场需求曲线也是该厂商的需求曲线。表13-3中的数据可以用来计算垄断厂商的总收入——每单位产品的价格乘以所销售的产品的数量——表中给出的第（3）列。我们也可以计算厂商的边际收入——当厂商多生产一单位的产品时，总收入增加的数量——表中给出的第（4）列。

表13-3 二甲苯的需求和收入曲线

（1）产量	（2）价格	（3）总收入	（4）边际收入
0	—	0	9 000
1	9 000	9 000	7 000
2	8 000	16 000	5 000
3	7 000	21 000	3 000
4	6 000	24 000	1 000
5	5 000	25 000	−1 000
6	4 000	24 000	−3 000
7	3 000	21 000	

注：当随着产出的增加平均收入（价格）下降时，边际收入一定会比平均收入少。这种关系可以通过比较第（2）列和第（4）列得到例证。

表13-3体现了两点：第一，其中某些产出水平对应的边际收入为负；第二，加利福尼亚化工厂的边际成本比边际收入即价格要小。正如我们将要看到的，这种关系适用于每一个决定价格的厂商，而且是决定价格的厂商同接受价格的厂商之间的根本区别，接受价格的厂商的边际收入曲线同平均收入曲线是一致的（见第10章）。第9章关于平均收入曲线和边际收入曲线的普遍关系的讨论，表明了垄断厂商的平均成本超过边际成本的原因。平均收入下降的事实说明，由于边际收入使得平均收入下降，所以边际收入曲线必须在平均收入曲线的下方。

用图形的方式来分析这个现象，见图13-1，代表的是二甲苯的向下倾斜的平均收入曲线。注意在该图中，用 X 代表厂商的产出水平，因为现在厂商和行业的产出是相同的。

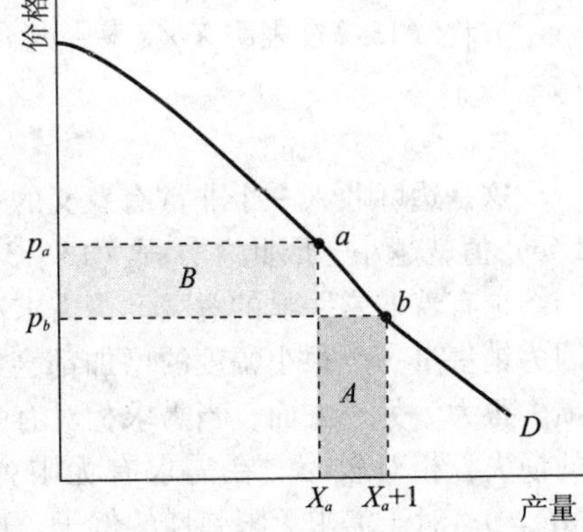

图13-1 产量增加的收入效应

注：垄断厂商增加一单位的产量，会对收入产生两种影响。收入增加了额外的产量和这些产量销售时的价格乘积的数量，即阴影部分 A。收入减少了价格的下降同以前卖出的商品数量的乘积的数量，即阴影部分 B。因此边际收入是 A 的面积减去 B 的面积。

假设加利福尼亚化工厂卖出 X_a 加仑的二甲苯，现在想多卖出一加仑。图13-1表明当厂商的选择沿着需求曲线从 a 点移向 b 点的时候，销售量增加了，但是价格却下降了。这种变化对于厂商的收入有两种作用。第一，加利福尼亚化工厂得到了多卖出一单位的产品增加的收入——边际销售量的价格，P_b 与增加的销售量，即1加仑的乘积。这部分增加的收入就是图13-1中的 A 区域。第二，价格从 P_a 下降到 P_b 对总收入有负效应。厂商可以在以前的价格下销售出去的 X_a 加仑的二甲苯，现在必须在新的、较低的价格下销售。这些二甲苯的数量就是边际内单位（inframarginal units)，区别于边际销售量。当价格下降的时候，厂商在价格 P_a 下本能卖出去的 X_a 加仑的二甲苯产量上损失了（P_a-P_b）$\times X_a$。这个总收入的损失在图 13-1 中是阴影部分 B。由于边际销售量对于收入的负效应，对于任何 $X_a>0$，边际收入比边际销售量的价格要少。换句话说，除了产出水平是 0 时两条曲线一致之外，垄断厂商的边际收入曲线都是在需求曲线下方。图 13-2 表明了需求曲线（或平均收入曲线）同边际收入曲线之间的这种关系。我们可以用代数的方法来表示图形分析，以得到对边际收入曲线和需求曲线关系的进一步分析。边际销售量产生的总收入的改变（图 13-1 中的阴影 A）等于价格乘上边际产量。由于边际产量只有一单位，因此这部分收入的变化就等于价格：阴影 A 的面积等于价格 P。

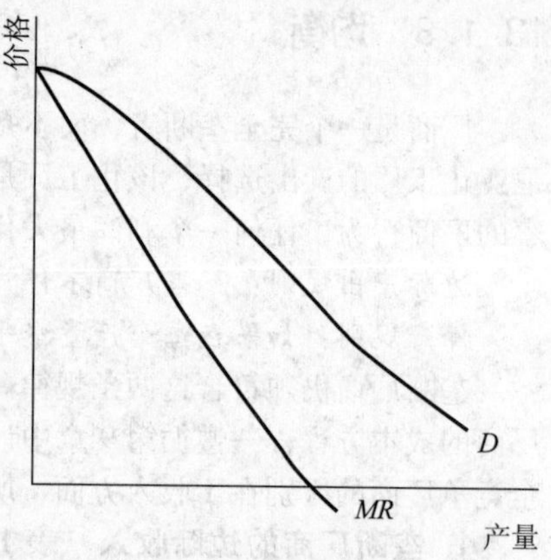

图 13-2　需求曲线和边际收入曲线的关系

在边际内单位上面损失（图 13-1 中的阴影 B）等于边际内单位（原来的销售量）的数量乘以价格的变化。根据需求曲线斜率 s 的定义，我们可以用这个斜率的形式来表示在边际内单位上的损失。需求曲线的斜率等于价格的变化除以产出的变化。在这里，产出的变化等于 1 单位，因此斜率就等于价格的变化。利用这个结论，边际内单位上的损失就是销售量乘以需求曲线的斜率：阴影 B 的面积 $=X\times s$。

销售量的增加和伴随的价格下降的净影响是上面两个影响的总和。因此，加利福尼亚化工厂二甲苯的边际收入曲线是：

$$MR=p+X\times s \tag{13-1}$$

由于垄断厂商面临的需求曲线的斜率为负，方程（13-1）表明，垄断厂商卖出任意一单位的产品，厂商的边际收入都要比卖出这一单位产品时的价格要少。

下一步用需求的价格弹性 ε 的形式来表示边际收入。在第 3 章方程（3-4）中，市场需求的自价格弹性是

$$\varepsilon=-p/(X\times s) \tag{13-2}$$

方程（13-2）表明 $X\times s=-p/\varepsilon$。我们可以用这个结论以需求价格弹性的形式，改写方程（13-1）：

$$MR=p\{1-1/\varepsilon\} \tag{13-3}$$

这是边际收入一个非常有意义的表达式。需求的价格弹性越小，$1/\varepsilon$ 的值越大，进而（$1-1/\varepsilon$）值就越小。因此，方程（13－3）表明，需求弹性越小，垄断厂商的边际收入就越低。这个结论有着非常明显的意义。当需求高度无弹性的时候，需求曲线相对陡峭，如图 13-3a 所示。因为销售量一个很小幅度的增加都会导致价格的大幅下降，所以阴影 C 表示的边际内单位上的损失很大。另一方面，当需求相对有弹性时，例如，图 13-3b 中阴影 C 区域表示的边际内单位上的损失，相对较小。在需求有无限弹性的极端的例子中，边际内单位上没有损失，$1/\varepsilon=0$，$MR=p$。对于需求无限弹性的例子，这个式子证实了我们已经知道的：当厂商是一个价格接受者时，边际收入等于价格。

通过回忆第 3 章中同弹性和总收入相关的结论（表 3-2），我们可以在方程（13-3）之后得到更加直观的结论。当需求有弹性（$\varepsilon>1$）时，厂商可以通过降低价格进而销售更多的产品来增加收入。因此，当价格弹性大于 1 时，厂商的边际收入是正的。方程（13-3）肯定了这一事实：对于任意的 $\varepsilon>1$，（$1-1/\varepsilon$）>0，$MR>0$。从另一方面来讲，如果需求没有弹性（$\varepsilon<1$），那么（$1-1/\varepsilon$）<0，$MR<0$。最后，当需求是单位弹性的时候，销售量增加的正的收入效应恰好被价格下降产生的负的收入效应抵消。方程（13-3）证明，当 $\varepsilon=1$ 时，边际收入等于零。

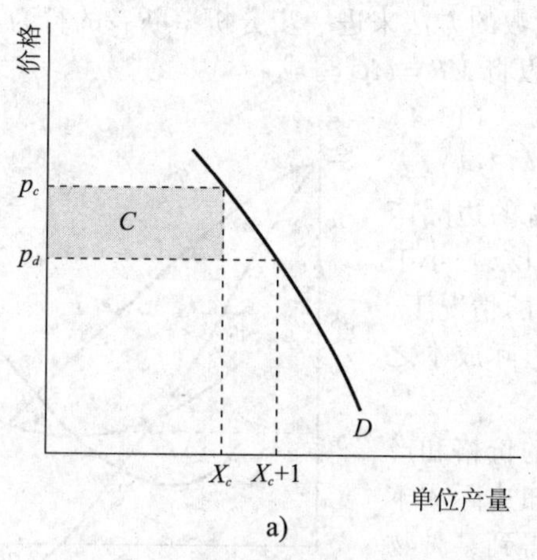

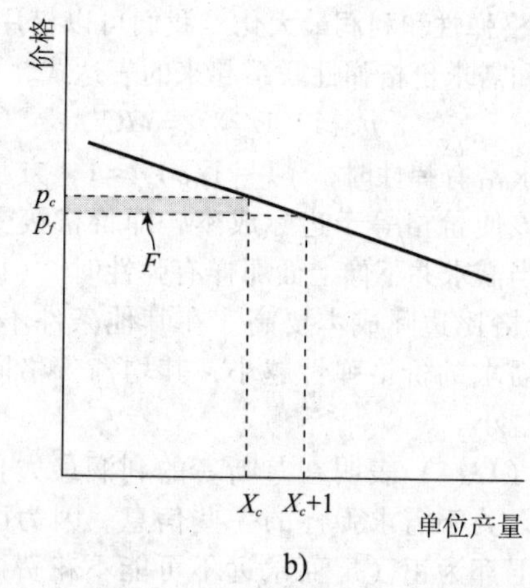

图 13-3　价格弹性和边际内单位

注：当需求极其没有弹性的时候，如图 13-3a，阴影部分 C 表示的边际内单位上的损失是很大的。当需求相对有弹性时，如图 13-3b，阴影部分 F 表示的边际内单位上的损失相对较小。

2. 应用利润最大化的两个原则　现在有了垄断厂商的边际收入曲线，就为应用选择利润最大化的产出水平的两条规律做好了准备。第一条规律表明，如果厂商还在营业，垄断厂商选择的是边际收入等于边际成本的产出水平，在图 13-4 中是 X_1。厂商在这个产出水平下将收取怎样的价格呢？在给定对其产品需求情况的前提下，厂商将最高价格设在其可以销售 X_1 单位产品的水平上。根据需求曲线的定义，厂商可以销售 X_1 单位产品的最高价格是从水平轴上的 X_1 向上移动，直到达到图 13-4 中的需求曲线上的 p_1 处。

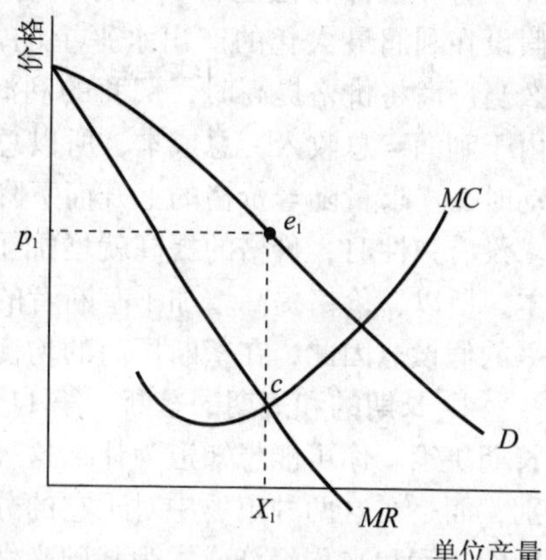

图 13-4　用边际产出规律找出垄断厂商的均衡价格和均衡产量

注：与任意一个利润最大化的厂商一样，垄断厂商选择了边际收入等于边际成本处的产出水平 X_1。均衡价格是产量沿横轴增加到 X_1 时需求曲线上的价格 P_1。

这一分析有一个重要的暗示，即和价格接受者不同，垄断厂商利润最大化的价格不是简单的图中 MR 曲线和 MC 曲线的交点 c 的值。垄断厂商将均衡价格改为大于边际成本的价格。究其原因，可以从图中很清楚地看出。对于价格制定者，价格大于边际收入。任意一个利润最大化的供应商，垄断厂商或是其他的厂商，都生产边际收入等于边际成本时的产量。对于一个价格制定者，均衡价格水平比边际成本要高。

我们已经找到了可供选择的价格和产出水平，还需考察垄断厂商是否会停产。利润最大化的第二个一般规律表明，厂商必须比较其平均收入及平均成本。正如图 13-5 表明的，加利福尼亚化工厂的产出价格实际上比平均成本要高。在 e 点，垄断厂商获得了等于阴影部分面积的正的经济利润，因此不用停产。

对垄断厂商均衡的结论和垄断厂商收取“市场可以接受的”任意价格的一般说法进行比较是必要的，“市场可以接受的”任意价格是指厂商会收取使得厂商可以销售出产品的最高价格。正如在图 13-5 中看到的，这是一个很缺乏支持力的论断，垄断厂商收取的价格低于市场最高价格。加利福尼亚化工厂在价格 P_1 之上，比如说 P_d 价格水平，仍然可以卖出产品，但它并没有选择这样做，尽管将价格从 P_1 提高到 P_d 会使边际内单位上获得更大的利润，这些收入大于以前销售总量产生的损失。

3. 价格弹性和利润最大化　我们可以借用代数的方法来进一步分析垄断者的行为。使用将边际收入和需求价格弹性联系起来的表达式，可以将 $MR = MC$ 写成

$$p\ \{1 - 1/\varepsilon\}\ = MC \qquad (13\text{-}4)$$

当需求富有弹性时，$(1 - 1/\varepsilon)$ =1，方程（13-4）表明厂商应该使价格等于边际成本，即价格接受者的边际产出原则。当需求并不像上面那样有弹性时，$(1 - 1/\varepsilon)$ 小于1，均衡价格比边际成本要高。在其他条件不变的情况下，对某商品需求的价格弹性越小，其均衡价格同边际成本之间的差距越小。

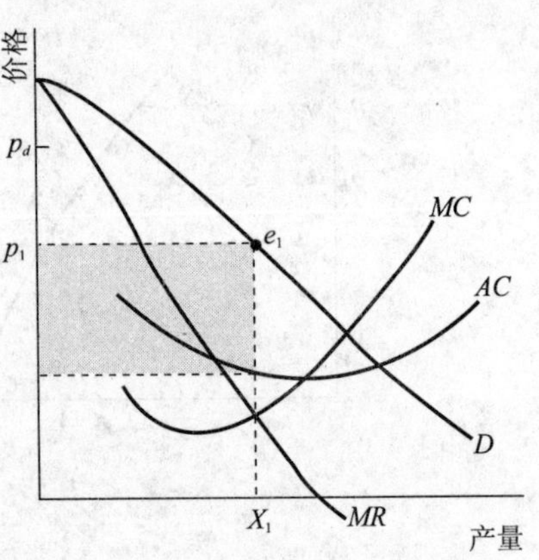

图 13-5　用停产规则找出垄断厂商的均衡价格和均衡产量

注：利润最大化的第二个原则表明，垄断厂商必须比较平均收入和平均成本。当产出是 X_1 时，平均收入是 P_1，大于平均成本。在 e_1 点垄断厂商赚取等于阴影部分面积的正利润。

方程（13-4）表明在垄断者的利润最大化的价格和产出水平下，关于需求弹性的一些信息。因为已知边际成本通常情况下都为正（厂商永远不可能不花费而得到某种物品），垄断厂商的边际收入（方程（13-4）的左边）在利润最大化的产出水平下，也必须为正。然而，方程（13-4）也表明了边际收入为正的唯一情况，即需求的价格弹性大于1。因此，可以得到在垄断厂商的均衡价格和产量水平上需求必须是有弹性的。

另外一种方法也可以用来考察为什么会有这种关系。假设在利润最大化的产出水平上的需求是没有弹性的，那么当厂商将价格提高时，厂商的利润将会发生怎样的变化。由于利润 = 总收入 - 总成本，所以总收入和总成本的变化都会引起利润的变化。沿着需求曲线移动时，需求量随着价格的上升而下降。因此，厂商需要少生产一些从而总成本下降。另外，当需求没有弹性时，价格的提高就增加了厂商的总收入。因为价格提高增加了总收入，降低了总成本，所以，价格提高增加了垄断者的利润。但是，这否定了垄断厂商生产使利润最大化的产出水平的假设。因此，在垄断厂商的均衡点处，需求不能是没有弹性的。

4. 长期的和短期的垄断　第 11 章对完全竞争的讨论，花费很多时间来区分是短期决策还是长期决策。你可能想知道为什么这种区别在垄断市场中没有。并不是在垄断市场中不再有这种区别，而是在这两种市场中对于它的分析实质上是相同的。如果要做短期决策，垄断厂商就要以短期的边际和平均经济成本为基础来做产出水平的选择。如果要做长期的决策，就要以长期的边际和平均经济成本为基础来做产出水平的选择。

进入市场情况的不同，解释了在完全竞争市场中的短期和长期的区别比在垄断市场中更加重要的原因。在完全竞争市场中，新厂商在长期可以进入市场。相反，在长期，新厂商进入垄断市场是完全受阻的。在长期，已经在市场中的厂商仅调整生产方法就可以。

为简化对长期的分析，缺乏自由进入对于盈利性有一个重要的暗示。当自由进入时——就像是在完全竞争市场中——只要有正的经济利润，新的供应商就会被吸引。因此，在长期看来，利润趋近于零。当进入受阻时——就像是在垄断市场中——在位厂商的利润不会被进入厂商分割。虽然新增加的供应商想要进入市场并赚取正的利润，但是它们不能。因为不面临进入者的威胁，所以垄断厂商在长期也可以赚取正的经济利润。

5. 完全垄断市场和完全竞争市场的比较　现在已经形成了两个产品市场的模型：完全垄断市场模型和完全竞争市场模型。这两种类型的市场均衡如何才能做比较呢？从某种角度讲，这是人为制造的问题；这两种模型适用于不同的市场结构。但是，通过考虑从完全竞争的市场结构向完全垄断的市场结构转变并观察会发生什么情况，我们可以得到一个回答。假设 10 口井生产一种油。每个油井每天都可以无成本地生产 1 加仑的油，但是任意一口井每天都不能生产超过 1 加

仑的油。图 13-6a 是一口井的边际成本曲线 *mc*。这种油没有近似的替代品——它是用来擦枪和煎炸猎物的唯一产品。这种神奇产品的市场需求是 $X=16-p$。

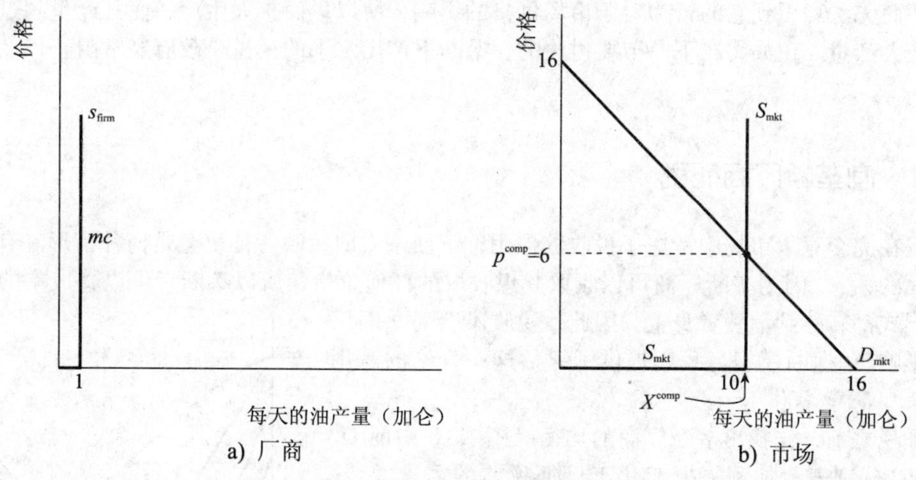

图 13-6 一种油的竞争市场的均衡

注：当每个油井的所有者都是价格接受者时，每个油井的供给曲线是同其边际成本曲线相一致的，如图 13-6a 所示。水平加总每个油井所有者的供给曲线，得到如图 13-6b 所示的市场供给曲线。图 13-6b 中市场供给曲线和需求曲线的交点就是竞争市场的均衡，其中 $P^{comp}=6$，$X^{comp}=10$。

假设这 10 口井分别被 10 个人所有（每个所有者拥有一口井）。如果这些所有者是相互竞争的价格接受者，每个厂商都相信其边际收入曲线与需求曲线是一致的，并且在市场价格下，两者都是水平的。因此，每个厂商都通过生产价格等于边际成本的那一点的产量来使自己的利润最大化。这样，每个厂商的供给曲线都与其边际成本曲线一致，正如图 13-6a 描述的那样。将 10 个供给曲线水平加总，可以得到市场供给曲线，如图 13-6b 所示。图 13-6b 中的市场供给和需求曲线的交点为完全竞争的均衡点：$P^{comp}=6$ 美元/加仑，$X^{comp}=10$ 美元/加仑。

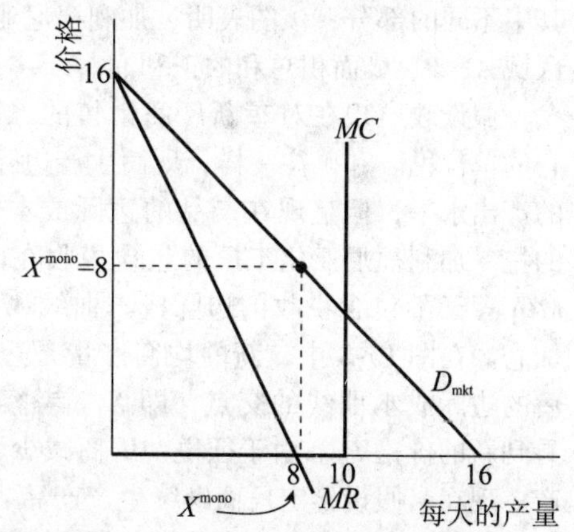

图 13-7 某种油的完全垄断市场均衡

注：垄断厂商选择的是边际收入等于边际成本处的产出水平，每天 8 加仑。从需求曲线可以看到，垄断厂商收取的是 8 美元/加仑的价格。

假设 10 口油井的所有者将油井都出售给一个巨商。如果所有的油田都被一个厂商所有，那么均衡价格和产量将是什么？这个所有者是垄断厂商，因而是价格制定者。图 13-7 画出了垄断厂商的需求曲线和边际收入曲线[⊖]。我们当然也需要寻找垄断厂商的边际成本曲线。通过观察厂商增加产量时总成本的变化来找出厂商的边际成本曲线。只要厂商生产 10 加仑或更少，其总成本就相同，并且和产出水平无关（是零），所以边际成本也是零。生产超过 10 加仑的产量是不可能的，所以在这一点上，其边际成本变得无限大。得出的边际成本曲线如图 13-7 中的 *MC* 所示。使边际收入等于边际成本，可以看到，在垄断均衡中，$X^{mono}=8$ 加仑，$P^{mono}=8$ 美元/加仑。回忆图 13-6 中完全竞争厂商销售了 10 加仑的油，这表明了一个一般观点：在面临相同的产业需求曲

⊖ 从代数上来讲，当需求方程是 $X=16-p$ 时，垄断者的总收入和边际收入方程分别是：$R(X)=16X-X^2$ 和 $MR(X)=16-2X$。

线时，完全垄断厂商比完全竞争厂商生产的产品要少。直观地讲，这种情况会发生是因为垄断厂商意识到，如果销售更多的产品，就必须降低已经卖出的油的价格。相反，当供应商是完全竞争者时，厂商无法意识到它的行为对于市场价格的影响，所以厂商扩大生产，使其产量超过了垄断厂商的最大产量。正如将在下一节要讨论的，垄断下产出水平的减少是政府经常阻止厂商合并的原因之一。

13.1.4　向垄断厂商征税

我们在完全竞争市场中考虑了税收的作用，下面来看向垄断者征税会是何种情形。有人可能听说下面的话："因为垄断厂商可以收取其想收取的任何价格，所以垄断者可以将成本的增加以高价的形式都转移到消费者身上。因此，税收不会对垄断厂商产生影响。"垄断模型为我们提供了评估这一言论的有用框架。

在征税之前，先找出垄断厂商的均衡。图13-8中的D、MR和MC分别表示加利福尼亚化工厂征税前的需求曲线、边际收入曲线和边际成本曲线。应用利润最大化的两个规律，垄断厂商的均衡价格和产出水平分别是P_1和X_1。为了计算相关的利润（总收入减去总成本），我们需要记住总成本等于边际成本曲线下方的部分，并以产量为界。类似地，总收入等于边际收入曲线下方的部分，并以产量为界。去掉其中不同的部分，该图表明，加利福尼亚化工厂赚取了等于区域A、B、C面积总和的正利润。

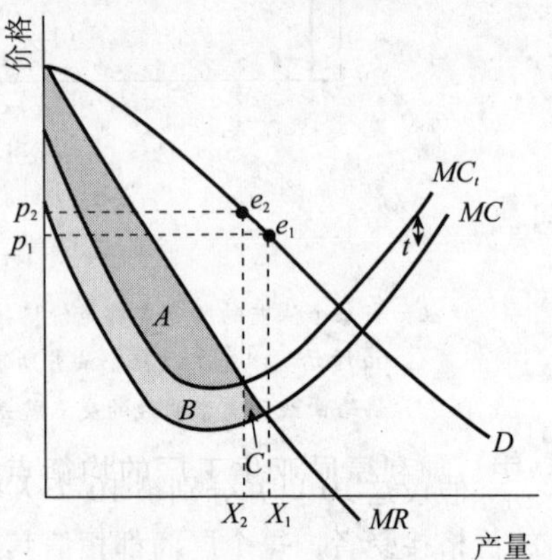

图13-8　单位税的效果

注：D、MR和MC分别是加利福尼亚化工厂税前的需求曲线、边际收入曲线和边际成本曲线。在税前的均衡价格和产量处，垄断厂商的利润是阴影部分A、B、C的面积之和。新的均衡价格和产量分别是X_2和p_2。税后利润下降到阴影部分A的面积。

假设政府现在对垄断厂商销售的二甲苯征收t美元/加仑的单位税。和以往一样，厂商生产边际收入等于边际成本的产出水平，但是现在产品的边际成本包括了t美元/加仑的税。加利福尼亚化工厂的包含税收在内的边际成本曲线，MC_t等于不包含税收的边际成本曲线MC向上移动t美元/加仑。在图13-8中，新的均衡产量是边际收入曲线同征税后的边际成本曲线的交点，即X_2。考察该需求曲线，可以看到新的价格P_2。由于征税，厂商减少了产出，提高了价格。当然，还要确认这个厂商不会停产。现在，假设给定厂商继续生产产品。

垄断厂商的利润将会怎样？因为二甲苯的数量下降了，每加仑的价格提高了，所以需要仔细考虑再找出答案。我们知道在没有征税时的垄断者的利润最大化的原始价格。价格的提高使得厂商的利润相对于原来的水平降低，即使在新的均衡点不把税收从厂商的利润中扣除。如果除去税收，厂商的利润将下降得更加厉害。所以之前的结论言是假的：**当向垄断厂商征收单位税时，即使厂商以提高价格回应，其利润依然会下降。**

通过考虑厂商的利润等于边际收入曲线以下、边际成本曲线以上一直到销售出的产量的区域的面积，我们可以从图中看出单位税的影响。在没有征税的时候，加利福尼亚化工厂生产X_1单位的产品，在图13-8中，利润等于阴影部分A、B和C的面积之和。征税以后，厂商只销售了X_2加仑的二甲苯，利润等于阴影部分A的面积，这里用税后的厂商的边际成本曲线来计算利润。征税的结果就是，利润总量减少了阴影部分B和C之和。

可以解释因税收而减少的利润，即阴影部分。阴影部分B实际上是厂商付给政府的钱：总的税收支付等于单位税收乘以销售的加仑数，即$t \cdot X_2$，t等于MC_t和MC之间的垂直距离。阴影部分 C 代表了当厂商由于征税而削减产量 $X_1 - X_2$ 时利润的损失。由于这些单位产品的边际收入都大于成本，所以在没有税收的情况下，这些单位产品的销售对厂商的利润是有贡献的。但当征税时，这些单位产品的销售不再是盈利的，其之前的贡献也消失了。

13.1.5　创新的动力

我们一般都将重点放在垄断者如何做出价格和产出水平的选择上，其实垄断者还要做出其他决策，其中重要的一个就是在研发上投资的数量。广义上讲，厂商可以从事两种形式的研发。**过程创新**（process innovation）是指降低现有产品的生产成本的思路，例如一种更快速合成荷尔蒙的技术。**产品创新**（product innovation）指的是增加新的商品或服务的一种思路，例如普通纸印刷机或是磁带录像机。注意，有一些研发既有过程因素又有产品因素。例如，微信息处理机的发明降低了生产计算机服务的成本，但是却戏剧性地生产出大多数人都认为是新产品的个人计算机。

1. 过程创新　有些说法认为，垄断厂商没有动力开发新的生产程序，因为这样做会使得已有的工厂或是机器过时。还有一些说法认为，只要增加新技术的投资能够降低生产成本，厂商就会增加投资。垄断理论有助于理解厂商创新的动力究竟是什么。

假设加利福尼亚化工厂现在的边际成本曲线是图 13-9 中的 MC，但是通过研发可以将边际成本曲线降低到 MC'。要获得这项过程创新，加利福尼亚化工厂会花费多少？答案取决于创新使得厂商的利润增加的数量。在没有创新的过程中，加利福尼亚化工厂的均衡点是 e_1。图中表明，没有创新，加利福尼亚化工厂的利润是阴影区域 A 的面积（这里，再一次使用总收入和总成本就是相应的边际曲线下面的区域面积的结论）。在创新条件下，加利福尼亚化工厂的均衡点变成了 e_3，利润是区域 A 和区域 B 的面积之和。因此，区域 B 代表的就是垄断厂商愿意花在创新上的费用的数量。

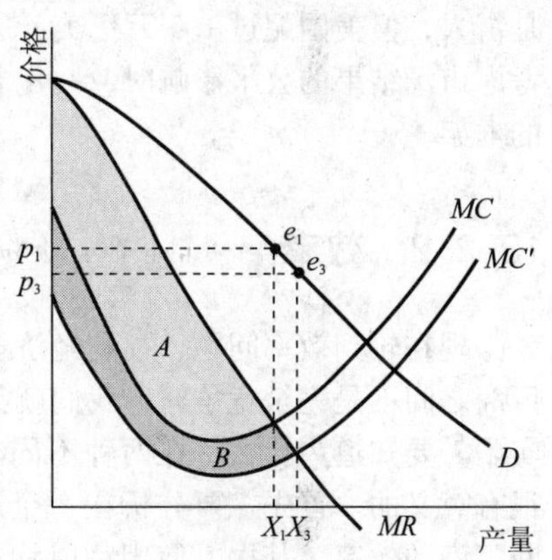

图 13-9　创新的动力

注：在没有创新的时候，垄断厂商的边际成本曲线是 MC，均衡点是 e_1，利润是阴影部分 A 的面积。当进行创新之后，厂商的边际成本变成 MC'。均衡点变成 e_3，结果利润变成阴影部分 A 和 B 的面积总和。因此，阴影部分 B 的面积是垄断厂商愿意花在创新上面的费用。

图 13-9 表明，只要创新带来了更低的生产成本，即使它导致了现存的工厂和机器过时，垄断厂商也会从创新中得到好处。记住两点很重要：首先，如果现存的工厂和机器没有其他的用途（亦即是沉没成本），其经济（机会）成本是零，因此原始的边际成本和过程创新的价值很低，至少到需要替换工厂和机器的时候之前是低的；其次，创新和收益一样是有成本的，垄断厂商必须比较创新的收益（以降低产品成本的形式）和研发从而形成创新需要的成本。在这个例子中，如果过程创新的成本比区域 B 的面积小，那么垄断者将着手进行这一项目；否则，将不进行这一项目。

2. 产品创新　成功研发一个独一无二的产品的厂商可以申请专利保护，专利保护给厂商一个销售新产品的垄断权。对于这种产品创新，进行研发的动力是厂商获得专利后能够得到所有的垄断利润。在以后的章节中，当考虑针对垄断的公共政策时，将会有更多的讨论。

13.2　垄断市场的规范分析

实证分析证明，垄断市场的均衡价格和产出水平与相同成本和需求条件下的完全竞争市场的价格和产出水平是不同的。现在要对这些不同的规范性影响进行研究。我们将按顺序考虑公平和效果问题。

13.2.1 公平

之前的论述展示了经济学工具如何帮助我们判断在政府政策的多种变化中谁得谁失（例如租金管制）。当市场结构从竞争向垄断转变时，经济学理论会说明谁是成功者谁是失败者，或者说明当竞争厂商合并成一个垄断厂商后会发生什么。我们知道市场结构从完全竞争向垄断市场转变会给供应商带来更高的利润。同时也看到均衡价格的上升，减少了消费者剩余。因此，当供应商变成垄断厂商时，供应商得，消费者失。

这些收入的变化是可取的吗？答案依赖于对供应商和消费者收入变化的得利程度的道德判断，即取决于社会福利函数。例如，认为社会福利函数对每个人都给予公平比重的人，同认为该函数表明低收入者比高收入者更应该得利的人，对于这一问题会得出不同的结论。

假设社会福利函数给予低收入者相对于高收入者更高的比重，这是否意味着收入从消费者转移到供应商就是不应该的呢？不一定。垄断厂商提高了公司的利润和公司所有者的收入，降低了消费者的收入，但是消费者可能比很多的垄断厂商有更高的收入。人们往往会认为股票的持有者是富人，但美国超过1.5万亿美元股票是由工人的养老基金所持有的。这个简单的例子表明，在考虑市场结果的公平影响时，一定要仔细。经济学为我们在什么方面可以这样做提供了一个有用的框架。

13.2.2 效率

现在轮到效率问题，福利经济学第一定理表明，完全竞争的经济情况是最有效率的。当垄断厂商之间不是完全竞争时，我们就猜想垄断市场是没有效率的。正如将要看到的，这个猜想被证实了。要知道为什么，在两种不同水平条件下进行分析是很有意义的。首先，要分析在一个局部均衡的框架下的垄断厂商的效率。其次，使用一般均衡方法来评价市场的力量对于作为一个整体的市场经济的效率的影响。

1. 局部均衡分析 局部均衡方法常常将分析的重点放在垄断者是供应商的特定市场上。沿着在第11章最后建议的曲线，我们用总剩余、总消费收益和总成本之间的区别来衡量效率。比较两个不同的结果，总剩余水平较高的市场更有效率。

垄断厂商生产出总剩余最大化水平的产品了吗？已知完全竞争导致有效率的产出水平，垄断市场的产出水平比完全竞争市场低。从而，垄断市场生产的产出水平比利润最大化的产出水平要低。

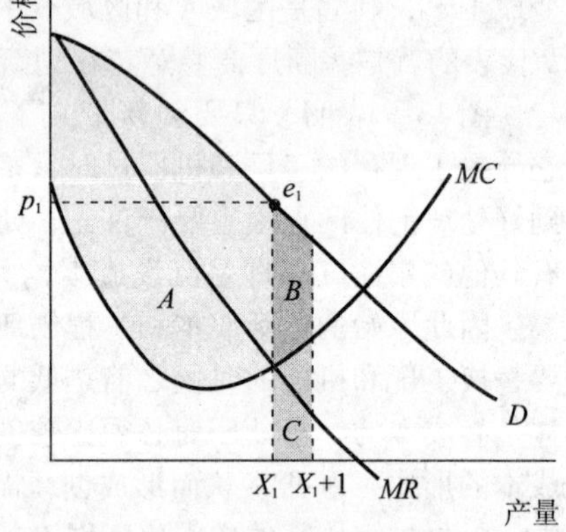

图 13-10 增加垄断厂商的产出水平对总剩余的影响

注：垄断厂商以 p_1 的价格销售了 X_1 单位的产量，总剩余是阴影部分 A 的面积。如果垄断厂商再多生产一单位的产量，消费者的总利益将增加阴影部分 B 和 C 的面积之和，而成本的增加是最后一单位产出的边际成本，即阴影部分 C 的面积。作差后，总剩余将增加阴影部分 B 的面积的数量。

通过再次观察垄断的二甲苯市场，可以从图中看出垄断市场的无效率。如图13-10所示，加利福尼亚化工厂在 p_1 的价格下卖出了 X_1 的产品。产生的总剩余位于需求曲线的下方，边际成本曲线上面的阴影区域 A 的面积。要证明垄断厂商生产的产品太少，就假设多卖一单位的产品。X_1+1 单位的产量将产生总的消费收益增加等于图13-10中阴影区域 B 的面积同阴影区域 C 的面积的和的数量。成本的增加就是这一单位的产品的成本，即阴影区域 C 的面积。用边际社会收入减去边际成本，我们得出总剩余增加了 B 区域的面积的数量。因此，通过增加产量，使产量超过 X_1，总剩余增加。

事实上，总剩余将一直增加，直到边际社会收入等于边际社会成本，即直到需求曲线的高度同边际成本曲线的高度相等时。这个产出水平用图13-11中的 X_T 表示。用这个产出水平下的总剩余减去垄断市场条件下的总剩余，可以看到垄断市场条件下的总剩余要少于阴影区域 E 和 F 的面积。这两个区域代表的是**垄断下无谓的损失**（deadweight loss of monopoly）。无谓的损失代表的是没有补偿收入的损失。这种损失之所以会在垄断条件下产生，是因为消费者能够从增加的产出中得到收益，而且这些收益要比产品的边际成本高。

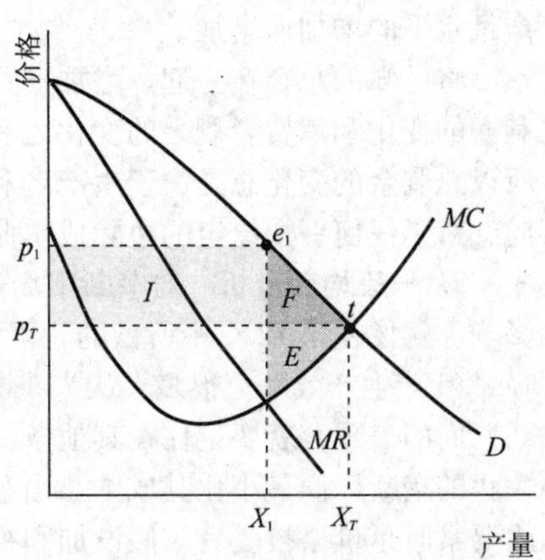

图13-11 垄断市场无谓的损失

注：生产需求曲线和边际成本曲线的交点处的产量水平 X_T，使总剩余达到了最大。用这个产出水平下的总剩余减去垄断产出水平下的总剩余，我们看到垄断带来的无谓的损失等于阴影部分 E 和 F 的面积之和。

通过考虑价格在市场中的角色，可以得出更加深入地理解无效率的原因。利润最大化的垄断厂商用价格同时服务于两个角色：①为消费者做出购买决定提供激励；②将收入从消费者那里向自己转移。当厂商从完全竞争的价格水平，图13-11中的 p_T 增加到垄断水平 P_1 时，供给的动力变弱。消费者只能购买比有效率的市场中购买的产品更少的数量；总消费从 X_T 下降到 X_1，总剩余下降了区域 E 和区域 F 的面积之和的大小。然而，从垄断厂商的角度讲，收入转移效果却被加强了。消费者对继续购买不变数量的产品的每单位花费增多，区域 I 就是从消费者向垄断者转移的净收入。对于利润最大化的厂商来说，第二个效应支配第一个效应，垄断者发现边际成本以上的价格是可取的。从效率的角度讲，只有价格的激励角色起作用；从消费者向垄断者转移的净剩余对于市场中产生的剩余的总量没有影响。因为激励的效应为负，从效率的角度来讲，垄断厂商的价格实在是太高了。

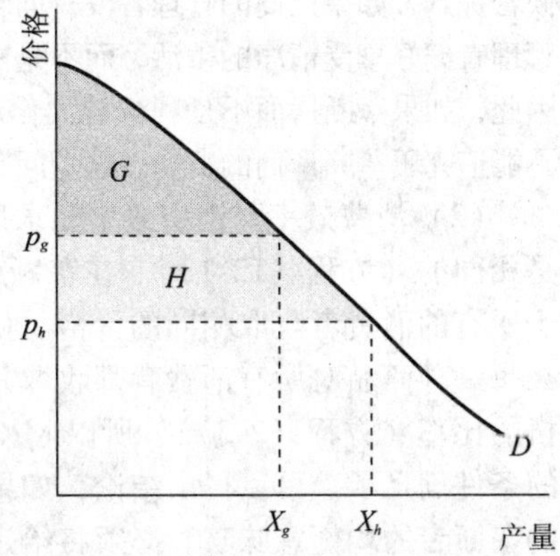

图13-12 随着垄断厂商产量水平的增加，消费者的剩余不断增加

注：当产量是 X_g 时，相关的价格是 p_g，消费者剩余是阴影部分 G 的面积。要使产量增加到 X_h，厂商就必须将价格降低到 p_h，这样使得消费者剩余增加了阴影部分 G 和 H 的面积之和。

还有另一种方法可以理解无谓损失的原因。考虑垄断厂商生产产品的激励。当选择产出水平时，厂商只考虑自己的利润。垄断厂商增加产出的激励都是通过其利润的变化决定的。还有，利润的变化等于生产者剩余的变化（这是根据垄断厂商在竞争的要素市场上是价格接受者得来的，所以其投入要素的决定对这种要素供应商的生产者剩余是没有影响的）。因此，可以写出：

厂商的私人激励 = 生产者剩余的变化

对效率的衡量，总剩余将消费者剩余和生产者剩余都考虑进来。因此，额外产量对于社会的净收益、社会生产更多商品的激励，是消费者剩余和生产者剩余的总和：

社会激励 = 生产者剩余的变化 + 消费者剩余的变化

比较垄断厂商私人激励和社会激励，问题的缘由就清楚了——垄断厂商没有将其产量选择对消费者剩余的影响考虑在内。

这个产量选择是如何影响消费者剩余的呢？图 13-12 表明当产量水平是 X_g 时，产生的剩余就是阴影区域 G 的面积。产品增加到 X_h 对消费者剩余有何影响呢？为了销售更多的产品，厂商必须降低价格，这样就使得消费者剩余增加了 H 的面积。这是个一般的结论：消费者剩余随着产量水平的增加而增加。

将已知的总合在一起。增加产量的私人激励是利润的变化；增加产量的社会激励等于生产者利润的变化和消费者剩余的变化之和。因为随着产量水平的增加，消费者剩余的变化都是正的，所以总剩余的变化总是大于生产者利润的变化。换句话说，垄断厂商增加产量的动力太小了。因此，对于任何一个给定的边际成本曲线，垄断厂商生产的产量都太少。

2. 一般均衡分析 对垄断市场进行规范分析的一般均衡方法考察了整个市场经济背景下的影响。就像在第 12 章中所做的，可以将效率影响划分为相关的生产效率、消费效率和分配效率。

(1) 生产效率。很多人认为垄断厂商常常浪费而不愿意完成有效率的产量水平。要分析垄断厂商的表现，就要记住在其他条件不变的情况下，厂商的成本越高，利润越低。因此，利润最大化的垄断厂商最小化其成本。当垄断厂商销售产品时是价格决定者，购买生产产品所需要的投入要素时是价格接受者。假设加利福尼亚化工厂使用两种投入要素，即劳动和资本，来生产二甲苯。在要素市场上，作为一个价格接受者，垄断厂商遵循成本最小化规律：设定任意两种投入要素（这里指资本和劳动）之间的边际技术替代率（MRTS）等于两者的价格比。

因为是从一般均衡的角度，所以需要了解经济环境中的其他市场。如果经济中所有的厂商在扮演要素的购买者时，都是价格接受者，那么所有厂商之间 MRTS 的均衡值都是相同的，这样就满足了生产效率的条件（方程 12-2）。得出结论：**在产品市场上是价格决定者，但在要素市场上是价格接受者的利润最大化的厂商，能够做出有效率的投入选择。**

我们刚刚看到，利润最大化的垄断厂商有效率地生产产品。但是当讨论第 7 章中的厂商理论的时候曾提到，如果厂商的管理者没有面临产品市场的竞争，可能就没有利润最大化的压力。垄断厂商的管理者偏好享受清净的生活，而不是一直都在担心厂商是否使用了最佳的投入要素组合来生产产品。因此，如果垄断厂商不是利润最大化厂商，可能就会面临生产无效率。这里要提到很重要的一点是，不能追究于垄断厂商的贪婪。这个问题的原因可能是管理者很随意地追求除了利润最大化之外的目标。

(2) 消费效率。消费效率要求所有消费者在垄断厂商的产品和其他产品之间的边际替代率是相同的（方程（12-1））。在垄断市场中，这个条件能够被满足吗？一个没有歧视的垄断者对于所有的消费者收取相同的价格。如果经济中的其他厂商也都没有加入到价格歧视的行列中，那么每一种商品对所有消费者都收取相同的价格。因为效用最大化的消费者使其 MRS 等于产品价格的比率（方程（2-3）），所以 MRS 均衡的值对于所有的消费者都是相同的，从而，消费效率的条件满足了。可以得出结论：**如果经济中其他所有厂商都不参与到价格歧视中，那么没有歧视的垄断者的均衡意味着，必须将给定的总产量在消费者之间进行有效的分配。**

(3) 分配效率。给定产出水平，利润最大化的垄断厂商选择一个有效的生产方式，并将产品在消费者之间进行有效的分配。但是局部均衡分析表明，厂商选择了一个无效率的产出水平。一般均衡分析也表明垄断市场是无效率的。要知道为什么，回忆上一章中经济有效的必要条件是任意两个产品价格的比率都等于其边际成本之比。**如果所有的其他商品都在完全竞争市场中以边际成本的价格出售，那么垄断厂商就违反了分配效率的条件，因为它使其产品的价格大于产品的边际成本。**在这个例子当中，经济体系的均衡是无效的，因为垄断厂商生产的产品太少了。

13.3 针对垄断的公共政策

由于垄断市场的无效率，很多公共政策的目标就是阻止垄断的形成或限制其运用市场权力的能力。然而，也有一些公共政策，实际上帮助了垄断的形成，我们要考察这些不同的政策都是怎样起作用的。

13.3.1 专利政策

之前提到，成功发明某种新产品的厂商，例如发明一种新药物的厂商，可以获得专利保护，这种专利保护阻止了其他厂商进入这一市场。这种公共政策可能会没有效率。毕竟，如果一个厂商没有获得专利，其他厂商也可以抄袭这种思想，导致竞争市场的形成。竞争市场将会比垄断市场产生更多的总剩余。

那么，为什么政府要实施专利政策，阻止竞争的形成呢？当得到专利保护后，厂商创新的激励就等于创新产品创造的垄断利润。假如政府不给予专利保护，只要创新成功，其他厂商就会效仿从而涌入市场。在这个例子当中，即使是一个成功的创新都将只产生很少的经济利润或是根本就没有。面对这种前景，厂商不再有动力首先进行研发活动。虽然没有产生竞争市场，但消除专利保护却可能会把整个市场都毁掉。

当然，这并不意味着专利要永远保护创新者，使其远离竞争。目前对于大多数专利只保护17年，这一政策反映出对协调效率产出水平和激励研发之间关系的一种平衡。

13.3.2 反托拉斯政策

垄断厂商的均衡违反了经济效率的条件，这就为以提高效率为目的政府干预设置了潜在角色。这套旨在阻止厂商获得垄断地位或是阻止类似于垄断行为厂商的限制产量的法律就是**反托拉斯政策**（antitrust policy）。美国反托拉斯法中最出众的是1890年的《谢尔曼反托拉斯法》（Sherman antitrust act），该法案禁止垄断并且试图进行专营，该法案及其修正案形成了反垄断政策的基础。

反托拉斯当局会在两个基本方面影响厂商的行为：行为纠正和结构纠正。

行为纠正（conduct remedy）是指政府控制厂商的行为。例如，如果政府发现厂商一起提高价格（比如说限定价格），就可以对它们进行惩罚，并且阻止它们。实行价格限定的厂商可能会遭到罚款，管理者可能会坐牢。这些实际上是发生过的，在20世纪50年代，艾利斯·查默斯公司、通用电气公司和西屋公司就被发现非法组成卡特尔销售涡轮发电机。

行为纠正可以在两方面限制反竞争行为。首先，采取直接的方法来阻止这种行为；其次，通过控告的威吓削弱厂商进行反竞争行为的胆量。虽然行为纠正都是探讨如何解决垄断和价格调整的问题，但是这种政策作用的方式是不同的。反托拉斯当局必须监视厂商，不断地观察行业中在发生什么，并且必须确保厂商没有非法行为。给定厂商实际的复杂行为，这将是一件艰难而又花费巨大的任务。再有，虽然它对于厂商不能做什么规定得很清楚，但是厂商应该做什么规定得就不是很清楚了。在某些情况下，和提高价格同时出现的并不是来自行业的成员之间勾结，而是每个厂商一种个人的和独立的认识，这种认识是在预期其他厂商也会这样做的前提下，减少产量至竞争水平以下是为使其利润最大化。很难告诉一个管理者：“即使没有和你的竞争对手勾结，你也不应该按自己的利润最佳做出决定。”即使可以，你将告诉管理者做些什么呢？

由于行为纠正存在的问题，反托拉斯当局可能会选择**结构纠正**（structure remedy）来改变产业结构使市场变得更具竞争性。结构纠正最极端的形式是强制已存在的厂商分立。1911年，新泽西标准石油被分立成现在的美国石油公司、雪佛龙公司、埃克森石油公司、美孚公司和其他公司。从1969年开始，美国反托拉斯当局花了15年的时间来讨论IBM是否应该被分解，因为它已经具有垄断力量。有一些人建议微软应该分成两个独立的公司，一个负责操作系统，另一个负责应用软件和微软的其他产品。1984年发生了史上最大的重组事件，贝尔系统（Bell system）被分解成AT&T和七个地区性的电话公司（例如Nynex、Ameritech和太平洋电信（Pacific Telesis)），这是作为对垄断厂商运行市场力量的考虑而做出的回应。

结构纠正和行为纠正之间的界限并不总是很明显，但是结构纠正相对于行为纠正来说往往有两个优势。首先，通过创造促进竞争的市场条件，结构纠正避免了为确保其服从法律而继续对厂商进行监视（观察厂商的合并比观察厂商是否将价格设定为竞争价格要简单得多）。其次，一旦实施了结构纠正，管理者就可以采取他们认为能够最好的为其厂商利润服务的措施了。

市场结构的决定性因素 既然行为纠正存在问题，为什么不能只进行结构纠正呢？一个原因是分立已存在的厂商执行起来十分复杂（雇用工人和资本应该怎样分？快要退休的工人的养老金谁来负责？谁将得到半完成的研发项目？）还有一个更加重要的原因是，市场结构不是凭空捏造出来的，它是建立在根本的生产技术水平和消费者的偏好基础之上的。因此，在得出结论说重组市场是一个好的想法之前，我们需要理解现存市场结构的起源。换句话说，必须考察产生非竞争市场结构的三个根本条件。

（1）规模经济。市场上只有几个厂商的原因是市场太小以至不能支撑很多厂商。当规模经济效应较强时，这种情况就会发生，所以在较宽的产出水平外，平均成本曲线陡峭地下降。如果很多厂商都想进入这样的市场，每个厂商都会发现其规模太小了以至于平均成本太高——超过了平均收入。

规模经济在形成市场结构时的一个最极端的例子是，当对规模经济有了全面认识之后，在一个产业当中就只需要一个生产者了。如果单独一个厂商在相关的产出水平范围内可以以低于多厂商时的成本生产整个行业的产品，该行业就叫做**自然垄断行业**（natural monopoly）。如果平均成本曲线在所有产出水平都是向下倾斜的，那么无论以何种方式，在众多的生产者之间划分给定的产出水平，都将使它们的平均成本高于一个厂商生产所有产品时的平均成本。因此，在所有产出水平，当平均成本曲线都下降时，生产给定的任何产出水平，成本最低的方法就是让一个厂商来负责生产所有的产品；该行业是自然垄断行业。

（2）进入壁垒。除了规模经济效应，一个行业中的厂商数量还将受到进入壁垒的限制。有两种类型的壁垒：技术壁垒和法律壁垒。当想要进入市场的进入者没有必备的知识或是得不到投入要素时，就会产生技术壁垒。例如，操作半导体芯片的生产设备需要大量的专业化知识。一个潜在的进入者面临无法摆脱的困境，因为获得这种知识唯一的方法就是开一间工厂。

当政府政策的实施使得存在进入限制时，这种限制就是法律壁垒。例如，大多数国家的政府都会严格限制提供长途电话服务和航运服务的厂商数量。专利是政府实施进入壁垒的另一个原因。事实上，专利保护通常是一个想要进入市场的厂商得不到必要技术的一个原因。1996 年，基因泰克公司（Genentech）利用其专利对诺和诺德公司（Novo Nordisk AS）和其他的厂商形成了法律壁垒，阻止后者进入遗传学工程人类荷尔蒙市场。虽然政府可以通过废除专利产生的壁垒，但会冒减少未来创新动力的风险。

（3）产品差异。当厂商的产品存在差异时，即使市场中有很多厂商，生产者也不是价格接受者。例如，有成千上万座加油站，它们提供的产品不同。如果你住在蒙大拿州布特市，德克萨斯州阿灵顿市的加油站就不是你那里加油站的替代品。只要它的旁边没有其他加油站，空间的差异就使这个加油站有了一些市场力量。为什么不在所有的角落都开设加油站呢？答案是，那样太近了。更准确地说，在大量的小加油站存在时，供应商没有办法实现规模经济。从某种意义上讲，产品差异扩大了之前讨论的规模经济的效果。当产品存在差异时，市场中仅有很多供应商无法形成竞争市场；每种商品都有很多的厂商生产（在我们的例子当中，每个角落里都有很多的加油站），需求不足以支撑这些供应商。

面对产品差异，我们能做些什么呢？当产品真的存在差异时（就像是不同地区的加油站），很难知道政府可以做什么。即使政府可以消除产品差异，这种政策通常也没有意义。你会建议所有的汽车制造商都生产一模一样的汽车吗？

然而，在某些市场当中，有一种支撑产品差异的特殊机制：商标名称。无论你喜不喜欢其产品，柯达、美国运通、麦当劳对你来说都有某些意义。当在位厂商已经有评价很高的著名商标名称时，新的厂商想要以具有竞争性的产品进入这个市场就会很困难。

公共政策允许商标名称是因为虽然商标名称（像是专利一样）可能产生垄断权利，但是商标名称（也像专利一样）也会提供巨大的激励。商标名称带给厂商生产高品质产品的激励。当每一个产品都和商标名称相联系时，消费者形成了一种信念，这种信念告诉消费者哪个生产者提供的是好的产品，哪个生产者提供的是差的产品——供应商信誉形成。当允许厂商收取较高的价格时，受人尊敬的商标名称是一笔很有价值的财产。因此，供应商才有动力通过提供高品质的商品和服务对其信誉进行投资。相反，如果厂商不允许形成一个商标名称，它就没有办法将自己从竞争对手中区分出来，也就没有足够的激励生产高品质的产品。

13.3.3 垄断市场的管制

正如前面讨论的，在某些情况下，成本或是需要考虑的投资激励使得垄断行业重组不可能或不可取。但是围绕图13-11的讨论表明，如果市场只有一个生产者，它就会通过生产无效率的少量产品来利用自己的垄断优势地位。

对于这种困境的一种回应就是**管制**（regulation），它是政府对市场的运行进行普遍干预的过程。为了考虑管制的效果，考虑局域电话服务的供给。这个市场通常只包括极少数的竞争生产者以至往往不可能竞争——大多数家庭对居民电话服务只有一种选择。结果，政策制定者感觉到不能仅仅依靠市场的力量来决定有效的价格和产出水平。同时，政府当局也认为将已存在的供应商分成众多小厂商太没有效率。虽然可以有几家公司向你提供各自品牌的区域电话服务，但是它们通常都只是对在位垄断者服务的再销售。政策制定者是这样来回应这种进退两难的窘境的：他们允许局域电话服务存在垄断，但是要持续地对价格和投入的决定进行严格的监督。进一步讨论自然垄断行业的管制。图13-13表示局域电话公司——叮铃电话（Ding-a-Ling Lines）的成本和需求曲线。在没有政府管制的情况下，厂商将以每月50美元的价格向 X_1 户家庭提供电话服务。注意，有一些消费者愿意花费比向他们提供电话服务的边际成本更高的价格，也有愿意出的价格在没有管制的均衡价格之下从而不消费电话服务的人——在大于 X_1 产出水平的某一范围内，需求曲线仍然在边际成本曲线之上。

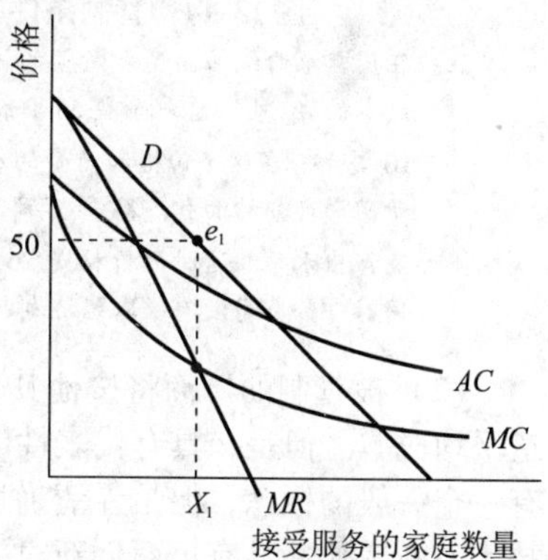

图13-13　没有管制时的垄断市场的均衡

注：在没有政府管制时，厂商将以每月50美元的价格向 X_1 个家庭提供电话服务。

为了回应这种无效率，政府决定管制厂商。管制者应该做些什么呢？首先，必须意识到下面的核心：受管制的厂商是一个自利的决策制定者。换句话说，受管制的厂商将会以为自身利益服务的最佳方式来回应这些管制，而不是管制者的利益。这一观点包括三个重要的内容。

（1）必须允许一个受管制的厂商赚取非负的利润。虽然管制者能够告诉厂商做什么，给定厂商营业的前提，它们并不能防止厂商倒闭或者完全停止生产。例如，管制者可能想要厂商生产有效率的产出水平，图13-14中的 X_T（我们知道 X_T 是有效率的，因为在 X_T 处需求曲线的高度等于边际成本的高度）。然而，厂商可以售出这一产量的最高价格是10美元，这低于相应的平均成本23美元。如果管制者要让供应商提供 X_T 单位的服务，厂商将会遭受图13-14中阴影部分面积的损失，从而停业而不是继续生产。要想让厂商继续营业，管制者必须允许它销售较少的产品。从图13-14中可以看到，X_b 是厂商可以赚取非负利润最高的产出水平。在这一点上，价格26美元等于平均成本，叮铃公司没有赚取经济利润。

管制者在总剩余和利润之间的平衡也可以以价格的形式表现出来。要使总剩余最大，管制者希望厂商将价格定在产品的边际成本之上。但是要使厂商持续经营，必须允许价格等于更高的平均成本。价格的收入转移角色（给生产者产生了非负的利润）和激励角色（引导消费者购买有效水平的电话服务）之间存在矛盾。

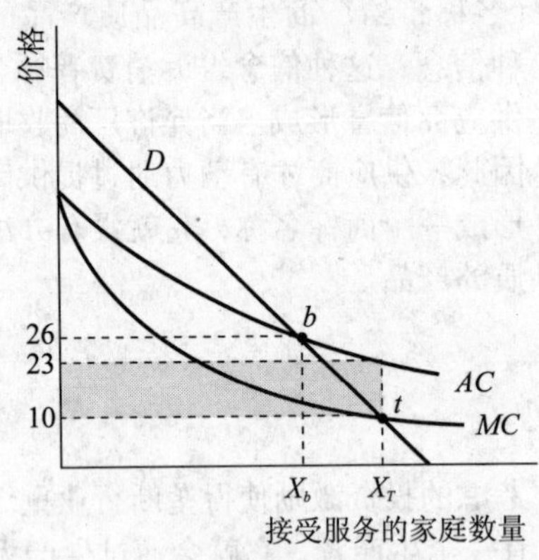

图 13-14　管制条件下的产出

注：在用需求曲线的高度来衡量的边际社会收益等于边际成本的 X_T 处，总剩余得到了最大化，这时的价格是 10 美元。在这个价格和产量的组合处，遭受的损失等于阴影部分的面积。X_b 是厂商可以赚取非负利润的最高产出水平。这时的价格是 26 美元，等于平均成本，同时叮铃公司没有赚取经济利润。

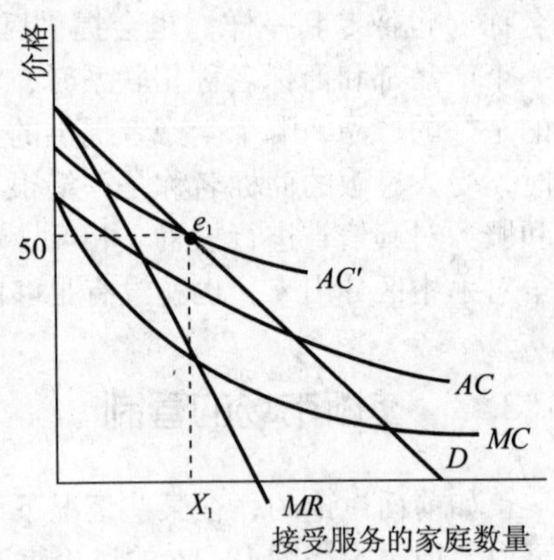

图 13-15　谎报信息的结果

注：在知道管制者将使用成本信息来制定价格的情况下，一个理性的自利的厂商会说自己的平均成本是 AC′。谎报成本曲线，电话公司会引导管制者将价格设定为垄断价格 50 美元。

（2）被管制的厂商将按他其优势来使用自己的信息。要执行平均成本定价，管制者需要知道平均成本。但是，具有代表性的管制者并不能确切地知道厂商的平均成本曲线。虽然它们对此有一个一般的概念，但是弄清确切的平均成本对于一个局外人来讲是极其困难的，尤其是在基础技术不断变化并且有厂商创新时。即使管制者有可能得知厂商的实际成本，但是如果厂商参与到有效率的研发活动当中，管制者就很难知道厂商的成本了。

为什么不简单地问厂商它的平均成本呢（或者应该是多少）？原因之一是厂商可能对管制者撒谎。知道管制者将使用这个成本信息来设定价格，一个理性的自利的厂商，会对管制者说自己的平均成本是图 13-15 中的 AC′。通过谎报成本曲线，电话公司可以引导管制者将价格设定在利润最大化的垄断价格 50 美元。当然，管制者可以（在现实生活中确实可以）审计叮铃公司的账簿来限制其说谎，但是如果成本是在进行有效率的研发之后得到的，管制者还是不知道其确切成本信息。再者，公司的账簿可能会太过复杂以至于不可能进行完整的审计，无论如何审计的成本太高以至于不能定期进行。由于这个原因，管制者越来越依赖和成本数据没有直接联系的管制机制。

（3）管制可能产生意料不到的后果。理想地，如果厂商已经进行了最优的研发，管制者将强制叮铃公司将其价格设定在未来的平均成本水平上。缺乏对于成本的度量，管制者可能会取而代之地强制厂商的价格等于某种度量出的实际边际成本。但是这个政策将会有一个意料不到的影响，即使人们对社会应有的创新失去信心。如果降低成本的净效果是在管制价格下强制地降低利润，而创新的利益都转移到消费者那里，那么厂商为什么要花费资源去降低成本呢？出于这个原因，许多经济学家都认为，厂商在参与降低成本的创新过程中时，赚取的利润应该增加。

根据李特查尔德（Littlechild）教授的建议，英国电信业管制者采取了一项激励性管制政策。在这项政策下，英国电信（British Telecom），英国电信业主要供应商，允许从创新中得到一些收入。英国许多地方的管制委员会都采取了相似的政策，就像美国联邦通信委员会一样。在这些管制之下，手机服务的价格每年下降一定的百分比，受通货膨胀调整的影响。如果厂商可以比通胀更快地降低成本，它们就将得到收入。如果成本下降得慢一些，厂商将发现利润被侵蚀了，无论哪种方式，电话公司都将有很强的动力降低成本。

13.4 价格歧视

到目前为止，都在假设所有的消费者对于给定的商品或服务都被收取相同的价格。但是在很多市场中，厂商对于不同的人收取不同的价格。例如，周一到周三的晚上，曼哈顿的某酒吧（在纽约医院附近）对女士饮酒的收费比对男士饮酒收费的一半还少。这种“女士之夜”是很普遍的。当梅赛德斯－奔驰将190轿车引进美国的时候，在美国卖26 000美元的同一款车在德国大概只卖12 000美元。制药公司对同一种药物在不同的国家经常收取不同的价格；图书馆订阅经济学期刊通常比个人订阅更贵；公交公司和电影院通常对老年人比对其他的人群收取更低的费用。如果一个厂商的同一种商品对不同的消费者收取不同的价格，那么就说它加入了**价格歧视**（price discrimination）的行列。

为什么进行价格歧视会有收益呢？答案来自人们对于一种商品愿意付出的价格通常是不同的。垄断者面临着两难境地：如果有人愿意花高价买，它就会收取较高的价格，但是收取高价使得其他消费者不再愿意购买。

有利可图的价格歧视的必要条件

价格歧视客观地增加了厂商的利润。深入考察，可以发现价格歧视要想获利必须满足的三个条件。

（1）厂商必须是价格制定者。要知道为什么这个条件是必需的，我们先假设供应商是价格接受者。厂商能做的事就是对每个人收取他们对于产品一般愿意花费的价格，这样对于厂商来说，对不同的消费者收取不同的价格将没有任何价值。相反，价格决定者面临的是一条向下倾斜的需求曲线，所以厂商可以通过向愿意在产品上花费较多的消费者收取较高的价格获利。

但是厂商实际上可以对不同的消费者收取不同的价格吗？获利性的价格歧视的第二个条件是：

（2）厂商必须能够区分出不同的消费者。假设你有一家餐厅并且确信有一些顾客愿意为一顿饭花费的价格比另一些顾客高。如果可以将他们区分出来，那么就可以收取歧视价格。但是你会面临一个难题——说出每一个特定的人愿意花费多少是不可能的。如果不能区别出每一位消费者愿意花费的价格，就不可能实施价格歧视，这是大多数餐馆对所有人都收取相同价格的一个原因。有时部分区分出消费者愿意花费的价格是可能的。例如，即使酒吧老板不能确切地说出任意一个特定的消费者愿意为酒花费的价格，但是，他们知道女士通常情况下愿意为酒花费的价格比男士愿意为酒花费的价格低。虽然对愿意花费的价格的区分是不完全的，但是垄断厂商可以通过将消费者划分成拥有不同需求曲线的群体——在这个例子中是男士和女士——来获得利益。

然而，即使厂商对消费者愿意花费的价格有完全的信息，价格歧视还是有可能不获利。如果那些在较低的价格下购买产品的消费者可以转变，并将产品卖给被收取较高价格的消费者，那么这个计划就失败了。当被厂商收取较低价格的消费者将其买到的产品再销售给需要花费较高的价格的消费者时，就说消费者在**套利**（arbitrage）。如果所有的消费者都可以进行套利，将没有人以较高的价格购买酒，价格歧视的尝试将无效。因此，获利性的价格歧视的第三个条件是：

（3）消费者必须不能够进行套利。对消费者套利的考虑解释了为什么酒吧的服务生在“女士之夜”被要求去盯着女士不能为她身边的男士买酒；也解释了为什么梅赛德斯－奔驰和其他欧洲汽车制造商请求美国国会阻止汽车的消费者去欧洲以低价买入汽车，海运回美国，在美国再销售。

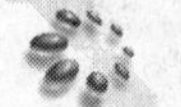

案例　中国电信业——3G 时代的重组

我国电信业从完全垄断到引入竞争，从政企合一到政企分开，从两个竞争主体到多个竞争主体，走过了一条“在发展中改革，在改革中发展”的道路。1994 年以中国联通的成立为标志，电信业打破了垄断，引入了竞争。1998 年后，实现了政企分开、邮电分设，重组了中国电信和中国联通，正式成立了中国移动。2001 年，以打破固定电信领域的垄断为重点，实施企业、资源、业务和市场重组，成立了新的中国电信和中国网通，形成了中国电信、中国网通、中国移动、中国联通、中国卫通、中国铁通六家基础电信企业竞争格局。

当前我国的电信业市场出现了一家独大、多家竞争的态势。以 2007 年的业绩为例，中国移动平均一天的净利润是 2 亿人民币左右，而中国联通全年的盈利也不过 70 亿元，仅为中国移动一个月的净利润。而对于中国的两大固话运营商，竞争的强势与弱势也显现得十分清楚。中国网通尽管和中国电信有以长江为界的“君子协议”，但这并不能阻止中国网通的用户数量严重下滑，利润率偏低。尽管中国电信总体上比中国网通强不少，但是中国电信也面临着中国网通同样的问题。但中国电信市场的移动通信费用开始低于固定通信费用以后，加之移动通信终端的价格不断下降，越来越多的用户投入了移动通信的怀抱。

中国当前电信业的情况简单概括为：中国移动一家独大，并开始谋求在海外发展。中国联通虽然有所增长，但是独立运营两张网络使中国联通的负担沉重。中国电信、中国网通共同经历用户流失的阵痛；中国铁通、中国卫通规模较小，发展范围被严重边缘化。

但是，不得不说的一个事实是：中国在 1G 时代向国外厂商所支付的专利费用为 1 000 亿元，2G 时代（也就是现在）已经超过 5 000 亿元，而在不久的 3G 时代，这个数字会更加庞大……推行一种中国自己拥有知识产权的通信技术势在必行。在这样的背景下，TD 技术应运而生。现在，中国的大唐电信、华为、中兴在 TD 的关键技术领域占据了绝对的优势，基本上可以通过与国外专利持有者的专利交换实现中国 3G 时代的零专利费用。

电信重组的意义在于，它能够使中国有准备地步入 3G 时代。这次电信重组的用意也很明显，让中国移动一家发展到目前为止还存留很多问题的 TD 标准，一是因为中国移动有雄厚的资金实力，二是因为中国移动有庞大的用户群体。由中国网通和中国联通合并后的新联通将发展最为成熟的 WCDMA 技术，这一方面可以降低中国联通发展 3G 的投入，另一方面，中国联通还可以借用现行的 GSM 网络实现向 3G 的平稳过渡。最后，新中国电信收购联通的 CDMA2000 网络，将它直接升级成 3G 标准，实现自己的移动业务发展。

电信重组在长远的意义在于，它扶持了中国自主标准的发展，并且在一定程度上帮助了中国联通和中国网通，是一个典型的强扶弱的用意（强大的运营商支持最弱势的标准）。

小结

在本章中，我们研究了垄断，这是一个与完全竞争相反的市场结构。

- 在垄断条件下，只有一个生产商，并且其他供应商进入市场是受限制的。
- 垄断者意识到其出售的商品数量影响了卖出产品的价格。厂商是价格的制定者。
- 对于具有定价能力的厂商，价格大于边际收益。因此，当垄断者在边际收益等于边际成本的点上生产时，价格大于边际成本。
- 具有定价能力的厂商，如果在每一个产量的水平下出售产量的价格都低于生产产品的平均成本，该厂商就应该停产了。
- 以相同的成本，垄断厂商的产量少于在竞争行业中的厂商。实际上，垄断者的产量如此少，就使得如果提高产量，总剩余就会增加。
- 当消费者购买产品时愿意支付的价格不一致，如果厂商能够区分消费者愿意为产品支付的价格，并且可以防止套利行为，实施价格歧视就有利可图。

讨论题

13.1 ZT-1000，一种没有相近替代品的化学制品，只有一个生产者。新厂商进入这一行业是不可能的，因为ZT-1000已经被申请了专利。ZT-1000行业的需求曲线是向下倾斜的。它需要用两种要素投入来生产，苯和劳动力。生产一加仑的ZT-1000需要使用一加仑的苯和一小时的劳动力。厂商要素投入的供给曲线是完全富于弹性的。现在，苯的价格是2美元/加仑，同时劳动力的价格是10美元/小时。用供给图表和相关的成本曲线来说明厂商的均衡价格和产量选择，越精确越好。

13.2 假设ZT-1000的生产会在工厂中产生一种气体，这种气体会极大地增加工人患癌症的几率，但是并没有有毒的气体溢出工厂。现在所有工人都意识到了这种气体在他们身上造成的危害。如果工人都有一个装有过滤系统的面具，身体就不会受到危害。但是面具和过滤系统会给厂商增加除工人工作以外2美元/小时的额外成本。假设厂商不给工人提供这些面具。为了应对这种健康危害状况，美国政府出台了一部法律，要求该行业为每个工人提供一个带过滤系统的面具。

a. 这部法律将怎样影响厂商产出水平的选择？

b. 这部法律对厂商的利润将有什么影响？

c. 这部法律对厂商中工人的影响是怎么样的？（确保在考虑雇用问题的同时也考虑健康问题）如果厂商发现为工人提供面具就不能盈利，这对工人防止健康受损的重视程度有什么影响？

d. 这部法律对ZT-1000的消费者有什么影响？

13.3 在课文中，我们考察了垄断市场从量税的效果。假设政府征收一个定额税，垄断者需要付出的税收金额T美元与产出水平无关。

a. 这一税收会怎样影响垄断者的均衡？

b. 这一税收将如何在厂商和消费者两者之间分担？

13.4 机场当局限制能够在机场内运营餐馆的数量。在一些情况下，一个机场内的所有食物都是由一家商贩提供，该商贩要向机场支付租金。那么这个商贩愿意支付多少租金来保证自己成为机场内唯一的供应者呢？如果机场决定允许很多供应者来开餐馆，那么机场能够收取的租金又会产生怎样的变化呢？

13.5 美国司法部门有一套关于如何定义厂商拥有市场力量的指导原则。根本上说，这些指导原则认为当厂商将价格提高5%却导致其收益降低时，这个厂商是没有市场力量的。解释为什么在均衡条件下垄断者总是能够通过这个测试。

13.6 在课文中，我们考察了垄断者从事能够确保成功的研发动力。实际生活中的厂商却并不是这样幸运的，承担研发是一项有风险的投资。假设李维斯·吉恩斯公司在研究一种新的细菌，这种细菌能够吸附在制作个人电脑中的记忆芯片时产生的有毒物质。李维斯公司总经理估计研发项目会花费1亿美元。公司遗传学工程师告诉他这项工程只有1/3的机会成功。如果失败了，李维斯公司就没有东西可以出售了；如果成功了，经理估计公司会得到4亿美元的收入，但生产过程中还会花费2亿美元。他们应该投资这个项目吗？

13.7 我们从课文中看到，自然垄断厂商由于倒闭的威胁能够阻止管理者将价格制定在有效率的水平上——边际成本定价会使得厂商受到经济损失的影响。我们的讨论并不区分长期和短期成本。假设一家电力公司刚刚建立了一个大发电厂，该工厂原则上没有其他用处和残值。你认为当管理者需要设定回报率时，应该怎样处理发电厂的沉没成本？一定要考虑对公司未来投资的影响。

第 14 章 更多关于具有定价能力的厂商理论

没有哪种快乐能够经受无趣的变化。

——普布里亚斯·赛勒斯（Publilius Syrus）

考虑下面三个包含定价行为的例子：

- 长期以来，所有大学都联合在美国大学生体育协会（NCAA）名下统一将电视转播权卖给大学生足球联赛。通过 NCAA，大学在处理电视网络时表现得像垄断厂商。当一部分主要的足球院校背叛并成功地组成与 NCAA 相竞争的大学生足球协会（CFA）时，其官司一直打到最高法院。1984 年，CFA 赢得了分离的权利。1990 年，圣母大学（Notre dame）更进一步，该校决定从 CFA 中分离出来，自己进行电视转播权的销售活动。竞争销售电视转播权的局面就产生了。
- 世上有成千上万个摇滚乐队。对于乐队的粉丝来说，每个乐队“生产的都是不同的产品”。尽管乐队的粉丝可能比以前少一些，群体可能也要比之前小一些，但是一个乐队仍然可以提高音乐会的价格，并且依然会有预约。换句话说，每个乐队都面临一条自己开办音乐会的向下倾斜的需求曲线。从这个方面讲，每个乐队都像是一个垄断厂商。但是和垄断市场有一个很大的不同，即有很多的供给者，而且新的乐队进入该行业相对比较容易。
- 护士对于医院的运转来说是非常重要的。任意一家医院都是从很小的备用人员库中雇用护士的。在决定要雇用多少护士的过程中，医院不能接受给定的工资。同价格接受者不同，医院如果想要雇用更多的护士，就要提高支付的工资。换句话说，对于这种投入要素来说，医院面临的是一个向上倾斜的供给曲线。由于投入水平的选择影响着医院对投入要素的支出，那么医院是一个具有定价能力的买者（price-making buyer）。

虽然价格制定的行为在上述每种情况中都扮演了很重要的角色，但是没有一种情况完全符合垄断模型。前两个例子考虑的市场中有很多供给商，而不是像垄断市场中一样，只有一个。在第三个例子中，价格制定的行为是从市场的买方角度而言的，而不是像垄断市场中一样，从卖方的角度而言。在本章中，我们将把厂商的定价理论扩展到包括这三种情况。

本章的第二部分，将引入一个新的均衡模型，这个模型适用于像摇滚乐队的现场演出那样的市场——即使每个厂商都面临着很多独立演奏、与其竞争的竞争对手，但它仍然是一个价格制定者。这种定价行为是由厂商生产的产品都不是完全替代品的事实产生的。正如将要看到的，许多市场将垄断者的定价行为同有很多供应商且自由进入的完全竞争市场结合起来。

14.1　卡特尔

在第13章比较垄断市场的均衡和竞争市场的均衡时看到，如果厂商在一个行业中是接受价格的竞争者，它们就赚不到利润，但是，如果可以像一个垄断厂商那样集体行动，每一个都会得到一些垄断利润。当供应商联合在一起，像一个垄断厂商那样，限制产量和提高价格时，就形成了一个**卡特尔**（cartel）。在本节，会分析几种类型的卡特尔。

14.1.1　产品市场中的卡特尔

在美国，产品市场中的卡特尔结盟很少见，因为它们是不合法的，但是有一些特例。一个是前面讨论过的NCAA。可能在美国产品市场中正式卡特尔的最为广泛的例子就是农产品运销规则了。在农产品运销规则下，美国联邦政府在种植者之间实施了一个协议，要他们限制玉米、葡萄干或杏仁的产量，以使价格保持在竞争的均衡价格水平之上。

1. 完全卡特尔的结果　当卡特尔中的厂商像一个垄断厂商那样集体行动时，它们赚取最多的联合利润并且使得行业的利润最大化。联合利润最大化的价格和产量就是所谓的**完全卡特尔的结果**（full cartel outcome）。要使行业利润最大化，厂商应该集体行动，生产行业边际收益等于行业边际成本的产量。给定行业的需求曲线，用和垄断厂商相同的方法来寻找行业的边际收益曲线。蜜桃的市场需求曲线和相应的边际成本曲线如图14-1所示。要找到行业的边际成本曲线，就将厂商各自的边际成本曲线水平加总。行业的边际成本曲线也在图14-1中表示出来。行业的边际收益曲线和边际成本曲线交于b点。完全卡特尔的行业产出是X_c，卡特尔价格是P_c。行业利润等于阴影部分的面积，即到产出水平位置为止，边际收益曲线以下减去边际成本曲线以下的区域面积。

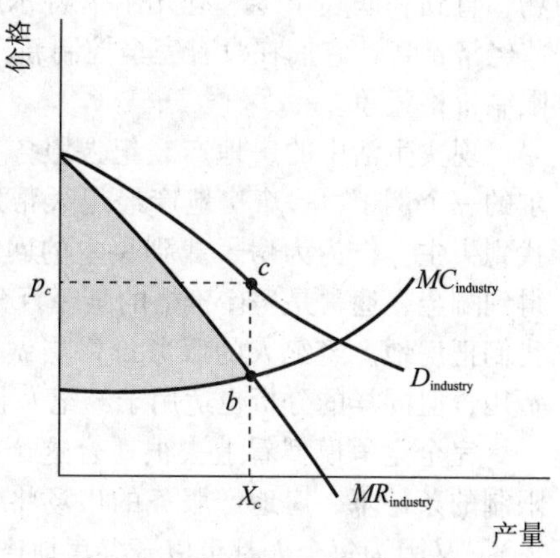

图14-1　完全卡特尔的结果

注：完全的卡特尔行业产量，X_c，是由行业边际收入曲线和行业边际成本曲线的交点决定。卡特尔价格是p_c，行业利润等于阴影部分的面积。

可以说卡特尔将以每单位P_c的价格销售X_c单位吗？不一定。即使卡特尔是合法的，还存在两个竞争压力，它们限制了卡特尔成员实现完全卡特尔的能力。首先，当卡特尔成功地将价格控制在边际成本以上后，单个厂商就会有比从利润最大化的行业产出中分得份额生产更多产量的动力。其次，只要经济利润为正，新的厂商就会被吸引到这个行业中来。因此，卡特尔要想成功，必须做到：①防止成员违反协议而生产更多的产量；②限制新供应商的进入。下面依次考虑这些因素。

2. 违反卡特尔协议　厂商可以通过遵守协议集体获利，并不意味着每个厂商遵守卡特尔协议都符合自己的利益。卡特尔的成功可能会为自己的毁灭埋下种子。当一个卡特尔成功地将其价格提高到边际成本以上时，接受价格的个体成员就有违反协议增加产量的动力。图14-2表明了这种情况。蜜桃的价格是P_c，而且每个厂商都在生产分配的卡特尔产量x_c蒲式耳。因为价格比蜜桃生产者的边际成本高，所以生产者有动力将其产出水平增加到x_d，增加了阴影部分的利润。但是如果所有的厂商都以这种方式增加产量，那么市场总产量将会大幅增加，同时价格下降。因为行业集体生产的产量都比卡特尔产量要多，那么行业利润将会下降。

要达到完全卡特尔的结果，厂商需要某种措施来惩罚违反协议者。在NCAA和电视转播权市场的例子中，可以使用下面的惩罚措施：如果某一成员试图私自出售电视转播权，那么NCAA将会禁止成员同违反协议者打比赛。在农产品市场的例子中，由美国政府实施惩罚，产量过多的农民将会受到惩罚。但是一般来讲，政府惩罚也不是现成的。在典型行业中，如果政府发现了证据，政府将会通过起诉厂商非法形成卡特尔市场来强制执行反托拉斯政策，而不是强制执行卡特尔协议。

当没有机制使卡特尔的成员都遵守卡特尔协议时，卡特尔组织的盈利性可能会受到严重限制。成员需要某种方式来监督和惩罚违反卡特尔协议的供给者。

3. 卡特尔的进入限制 仅仅能够限制卡特尔的成员不违背协议，还不能保证卡特尔的成功，还必须同时限制新厂商的进入。经济学理论表明，如果能够自由进入一个行业，卡特尔形成的利润会吸引新的供给者进入市场，直到利润趋于零。有几个卡特尔组织尝试过忽略这些经济预言，它们在没有完全控制新厂商进入的情况下，限制价格竞争。

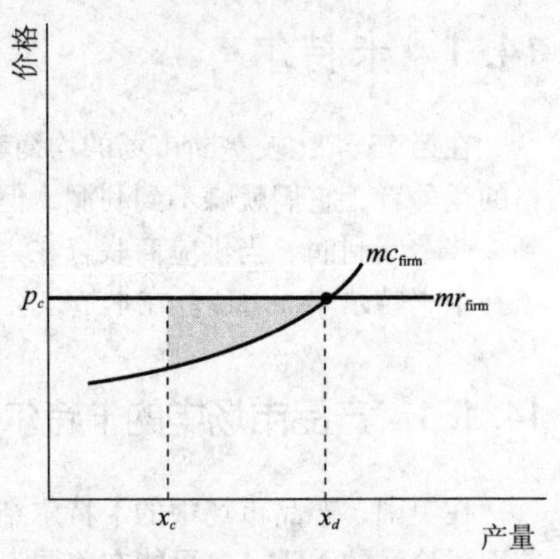

图 14-2 违反卡特尔协议的动力

注：从单个的供给者角度讲，由于边际收入高于边际成本，所以单个供给者存在违背卡特尔协议增加产量的动力。

现实生活中的房地产经纪人服务市场就是局部卡特尔的一个例子。一个房地产经纪人帮助想要卖房子的人找到买主。作为为房子找到买主的回报，房地产经纪人得到酬金，通常是房屋价格的某一百分比。为简明起见，我们把房地产经纪人的服务价格当做是寻找买主的固定费用，但同样的分析也适用于经纪人收取的百分比上。

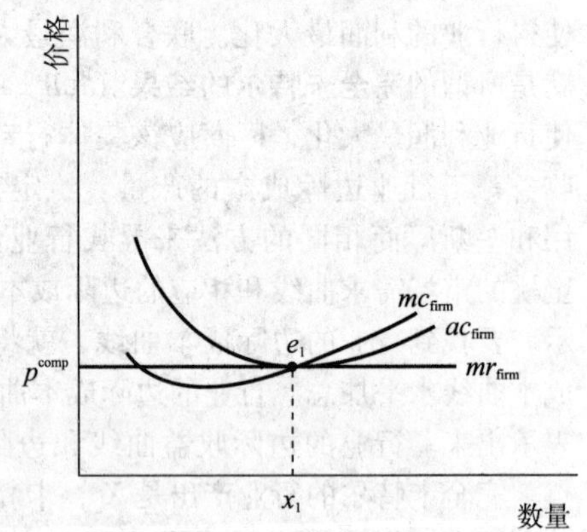

图 14-3 房产经纪人服务的竞争均衡

注：竞争条件下的均衡将使每一个房产经纪人在 p^{comp} 的价格下提供 x_1 的服务。

完全竞争模型看上去很适合这个行业。在缺乏人为限制的条件下，房地产服务的市场将有大量卖者（经纪人），又因为每个人都可以开办房地产公司，所以进入自由。再有，大多数的房地产经纪人都是其他房地产经纪人的近似替代品。最后，由于房地产经纪人技术相似，所以认为他们有相似的成本。在这些条件下，当自由进入在长期将导致经济利润为零，或者是价格等于平均成本的同时，接受价格的行为将会引导每个厂商使其价格等于边际成本。假设单个房地产经纪人的成本曲线如图 14-3 所示。在竞争条件下，每个厂商将在 P^{comp} 的价格下，生产 x_1 单位的房地产服务。

由于不满未来经济利润为零，假设一个小镇上所有的房地产经纪人都联合起来提高价格（酬金）。可以预见这种努力的失败，因为房地产经纪人的数量太多。每一个房地产经纪人都会认为只有很小的可能性被发现违反协议及被惩罚。这样的厂商可能会解释说："其他厂商不会降低整个市场价格来惩罚我的。"

一个不良的房地产经纪人将会如何做呢？在使用多重上市服务系统（一个列出所有要出手的房子的目录）作为价格管制方法的时期，他们将怎么做呢？每个支持价格管制的房产经纪人都会获得多重上市服务的特权。每一个被发现违反价格管制的房产经纪人的房子都会被禁止列入目录，并禁止从这个目录中买房子。缺乏这些特权的人将会遭受经济损失，并且由于违背协议的目的是要通过让人们知道你收取一个比较低的酬金引来新的生意，所以保密是很困难的。这个政策的成功是由于房产经纪人对违反协议有明确并且可信的惩罚措施。每个违反价格管制协议的房产经纪人都会被剥夺多重上市服务系统的特权，从而遭受损失。

房产经纪人应该将价格确定在什么水平来使利润最大化呢？要回答这一问题，考虑图 14-4，它表明了房产经纪人典型的向下倾斜的市场需求曲线。联合利润在行业的边际收益等于行业的边际成本的产量处达到最大，对应到需求曲线上，卡特尔价格是 P^{cartel}。相反，竞争条件下的价格是 P^{comp}，与产量 X_1 相关。

从短期来讲，房产经纪人从卡特尔中获利。究其原因，作为价格接受者，经纪人赚取利润为零，销售比行业利润最大化水平更多的服务。因此，这一产量是在行业的边际收益少于边际成本的点上。价格提高到 P^{cartel} 会降低行业的产出水平，提高房产经纪人的经济利润。

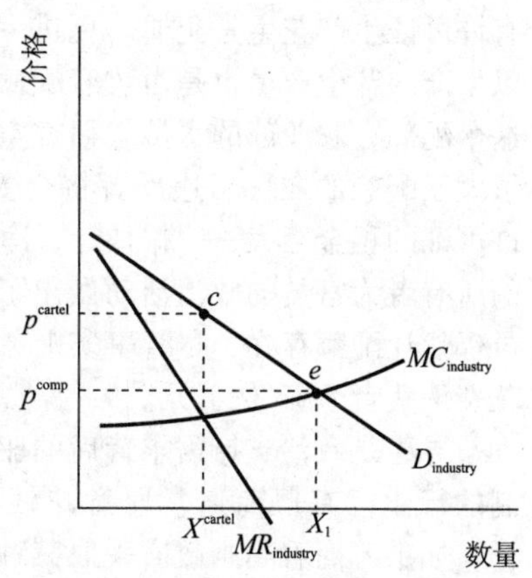

图 14-4　竞争结果和完全卡特尔产量的比较

注：竞争市场均衡点在行业的边际成本和需求曲线相交的 e 点。联合利润在行业的边际收入等于行业边际成本的产量 X^{cartel} 处最大。此时的价格为 P^{cartel}。

对于房产经纪人来说，这种利润在长期不会持续。只要利润为正并且进入自由，新的房产经纪人就会被吸引到市场中来。一般来讲，当行业的供给水平扩张时，价格会下降。然而，在这里，价格通过共谋协议而保持不变。因此，房屋所有者的需求总量保持不变，就像房产经纪人提供的服务总量不变一样。改变的是每个房产经纪人的销售量。因为在成交总量不变的情况下，有更多的房产经纪人可以提供服务，所以每个房产经纪人只能给更少的客户提供服务。图 14-5 中的平均成本曲线，最初向下倾斜，反映出房产经纪服务的规模经济。结果，每个房产经纪人都发现随着销售量的减少，平均成本在增加。进入市场的现象一直到均衡的平均成本等于卡特尔设定的价格时才停止。从图 14-5 中，可以看到，x_2 是每个厂商产出的长期均衡水平。在均衡条件下，有很多厂商，每个厂商以较高的平均成本控制一小部分客户（每个经纪人都将花费很多的时间来等待客户），行业利润完全被分割。房产经纪人因为预期较高的利润而使价格保持不变，但结果却提高了平均成本。由于在短期内，房地产经纪人不能阻止新的进入者，所以在长期卡特尔就不能创造经济利润了。

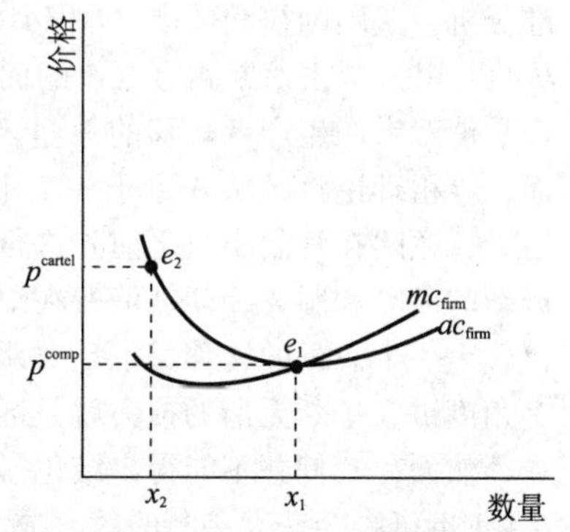

图 14-5　进入分割了卡特尔的利润

注：在长期，直到平均成本等于卡特尔设定的价格时，进入才会停止。

4. 重新考虑垄断的福利成本　如果行业中的厂商能够让政府强制执行卡特尔（包括进入限制和非价格竞争的限制），那么它们就能享受经济利润，从而厂商会采取行动说服政府为它们建立或是保持一个卡特尔。本小节描述了该过程的一个模型。

考虑美国花生市场。在图 14-6 中，花生的需求曲线是 D，相应的边际收益曲线是 MR。为了简化，假设花生生产的平均成本和边际成本都不变，因此，边际成本 MC 和平均成本 AC 一致，是水平的。根据卡特尔理论，协调生产，联合起来表现得像一个垄断者符合花生种植户的利益。作为一个卡特尔，他们总共将会生产 X_c 吨的花生，每吨价格为 P_c，赚取的经济利润是阴影部分 A 的面积。然而，卡特尔理论表明保持价格 P_c 是很困难的。即使卡特尔的成员能够确定并且强制执行生产份额，新的花生生产者也会进入市场来赚取阴影部分的经济利润；最终，这种进入将会消除卡特尔成员的经济利润。

要想在长期成功，卡特尔成员需要采取某种方式来限制进入，这就是需要政府发挥作用的地方。如果卡特尔成员能够使政府使用强制力来禁止新的进入，那么卡特尔就可以保持，其成员也能够继续赚取经济利润。

现在，我们回忆利润有时指的是“租金”。就像花生的例子所表明的，如果政府人为限制供给，可以为行业中的生产者创造租金。**寻租**（rent seeking）是指为了得到或是保护经济利润而采取的行动。实际上，花生行业是一个寻租行为及其结果的经典案例。没有许可证生产花生是犯罪。更进一步，即使有许可证，可以生产的花生产量也是由政府配额决定的。为了强制执行这个配额，农业部的官员“研究空中拍摄的照片来分辨产量大于配额的农民，违反者将会受到严重的惩罚”。持有许可证的租金巨大——据估计，净回报率是51%。许可证的所有者为官员的政治活动做出了很大贡献，就是这些官员仍然让配额存在，尽管事实上，花生的高价格大约每年花费消费者5.13亿美元。

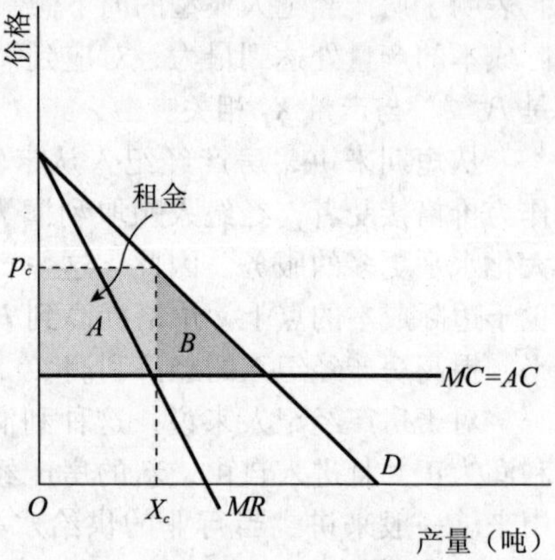

图 14-6 花生卡特尔的寻租

注：在卡特尔条件下，产量是 X_c，租金收入是阴影部分 A 的面积。因此，卡特尔成员为换回政府加强卡特尔愿意付给政府的费用就是 A 的面积。如果寻租要消耗资源，那么卡特尔的福利成本就是 $B+A$ 的面积。

寻租是政治支持需求背后的驱动力，因为存在进入限制的行业已有厂商通常愿意花钱来保持其优势地位。同样，如果厂商看到当政府采取某种行动后，它们有获得租金机会，那么会花费资源来说服政治家和管制者采取这些措施。欧罗克的一句最具挖苦的话就是：“当买卖由法律来控制时，最先被买卖的就是立法者。”

一组厂商为获得或保持优势地位最多愿意花费多少呢？由于租金是停留在行业内部需要支付的额外费用，所以厂商为优势地位而愿意付的价钱就是租金的总量。在图14-6中花生卡特尔的例子中，这部分就是阴影部分 A 的面积。

寻租模型表明很重要一点，即市场力量的福利成本高于假设量。按照在第13章中形成的标准分析，垄断的福利成本（图14-6中）是用垄断产生的消费者剩余损失（区域 A 的面积 + 区域 B 的面积）减去垄断租金（A 的面积）。因此，福利成本是区域 B 的面积。这种计算假设经济租金是消费者向生产者转移的总量。虽然这种转移会有重要的再分配效果，但是不影响效率。然而，寻租理论将区域 A 置于一个不同的层面。寻租可能耗尽资源——游说者花费时间来影响立法者，顾问在管制小组之前先进行验证，广告者进行公关活动，等等。这些资源明明可以用来生产新的商品和服务，却被消费在对已有商品和服务的再分配斗争上。因此，区域 A 的面积不仅仅代表一个总量的转移，也是对用于保持市场力量地位的真实资源的一种度量。简单地说，从这个角度讲，垄断无谓的损失就是区域 B 和区域 A 的面积之和。

然而，我们并不能得出结论说区域 $B+A$ 总是无谓的损失。在很多例子中，即使存在寻租，$B+A$ 也可能会夸大垄断的效率成本。例如，某种寻租行为采取的是竞选献金和贿赂的形式，而这仅仅是剩余的转移——并不消耗真实的资源。尽管如此，寻租模型的一个重要贡献是，它将我们的注意力集中在由政府力量创造租金而产生浪费的潜在规模上。

14.1.2 工会

卡特尔不仅仅在产品市场上存在，工会也是美国经济中一种非常重要的卡特尔。虽然工会做的事情很多，但是在美国工会很大程度上都是在为工资和工作条件而努力。正如第5章中提到的，这两部分对工人来说都很重要，但是这里将重点放在工会为提高工资而做出的努力上。

美国汽车工会（UAW）有成千上万的成员。在没有工会的前提下，他们的劳动供给将会相互竞争。给定图14-7中汽车业工人的需求曲线，均衡条件下，有 L_1 的工人将会在工资率为 w_1 时被雇用。

因为工会确实存在，所以工人的供给并不是竞争性的。UAW 代表这些工人与行业（汽车生产行业）中厂商对工资集体性的讨价还价。即工会提出一个工资 w_a，工会中的工人不会接受比这个更低的工资。如图 14-7 所示，总的雇用量从 L_1 下降到 L_a。与此同时，由于工资提高到竞争水平之上，在当前工资下愿意工作的人数增多，从 L_1 增加到了 L_b。因此，工人的供给量超过需求量，工作必须在工人中配给，这就是人们非自愿的从工作中被解雇的原因。被解雇的工人想要在当前的工资水平下工作，但是汽车公司需要的劳动少于工人愿意供给的量。

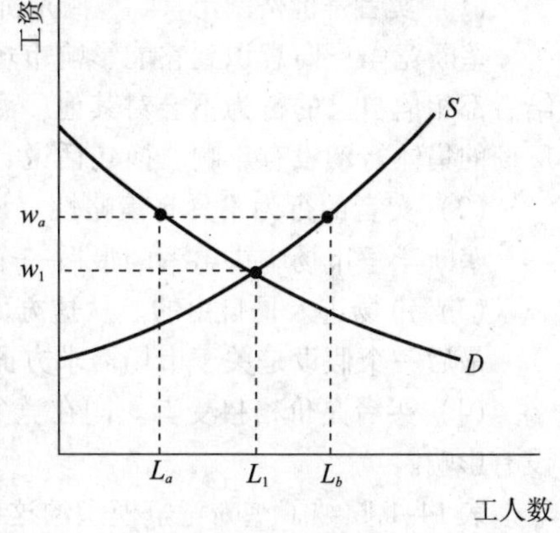

图 14-7　工会的影响

注：在一个竞争的劳动力市场中，均衡的工资将是 w_1，均衡的被雇用的劳动者数量是 L_1。在工会工资 W_a 下，只有 L_a 的工人是需要并且被雇用的。在当前工资下，想要工作的人的数量从 L_1 增加到 L_b。

这里再一次看到卡特尔需要某种方式来强制成员遵守规定的必要性。如果没有工会契约，在工会规定的工资水平找不到工作的人将会在低工资下工作。自然，厂商愿意雇用他们。结果，工资将会下降，没有厂商会在工会价格下雇用工人。这就是只雇用工会会员的劳资协议（这一协议阻止非工会工人被雇用工会工人的厂商雇用）对工会来说如此重要的原因。

总而言之，工人可以通过集体行动表现得像一个制定价格的垄断者。但是像其他的卡特尔一样，要想成功，工会必须能够防止其成员违反协议，同时要阻止工会以外的人进入。

14.2　垄断竞争

到目前为止，我们只是考虑了只有一个或几个生产者的市场，它们统一行动看上去像一个决策制定者的市场定价问题。然而，在其他很多市场中，即使有很多生产者，生产者仍然是价格制定者，并且它们是独立、相互竞争的。当厂商生产的是不完全的替代品时，定价行为就产生了。

考虑冰淇淋店的例子。没有两个冰淇淋店是完全一样的。两个冰淇淋店可能在销售的冰淇淋（一个可能销售纯正的冰淇淋，另一个可能销售牛奶冰淇淋或是冰冻酸奶）和店铺位置（可能距离几英尺远）上都有差异。因为每个商店同竞争对手不同，所以每个商店面临一个向下倾斜的特定需求曲线。换句话说，每个冰淇淋店都是像垄断者一样的价格制定者。但是，这明显不是一个垄断市场。这个市场中有很多供给者，并且新的供给者可以自由进入。经营一个冰淇淋店所需要的技术被广泛了解，并且几乎没有法律的壁垒。销售者的数量和进入状况与完全竞争市场的情况相似。

许多其他市场都将垄断定价同完全竞争的大量供给者和自由进入状况联系起来——服装店、唱片店，任何零售店都是例子。因为它将垄断和竞争的特点联系在一起，拥有这些特点的市场就用垄断竞争来概括。尽管对垄断竞争市场自身的权利感兴趣，但是垄断竞争模型也是分析生产决策和产品种类选择问题的一个重要工具。由于太昂贵，生产所有可以想象的产品是不可能的，所以社会必须对生产哪种商品做出决定。在大多数西方经济体中，这些决策是“由市场决定的”。垄断竞争模型有助于理解市场机制是否导向了生产“合适的”产品和服务的组合。

14.2.1　基本假设

从对供给者和需求者行为的标准假设开始定义这个模型。垄断竞争模型的前三个假设是从市场的供给角度来讲的。

与垄断厂商相同，垄断竞争厂商也意识到了对价格的影响：

（1）卖者是价格制定者。厂商是价格制定者，就意味着它面临一条向下倾斜的特定需求曲线。

垄断竞争厂商意识到它能影响市场价格，在该价格下销售产品。然而，这个模型假设每个供给者都相信自己的行为不会对其他厂商接收到的价格信息产生值得关注的影响，因此，对于其他厂商的集体行动没有影响。换句话说，

（2）卖者的行为不具有策略性。该假设是垄断竞争同完全竞争、完全垄断共有的。

垄断竞争市场中供给者的最后一个假设是关于进入的：

（3）市场进入是自由的。从这方面讲，垄断竞争市场与完全竞争市场一样。

最后一个假设是关于市场需求方面的：

（4）买者是价格接受者。同在竞争市场和垄断市场中一样，每个买者都相信它对市场价格没有影响。

表 14-1 归纳了垄断竞争模型的这些基本假设，并将它同完全竞争市场和垄断市场的假设相比较。

表 14-1 垄断竞争模型的基本假设

	垄断竞争	完全竞争	垄断
1. 卖者对价格的影响	卖者是价格制定者	卖者是价格接受者	卖者是价格制定者
2. 策略性行为的程度	买者的行为不具有策略性	买者的行为不具有策略性	买者的行为不具有策略性
3. 进入情况	进入市场是自由的	进入市场是自由的	进入市场是完全受到阻碍的
4. 买者对价格的影响	买者是价格接受者	买者是价格接受者	买者是价格接受者

14.2.2 合适的市场结构

这种模型适合哪种市场呢？要想回答这个问题，需要再次考察市场结构的各个方面。

（1）买者的规模和数量。因为需求者是价格接受者，因此一定会有很多买者，其中没有一个足够大以至于能对价格施加影响。从这方面讲，新的市场结构同竞争或是垄断市场的市场结构是相同的。

（2）卖者的规模和数量。正如在第 11 章中看到的，供给者的规模和数量同时影响着策略性行为的程度与供给者接受价格的行为同制定价格的行为之间的界限。当一个行业中有很多厂商时，其中任何一个采取的行动对其他的厂商都几乎没有影响，厂商好像也不会回应其他厂商的行动——供给者的行为将没有策略性。由于这个原因，垄断竞争最适合于有很多供给者的市场。从这个角度讲，一个垄断竞争市场看上去像是一个完全竞争市场。

市场结构的这些成分看上去将要导向价格接受的行为，要违背垄断竞争市场的第一个基本假设。然而，市场中有很多厂商并不意味着供给者就是价格接受者。我们还必须考虑产品差异的程度和消费者了解的可供选择的信息的程度。

（3）不同卖者产品的替代程度。市场结构的前两个要素和完全竞争市场相似。垄断竞争市场同完全竞争市场最大的区别在于竞争对手间提供商品的替代程度，这对供给者是价格接受者还是价格制定者有很大影响。当不同供给者的产品不是完全替代时，供给者可以提高自己产品的价格而不会失去已有销售量。因为垄断竞争市场是一个制定价格的销售者的模型，最适合的市场结构就是消费者把不同厂商的产品看做非完全替代品。因为消费者将产品看做是不同的，那么产品就是**异质的**（heterogeneous），或者说是**有差别的**（differentiated）。相反，完全竞争模型适用于所有生产者提供的产品对另一个来说是完全替代品，即这些产品都是同质的。

在这一点上，你可能会问，如果产品是有差别的，为什么垄断竞争厂商不像垄断厂商一样

呢？因为尽管不同厂商的产品之间有足够的差别以至于每个厂商都是价格制定者，但是这些产品之间又是足够的相近可以替代，以至于一个厂商的行为会影响到其他厂商的价格和利润（即使每个厂商都没有意识到自己的行为对其竞争对手的影响）。

垄断竞争厂商被认为是生产同一商品的不同版本的厂商。考虑杂志行业，杂志有很多变体，它们之间有很多不同。一些读者喜欢包含了世界新闻并分析政治事件的杂志，另一些喜欢阅读最新的富人离婚状况的杂志，还有一些读者更关注格式化个人电脑硬盘的文章。当不同杂志迎合着不同读者口味时，它们也同其他杂志竞争。当一个消费者购买的八卦杂志越多时，他购买的新闻杂志可能就越少。

（4）买者了解的价格和可供选择的产品信息的程度。买者对不同供给者提供的产品和价格的信息对市场均衡有很大影响。垄断竞争模型包括对信息完全了解和几乎不了解的消费者。当每个买者都充分了解可供选择的产品信息时，他会从提供最优价格和产品特征组合的产品的卖者那里购买商品。如果产品有差异，每个供给者依然是价格制定者，因为在某些产出上，一些消费者愿意比其他消费者花更多的钱。这就是通常对垄断竞争的解释。

当然，我们还可以考虑消费者没有完全了解可供选择的产品信息的市场。实际上，这种信息的缺乏就是制定价格的源泉。当买者不了解价格和可供选择的产品足够的信息时，其特定的需求会对价格变得更加不敏感。如果你想销售更多的产品，可以减价么？如果没有人知道你已经降低了价格，减价就不能吸引新的消费者。类似的，当供给者提高价格时，他能简单地保持销售量，因为消费者不知道还有更好的选择。

（5）进入的情况。这个模型假设进入是自由的，所以它适合对新厂商没有技术或法律壁垒的市场。

表 14-2 总结了垄断竞争模型最适合的市场条件，并且将这些条件同完全竞争市场和垄断市场相比较。

表 14-2　垄断竞争的市场结构

	垄断竞争	完全竞争	垄断
a. 买者的规模和数量	很多买者，没有一个相对于整个市场来说是较大的买者	很多买者，没有一个相对于整个市场来说是较大的买者	很多买者，没有一个相对于整个市场来说是较大的买者
b. 卖者的规模和数量	很多卖者，没有一个相对于整个市场来说是较大的卖者	很多卖者，没有一个相对于整个市场来说是较大的卖者	只有一个卖者
c. 不同卖者产品的替代程度	不同卖者之间的产品有差异	不同卖者之间的产品同质	没有近似的替代品
d. 买者了解的价格和可供选择的产品信息的程度	买者可以了解也可以不了解相互竞争的供给者提供的产品的信息	买者很了解相互竞争的供给者提供的产品的信息	买者很了解相互竞争的供给者提供的产品的信息
e. 进入的情况	对进入来说，既没有技术壁垒也没有法律壁垒	对进入来说，既没有技术壁垒也没有法律壁垒	对进入来说，或者有技术壁垒，或者有法律壁垒

14.2.3　均衡

正如垄断竞争的名字所体现出来的，在这个模型的基础分析中几乎没有新的东西。我们只要简单地将垄断定价和竞争进入结合起来。因为进入过程需要时间，所以很有必要区分供给者一定的短期均衡和厂商数量的决定是均衡过程一部分的长期均衡。

1. 短期均衡　从短期均衡开始，在短期均衡中厂商的数量一定。特别是，假设市场中厂商的数量固定为 n。图 14-8 表明当市场中有 n 个厂商时典型厂商的成本曲线和需求曲线。典型厂商的意思是，行业中的其他厂商在成本和需求方面都处于相似的地位。也就是，虽然每个厂商生产的基本产品的形式不同，但是每个厂商面临的特定需求曲线和成本曲线是相同的。很明显，在现实市场中，厂商的需求曲线和成本曲线并不相同，但是这种对称假设有助于在不可行的复杂模型之外抓住问题的核心。

典型厂商面临的需求曲线如图 14-8 中的 D_n。正如已经提到的，每个厂商都面临一条需求曲线，或者说一条向下倾斜的平均收益曲线。由于平均收益曲线向下倾斜，可以知道除了第一单位的产量之外，边际收益曲线都在平均成本曲线之下。典型厂商的平均收益曲线是图 14-8 中的 MR_n。

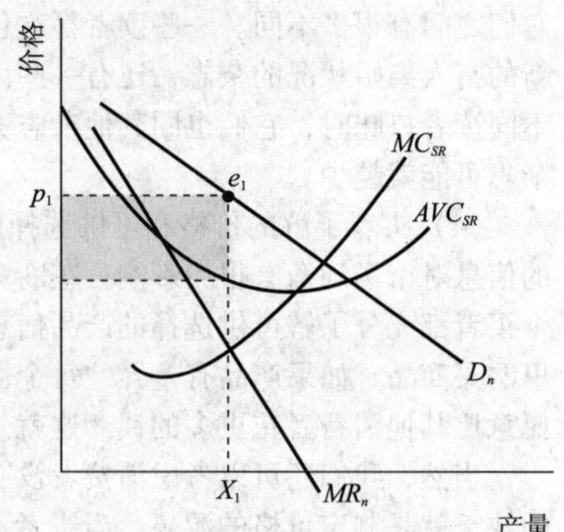

图 14-8　短期的垄断竞争均衡

注：与任何一个利润最大化厂商一样，当垄断竞争厂商没有选择停业时，它就生产边际收入等于边际成本的产量 X_1。赚取的经济利润是阴影部分的面积，所以厂商不会停产。

这个图看上去更像是垄断厂商的。唯一可观察到的区别就是在特定的需求曲线和边际收益曲线的下方标注 n。下标提示了每个厂商面临的需求取决于竞争对手的数量。正如下面要看到的，当市场中有更多的厂商时，典型厂商的特定需求曲线会发生变化。同垄断模型不同，这里必须清楚市场中厂商的数量。

同任何一个利润最大化的厂商一样，垄断竞争厂商通过应用在第 7 章的两个基本产出选择原则对自己的产出做出选择。首先，厂商将产量水平设定在边际收益等于边际成本处，图 14-8 中的产量 X_1。同垄断条件下一样，通过将 X_1 映射到需求曲线上得到厂商的价格。图中表明，当市场中有 n 家厂商时，生产 X_1 单位产品的厂商以 p_1 的价格销售这些产品。

当然，还必须应用利润最大化产出选择的第二条原则。我们必须证实厂商生产了 X_1 单位的产品，而不是完全停产。检验该条件的方法是用产量乘以平均收益与平均经济（变化的）成本的差来表示利润，即图 14-8 中的阴影部分。可以看到，厂商确实赚取正的经济利润，并且在短期内不会停产。

总之，垄断竞争的短期分析是相当老套的，只是把每个厂商当做一个小的垄断者。短期分析很简单，因为不直接处理厂商曲线间的交叉问题。我们只用下标 n 来总结这种相互依赖，n 表明了厂商的收入曲线依赖于行业中其他厂商的数量。从长期来讲，市场中厂商的数量可以变化，所以模型必须包含这一事实。

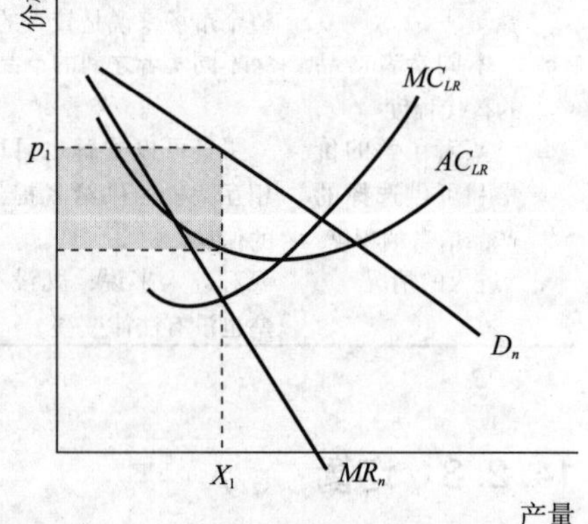

图 14-9　正经济利润在长期会吸引新的进入者

注：行业中每个供给者赚得的正经济利润等于阴影部分的面积。这些利润将会吸引新的厂商进入行业。

2. 长期均衡　垄断竞争和完全垄断的区别在于长期分析。在垄断竞争的条件下，进入一个行业是自由的，因此只要有利可图，新的厂商就会进入。那么像图 14-8 给出的情况新厂商会进入吗？你可能回答会，因为每个厂商都赚取了正的利润。但这是一个看似容易其实很让人迷惑的问题。图 14-8 中表示的是短期的边际和平均成本，而进入与否的决定是建立在长期成本曲线上的。要想知道厂商的均衡产量，需要考察典型厂商面临的长期成本曲线，如图 14-9 所示。该图表明在这个行业中，每个供给者赚取的正的经济利润等于阴影部分的面积。这些利润将会吸引新的厂商进入该行业。

新厂商的进入如何影响市场均衡呢？当新的厂商进入

市场时，消费者会有更多的选择，几乎没有消费者只惠顾一家厂商。假设厂商的数量从 n 增加到 n'。结果，市场变得更加拥挤，所以在给定的价格下，厂商只能卖出更少的产品：典型厂商的需求曲线向里移动了。这种变化由图 14-10 中新的平均收益曲线 $D_{n'}$ 和边际收益曲线 $MR_{n'}$ 表示。在这种收入曲线下，典型厂商以 p_2 每单位的价格销售了 X_2 单位的产品。正如从图中看到的，市场的拥挤降低了其利润。然而，如图 14-10 所示，虽然市场中有 n' 个厂商，但是利润依然是正的。因此，其他厂商将会发现进入市场依然是有利可图的。

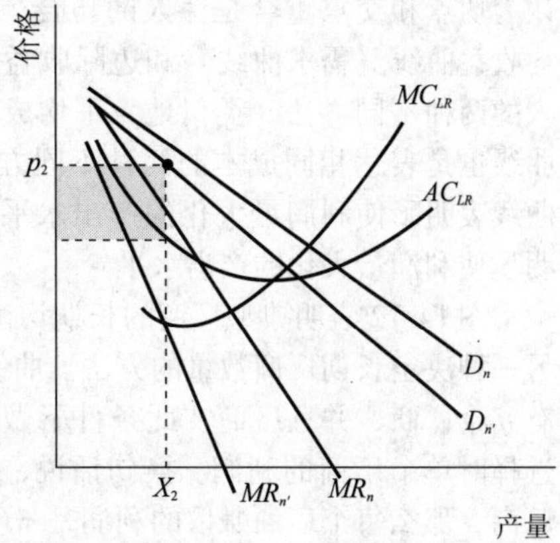

图 14-10 新厂商的进入将典型厂商特定的需求曲线和边际收入曲线都向内移动了

注：进入使得典型厂商面临的需求曲线向内移动。这种移动用图 14-10 中新的平均收益曲线 $D_{n'}$ 和新的边际收入曲线 $MR_{n'}$ 表示。

这一过程何时将停止呢？只要厂商找到一个平均收益大于平均成本的产出水平，它就可以赚取正的利润。因此，只要产出水平处的需求曲线高于长期的平均成本曲线，行业中厂商的数量就会继续增加。这表明在长期均衡中，平均收益曲线和平均成本曲线不能再相交。如果相交，如图 14-10 所示，将会有某些产出水平处的平均收益超过平均成本，从而进入市场就有利可图。另一方面，如果平均收益处处都比平均成本低，如图 14-11 所示，那么行业不可能存在均衡了。如果这样，已有厂商将会遭受损失，并且其中的一部分将会离开市场。

要决定长期均衡是什么，需要回忆市场中厂商赚取的经济利润必须为零。因此，在长期均衡中，市场中每个厂商都必须将产量控制在平均收益（价格）等于平均成本处。但是，正如已经讨论过的，平均收益曲线还必须在平均成本曲线之下，这只有在需求曲线和平均成本曲线相切的均衡产量才能发生。因此，在长期均衡中，典型厂商的产量必须为需求曲线和平均成本曲线相切的点，如图 14-12 所示。厂商售出 X_3 单位产品的价格是 p_3，等于这些单位产品的平均成本。

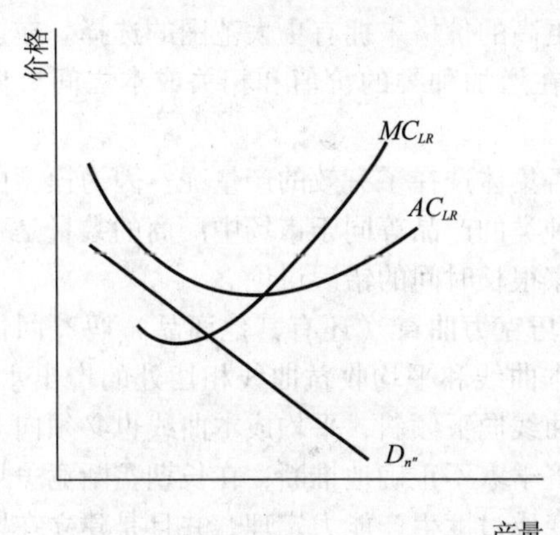

图 14-11 经济损失在长期会使厂商退出行业

注：行业中有如此多的厂商以至于需求曲线总是在平均成本曲线之下，如果已有厂商继续营业，将会遭受损失。一些厂商会退出市场。

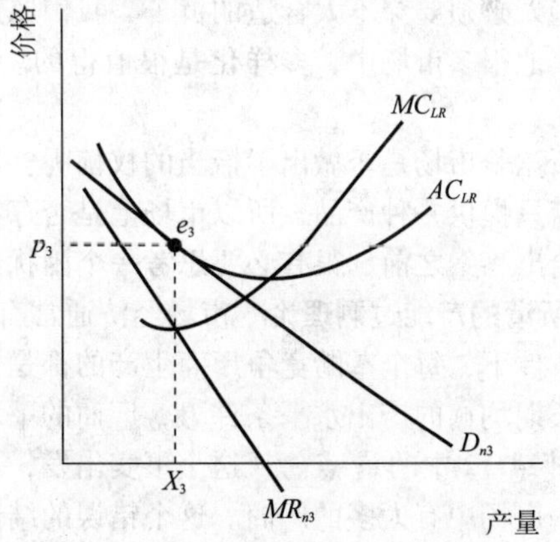

图 14-12 长期的垄断竞争均衡

注：在长期均衡中，一个典型的厂商生产的是需求曲线和平均成本曲线相切处的产量。厂商可以销售 X_3 单位产量的价格水平 p_3，等于生产这些单位产品的平均成本。长期均衡的产出水平还必须满足边际产出规律：X_3 处的边际收入等于边际成本。

因为厂商追求利润最大化，所以必须遵循边际产出选择原则。因此，在长期均衡产量，边际收益必须等于边际成本。这一事实用图 14-12 表示，边际收益和边际成本曲线相交于 X_3。你可能认为切点和交点重合是惊人的巧合。其实并非如此。平均收益曲线（需求曲线）和边际收益曲线是表达相同收入的两种不同方法。类似地，平均成本曲线和边际成本曲线也是表达相同成本的两种不同方法。因此，当平均曲线表明了使利润最大化的产出水平时，边际曲线也表明了使利润最大化的产出水平。

图 14-12 表明典型厂商的长期均衡，而图 14-13 给出另一种决定长期厂商数量的方法。曲线 $\pi(n)$ 表明行业中有 n 个厂商，并且厂商在此条件下做出利润最大化产量选择时单个厂商的利润。换句话说，如果市场中有 n 个厂商，那么每个厂商赚取的利润是 $\pi(n)$。随着市场变得拥挤，每一个厂商的利润将会下降，因此，$\pi(n)$ 曲线是向下倾斜的。当厂商的数量少于 n_3 时，每个厂商赚取正的经济利润，进入就发生了。当厂商的数量大于 n_3 时，厂商遭受损失，就会退出市场。因此，在长期均衡中，厂商的数量必须恰好等于 n_3。

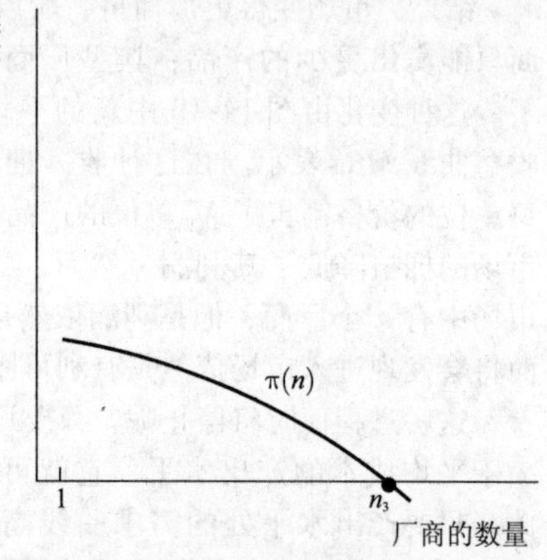

图 14-13 随着越来越多的厂商进入行业中，单个厂商的利润将会下降

注：曲线 π（n）表示给定行业中有 n 个厂商时，单个厂商的利润。在长期，进入或是退出都会发生直到每个厂商都赚取零利润，并且均衡的厂商数量是 n_3。

14.2.4 垄断竞争的规范分析

为什么我们并不都穿裁缝做的衣服呢？答案很明显：对很多人来说，定制的衣服太贵。设计一条定制的裤子的成本要比可以给不同人穿的成千上万条相同裤子的平均成本高得多。换句话说，生产裤子存在规模经济。当一种商品的生产存在规模经济的特点时，多样化是高成本的。在裤子市场多样化的高成本前提下，为什么不都穿同样大小和同样种类的裤子呢？答案也是很明显的：一些人必须要穿不太合适的裤子。我们愿意付出更高的价格来拥有更大范围的选择。在这个市场和其他很多市场中，多样化是很值得的。因此，在增加种类的价值和相关成本之间要做出权衡。

垄断竞争市场是否做出了恰当的权衡呢？厂商是否集体选择了有效的产量呢？因为模型中的每个厂商只提供一种产品，所以市场上是否存在合适种类的产品等同于市场中厂商的数量是否合适。在给出答案之前，很有必要思考一个困扰经济学家很长时间的错误讨论。

1. 所谓的产能过剩理论 市场经济通常有过多的巧克力曲奇（还有其他商品）吗？回忆长期均衡条件下，每个垄断竞争厂商生产的都是平均成本曲线和平均收益曲线相切处的产出水平。因为在长期均衡的产出水平条件下，厂商的平均收益曲线向下倾斜，平均成本曲线也必须向下倾斜，如图 14-12 中的 e_3 点。从这个事实出发，一些经济学家不正确地推断：在长期垄断竞争均衡条件下，市场中有太多的厂商。这个错误的结论逐渐变成过度生产能力定理，并且是建立在以下讨论基础之上的：每个厂商达到均衡产量时平均成本是下降的，所以如果更少的厂商来生产给定的行业产量，每个厂商将生产更多的产品，那么，行业范围内的平均成本将会下降。

这个所谓的定理丢掉了决定性的一点——多样化是有价值的。虽然较少的厂商可以降低给定的总产量（用某种方法进行度量）的平均成本，但是这同样会减少产品的种类。例如，假设美国天然气站的数量减半，剩下的天然气站确实会有较低的平均成本，因为它们扩大了自己的生产总量，并且利用了规模经济。但是消费者要到最近的天然气站需要驾车行驶更远的路程。一旦考虑了带来的不便，当有较少的天然气站时，获得天然气的实际成本可能会更高。简言之，下降的平均成本曲线除了表明多样化要付出高代价就再无其他，它并没有告诉我们这些成本同多样化的利润相比如何?

对于这一点，你可能会有两个问题。首先，经济学家怎么会错误地相信了过度生产能力定理呢? 这正体现了在研究规范模型时没有保持开放思路的危险性。第二，如果过度生产能力定理是不正确的，那么均衡条件下的厂商是否太多呢?

2. 市场均衡同有效率产出之间的比较　要想知道市场提供的产品种类是过多还是不足，必须将有效率的厂商数量同现实中长期市场均衡的厂商数量相比较。

(1) 多样化的有效率厂商数量。有效率的厂商数量在平均成本的增加和多样化的价值之间进行了权衡。使用局部均衡的方法，有效率的厂商数量就是使得总剩余、行业总利润和消费者剩余最大化的厂商数量。要知道何种厂商数量能使总剩余最大化，需要分别考察总剩余的两部分。

给定所有厂商都相同的简单假设，那么行业利润简单来说就是每个厂商的利润 $\pi(n)$，乘以厂商的数量 n。当市场中有 n 个厂商时，行业利润就是 $n\times\pi(n)$。行业的利润曲线如图 14-14 中和每个厂商的利润曲线一同表示出来。

转向市场的需求方面，总的消费者剩余在图 14-15 中是关于厂商数量的方程。曲线 $CS(n)$ 表明当市场中有 n 个厂商时消费者享有的总剩余。我们有两个理由期望 $CS(n)$ 曲线向上倾斜 (如图 14-15 所示)。首先，当更多的厂商进入市场时，厂商之间的竞争就更加激烈，同时，消费者从低价格中受益。其次，当有更多的厂商进入市场时，消费者的选择更广泛，这样就更有可能找到接近他们偏好的产品。

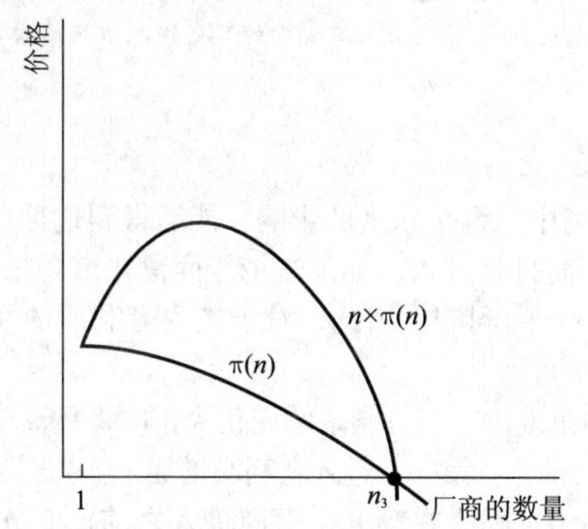

图 14-14　行业利润随市场中厂商数量的变化而变化

注：当市场中有 n 个厂商的时候，每个厂商赚取的利润为 $\pi(n)$，行业的利润等于 $n\times\pi(n)$。

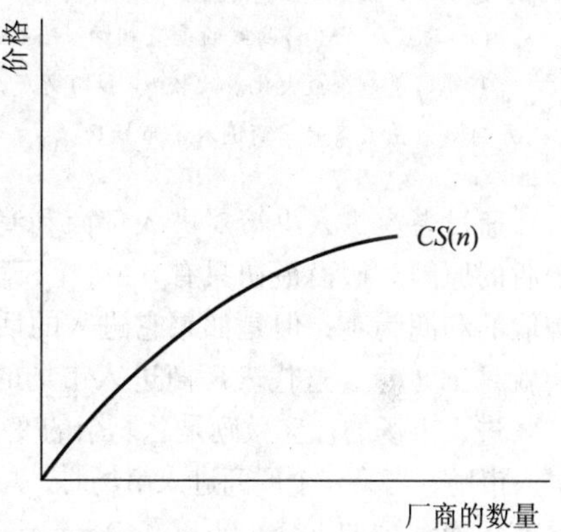

图 14-15　市场消费者剩余随着更多厂商进入行业而增加

注：当市场中有 n 个厂商 (n 种产品) 时，消费者享有的总剩余是 $CS(n)$。

现在用总剩余的两部分来表示总剩余，$W(n)$:

$$W(n) = n\times\pi(n) + CS(n) \tag{14-1}$$

使总剩余最大化的厂商数量是使 $W(n)$ 达到最大时的数量 n。可以通过画出总剩余曲线来找到这一点，总剩余曲线是关于行业中厂商数量的方程。总剩余曲线是 $n\times\pi(n)$ 曲线和 $CS(n)$ 曲线的垂直相加：得到图 14-16 中的 $W(n)$ 曲线。从图中可以看出，厂商的有效率数量是 n_T。如果行业中厂商的数量比 n_T 少，增加产品种类的收益将会比成本高。但是超过 n_T 进一步增加产品种类时，产品平均成本的增加将会比总的消费者收益的增加还要多。

(2) 比较。如何比较市场均衡的厂商数量和有效率的厂商数量呢? 图 14-16 表明在一个市场中存在 $n_3>n_T$——自由进入的市场均衡导致太多的厂商进入市场。这时的产品种类比有效的产品种类多，同很多经济学家通过过度生产能力定理证明的结论相同。但是这种关系并不是唯一的可能。例如，在图 14-17 中，$n_3<n_T$，自由进入的市场均衡导致了太少的厂商进入市场，这时产

品的种类比社会最优的产品种类少。得出结论：长期的垄断竞争均衡的厂商可能太多也可能太少，取决于成本和需求状况。在一些市场中产品的种类可能太多了，而在另一个市场中产品的种类又太少。遗憾的是，不能保证市场提供的一定是合适的产品种类。

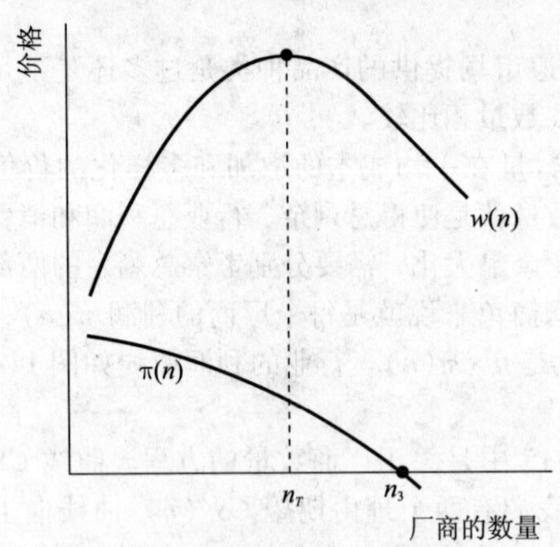

图 14-16　长期的垄断竞争均衡中市场有太多的厂商

注：总剩余曲线 $W(n)$ 是图 14-14 和图 14-15 中的 $n\times\pi(n)$ 曲线和 $CS(n)$ 曲线的垂直相加。当行业中有 n_T 个厂商时总剩余最大化。比较 n_T 和均衡厂商的数量 n_3，可以看出太多的厂商进入了市场。

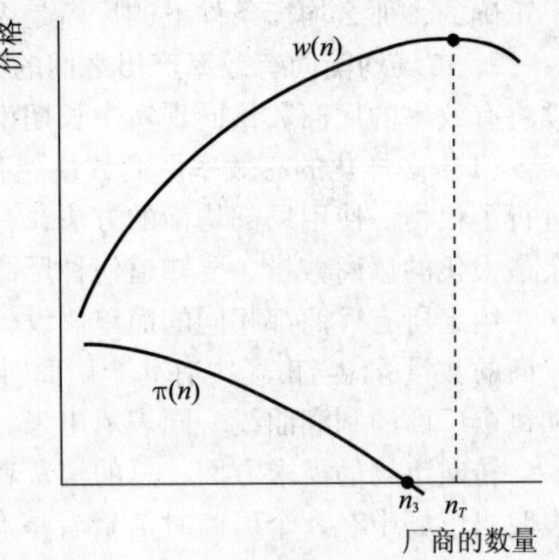

图 14-17　长期的垄断竞争均衡中市场有太少的厂商

注：在这个例子中，自由进入的市场均衡导致又有太少的厂商进入市场；$n_3 < n_T$。

通过考察进入决策对进入厂商利润的影响和对市场中总剩余水平的影响，能够得到这种自相矛盾的原因。假设最初只有 $n-1$ 个厂商，又有一个厂商打算进入。如果这个厂商留在市场之外，赚取的利润为零，但是如果它进入的话，将赚取 $\pi(n)$ 的利润。因此，对于进入者利润的净影响就是 $\pi(n)$，这代表厂商进入市场的私人激励。

进入市场的社会激励是总剩余的变化，即从社会的角度讲，当总剩余的变化为正时，厂商就会进入市场。当第 n 个厂商进入市场时，总剩余的变化分三部分。第一，进入者利润增加 $\pi(n)$。第二，已有厂商利润的下降，下降了 $\Delta\pi=\pi(n)-\pi(n-1)<0$。因为在第 n 个厂商进入之前已有 $n-1$ 个在位厂商，对已有厂商利润的总影响就是 $(n-1)\times\Delta\pi$。第三，从卖方转向买方，总的消费者剩余增加了 $\Delta CS(n)=CS(n)-CS(n-1)$。将这三部分的影响加总在一起，总剩余的变化为

$$\Delta W(n)=\pi(n)+(n-1)\times\Delta\pi(n)+\Delta CS(n) \tag{14-2}$$

现在回忆一下厂商进入的私人激励仅仅由 $\pi(n)$ 决定，即式（14-2）的第一项。因此，进入厂商的利润同时是厂商自己的决定和总剩余变化的一部分。式（14-2）的另外两项是总剩余变化的一部分，但并不计入潜在进入者的决策当中。因此，这两项就是进入市场的社会激励和私人激励之间的楔子。

依次考察一下这两部分楔子，从消费者剩余的变化开始。厂商的进入增加了消费者剩余，所以 $\Delta CS(n)$ 是正的。厂商忽视了这个影响，因此厂商进入市场的社会激励要比私人激励大。所以，消费者剩余的楔子导致了市场中的厂商偏少。

消费者剩余的楔子同考察过的垄断厂商的产量决策是相似的。式（14-2）表明在垄断竞争市场中，还要考虑另外一个楔子。通过进入市场，该厂商能够改变已经在行业中的（$n-1$）个厂商的产品的需求曲线，并且降低利润。这些利润是总剩余的一部分，是想要进入市场的厂商在做决策时忽视的一部分。式（14-2）中的（$n-1$）$\times\Delta\pi(n)$ 项计算出了这对其竞争对手利润的影响。因为当厂商的数量增加时，每个厂商的利润将会下降，所以这一项为负。由于厂商在考虑

是否进入时并不把这个负面影响考虑在内，所以进入市场的私人激励要比社会激励大。

14.3　买方垄断

14.3.1　基本假设

买方垄断模型建立在四个基本假设之上。从市场的供给角度讲，买方垄断模型就像是完全竞争模型一样。

（1）卖者是价格接受者。

（2）卖者没有策略性的行为。

关于进入，买方垄断模型既包括了自由进入又包括了阻止进入的情况。

（3）进入行业的情况包括了从进入完全受阻到完全自由的范围。买方垄断模型同前面模型最大的区别在于市场的需求方面。同完全竞争和完全垄断都不相同的是，在买方垄断模型下，买者是价格制定者而不是价格接受者。

（4）买者是价格制定者。表 14-3 总结了买方垄断模型的这些基本假设并将它们同完全竞争模型和完全垄断模型的假设相比较。

表 14-3　买方垄断模型的基本假设

	买方垄断	完全竞争	垄断
1. 卖者对价格的影响	卖者是价格接受者	卖者是价格接受者	卖者是价格制定者
2. 策略性行为的程度	买者的行为不具有策略性	买者的行为不具有策略性	买者的行为不具有策略性
3. 进入情况	进入市场是自由的也可以是完全受阻的	进入市场是自由的	进入市场是完全受到阻碍的
4. 买者对价格的影响	买者是价格制定者	买者是价格接受者	买者是价格接受者

14.3.2　适合的市场结构

这些假设在什么样的环境中有意义呢？我们再一次考虑市场结构的各个方面。

（1）买者的规模和数量。当市场中只有少数买者时，每个买者都占有总购买量很大的一部分，从而一个买者购买水平的变化可能会导致市场价格的明显变化。买方垄断模型是一个极端的例子，因为其中只有一个买者，这解释了买方垄断（monposony）名称的由来。和以前一样，mono 表明只有一个决策制定者，而 sony 表明我们关心的是市场的买方。在只有一个买者的条件下，买者面临的供给曲线就是市场的供给曲线。

（2）行业中卖者的规模和数量。和竞争模型一样，当有很多的卖者，并且每个卖者都占有行业的一小部分时，供给者是价格接受者和无策略性行为的假设都是适合的。

（3）不同卖者产品之间的替代程度。还是同竞争模型一样，供给者接受价格的行为在厂商生产的产品是相似替代品时最为可能。

（4）买者了解的价格和可供选择的产品信息的程度。卖者接受价格的行为在买者很好地了解可供选择的产品信息时要比不了解时可能性更大。

（5）进入的情况。只要市场中有足够多的行为不具有策略性的接受价格的卖者，垄断竞争模型同时适用于进入自由的市场和进入完全受阻的市场。

表 14-4 总结了买方垄断模型适用的市场结构并提供了同完全竞争和垄断之间的比较。

表 14-4 买方垄断的市场结构

	买方垄断	完全竞争	垄断
a. 买者的规模和数量	只有一个买者	很多买者，没有一个相对于整个市场来说是较大的买者	很多买者，没有一个相对于整个市场来说是较大的买者
b. 卖者的规模和数量	很多卖者，没有一个相对于整个市场来说是较大的卖者	很多卖者，没有一个相对于整个市场来说是较大的卖者	只有一个卖者
c. 不同卖者产品的替代程度	不同卖者之间的产品是同质的	不同卖者之间的产品是同质的	没有近似的替代品
d. 买者了解的价格和可供选择的产品信息的程度	买者很了解相互竞争的供给者提供的产品的信息	买者很了解相互竞争的供给者提供的产品的信息	买者很了解相互竞争的供给者提供的产品的信息
e. 进入的情况	对进入来说，技术和法律壁垒可以存在也可以不存在	对进入来说，既没有技术壁垒也没有法律壁垒	对进入来说，或者有技术壁垒，或者有法律壁垒

14.3.3 买方垄断的均衡

咖啡豆是德罗克咖啡出口公司的一种投入要素，其对咖啡豆的需求就是一个派生需求，由边际收益产品决定。在第 10 章研究接受价格的买者的投入要素选择时，得出了一个适合于包括买方垄断在内的任何利润最大化厂商的一般要素使用原则：

一个利润最大化厂商雇用要素的数量，应在其边际收益产品等于边际要素成本（*MRP* = *MFC*）的点。

从之前对派生需求的分析，可以知道要素的边际收益产品等于要素的边际产品乘以产出的边际收益。从第 10 章我们知道，如果作为产品的生产者，买方垄断厂商是一个价格接受者，那么其产品的边际收益就等于收取的产品价格。如果买方垄断厂商是一个价格制定者，那么它可以像在第 13 章中考察垄断模型时那样，很容易地找到边际收益曲线。这里的买方垄断没有任何特殊和新增的东西。买方垄断厂商和一个要素的价格接受者之间的差别就在于边际要素成本。

1. 买方垄断的边际要素成本 寻找买方垄断厂商的边际要素成本曲线的过程同寻找垄断厂商的边际收益曲线的过程相似。那时，我们从平均收益曲线开始（即需求曲线），然后得出相应的边际收益曲线。对于一个买方垄断厂商，我们从平均要素成本曲线开始，然后得出相应的边际要素成本曲线。表 14-5 中的第（1）列和第（2）列是咖啡豆市场供给表的假定数据。关于这一张表，要说明两点：①这也是厂商面临的供给表（因为这个厂商是咖啡豆的唯一需求者）；②供给表也是厂商平均要素成本的一览表。第（2）点从供给表中得出，厂商要购买给定的数量的产品，每单位要花多少钱。

表 14-5 买方垄断的总成本和边际要素成本函数

(1) 产量（吨咖啡豆/年）	(2) 价格（千美元/吨）	(3) 总成本（千美元/吨）	(4) 边际要素成本（千美元/年/吨）
0	*	0	
1	1.00	1.00	1.00
2	1.05	2.10	1.10
3	1.06	3.18	1.08
4	1.07	4.28	1.10
5	1.09	5.45	1.17
6	1.12	6.72	1.27
7	1.16	8.12	1.40

注：当价格随购买数量增加而上涨时，边际要素成本大于边际单位产品价格。对比第（2）列和第（4）列，就可看出这个关系。

边际要素成本定义为当多雇用一单位的要素时，厂商在投入要素上的总花费的增加。通过观察厂商增加一单位的投入要素使用时总要素成本的变化，可以计算出边际要素成本，如表 14-5 中的第（4）列所示。注意，除了第 1 单位的产品之外，制定价格的买者的边际要素成本都超过其平均要素成本。给定了第 9 章中平均曲线和边际曲线间关系的讨论，这个现象很有意义。平均要素成本曲线（供给曲线）的增加表明边际要素成本拉高了平均成本。这样一来，边际要素成本曲线必须在平均要素成本曲线之上。曲线如图 14-18 所示。

就像寻找垄断厂商的边际收益曲线一样，我们可以通过用价格弹性表示买方垄断的边际要素成本来对它做进一步的分析。回忆第 11 章供给的价格弹性 ε_S，是供给量变化的百分比除以导致供给量发生变化的价格变化的百分比。按照第 13 章曾使用的用厂商销售量的需求价格弹性来表示垄断厂商边际收益的方法，我们可以用厂商购买的投入要素的供给价格弹性来表示买方垄断厂商的边际要素成本。

$$MPC = p\ \{1 + 1/\varepsilon_S\} \tag{14-3}$$

供给的价格弹性越小，$1/\varepsilon_s$和 $\{1 + 1/\varepsilon_s\}$ 越大。因此，式（14-3）表明供给弹性越小，边际要素成本和要素的价格之差就越大。当供给高度缺乏弹性时，要刺激生产者的供给量有小幅度的提高就必须大幅提高价格，而买方垄断者就要把增加的价格计入成本。另一方面，当供给相对富有弹性时，边际内单位的产品价格很少上升。在供给弹性不确定的极端情况下，边际内单位的产量没有损失：厂商是价格接受者，同时边际要素成本与要素价格相等。

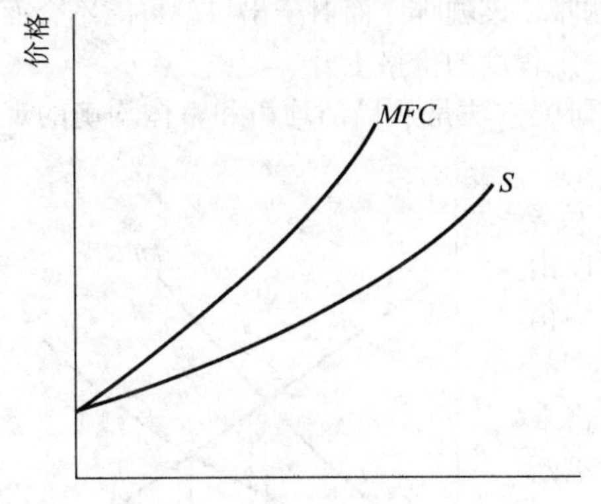

图 14-18　对于决定价格的买方，边际要素成本曲线在供给曲线之上

注：由于买方垄断厂商面临的要素供给曲线向上倾斜，所以边际要素成本曲线位于供给曲线之上。

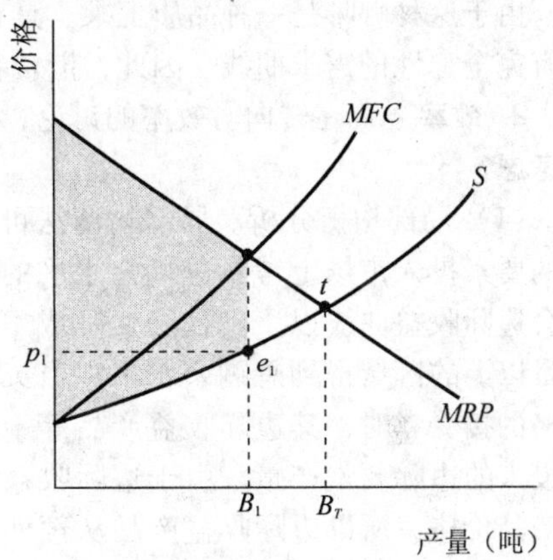

图 14-19　买方垄断的均衡

注：运用要素使用原则，一家利润最大化的厂商根据边际要素成本等于边际收益产品决定的数量来购买生产要素，即 B_1。均衡价格就是从 B_1 向上延伸到供给曲线上的 p_1 价格，p_1 即为均衡价格。

2. 均衡　既然已经了解了买方的边际要素成本曲线，就要准备寻找均衡价格和均衡产量水平。图 14-19 反映了咖啡豆向上倾斜的供给曲线和相应的边际要素成本曲线，还有一条向下倾斜的边际产品收益曲线。根据要素使用原则，咖啡厂商根据边际要素成本等于边际产品收益来决定购买咖啡豆的数量，即图 14-19 中的点 B_1。厂商愿意为这些投入支付什么价格呢？买方垄断厂商希望以最低价格支付，供给者也愿意在这一价格下提供 B_1的产出。根据供给曲线的定义，厂商购买 B_1单位投入的最低价格就是供给曲线在这一数额时的最高点。在图 14-19 中，从位于横轴上的 B_1点向上延伸直到与供给曲线相交，即到达价格 p_1处，p_1即为均衡价格。注意，买方垄断厂商并没有使价格等于边际收益产品和边际要素成本的平均值，这就是买方制定价格的结果。买方如果意识到自己是价格接受者，就会使自己的边际要素成本曲线与平均要素成本曲线一致，或者和供给曲线一致，因此决定价格的买方厂商的均衡状态在 t 点。可以概括出，作为价格制定者的买方，购买的产品数量要比一个面对相同供给曲线和边际收益产品曲线的作为价格接受者的买方少。

14.3.4　买方垄断的规范分析

比起接受价格的买方来说，买方垄断者购买的生产要素更少。这一事实对公平和效率问题具有暗示。

1. 公平　当市场类型从价格接受型转变为买方垄断，谁赢谁亏？刚才已经指出从接受价格转变为买方垄断，导致均衡的要素价格更低，这直接减少了市场上的生产者剩余。我们也知道了买方从对投入价格的影响能力上受益。当德罗克公司的所有者收入增加时，咖啡种植者的实际收入因买方垄断的存在而降低。同时，另一个群体也会受到影响，即买方垄断厂商生产的产品的消费者。德罗克的买方垄断对咖啡消费者的影响取决于该厂商作为卖者是否具有市场力量。作为买方垄断者，该厂商生产的最终产品比其他情况下更少（咖啡豆用来出口）。假如该厂商在咖啡豆出口市场上以卖方身份成为价格接受者，那么面向消费者的咖啡价格就不会受影响。然而，如果该厂商作为卖方是价格制定者，那么面向消费者的咖啡价格就会上涨，咖啡消费者的状况就会更糟。由于这种咖啡是一种品质上乘、具有独特风味的咖啡，该咖啡厂商对于出口就可能不会面对具有完全弹性的需求曲线。因此，消费者可能会承受一定程度的价格上升。

2. 效率　现在转向对效率的讨论，一个比较好的研究方法是从局部均衡和整体均衡的观点来考虑。

（1）局部均衡分析。局部均衡法可以表述为在买方垄断的要素投入市场上考察总剩余水平的方法。我们可以由社会边际收益曲线以下到社会边际成本曲线，并且在均衡数量以上的区域得到总剩余水平。当买方垄断者作为产品价格的接受者时，其边际收益产品等于支付产品的价格乘以投入的边际要素产量。由于边际收益产品影响买方垄断的产品价格，所以边际收益产品从额外消费中获得了边际社会收益。同样，如果生产要素是在竞争条件下供给的，供给曲线的高度就代表了投入的生产要素的边际社会成本。因此，在这些条件下，总剩余即为图 14-19 中边际产量线以下和供给曲线以上的阴影区域。

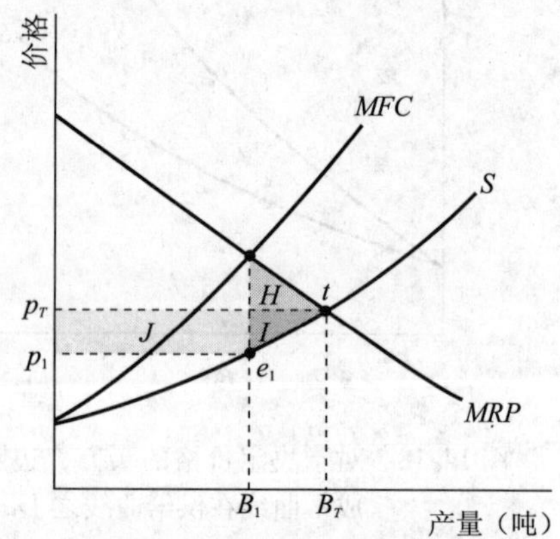

图 14-20　买方垄断的净损失

注：总剩余最大化的买方购买咖啡豆的数量为边际社会收益（边际产品收益曲线的高度）等于边际社会成本（供给曲线的高度）时的数量。这一投入水平由 B_T 表示。与买方垄断下的均衡水平相比，此时总剩余增加了阴影区域 H 和 I 的面积之和，它就是买方垄断的净损失

此图说明了从效率的观点来看，买方垄断厂商购买的生产要素过少。边际收益产品从产量 B_1 到 B_T 之间都位于供给曲线之上，这说明有种植者愿意以低于其边际收益产品的价格供应咖啡豆。为了弄清由于买方垄断造成的总剩余减少的程度，我们可以将买方垄断的均衡结果和总剩余最大化条件下的产量结果进行比较。一个总剩余最大化的供应者会根据边际社会利益（即 *MRP* 曲线的高度）等于边际社会成本（即供给曲线的高度）的条件来决定购买咖啡豆的数量，如图 14-19 的 B_T 和图 14-20 所示。当投入的生产要素的数量为 B_T 时，总剩余等于边际收益产品曲线以下和从 0 到 B_T 的供给曲线以上的区域。生产要素投入为 B_T 和 B_1 时得到的总剩余不同，根据图 14-20 中的阴影 H 和 I 的面积总和，可以看出在买方垄断的条件下总剩余水平更低。这一区域表示**买方垄断的无谓损失**（deadweight loss of monopsony）。

为什么买方垄断者购买投入的生产要素那么少呢？分析当投入数量从买方垄断下增至总剩余最大下的投入数量时买方和卖方享受到的剩余变化，就可以回答这个问题。咖啡厂商把生产要素购买量从B_1提高到B_T，就必须把要支付的咖啡豆的价格从p_1增加到p_T。咖啡豆市场上的生产者剩余就会增加为阴影区域I和J的面积。消费者剩余，即德罗克的利润将会上升为区域H减去区域J的面积。区域H和I代表从B_1到B_T的社会净收益（因此它们等于买方垄断的净损失）。另一方面，区域J既不代表总剩余的损失也不代表其增加，仅仅代表一种从买方垄断到生产要素供给者的福利转移。虽然区域J不是总剩余的损失，但它是由于提高生产要素购买量而产生的买方垄断者的私人损失。由于把增加的在边际内单位上的支付当作损失，而这些损失从社会意义上来说就是一种福利转让，因此德罗克公司只购买很少量的要素投入。任何一个利润最大化的买方垄断厂商都会这样做。

(2) 一般均衡分析。买方垄断规范分析的一般均衡分析方法要求在整个市场范围内考察其效率。假设其他市场处在完全竞争的条件下来考虑买方垄断的效率作用。

首先来看产品的效率。与任何一个成本最小化的厂商一样，买方垄断厂商只使用两种生产要素投入，劳动力和咖啡豆，并遵循如下原则：

$$MRTS = MFC_L / MFC_B \tag{14-4}$$

假设该咖啡厂商在劳动力市场上是价格接受者，那么MFC_L就等于当前工资费用。因为厂商在咖啡豆市场是价格制定者，MFC_B就超过了咖啡豆的价格。因此，和其他厂商不同，买方垄断厂商不会使边际替代率等于劳动力价格与咖啡豆价格的比率。这样，厂商的均衡就不会适应社会有效率的使用投入的生产要素的条件（式12-2）。我们可以断定，利润最大化的买方垄断厂商选择了从社会意义上说并非最有效率的生产方式。

案例

中国电信业：从垄断走向竞争

经过相当长一段时间的争执和徘徊之后，中国电信业终于开始沉下心来发展自我了。从前不愿意面对的现实、不愿意放下的架子、不愿意承担的责任……在市场的压力之下都无可辩驳地进入到了各自的角色。面对WTO，面对新经济，快者为王。谁都知道，失去市场就等于失去生命。中国电信业也开始了其改革的进程。

如果说一年前，中国电信市场还主要由中国电信一家垄断的话，那么现在中国电信、中国移动、中国联通、中国网通、中国吉通等五家电信公司的并存则说明中国电信业的竞争雏形已初步形成。另外，有能力承载电信业务的铁通网和广电网也都以种种方式向通信业务“靠拢”。中国电信业正在告别垄断，走向竞争。

在过去半年中，发展最迅速的当数联通。在国家政策倾斜和企业自身的市场运作下，今日联通已与往昔大不相同。去年的增速是200%，已成为我国唯一一个经营电信业务种类最多、拥有各种经营牌照最全的电信企业。其拥有的牌照包括移动、寻呼、长途电话、市话、IP数据通信等，而中国电信只有长途电话、市话、IP数据通信业务，中国移动则主要拥有移动、IP数据通信两项业务，网通、吉通的业务更单一。国家对经营牌照的发放被视为对联通的极大倾斜，也使联通现在以及未来的市场发展有着巨大的潜力。

6月21日、22日，中国联通股份有限公司分别在美国纽约证券交易所和香港联交所成功上市。此次上市共可筹集资金64.31亿美元，占股本金的24.82%，实际到位已达56.5亿美元，创下了中国海外融资数量的最高纪录。这也是联通真正以巨人的姿态加入中国正在形成的电信竞争格局的“成人礼”。

加入WTO后，电信市场将逐步放开，中国的电信企业要把自己放在国际化的竞争环境中，以国际化大公司的标准来衡量自己。当然，前提是能在国内实现充分竞争，能够提高质量和服务，并大力发展创新业务，全面提升品牌形象。

目前我国拥有移动通信牌照的除联通外，还有规模庞大的中国移动和尚未形成规模的卫星通信公司，而第三代移动电话（3G）牌照发放将在更大范围内进行。未来移动通信领域的竞争可以想见，而老百姓从中享受到的将是便捷的通信和优惠的价格。

我国长话市场是一块超过500亿元人民币的特大蛋糕，而国际长途（包括港澳台）业务量也达到了17亿分钟，这个数字还在以每年20%的速度大幅攀升。在IP业务中联通已经占领了半壁江山，在PSTN（即通过电路交换的长途业务）领域，中国电信占有绝对优势，而联通的长期目标是占领20%的市场份额。拥有长话经营牌照的另外几家如中国移动、中国吉通、中国网通为切分这块大蛋糕正快马加鞭，价格竞争几乎是首选。

与长话不同，持有经营市内固定电话牌照的只有中国电信和联通两家企业，但中国电信几乎是处在“准垄断”地位。不过，联通并未因此气馁，以市场的方式打“擦边球”将为其低成本进入本地业务寻求更佳途径。据透露，目前联通已在大连与当地有线电视签订协议，借助广电网连接用户。

关于网络的建设曾在国内引起一场大讨论，信息产业部的官员也曾声明：中国大地上只有一层物理网，亦即中国电信“八纵八横”的骨干网为主，加上部分广电网、铁路网联接而成的国家整体干线网。但这一论断从1999年开始沉寂，中国联通、中国网通、广电系统的网络建设已悄悄到位，网络的竞争将把中国电信业的竞争带入另一个高潮，此时你不得不惊叹市场的力量。

在联通的上市资产中，已经覆盖25个城市的1.5万公里高速光纤网非常引人注目。据介绍，这个网年底前要覆盖180个城市，除西藏、青海、新疆外，基本能实现有效覆盖，这被称为是离中国电信“八纵八横”最近的竞争对手。

而被称为“第三中国电信”的网通公司也宣布在今年10月之前完成东部17个主要城市的IP骨干网，将在光纤上直接采用IP技术实现宽带通信，这是目前最前沿的通信技术之一。在广电系统，全国性有线电视光缆骨干网6月下旬已在全国14个大城市开通。由于政策的原因，广电业务和电信业务目前还不能相互进入。但业内观察家指出，面对利润滚滚的电信业务，广电绝不会只看不做。由此可以想见，中国电信业的竞争也将更加激烈。

小结

在本章，我们学习了第13章中各种定价厂商理论的扩展。考察了在具有定价能力的多个卖者的市场上厂商的产出选择，也考虑了具有投入要素定价能力的买方厂商的行为。

- 供给者如果能成功地联合成为卡特尔来限制供给数量，并且把价格提高到竞争水平以上，就能增加利润。
- 在缺少某些强制机制的情况下，高于边际成本的价格诱使个别成员违背协议，这使得卡特尔的成功组成受到限制。
- 经济利润会吸引新的厂商进入市场，这不仅减少了现存供给者的产业利润份额，并且通过降低市场价格或提高产品的平均成本而消除了整个产业的利润，卡特尔的成功也受到这一限制。
- 许多市场都拥有大量卖方并可以自由进入，但各个厂商仍然是一个价格制定者，因为它生产的产品与其他不同，这样的行业结构被称为垄断竞争。
- 和垄断厂商一样，每个垄断竞争厂商都在其价格大于边际成本处进行生产。然而，由于可以自由进入市场，一家垄断竞争厂商在长期市场均衡中将会获得零利润。
- 垄断竞争均衡状态可能包括大量或少量不同的情况，这取决于私人激励和社会激励差额之间的消费者剩余和竞争者利润的力量对比。

- 买方垄断是只有一个买方的市场。买方垄断厂商认识到所购买的投入的生产要素数量会对其支付的生产要素价格产生影响。作为买者，该厂商是价格制定者。
- 买方垄断厂商要遵循要素使用原则：在其边际收益产品等于其边际要素成本处投入生产要素进行生产。对于买方垄断厂商，一单位的边际要素成本超过其价格。因此，在买方垄断下一单位生产要素投入的边际收益大于其价格。
- 买方垄断是由于厂商是价格制定者，而购买低效率的少量生产要素投入。

讨论题

14.1 在生产成本、产品质量以及消费者信誉方面，卡特尔成员都是不同的。这些差异会怎样影响完全卡特尔的结果？你认为这些差异对供给厂商达成和维持一份卡特尔协议更容易还是更艰难？

14.2 假设工会成功地把这一行业中工人的工资提高到竞争水平之上，这样的工资上涨会如何影响工人、雇用他们的厂商，以及购买这些厂商产品的消费者？由于工资的上涨，总剩余会增加还是会减少？

14.3 航空公司飞行员协会的成员要求提高工资，他们希望你能针对这一事件的后果提出建议。该协会负责制定工资水平，但是航空公司负责规定雇用多少员工。协会担心的是把工资保持在较高水平会导致其能雇用的员工减少。你认为工资上调会对员工雇用造成什么影响？对工人的总收入呢？（提示：思考什么条件会影响总体的派生需求）

14.4 下面的说法正确还是错误，并对你的回答做出解释：

假如消费者对某一种特定的商品有不同的偏好，那么最有效率的结果就是为每一位消费者都生产该产品的不同种类。

14.5 女性时装业具有以下特征：为了适应广泛且不同的市场需求，同一家厂商的产品就从风格款式上具有显著差异；进入市场非常容易（有缝纫机即可），这样就有众多厂商涌入市场，并且能站稳脚跟；这样市场上就存在许多互相独立运营的厂商。

a. 什么类型的产业可以称为完全竞争、垄断以及垄断竞争？对你的回答做出解释。

b. 解释一家赚取短期经济利润和遭受长期经济损失的典型厂商的短期均衡点。

c. 从长期看，这一行业里的厂商数量将会有何变化？解释一家典型厂商的长期均衡点。

14.6 假设一个城市通过了向披萨店每月收取 1 000 美元执照费的法令。描述一下你认为这项税收会对披萨消费者和供应者的影响。一定要考虑长期和短期的影响。

14.7 一些大城市里的人经常抱怨社区里的咖啡馆太多了。运用垄断竞争模型来解释为什么从理论上来说，在这种情况下的咖啡馆数量会比总剩余量最大条件下的咖啡馆数量更多或更少。

14.8 波音公司在西雅图雇用了成千上万的航空工程师。每当公司要开发新型飞机时，波音公司雇用的工程师数量就会增加，这会使劳动力市场上劳动力短缺，并且会使工程师的工资水平上升。假设波音公司正在考虑增加雇员来开发新机型。

a. 假设所有工程师都被支付等额工资。当波音公司又另外雇用工程师时，用图表说明工人的边际要素成本有什么变化。用此图解释为什么边际要素曲线位于供给曲线之上。

b. 假如波音公司可以以更高的工资雇用一位新工程师，而不必提高其他已经在公司里工作的工程师的工资，对问题 a 的回答会有怎样的变化？

14.9 假设一家炼油厂位于亚利桑那州的某偏远城镇，该炼油厂拥有一条向下倾斜的边际收益产品曲线，并且面对一条向上倾斜的劳动力供给曲线。

a. 假设该炼油厂必须对所有的工人支付相同水平的工资，用图表示该工厂将要雇用多少工人。解释你的答案并与完全竞争条件下的结果相比较。

假设炼油厂的工人成立了工会，工会声明工会成员在工厂提供每小时w_0美元的工资时，它会保证提供工厂需要时长的劳动。假如工厂制定的工资少于每小时w_0美元，任何一个工会成员都不会在这家炼油厂里工作。假定不存在拥有技术的非工会会员在工厂里工作。

b. 当工会负责制定工资水平时，如果w_0的工资水平比你在a部分中计算出来的均衡工资水平要高，在这种情况下，解释雇员数量可能大于a部分情况下的雇员数量。

第15章 寡头垄断与策略行为

普特曼：你有什么建议么？

克兰德尔：有。把你的价格提高20%，明天早上我也会这么做的。

普特曼：罗伯特，我们……

克兰德尔：你会赚更多的钱，我也会的。

普特曼：我们不能讨论价格。

克兰德尔：噢，霍华德。我们可以讨论任何我们想讨论的事。

上面所列出的是目前已破产的美国航空公司首席执行官罗伯特·克兰德尔（Robert Crandall）和勃兰尼夫航空公司董事长霍华德·普特曼（Howard Putman）之间的电话会谈记录。通常，航空公司的首脑是不能相互探讨其价格的（这样做一般是违法的），然而事实上，他们总会花费大量时间来研究对方的价格。

一家航空公司之所以关注其竞争对手的价格是因为它们的定价对其需求和利润会造成影响。更进一步说，一家航空公司还对其竞争对手怎样对自己的价格变化做出反应感兴趣。因为对手的反应也会影响到该航空公司价格决策的盈利能力。实际上，不能正确预测竞争对手的反应一定会付出巨大的代价。1992年5月26日，西北航空公司推出一个“成人乘坐飞机可免费携带一个儿童”的活动。西北航空的执行官原本希望通过这项措施刺激人们乘坐西北航空的假期旅行。但是第二天，美国航空公司紧接着做出响应，对每个旅客只收取半价，同时其他航空公司也迅速做出调整。这场价格大战给这些航空公司造成了几百万美元的损失。

当所有航空公司都意识到任何一家航空公司的行为都会影响到整个行业所有成员的需求曲线时，就要相互揣摩猜测对方的行动。当西北航空公司降低机票价格时，对美国航空公司航班（一个替代品）的需求就发生行业内部转移。同样，美国航空公司的价格变动也影响了对西北航空公司航班的需求，这两家航空公司都清楚这些影响。当所有厂商开始意识到它们其中任何一个所做出的关于价格和产量的决策都会影响到行业的总利润时，它们就开始明白它们之间存在**相互依赖性**（mutual interdependence）。

对相互依赖性的认识有两个重要的结果。首先，每个厂商都会关注竞争对手受什么因素影响。因此，每家厂商都必须观察出或预测出其他厂商会采取什么行动。其次，每个厂商都知道其他厂商正在关注着它，并时刻准备对自己的行为做出反应。因此，厂商在做决策时必须把其竞争对手的反应也考虑进去。全美航空公司（USAir）市场部副总监兰德尔·马林，对此进行了简要概括：“如果我知道一旦我今天降价20美元，你明天也会降价20美元，那么我还要降价的话就太蠢了。”一个厂商在考虑其他厂商潜在反应的基础上而选择的最佳行动方案就被称为策略行为。

航空公司认识到了它们之间的相互依赖性，现实世界中的其他厂商也都意识到了这一点。整个20世纪80年代，美国的三大汽车制造商（通用、福特和克莱斯勒），其中任何一家无论何时宣布降低单车价格（通常以1 000美元的幅度），另外两家厂商就紧随降价。到了20世纪90年代，个人电脑产业经历了一系列戏剧性的降价，一个厂商降价30%仅仅是由于看到了竞争对手也会同样这么做。

到目前为止，在讨论过的模型中，供应商都没有意识到它们之间存在相互依赖性。虽然完全竞争和完全垄断在很多方面都截然对立，但有一点是相同的，即这两个模型都假设厂商之间没有策略影响。在完全垄断模型条件下，不必考虑其他厂商。在完全竞争模型条件下，每个厂商都确信自己只占市场份额非常微小的一部分，因此其行为不会对其他厂商产生显著的影响。农场主琼斯在决定要种植多少英亩小麦时，不必考虑邻居种了多少小麦，因为邻居的行为不会对小麦价格产生明显的影响。同样，在垄断竞争市场中的每一家厂商都认为其他厂商的行为与自己的行为互不相干。因此，需要建立一个新的模型，用以解释这个相互依赖性发挥着重要作用的市场。

本章的目的是建立一系列模型帮助我们理解策略行为。与以往相同，先从这些模型的基本假设入手。接下来的任务就是要证明对于这种市场结构来说这些假设是合理的，然后将分析这些市场中的行为。我们将会了解，关于策略生产者如何行动的模型不是单一的。更进一步，会拓展出不同的模型，这些模型在共同的条件下具有不同的变量。每一个模型都会阐明理性的、以利润最大化为目标的公司是怎样对相互依赖性做出反应的。

基本假设

尽管供给者对相互依赖性的认识是新模型区别于之前所考查过的模型的重要依据。然而，还必须根据一系列关于供给者和需求者的标准假设来规范这个模型。

前三个假设是关于市场供给方的决策者。策略行为的本质就是供给者意识到它们会影响其他人。只有当每个厂商的决策对自己和其他厂商都能卖的产品的价格存在影响时，这一点才成立。

（1）卖者是价格制定者。每个厂商不仅都意识到自己是价格制定者，而且还认识到其行为会对其他厂商决定产量的价格产生显著影响。因此，每个厂商都认识到自己会对其他厂商的行为产生影响。

（2）卖者的行为具有策略性。关于市场准入的条件，这一模型涵盖了完全受阻和完全自由两种情况：

（3）进入市场的条件可以从完全受阻到完全自由。本章将主要讨论进入完全受阻市场的情况。

（4）买者是价格接受者。如同在完全竞争市场、完全垄断市场和垄断竞争市场中一样，每个买者都确信自己对市场价格没有任何影响。

表15-1概括出了新模型的基本假设，并将其与完全竞争和完全垄断模型的假设进行了对比。

表15-1　寡头垄断模型的基本假设

	寡头垄断	完全竞争	垄断
1. 卖者对价格的影响	卖者是价格决定者	卖者是价格接受者	卖者是价格决定者之一
2. 策略性行为的程度	卖者的行为具有策略性	卖者的行为不具有策略性	卖者的行为不具有策略性
3. 进入市场的条件	可能受阻或自由进入	自由进入	完全受阻
4. 买者对价格的影响	买者是价格接受者	买者是价格接受者	买者是价格接受者

合适的市场结构

接下来考察与这4个基本假设吻合的环境（市场结构）。实际上，我们尤其要关注的是对认识相互依赖性和相互影响的策略行为起着重要作用的一些条件。

(1) 买者的规模和数量。由于假定该市场上众多的买者都是价格接受者，任何一个买者力量都很小从而不能对市场价格产生影响。从这个角度来说，这个新的市场结构与完全竞争和完全垄断市场没有区别。

(2) 卖者的规模和数量。该行业中厂商的数量会对策略行为的程度以及供给者接受价格和决定价格的范围产生影响。当行业中存在许多厂商时，其中任何一个厂商采取的行为对其他厂商几乎不会有影响，而且生产厂商不可能对其他厂商的行为做出反应。比较而言，在厂商数量比较少（厂商数量多于一家）的行业中，每个厂商都是市场的一个重要组成部分，且彼此能认识到它们之间的相互依赖性。这种厂商数量较少的情况就称为寡头垄断。正如垄断是指市场中只有一家生产者的情况一样，寡头垄断是指市场中同时存在几家生产者的情况。寡头垄断是一种非常重要的市场结构。在许多主要的市场中，为数较少的厂商占据了这一行业产量的巨大份额。例如，直到 1996 年，在任何一个特定的城市只有两家移动电话公司提供服务。相似的，当今大多数其他国家也只有几家移动电话供应商在运营。表 15-2 列出了一些少数公司供给行业大部分产出的市场的例子。

表 15-2 一些寡头垄断产业

产业	领导生产者①	所占市场份额
美国麦片销售	多乐士、通用磨坊	75%
国际商业航空	波音、空客、麦道	94%
美国重型卡车销售	福来纳、沃尔沃、通用	90%
美国面食销售	波顿、好时利、CPC 国际	60%
电脑供应商	康柏、IBM、惠普	60%
运动饮料销售	桂格、百事、可口可乐	96%

① 按照市场份额多少排列。

(3) 不同厂商产品的可替代程度。寡头垄断市场中的产品可从完全替代到高度异质。这个市场中唯一要求是产品是足够相似的可替代品，使得各厂商都考虑到它们相互之间的影响。

(4) 买者对价格和可替代品的了解程度。寡头垄断模型的范围比较广泛，包括信息灵通的消费者和信息闭塞的消费者。

(5) 进入市场的条件。寡头垄断市场的准入条件包括完全受阻和完全自由。

表 15-3 总结了一个寡头垄断市场的结构特征以及其与完全竞争、完全垄断的比较。

表 15-3 寡头垄断市场结构

	寡头垄断	完全竞争市场	完全垄断
a. 买者的规模和数量	大量买者，无一能影响整个市场	大量买者，无一能影响整个市场	大量买者，无一能影响整个市场
b. 卖者的规模和数量	卖者很少，每一家都能影响市场	大量卖者，无一能影响整个市场	单一卖者
c. 不同卖者产品的可替代程度	不同卖者的产量可能有差别也可能无差别	不同卖者的产品是同质的	没有相似替代品
d. 买者对价格和可替代物的了解程度	买者可能了解也可能不了解竞争供给者的产品	买者了解竞争供给者的产品	买者了解单一供给者的产品
e. 进入市场的条件	进入市场可能存在或不存在技术或法律壁垒	进入市场不存在技术和法律壁垒	由于技术或法律壁垒的存在，进入市场完全受阻

15.1 决定数量的寡头垄断者

寡头垄断模型有几种不同的形式，其中一些还非常复杂。以下面的额外假设为基础，将从一个相对简单的模型开始考察：

- 该行业只存在两个厂商。一个只有两个厂商的市场叫做**双头垄断**（duopoly）市场。
- 市场进入完全受阻，因此必须仅考虑已经存在于市场中的两个厂商的行为。

- 这两个厂商生产同质产品。当寡头垄断市场包括同质产品行业和不同质产品行业时，同质产品市场更容易分析。
- 这两个厂商具有相同的、不变的边际成本 c。这个假设说明，如果一家厂商的产量是 x，那么它的总成本是 $c \times x$。

虽然这些假设具有限制性（例如，很少有厂商在任何产量水平下都具有相同的边际成本），但是寡头垄断市场的许多原本很抽象的重要特征却在这个模型中体现得更加清晰了。为了使说明更加具体化，运用这个模型来分析两家航空公司的行为，即印尼 Air Lion 航空公司和 Beta 航空公司的经营活动，这两个厂商都在某两个城市开展运营。假设这两个飞机场都已满即没有多余的入口和着陆跑道可以使用。因此，新飞机进入这条运营线路是不可能的。最后，假设这两家航空公司提供同样差的食物并且执行相同的飞行时刻表，因此消费者认为它们提供同质的服务。我们的目标是分析出每个厂商的输送乘客量以及相关的机票单价。

15.1.1 市场均衡

当被考察的这两家公司在选择运客数量时，它们都会处于一个很有趣的位置，即总是作为相互对立的竞争者。每个厂商都只在乎自己的利润，如果能通过增加运客数量达到提高利润的目的，且尽管这样做损害了对手的利益，那么该厂商也会乐意如此。然而，这两家航空公司的关系也不是完全对立的。就像从第 14 章卡特尔理论中了解到的一样，如果印尼狮子航空公司和贝塔航空公司能够合作起来控制总的机票销售量，那么两个厂商的利润很可能同时增加。

第 14 章还揭示了影响成功组成卡特尔的两个重要因素。首先，进入市场越容易，形成卡特尔就越难。此时，假设进入市场是完全受阻的，因此就不存在组成利润最大化结合体的障碍。其次，签订的契约或合同对于厂商来说是否具有可行性。如果市场中新厂商的进入完全受阻，且原厂商之间能够订立一个由政府强制执行的契约，那么就有可能获得卡特尔的利润最大化结果。

当生产者不能依靠法律或第三方强制执行它们之间商定的协议时，就必须转而依靠自我实施协议。**自我实施协议**（self-enforcing agreement）是指每个厂商都发现遵守协议事关自身利益，同时其他厂商也会遵守协议。换句话说，不进行欺骗活动就是每个厂商达到利润最大化过程的基本行为。由于厂商不具有不遵守自我实施协议的动机，因此外界的执行机制也就不再需要了。另一方面，当一项协议不是自我强制实行的，如果没有第三方的制约，那么这项协议就会是无效的，因为根据定义，在这种情况下，某个厂商会有破坏协议取得更多利润的激励而没有一方可以约束它。

在考察自我实施协议的效果之前，应该列出非法商定协议的另一后果。在一个具有代表性的行业中，厂商在其产品的价格和产量上一般不会达成明确的协议，而是达成一种**默契协议**（tacit agreement）。因为每个厂商都可以推断出这份默契协议的内容，即使它们没有和其他厂商实际讨论这个问题。因此，在说到厂商之间的协议时，不应该认为它仅仅只是对厂商的行为做出了规定的书面文件，其含义应该比这广泛得多。

均衡的定义 之前曾描述过的均衡，意指在给定市场结果时，所有经济决策者都不想改变自己的行为。因此在这种情况下，市场有一种保持固定产出水平的趋势。自我实施协议的观点其实也具有相同的实质。

均衡及自我实施协议这两个概念都是基于厂商从自身利益出发而采取行动的理念。假定厂商之间相互依赖，然而实际上，一个厂商的自身利益并不显而易见。为了弄清原因，先考虑厂商对其产品如何定价。毫无疑问，这一价格依赖于其销售的产品数量。图 15-1 画出了某一航线上市场对飞机座位的需求曲线 $D(p)$，这一曲线可以清楚地表示出需求量是如何决定于价格的。例如，D（200）表示的是每个飞机座位价格为 200 美元时的需求数量。很显然，在以前各章中出现的每一个需求曲线中都隐含着这种对应关系。在本章中，运用更明确的图示来说明问题会是一种有用的方法。

和之前一样，我们也会用需求曲线来解释价格是如何由市场上产品销量来决定的。注意图 15-1 的横轴代表航班总客流量，即市场产量。市场总产量也等于两家航空公司所选择的运客量之和。假如每天 Air Lion 公司卖出 450 个座位，Beta 公司每天卖出 200 个座位，每天的市场总量就是 650 个座位。图 15-1 表示在 Air Lion 公司卖出 450 张票和 Beta 公司卖出 200 张票的时候，每张票的最高单价为 150 美元。

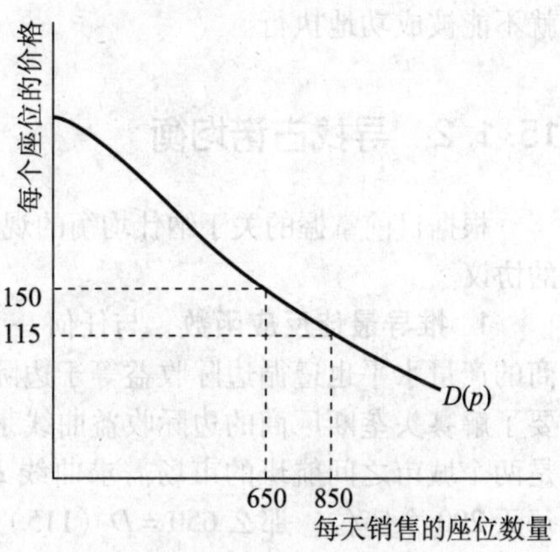

图 15-1　座位的市场需求曲线

注：当 Air Lion 公司每天售出 450 个座位而 Beta 公司销售 200 个座位时，市场总量是 650 个，单价为 150 美元。如果 Beta 公司将销售量从每日 200 张票提高到 400 张，Air Lion 公司继续保持 450 的销售量，市场总量将会提高到 850 个，价格将下降到每个座位 115 美元。

任何一个厂商的票价都依赖于两个厂商总的销售量，这就体现出了两家厂商之间的相互影响。假设 Beta 公司将机票销售量从每天 200 张提高到了 400 张，Air Lion 公司仍然将销售量保持在 450 张，图 15-1 中所示，市场总量提高到每天 850 个飞机座位，而机票单价降到了 115 美元。由于机票单价的下降，Air Lion 的利润便减少了——产出获得的收益更少了。同样，在其他条件不变的情况下，Air Lion 公司增加产量也会降低 Beta 公司的利润。这样，每个厂商的利润不仅决定于其本身的产出水平，还依赖于其竞争对手的产出水平。总之，厂商之间具有相互依赖性。

因为厂商的利润和机票的市场价格都决定于两个厂商的产量，所以 Beta 公司每天售出 200 张机票还是 400 张机票，Air Lion 公司的利润最大化产量是不同的。Air Lion 必须在对 Beta 公司的行为做出预判的基础上选择自己的行动策略。当一个厂商（或任一经济参与者）根据其他厂商的行为制定自己的最佳行动方案，那么可以说这家厂商做出了**最佳反应**（best response）。这一定义在某种程度上具有误导性，因为 Beta 公司实际上并没有对 Air Lion 公司的行为做出反应——因为这两家公司同时在选择各自的产量。更恰当的解释是，Air Lion 公司会认为 Beta 公司将要卖出某一确定数量的机票，它会以此为基础制定最佳产量。一个厂商在给定竞争对手的行动信息时，做出的最佳反应总是从自身利益出发的。

在明确了寡头垄断的自身利益之后，现在可以把均衡的一般观点应用到分析具体的寡头垄断实例中：对于市场上其他厂商的策略决策，每家厂商都在寻求一种最佳反应的决策策略，此时的市场就处于均衡状态。换句话说，当没有厂商单独改变其行为时，市场就处于均衡状态。这种形式的均衡被称为**纳什均衡**（Nash equilibrium），以纪念数学家、经济学家约翰·纳什获得诺贝尔经济学奖。在这个例子中，厂商的行为策略包括运客量的选择：y 代表 Air Lion 公司的产量，z 代表 Beta 公司的产量。纳什均衡的情况下包括两个产量水平，y_1 和 z_1，那么：

（1）给定 Beta 航空公司卖出 z_1 张机票时，Air Lion 航空公司在卖出 y_1 张机票时利润达到最大化。

（2）给定 Air Lion 航空公司卖出 y_1 张机票时，Beta 航空公司在卖出 z_1 张机票时利润达到最大化。

因为奥古斯丁·古诺首先在 1938 年研究了这种市场，因此每个厂商选择单一产量时的市场纳什均衡也被称为**古诺均衡**（Cournot equilibrium）或**古诺—纳什均衡**（Cournot-Nash equilibrium）。

纳什均衡的观点中隐含这样一种思想，即协议必须为可实行的自我实施协议。假如一个厂商同意生产其在纳什均衡下的产量水平，那么它将为了其自身利益而遵守协议，这是在假定其他厂商也如此的前提下。相反，假如这些厂商遵照的不是纳什均衡条件下的产量，那么这些厂商中至少有一个可以在不履行协议的情况下增加其利润。那么这样的协议就不是自我实施协议，因此也就不能被成功地执行。

15.1.2　寻找古诺均衡

根据目前掌握的关于纳什均衡的观点，就来看 Air Lion 航空公司和 Beta 航空公司将会达成怎样的协议。

1. 推导最佳反应函数　与任何一个追求利润最大化的厂商一样，古诺均衡下的双头垄断厂商的产量水平也遵循边际收益等于边际成本。为了把边际产量规则应用于寡头垄断厂商，需要先要了解寡头垄断厂商的边际收益曲线是怎样的。首先从厂商的需求曲线入手。图 15-2a 中描述的是两个城市之间航班的市场需求曲线 $D(p)$。假定价格是 115 美元，Beta 航空公司的销售量是每天 200 个座位。那么 650 = D（115）－200 就是 Air Lion 公司在机票单价不低于 115 美元时所能卖出的最大销售量。同样，如果 Beta 公司每天卖出 200 个座位，那么在票价不低于 205 美元的基础上，250 个座位就是 Air Lion 公司的最大销售量。在给定 Beta 公司每天 200 个座位的产量的条件下，找到了 Air Lion 公司的厂商需求曲线上的两点：以单价 205 美元的价格，Air Lion 公司能卖掉 250 个座位；以 115 美元的单价，可以卖掉 650 个座位。

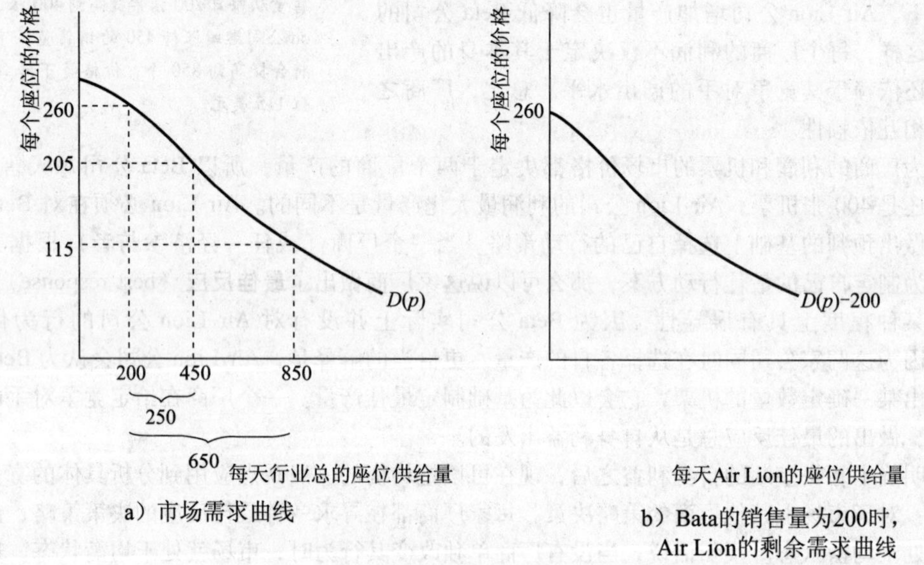

图 15-2　市场需求曲线和 Air Lion 的剩余需求曲线

注：当 Beta 每天卖 200 张票时，650 = D（115）－200 就是 Air Lion 以 115 美元能卖出的最大销售量。同样，250 = D(205) − 200 是 Air Lion 以 205 美元能卖出的最大销售量。图 15-2b 表示的是在给定 Beta 每天卖 200 个座位时，Air Lion 的剩余需求曲线。

为了找到这些组合点，计算特定价格下的市场产量，然后用它减去 Beta 公司 200 个座位的销售量。用这个方法便能得出 Air Lion 公司在任何价格水平下的产量需求。最终得出 Air Lion 公司的厂商需求曲线，即图 15-2b 中的 $D(p)-200$。因为这条曲线表示的是在 Beta 公司售出其固定的机票数量后，留给 Air Lion 公司市场需求的剩余量，所以这条曲线被称为 Air Lion 公司的**剩余需求曲线**（residual demand curve）。

非常重要的一点是，对于 Beta 公司任一水平的销售量，Air Lion 公司都有对应的不同的剩余需求曲线。如果 Beta 公司每天卖更多的座位，比如每天 250 个，那么 Air Lion 公司的剩余需求曲

线就向内移动到 $D(p)-250$ 的位置，如图15-3所示。从图中可以看出，在任何水平的市场价格下，Beta的座位销售量越多，对Air Lion的剩余需求量就越少。

Air Lion公司的剩余需求曲线还表示在给定Beta公司机票销量的情况下，其在任一产量水平下所制定的机票价格。图15-4所示的就是在Beta公司的销售量为100张机票，Air Lion公司的剩余需求曲线。如果Air Lion公司销售450张机票，就能把票价定为190美元，并且能获得85 500美元（190×450）的总收益，如图中的阴影所示。同样，当Air Lion多卖一个座位时，可以通过计算其总收益变化来计算出它的边际收益。图15-5表示的就是，当Beta公司销售100个座位时，Air Lion公司的整个边际收益曲线 mr^A。与剩余需求曲线一样，Air Lion公司的厂商边际收益曲线由Beta公司的产出水平决定。当然，也可以按照相同的方法找出在Air Lion公司任一产量水平下Beta公司的边际收益曲线。

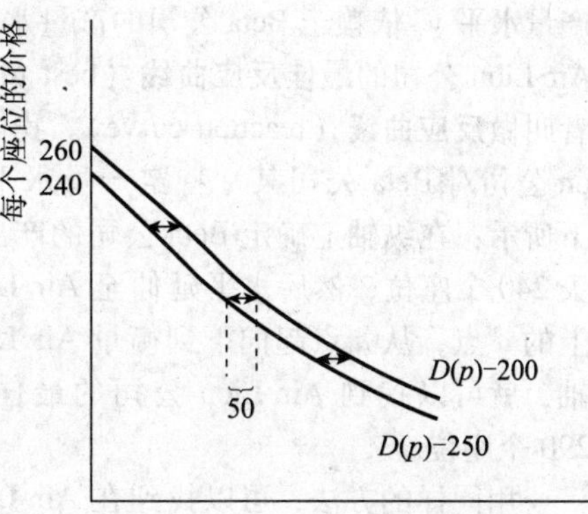

图15-3 Beta的销售量增加使Air Lion的剩余需求曲线向内移动

注：如果Beta每天卖出250个座位而不是200个，Air Lion的剩余需求曲线就从 $D(p)-200$ 移至 $D(p)-250$。

根据已经掌握的厂商的边际收益曲线，在已知其他厂商的产量选择策略时，就可以令边际收益等于边际成本来寻求利润最大化情况下的产量水平。图15-5表示出了Air Lion公司的边际成本曲线和边际收益曲线。应用边际产量规则，假设Beta公司销售100张票，Air Lion公司的利润最大化产量为340张票，该产量水平下价格是205美元。

之前已经强调，Air Lion公司的剩余需求曲线和边际收益曲线依赖于Beta公司的产量水平。因此，Air Lion公司的利润最大化产量也是这样。这一事实可由图15-6解释。在图中，$d^{A'}$ 是Beta公司产量水平相对较低时Air Lion公司的剩余需求曲线，$mr^{A'}$ 是与之相对应的边际收益曲线，y_m 是相对应的利润最大化产量。从另一方面来说，$d^{A''}$ 和 $mr^{A''}$ 是Beta公司产量水平相对较高时Air Lion公司的剩余需求曲线和边际收益曲线；在这种情况下，Air Lion公司的利润最大化产量水平是 y_n。用同样的方法，也可以计算出在Beta公司任意产出水平下Air Lion公司的利润最大化产量。换句话说，不管Beta公司如何决策，都能找到Air Lion公司的最佳反应。

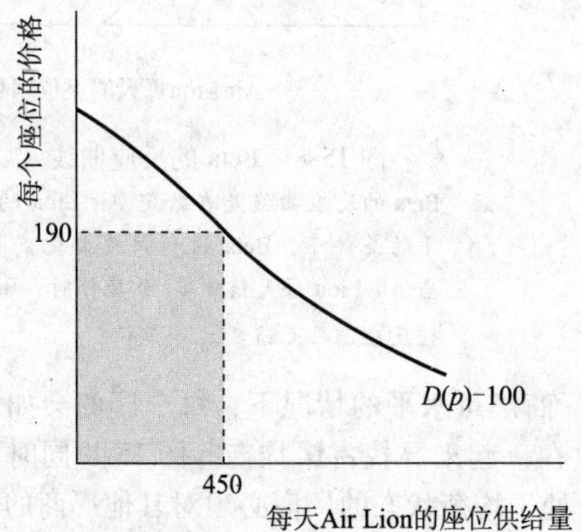

图15-4 用Air Lion的剩余需求曲线分析其总收益

注：当Beta卖出100张票时，Air Lion的剩余需求曲线是 $D(p)-100$。如果Air Lion卖出450张票，它能把票价定为190美元，获得的总收益为190×450美元，如阴影所示。

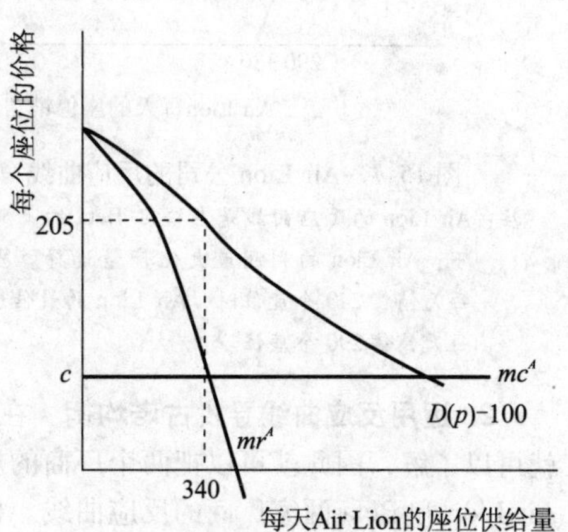

图15-5 Beta产量为100时Air Lion的利润最大化产量

注：Beta销售100个座位时，Air Lion的边际收益曲线为 mr^A，其利润最大化产量水平为340，此时的票价为205美元。

图 15-7 表示了 Air Lion 公司对 Beta 公司可能选择的销售量所做出的最佳反应，在图中被标注为 $y^*(z)$。这个函数表示 Air Lion 公司的利润最大化产量水平 y^* 依赖于 Beta 公司的产量水平 z。该曲线就是 Air Lion 公司的**最佳反应曲线**（best response curve），或者叫做**反应曲线**（reaction curve）。我们可以找到 Air Lion 公司对 Beta 公司某一特定产量水平的最佳反应，如下所示：在纵轴上确定 Beta 公司的产出水平，假定是每天 240 个座位，然后水平延伸至 Air Lion 公司反应曲线上的 a 点，从 a 点起向下到衡量 Air Lion 公司产量的横轴，就可以找到 Air Lion 公司的最佳反应为每天销售 290 个座位。

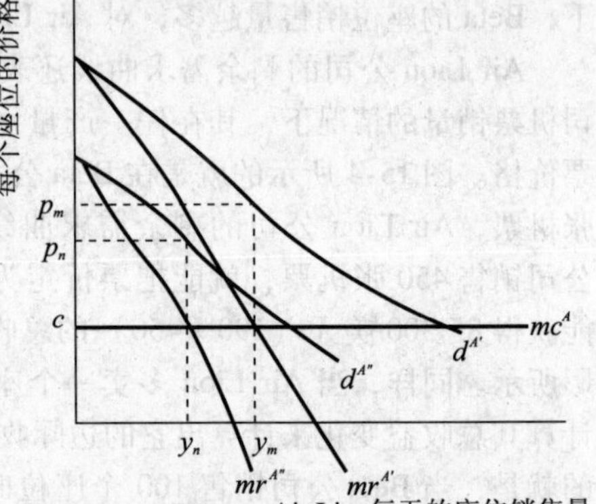

图 15-6　Beta 产量水平变化时，Air Lion 的利润最大化产量水平也随之变化

注：$d^{A'}$ 是 Beta 产量相对较低时 Air Lion 的剩余需求曲线；$mr^{A'}$ 是与之相对应的边际收益曲线，y_m 是相对应的利润最大化产量。从另一方面来说，$d^{A''}$ 和 $mr^{A''}$ 是 Beta 产量相对较高时 Air Lion 的剩余需求曲线和边际收益曲线；在这种情况下，Air Lion 的利润最大化产量是 y_n。

用同样的方法，可以找到在 Air Lion 公司任意产量水平下 Beta 公司的最佳反应。

Beta 公司的反应曲线在图 15-8 中被标为 $z^*(y)$。由于这是 Beta 公司的反应曲线，因此从横轴 Air Lion 公司的销售量开始向上至 Beta 公司的反应曲线，然后水平延伸就可以找到 Beta 公司的产量水平。图中表示出如果 Air Lion 公司每天卖出 y_q 个座位，那么 Beta 公司的最佳反应是销售 z_q 个座位。

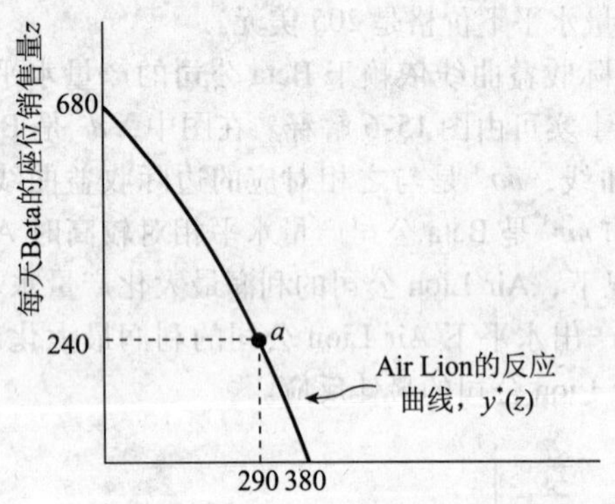

图 15-7　Air Lion 公司的反应曲线

注：Air Lion 的反应曲线是在给定 Beta 的产量水平下，Air Lion 的利润最大化产量选择。当 Beta 每天销售 240 个座位时，Air Lion 的最佳反应是每天销售 290 个座位。

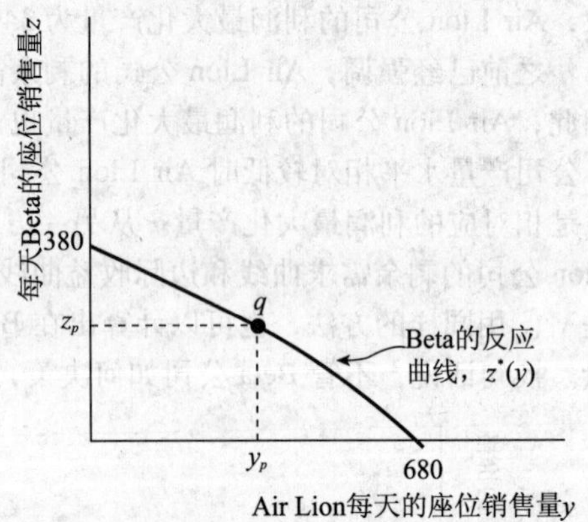

图 15-8　Beta 的反应曲线

注：Beta 的反应曲线是在给定 Air Lion 的产量水平的条件下，Beta 的利润最大化产量选择。当 Air Lion 每天销售 y_q 个座位时，Beta 的最佳反应是每天销售 z_q 个座位。

2. 运用反应曲线寻找古诺均衡　在知道其他厂商产量水平的情况下，每个厂商会如何行动就可以了解，因此就可以把两个厂商的反应曲线放在一起来寻找古诺均衡。图 15-9 同时画出了 Air Lion 和 Beta 两家厂商的反应曲线。根据定义，处于均衡状态的厂商必须对其他厂商的选择做出最佳反应，所以一旦到达均衡点，便不会有厂商背离这一点而单独行动。从图上看，这也意味着处于这一均衡点的两个厂商都在各自的最佳反应曲线上。

为了弄清为什么这个均衡点必须同时处于两条最佳反应曲线上，在图 15-9 中找到一个不在任何一条反应曲线上的 f 点。假设这两个厂商都已经同意让 Air Lion 公司每天卖出 200 个座位而 Beta 公司每天卖 340 个座位。Beta 公司的反应曲线表明，如果 Air Lion 公司每天销售 200 个座位，那么Beta公司的利润最大化产量是每天销售300个座位，即Beta最佳反应曲线上的g点。因此，如果Beta公司认为Air Lion公司还将会遵守协议，Beta公司就会企图不按照协议规定生产，即每天销售300个座位。同样，如果Air Lion公司认为Beta公司每天将继续遵照协议销售340个座位，它也会企图每天销售235个座位，正如Air Lion公司的反应曲线上的h点。所以如果每个厂商都认为其他厂商会遵守协议，它就想违背协议进行生产，显然该协议不是自我实施协议。于是可以判定$y=200$，$z=340$不是古诺均衡时的产量水平。

我们必须找到同时处于两条反应曲线上的一个产量组合，正如图15-10中的e_1点所示的产量组合。首先假设这两家航空公司都同意每天分别销售275个座位。从Beta公司的反应曲线上我们可以看出，如果Air Lion公司每天卖出275个座位，Beta公司的利润最大化产量为275。因此，如果Beta公司相信Air Lion公司会继续遵守协议，那么Beta公司也会继续保持原有的产量不变。同样，如果Air Lion公司相信Beta公司将会继续保持每天275个座位的销售量，Air Lion公司为了维护协议也会每天只销售275张票，并且可以达到利润最大化。点e_1代表的就是一组由自我实施协议约束的产量组合。所以可以得出古诺－纳什均衡点就是两条反应曲线的交点。

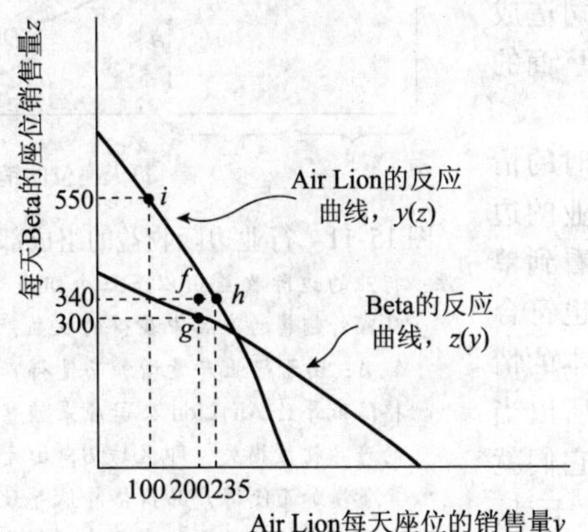

图15-9　检验一种产出结果是否是均衡

注：点f不是均衡点。如果Air Lion每天销售200个座位，那么Beta的利润最大化产量为每天销售300个座位，即Beta反应曲线上的g点。同样，如果Beta每天销售340张票，那么Air Lion的利润最大化产量是每天销售235张票，即Air Lion反应曲线上的h点。$y=200$，$z=340$不是共同的最佳反应，因此就不能组成一个古诺均衡。

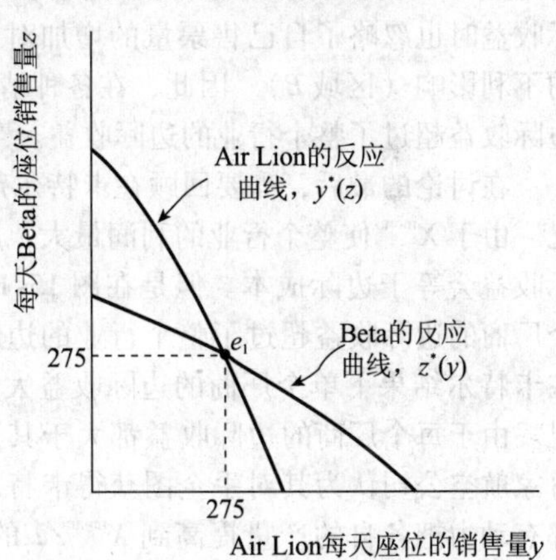

图15-10　寻找古诺均衡点

注：为了达到均衡状态，每个厂商的生产水平都必须处于其反应曲线上。点e_1是唯一同时在两条反应曲线上的点。因此，e_1是唯一的古诺－纳什均衡点。

15.1.3　古诺均衡、完全垄断和完全竞争的比较

因为双头垄断模型的厂商数量比完全竞争市场要少，而又比完全垄断市场多，所以你可以猜测古诺均衡状态处于完全竞争均衡和完全垄断均衡之间。在本小节中，我们考察这一猜测是否正确。

1. 完全卡特尔协议的可行性　我们知道这两家航空公司特别希望达到完全卡特尔的结果，但完全卡特尔协议会得到自我实施协议的支持吗？为了回答这个问题，必须考察厂商为了达到利润最大化产量而不遵守协议的激励。用X^{mono}表示完全垄断市场下的行业产量水平，则在完全卡特尔协议条件下，这两个厂商会承诺销售总量为X^{mono}的机票。假设这两个厂商同意平分行业产量，当Air Lion公司相信Beta将销售$X^{mono}/2$张机票时，那么它遵守协议销售$X^{mono}/2$张机票是出于自身利益考虑而做出的选择吗？

Air Lion公司将售票量增加到$X^{mono}/2$以上的激励是多卖一张票时利润的变化，即Air Lion公

司的边际收益减去边际成本。已知在这一产量水平（且每一产量水平）下 Air Lion 公司的边际成本为 c。接下来的任务就是考察其边际收益的特征。

首先考察整个行业的边际收益，然后把它与 Air Lion 公司的边际收益联系起来。行业的边际收益由以下三个组成部分：①从额外销售的产品中获得的收益；②由于行业产量增加使得价格下降导致 Air Lion 公司原来销售水平的产品收益损失；③由于行业产量增加使得价格下降导致 Beta 公司原来销售水平的产品收益损失。这三个部分分别由图 15-11 中的阴影部分 A、B、C 表示。

以上述行业边际收益的分析为研究背景，开始计算单个厂商的边际收益。当 Air Lion 多销售一张机票时，可以从这张额外机票的销售中得到一项收益（区域 A），但也会由于原来销售的产品价格降低而产生损失（区域 B）。对比整个行业和具体厂商的边际收益可以发现，Air Lion 公司在计算边际收益时忽略了自己售票量的增加对 Beta 公司造成的不利影响（区域 C）。同样，Beta 公司在计算边际收益时也忽略了自己售票量的增加对 Air Lion 公司造成的不利影响（区域 B）。因此，在各种情况下，一个厂商的边际收益超过了整个行业的边际收益。

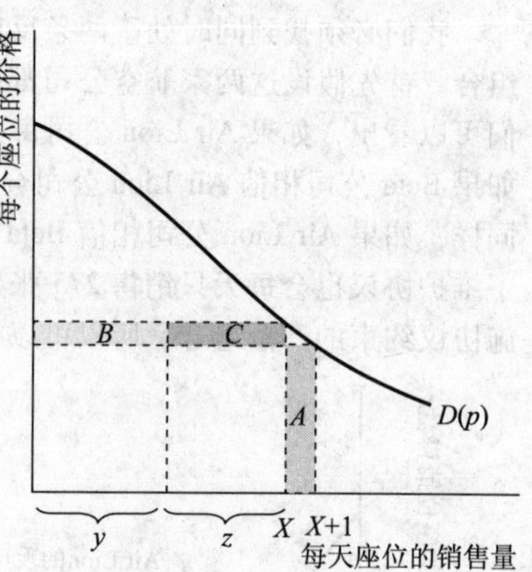

图 15-11 行业边际收益的组成部分

注：行业的边际收益由以下三个组成部分：从额外销售的产品中获得的收益，即区域 A；由于行业产量增加而使得产品价格降低导致 Air Lion 公司原来销售水平的产品收益损失，即区域 B；由于行业产量增加而使得产品价格降低导致 Beta 公司原来销售水平的产品收益损失，即区域 C。

在讨论的最后，需要回顾在卡特尔产量为 X^{mono} 时的情况。由于 X^{mono} 使整个行业的利润最大，所以整个行业的边际收益会等于边际成本。但是在图 15-11 中，可以看到单个厂商的边际收益超过了整个行业的边际收益，这也符合在卡特尔结果下单个厂商的边际收益大于其边际成本的情况。由于每个厂商的边际收益都大于其边际成本，所以当每家航空公司认为其对手企图获得卡特尔结果时，它们就都有动力把各自的产量提高到 $X^{mono}/2$ 的水平之上。于是，我们便可以断定每一个厂商都会出于自身利益而违背卡特尔协议。这样，完全卡特尔的结果就不是一个古诺－纳什均衡。任何希望把产量降低到一个更低水平的行为都会对违背协议产生更强烈的刺激。因此，古诺双头垄断模型的产量会比完全垄断条件下的产量多。

这一模型经常被用来解释为什么在缺少约束性协议的情况下，卡特尔经常失败。在过去 20 年的不同时间里，锡、镍、咖啡、可可、天然橡胶、棉花和钾碱的供给者都企图限制供应量，提高价格，但这些尝试都没有取得长时间的胜利。

2. 我们要返回到完全竞争状态吗 已经看到这两个厂商都有提高产量从而违背完全卡特尔协议的动机。所以，这样违背协议会不会导致完全竞争的结果呢？答案是不会的。每个厂商都会认识到它可以影响价格，所以每个厂商的边际收益曲线都会低于其平均收益曲线（如图 15-5 所示）。因此，当 Air Lion 或者 Beta 使其边际收益等于边际成本时，最后的价格总会高于其边际成本。因为每个厂商都意识到它们具有市场力量，所以每个厂商都至少会生产低于完全竞争水平下的产量水平。

我们也可以通过代数的方法分析这一事实。为此，回顾第 13 章中的式（13-3），即某厂商的边际收益可以用其需求曲线的价格弹性表示为 $mr = p\{1 - 1/\varepsilon_{firm}\}$。假如用需求的市场价格弹性来改写，这一表达式就会更有用。在第 11 章，了解到 $\varepsilon_{firm} = \varepsilon_{mkt}/m$，这里的 m 是厂商的市场份额。把这个关于 ε_{firm} 的公式代入这个关于边际收益的公式，可以得到 $mr = p\{1 - m/\varepsilon_{mkt}\}$。

由这个边际收益的表达式，寡头垄断在边际收益等于边际成本下的均衡条件便可以表示为：

$$p\{1 - m/\varepsilon_{mkt}\} = c \qquad (15\text{-}1)$$

该表达式的作用就是把厂商的市场份额与厂商对价格的影响能力联系了起来。如果 Beta 公司处于寡头垄断地位，那么 m 就等于 1，于是该公式就变成了之前推导的完全垄断状态下的公式，见式（13-3）。另一方面，如果市场中有许多厂商，m 就会接近于 0，Beta 公司就会在价格近似等于边际成本的那一点上进行生产。式（15-1）表明一个厂商的市场份额越小，该厂商的行为就越像完全竞争条件下的价格接受者，而越不像垄断条件下的价格制定者。

总结：**在纳什－古诺均衡状态下，行业总产量比完全垄断条件下利润最大化产量要高，而比完全竞争状态下的产量水平要低。**同时也要注意的是，由于进入市场受阻，即使不能达成充分协议以达到利润最大化产量水平，古诺寡头垄断厂商也可以赚取长期经济利润。

接下来将分析不同市场结构下的消费者剩余及总剩余。正如在对垄断的规范性分析中看到的，当产量升高时，价格就会下降，消费者剩余随之增加。再比较不同的两种市场结构下的行业产量，可以猜测，古诺双寡头垄断条件下的消费者剩余要大于完全垄断条件下的，但是要小于完全竞争状态下的消费者剩余。同时，在完全垄断情形下，均衡产量水平要比总剩余最大化的产量水平低；但是在完全竞争情形下，均衡产量水平却与总剩余最大化的产量水平相等。因此，古诺双头垄断条件下的总剩余在这两者的总剩余之间。

11.1.4　古诺均衡的代数实例

在本小节里，我们将用代数方法来计算古诺均衡状态下的价格、产量和利润。这样既可以加深对纳什均衡的理解，也可以为前文所论述的古诺均衡的性质提供一种证明。除此之外，还将探讨当两家厂商生产的边际成本不相等时会出现什么情况。

1. 例子的假设　为了举例，对需求函数和成本函数做两个补充假设。

（1）市场需求曲线是线性的，$D(p)=\alpha-p$，这里 α 是常数。图 15-12 画出了这一市场需求曲线，α 代表完全没有需求时的价格（即所谓的窒息价格）。注意该需求曲线的斜率是 -1。

（2）这两个厂商的边际成本互不相同。用 c_a 表示 Air Lion 公司的边际成本，c_b 表示 Beta 公司的边际成本。

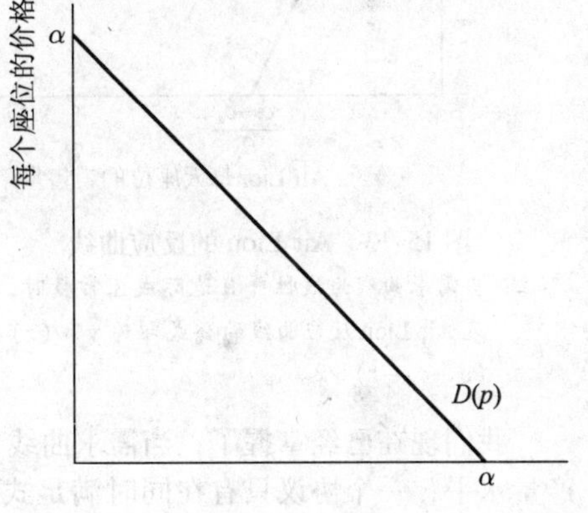

图 15-12　市场需求曲线

注：当市场需求曲线为 $D(p)=\alpha-p$ 时，销售价格不可能大于 α，需求曲线的价格为 -1。

2. 计算反应曲线　假设在 Air Lion 公司相信 Beta 销售 z 张票的情况下，它的剩余需求曲线是

$$d^A(p)=\alpha-z-p \tag{15-2}$$

正如在第 13 章中得出的等式（13-1），Air Lion 公司的边际收益为

$$mr^A=\text{价格}+(\text{Air Lion 的售票量})\times(\text{需求曲线斜率}) \tag{15-3}$$

式（15-2）显示，Air Lion 公司需求曲线的斜率是 -1。因此，当价格为 p，Air Lion 公司的产量为 y 时，Air Lion 的边际收益为 $mr^A=p-y$。这个等式并非完全实用，因为它还依赖于价格，但是价格本身是由所选择的产量决定的。所以需要改写这个等式，使之变为由产量决定的形式。运用市场需求曲线先求出 p。因为 $y+z=\alpha-p$，即 $p=\alpha-z-y$。再将这个关于 p 的表达式代入 Air Lion 的边际收益的表达式中，得到：$mr^A=(\alpha-z-y)-y$，即

$$mr^A=\alpha-z-2y \tag{15-4}$$

接下来运用边际产量规则，使厂商的边际收益等于边际成本，即

$$\alpha-z-2y=c_a \tag{15-5}$$

重新整理这些方程式，便可以把 Air Lion 的利润最大化产量表示为 Beta 产量的一个函数

$$y^*(z)=(\alpha-c_a-z)/2 \tag{15-6}$$

式（15-6）就是该例中 Air Lion 的最佳反应曲线，如图 15-13 所示。用相同的方法，很容易把 Beta 利润最大化的产量水平表示为 Air Lion 的产量水平的函数，计算结果表明，Beta 的最佳反应曲线为

$$z^*(y)=(\alpha-c_b-y)/2 \tag{15-7}$$

3. 计算古诺均衡　为了寻找古诺均衡，需要找到一组同时位于这两个反应函数上的产量水平。如图 15-14 中的点 e_1，就是纳什－古诺均衡点，它的坐标为[⊖]

$$y_1=(\alpha-2c_a+c_b)/3 \tag{15-8}$$

和

$$z_1=(\alpha-2c_b+c_a)/3 \tag{15-9}$$

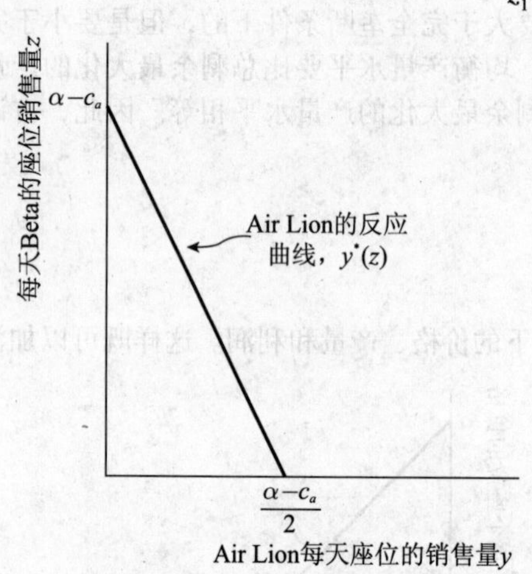

图 15-13　Air Lion 的反应曲线

注：当需求曲线为线性并且边际成为常数时，代表 Air Lion 反应曲线的公式即为 $y^*(z)=(\alpha-c_a-z)/2$。

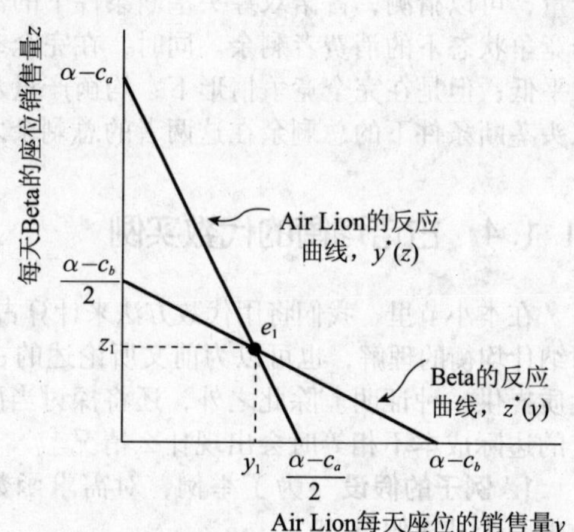

图 15-14　古诺均衡

注：点 e_1 代表同时位于两条反应曲线上的一组产量水平。因此，点 e_1 是纳什－古诺均衡点。

我们现在已经掌握了：当需求曲线为线性且厂商都具有固定边际成本时，古诺均衡状态下的产量水平；一个协议只有在同时满足式（15-8）和式（15-9）给出的产量水平时，它才是自我实施协议。

数值举例。一些具体数值可能对解释这些代数结论有帮助。假设市场需求是 $D(p)=900-p$，Air Lion 的边际成本为 200 美元，Beta 的边际成本为 100 美元。

在这些假设条件下，Air Lion 面临的剩余需求曲线是 $d^A(p)=900-z-p$，则其边际收益等于 $900-z-2y$（把 $\alpha=900$ 代入式（15-4）中就可以得到边际收益为 $900-z-2y$）。Air Lion 应用边际产量规则，选择边际收益等于边际成本时的产量 y，用以满足 $900-z-2y=200$。重新整理这一关系，Air Lion 对 Beta 产量选择的最佳反应为 $y^*(z)=350-z/2$。如果把 α，c_a，c_b的具体值代入式（15-6）中，当然也会得到同样的答案。

既然已经得到了两个厂商的最佳反应函数，就可以找到古诺均衡的产量水平组合。我们需要找到同时满足 $y=350-z/2$ 和 $z=400-y/2$ 的数值 y 和 z。解这个方程组，可以得到 $y_1=200$，$z_1=300$。注意，正像我们预测的，成本比较低的厂商占有更大的市场份额。同时还要注意的是，把 α，c_a，c_b的具体数值代入式（15-8）和式（15-9）中会得到相同的结果。

⊖ 在代数中，只有同时满足两条反应曲线的协议才是自我实施协议，即满足 $y_1=(\alpha-c_a-z_1)/2$ 和 $z_1=(\alpha-c_b-y_1)/2$。现在我们有两个线性方程和两个未知数。把这个关于 z_1 的表达式代入关于 y_1 的表达式，可以得到 $y_1=\{\alpha-c_a-1/2(\alpha-c_b-y_1)\}/2$。这是一个只有一个未知数的一元方程，我们可以求解并得到正文中给出的结论。

4. 比较静态分析　回到α，c_a，c_b的一般值，进一步考虑式（15-8）和式（15-9）。这些等式揭示了某厂商自身边际成本的下降会直接导致产量的增加。更直观地说，厂商的边际成本越低，厂商增加产量的激励越大。而且，它还揭示出，任何一个厂商边际成本的变化都会影响到另一个厂商的产量。例如，当 Air Lion 公司的边际成本 c_a减少，Beta 公司的产量 z 也会降低。很显然，Beta 知道 Air Lion 边际成本的下降会使其产量水平提高，那么 Beta 就会降低产量来回应 Air Lion 产量的增加。

为进一步的分析，可以推导出每个厂商均衡利润的直接表达式。Air Lion 的利润等于（价格 - 平均成本）× 产量。Air Lion 的平均成本是 c_a，价格 $p_1=\alpha-z_1-y_1$。因此，Air Lion 的均衡利润水平是（$\alpha-z_1-y_1-c_a$）× y_1。运用式（15-8）和式（15-9）给出的均衡产量水平，仅用需求和成本条件表示 Air Lion 的均衡利润如下：

$$\pi_1^A=\left(\frac{\alpha+c_a+c_b}{3}-c_a\right)\times\left(\frac{\alpha-2c_a+c_b}{3}\right) \tag{15-10}$$

合并同类项，则均衡利润的表达式简化为：

$$\pi_1^A=\frac{(\alpha-2c_a+c_b)^2}{9} \tag{15-11}$$

式（15-11）包含两个重要的结论：

（1）当一个厂商自身的成本增加时，其利润会减少。在其他条件保持不变时，Air Lion 的成本 c_a增加，利润就会降低。

（2）如果厂商的竞争对手成本上升，那么利润会增加。Beta 的边际成本上升会使 Air Lion 的利润上升。这是为什么呢？答案的关键可以在 Beta 公司均衡产量的表达式中找到，即式（15-9），它指出了 Beta 成本的上升会导致 Beta 均衡产量水平的下降。Beta 的产量下降会使 Air Lion 的剩余需求曲线向外移动，使得均衡价格上升，这样就会使 Air Lion 的均衡产量上升。

使用类似的分析也可以得到 Beta 的均衡利润为：

$$\pi_1^B=\frac{(\alpha-2c_b+c_a)^2}{9} \tag{15-12}$$

5. 古诺双头垄断、完全竞争和完全垄断的比较　当两个厂商的边际成本都为 c 时，比较古诺均衡下的结果与完全竞争、完全垄断的结果是非常有意义的。

（1）古诺双头垄断。假设在式（15-8）和式（15-9）中，$c_a=c=c_b$，即两个厂商边际成本相同，便可得到每个厂商每天将卖出$\frac{1}{3}(\alpha-c)$个座位。市场总产量 X^{cour}，是单个厂商产量水平的两倍，即$\frac{2}{3}$（$\alpha-c$）。市场价格水平为 $p^{\text{cour}}=\frac{1}{3}$（$\alpha+2c$）。

（2）完全竞争。在完全竞争条件下，每个厂商都在价格 p^{comp} 等于边际成本 c 的一点上进行生产。把这个价格水平代入到市场需求曲线中，得到完全竞争市场的产量水平为 $X^{\text{comp}}=\alpha-c$。

（3）完全垄断。在完全垄断条件下，唯一的供给厂商在行业边际收益等于边际成本 c 时进行生产。因为行业边际收益为 $\alpha-2X$，所以完全垄断市场的产量水平为 $X^{\text{mono}}=\frac{1}{2}$（$\alpha-c$），最终价格水平为 $p^{\text{mono}}=\frac{1}{2}$（$\alpha+c$）。

表 15-4　在线性需求曲线和固定边际成本的条件下，比较古诺双头垄断、完全竞争和完全垄断

	完全竞争	古诺双头垄断	垄断
市场产量	$(\alpha-c)$	$\frac{2}{3}(\alpha-c)$	$\frac{1}{2}(\alpha-c)$
价格	c	$\frac{1}{3}(\alpha+2c)$	$\frac{1}{2}(\alpha+c)$
行业利润	0	$\frac{2}{9}(\alpha-c)^2$	$\frac{1}{4}(\alpha-c)^2$
消费者剩余	$\frac{1}{2}(\alpha-c)^2$	$\frac{2}{9}(\alpha-c)^2$	$\frac{1}{8}(\alpha-c)^2$
总剩余	$\frac{1}{2}(\alpha-c)^2$	$\frac{4}{9}(\alpha-c)^2$	$\frac{3}{8}(\alpha-c)^2$

注：市场需求曲线是 $D(p)=\alpha-p$。每个厂商都有固定的边际成本 c。上述结果的推断均以 $\alpha>c$ 为前提。

这些结论都概括在表15-4中。正如在前面的分析中指出的那样，古诺双头垄断处于完全竞争和完全垄断的均衡结果之间：$X^{mono}<X^{cour}<X^{comp}$，$p^{mono}>p^{cour}>p^{comp}$。消费者剩余、总剩余和产量的关系一样；都是在完全垄断条件下最小，完全竞争条件下最大，古诺双头垄断条件下居中。利润和价格的关系相同；都是在完全垄断条件下最高，在完全竞争条件下最低，在古诺双头垄断条件下居中。

15.2　决定价格的寡头垄断者

你或许会对古诺模型提出反对意见，因为现实世界中的厂商通常会选择制定价格而不是产量。1883年，约瑟夫·伯川德（Joseph Bertrand）就对古诺模型提出了这一问题。在许多实例中，对典型厂商来说选择价格而不是选择产量确实更为合适。因此在本节，将对这种市场行为做深入研究。在了解了价格决定和产量决定的不同含义之后，将会讨论在特定的现实市场中哪一个模型会更符合实际。

15.2.1　伯川德竞争

厂商决定价格的纳什均衡被称为**伯川德均衡**（Bertrand equilibrium）（或**伯川德－纳什均衡** Bertrand-Nash equilibrium）。这些制定价格的厂商被称为伯川德竞争对手。假设有两个厂商，Air Lion和Beta，它们需要在考虑一段时间之后同时做出价格决策。现在，厂商的策略包括价格选择：Air Lion的价格为p^A，Beta的价格为p^B。“纳什均衡价格”由两个价格组成p_1^A和p_1^B，且：

- 假如Beta的每张票价为p_1^B，Air Lion的利润最大化价格为p_1^A。
- 假如Air Lion每张票价为p_1^A，Beta的利润最大化价格为p_1^B。

总而言之，在伯川德均衡条件下，任何一个厂商在得知竞争对手制定的价格后，都不会改变自己的产品定价。

下面探讨市场中的伯川德均衡。像之前一样，给定市场需求曲线为$D(p)$。当然，要决定厂商如何行动，我们还需要知道厂商面对的具体需求曲线。在这个寡头垄断市场上，两家航空公司都相互依赖于对方，一个厂商的产量水平决定于另一个厂商的行为。接下来有三种情况需要讨论：

（1）Air Lion的定价比Beta要高。在这种情况下，所有的乘客都会乘坐Beta的航班，因为这两家公司的服务都是无差别的，所以所有的消费者都会选择价格便宜的厂商。Air Lion没有销售量，Beta的销售量为$D(p)$，这里p是Beta的机票定价。

（2）Air Lion的定价比Beta低。当Air Lion定价较低时，上一种情况下所有的条件都变成相反的。现在所有的乘客都会选择Air Lion。Beta的销售量为零，Air Lion的销售量为$D(p)$，这里p是Air Lion的机票定价。

（3）Air Lion和Beta的定价相同。当两个厂商的定价相同时，这两家航空公司的消费者就没有差别了。为了简便起见，把消费者在两个厂商之间分开。每个厂商都占有一半的市场份额，即$D(p)/2$，这里p是两个厂商共同的机票定价。

考虑Air Lion可能会随意制定价格，比如说票价定为130美元。Beta面对的厂商需求曲线如图15-15中价格为130美元以下的部分。其中横轴表示Beta每天的座位

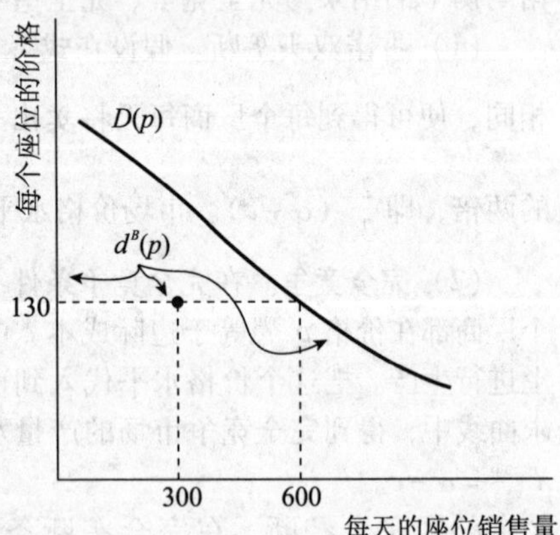

图15-15　当Air Lion的票价为130美元时，Beta厂商的需求曲线

注：当Air Lion的价格为130美元时，Beta厂商的需求曲线表示如果它的价格高于130美元，销售量就会为零；如果价格低于130美元，将会占有所有的市场份额；如果定价在130美元，会占有一半的市场份额。

销售量，纵轴表示每个销售量对应的票价。这条曲线说明，如果 Beta 的票价高于 130 美元，其销售量就为零，低于 130 美元时就会占有所有的市场份额，而等于 130 美元时则获得一半的市场份额。当然，如果 Air Lion 的价格变化，Beta 的厂商需求曲线也会变化。

为了完成最基本的设定，再次假设两个厂商都有固定的边际成本 c。

寻找伯川德均衡　图 15-16 显示了市场需求曲线和共同的边际成本水平线。问题在于能否找到一组被自我实施协议所支持的价格。显然，没有一个厂商的价格会低于 c，因为停产规则表明，在这个价格水平下，厂商宁愿倒闭也不会进行生产。

那么，会存在一个高于边际成本的均衡价格吗？考虑图 15-16 中的价格 p_g。只有每个厂商在给定另外一个厂商的定价为 p_g，并且 p_g 也是它本身的利润最大化价格时，此时两个厂商的价格 p_g 才构成伯川德－纳什均衡结果。如果 Air Lion 的定价为 p_g，那么 Beta 的利润最大化的价格水平是怎样的？任何高于 p_g 的价格水平都会导致零销售量以及零利润。当 Beta 公司把价格定为 p_g，则两个厂商就会平分市场份额，每个厂商销售量为 $X_g/2$。从而，Beta 的利润为 $(p_g - c) \times X_g/2$，即图 15-16 中的阴影区域 G。因为 Beta 在这一点处取得了正的利润，所以情况明显要比任何高于 p_g 的定价时好。但是较低的价格又会导致怎样的情况呢？如果 Beta 把价格定的低于 Air Lion 的价格，譬如图 15-17 中的价格 p_h，那么 Beta 就会占领整个行业的销售额。Beta 会以 p_h 的价格卖出 X_h 个座位，并且获得的利润为 $(p_h - c) \times X_h$，即图 15-17 中的阴影区域 H。

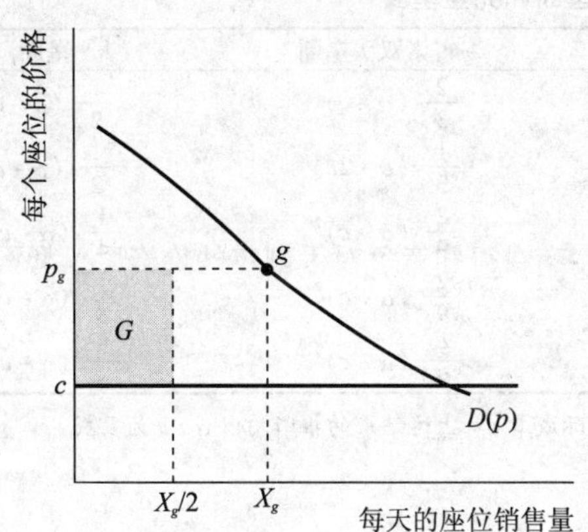

图 15-16　Beta 和 Air Lion 的票价相等时，Beta 的利润

注：如果 Air Lion 和 Beta 都把票价定为 p_g，这两个厂商平分市场份额。Beta 会以 p_g 的价格卖出 $X_g/2$ 张机票。最终利润为阴影部分 G 所示。

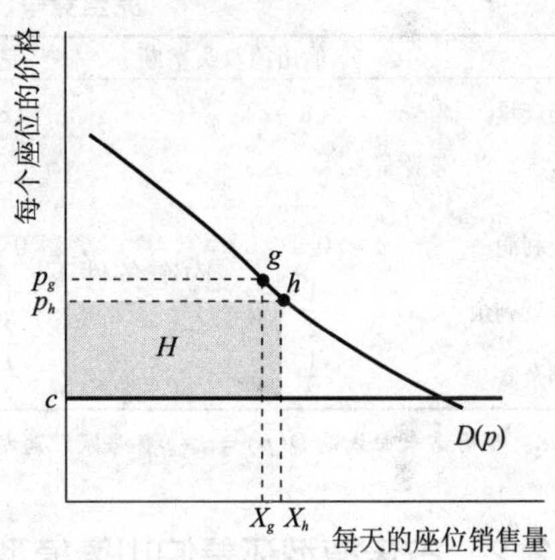

图 15-17　Beta 的票价低于 Air Lion 时，Beta 的利润

注：如果 Beta 将票价定为低于 Air Lion 票价 p_g 的 p_h，则 Beta 就会占有全部市场份额。Beta 会以 p_h 的价格卖出 X_h 张机票。最终利润为阴影部分 H 所示。

至于价格水平 p_h 和 p_g，哪一水平会使得 Beta 的利润更高呢？如果 Beta 选择的价格 p_h 充分接近 p_g，那么 Beta 就会通过制定低于 Air Lion 的价格获得比制定与 Air Lion 相同的价格来获得更多的利润。为了弄清原因，假设 Beta 制定的价格只比 Air Lion 的价格低很小一部分，然后对比图 15-17 中的区域 H 和图 15-16 中的区域 G，结果会怎样呢？两个区域的高度，即价格和边际成本的差额，几乎是相等的：$(p_h - c)$ 近似等于 $(p_g - c)$。但是这两个区域的宽度却完全不同。通过制定比 Air Lion 低的价格，Beta 几乎使产量加倍了；X_h 比 $X_g/2$ 的两倍还多。因此，在图 15-17 中，Beta 制定比 Air Lion 低的价格时，其代表利润的区域面积几乎是 15-16 中 Beta 定价等于 Air Lion 时的两倍。可见，当 Air Lion 定价高于其边际成本时，则 Beta 会通过制定低于 Air Lion 的价格水平以实现利润最大化。

现在，因为 Beta 制定的价格比 Air Lion 低，所以 Air Lion 的销售量会是零并且利润也为零。

但是这并不是一种均衡，因为在给定 Beta 所制定的价格的前提下，Air Lion 也可以通过把价格降到 Beta 的定价水平下来获取正的利润。但是这样一来，Beta 又会再次把价格降到 Air Lion 新制定的价格水平之下。这个过程会反复出现，于是可以断定：当这两个厂商的定价高于其边际成本时，均衡水平是不可能达到的。

只有两个厂商都使价格等于边际成本时，最终的均衡才会实现。在这种情况下，很显然没有一个厂商有激励去削减价格，因为降价的厂商会使价格低于成本而亏损；并且，厂商也没有动力去提高价格，因为一旦提高价格则销售量立即降至零。因此，这时的自我实施协议便是每个厂商都将价格定为 c。在伯川德均衡条件下，每个厂商都会销售 $D(c)/2$ 张机票，且利润为零。

我们已经研究了具有两个供应商的伯川德模型，在存在多个供应商时也能得出相似的均衡结果。

可以得出如下结论，当所有厂商都有固定边际成本 c 的时候，伯川德均衡的结果就是所有厂商制定的价格都为 c。表 15-5 对比了伯川德均衡和之前讨论的市场结构。从表中可以看出，伯川德－纳什均衡和完全竞争市场结果具有相同的产出水平、价格、利润和剩余水平。因此，在伯川德双头垄断条件下的行业产量、消费者剩余和总剩余要比古诺双头垄断或完全垄断条件下多，同时价格和行业利润水平要比古诺双头垄断和完全垄断条件下低。

表 15-5 在线性需求曲线和固定边际成本的条件下，比较伯川德双头垄断、完全竞争、古诺双头垄断和完全垄断

	伯川德双头垄断	完全竞争	古诺双头垄断	垄断
市场产量	$(\alpha-c)$	$(\alpha-c)$	$\frac{2}{3}(\alpha-c)$	$\frac{1}{2}(\alpha-c)$
价格	c	c	$\frac{1}{3}(\alpha+2c)$	$\frac{1}{2}(\alpha+c)$
行业利润	0	0	$\frac{2}{9}(\alpha-c)^2$	$\frac{1}{4}(\alpha-c)^2$
消费者剩余	$\frac{1}{2}(\alpha-c)^2$	$\frac{1}{2}(\alpha-c)^2$	$\frac{2}{9}(\alpha-c)^2$	$\frac{1}{8}(\alpha-c)^2$
总剩余	$\frac{1}{2}(\alpha-c)^2$	$\frac{1}{2}(\alpha-c)^2$	$\frac{4}{9}(\alpha-c)^2$	$\frac{3}{8}(\alpha-c)^2$

注：市场需求曲线是 $D(p)=\alpha-p$。每家厂商都有固定的边际成本 c。上述结果的推断均以 $\alpha>c$ 为前提。

15.2.2 古诺模型还是伯川德模型

我们已经了解了两个寡头垄断模型，其中古诺模型是关于厂商怎样设定产量的，而伯川德模型则是关于厂商如何设定价格的。利用这两个模型分别对厂商的行为做出预测，却能得到截然不同的结果。因此，下面将探讨两个十分重要且联系紧密的问题：①为什么这两个模型会得出如此不同的结果？②既然得出的结果如此不同，应该相信哪一个模型呢？

1. 为什么伯川德和古诺双头垄断模型如此不同 我们将从下面这个问题开始分析，即为什么古诺厂商可以限制产量并将价格制定在边际成本之上，而伯川德厂商则不能。先来考虑古诺厂商在确定产量水平时所隐含的价格策略。假设这两家航空公司已达成协议，即 Air Lion 和 Beta 各自每天都销售 450 张票。如图 15-18 所示，在这一协议下，每个厂商的机票价格都在 100 美元。假设现在 Beta 公司违反协议，将每天的销售量提高到 600 张，情况又会怎样呢？不难看出，此时 Beta 的价格将降至 77 美元。更为重要的是，Air Lion 的价格也会降到 77 美元，因为 Air Lion 已经将销售量定为 450 张，所以为了达到这个目标它必须做出必要的价格调整。最终的结果就是，Beta 公司不遵守协议使得 Air Lion 公司的价格也下降了，因此 Beta 公司不会因为仅降低了一点价格就获得整个市场份额。

而在伯川德状态下，当厂商不遵守协议时结果则迥然不同。再次假设 Air Lion 和 Beta 已经达成了协议，即在价格为 100 美元的情况下进行销售，并且每个厂商销售 450 张机票。现在，如果 Beta 公司不遵守协议而稍微降低价格，Air Lion 却不把价格降低到与 Beta 相同的水平，因为伯川德厂商会坚持其一开始制定的价格。结果就是，Beta 公司会以几乎与原价相等的价格获得全部市场份额，可见在伯川德条件下违背协议的动力要比古诺条件下要大得多。

2. 我们应该使用哪一种模型 至于第二个问题，我们给出的答案是：一些情况使用古诺模型，一些情况使用伯川德模型，还有一些情况两者都不用。遗憾的是，并没有哪一个寡头垄断模型达到十全十美从而可以适用于任何类型的市场。因此最关键的问题变成了：对于一个确定的市场如何确定哪一种模型比较合适。然而幸运的是，上述分析即关于这两个模型为何得到如此不同的预测结果，恰巧给出了如何针对特定市场选择模型的依据。

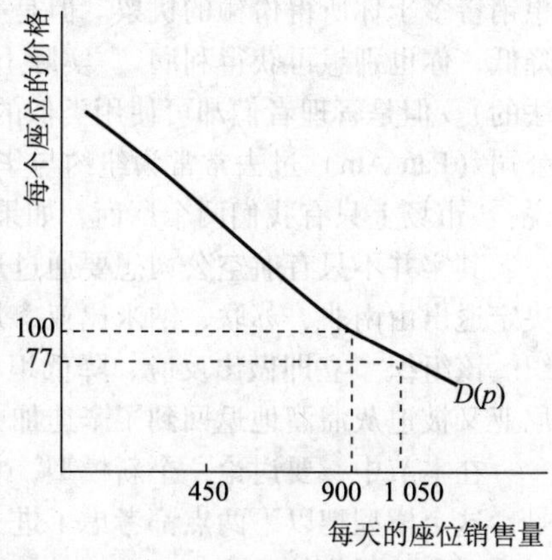

图 15-18 当厂商为古诺双头垄断时，Beta 不遵守协议的行为对 Air Lion 的价格影响

注：如果这两家航空公司达成协议每天都销售 450 个座位，最终的价格为 100 美元。如果 Beta 不遵守协议实际销售了 600 个座位，其销售的价格就会将为 77 美元。更重要的是，Air Lion 销售的价格也会降到 77 美元，因为 Air Lion 已经决定要卖 450 个座位，为了达到这个销售目标它将做必要的价格调整。

在决定哪一个模型更加合适之前，应该注意十分重要的两点。首先，古诺模型和伯川德模型并不像我们所想的是完全对立的，因为它们都阐明了寡头之间勾结的困难性及相互反应的重要性。更重要的是，当两个厂商生产不同种类且性质不同的产品时，这两个模型的预测结果就相当接近。当相互竞争的寡头生产的产品不能相互替代时，很小的价格差异并不能促使所有消费者都转向低价位厂商；一些消费者还是宁愿购买他们认为质量较好的高价产品。所以，当厂商生产不同质产品时，伯川德模型下，即使某厂商违背协议而降低价格，也并不能带来大量利润；在古诺模型中也是一样，厂商的销售量也并不能大幅攀升。因此，当厂商生产的产品是有差异的时候，伯川德模型下的寡头垄断厂商和古诺模型下的寡头垄断厂商一样，都可以把价格定在边际成本之上而在完全卡特尔价格之下。

第二点是这两个模型都不是寡头垄断理论模型的最终形式。但是，每一个模型都是寡头垄断理论发展过程中的重要里程碑。它们都揭示出厂商之间的相互依赖性会影响到厂商的决策，也揭示出厂商之间按照默契协议坚持完全卡特尔是存在诸多困难的。然而，这两个模型都没有考虑到真实世界的一个重要的特征，即无论是在制定价格还是制定产量上，厂商之间通常会重复地相互影响。一旦把这个特征考虑进来，这两个模型对厂商行为所做出的预测，将要比厂商之间仅做出一次稳定反应时的预测更加接近现实。

15.3 合作与惩罚

本章开头就提到，要选择利润最大化方案，一个寡头垄断厂商必须：①了解竞争对手的计划；②考虑竞争对手对自己行为的反应。古诺双头垄断模型和伯川德双头垄断模型都很好地把握住了第一点，因为在模型中，一个厂商的利润最大化行动明显地依赖于其对另一个厂商行为的判断。但是这两个模型都没有把对竞争对手如何反应这一条件考虑进来。因为每个厂商都单独做决策，而且它们是同时做决策，所以对于这些厂商来说它们无暇顾及其他厂商的行为并做出反应。

因此，一个更加契合现实的模型必须考虑到厂商重复进行决策的事实。通过反复的决策制定，厂商可以在原来的决策上重新改进决策，并且能对其竞争对手的行为做出反应。在特殊的情况下，假如一个厂商在当前违背协议，另一个厂商甚至可能会在未来对它做出惩罚。例如，Air

Lion 公司可能会对 Beta 公司说："我们一起通过限制航班数量来制定卡特尔价格吧。我知道，你想销售多于你所得份额的机票。但是一旦我发现你违反协议，我就要向市场倾销，到时价格就会降低，你也别想再获得利润。"实际上，航空公司之间显然是不可能像这样直接对话的（这是违法的），但是管理者们却可使用类似的方法。特朗普航空公司（The Trump Shuttle）和泛美航空公司（Pan Am）过去常常为纽约与华盛顿之间的短期航班展开竞争。一次特朗普公司的董事长说："市场上只有我们两个厂商，如果我们降低价格，你说泛美航空会有怎样的反应呢？"

其实并不只有航空公司想要通过违反协议来增加销量却同时担心会受惩罚。曾经，坦桑尼亚决定退出由南非、苏联、纳米比亚、坦桑尼亚以及其他钻石生产国所组成的世界钻石卡特尔组织。该组织"立即做出反应，降低坦桑尼亚钻石的销售价格。之后不久，碰了一鼻子灰的坦桑尼亚又被迫灰溜溜地返回到了辛迪加中"。

在本节中，要讨论一个新模型，它充分考虑到了这种行为。与古诺模型和伯川德模型不同的是，这个模型把以下两点都考虑了进去：①厂商需要了解竞争对手的计划；②厂商需要考虑竞争对手对自己行为的反应。

15.3.1 重复反应模型

假设 Air Lion 和 Beta 正计划达成一项自我实施协议，以减少座位产量并提高价格水平。与之前所讨论过的模型不同，现在假设 Air Lion 和 Beta 每天都制定新的策略。Air Lion 在是否违背协议这个问题上该如何决策呢？作为一个理性的利润最大化厂商，Air Lion 需要考虑的包括既违背契约的成本，也包括违背契约的收益。

违背协议的利益是显而易见的。如果其他厂商都在限制产量以维持较高价格，那么违背协议的厂商提高产量就会有利可图。至少在被暴露之前，它在每一期都会获得越来越多的利润。用 π^s 代表 Air Lion 遵守协议时每天的利润，用 π^c 代表违背协议时每天的利润（因为所有的计算对于两个厂商是完全相同的，所以可不必分开标记两个厂商）。它们之间的差额，即 $\pi^c-\pi^s$，就是违背协议所获得的净收益。而 Beta 只能在一段时间过后才能发现 Air Lion 违背协议的行为。假设 Beta 在 T 天后发现了 Air Lion 的欺诈行为，则 Air Lion 会在 T 天内每天多获得 $\pi^c-\pi^s$ 的利润。这些通过欺诈行为得来的收益如图 15-19 中的阴影区域 A 所示。

但违背协议也会带来损失。一旦 Beta 发现了 Air Lion 有违背协议的行为，Beta 就可能会采取行动来降低 Air Lion 未来的收益。用 π^p 表示因违背协议而遭受惩罚后每天的利润。与遵守协议不被惩罚相比，该惩罚会使得 Air Lion 每天损失 $\pi^s-\pi^p$。当违背协议的行为在 T 天之后被发现，惩罚行为就会从第 $T+1$ 天开始执行。所造成的损失就是图 15-19 中的阴影区域 B。

当然，厂商不能仅仅通过比较区域 A 和 B 的大小来决定是否进行欺诈行为。因为在不同的时间点收益和损失的量是不同的，因此必须比较收益和损失的现值（见第 5 章）。如果违背协议获得的净收益的现值超过了被惩罚造成的损失的现值，厂商就会进行欺诈行为而违背协议。

15.3.2 一般预测

图 15-19 还表明以下几个因素将影响厂商是否可以成功地进行联合。

（1）发现违背协议行为所需的时间越长，进行欺诈行为的动力越大。对这个说法有两方面的解释。首先，被发现的时间段越长，违背协议的厂商通过欺诈获得的收益就越多，从而收益的现值就越大。其次，被发现的时间段越长，实施惩罚的时间就越滞后，从而惩罚造成的损失的现值就越小（记住，未来一定量的钱，离现在时间越长，其现值就越小）。正是由于被发现的时间段变长会提高违背协议获得的收益，并且降低损失，所以会增强欺诈行为的动力，于是厂商之间的联合变得更加困难。

（2）进行欺诈行为的厂商被发现的可能性越小，进行欺诈行为的动力越大。可以通过运用关于发现欺诈行为的时间以及是否被发现的不确定性，使这个关于欺诈和惩罚的模型变得更加接近现实。当被发现的时间间隔不确定时，厂商不得不权衡进行欺诈行为带来的预期收益和损失。

虽然把预期考虑进去会使收益和成本的计算更加复杂，但很明显的是，如果厂商的欺诈行为不可能被发觉，那么进行欺诈行为所得的期望收益将会远远高于期望损失，因此厂商之间的合作变得更加难以维持。

（3）进行欺诈行为的厂商要面临的惩罚措施越严厉，其违背协议的动力就会越小。π^p越低，违背协议遭受的损失越大（图15-19中的区域B），同时维持合作协议也会更容易。

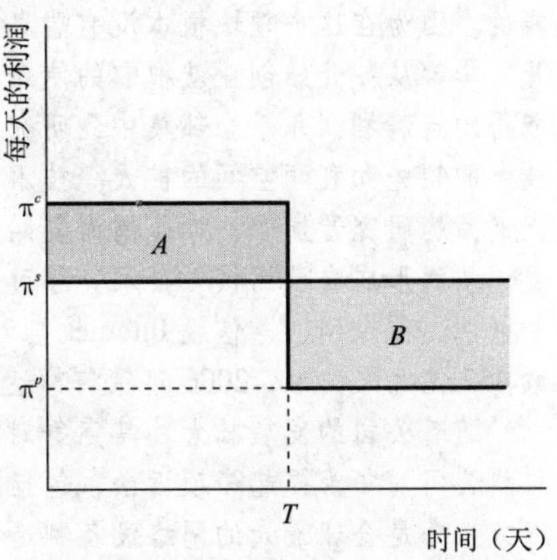

图15-19　违背协议的损失和收益

注：如果Beta在T天后觉察到了Air Lion的欺诈行为，那么违背协议的行为使Air Lion在T天内每天多获得$\pi^c-\pi^s$的利润，即阴影区域A。一旦Air Lion被发现违背协议，它就会遭受每天$\pi^s-\pi^p$的损失。这个损失从之后的第$T+1$天开始，受到的损失为阴影区域B。

条件3表明厂商希望π^p越低越好，以抑制违背协议的行为，维持合作关系。但是最低能达到多少呢？正如之前提到的，厂商可能会以倾销来威胁背弃协议的厂商，使市场价格降低，从而使它受到惩罚。然而，这种威胁的后果却会使惩罚和被惩罚的双方都由于价格下降而遭受利润损失。所以，当一个厂商发现其他厂商的欺诈行为后，它会选择代价如此高昂的方式来惩罚对手吗？潜在的欺诈者可能预期它不会这样做。而一旦不相信将会遭受惩罚，它就会开始使用欺诈手段。

事实上，在决定是否要违背协议时，厂商担心的威胁仅仅是它是否会被绳之以法。换句话说，为了起到威胁作用，威胁手段必须是**可置信的**（credible）。在厂商可以对彼此先前的行为互相做出反应的情况下，可以得出第二个条件，即这个协议必须是自我实施协议，并且除了满足纳什均衡条件外，这项协议还必须满足：

可置信条件：任何包括威胁（或许可）的自我实施协议都必须是可靠的。也就是说，如果厂商要实施威胁，这种实施威胁的行动必定是出于它自身的利益原则。

如果一项协议对某一具有欺诈行为的厂商要求有特定的惩罚方式，那么负责执行惩罚措施的厂商就要保证，对“惩罚欺诈者条例”也不得有进行欺诈的动机。每一个厂商的利润最大化行为都必须遵守这个协议的相关部分。

可见，成功合作的前三点结论都遵守违背协议所带来的损益平衡原则。而第四点结论是从这样的事实中得出的，即大多数厂商的交际能力是有限的，并且它们要进行联合就必须达成默契协议。然而国家间的卡特尔成员（例如OPEC）可以做到相互对话，但是一些想要联合起来的美国、德国、英国的厂商却不能正式聚在一起商讨计划。厂商之间在没有相互讨论的情况下，就必须要达成默契协议。用这种方式达成的协议会使联合更加困难，这就有了最后一点的结论。

（4）合作协议越复杂，成功的可能性就越小。当厂商必须通过默契合约进行联合而没有达成正式合约时，不断增加的复杂性就提升了犯错几率，同时也使得厂商难以确定其对默契合约的理解是否正确。

 案例

华为的策略

创业初期，华为技术有限公司的技术非常落后，面对国外强大竞争对手的压力，其生存受到

了极大挑战。在这种困境下，公司意识到如果没有创新，要在高科技行业中生存下去几乎是不可能的。因为在这个领域根本没有喘息的机会，哪怕只是落后一点点，都会意味着逐渐死亡。因此，华为从一开始创业就把它的使命锁定在通信核心网络技术的研究与开发上。他们把代理销售取得的点滴利润几乎全部集中到研究小型交换机上，利用压强原则，形成局部的冲突，逐渐取得技术的领先和利润空间的扩大。技术的领先带来了超额利润，他们再将积累的利润投入到升级换代产品的研究开发中，如此周而复始，不断地改进和创新，不断地集中力量投入到核心网络的研发，从而形成自己的核心技术。经过近20年的发展，今日的华为终于在SHD光传输、接入网、智能网、信令网、电信级Internet接入服务器等领域处于世界领先地位。2005年，公司实现销售额452亿元人民币，2006年销售额达到656亿元。

随着公司的发展壮大，其竞争对手多方位、多层次的竞争也日趋激烈。2003年通信业巨头思科公司对华为提起多项诉讼，包括专利侵权、版权侵权、商业秘密侵权、不正当竞争等。交战双方一个是全球最大的网络设备制造商，一个是中国年轻的网络设备制造商。思科占据着全球垄断性地位，市值1 000多亿元，年收入近200亿美元，几乎比华为高一个数量级。在这场全球化的残酷对决中，华为全面“开战”阻击思科。终于，在2004年7月双方达成和解。孤军奋战的华为凭借自身的实力创造了一个“神话”，这场诉讼也被形容为“中国高科技知识产权领域的第一胜仗”。

华为公司之所以能够在短短的20年中如此高速地发展，关键在于其利用了其他企业无法迅速复制的理念创建进入障碍，这一障碍便是贯穿华为上下的创新精神，他们追求企业核心竞争力的不断提升，从而把利润最大化作为目标。华为已提供了7种世界领先产品，创新精神已成为华为发展不竭的动力。

近年来，华为在技术研究开发的投入年均超过30亿元。2005年公司新申请的专利首次超过思科。与此同时，华为利用全球市场配置研发资源，保证公司从技术追随者成为真正的技术领导者，在印度的班加罗尔和美国的硅谷及瑞典、俄罗斯都设立了研发中心。在内部人才激励上，华为倡导的“垫子文化”鼓励研发人员为成果而拼搏、奋斗，通过岗位责任和贡献报酬相结合的薪酬制度，为更多研发人才创造空间。这样的一种创新精神或者创新文化成为华为抵抗竞争的壁垒，而且这种壁垒是难以复制的，这也使得华为在一段时期内保持它的地位。

从华为的例子可以看到，一个企业维持其经济利润的方法是建立一种无法复制的进入壁垒，这种壁垒可以是规模经济、新技术或者是品牌。而竞争者则在不断地寻找突破这些壁垒的方法，并设法建立自己独特的竞争优势。

资料来源：威廉．博伊斯　李自杰．《新管理经济学》．北京：中国市场出版社，2008。

小结

在本章中，我们考察了双寡头垄断。同之前所有的模型都不同，双寡头垄断厂商的行为具有策略性。

- 双寡头垄断与众不同的特征就是厂商会直接地考虑另一个厂商的行为——生产者意识到了其相互依赖。
- 厂商之间往往渴求合作，但合作的可能性通常被依赖自我实施协议的需求所限制。
- 当厂商在一次性交易的基础上展开产量水平的竞争时，就是古诺厂商。古诺均衡的结果降低到完全垄断均衡和完全竞争均衡的结果之间，包括市场总产量、价格、利润和总剩余。
- 当厂商在一次性交易的基础上进行价格水平的竞争时，就是伯川德竞争厂商。对于以固定成本生产的无差异产品，均衡价格等于边际成本，就像完全竞争均衡一样。

- 通过厂商进行一次性决策的假设，可以发现古诺模型和伯川德模型都没能考虑现实市场中的很多重要因素——其实厂商可能会反复采取行动。在反复的相互影响的条件下，厂商有可能借助惩罚违背协议厂商的威胁来维持合作。
- 重要问题是惩罚的威胁是否可置信。因为厂商预期惩罚不会实施，所以不可置信的威胁难以杜绝违反协议的行为。

讨论题

15.1 “只要行业中只有几个很大的厂商，每个厂商就必须从整体福利的角度来行动。”你同意这种说法吗？

15.2 1991年，两个大型的健康食品商店在马里兰州洛克维尔郊区的华盛顿隔街开业了。它们是华盛顿地区仅有的两家大型健康食品商店。讨论一下你用来决定双寡头垄断厂商能否成功地共谋以保持价格在边际成本之上所需要的信息。

15.3 在本章中，我们认为伯川德的双寡头垄断厂商拥有相同的边际成本。现在我们假设Air Lion的边际成本 c_a 比Beta的边际成本 c_b 要低。

a. 用题15.2中的所形成的讨论说明当价格高于 c_b 时没有均衡。

b. 说明如果价格等于 c_b，Air Lion会有动力削价与Beta抢生意。Beta会有动力配合或是打击这一削价行为吗？

c. 解释为什么Air Lion是唯一生产的规模是均衡产量的厂商？用需求曲线和两个厂商的边际成本水平写出Air Lion均衡利润的表达式。

15.4 很多的政府部门，例如购买发电设备的国有电力公司，是在以下竞标程序的基础上进行购买的。政府部门描述要购买的是什么东西，然后让厂商提交秘密的（即密封的）出价。在厂商提交出价之后，政府宣布所有的出价都是什么，然后从出价最低的人那里购买。有一些经济学价从解释所有的出价使得厂商之间的共谋更加容易的角度批评这种程序。你同意这种观点吗？在回答这个问题的过程中，一定要考虑这样一个事实，即随着时间的推移，同样一组厂商也会在很多的竞标中相互竞争。

15.5 在文中，我们考察了古诺双寡头垄断。古诺市场中可以有更多的厂商。假设某一个航空公司市场的市场需求曲线是 $D(p)=1\,000-p$，并且每个航空公司的边际成本不变都是100美元。

a. 当市场中有两个航空公司时，均衡价格和产出水平是多少？

b. 当市场中有三个航空公司时，均衡价格和产出水平是多少？（提示：用另外两个航空公司的总产出水平来表示一个公司（它的最佳回应）的利润最大化产出水平。然后，利用厂商在均衡状况下都有相同的产出水平的事实。）

c. 当市场中有三个航空公司时，均衡的市场价格和产出水平同当市场中只有两个航空公司时的均衡水平相比如何？为这种模式给出直观的解释。

d. 如果市场中的厂商数量还有更多，你认为将会怎样？你能够找到一个用厂商的数量 n 表示的均衡的价格和产出水平的一般的代数表达式吗？当 n 变大时会发生什么？

15.6 考虑一个厂商是大豆帮手（Soybean Helper）的唯一生产者（由于没有其他厂商意识到这种产品不仅仅是汉堡包，所以存在进入障碍）。大豆帮手生产者的生产成本是每个馅饼3美元。

大豆帮手是用来制作大豆汉堡的。大豆汉堡有两个经销商，并且这两个经销商是伯川德垄断厂商。消费者认为这两个经销商提供的产品是完全替代的。大豆汉堡的市场需求曲线是 $D(p)=100-p$。只有单独一期的销售。

要生产一个大豆汉堡，经销商必须要消耗10分钟的劳动力和一个大豆帮手馅饼。经销商对劳动力支付给定的每小时6美元的价格。生产商向经销商以批发价格 q 销售每个馅饼。

a. 写出每个经销商面临的成本方程。批发价格的变化是怎样影响成本方程的?

b. 生产厂商应该将批发价格定在多少才能使利润最大化呢?(提示:用批发价格来求出零售市场的均衡产量。那时生产者收益就等于这些产量乘以批发价格的总和。)

15.7 再一次考虑大豆帮手的生产者面临的问题。但是现在假设两个经销商是古诺竞争对手。生产厂商应该将批发价格定在多少呢?

15.8 用我们双寡头垄断的理论,讨论你是否认为关于广告水平或是产品产量的共谋更容易形成。

15.9 我们也可以将寡头垄断的理论应用到包含不确定性的情况当中去。在这个问题中,我们将考察合作对于双寡头垄断厂商进行风险性研发的动力的影响。假设行业中有两个厂商。这两个厂商是伯川德竞争对手,并且只有一期的生产。市场需求曲线是 $D(p)=200-p$。如果没有厂商进行研发,那么每个厂商的总成本都是 $50x$(即边际成本是不变的50美元)。

每个厂商都有适合自己的独立的研发项目(每个厂商的项目都是不同的)。运行一个研发项目的成本是1 000美元。如果项目成功,那么厂商的边际成本从50美元(不变的)下降到10美元。如果项目不成功,那么厂商的边际成本会保持在50美元。每个厂商都相信每个给定的项目成功的可能性都等于1/2。一个厂商项目的成功同其他厂商项目的成功是不相关的。

a. 如果厂商1认为厂商2不会承担研发项目,它应该承担研发项目吗?(提示:在这个问题中,必须求出预期利润,因为项目的结果不能确定。)

b. 如果厂商1认为厂商2会承担研发项目,它应该承担研发项目吗?

c. 在均衡中,两个厂商是会承担研发还是不会?

提到日本合作研发的显而易见的成功,很多美国人都号召对于产品市场竞争者之间的风险合资研究机构实施更加宽容的反托拉斯政策。假设厂商被允许组成一个风险合资研究机构。在这种安排下,厂商同意将它们对任何一个项目的成功进行分享。这样,如果合资厂商实施了一项成功的研发项目,那么两个厂商的边际成本都将降至10美元。如果合资研究厂商进行的是一个不成功的项目,那么两个厂商的边际成本都将保持在50美元。

d. 为了使你的工作更加简单,假设联合风险投资不能够进行超过一项的项目研发。厂商将会选择进行一个项目还是一个也不承担呢?

e. 解释你为什么(应该已经)对于问题c和问题d得出两个不同的答案。你有没有看到一些对于风险联合投资的暗示呢?

15.10 就像在买方市场的垄断是买方垄断一样,买方市场的寡头垄断就是买方寡头垄断。棒球联盟球员的市场实际上为买方寡头垄断提供了一个很好的例子。2007年,雇用棒球队员的棒球队所有者被发现共谋,通过拒绝为职业运动员竞标来保持他们的低工资(职业运动员就是可以选择在哪个球队打球的球员)。在这一裁定很短时间之后,每年的联盟冬会(在会上职业运动员同球队商谈合同)就开始举办了。在这些会议上,职业运动员的工资同前些年相比,迅速上升。我们预期的这种行为是建立在经济学理论基础之上的吗?球员的工资通常都被大家所熟知这一事实对于球队所有者为保持低工资而进行共谋的企图是有帮助还是有害处?

15.11 比尔和希拉里运行着相互竞争的高尔夫球学校。比尔的高尔夫学校课程每天的需求是 $D_B(p_B,p_H)=100-2p_B+p_H$,其中 p_B 是比尔的学校每堂课收取的价格,p_H 是希拉里的学校每堂课收取的价格。希拉里的高尔夫学校面临的每天的需求曲线是 $D_H(p_B,p_H)=100-2p_H+p_B$。每个学校每节课的成本都是固定不变的10美元。

当两个高尔夫球学校必须将其价格一次性地设定,并且今后永远坚持这一价格时,找出伯川德-纳什均衡。(这个问题需要使用计算器。)

第16章 博弈论

当至高无上的记分员写下你的名字时，他记下的不是你的输赢，而是你以怎样的方式完成比赛。

——格兰特兰德·赖斯

在1994年世界杯决赛中，巴西和意大利打过两个加时赛，结果比分还是0比0。第一次，世界杯足球赛冠军由一个踢偏球门的点球决定。当时，每个队依次派出5名球员在距离球网几码的地方发点球。当年的欧洲足球先生巴乔，准备为意大利队发第5个球，又或许是最后一个时，当时的比分是2:3（意大利落后）。塔法雷尔，巴西队的守门员，知道这个球一旦离开了巴乔的脚，肯定就来不及扑救了。他必须决定他应该扑向这边还是那边，而这个方向要恰好跟巴乔球来的方向一致。那么塔法雷尔应该扑向哪边？这完全取决于巴乔将要把球踢向哪边。那么巴乔会把球踢向哪边？这又完全取决于塔法雷尔接下来要怎样准备防守。

这种情况被表示为"博弈"，这个词一语双关。首先，它是一项运动。其次，它是一种策略性情境：每个决策者都不得不考虑到对方会怎么做。经济学家称任何一种策略性情境为**博弈**（game），包括寡头垄断的市场情况。我们曾在第15章用纳什均衡的方法来分析寡头垄断，纳什均衡是用来分析策略行为的大的工具集合下的一部分。在经济学上，政治、纸牌以及其他有竞技性的冲突都被称为**非合作博弈论**（noncooperative game theory）。这种理论被称为"非合作"是因为每个决策者都在自利性驱使下单独行动。尽管被贴上了这样一个标签，但对这个理论的分析与对合作博弈的分析仍然是相关的。即使是"自私"的经济人，在对他们有利的情况下也会合作。比如，在各个厂商中用来约束厂商产量的自我实施协议在技术意义上是非合作的，但每个厂商都独立地遵守协议，因为这符合各厂商的利益。

在这一章中，我们形成了一种有用的方法来从图形上说明策略性情境，然后用这种方法进一步分析寡头垄断。特别地，用博弈论的方法去探究存在进入威胁的寡头垄断市场的行为。我们还要看博弈论怎样对多样化策略性情境中的行为提出重要分析。

16.1 博弈论的一些基础知识

在任何一种博弈中都有决策者，他们被称为**参与者**（players）。在21点游戏中，这些参与者被称为交易者和赌博者。在寡头垄断市场情况中，这些参与者是行业中的众多厂商。参与者做出的选择被称为一种**策略**（strategy），依据策略做出的特定事情就叫做**行动**（actions）。一个21点游戏参与者的策略必须指出当他已经有16点时是停牌还是继续要牌。该例中的行动，就是"停牌”或者“要牌”。寡头垄断厂商的策略就是它如何对竞争厂商的行为做出反应。在给定的时间内采取的行动包括制定特别的价格。在博弈结束时，参与者得到**收益**（playoffs），这取决于发生了什么。赌博者是赢了还是输了，寡头垄断厂商是否盈利了。当然，博弈必须遵守一些规则。在21点中，规则会很明确地给出。一定程度上，规则在寡头垄断博弈中就比较难定义，需要在接下来详细地讲述。

16.1.1 博弈树：策略性情境的决策树

我们需要一个便利的方法来表述博弈的规则，比如谁将行动，及此时每个参与者知道哪些信息。如果只是简单地把这些规则罗列出来，可能会十分复杂，而且可能会很难找到一个平衡。在第6章中，已经看到一个决策树是怎样解决问题然后很容易地找到解决方法。这里，我们会展开一个简单的工具，叫做**博弈树**（game tree）。博弈树和决策树的主要区别在于几个不同的参与者在博弈树中行动，而只有一个参与者在决策树中行动。

为了展示博弈树的用法，来考虑 Air Lion 和 Beta 航空公司的状况。在上一章中，假设 Air Lion 和 Beta 航空公司在给定时间内同时做出决策。但是这里，假设 Air Lion 先选择产出水平，然后 Beta 再做出选择。简化起见，假设每个公司都只有两个可能的产出水平：“高”和“低”。Air Lion 的选择如图 16-1 所示。一个小正方形表示一个决策点，它用来表述在这个点上决定被做出。因为有两个参与者，所以需要加入标签来表示是谁的决策点。如果只是有一个关于 Air Lion 的简单的决策树，我们会在两个分枝的最终表示出其收益。但是为一个博弈建模型，在得出 Air Lion 的收益之前，我们需要把 Beta 的行动考虑进去。

像 Air Lion 一样，Beta 有同样可能的行动，“高”或“低”。但是在两个厂商之间有一个重要的区别。在 Beta 选择产出水平之前它需要关注 Air Lion 之前做出的选择。最后的结果是，Beta 有两个不同的决策点，如图 16-2，一个与 Air Lion 选择“高”时对应，一个与 Air Lion 选择“低”时对应。

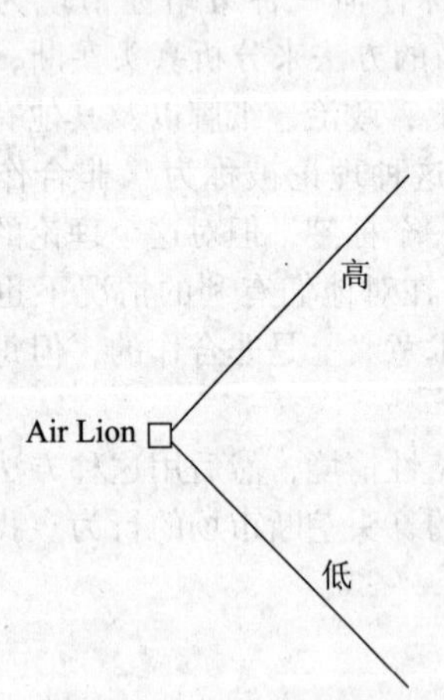

图 16-1 Air Lion 的决策

注：当 Air Lion 先做出产量水平选择有两种可能性的产出水平，“高”和“低”，一个决策点和两个分支表示出 Air Lion 的选择问题。

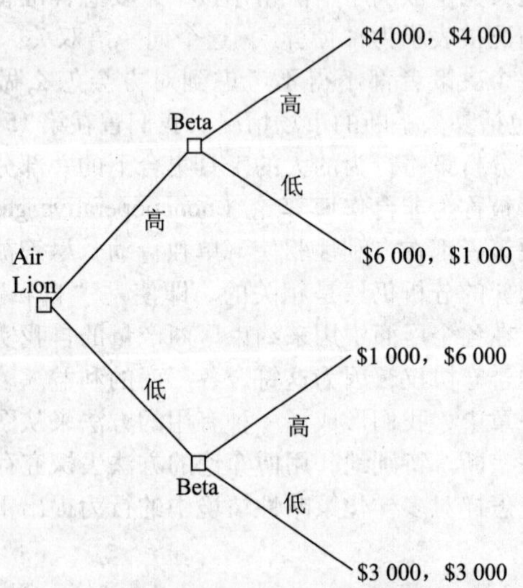

图 16-2 两厂商都存在占优策略的博弈

注：当 Beta 看到 Air Lion 所做的决策，Beta 有两个不同的决策点。一个对应于 Air Lion“高”产出的选择，一个对应于 Air Lion 的“低”产出的选择。既然 Air Lion 的策略（高产出）和 Beta 的策略（不论 Air Lion 如何选择都选择“高”产出）都是占优策略，这时就存在一个占优策略均衡。

在每个分支的末尾表示（行动组合）每种可能结果的收益。既然有两个参与者，我们就要在每个分支的最后列出两个收益来对应每一个参与者。在每队分支末尾的第一个数字表示 Air Lion 的收益，第二个数字表示 Beta 的收益。比方说，如果 Air Lion 的产出是“高”，Beta 的产出为“低”，那么 Air Lion 有 6 000 美元的收益，而 Beta 有 1 000 美元的收益。

尽管我们已经看到了两个公司所做的行动，但是没有看到它们的策略。策略具体指公司在博弈中可能面临的情况下采取的任何行动。换句话说，策略说明了公司在每个决策点上会采取何种行动。对于 Air Lion，它的策略很简单：产量“高”或产量“低”（我们用斜体来区分策略和行动）。Beta 的策略相对 Air Lion 而言就更复杂一些。正如刚才看到的，Beta 在博弈树种有两个决策点，因为 Beta 在做出决定之前需要看到 Air Lion 做出了哪种决定。Beta 的策略需要具体到该公司在每个决策点上的行动。Beta **决策规则**（decision rule）的选择需要依据 Air Lion 已经做过的选择，而不是简单地选择一个行动（“高”或“低”）。就是说，它需要具体到 Beta 在两个决策点做出的行动。Beta 的一个可能策略如下：*如果 Air Lion 产量“高”，那么我会生产“低”，如果 Air Lion 产量“低”，那么我会生产“高”*。

16.1.2 占优策略均衡

既然已经有了一种表示博弈规则及其结果的方法，我们就可以找到一种均衡。根据图 16-2 的说明，预计 Air Lion 和 Beta 会做什么呢？先考虑 Beta 的策略。假定 Air Lion 已经选择“低”产量，那么 Beta 选择则“高”产量会得到 6 000 美元，选择“低”产量会得到 3 000 美元。因此，在 Air Lion 选择“低”的情况下，Beta 选择“高”产量时收益最大。如果 Air Lion 已经选择“高”产量，那么 Beta 会选择“高”，从而得到 4 000 美元，而不是选择“低”，仅得到 1 000 美元。因此，不管 Air Lion 的策略是什么，Beta 对应的最优策略就是不管 Air Lion 怎样选择它都选择“高”产量。在不考虑其他参与者的行为时，一种策略的效果至少和参与者选择的其他策略一样好，即不比其他策略效果差，那么这种策略叫做**占优策略**（dominant strategy）。如果参与者有一个占优策略的话（注意是“如果”，因为有很多情况下是没有占优策略的），参与者没有理由不用它。因此在均衡中，我们会预计不管 Air Lion 如何行动 Beta 都将选择“高”产量这一策略。

那么 Air Lion 的策略是怎样的呢？如果 Air Lion 选择“低”，Beta 也选择“低”，其收益为 3 000美元，或者 Beta 选择“高”时，收益为 1 000 美元。同样，如果 Air Lion 选择“高”，那么其收益是 6 000 美元或者 4 000 美元就要取决 Beta 所做出的反应。我们注意到不管 Beta 怎么选择，Air Lion 选择“高”都会好一些。因此，“高”产量就是 Air Lion 应该选择的占优策略，同时也是我们所预计的 Air Lion 在均衡中的表现。

在这种情况下，每个厂商都有一个占优策略，而且不会非理性地选择其他策略。我们可以推断出当每个参与者具有一个占优策略时，那么唯一可能的均衡就是每个参与者都运用它的占优策略。那么这些占优策略和产出结果的集合就叫做**占优策略均衡**（dominant strategy equilibrium）。在两家航空公司的博弈中，以下一对策略：*Air Lion“高”产量和无论 Air Lion 选择何种策略，Beta 都选择“高”产量*就组成了一个占优策略均衡。

到此为止，你可能会想，这种均衡的概念是如何在第 15 章中运用的。在第 15 章，我们需要一个满足两个条件的均衡：纳什条件和可置信条件。回顾一下，纳什条件要求没有厂商能够通过单方面改变其策略获得更大收益——每个厂商必须对其他厂商的做法做出最优回应。用博弈论的语言说，每个参与者的均衡策略必须是对其他参与者均衡策略的最优回应。既然占优策略就是对其的最优回应，那么占优策略均衡很显然满足纳什条件。

那么可置信条件呢？它要求厂商每次采取的行动（比方说在每个厂商的决策点上）都是基于自己的利益。Air Lion 的策略很显然满足这个性质，因为纳什均衡只能保证 Air Lion 想要执行的策略的一部分。可置信条件对Beta更加复杂，因为它的策略有两部分需要检验。第一，在Air Lion高产量水平上，Beta决定“高”产量这一决定符合可置信条件。因为厂商是在均衡中做出的行动，这同时也考虑到了纳什条件。真正的问题在于，对于Air Lion的“低”产量，Beta选择具有威胁性的“高”产量是否可信。从图16-2的博弈树可以看出，如果Air Lion选择“低”，那么选择“高”的Beta会得到6 000美元而选择“低”会得到3 000美元。这和Beta策略是可置信的不一致。因为Beta所做的是占优决策，我们知道不管Air Lion怎样选择，Beta的均衡策略至少和其他策略一样好。这同时也是Beta在自己利益基础上选择的策略。总之，我们发现占优决策均衡均满足纳什条件和可置信条件。

16.1.3 完美均衡

图16-2已经验证了寡头垄断市场状况下的博弈很容易找到结果，因为这里有一个占优策略均衡。遗憾的是，在大多数博弈中并没有占优策略均衡。图16-3说明了这样一个博弈。在一个新博弈下，Beta的占优策略是：*如果Air Lion选择“高”产量，我将会选择“低”产量；如果Air Lion选择“低”产量，我就会选择“高”产量。但是Air Lion却没有一个占优策略。假设Beta的策略是：如果Air Lion选择“高”产量，我将会选择“低”产量；如果Air Lion选择“低”产量，我就会选择“高”产量。*在给定Beta策略的条件下，Air Lion会在“高”产量时获得6 000美元，在“低”产量时获得2 000美元。Air Lion的最好选择就是“高”产量。但是现在假设Beta的策略是：不管Air Lion生产多少它都选择“高”产量。在这种情况下，Air Lion在选择“高”产量时盈利1 000美元，在选择“低”产量时盈利2 000美元。那么Air Lion的最优选择就是“低”产量。Air Lion的最优选择取决于Beta的策略。

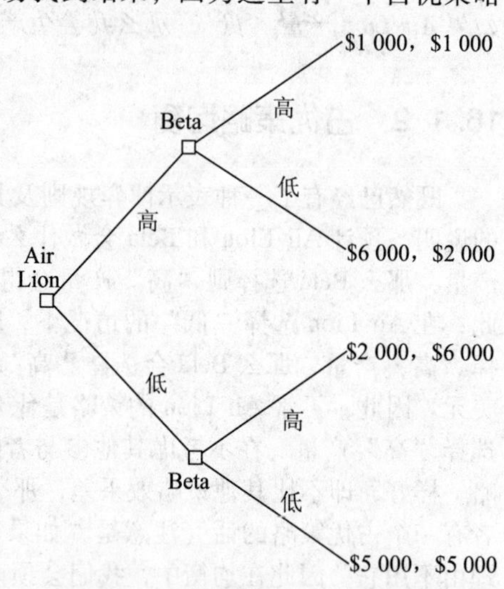

图16-3 仅Beta有占优策略的博弈

注：当厂商所用的策略满足纳什均衡时有两种结果出现。一个是Air Lion选择“高”产量，Beta选择：*如果Air Lion选择“高”产量，我将会选择“低”产量；如果Air Lion选择“低”产量，我就会选择“高”产量*。另一个是，Air Lion选择“低”产量，Beta不论Air Lion选择什么都选择“高”产量。第一组策略也满足可置信条件，第二组不满足Beta对于Air Lion的“高”产量所做出的“高”产量的决定不可置信。因此只有第一组策略构成该博弈的完美均衡。

Air Lion的管理者所面临的问题是他们需要先做出选择。他们预计Beta会做什么样的选择呢？我们仅仅讨论选择占优策略（如果有的话）是最合理的预计。虽然Air Lion没有占优策略，但Beta有占优策略：*如果Air Lion选择“高”产量，我将会选择“低”产量；如果Air Lion选择“低”产量，我就会选择“高”产量。*博弈论是建立在这样的假设基础上的，即每个参与者都相信其他参与者是理性的。因此，Air Lion应该预计Beta选择它的占优策略，因为Beta如果选择其他策略就是非理性的。既然Air Lion预计Beta会采取这样的策略：*如果Air Lion选择“高”产量，我将会选择“低”产量；如果Air Lion选择“低”产量，我就会选择“高”产量。*那么Air Lion就应选择“高”产量这一策略。

暂时回想一下我们如何找到这个博弈的均衡。我们注意到Air Lion不得不形成一个对Beta的预测。得出结论，在考虑到Air Lion已经做出策略的情况下，对Beta唯一理性的预测是Beta以最大化自己的利润作为行动策略来应对Air Lion的行动。在博弈树上，程序如下：在得到收益前找出参与者做出的最后决定。在每一个决策点上，找出能使决策者收益最大化的行动。建立一个策略，比方说厂商在决策点上选择利润最大化的行动。现在，用逆推策略去推算行动较早的参与者该怎样做。因为是从博弈树的末端而不是前端开始，这个过程就叫做逆推。

如果你想到了这个程序，你会认识到它很明显地推动 Air Lion 去忽略 Beta 的任何不可置信的威胁或者承诺；当轮到 Beta 行动时，这家航空公司在此时会做出对它自己有利的行为。的确，这个例子说明了为什么除需要纳什条件还需要可置信条件。如果我们所做的一切都适用于纳什条件，就可能会有两种均衡的结果。一个结果是 Air Lion 为“高”产量而 Beta 为“低”产量，这个结果产生于当 Air Lion 的决策为“高”产量而 Beta 的决策是：*如果 Air Lion 选择“高”产量，我将会选择“低”产量；如果 Air Lion 选择“低”产量，我就会选择“高”产量*。另一种结果是当 Air Lion 的产出为“低”而 Beta 的产出为“高”。这种结果产生于当 Air Lion 选择“低”产量时，Beta 的决策是无论 Air Lion 如何选择，都选择“高”产量。

均衡的第二个选择背后的故事是没有说服力的。Air Lion 选择低水平的产出来防止 Beta 后来通过“高”产量应对“高”产量对两个厂商的伤害。Air Lion 认真地对待 Beta 的威胁看起来并不合理。回顾一下提到过的可置信：一种威胁就是可置信的当且仅当这种威胁只有在符合厂商利益的情况下才执行。用文章中的博弈解释就是，这种条件要求：不管特定的决策者何时行动，参与者均衡策略要求的这个行动必须在当时对它有利。如果 Air Lion 选择“高”产量，Beta 就威胁选择“高”产量。Air Lion 又会怎样预测 Beta 下一步做出的回应呢？如果 Air Lion 已经选择“高”产量，这个威胁就没有作用。在 Beta 做出行动的那个时刻，它的自私性指示出它选择“低”产量而不是“高”产量。因此，Beta 的“高”产量的威胁是不可置信的。明白了这个，Air Lion 会预期 Beta 选择“低”产量来应对 Air Lion 所选择的“高”产量。因此，Air Lion 应该选择“高”产量，因为这样会使 Beta 选择“低”产量而且 Air Lion 会获得 6 000 美元而不是 2 000美元利润。就像在第 15 章讨论过的合作和惩罚一样，不可置信的威胁会被忽略掉，我们拒绝这种不合理的均衡。

我们得出的结论是，对于 Air Lion 的均衡结果是产出较高的产量，并且获利 6 000 美元，而 Beta 生产一个较低的产量，并且获利 2 000 美元。如我们所见，Air Lion 对于 Beta 的占优策略最好的回应就是“高”产量。同时，根据定义，Beta 的占优策略也是对 Air Lion 最好的回应。我们已经证明这对策略同时满足了纳什条件和置信条件。一个满足这两个条件的均衡就叫做**完美均衡**（perfect equilibrium）㊀。

16.2 博弈论的应用：寡头垄断市场的进入

在很多寡头垄断市场上，在位厂商面临进入威胁。当开始生产普通纸复印机，施乐是市场中唯一的厂商。今天，佳能、美达、夏普以及其他厂商都活跃在市场中。1965 年，四家汽车制造商主导了美国的汽车市场。众人皆知，从那时开始不同的国外厂商大量涌入。在这一部门中，我们把博弈论应用到分析寡头垄断市场情况下厂商进入的可能性上。

分析这样一个案例，一个在位厂商面临一个潜在的进入者。假定在位厂商，泽西制药公司是某种药品专利刚好过期的唯一制造商。通用基因公司（General Generic）正考虑是否进入这个市场，因为每个厂商都自由地制造和销售药品。由于初期只有一个厂商，看起来像是回到了一个简单的垄断行业。但实际上，更像是没有进入的寡头垄断市场而不是没有进入的完全垄断市场。二者相似是因为在这两种情形下策略行为都很重要。一个没有面临进入威胁的垄断厂商不会参与到策略性情境中。一个单独的在位厂商却面临潜在的威胁。

㊀ 完美均衡有时又叫子博弈完美均衡。注意，任何一个占优策略均衡都是完美均衡，但是（如例子中提到），一个完美均衡可能不是占优策略均衡。

决定要不要进入该市场，通用基因需要形成关于进入后均衡的理念。作为通用基因的管理者，你需要问：我们进入该市场后会发生什么？如果预计进入后均衡会产生积极的经济利润，那么通用基因应该进入该市场。如果没有，那么这个厂商就不该进入。现在，如果该市场被假定为一个完全竞争市场，可以很容易地通过在给定条件下的定价来算出通用基因的潜在利润。能这样做是因为，作为一个完全竞争行业的进入者，通用基因与其他市场中的厂商联系很小，甚至对于市场均衡没有什么影响。那么凭借进入之前的均衡价格就对进入后的价格有很好的预测。但是对于像通用基因这样在进入之前市场只有一个或几个在位厂商，事情并没有那么简单。进入者必须形成一个更加复杂的预期，预测市场中在位厂商会怎样对该厂商的进入进行反应。

从这方面讲，在位厂商会用一种不友好的方式“欢迎”新厂商进入市场以吓退进入者。比如，泽西制药可能会威胁说要生产大量的药品并且降低市场价格。一般来说，我们必须问这个威胁是否是可置信的。新进入者会被吓退吗？或者通用基因会认为是在位厂商虚张声势而进入市场？如果这个威胁被证明是不可置信的，还有什么别的方法能让威胁可置信？博弈论有助于回答这些问题。

图 16-4 描述了博弈树所代表的进入者是否进入和在位厂商的产量反应。如图所示，通用基因先行动，泽西制药在观察通用基因是否进入之后再决定产量。潜在进入者的策略就是“进入”或“不进入”。因为在位厂商后做决定，它的策略就细化为怎样才能与潜在进入者的行动相对应。以下是泽西制药管理层可用策略的一个例子：*如果通用基因选择“进入”，那么我们就选择“高产出量”，如果通用基因选择“不进入”，那么我们就选择“低产出量”。*

在该博弈中，有两组策略满足纳什条件。其中一组是，通用基因选择策略“不进入”而泽西制药不管通用基因怎样选择都选择“高产出量”。为证明这是一个纳什均衡，需要检验每个厂商是不是针对另一厂商的选择而选择了最优反应策略。能不能在另一厂商的策略始终保持不变时，其中有一个厂商通过改变策略提高了利润？考虑到结果，泽西制药获得 1 200 万美元，此时通用基因获得 0 美元。如果通用基因要进入，那么其利润将为 -200 万美元，因为泽西制药必然生产高产出应对。因此，通用基因没有激励去改变它的策略。那么泽西制药呢？假定潜在进入者在市场之前，在位厂商的利润在“高产量”而非“低产量”（1 200 万美元比 800 万美元多很多）时最大化。泽西制药也没有激励去改变它的策略。既然每个公司都选择了对对方策略的最优反应，那么这组策略就满足纳什条件。

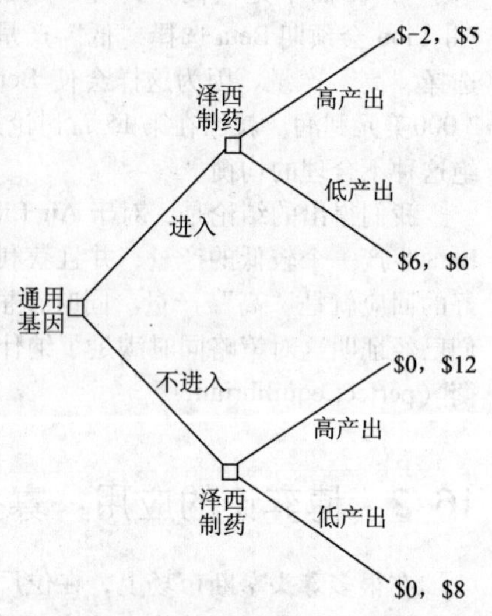

图 16-4　进入博弈（单位：百万）

注：该博弈中的两个结果满足纳什均衡。一个是，通用基因执行策略“不进入”，泽西制药不管通用基因怎么做都生产“高产量”。另一个是，通用基因选择“进入”，而泽西制药选择：如果通用基因“进入”，那么我们会选择“低产量”，当通用基因选择“不进入”，那么我们会选择“高产量”。只有第二个结果满足可置信条件。在第一个纳什结果中对于“进入”而选择的“高产量”威胁是不可置信的。

在另一个结果中，通用基因选择“进入”而泽西制药选择策略：*如果通用基因选择“进入”，我会选择“低产出量”，如果通用基因选择“不进入”，我会选择“高产出量”*。当两个厂商选择相同的策略，通用基因和泽西制药每个厂商赚得 600 万美元的利润。

很明显，泽西制药偏好于通用基因不进入市场时的结果，而通用基因偏好于它进入市场后的结果。有某种方法可以在这两个结果之间进行选择么？是的。只有第二个，当进入发生时，才满足我们的置信条件。在第一个结果中，潜在进入者选择不进入因为在位厂商已经威胁说选择高产出来应对它的进入。一旦通用基因已经真的进入市场，执行这个威胁不符合泽西制药的自身利益——泽西制药通过低产出可获得600万美元，而高的产出水平只能获得500万美元。因此，针对进入者的高产出水平的威胁是不可置信的。已知威胁是不会被执行的，通用基因会预计通过进入市场得到600万美元并且真的那么做。唯一的完美均衡（即唯一的策略同时满足纳什条件和可置信条件）就是通用基因选择“进入”，而泽西制药选择：*如果通用基因选择“进入”，我会选择“低产出量”，如果通用基因选择“不进入”，我会选择“高产出量”*。在这个独特的完美均衡中，通用基因进入市场并且泽西制药产出低的产出水平。

注意这种情况十分讽刺。当在位厂商有能力与新进入者串通以制定进入后的产量，这种能力也可能会使在位厂商情况更坏。原因是，当决定是否进入市场时，潜在的进入者会把这种共谋的可能性（收益率）考虑进去。知道了进入后均衡会成为一个共谋性的均衡将使进入更加有吸引力。但是，即使是在完全共谋的双寡头垄断的结果中，在位厂商的获利也少于如果它始终保持其垄断地位时。

16.2.1 可置信威胁和承诺

在上述例子中，在位厂商会通过高产出威胁进入者以吓退它们。但是，这种威胁是不可置信的，我们预计进入者将进入这个市场。之前讨论的卡特尔和寡头垄断市场中的行为也是这样的例子：在很多情形中，一个厂商会威胁其他厂商，但是这种威胁往往是被忽略的。在本节中，我们要看一个厂商是怎样行动来使这个威胁成为可信的。采取这样的行动被称为进行承诺。**承诺**（commitment）是这样一个过程，一个厂商无法提前改变它的收益，以至于时机来临时它会从厂商自身利益角度出发去执行这项威胁。在这个例子中，在位厂商承诺它会对新厂商的进入生产高产出量。

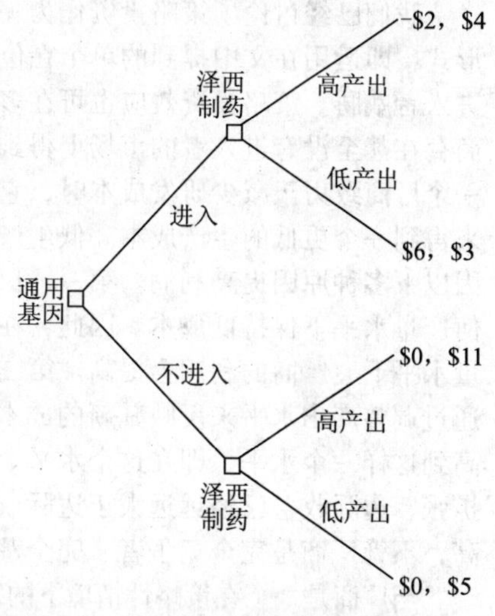

图16-5 大工厂的进入博弈（百万）

注：一旦建立大工厂，在位厂商对于“进入”的“高产出”的威胁就可置信了——它使泽西制药产生了400万美元的利润，而“低产量”产生300万美元的利润。均衡策略为：通用基因“不进入”，而泽西制药不管通用基因做哪种选择都选择“高产出”。

泽西制药能采取什么样的行动来使这项威胁可信呢？对于在位厂商，其中一个可能性是，它花费高额的成本去建立一个低边际成本的大工厂，这样，对于进入者的进入，高产量的产出使它的利润最大化。假设这样一个大工厂的收益如图16-5所示。一旦工厂被建立，那么对于进入，在位厂商的高产出就会变得可信。如果进入发生，泽西制药从自身利益的角度出发就会选择“高产出”，得到400万美元的收益，而不是选择“低产出”从而赢得300万美元的利润。因此，在这个独特的完美均衡中，潜在进入者选择不进入而在位厂商选择“高产出”。对于通用基因来说均衡策略是“不进入”，对于泽西制药来说，均衡策略是不管通用基因怎样选择，都选择“高产出”。

我们已经看到如果在位厂商有一个小工厂会发生什么（图16-4），如果有一个大工厂又会发生什么（图16-5）。现在假设，在进入发生之前，在位厂商选择工厂建立的规模。图16-6表明了博弈树的结果。这个图把小工厂和大工厂的博弈树组合在了一起。泽西制药怎样预测通用基因对泽西制药工厂选择情况的反应呢？而通用基因选择是否进入该市场时，又会对泽西制药的反应做出怎样的预测呢？我们可以通过扩展之前的程序找到完美均衡——用博弈树中逆推这种方法来回答这些问题。

我们从寻找最后的决定开始这个博弈。幸运的是，已经做了大部分的工作。从对工厂规模固定的两个博弈的分析中，可以知道通用基因会“进入”，泽西制药会选择“低产出”，如果它建立了小工厂。同样可知通用基因会“不进入”，泽西制药会选择“高产出”，如果它建立了大工厂。因为选择“大工厂”会盈利1 100万美元，选择“小工厂”盈利600万美元，所以泽西制药会选择“大工厂”。在均衡中，泽西制药选择“大工厂”而通用基因选择“不进入”，并且，泽西制药选择“高产出”。

通过用比较主动的方法承诺自己建立大工厂并不是在位厂商阻止进入的唯一方法。在位厂商可以投资于成本的降低和研发，以此达到高产出来应对进入者。或者厂商可能会与目前的消费者签订合同，这项合同合法地使厂商满足进入者未来能提供的产品，因此，在位厂商的承诺可以把新进入者的客户抢走。

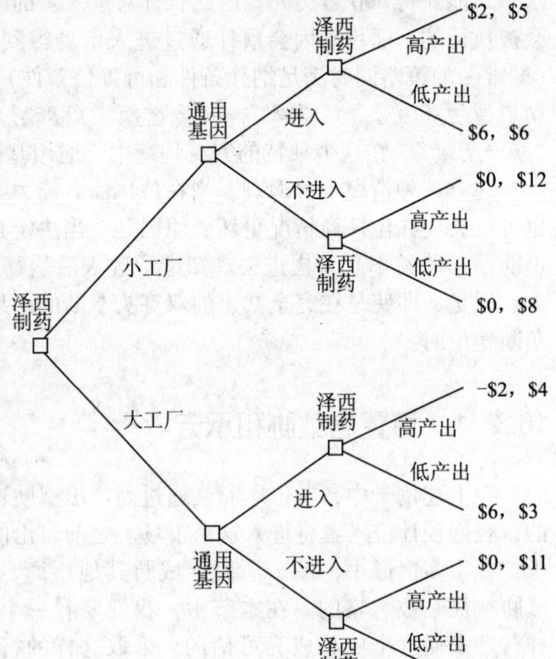

图16-6 进入博弈中的承诺（百万）

注：当在位厂商可以选择其工厂规模，泽西制药可以用大工厂作为阻碍进入的承诺形式。在均衡中，泽西制药建立“大工厂”，通用基因选择“不进入”，泽西制药选择“高产出”。

16.2.2 寡头垄断市场上更多的策略投资

我们已经讨论了策略投资作为一种承诺的形式，即运用在文中提到的单个在位厂商面临进入者威胁。策略投资效应也可在多个在位厂商存在甚至没有进入者的市场上得到反映。当一个厂商致力于减少研发成本时，它就会在未来得到一个更低的生产成本。低生产成本又会因以下多种原因提高利润。第一，厂商会在任何产量水平下保持低成本。因此，在原有的产量水平下，厂商的利润会提高。第二，厂商会通过调整产出水平来反映其新的成本结构。当边际成本因为研发而降低时，厂商会将产量水平提高到这样一个水平，即在这个水平上边际收益曲线与新的更低的边际成本曲线相交。因为，经过扩张，边际收益已经远远大于边际成本，利润随着厂商产量的增加而升高。前两个作用使利润升高，不管厂商是完全竞争者、完全垄断者还是寡头垄断者。

当厂商是一个在策略性情境下的寡头垄断者，边际成本的降低还有第三个作用。边际成本降低的厂商存在提高产出量的激励。该行业的其他厂商在选择其产出水平时必须把这个因素考虑进去。结果往往是，其他厂商可能在积极竞争（例如低成本）面前削减产量。竞争对手产量的降低是为了提高产量而增加研发力度。因此，厂商认为“策略效应”对研发是一种有益方式。不论是在寡头垄断市场还是单一厂商存在的市场，面对新进入者的威胁，策略投资会使厂商的行为更加具有侵略性，这种侵略性使得竞争对手（寡头垄断市场的其他厂商或者潜在的进入者）退出。

16.3 不完美或不完全信息博弈

到此为止，我们已经考察了博弈树，在博弈树中厂商依次行动，每个厂商可以看到对手前一步的行动（如果有的话），但是现实中不需要这么整齐。当轮到一个厂商选择价格或者产出水平时，它可能辨别不出对手已经做了什么或将要做什么。厂商不知道其对手的行动可能是因为两个厂商同时做出选择。第二个原因是，即使一个厂商已经选择了它的行动，第二个做选择的厂商在做出自己的选择之前仍然不能观察到第一个厂商的决定。在一个博弈中，某参与者必须做出行动，但是不能观察到前面的或者同时行动的其他参与者的行动，这种博弈就叫做**不完美信息博弈**（game of imperfect information）。

到目前为止，考察的博弈假设每个参与者都知道其他参与者的所有信息。在双寡头垄断博弈中，Air Lion 预测 Beta 航空在公司会从它自身利益出发选择行动。但是也可能会有这样的情况，即 Air Lion 只有一个关于 Beta 收益的不确切信息。例如，Air Lion 可能不确定 Beta 的成本水平。当一个或者更多的参与者不确定博弈树中的某些部分（例如其他参与者的收益），这种情况就叫做**不完全信息博弈**（game of incomplete information）。

你可以想到这两种新博弈形式的以下不同点。在不完美信息博弈中，一个参与者不确定另一个参与者前一步的行动——当轮到这个参与者行动时，它不确定该在博弈树中的哪个位置。相对的，在不完全信息博弈中，参与者不确定博弈树是什么样。在本节，我们会看到怎样把博弈论扩展到处理不完美信息博弈和不完全信息博弈。这样做，就能使博弈论提供更多对真实世界有价值的分析。

16.3.1 囚徒困境：不完美信息博弈

假设两个投资银行家麦克和伊凡，决定通过内部交易或者股票欺诈获得几亿美元。但是后来，他们被警察逮捕并被分开放到两个审讯室。检察官有足够的证据证明麦克和伊凡有罪，并对他们进行轻微的指控。但是如果想对他们进行更严厉的指控，检察官必须得到更多的证据。地区检察官走到伊凡的审讯室，跟他交涉，如果他能够作证供认麦克就可以减少他的刑期（增加麦克的刑期）。与此同时，检察官的助手走到麦克的房间，提出同样的交涉要求，看他能否供出伊凡。每个内部交易人都必须在“坦白”和“沉默”中选择。图 16-7 显示了不完美信息博弈的博弈树。对伊凡来说，决策点周围的虚线椭圆形部分表示：伊凡在做出决定的时候不能辨认这两个点。换句话说，他看不到麦克是否已经选择“坦白”或“沉默”。既然他看不到麦克做的选择，伊凡就无法与麦克做的决定相一致。因此伊凡必须在两个策略下进行选择：“坦白”和“沉默”。

一旦找到一种方法证明伊凡缺少关于麦克的信息，那么找到均衡很直接了。注意到收益是以效用衡量的，所以在其他因素相同的情况下，较长的刑期意味着一个较低的效用水平。对于每一个决策者（内部交易人），“坦白”是占优策略。对于两人来说，唯一的均衡结果就是两个人都坦白，即使当他们都选择沉默会比都选择坦白更好。

基于这种故事，像这样的情况，即两个参与者每人都有一个占优策略，但是他们选择占优策略会比串通其策略的境况更差——就叫做**囚徒困境**（prisoners' dilemma），即使参与者不是实际上的囚徒。囚徒困境的结构适用于很多情形。让我们回到那两个航空公司。假设 Air Lion 和 Beta 航空公司需要同时做出产量水平的决策。图 16-8 描述了不完美信息博弈的博弈树。另外，Beta 的决策点周围的椭圆虚线用来表示 Beta 在做出决定时没有能力同时辨别那两个点。也就是说，在选择产出水平的时候，Beta 并不知道 Air Lion 是选择“高”还是“低”。因此 Beta 不能采用与 Air Lion 的选择相应的策略，即如果 Air Lion 选择“高”产量它选择“低”产量或者如果 Air Lion选择“低”产量它选择“高”产量。Beta 的策略就只能是很简单的“高”产量或者“低”产量。

对于每一个厂商，不管其他厂商选择什么，更好的策略就是选择高产量。换句话说，“高”产量对于每个厂商来说是占优策略。占优策略均衡的结果是，每个厂商选择“高”产量并赢得 3 000美元的利润。注意该博弈中的收益结构是如何引发在合作和竞争之间的紧张局势的。在均衡中，即使两个厂商都选择“低”产量会更好——每个厂商盈利 5 000 美元而不是 3 000 美元，但是每个厂商还是会选择“高”产量。

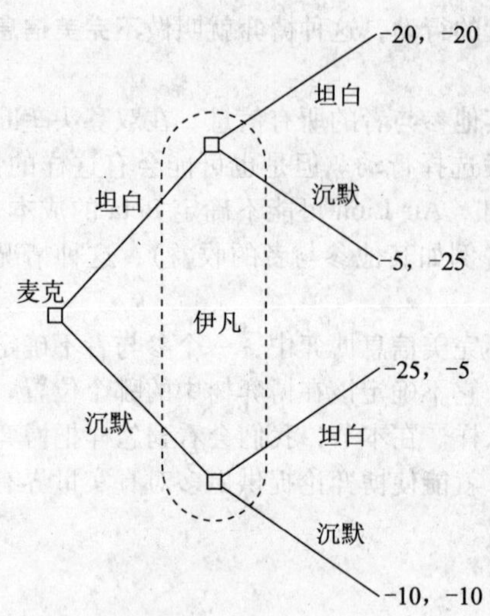

图16-7　囚徒困境

注：当麦克与伊凡同时做出决定，伊凡两个决策点周围的椭圆形虚线代表麦克在做出决定时无法同时辨认这两个决策点。对于每个内部交易者，“坦白”是占优策略。唯一的均衡结果是两者都坦白，即使他们同时沉默可能更好。

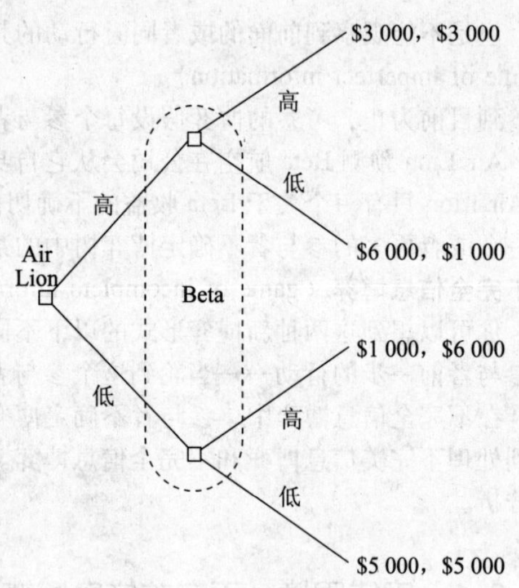

图16-8　双寡头垄断困境

注：当Air Lion和Beta同时做出选择，Beta两个决策点周围的椭圆型虚线代表当Beta做决定时它无法同时辨认这两个点。既然对于每个公司“高产出”是占优策略，这个博弈中唯一的均衡就是Air Lion和Beta都选择“高产出”。

如果厂商签订一个第三方实施的约束协议，可以预期每一个厂商都会选择“低”产量。但是厂商不能依靠法院来执行协议，应该依靠自我实施协议。问题就在于，“低”产量的协议并不是自我实施的。为弄清原因，假设两个航空公司都同意“低”产量。如果Beta预期Air Lion会选择“低”，Beta就有激励欺骗Air Lion，并且选择“高”产量——Beta就能获得6 000美元的利润而不是5 000美元。但是首先Air Lion不会遵守“低”产量的协议，“高”产量更加有利可图。唯一可自我实施的协议就是两个厂商都生产“高”产出量。这个博弈和相关的均衡再次说明，对于自私的双方，合作很难达成。那些对于欺骗的激励会阻止厂商获得它们本应该从合作中得到的更多的利益。正如你看到的，寡头垄断市场上厂商的问题与内部交易人的问题一样。结果就是，寡头垄断厂商经常面临囚徒困境。

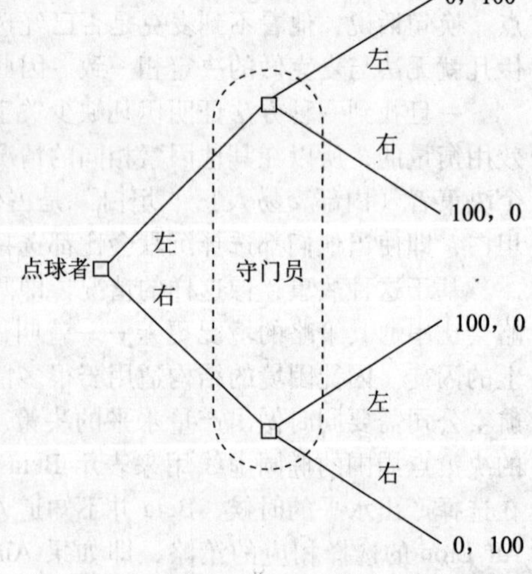

图16-9　有混合策略的踢足球博弈的均衡

注：守门员总是希望扑向球员踢向的那个方向，但是踢球者总是希望踢向与守门员扑向不同的方向。因此，这里不存在纯策略均衡。但是，这里存在混合策略均衡：每个参与者随机地有一半时间向“左”一半时间向“右”。假设他的对手运用这样的策略，没有一个参与者可以通过变换策略使他的情况变好。

16.3.2　混合策略

离开他们，巴乔和塔法雷尔就会努力弄清楚巴乔将在世界杯决赛踢点球时踢向哪边。因为守门员不会等着看他会踢向哪边，这是一个不完美信息博弈。图16-9描述了这种情况的博弈树。数字的单位是尤提尔，选择这些数字只是用来说明巴乔想得分和塔法雷尔想阻止他得分的事实。

现在，我们来寻找均衡。假设巴乔踢向左边，那么守门员应该扑向左边。但是如果守门员扑向左边，巴乔就应该踢向右边。所以，巴乔踢向左边不是均衡。但是同理，他踢向右边也不是一种均衡。巴乔总是希望踢向与守门员扑向相反的方向，但是守门员希望扑向与巴乔踢向相同的方向，他们不能同时得到满足。于是我们只能得出结论，当两个参与者的决策只是简单的总是向“右”或者向“左”，那么就没有均衡存在。

在已知的例子中，总是向“右”或者向“左”被叫做**纯策略**（pure strategy）。当你执行一个纯策略，有一个明确的行动，那就是每次在该行动的时候行动。另外一个可能性就是在特定的决策点随机选择行动。例如，巴乔可以追求这样一个策略，那就是有30%的可能性向右踢，而70%的可能性向左踢。当一个参与者在博弈中像这样随机选择行动，那么他追求的策略就叫做**混合策略**（mixed strategy）。

尽管球员射门在纯策略情况下没有均衡，但是当参与者选择混合策略时就有均衡。假设巴乔有70%的可能性向右踢，那么守门员就总应该向左扑，因为这样会有最大的几率阻止球进门。但是这时巴乔应该向右踢，那么向右踢就有70%的可能性不会成为均衡的一部分。的确，你应该相信，只要不是50%对50%的可能性都会面临这个问题：守门员应该总是扑向球更可能踢的方向，但是踢球者应该总是瞄准另一个方向。

现在假设巴乔有一半可能性向左踢有一半可能性向右踢。不管守门员往哪边扑，他总有一半可能性是对的。现在，如果守门员倾向于某边，踢球者就总是倾向于踢向另一边。但是回到之前的问题上。因此，对于守门员来说，唯一的均衡策略就是：有一半可能性向左扑，有一半可能性向右扑。无论巴乔往哪边踢，守门员的策略是这样。

刚才说明的是这样一种情况，即如果参与者在“左”和“右”之间分别是随机50%和50%的可能，那么对于另一参与者，最佳回应，也是“左”和“右”各50%的可能性。换句话说，每个参与者在左和右之间相同可能性的随机选择就是纳什均衡。

巴乔最后怎样做了？他没有踢进球，使巴西拿到了它的第四次世界杯冠军。博弈论是个好方法，但是你还是要去行动。

混合策略在其他很多运动中也非常重要。比如说，在美国橄榄球中的跑和过，“平衡进攻”是使“防守方不断猜测”的重要内容。尽管有很多例子，但是还是有很多人觉得混合策略很奇怪。如果另一个参与人总是相信你根据理论随机行动，那么你就没有必要遇到麻烦了。从你的角度来看，任何你想随机做的行动都跟其他的一样好（除非你不愿意在众多行动中随机选择）。所以，为什么很多人总是抛硬币、掷色子，或者用其他的方式来产生博弈论中需要的随机行动呢？

鉴于这样的难题，该怎样认识混合策略呢？我们最好把它们理解成：更像是其他参与者信念的代表，而不是真的随机策略。这个模型不需要你在网球比赛中面临选择打边线球或打中间球时真的抛硬币。而是，你要试图避免进入一个预期的模式，因为如果你真的是随机选择，其他参与者的信念会和他们的实际做法一样。虽然混合策略对你看起来会有一点陌生，但它获取了直觉概念，这种直觉可以形成一种使对手搞不清楚你下一步行动的策略优势。

16.3.3 不完全信息的讨价还价博弈

现在，让我们考虑一个不完全信息博弈。假设有一个卖家与一个买家讨价还价。格比托（Gepetto）可以生产布谷鸟钟，价格为1 000美元/个。讨价还价的工作就是格比托对买家带走或留下做出决定，买家则“接受”或“拒绝”。如果格比托知道买家有意要买这个钟，他会把价格定在只要至少1 000美元的水平。但是当卖者不确定买者购买钟的意愿程度时呢？特定的情况下，他知道买者对这件物品的价值评价是1 500美元或2 000美元，但是不确定。因此，他不知道该把产品定价为1 499美元还是1 999美元。

初一看，用单一的博弈树表示这种情形似乎有点麻烦。这里对于低价值评价和高价值评价的买者都有一个收益集合（联系到博弈树）。格比托不知道该用哪个博弈树。幸运的是，如果简单地把两种方案结合的话，我们可以用一个博弈树建立模型。图 16-10 描述了这种情形的博弈树。就像决策树一样，可以用“自然”表示参与者对博弈中一些或所有参数的不确定性。这里，卖家对于买者商品估值的不确定，通过让“自然”做出难以观察的行动来接近买者的估价。当然，格比托不能看到“自然”的决定。把“自然”看做是一个特殊的参与者，这里存在一个不完美信息博弈，并且划出格比托的两个决策点周围的椭圆虚线来表示当他在做决策时他不能辨别这两个决策点。

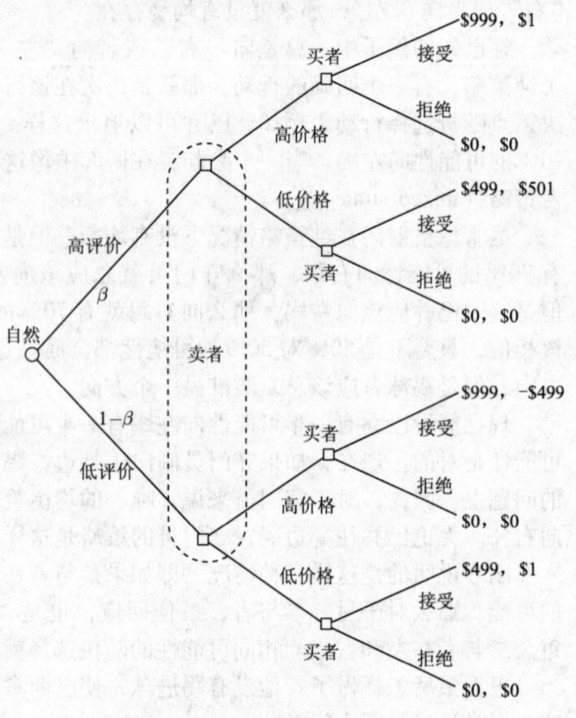

图 16-10　不完全信息下的讨价还价

注：用“自然”不确定的行动选择买者对物品的评价来表示卖者对于买者对物品评价的不确定性。“自然”用概率 β 表示“高评价”的可能性。因为卖者看不到“自然”的行动，我们用两个决策点周围的椭圆形虚线表示他不能对其辨别。通过高价得到的预期利润为 $\beta\times(1999-1000)+(1-\beta)\times0=\beta\times1999$。通过低价所得的利润为：499 美元。因此，如果 $\beta\geqslant499/999$，卖者会制定高价，否则会定低价。

为了决定收取什么价格，格比托需要形成买者对价格如何反应的预测。当他定高价时，这种预测依赖于他相信买者对这个钟表有是高还是低的评价。如果买者对这件物品的评价低，那么买者会“拒绝”1 999 美元的价格。但是如果买者对它有较高的评价，就会“接受”。我们通过从后追溯博弈树得出了这个结论。对于 1 999 美元的价格，给予高评价的买者会从自身利益出发选择“接受”。但是如果买者对该物品评价低，它会“拒绝”1 999 美元这样的价格。相似的推理得出，两种类型的买者都会“接受”1 499 美元的价格。

这个卖者需要做出决定，他是要制定一个低价很确定地卖出，还是要制定一个高价，只有当买者对这个钟有高评价时才卖出。制定低价获得收益为 499 =（1499 - 1000）。为了计算制定高价时获得的收益，卖家需要形成对“自然”行动的信念（比方说关于低评价和高评价的可能性）。让 β 代表格比托认为买者对钟有高评价的可能性，让 $(1-\beta)$ 表示他相信买者对钟存在低评价的可能性。那么从高价得到的预期利润为

$$\beta\times(1999-1000)+(1-\beta)\times0=\beta\times1999 \tag{16-1}$$

因此，如果 $\beta\times1999$ 比 499 大，格比托会制定高价，反之就会制定低价。换句话说，格比托只会在十分乐观地相信买者会对钟有高评价时才会制定高价。具体地，他相信 $\beta\geqslant499/999$ 时才制定高价。

16.4 重复博弈

虽然像是否进入市场这样的决定只涉及一次行动，但是在很多情况下，交易者发现他们需要重复做同样的决定。例如，在上一章非正式地讨论了寡头垄断厂商的交易行为，它们每天都选择新的产出水平和价格。在本节，我们将详细讨论重复定价模型以仔细测量欺骗行为的成本和收

益。这个模型也证明了重复的寡头垄断厂商的交易对厂商做出一劳永逸决策下的均衡结果有很大的影响。再来考虑 Air Lion 和 Beta 为保持价格不变所达成的自我实施协议的尝试。但是现在，允许厂商可以每天选择新的价格，特别是，在每天的开始两个厂商同时选择当天的价格。每天的需求曲线为 $D(p)$。每天的价格选择构成了整个博弈的伯川德博弈。整个博弈由重复的成分博弈组成，这种成分博弈也叫做阶段博弈。

给定这些设定，我们预计会发生什么样的均衡？一个可能的均衡为，如果厂商每次都做出单一的一劳永逸的选择，那么每天厂商都选择它们能够选择的相同价格。也就是说，两个航空公司每天订出的价格等于它们共同价值的边际成本 c。为了得出均衡结果，注意，如果每个厂商都预计另一个所定的价格等于公共价值的边际成本，那么它可能也会这么做。因此，这里就没有激励去对有关每天价格等于边际成本的协议进行欺骗，而且这样的协议是自我实施的（比如它是一个纳什均衡）。遗憾的是，从厂商的角度出发，协议并没有太大价值——厂商赚取的经济利润为0。

在刚才提到的协议下，厂商并没有利用对另一方的重复交易。一种明显没有利用重复交易的协议叫冷酷触发策略。假设只要没有厂商在过去采取欺骗行为，每个厂商每天定价为 p_s（也即 p_s为过去一直采取的定价）。如果有人欺骗，那么厂商（包括有欺骗行为的厂商）“同意”惩罚那个欺骗者，让它的未来定价等于边际成本。这种策略以从欺骗行为被发现“触发”无限的惩罚得名（确实很“冷酷”）。

让我们分析冷酷触发策略是否是自我实施并且是可信的。为了检验该协议是否为自我实施，需要知道从欺骗中得到的利润是否比成本少。正如在第 15 章看到的，欺骗的成本和收益取决于每天的利润。这个利润与以下情况相关，遵守协议时，利润为 π^s；欺骗没有被发现时，利润为 π^c；受到惩罚时，利润为 π^p。

如果厂商已经同意定价为 p_s，并且没有厂商有欺骗行为，那么这两个厂商分割市场份额 $D(p_s)$。因此遵守协议所得到的利润为：

$$\pi^s = \frac{1}{2}D(p_s) \times \{ p_s - c\} \tag{16-2}$$

现在考虑当一个欺骗者没有被发觉时它所得到的利润。假设 Beta 遵守了协议并且定价为 p_s，正如我们看到的，在分析伯川德双寡头模型的时候，通过仅仅减去 Beta 的价格，Air Lion 每天的收益近似为：

$$\pi^c = D(p_s) \times \{ p_s - c\} \tag{16-3}$$

通过利用式（16-2）中 π^c是 π^s的两倍来简单地计算。

在惩罚的威胁下，欺骗者一旦被发现就得不到利润：$\pi^p=0$。在比较欺骗的成本和收益之前，需要确定惩罚的威胁是可信的：惩罚欺骗者的协议是一个自我实施的协议吗？我们之前的讨论说明它确实是。假定厂商的价格在每一个阶段都等于边际成本，那么从其他厂商的利益出发，它们也会将价格定在边际成本上。因此，如果每个厂商预期其他厂商通过将价格定在边际成本上来回应欺骗行为，那么这也是出于其自身利益。简而言之，惩罚是可信的。

我们现在准备计算欺骗的成本和收益。既然利润是在一段时间内增长的，就需要把它们贴现。让 i 表示每天的利率。这些成本和收益的一个重要决定因素就是我们需要多长时间去发现欺骗行为。从分析厂商的欺骗仅持续一天就被发现时会发生什么开始。欺骗的收益就是 Air Lion 在没有被发现时所得的额外利润的现值。既然 Air Lion 一天就被发现了，那么收益为：$\pi^c-\pi^s=\pi^s$（π^c是 π^s的 2 倍）。欺骗的成本就是当厂商被惩罚时放弃的利润的现值。因为厂商可以赢得 π^s的利润而不是 0 利润，所以被放弃利润的惩罚成本为：

$$\pi^s/(1+i) + \pi^s(1+i)^2 + \pi^s(1+i)^3 + \cdots \tag{16-4}$$

把标准贴现方程应用于永恒的计算，欺骗的成本等于 π^s/i。

把欺骗的收益 π^s和欺骗的成本 π^s/i 相比较，看到除非 Air Lion 每天有至少 100% 的利率，否则它就会选择欺骗！当 $i<100\%$，冷酷触发策略就会构成一个完美均衡，这个均衡会支持价格 p_s。很明显，结果依赖于 p_s 的特定价值（只要 p_s 比 c 大，厂商就不会遭受损失）。这个事实表明，如果厂商能维持比自我实施协议里的边际成本仅大 2 美分的价格，那么它们就会维持完整的卡特尔价格。重复博弈竟然可以如此不同！做出一劳永逸的伯川德厂商把价格定成与边际成本相等并没有利润，但是厂商重复定价可以停止收取垄断价格并且分割垄断利润。不同的是，伯川德厂商不能惩罚其他有欺骗行为的厂商，而重复交易的厂商可以。

这个例子给我们的结论很简单。但是例子省掉了在上一章中讨论过的一些真实市场的情况，其中最重要的一点就是厂商的欺骗可能持续一天以上直到被发现而惩罚。为明白惩罚时滞的作用，我们假设厂商的欺骗持续了两天才被发现而惩罚。这样，欺骗者在被发现之前的两天赢利 $\pi^c-\pi^s$。既然 $\pi^c-\pi^s=\pi^s$，第二天没被发现欺骗所得的利润贴现为 $\pi^s/(1+i)$。因此，欺骗产生的整个利润的现值如下：

$$\pi^s+\pi^s/(1+i) = \pi^s\times(2+i)/(1+i) \tag{16-5}$$

那么欺骗的成本是多少呢？一旦被惩罚，厂商每天下降的利润、是：$\pi^c-\pi^p=\pi^s$。但是，惩罚是在两天之后发生的，所以现值为：

$$\pi^s/(1+i)^2+\pi^s/(1+i)^3+\pi^s/(1+i)^4 \tag{16-6}$$

对比式（16-6）和式（16-4）可以发现，当第一阶段时滞除以（$1+i$）来计算惩罚开始于第一阶段滞后时，欺骗成本与两个阶段时滞的欺骗成本是相同的。用（$1+i$）除 π^s/i，欺骗的成本现在为 $\pi^s/\{i(1+i)\}$，这个成本低于欺骗只有一天没被发现的成本。

因为欺骗的收益已经提高，成本降低，所以就更难阻止欺骗行为。对于欺骗的收益 $\pi^s(2+i)/(1+i)$ 和成本 $\pi^s/\{i(1+i)\}$ 的比较取决于（$2+i$）是否大于 $1/i$。现在每天的利率临界值 i 为 $\sqrt{2}-1$，近似为 0.41。当厂商持续两天没有被发现有欺骗行为时，当且仅当每天利率小于 40% 时，串谋是成功的。这仍然是一个很高的利率，但是已经比之前 100% 的利率水平低很多了。如果欺骗和惩罚的时滞再长些，那么对于欺骗的激励更大，即使更低的利率，串谋也会失败。

冷酷触发策略不是厂商唯一可用的策略。例如，惩罚可能会以一种更复杂的方式随时间变化。厂商是否采用这些策略来提高利润很值得思考。正如之前所讨论的，惩罚越严厉，串谋可以被支持的程度就越大。因此第一个问题就是：厂商能找到一个更加严厉的、可信的惩罚吗？在我们的例子中，结论是否定的。在先前建议的策略下，欺骗永远符合边际成本定价，欺骗者被发现之后的利润为 0。不会有对厂商更严厉的惩罚了，因为任何使厂商利润低于 0 的做法都会使厂商倒闭。而且，不会有人相信厂商会接受价格低于边际成本的惩罚。在我们所考察的市场中，冷酷触发策略是最严厉的并且可信的惩罚，因此对串谋能够提供最大可能性的支持。

但是在其他情况下，更复杂的策略可能产生更严厉的惩罚，比如当厂商重复地制定产品数量或者产品有差异时。并且，在一个可能发生错误的世界里，厂商不会总是想施加最严厉的可能惩罚。核实其他厂商是否遵守协议通常也是比较困难的。既然串谋通常是沉默的，误解就会发生。更进一步，一个行业中的厂商会花费一段时间算出它们最好的串谋安排。如果简单的错误或者触发惩罚的学习过程持续很久的时间，那么对厂商串谋丝毫没有益处。

有限重复博弈

在之前提到的重复定价博弈中，厂商总是每天制定新的价格。同样，参与者知道博弈有一天会结束，但是它们不会提前知道什么时候结束。因为没有设定结束点，这样的情况有时被叫做有限重复博弈。这种情况与参与者都知道博弈何时结束有很大的不同。

回顾一下，为了找到完美均衡，我们从博弈树的最后向前推，即所谓的逆推法。通过重复为一个固定数字的时间段定价，我们可以用逆推法得出一个强有力的结论，其中一个例子就是所谓的有限重复博弈。假设 Air Lion 和 Beta 都知道 Beta 要在两年后关闭，那么其间它们会做些什么呢？要回答这个问题，要从考虑 Beta 关闭的前一天要做什么开始。在这一点上，厂商要面对一个标准的、一次性的伯川德定价博弈。我们在上一章学到，每个厂商将把价格定在边际成本曲线上，并且没有厂商会获得经济利润。那么在这样定价的前一天呢？不管厂商在那天做什么，都知道第二天它需要把价格定在边际成本曲线上。所以，在倒数第二天，这里没有对不能把价格维持在成本之上的威胁、允诺或其他形式的惩罚。因为未来的价格实际上已经制定，厂商在临近最后一天的价格应该就像没有最后一天一样。这时，我们也得到了标准的伯川德结果。

同样的逻辑也应用于倒数第三天。实际上，我们不断往后推倒来寻找每个阶段的结果与一次性伯川德结果是一样的。不仅这一点，这种逻辑同样适用于任何重复博弈，只要有一个纳什均衡在一个孤立的阶段博弈中。刚才证明了：**在阶段博弈中，当只有一个独特的纳什均衡时，有限重复博弈独特的完美均衡就是简单地重复在每个阶段的一次性均衡。**

小结

不合作博弈论提供了分析寡头垄断市场情况以及其他经济和政治领域的策略行为的一系列方法。

- 博弈树提供了代表策略性情境的便利方法。
- 完美均衡的概念包含在寡头垄断市场中要求的两个均衡的特点：纳什条件和可置信条件。
- 完美均衡包含纳什条件，是通过加入这样一种要求来实现的，即给定博弈中其他参与者选择的策略情况下，每个参与者选择最优策略。
- 完美均衡包含可置信条件，这是通过要求每个参与者发现他选择的策略是从其自身利益出发来实施的这种方式来实现的。
- 不完美信息博弈是这样一种情形，即某个参与者必须做出行动，但是他却观察不到其他参与者之前的或者同时发生的行动。
- 不完全信息博弈是这样一种情形，即参与者不能确定博弈结构的某些特点。
- 不合作博弈论这一工具有助于理解进入寡头垄断市场的过程。在位厂商的不可置信威胁不能够阻止新进入者的进入。一个在位厂商可能进行投资以使其威胁变得可信。例如一个大容量的工厂，可能是在位厂商对新进入者的强烈回应。因此，建立这样一个工厂是阻止新进入者的一种投资。一个在位厂商也有可能通过设定一个低价，使潜在进入者担心在位厂商也许是低成本厂商的方法来阻止新进入者进入。
- 当参与者随机选择他的行动使竞争对手猜测，我们就说这个参与者运用了混合策略。
- 当参与者在同一博弈中不断地博弈，整个博弈叫做重复博弈。与伯川德模型相比，有限重复定价博弈证明了参与者回应其他参与者的能力存在巨大不同。

讨论题

16.1 某公理证明了国际象棋的一个“解决办法”。那就是，这里有一个完美均衡，在完美均衡中，其中一个参与者保证他自己至少是平局。当可以证明这样一个均衡存在时，没有人知道均衡到底是什么。因此，国际大师能够在下国际象棋时赚很多钱。通过运用博弈论来回答这件事情告诉了我们什么？

16.2 通常假设竞争性的厂商在选择其广告支出时会面临囚徒困境。

a. 画一个博弈树来描述一个供给者必须同时选择广告水平的双寡头垄断市场。在囚徒困境的结构中把收益加进去。这种形式的收益看起来适合现实情况么？

美国政府现在禁止烟草广告上电视，但是有一段时间没有这样。一些观察人士声称禁止电视广告可能实际上通过限制高成本的广告竞争而提高烟草行业的利润。

b. 这个故事与a题的行业行为模型相一致吗？

16.3 到1996年，大部分美国城市都有一个地方电话公司和一个有线电视公司。另外，法规也阻止更多的公司进入其中任一个行业。1996年的电信法案使电话公司更容易进入有线电视行业，同时也使有线电视公司更容易进入电话行业。许多管理咨询专家认为，相比都不进入另一市场，如果都互相进入对方市场，电话公司和有线电视公司会两败俱伤。但是这些咨询师也认为每个厂商都会发现对方市场太具有吸引力而无法抵制。

a. 用囚徒困境的角度来解释以上明显很矛盾的预测观点。

b. 如果有这样的一种情况，即每个厂商可以观察其他厂商的进入决定，因此使他自己的决定视其他厂商的决定在当地市场的情况而定，这样做会有什么样的不同？

16.4 再次考虑在16.2节证明过的进入博弈。与图16-6的情况不同，假设通用基因在泽西制药做出投资工厂的决策之前做出进入决定（比方建立它自己的工厂）。

a. 画出新情况下的博弈树。

b. 描述该均衡。通用基因会选择进入吗？泽西制药会选择建立什么规模的工厂？

16.5 回到图16-6描述的情况，但是有一点发生变化。假设泽西制药在决定是否进行工厂投资之前，通用基因可以声明是否有意向进入该市场。这个声明是不受约束的，并且不花费什么成本。

a. 给新情况画博弈树。

b. 描述该均衡。通用基因会声明进入该市场吗？泽西制药会选择建立什么规模的工厂？通用基因真的会进入吗？回答这个问题，务必仔细陈述每个厂商包含了哪些均衡策略。

16.6 拍卖用来卖掉各种各样的产品，从绘画作品的拍卖到提供无线手机服务执照的拍卖。在所谓的荷兰拍卖下（在瑞士，他们习惯通过此把鲜花批发给花店），拍卖人喊出高价，然后接连喊出较低的价格。第一个接受拍卖人价格的出价人被称为赢家，并且以拍卖者最后喊出的价格得到商品。在密封出价拍卖中，每个买者都秘密提交一个出价，说明他愿意花多少钱购买。出价接着被打开，那个所递交的出价最高的人买走商品。表示出在参与者可运用的策略方面，每个参与者都知道其他参与者哪些信息，因此均衡结果会是什么，荷兰拍卖相当于一个密封出价拍卖。

16.7 考虑如下市场，存在一个在位厂商和一个潜在进入者。每个厂商有连续的边际成本，每单位为c，并且产品没有差异。为了进入市场，新厂商需要一次性花费1 000美元的成本。解决如下明显的两难困境：如果进入后面临的是伯川德双寡头垄断博弈，那么没有一个厂商会获得利润，但在面临古诺双寡头垄断时，情况与之相反。但是在位厂商仍然倾向于处于伯川德双寡头垄断而不是古诺双寡头垄断的情况。

第五部分

市场缺失

循环流模型告诉我们厂商和家庭在市场中“相遇”。正如在第三和第四部分所见，市场存在多种结构。但是无论哪个特定结构，市场都会给每件商品确定价格和产出，并决定交换的价格。这一分析背后明显的假设就是市场为每件商品存在。相反，在真实的市场中，有些商品没有出现。本部分将探究市场为何缺失一些商品，结果如何，公共政策怎样来处理这一结果。

第 17 章分析有关市场缺失的一个重要原因，即信息不对称。信息不对称描述的情形是，交易中一方掌握的信息比另一方多。例如，当购买人寿保险时，你比保险公司的人更了解你的医疗状况和卫生习惯。前一章强调的不完美信息和不确定性并没有排除竞争市场下的理性决策和资源的有效配置。但是，第 17 章得出结论，当存在信息不对称时，市场可能被毁掉，走向无效率。的确，即使当市场不完全被毁掉时，信息不对称也对行为有重要影响。

第 18 章讨论外部性，即一个人或厂商的行为直接影响了另一个人或厂商的福利。有关外部性的一个重要例子就是空气污染。污染的基本原因就是不存在“干净空气”商品的市场。本章表明对于外部性最具创造性的一些政府回应包括创造人工市场，该市场可以模拟传统竞争性市场的有效结果。这些提议证明了微观经济理论作为一种处理社会问题工具的有用性。

第17章 信息不对称

即使是特意的，一个人对于另一个人的了解也是很有限的。

——阿莫斯·奥兹

当还是大学生时，本书的作者之一坐火车游览了当时的南斯拉夫。火车时不时停下，在一个小村庄停靠时，当地一个商人上火车卖金银珠宝，每个手链50美元。出于警惕，作者对于手链的金含量提出质疑。商人把手链咬断以证明这是纯金的。但无视这些动作，作者仍然对此表示质疑。商人接着说两条手链50美元，作者说："还是太贵了。"商人把一个金戒指也扔进去，说这一包一共40美元。当商人被问道："这是真金的吗?"他回答："是纯金的。"于是为了表现他的真诚，他决定把两条手链、两个戒指以5美元的总价出售。"不用了，谢谢，"聪明的作者说："在这个价位，你的东西不可能是真金的。"

这个例子不仅仅说作者当时很年轻，还有更重要的一点。在许多交易中，人们拥有很多不同的信息。在这个例子里，尽管卖者很确定地知道那些珠宝不是金的，但是潜在的买者不知道它们到底是不是金的。在很多别的情况中，交易的一方知道一些信息但是另一方并不知道。当你买一辆二手车，卖车的人比你更知道这是否是个"柠檬"。当厂商雇用新的员工，那个工人可能比厂商更了解他自己的能力。当市场的一方比另一方拥有更多信息时，这种情况就是一种**不对称信息**(asymmetric information)。

在有关信息不对称的很多例子中，信息少的一方知道另一方拥有更多信息。在刻意的情况下，交易中信息少的一方可能会从信息多的一方的行为中找到蛛丝马迹。在上面的例子中，卖者最终仅以5美元的价格提供两个手链和两个戒指，这是一个非常好的暗示，即那些东西不可能是金的。如果它们是金的，他没必要卖那么低的价位。在信息不对称的市场中，经常会有这样的推论，同时它也会从基本上改变市场的运行。

本章通过验证一些现象发生时的情况来探究市场行为中信息不对称的问题。除了要考虑产生的问题，我们还要考察一些试图帮助解决该问题的组织或制度，包括麦当劳、折扣机票、汽车保险的扣除额和大学。

宽泛地讲，经济决策者可能缺少但是需要两种信息，我们将依照这个标准划分决策。在第一种中，一方了解他自己的特点但是另一方不了解。例如，当你买一辆二手车，先前的主人很可能比你更了解它的质量。在大多数市场中，我们认为卖者比买者对商品的了解更多，但是也有买者拥有更多信息的市场。例如，当你买寿险时，你可能比提供给你保单的公司更清楚你的生活习惯和家庭心脏病史。的确，依据最新一项调查，"人们对于'你的健康状况是很好、好、一般还是差'这一简单问题的回答，是对谁会在下个十年活着或者死了的更好预测，而不是一个死板的身体检查"。当交易的一方比另一方更知道他自己的信息（产品好不好或死亡的可能性），我们说这叫**隐蔽性特征**（hidden characteristics）。

当交易的一方刻意做出行动来影响另一方但是另一方又不能直接观察到时，第二种不对称信息就出现了。例如，当一个厂商雇用了一名员工，厂商希望他努力工作，但是厂商很难观察到他是否会偷懒。同样，一个公司卖给你房屋保险，该保险关系到你是否在床上吸烟的，但即使你在床上吸烟保险公司也无法知道。当经济关系中的一方做出行动但是另一方观察不到，这种情况叫做**隐蔽行动**（hidden actions）。

17.1　发信号和筛选

在本节和下一节，我们会考察市场运行和市场行为中隐蔽性特征的影响。使隐蔽性市场有趣的原因是，信息不充分的一方可能会有一些直接的方法去推断市场会怎么样。我们从考虑垄断厂商愿意了解每个消费者对于其产品的支付意愿开始分析。

17.1.1　另一个角度看价格歧视

一个典型的例子，消费者知道他们对一件商品的支付意愿，但是厂商却不知道。考虑菲尔·钱斯航空公司面临的问题。菲尔航空从法国巴黎直飞新泽西。该厂商已经计算出每增加一个乘客就需要花费 120 美元的边际成本。这里只有两个潜在的乘客——一个商人和一个海滨迷（大量时间消磨在海滨的人）。商人愿意支付 500 美元乘坐该飞机，但是只想停留一天。如果他不得不停留一天以上，他仅愿意支付 250 美元。海滨迷最多愿意支付 200 美元，他不是很在意旅途时间的长短，即便是依照他的意愿他也愿意呆两周。没有任何消费者愿意为去天堂而多支付任何费用。

菲尔航空面临了一个困境——它愿意从商人那里收取 500 美元来补偿边际成本，但是收取高的价格又会阻碍海滨迷购买机票。如果执行这个政策，菲尔航空会得到 380 = 500 - 120。另一方面，如果菲尔航空对每张机票收取 200 美元以吸引海滨迷，两种类型的消费者都会乘坐该飞机，菲尔航空会卖出两张机票但是只得到相对较少的利润 160 = 2 ×（200 - 120）。因此，如果菲尔航空不得不对消费者提供相同的机票价格，那么它会选择每张机票卖 500 美元，这样只有商人会选择乘坐。

我们通过回顾第 13 章的垄断市场可以看到，当消费者对同一商品存在不同的支付意愿时，卖者可以根据不同消费者的支付意愿制定不同的价格来提高收益，即如果可以实行价格歧视。如果菲尔航空可以对商人每张机票卖 500 美元，而对海滨迷每张机票仅卖 200 美元，它就能把两张机票都卖掉并得到利润 460 =（500 - 120）+（200 - 120）。

正如第 13 章所示，可获利的价格歧视必须满足以下三个条件：

- 厂商必须是价格制定者。
- 厂商必须可以辨别消费者对其商品的不同需求。
- 消费者不能从中套利。

两个消费者对于厂商的产品有不同的支付意愿（而且两者都愿意支付大于产品边际成本的价格）告诉我们菲尔航空满足条件 1。只要机票不能转让，条件 3 也能满足。但是条件 2 呢？菲尔航空需要一些根据，以收取两种不同费用。菲尔航空愿意以乘客的支付意愿为根据制定票价，但是支付意愿必须是隐蔽性特征。

一个方法是，可以问消费者他们愿意支付多少钱。另一可采用的方法是，航空公司可能会问乘客是为了商务旅行还是休闲旅行，然后依据结果收取费用。我们不期望任何一种方法能有效。

如果航空公司对所有声称自己度假的人实行低价，每个人都会说自己去旅行。当两种票只是价格存在不同时，每个人都想要低价票，因此提供这两种票价对分辨消费者没有帮助。

菲尔航空需要找到消费者支付意愿的一些暗示或者**信号**（signal）。哪种信号是可行的？厂商可以尝试观察消费者的衣着（他们的衬衫是是用蓝牛津布做的还是有夏威夷的印花图案）。但是如果航空公司使用这一策略，商务人士也会开始穿起百慕大短裤。一个潜在的更有效的信号是消费者是否愿意花费长时间旅行。回顾之前的例子，商人除了愿意支付比一个海滨迷更高的机票钱之外，不想乘机过长。

菲尔航空管理者可以提供在价格和对旅行者的约束两者均不同的机票来给消费者分类。假设菲尔航空提供价格为449美元的经济舱，并且在使用时没有任何约束条件，以及价格为200美元的特殊“度假票”，只适用于超过2周的旅行。给定这两种选择，海滨迷选择后者，它更便宜而且至少2周。那么外出的商人呢？一个至少2周长的旅行对他来说值250美元，但却只有200美元的成本。因此，这个选择产生50美元的消费者剩余。另一个替代方法是，他可以付449美元选择价值500美元的限制机票，这个选择产生51美元的消费者剩余。因此，商人选择经济舱的全价票；实际上，他更乐意花249美元，而不是在这里待两周。

注意到，尽管垄断厂商不知道某人是一个出差的商人还是一个海滨迷，但是在均衡中，每个人都能对航空公司显露出他的类型。航空公司用这两种机票作为一个**自我选择机制**（self-selection device）。也就是说，航空公司提供一系列选择的集合让消费者自己从中选择。消费者的选择告诉厂商他们是何种类型的人。当信息不充分的一方（这里指航空公司）建立一个机制，通过另一方传导的信号（这里指他们愿意停留2周）来给另一方（这里指潜在的乘客）分类，那么信息不充分的一方就参与了**筛选**（screening）。

通过消费者购买机票这种方式，厂商取得对于消费者类型的了解就意味着厂商能完美地实行价格歧视吗？不是的。即使厂商在了解该事实之后知道了每个人的支付意愿，那也跟厂商只是通过观察他们从而判定他们到底愿意支付多少这种情况不一样。如果厂商能够直接断定每个消费者的支付意愿，同时防止套利，那么它会向商务旅行者收取500美元，而向一个海滨迷收取200美元。但是菲尔航空不能直接观察其支付意愿。在500美元和200美元这两种价格中，商务旅行者愿意购买度假机票——在以上的价格水平度假票可以产生50美元的消费者剩余，而经济舱产生0美元的消费者剩余。实际上，商人愿意“假装”成海滨迷来停留两周，从而省下300美元。为了防止他假装海滨迷，航空公司不得不让商人也享受50美元的消费者剩余，即使是在较高的机票价格上。结果是，450美元是航空公司对商务旅行者收取的最高价（同时始终向海滨迷收取200美元的机票）。航空公司信息的缺乏使它花费50美元的成本，而不能对商人收取。

17.1.2 在竞争性市场中发信号

一个有势力的厂商用信号给消费者分类并在其中实施价格歧视。信号的使用在竞争性市场中也是非常重要的现象。考虑一下竞争性的劳动力市场，在该市场中一半的劳动力是低能力的，边际收益产品是每周200美元；另一半劳动力是高能力的，边际产品收入是每周400美元。

为了研究信息不对称的效应，首先应注意信息对称时发生了什么。信息对称下的结果给出一个可比较的基准线。假设劳动者的劳动能力能被任何人观察到。也就是说，工人和雇用他的所有厂商都对他的能力很了解。既然劳动力市场是完全竞争的，每个工人得到均衡中的边际产品收入——低能力的工人每周得到200美元，高能力的工人每周得到400美元。

现在假设一个人的能力不能仅靠观察得到。假设，特殊情况下，尽管一个工人知道他自己的能力，但是厂商在雇用时无法辨别这个工人的能力是低是高。当厂商雇工的时候，它只知道有1/2的概率会雇到低能力的工人，也有1/2的概率雇到高能力的工人。因为没有办法确定工人的能力，厂商就必须比较工人的预期边际产品收入，即 $300=1/2\times200+1/2\times400$。在均衡中，厂商付给工人每周300美元的工资。

将这个结果同工人的能力可观察时的情况相比较。低能力的工人情况更好——他们得到每周300美元的工资而不是200美元。但是高能力的工人情况更差了——他们得到每周300美元的工资而不是400美元。厂商对这两种结果是没有区别的，因为不管在哪种情况下工人都按照平均水平得到他的边际产品收入。

高能力的工人因缺少信息而受到伤害。自然地，他们愿意显示自己是高能力的工人从而得到每周400美元的工资。但是他们要怎样做才能显示出来呢？不仅是声称他们确实是高能力的工人，每个人都可以那样做。就像菲尔航空需要找到方法让海滨迷发出其低支付意愿，同时商务旅行者也不情愿去模仿的信号，高能力工人需要发送一个低能力工人不愿发送的信号。在航空公司的例子中，停留两周提供了低支付意愿的信号。在劳动力市场上，上学可能就是这种信号。

考虑一下上大学。上大学并不便宜，除了学费和书本费等直接货币形式的成本，还有其他重要的非货币形式成本。写学期论文和研究经济学外的主题并没有趣味——这些活动是需要成本的。对这些分析最重要的是，这些成本可能依据能力的不同而不同。特别是，如果工作能力和学习能力紧密相关，对低能力的工人来说，上学可能比高能力的工人花费更多成本。这种关系的原因在于，低能力的人通常发现在学校更艰苦并需要努力学习来达到学校的要求。

如果读大学的成本非常高，为什么每一个高能力的人或低能力的人都要去念呢？这里一定有可以将其抵消的收益。简化一下例子，假设现在只有一个原因去念大学：为了毕业时赚更多的钱。假设考虑上大学的人观察到了如下事实：一个拥有大学学位的人比非毕业生每周多赚200美元。他的收入（其他所有产品的单位数量）和教育水平（教育的年限）关系的曲线如图17-1所示。这条曲线是一个工人的预算约束线——它表明怎样的收入水平和教育水平组合是可行的。

在预算约束线上选择一点相当于选择你获得多少教育。要看一个人怎样做决定，我们需要画出他的无差异曲线图，该图显示了个人对于这两种商品：教育和其他所有产品的偏好。正如通常假设的，其他所有产品都是经济产品。但是还需要做出（可能并不实际的）假设：上大学无趣。因此，教育是一个劣等经济品。回顾第2章当给一个经济物品和一个差的经济物品画出偏好时，相关的无差异曲线向上倾斜。一个人不会再多去念一个学校，除非他被更多的其他所有产品补偿。图17-2表示出具有相应预算约束的高能力工人的无差异曲线图。该图说明了高能力的工人为了每周多赚200美元而去获得大学学位。

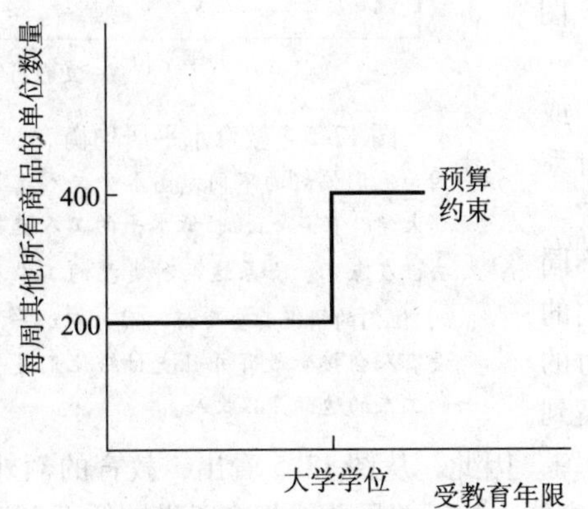

图17-1 收入－教育预算曲线

注：与收入和教育水平相关的曲线为预算约束线——它告诉我们怎样的收入水平和教育水平是可行的。

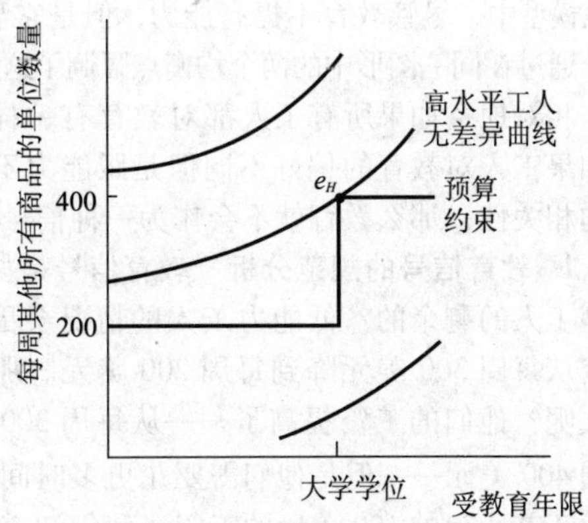

图17-2 高水平工人均衡教育选择

注：无差异图形代表高水平工人的偏好。给定工人的预算约束，一个高水平工人选择大学毕业从而每周多赚200美元，点 e_H。

低能力的工人呢？假设对这些人来讲，上大学更加痛苦。因此，在其他条件不变的情况下，低能力的人每多一年教育需要比高能力的工人得到更高的补偿。因此，如图 17-3 所示，低能力的人有比高能力的人更陡的无差异曲线。图 17-4 通过在公认的预算线上添加无差异曲线（由图 17-1 得出）找到了低能力的人的均衡。图 17-4 表明低能力的人选择不去念大学，结果每周只赚 200 美元。

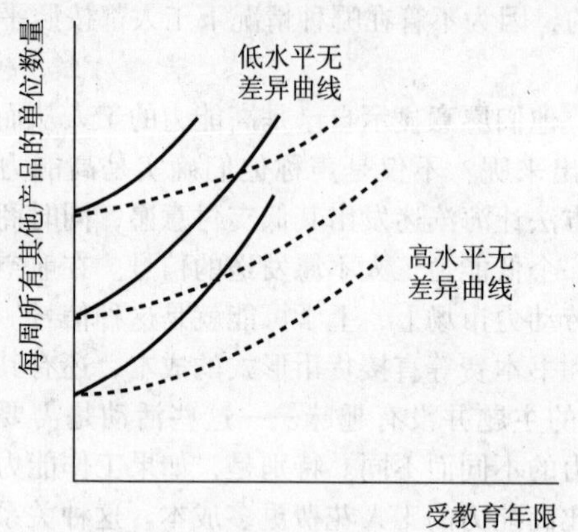

图 17-3 低水平和高水平工人的无差异图形

注：当低水平的人发现学校学习对他们来说比对高水平的人来说更加艰苦，在其他方面保持不变时，他们就会有比高水平的人（虚线）更陡峭的无差异曲线（实线）。

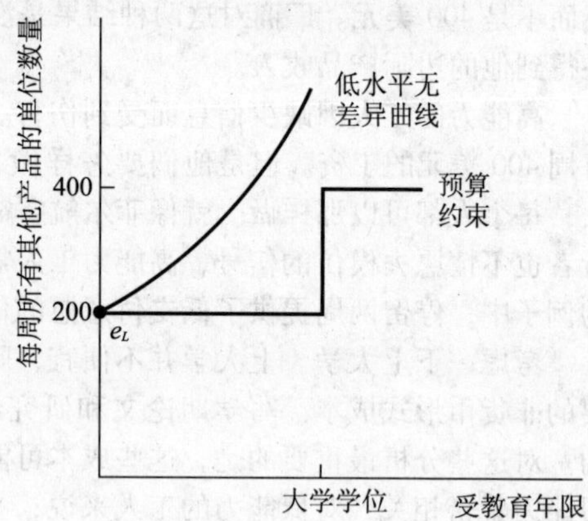

图 17-4 低水平工人的均衡教育选择

注：一个低水平工人在点 e_L 最大化他的效用——这个工人没有念大学并且每周赚 $ 200。

在均衡中，每个念完大学的人每周得到 400 美元，而没有念完大学的人每周仅得到 200 美元。如果正如这里假设的，大学对一个人的边际收益产品没有作用，为什么厂商对完成大学的人提供更高的工资？答案在于高能力和低能力的工人对教育的选择不同。在均衡中，只有高能力的人去念大学，所以厂商知道一个大学毕业生的边际收益产品为 400 美元。同样，厂商知道高中学历的人是低能力的，只有 200 美元的边际收益产品。因此，在该模型中，尽管教育不提高能力，但是它显示能力。图 17-5 通过在同一图形中的两个均衡点强调了这点。

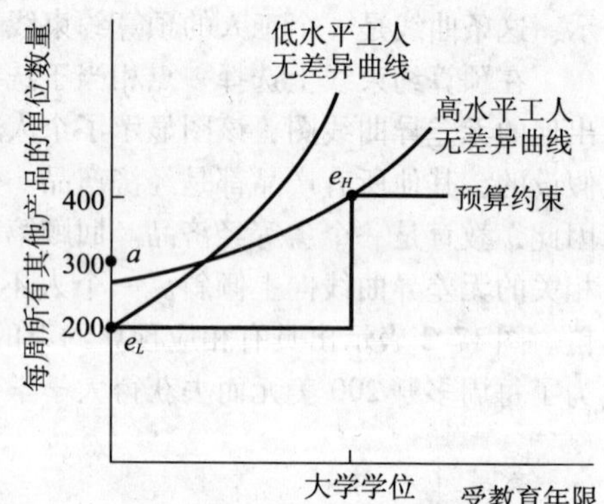

图 17-5 教育水平居均衡

注：因为他们偏好的不同，高水平工人选择去念大学，在点 e_H，而低水平的工人选择不去，在点 e_L。如果这两种类型的工人在点 a，他们的情况都会变好，因为在这一点上没有人会接受教育并且支付给他们是平均的工人的边际产品收入。

相对地，如果所有工人都对教育有一样的偏好，或者如果工人对教育的偏好不同但是跟能力不对称没有系统的相关性，那么教育就不会作为一种信号。

1. 教育信号的规范分析 教育信号是如何影响不同类型工人的剩余的？低能力工人的情况会更差；他们的工资从每周 300 美元降到每周 200 美元。那么高能力的工人呢？他们的工资提高了——从每周 300 美元提高到每周 400 美元——但是他们需要花更多时间在学校学习。因此，从图 17-5 看出，教育的额外成本大于其所得的 100 美元的工资（我们知道这是因为高能力的无差异曲线相交于纵轴低于 300 美元的一点）。结果是，高能力的工人宁愿在点 a 而不是点 e_H。因此两个类型的工人的情况都变差了。因为雇主都是竞争性的厂商，它们在任何情况下利润都是 0。所有工人的情况都变坏但是雇主却没有受影响，所以得出如下结论：市场的总剩余因为发信号而减少。

事实上，减少的总剩余正好等于增加的教育成本。因为利润不变，总剩余的变化正好是工人剩余的变化。但是不管是否有信号，工人平均每周获得 300 美元的工资。信号的唯一作用就是改变了不同类型工人的收入分配。当一个人通过额外教育来发出信号说他具有高能力时，这种行动同样更清晰地说明没有获得高等教育的人是低能力的。因此一个人的信号对他的收入有正面影响，但是对其他工人的收入有负面影响。工人在教育上花钱，但是总体上，当没有人接受教育时他们所赚的钱与只有高能力工人接受教育时一样多。因此，由于教育成本的支付，工人的整体状况变差了。的确，既然在该模型中教育被认为没有对社会产生益处，不管已用的特殊数值，其所有成本就组成了社会的净损失。

2. 教育真的只是一个信号吗　大量的证据表明教育筛选模型有一定的正确性。例如，一个记者注意到“美国公司已经把大学学位作为申请者拥有工作必备的技术、纪律和成熟性的最安全保证”。但是，简单的教育信号模型结论令很多人迷惑，考虑这个模型可能存在的缺陷就非常重要。在讨论一些教育信号模型的条件之前，考虑两个无效的反对意见是很有帮助的。第一，你可能基于以下事实反对信号观点，如没有一个高中生会说：“我要去念大学来证明我的能力。”尽管这有可能是真的，但也无关紧要。从模型中工人的角度来看，最重要的一点是他们认识到工资随教育水平的提升而上升。工人不需要知道为什么公司会因为他们念大学而支付高工资，只是因为他们那样做了。同样，雇主不需要意识到这样一个以教育作为信号的机制。但是，他们只是简单地依靠这样一个事实，在均衡中，拥有高教育水平的工人更具有生产能力。

第二个无效的反对理由是，上述例子太特殊以至于得出的结论不令人信服。例如，反省表明学生在大学学会了一些东西，尽管可能不直接提高产品的边际收益。因为这个例子是个特别的例子，很可能产生颠覆基本结果的分析。例如，我们可以允许教育对产品边际收益产生一些直接影响，而且仍然证明人们获得大量的无效率教育。同样，该模型可以扩展，这样大学毕业生的工资就没有一个单独的较大提升，而是随着教育年限的增加而增加。再者，教育过度投资的基本结果保持不变。

这里有合法的理由来怀疑教育不仅仅是一个信号。实际上，教育除了在简单信号模型中的作用还有其他社会效益。第一，工人的生产率不仅依靠天生的能力还依靠在大学里学到的技术。该观点在第 5 章的人力资本模型中已经有所包含。第二，对于很多人来说，念大学是一种消费——教育的边际效用为正，而不是像图 17-5 一样为负。

那些自营职业者把教育作为反对单纯信号假设的依据。如果教育只是一个信号，那些打算自己创业的人就没有必要去念大学了。你是一个老板，就不需要“发出信号”证明你的能力。对于这些人来说，教育是一种消费形式或者提高劳动生产率的投资。不管是哪个方面，教育都一定提供了一些收益。

即使教育不直接提高劳动生产率或者产生消费收益，也产生了社会效益。这种最终的效益类型产生于教育成为分配不同工人到不同工作岗位的一种依据。假设这里有两种工作——一种工作任何人可以做，而另外一种只有高能力的人才能做。虽然它只是作为一种信号，但教育确实可以帮助雇主避免把低能力的工人放到其最终无法胜任的工作上。通过防止工作与工人不匹配，信号可以在平均水平上提高劳动生产率。即使医学院只是发出信号来显示那些先天可以做脑部手术的人，它们也提供了有价值的服务。

依据所有这些条件，得出教育产生净损失的结论是愚蠢的。教育的人力资本模型不能被丢弃。但是，信号模型提供了一个重要的角度——由于信息不对称，人们趋向获得过多的教育。

17.2　逆向选择

在刚才探讨的竞争性信号模型中，市场中信息不充分的一方通过观察信号对信息充分的一方进行推断。在一些市场中，信息充分的一方想与信息充分一方交易的事实可以作为一个信号。在本章引言里的故事就是一个例子。商人急切地以低价把“金”饰卖掉很好地暗示了商人知道该首饰是假的。结果自然是作者不想从他那买首饰。同理，大戏剧家格劳乔·马克斯曾经说过，我永远不会加入那些愿意让我进入的俱乐部。

这样的现象——信息不充分的一方不想与那些想与他们交涉的人交涉——产生很多具有隐蔽性特征的重要市场。例如，假设你在市场中寻找一辆二手车。你知道即使是给定的样式和形状，总有一些车是质量高的，另一些车是有问题的（“柠檬”）。如果不是事先拥有那辆车一段时间，是不容易看出它是不是“柠檬”的。在买二手车时什么类型的车是你所期望的？为了回答这个问题，先问自己：谁有动力卖车，是好车的车主还是坏车（柠檬车）的车主？很明显，柠檬车的车主。明白了这个，你就该了解二手车的整体质量很低，因此你的支付意愿也应该很低。但是如果二手车以低价销售，那拥有好车的人还会卖车么？这是导致二手车平均质量更差的一个反馈效应——平均质量越低，买者的支付意愿越低，因此情愿卖车的人车的平均质量就越低。这个不断下降的螺旋可能持续直到二手市场被清除或者直到平均价格和平均质量都在很低的水平上。这个模型预期二手车的质量越来越低，而想要卖好车的卖者会受打击——没有人会相信他。

刚才描述的二手车市场的重要特点就是信息不充分的交易方选错了进行交易的人。在这种情况下，信息不充分的一方遭到信息充分一方的**逆向选择**（adverse selection）。在二手车市场上，卖者对买者进行逆向选择。还有很多逆向选择的其他例子。考虑一个人寿保险公司。这里，买者是基于他对自己生命的预期对保险公司所关心的事情分类。从公司的角度看，理想的顾客是永远不死的。因为潜在保险购买者比公司更了解自己的健康状况，这就是一个隐蔽性特征的情况。当厂商不能观察到不同的人对生命的预期，它就会对每个人提供相同的保单。谁会认为这个保险是最有价值的？那些身体状况差的人更可能从中获利。但是这些人正是保险公司不希望要的顾客！因此，保险公司遭到了买者的逆向选择。正如在之前二手车市场的例子中提到的，调整价格（这里指提高价格）以反映这个逆向选择可能会把优质顾客赶走，从而使问题更严重（注意与二手市场的不同，在二手车市场是卖者的逆向选择，而且由于逆向选择的问题价格会下降）。

当存在隐蔽性特征时，产生逆向选择，有充分信息的人通过自我选择的方式伤害了市场中信息不充分的一方。在本节中，我们会研究逆向选择如何影响市场行为，个体和公共决策者是如何对其做出反应的。

17.2.1　更多有关保险市场的内容

通过分析无差异曲线来加深对逆向选择的理解。回顾第6章，考察了名为斯嘉丽的产科医生为过失诉讼购买保险。斯嘉丽面临一个不确定的决定——她每年有0.4的概率被起诉，她需要选择花多少钱为这个可能性上保险。为了简化，假设斯嘉丽在被起诉的时候总是败诉。图17-6分析了斯嘉丽的决定。如果被起诉，斯嘉丽的消费用横轴衡量，如果没有被起诉，她的消费用纵轴衡量。通过买保险，斯嘉丽由于起诉而引起的消费（因为保险费用而上升）被不起诉时引起的消费（消费由于保险补偿而下降）所替代。图17-6是斯嘉丽的无差异曲线。在第6章我们看到她的无差异曲线与45度曲线相交处的斜率是 -1 乘以被起诉的差率。回顾一下，被起诉的差率等于被起诉的概率除以不被起诉的概率。因此，斯嘉丽的被起诉的差率为0.4/(1-0.4)=2/3，她所有的无差异曲线与45度曲线交点处的斜率均为 -2/3。

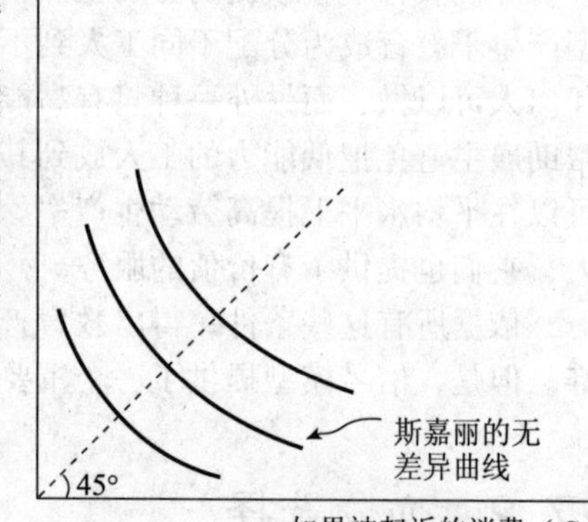

图17-6　斯嘉丽的无差异图形

注：在她们与45度线相交处，斯嘉丽的无差异曲线都为 -2/3 的斜率，是由 -1 乘以她被起诉的几率。

现在，考虑普里西拉对于过失保险的需求。普里西拉的医术比斯嘉丽高，每年仅有0.2的可能性被起诉。在其他方面，她们拥有相同的偏好。正如在第6章看到的，普里西拉的无差异曲线比斯嘉丽更平滑。因为普里西拉被起诉的差率为0.2/(1－0.2)＝1/4，她的无差异曲线与45度曲线相交的斜率为－1/4。直观地，因为普里西拉更不可能被起诉，所以她更不乐意以被起诉的消费单位为回报而放弃如果不被起诉的消费。图17-7把两个医生的无差异图画在了一起。

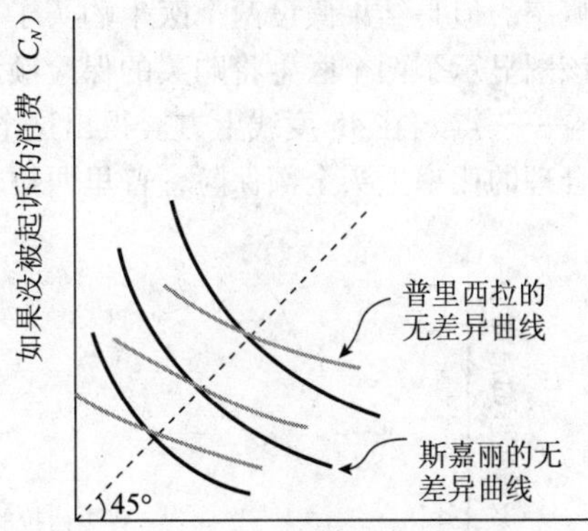

图17-7 与斯嘉丽对比的普里西拉的无差异图形

注：普里西拉比斯嘉丽被起诉的概率低，但是其他方面二者的偏好相同。因此普里西拉的无差异曲线比斯嘉丽的平滑。与45度曲线相交处，无差异曲线的斜率为－1/4，尽管斯嘉丽的斜率为－2/3。

1. 完全信息均衡 我们最终的目的是知道医生比保险公司更了解自己的能力时会发生什么。作为一个基准，首先考虑当每个人拥有完全并且对称的信息时的市场均衡。那就是，每个医生及其保险公司都知道她被起诉的概率。竞争性保险公司愿意提供价格等于边际成本的保单，这样该保单就刚好盈亏平衡。正如在第6章所示，这就意味着每美元保额的价格为1美元乘以“坏”结果的概率。因此，斯嘉丽支付0.4美元来买1.00美元的保额。因为斯嘉丽不管被起诉与否都要支付保险费，当她不被起诉时消费水平减少0.40美元，当她被起诉时消费上升0.60（1.00－0.40）。斯嘉丽必须以0.40/0.60＝2/3的比率使当不被起诉时的消费水平下降换来当起诉时的消费水平上升，这个比率也就是她被起诉的差率。如果她不买保险，斯嘉丽停留在其原赋点a（图17-8）。因此斯嘉丽的预算线斜率为－2/3并穿过点a，如图17-8所示。

斯嘉丽的无差异曲线与45度曲线相交处的斜率为－2/3，即她被起诉的差率。当她在公平期望的水平上被提供保险时，这个差率等于她预算约束线的斜率。如图17-8所示，斯嘉丽的均衡在点e_1，在这一个点上，她的无差异曲线与预算线相切。因为e_1在45度线上，斯嘉丽的消费水平独立于她是否被起诉。这个结果与之前发现的一致，当在一个精算公平价格上提供保单时（见第6章），风险厌恶者会为自己上全额保险。

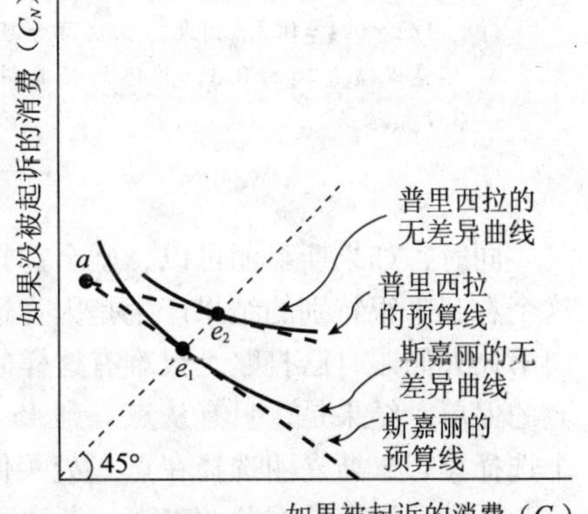

图17-8 全信息均衡

注：当每个医生以合理的几率比得到保险，每个人购买全保险。因为斯嘉丽有更高的几率被起诉，她的合理几率线就比普里西拉更陡峭。不在纵轴的a反映了这样的假设：即使如果被起诉，没买保险的医生会享受一些消费。

因为普里西拉得到保险的可能性较小，所以公司愿意以低价卖给她保险，如图17-8所示，她的预算线更平缓。像斯嘉丽一样，普里西拉直到她在45度线上时才购买保险，即图中的e_2。注意，虽然两个医生都有相同的原赋点a，但因为给普里西拉提供的保险价格比较低，所以普里西拉的均衡消费水平比斯嘉丽高。总之，在完全信息均衡下，每个医生购买完全的保险，但是斯嘉丽缴纳较高的保险费因为她更有可能被起诉。

2. 信息不对称均衡 医生比保险公司更知道他自己的能力。假设每个医生知道被起诉的可能性，而保险公司只了解医生的平均水平。完全信息均衡的一个重要特点是不同的两个医生为保险缴纳不同的价格。当保险公司不知道特定医生被起诉的概率时，同样的保单，就不可能让高风险的医生比低风险的医生支付得多了。

当保险公司给所有医生提供同样的保单时会发生什么？它应该怎样定价？假设公司试图提供

一个保险，这项保险在平均水平上盈亏平衡。因为有一半的医生是低风险的，另一半是高风险的，平均被上诉的可能性就是 1/2 ×0.2 +1.2 ×0.4 =0.3。当平均被起诉的概率为 0.3 时，精算公平补偿为 0.30 美元/每美元保险额。最终的公平差率线如图 17-9 所示。

这个保单能使保险公司盈亏平衡？你想可能是的，因为保险费反映了一个医生被起诉的平均概率。但是结果假设两个医生购买了同样数量的保险。为了正确地回答这个问题，看图 17-10，该图显示了两个医生将购买的保险额水平。两个点跳出 45 度线。一个是普里西拉买了更少的保险——点 e_3 在 45 度线上方。得出这个结果是因为在平均比率上该保险对她不合理。因为没有在合理的比率上买全额保险，普里西拉自己也承担了一些风险。

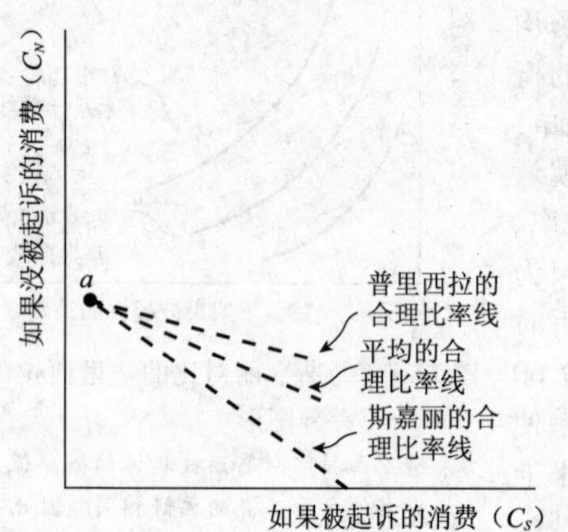

图 17-9　当保险补偿给予被起诉的平均概率时的预算线

注：当买保险的医生有一半是低风险的，另一半是高风险，被起诉的平均概率为 1/2 ×0.2 +1/2 ×0.4 =0.3。因此，在实际合理的补偿是保险总额的 0.3，最终的预算斜率为 3/7。

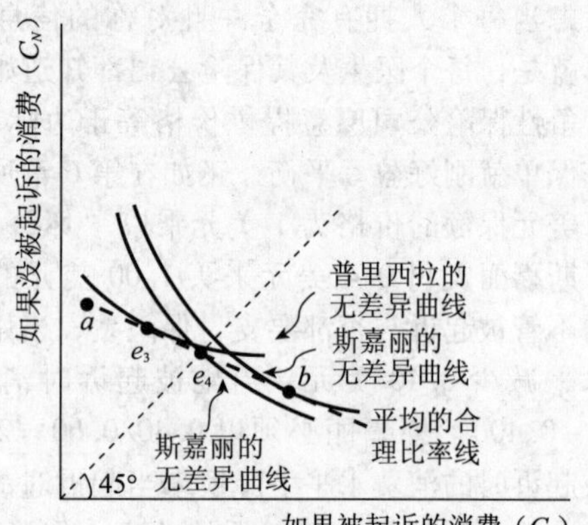

图 17-10　当基于被起诉的平均概率提供保险费时普里西拉和斯嘉丽的均衡选择

注：当所提供的保险为保险总额的 0.3 的时候，普里西拉购买的少于全保险，在点 e_3，因为这项保险对她来说不合理。如果可以的话，普里西拉会选择点 b，但是保险公司不会允许她买过多的保险。只有当在点 a 到 45 度线的合理比率线段内对斯嘉丽是可行的，她会在点 e_4 购买全保险。

同时，如果斯嘉丽可以，她会选择 b，在这一点上她被起诉时的状况会比不被起诉时更好。这个看起来很特别的结果产生是因为这个保险精算对斯嘉丽是不公平的。无须惊讶，保险公司一向不让人们跟自己打赌。很难有这样的时候，购买一个能在你丢失 1 美元的时候赔偿你多于 1 美元的保单。结果是，只有从点 a 到 45 度线的那段公平差率线对斯嘉丽才是可行的。面对这样一个选择集合，斯嘉丽选择在点 e_4 处买保险。

注意，即使是在此约束下，斯嘉丽在市场上购买多于保险总额一半的保险。因为斯嘉丽有更高的被起诉概率，所以保险公司发现赔偿比之前计算的要高。在 0.3 美元的保险费下，公司赔钱。为了盈亏平衡，公司不得不定一个更高的保险费。但是保险费的提高会使普里西拉购买更少的保险，而斯嘉丽还会继续购买全额保险，只要保险费率比保险统计上公平的低（给定她被起诉的概率）。随着普里西拉降低她的保险额，公司为了补偿斯嘉丽的那部分就需要更进一步提高保险费。依据医生无差异曲线的特殊形状，这个过程一直进行直到以下两个事件中的一个发生。

其中一个是，普里西拉可能完全放弃保险市场。当提供给她的保险价格为每美元保额 0.4 美元时，这个数字对斯嘉丽精算恰好合理时，斯嘉丽就不会买任何保险。因为斯嘉丽会成为唯一买保险的人，通过收取 0.4 美元/每美元保险额，保险公司刚好盈亏平衡。这个结果是个均衡，如图 17-11 所示。

另一个事件是，普里西拉有一个不同的偏好集合并且与斯嘉丽一起留在市场中。即存在使普里西拉购买一些保险的保险费，给定两个医生购买的保险数量的条件下，保险公司盈亏平衡。图 17-12 表明了这个结果。既然均衡价格对于斯嘉丽精算不合理，她还会尽量多地买保险——保险公司限制她不能买全额保险。均衡价格对普里西拉精算也不合理（保险费部分反映了斯嘉丽被起诉的高风险），所以她买了不足全额的保险——但她还是因为非常厌恶风险而愿意购买保险。

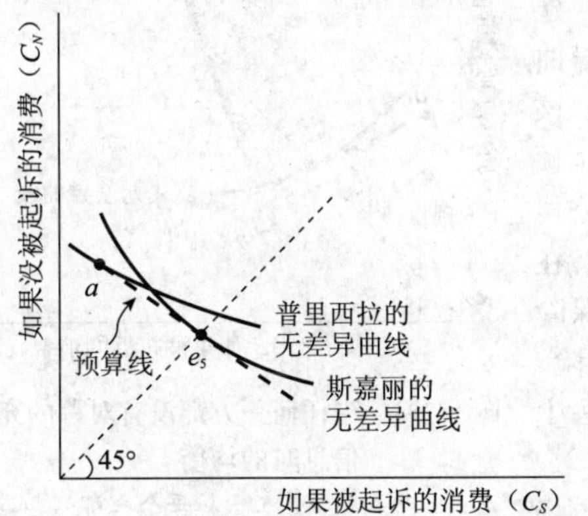

图 17-11 当普里西拉退出市场时的不对稀均衡

注：如果当所提供的保险的几率比对斯嘉丽在保险统计上合理，普里西拉选择不购买保险，在那个保险价格上公司达到均衡。斯嘉丽是唯一购买保险的人，保险公司通过收取每美元全保额的 0.40 美元达到盈亏均衡。

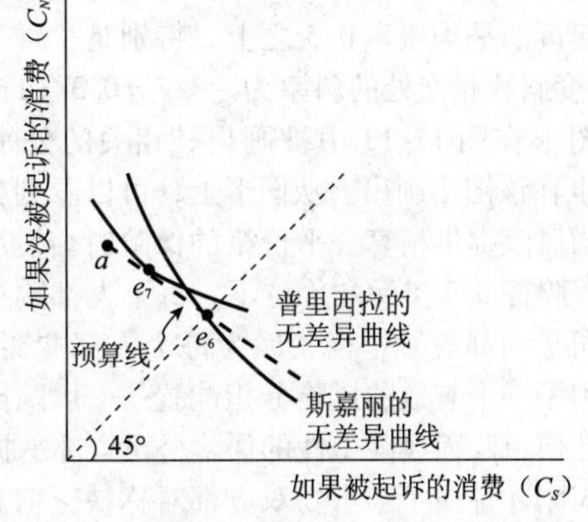

图 17-12 当普里西拉留在市场中的不对称信息均衡

注：当普里西拉没有完全被市场驱赶出去，保险公司指定了两个保险费之间的保险费，这个保险费会在全信息结果下被收取。因为均衡价格对斯嘉丽是保险统计上合理的，她在点 e_6 处购买她能购买的所有保险。因为均衡价格对普里西拉在保险统计上不合理，她在点 e_7 处购买少于全保的保险。

3. 逆向选择的效率影响 通过比较完全信息均衡和信息不对称均衡，可以看到不对称信息是如何影响普里西拉、斯嘉丽和保险公司的。在完全信息下，每个医生都购买对她精算公平价位的全额保险，并且保险公司会盈亏平衡。

我们看到在不对称信息下有两种可能性可以考虑。如果普里西拉完全放弃保险市场，那么斯嘉丽和保险公司不受影响，因为斯嘉丽获得了精算公平的保险而且保险公司盈亏平衡。但是因为普里西拉是一个风险厌恶者而且要承担所有被诉讼的风险，因此她的情况恶化了。

当普里西拉还留在市场上时，这个分析就有一点复杂（图 17-12）。在这种情况下，斯嘉丽从信息不对称中获益，因为她的价格比精算的公平价格低。而且注意，斯嘉丽购买全额保险，就像她在完全信息下做的。而普里西拉在信息不对称下情况更加糟糕，因为她支付比精算公平价格更高的价格，而且她在均衡中没有上全额保险，保险公司不管是不是在完全信息下都会盈亏平衡。斯嘉丽从低价格得到的货币收益刚好等于普里西拉在均衡中实际购买的高价格的保险中损失的货币。到目前为止，看起来没有对总剩余产生任何影响，但这里实际上是有的。总剩余因为普里西拉遭受无法被抵消的额外损失下降——在信息不对称下，她最终选择非全额保险并且承受一些风险。

到目前为止，我们证明了当医生和保险公司在信息不对称时市场表现得不如当其处于完全信息时好，但是没有证明信息不对称导致任何的效率损失。为了观察效率损失是否发生于信息不对称，需要十分小心地定义标准。我们不想说保险市场低效率，只是因为公司不知道每个人被起诉的概率。毕竟，信息是一种商品，像别的商品一样，是稀缺的。从其本身讲，事物的稀缺性没有说明任何有关效率的问题。因此，我们想在给定可得到的信息，市场并不能很好运行的情况下保留低效率这一词语。

为了检查信息不对称下的效率影响，需要把信息不对称的结果和没有人知道任何医生被起诉的风险的结果进行比较。当医生和保险公司同样没有充分信息时会发生什么呢？假设普里西拉和斯嘉丽每个人都只知道医生被起诉的平均概率而不是他们每个人被起诉的概率。在这种情况下，保险公司和医生知道的一样多，也就不存在信息不对称。每个人的无差异图形（在如果被起诉的消费和如果不被起诉的消费之间）建立在被起诉的平均概率0.3之上。特别是，每条无差异曲线与45度斜线相交处的斜率为$-3/7=0.3/(1-0.3)$。该无差异图形在图17-13中被画出。相关的公平差率（预算）线也在该图中画出。从图形上，可以看到当保险公司依据平均风险提供精算公平价格的保险时会发生什么。在每美元保险额0.3美元的价位下，每个人都购买全额保险并且公司平均都盈亏平衡。因为每个人都购买全额保险，均衡得到了一个有效的风险分担配置——风险厌恶的医生不承担任何风险而风险中性的保险公司全部承担。

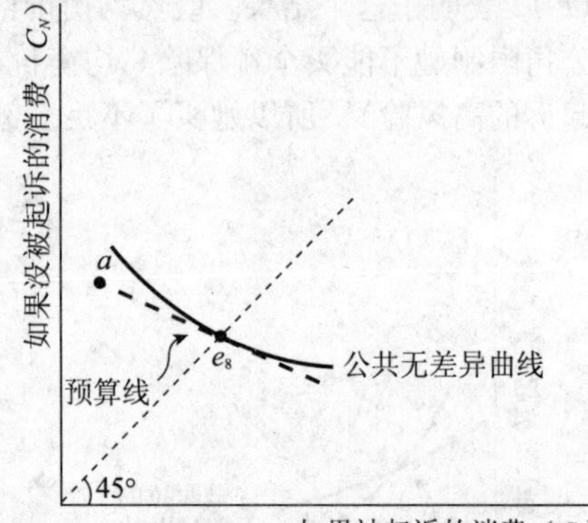

图17-13 当任何一方都没有对称的充分信息时的均衡

注：当斯嘉丽和普里西拉每个人都只知道所有医生被起诉的平均概率而不是她们个人被起诉的概率时，每个医生的无差异图形是建立在平均概率基础之上的0.3。特别是，每条无差异曲线与45度线交汇处有一个斜率$-3/7=-0.3/(1-0.3)$。这只是预算约束线的斜率。两个医生在点e_8处都购买了全保险。

我们刚才证明了当市场双方都对称缺乏信息时，市场没有问题。同样，证明了如果市场的两方都知道任何给定个人的风险，这也没有问题——厂商只是给高风险的人提供一种保单而给低风险的人不同的保单。风险厌恶者要承担风险的唯一情况就是信息不对称。我们总结：信息的不对称，而不只是信息的缺乏，才是问题的关键。

17.2.2 政府对隐蔽性特征的反应

前面已经证明市场对隐蔽性特征引起的问题所做出的反应可能不能达到当每个人都处于充分信息下时的有效结果。这就提供了政府干预可以使情况改善的可能，但是必须认识到政府自身可能就处于不完全信息之下。但是，政府干预仍然可以提供帮助。

私人群体保险计划可以通过防止人们自我选择来克服逆向选择问题。一些政府计划也依赖于这个原则。实际上，所有的西方工业国家都有强制的公共养老金计划，诸如美国的社会保障制度。这些计划的重要一点就是工人没有选择；他们必须加入养老金计划，以此避免逆向选择。

另一种类型的政府干预是通过信息政策指引。对市场中消费者信息缺乏的回应，政府可以采取措施来促进信息的流动并将市场推向完全信息均衡。例如，通过联邦交易委员会，美国政府禁止错误和欺骗的广告。尽管该政策伤害了那些生产劣质品的厂商（它们没有办法愚弄消费者），但它确实帮助了生产优质产品的厂商，因为它能够告诉消费者真实信息而不让这些厂商被消费者怀疑。

在一些市场中，即使厂商想要告诉产品的真实信息它们也不确定该说什么，那么就有可能没有对质量的公认衡量。在这种情况下，政府可以通过建立一个标准评分机制来扮演重要角色。例如，联邦交易委员会采纳了一个衡量香烟中焦油数量的标准。这种标准的建立就能使低焦油的香烟制造商对此广而告之。食品中诸如“中度”或“轻度”的定义同样应该服从政府规定。

除了管理厂商可以说它们想说的话，政府有时需要干预以公开一些义务性事实。家用电器，例如洗碗机和电冰箱都必须贴上联邦能量系数评级。在金融和房地产市场中也有许多必须公开的权益规定。例如，在加利福尼亚州，房屋的卖者必须合法地公开任何已知的房屋缺陷。在一些情况下，二手车交易者也要公开已知的缺陷。

有趣的是，逆向选择的逻辑告诉我们必须的公开可能是没有必要的。你认为消费者会如何看待一个不愿意公开有助于消费者评价产品质量的信息的厂商？消费者将推断公司隐瞒。因此，市场的力量可能推动厂商透露这些信息。但是市场也可能不起作用，尤其是在该信息会损害所有厂商利益而消费者甚至没有意识到这种信息存在的情况下。在这样的市场中，只是竞争也不能提供自发公开信息的激励。例如，没有理由相信烟草公司会自愿地警告消费者吸烟有害健康。

17.3 隐蔽行动

上述讨论的隐蔽性特征情况中，一个人的类型超出了其控制能力。例如在劳动力市场，工人的能力就不是这个工人可以有意识选择的。在很多其他情况下，经济代理人控制了对于市场另一方很重要的一些特征。假设你自己拥有一个鞋店，想雇用一个销售员，并且好好工作来为客人服务。但是当你不在店里的时候，你无法肯定他是否在勤奋的工作；他可能只是简单地让顾客离开然后自己休息。同样，当你雇用某人修车时，你想要他只收取坏掉那部分的钱。但是对于你来说可能很难辨认，就像在 1992 年被证明的那样，加利福尼亚当局揭露了西尔斯对成千的客人在其自动修理单上欺骗性地过度收取了费用。

这些例子证明了之前定义的委托代理关系。在第 7 章曾提到委托代理关系存在于，当一方即委托方，雇用了另一方即代理方，去代表委托人完成一些任务的时候。使委托代理关系很有趣的原因在于，委托人和代理人可能有不同的目标，而委托人又不能直接监视代理人的行为。因此，委托人不得不担心代理人会做什么。这就是当你去找人修理车时必须保持警惕。

还有其他许多情形有这三个重要特点：

- 经济关系的一方代理人，通过行动来影响另一方即委托人（例如，鞋店的销售员选择努力工作的程度）。
- 委托人不能观察到代理人的行动（例如，鞋店老板有时需要离开鞋店而不能监视销售员）。
- 委托人和代理人对于代理人要采取的最佳行动的意见不一致（例如，鞋店老板希望销售员努力工作，但是销售员愿意休息，在其他条件不变的情况下）。

为了强调选择的因素，我们提及这些情形并把它们作为一些隐蔽行动而非隐蔽性特征。

在详细研究隐蔽行动之前，仔细考虑隐蔽行动和隐蔽性特征的不同。在存在隐蔽性特征的情况下，经济关系（就像工人们被补偿的学术用语）需要被设计成把信息从信息充分的一方向信息不充分的一方传递。信息传递就是与发信号相关的所有内容。但是在存在隐蔽行动的情况下，激励是一个问题。信息不充分的一方希望确定信息充分的一方有足够的激励去行动。但是，因为行动又难以内在观察，所以不可能直接达成一个合同给予信息充分的一方适当的激励。

17.3.1 保险市场的道德风险

隐蔽行动的问题，就像逆向选择的问题，首先在保险行业得到。当保险客户可能采取一些难以观察的行动来影响他遭受损失并要求保险索赔的概率时，隐蔽行动的问题就出现在这个行业。因为信息充分的一方可能采取“错误”的行动（例如，对意外事故的阻止不够），所以隐蔽行动的情形就命名为**道德风险**（moral hazard）。

1. 没有保险时的防火　房屋所有者可以通过购买极其敏感的烟雾和热力探测器，不断购买新的设备，在屋子里更换电线以及从来不用电热板等方式降低火灾发生的可能。我们可以把所有这些活动总结在小心的名义下。我们用在预防上花费的钱数衡量小心———每单位关心花费 1 美元。

小心可以减少火灾风险，因此降低火灾带来的预期损失。在图 17-4a 的 *TD* 线表示每个水平的小心下的预期总损失。总损失曲线向下的斜率反映了这样一个事实，即提高小心水平将减少火灾发生的可能。

房屋拥有者需要付出哪种水平的小心呢？作为一个理性决策者，房屋所有者购买这份小心只达到这样一个点，即边际收益与边际成本相等的点。图 17-15 画出了边际收益曲线 *MB* 和边际成

本曲线 MC。注意，因为每多一单位的小心就花费 1 美元的成本，所以边际成本曲线在高度 1 上是平滑的。把边际选择规则应用于房屋所有者，均衡在图 17-15 的点 e_1 处。

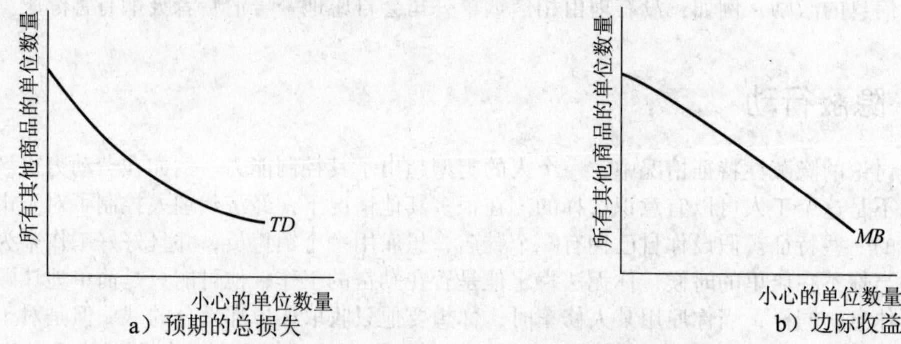

图 17-14 预期总损失和小心的边际收益

注：图 17-14a 的 TD 曲线表示关系到每个小心程度的预期的总损失。它向下倾斜，因为小心程度的增加导致火灾概率的减少。图 17-14b 中的 MB 曲线表示每个小心程度下的边际收益（预期损失降低）。MB 曲线的高度等于 -1 乘于 TD 曲线的斜率。它向下倾斜的斜率表示了随着小心程度的增加，小心的增量在对火灾风险的影响上少于先前的小心的单位数量。

2. 道德风险和保险的影响 现在假设房屋所有者购买了火灾保险，这份保险涵盖了他重建房屋和更新房内设施的所有费用。这份保险单是如何影响图 17-15 中的情况的？首先，注意这份保险对小心的边际成本没有影响。但是从房屋所有者的角度，这份保险对小心的边际收益影响巨大。因为更换房内设施的成本被包含在保险中，所以房屋所有者不再细算火灾可能性及由此相关的收益减少——如果着火了他不必为火灾埋单。当然，即使是 100% 的全额保险，房屋所有者也仍然能从防火方面获得一些收益。降低火灾风险至少可以减少在大火中死亡的概率。因此，小心的边际收益始终为正，但是它比没有保险时要少。图 17-16 表示了房屋所有者购买保险后比较低的边际收益曲线 MB'。为了比较，同时画出没有买保险的边际收益曲线。有了保险，房屋所有者的边际收益和小心的成本在点 e_2 处相等。比较点 e_1 和 e_2，可以看到房屋所有者在上保险后小心水平降低。这个结论完全很直观——因为当购买保险后房屋所有者承受了更少的火灾成本，所以他就很少去预防。当然，房屋所有者越少关心它，火灾发生的概率就会越大，保险公司就越有可能为此进行赔付。这就是为什么从厂商角度看存在道德风险问题的原因。

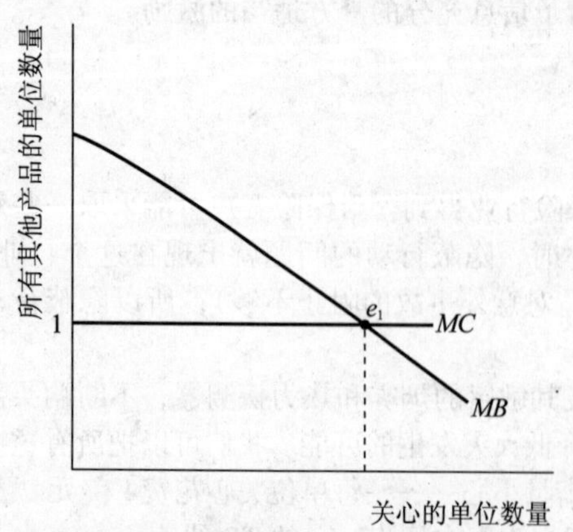

图 17-15 没有保险下的均衡小心水平

注：因为每增加一单位的小心就花费 1 美元的成本，边际成本曲线在 1 的水平下是平坦的。在均衡中，房屋所有者选择边际收益等于边际成本时的小心水平，点 e_1。

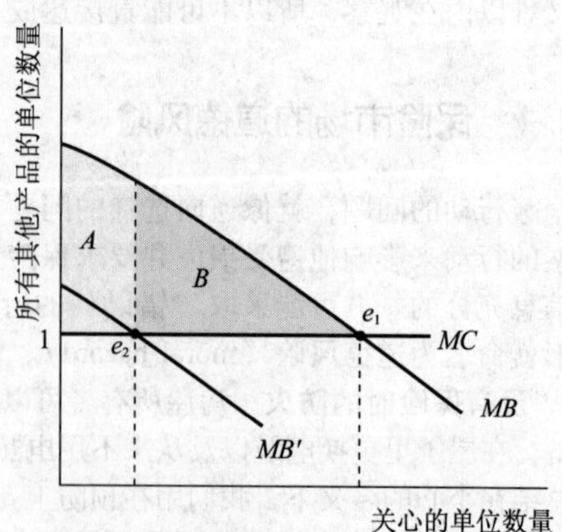

图 17-16 有保险下的均衡小心水平

注：当房屋所有者购买保险，小心的边际收益从 MB 向下转换成 MB'。有保险的条件下，在点 e_2 处房屋所有者小心的边际收益等于关心的边际成本。比较点 e_1 和 e_2，我们看到房屋所有者在购买保险时降低了小心水平。

当房屋所有者可以通过过度保险在房子着火后得到比在公开市场中卖掉它更多钱的时候，道德风险的影响是最引人瞩目的。房屋在烧毁后比完好时更值钱，拥有者就有激励让“意外”发生。这是道德风险名副其实的一个例子。虽然你可能想人们不可能为了领保险金而烧掉自己的房子，但房东为这个原因烧掉过他们的公寓。在一个商务楼被烧掉后，消防队长做的第一件事就是调查倒下大楼里的生意是否在火灾前即将失败以及火灾后拿到的保险金是否比运营时更多。

3. 道德风险的效率效应　只是为了简单地索要保险赔偿而烧掉在其他方面都完整的房子很明显是浪费的、无效率的。但是事情在不太极端的情况下，即在房屋所有者只是降低小心的程度时，这看起来没有那么明显。根据图17-16，尽管点e_2与较高的火灾概率相联系，但也包括在火灾预防资源方面的低支出。因此，为什么道德风险会降低效率？原因就是从社会这一整体上看，保险跟降低火灾总成本没有关系。虽然房屋所有者在购买保险后不需支付重建房屋的成本，但保险公司需要支付。因此，最初的边际收益曲线（当房屋所有者不购买保险时的收益曲线）代表真实的社会边际收益曲线。在没有保险的情况下，房屋所有者的私人收益曲线和社会收益曲线是一样的，房屋所有者选择的小心程度最大化了收益和成本的差距。在图17-16的点e_1，总剩余是阴影区域A和B的和。相反，当有了保险，房屋所有者的私人边际收益曲线就会位于社会边际收益曲线之下。在房屋所有者的均衡点e_2，总剩余仅为阴影区A。总剩余减少了B部分是因为房屋所有者对防范火灾做得很少。

观察存在道德风险的市场均衡无效率的另一个方法是注意如果保险公司可以观察到他的小心水平并要求保险客户选择水平e_1，保险客户的处境会变得更好。为什么房屋所有者能得到收益？答案来自于这样一个事实，即竞争性的保险公司制定了可以使盈亏平衡的保险费。当所有的保险客户选择低小心水平，保险价格必须提高到可以覆盖增加的预期理赔。这个增加幅度等于总收益的变化。但是已经看到在e_1到e_2范围里，关心的收益超过其成本，所以保险费的提高大于小心的成本的降低。那么为什么房屋所有者会选择低小心水平？因为即使他们选择了高的小心水平，保险公司也不会相信房屋所有者。记住，道德风险问题的本质就是市场的一方不能看到另一方将要做什么。在这里，保险公司不能看到房屋所有者执行了怎样的小心水平，因此它不能把价格定在该小心水平的基础之上。假定不论房屋所有者做什么，他都要被收取同样的保险费，房屋所有者会理性地选择在点e_2的小心水平。

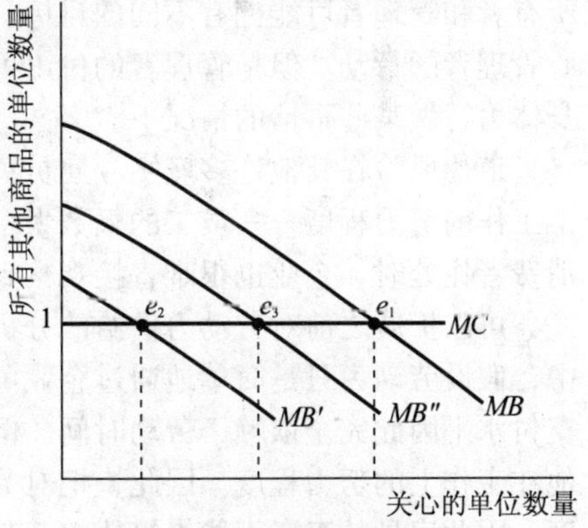

图17-17　共同保险的效应

注：没有保险的情况下（共同支付率为100%），小心的收益由最顶端的边际收益曲线MB给出，均衡点在点e_1处。在完全保险下（共同支付率为0%），房屋所有者小心得到的收益由最低端的边际收益曲线MB'给出，均衡点在低的小心水平下，点e_2处。在共同支付率为50%下，边际收益曲线MB''，降落到没有保险和完全保险曲线之间，小心水平均衡在点e_3处。

4. 共同保险和免赔额　由于保险降低了对关心的激励，所以产生道德风险。一种缓解的方法是降低保险水平和要求保险客户承担一些索赔成本。这个成本分担通常需要采取以下两种形式中的一种。第一，许多保险单都注明了**共同保险**（co-insurance）：保险公司支付少于100%的账单，保险客户支付其余的。例如许多健康保险单都注明了20%的共同保险率。那意味着有些得病并且花费了1 000美元账单的人只能从保险公司获得800美元（0.8×1 000）的补偿，并自己花费200美元（0.2×1 000）以作为共同支付。保险公司使用共同支付计划的原因很简单——共同支付率越高，保险客户就能越多地避免对医生的“轻举妄动”，就有越大的激励去采取预防措施。

回到房屋所有者购买火灾保险的案例，图17-17说明了为什么共同支付率能够提高房屋所有者对预防火灾的小心的激励。在没有保险时（100%的共同支付率），房屋所有者承担房屋损坏的所有成本因而有很强的激励去避免火灾；小心的收益由 MB 给出，在点 e_1 达到均衡。在全额保险下（共同支付率为0%），房屋所有者不直接承担任何财务损失，均衡处于低水平的小心，点 e_2 处。而在50%的共同支付率下，房屋所有者承担火灾一半的经济成本。边际收益曲线 MB''，降到没有保险和全额保险时的曲线之间。均衡的小心水平也是这样，在 e_3 处。在50%的共同支付率下，房屋所有者能从保险上得到收益但始终还有相对较强的激励去关心房屋。

另一个使保险客户承担一些风险的方法是使保险单含有免赔额。在免赔额下，购买保险的人需要支付初始损失直到一定限制为止。房屋所有者的火灾保险单可能不会包含最初1 000美元的损失。一处昂贵房屋的地震保险单可能有50 000美元的免赔额。这意味着如果地震引起了40 000美元的损失，房屋所有者将支付所有损失。但是如果地震真的很大并且造成了150 000美元的损失，房屋所有者就支付50 000美元，保险公司支付剩下的100 000美元。这种规模的免赔额给了房屋所有者激励去好好维护其房屋并且采取一些如加固地基的措施以将地震的损害程度降到最小。同时，房屋所有者在遭受真正的大灾害损失时也能得到补偿。

共同保险和免赔额解决了所有道德风险的问题吗？没有。第一，一些道德风险仍会存在，只要共同保险率不是100%或者免赔额是没有限度的（例如只要有人购买了一些保险）。第二，一定程度上，共同保险率或免赔额是值得肯定的，消费者购买比全额保险少的保险。但是在没有道德风险的情况下，效率结果会使风险厌恶的房屋所有者购买全额保险。

17.3.2 雇主－雇员关系

隐蔽行动的问题超过了对预防意外的担心，另一个重要的道德风险产生的领域就是雇主－雇员关系。当我们考察假设厂商采取最大化利润的行动是否合理时，我们看到了在第7章雇用关系中道德风险的一个例子。该讨论集中在这样一个问题上，即大部分企业不被其所有者管理，而且所有者和管理者可能拥有不同的目标。因为管理者的行动可能影响所有者的企业价值，所有者关心管理者的行动。但是管理者的付出可能很难被监管，特别是在管理者用更多的时间思考而不是身体力行做某些事情的情况下。

道德风险在其他许多雇主－雇员关系中很重要。一个大百货公司的经理可能不能看到所有员工工作的努力程度——员工的人数太多以至不能同时观测。当雇员跟销售人员或修理人员外出到消费者住处时，企业也很难直接观察到雇员的努力程度。

可以扩展之前对劳动力供给的分析来看雇主如何处理工人的道德风险。在第5章的模型分析中，假设劳动力只是简单地通过企业可观察到的工作小时来衡量。当工人按小时被支付工资时，支付水平因此完全依赖于劳动时间。但是正如以上例子所证明的，在工作时一个人总是可以改变他在工作上的努力程度。因此，把对劳动力供给的分析扩展到雇主不能完全地观察到雇员努力程度，因此雇员的工资不能直接依赖于其付出的努力的例子中，是很重要的。

考虑亚历克斯消费闲暇时间和所有其他商品的组合。闲暇包括工作之外的闲暇和“工作中的闲暇”，例如在办公室时没有那么努力，以及有很多时间喝咖啡。假设如果亚历克斯为了保住他的工作没有其他的选择而只能每周在办公室待40个小时（不管他待在办公室能否被监视到）。通过调整他在工作中偷懒的程度，他仍然可以选择消费闲暇的数量。用 s 表示亚历克斯每周偷懒的数量，用 y 表示每周消费的所有其他商品。亚历克斯的效用取决于他所消费的偷懒和所有其他商品的数量。亚历克斯偷懒越多，在工作中消费的闲暇就越多；偷懒是好的经济品。通常，用单位衡量所有其他商品，如价格为每单位1美元。在图17-18中，我们把亚历克斯对偷懒和所有其他商品的偏好标在无差异曲线图上，该图用横轴表示偷懒的小时数，用纵轴表示所有其他商品的单位数。

在其他条件不变的情况下，亚历克斯的福利随着他偷懒数量的增加而增加，但是其雇主的利润降低了——亚历克斯越偷懒，运营企业和最大化其利润的努力就越少。图 17-19 通过画出横轴的偷懒小时数和纵轴的利润（用能购买的所有其他产品的数量来衡量）表示了这个关系。向下倾斜的 π 曲线反映了随着亚历克斯对偷懒的消费的增加，在其他条件不变的情况下，企业的利润降低。

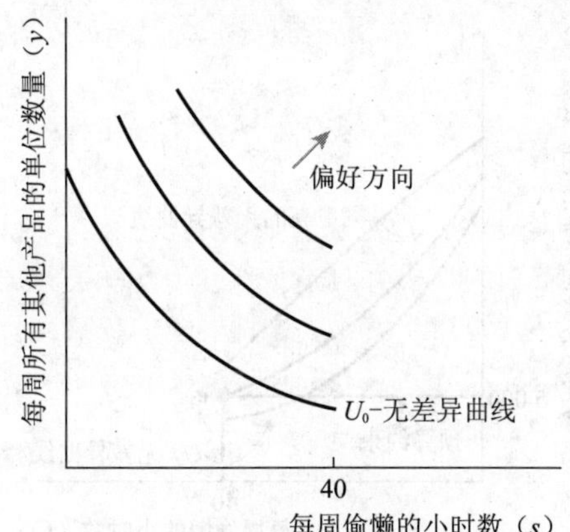

图 17-18　经理人的无差异图形

注：亚历克斯的无差异曲线代表了他对于偷懒和所有其他产品的偏好。因为他越偷懒，在工作中消费的闲暇就越多；偷懒是一件有价物品。

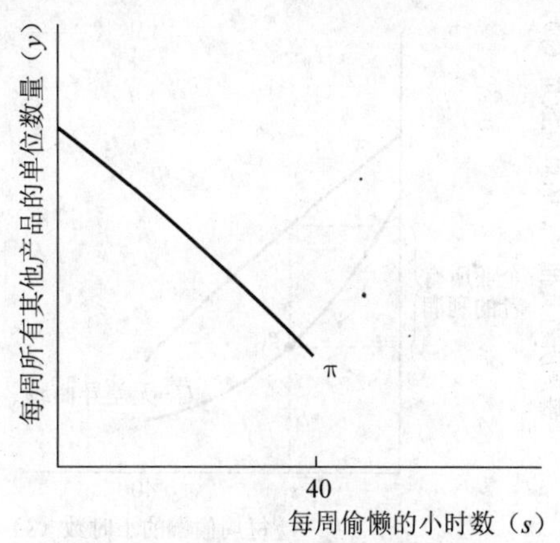

图 17-19　偷懒对利润的影响

注：π 曲线的高度表示企业在亚历克斯每个偷懒水平下的利润（用它可以购买到的所有其他商品的数量衡量）。π 曲线向下倾斜，因为随着亚历克斯对偷懒的消费提高，他对企业付出更少的努力，在其他条件不变的情况下，企业利润就降低。

1. 可观察到的偷懒　因为已经有了亚历克斯的偏好和在闲暇与利润之间权衡的图形表示，就准备好检查他的努力决定。开始，假设可以观察到亚历克斯的努力水平，以至于企业所有者可以看到他偷懒的数量。这个例子提供了与偷懒是隐蔽行动时会发生什么的比较基础。当偷懒可以被观察得到，企业所有者就可以辨别亚历克斯多努力的工作，可以检查他是否遵循了他们的指示。如果没有，他们就可以解雇他。但是，企业所有者的确面临着一个限制——为了留下亚历克斯，他必须得到足够的工资，这样他才不会辞职。假设亚历克斯通过在别处工作可以获得 U_0 的效用水平。企业所有者提供给它的偷懒和所有其他商品的组合，必须在图 17-18 中的 U_0 无差异曲线中或者曲线上方。因为亚历克斯得到的工资越多，所有者留下的收入就越少，企业所有者仅会支付刚好足够留下他的工资并保持在 U_0 无差异曲线上。

企业所有者的收入等于公司的利润减去支付给亚历克斯的工资。要在图形中找出其数量，我们需要在同一图形上画出企业的利润曲线和亚历克斯的 U_0 无差异曲线。在图 17-20 中完成。企业所有者的收入等于 π 曲线和 U_0 无差异曲线的垂直距离。为了使利润最大化，企业所有者选择这段距离最大的偷懒水平，图中的 s_1。在这个偷懒水平下，企业所有者必须支付给亚历克斯 y_1 来防止他辞职。即使企业所有者可以看到亚历克斯的偷懒数量，均衡中亚历克斯依然每周偷懒 s_1 小时。这个重要的发现并不意味着亚历克斯或企业所有者是浪费时间的或者非理性的。闲暇是一个有价值的经济物品，所以亚历克斯牺牲一些收入来换来闲暇没有任何错误。同样，企业所有者允许亚历克斯偷懒也是完全理性的，因为这可以让他们支付给他更低的工资和享受更高的利润。的确，该模型部分解释了为什么许多企业为雇员提供了环境良好的咖啡厅和娱乐设施。

2. 不可观察到的偷懒　假设企业所有者不能观察到亚历克斯的工作努力程度。现在，企业所有者不能把亚历克斯的报酬直接建立在他偷懒的数量之上，如果他努力程度不够也不能威胁解雇他，那么企业所有者能怎样做？

（1）固定工资。假设亚历克斯因其服务每周可以获得5 000美元的固定工资。那么，不管他偷懒多少，亚历克斯可以在所有其他商品上消费5 000单位。更正式地，当支付亚历克斯固定工资时，从放弃消费其他所有商品来讲，偷懒的机会成本为0。偷懒水平的唯一限制就是花费在工作上的时间数量。最终的预算限制在图17-21中表示出，该图同时也表明了亚历克斯的无差异图形。

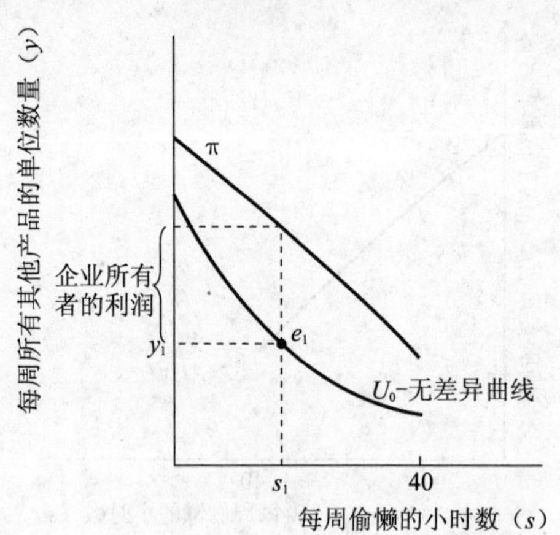

图17-20　努力可以被观察到的均衡结果

注：企业所有者的收入等于纵轴上π曲线和亚历克斯的U_0无差异曲线的距离。当偷懒的数量可以被观察到，企业所有者选择距离最大时的偷懒水平，即图中的s_1。在这个偷懒水平下，企业所有者必须支付给亚历克斯y_1来防止他辞职。

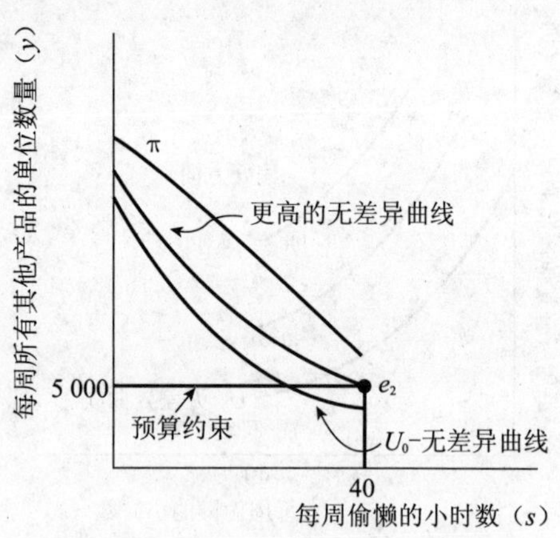

图17-21　当支付固定工资时经理人的均衡

注：当被支付固定工资时，亚历克斯选择能偷懒多少就偷懒多少。例如，如果每周被支付5 000美元，他选择预算约束线上的点e_2并且每周偷懒40小时。

从图17-21可以看到亚历克斯在他的预算约束上选择点e_2，他能偷懒多长时间就偷懒多长时间，一周40小时。这个结果非常合情合理。不论怎样每周都被支付5 000美元的工资时，他为何应该向工作投入不少于最低值的努力呢？当然，我们仍然需要考察亚历克斯是否愿意在这里工作或在别处工作。回顾为了防止亚历克斯辞职，企业所有者需要确定他的消费束在U_0无差异曲线中或者在这条线之上。图17-21表示当企业所有者每周支付亚历克斯5 000美元时，他的消费束刚好就在其U_0无差异曲线之上。企业所有者因此可以通过减少对亚历克斯的支付而提高他们的收入。因为不管亚历克斯的工资是多少，他每周要消费40小时的偷懒，可以通过观察其偷懒数量为40小时的U_0无差异曲线的高度找到企业所有者对他的支付。从图17-22可以看到当亚历克斯每周被支付F_3美元的固定工资时，他每周消费40小时的偷懒，处于其U_0无差异曲线上的e_3点。在任何低于F_3美元的工资水平下，亚历克斯会辞职。

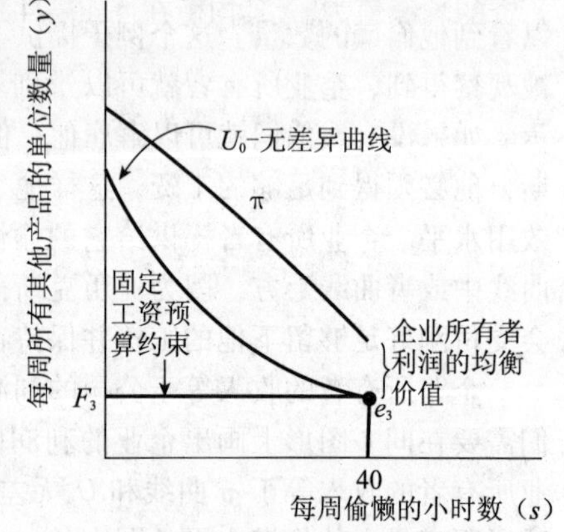

图17-22　当努力不能被观察到并且经理人被支付固定工资时的均衡结果

注：为了使亚历克斯不辞职，企业所有者需要确定他在他的U_0无差异曲线上或者在U_0无差异曲线的上方。因为亚历克斯不管得到多少工资都要消费40小时的偷懒，企业所有者会给他一个固定工资$\$F_3$，并且他会在$U_0$无差异曲线上的$e_3$点消费40小时的偷懒。

比较当企业所有者可以观察到偷懒（图17-20）和不能观察到偷懒时（图17-21）的结果。这些图表明当企业所有者可以看到偷懒的数量时利润更高且偷懒更低。为什么？当被支付固定工资时，亚历克斯不承担任何偷懒的成本（被放弃的利益）但是得到收益。亚历克斯没有激励限制他消费闲暇的数量，他能偷懒多少就偷懒多少。但是企业所有者，却承担成本。当企业所有者可以观察到偷懒的数量，他们会在付给亚历克斯偷懒和所有其他商品方面的数量上进行权衡。

（2）基于业绩的报酬。一个执行固定工资计划的企业所有者不会对最后的结果感到高兴：一个不会在管理上下任何工夫的经理。从这一方面，我们期望看到使员工努力的激励计划，即看到厂商采用基于业绩的报酬计划。例如，企业所有者可能把经理的工资和企业的利润相挂钩。假设亚历克斯得到的工资低于企业利润的某个基本数量。用代数方法表示，亚历克斯得到 $\pi - G$，G 为某个固定数量的货币。例如，如果 G 为每周 5 000 美元而公司的利润为 9 000 美元，亚历克斯每周会赚到 4 000 美元。如果利润为 6 000 美元，亚历克斯仅会赚到 1 000 美元。因为经理得到所有剩下的部分，或者“剩余”利润，经理就叫做在该计划下的**剩余索取者**（residual claimant）。尽管这种合同可能看起来对你有点陌生，但它确实存在。在威尼斯，服务员通过支付固定费用获得在餐馆工作的权利，并且可以留下所有得到的小费。在美国，理发师为美丽沙龙的工作付费，然后可以留下赚到的工资和小费。同样，经营特许快餐的商人常常同意预先支付固定费用然后得到剩余利润。

有另一种方法使雇员成为剩余索取者——把企业卖给员工。在 20 世纪 80 年代后期，很多企业的经理人向银行巨额贷款来购买经营的企业的所有股份，即所谓的管理层收购。在管理层收购后，先前的企业所有者从他们的股份中得到固定的工资，贷款给经理人的银行依据固定利率计划被偿还。企业获得的所有利润都被执行这项收购的经理人所有。经理人就变成了剩余索取者。

假设当前的所有者决定让亚历克斯成为一个剩余索取者。他对这项计划又有怎样的反应？为了找到在这种报酬计划下的预算约束，我们通过在图 17-23 上再次画上 π 曲线来开始。假设 G 的价值为 1 000 美元。把 π 曲线向下移动 1 000 来表示亚历克斯没有得到所有的利润——它必须向企业所有者支付 1 000 美元。最终的预算约束在图 17-23 中被标注为 $\pi - 1\,000$。在同一图形中画上亚历克斯的无差异图形，可以看到在点 e_4 他的效用最大化，在该点他每周消费 15 小时的偷懒。也看到亚历克斯的均衡点在 U_0 无差异曲线之上，所以依据此计划支付工资时，他不会辞职。

企业所有者应该怎样选择 G 呢？G 的值越高，企业所有者的利润越高，因为 G 是企业所有者想要保持的。但是如果 G 被定得太高，亚历克斯会拒绝为该企业工作。再者，企业所有者需要选择 G 值使亚历克斯的最终均衡点落在其 U_0 无差异曲线中或者上方。在这个例子中，固定工资的均衡值为 G_5，均衡在图 17-24 的点 e_5 处。

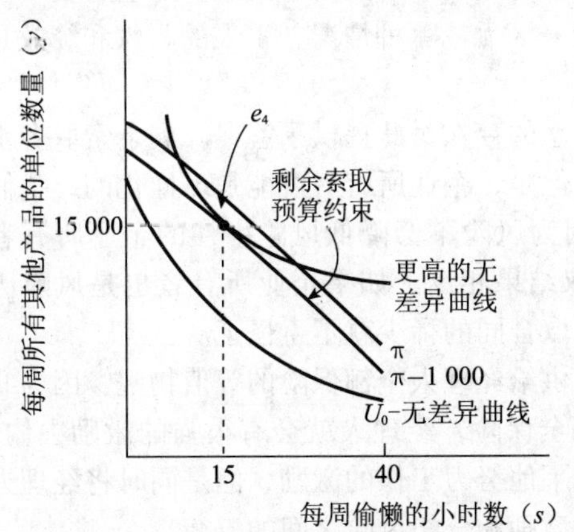

图 17-23 当剩余索取被支付时经理人的均衡

注：为了找到当亚历克斯是剩余索取者并且需要支付 1 000美元给企业的所有者时的经理人的预算约束，我们把 π 曲线降低 1 000。最终的预算约束被标记为 $\pi - 1000$。在同一图形画出亚历克斯的无差异图形，我们看到它消费 15 小时的偷懒。我们也看到，亚历克斯的均衡点在 U_0 无差异曲线之上，所以他的效用比留他在岗位上还要大。

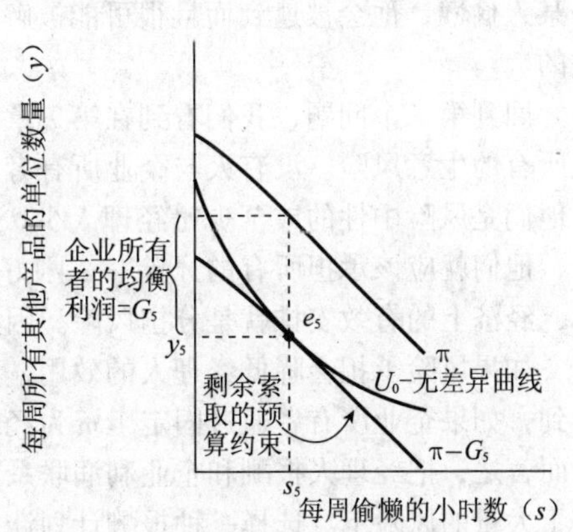

图 17-24 当努力不能被观察到且经理人以剩余索取形式支付时的均衡结果

注：企业所有者选择 G 值以至于亚历克斯的最终均衡束（点 e_5）位于他的 U_0 无差异曲线上。

亚历克斯仍然会把所有时间都消费在偷懒上吗？图形表示他不会。而且，即使当亚尼克斯是一个剩余索取者时比当他拿固定工资时更卖力工作，亚历克斯的情况也不会变差：e_2和e_5在同一条无差异曲线上（U_0）。怎么会得到这样的结果呢？答案是，尽管亚历克斯在成为剩余索取者时更努力工作，但他也消费了更多单位的所有其他产品。

企业所有者更喜欢怎样的制度，固定工资制还是剩余索取制？我们可以用以下的重要事实来回答这个问题：剩余索取的结果与可以观察到努力的结果一致。亚历克斯作为一个剩余索取者，通过偷懒的决定来最大化$\pi - G$曲线和U_0无差异曲线之间的垂直距离。但是，这个与当努力能够被观察时企业最大化$\pi - G$曲线以及其U_0无差异曲线之间的垂直距离时的偷懒选择一样。换句话说，$s_1 = s_5$，而且$y_1 = y_5$。

为什么这两个等价的结果有助于比较剩余索取计划和固定工资？因为当企业所有者可以观察到偷懒的数量时，他们选择偷懒的均衡水平使利润最大化来满足亚历克斯最低为U_0的效用需求。这就意味着剩余索取计划也使企业所有者利润最大化并满足亚历克斯最低为U_0的效用需求。当亚历克斯被支付固定工资时，均衡使他比在其他两种结果下偷懒更多。可以推断，与支付固定工资相比，使用剩余索取合同能提高企业所有者的收入。

记住亚历克斯的效用不受合同类型选择的影响。在所有三种情况下，均衡效用水平都为U_0。我们刚才证明了，通过把固定工资制转换成剩余索取制，企业所有者可以在不使经理人状况变坏的情况下提高自己的收入——剩余索取合同导致固定工资的帕累托改进。

3. 两个难题 我们的理论建议基于绩效的报酬制度，如剩余索取权合同，优于固定工资制。但是许多经理人得到的都是固定工资，只有很少得到纯剩余索取权。这些事实给出两个相关的难题：①为什么被支付工资的人愿意做任何工作？②如果剩余索取合同有这样好的激励作用，为什么不都采用合同这种形式？

有很多原因解释为什么得到固定工资的人将坚持工作下去。一个原因是，不是每个人都认为偷懒是经济物品。在某种程度上，人们可能为工作突出而感到自豪，或者他们可能在占雇主便宜时感到内疚。另一个原因是，即使有人处于纯薪给制下，也是以绩效为准的。企业监管员工，如果某人偷懒，他会被逮到而且很可能被解雇或延迟晋升。无论哪种情况，工人的收入和绩效是相关的。

回到第二个问题，我们看到在第7章管理风险厌恶的存在对此提供了答案。剩余索取者承受了所有的生意风险。没有人与企业所有者分担风险。但是，企业所有者可能是多样化的，我们期待他们是风险中性的或至少比经理人少厌恶风险。因为风险不会降低风险中性的企业所有者效用，他们就应该承担所有的风险——刚好与剩余索取结果相反。如果企业所有者也是风险厌恶者，经济上的有效安排就是分担风险。因此，剩余索取合同的稀少就不奇怪了。

如果风险承担会降低经理人的效用，为什么不提供给经理人全额保险的等值物呢？因为我们看到，如果企业所有者通过固定工资为经理人提供完全保险，经理人就会有很强的激励去偷懒。总而言之，把经理人报酬和企业利润联系在一起加强了他努力工作的激励，但是同时将经理人暴露于大量的风险下。选择一种报酬计划涉及到在提供激励和分担风险之间的权衡。

注重员工努力和补偿计划的设计使公司能越走越远。一些制造厂商对生产工人实施基于绩效的报酬计划。林肯电力公司（焊接设备的制造者）以**计件工资**（piece rate）为基础对工人支付：员工依据其每单位的产出得到固定工资。这样的合同提供了强烈的工作激励，但是如果生产机器出了问题，工人可能就不幸运了。意识到这种风险的工人就会想要更高的计件工资来补偿他们承担这种风险的损失。这也就是为什么大多数公司支付固定的小时工资而且通过依靠工头的直接监视确定工人确实是在工作。从企业的角度看，流水线的一个优点是帮助厂商监视员工。当即将离开流水线的汽车还没有雨刮时，员工没有“足够努力”地工作就很明显了。

17.3.3 产品市场的道德风险

到目前为止，已经很深入地考虑了房屋所有者采取隐蔽行动的道德风险问题。企业也开始考虑道德风险。就像那些曾看过糟糕电影的人可以证明一样，有时候你为某些东西付钱，却并不确定从你支付的钱中得到了什么。当制造商知道其产品质量但是消费者不知道时（至少在购买之前），企业对产品质量的选择就产生了信息不对称。这里有一个潜在的道德风险问题，因为企业可以通过降低产品的质量而减少成本，在其他条件不变的情况下，这样做就降低了消费者福利。

有趣的是，企业可能真的因欺骗消费者而受罚。理性消费者会预期该企业生产低质量的产品，在企业真的生产这种产品的情况下。在均衡中没有人被愚弄，但是高质量的产品市场就会被毁掉。企业和消费者双方都希望有一种方法来解决这个问题。

对产品市场中道德风险问题最重要的市场反应之一是企业声誉或品牌名声的发展。当消费者始终在市场中购买该产品时就产生了声誉，并且消费者还可以通过经验来得知这个产品到底是不是好产品。如果一个厂商可以永远不改变其产品的质量，消费者了解产品质量的过程就很简单——购买一次然后看产品有多好。然后这个信息就会为所有未来的购买做导向。

但是在大多数的行业中，企业会在一段时间内改变产品质量。在这些行业中，过去的质量也不能很好地指示未来的质量。但正如下面的例子所示，指示器功能也可以很明显。假设切兹·马森是位于洛杉矶的一家小餐馆。每天，其所有者都可以选择用低价格的材料来做低质量的食物。因为人们在看到食物之前决定是否在此用餐，所以某天晚上提供劣质食物的决定对于当晚对餐馆食物的需求没有影响。因为收入不会受影响，但是成本会下降，那么看起来马森餐馆应该转向用低价材料。

这种转向真的会在一夜之间提高利润，但是长期的影响会怎样呢？至少一些人会意识到他们吃了劣质食物，也可能会推断该餐馆在将来也会提供劣质食物。因此，在某天晚上提供劣质的食物毁掉了这个餐馆的声誉，并且因此降低了未来的需求。一旦考虑进来对未来收入的影响，马森餐馆可能发现降低食物质量不会获利。企业维持声誉的动力很像寡头垄断厂商在与其他厂商的串通合同中欺骗的动力一样。当从今天的欺骗行为受益，未来的惩罚（没有顾客光顾餐馆，或者共谋的垄断厂商例子里对手的攻击性行为）可能把这些收获一扫而光。

声誉的存在会使市场均衡保持完全信息下的完全竞争结果吗？不一定。想一下声誉是如何作为一种激励对保持高质量动力起作用的。欺骗得来今天的收获，却导致未来的损失。因为未来销售的损失是一种惩罚，所以这样的销售一定会使其价格超过边际成本。如果企业只是简单地使销售价格等于边际成本，它就不会介意为通过欺骗获取多得的收益而损失它们。总而言之，因为失去声誉的威胁是欺骗的有效制止物，所以好的声誉一定会使企业在未来的销售中赚得正的经济利润。但是正如前面章节证明的，当价格超过边际成本时，资源配置是无效率的。因此，尽管声誉的建立有助于克服信息不对称的问题，但不会使市场保持在完全有效的竞争性均衡上。

对于声誉的分析帮助揭示了为什么会有品牌并且为什么会有生产不同产品的公司，例如通用电气，经常用同样的品牌名称。每次卖掉其中一件产品，整个企业的声誉就会立即起作用。一个不喜欢通用电气电冰箱的消费者就不太可能购买它的洗衣机。在效果上，厂商的声誉就像一个抵押品，它使消费者确定厂商提供的是好产品。消费者因此就会对生产多种产品的企业有信心，企业就有激励去制造好产品。正如之前讨论的信号理论，消费者没有必要知道声誉机制是如何运行的。当消费者在超市看到通用电气的电灯放在货架上，给定通用电气一贯好声誉的情况下，他所期望的就是高质量的电灯。

声誉理论也为麦当劳和其他大型快餐特许经营商的成功提供了一种解释。麦当劳允许上千家不同的快餐店建立一个共同的声誉。这种声誉对于那些经常出差的人和不熟悉当地餐馆质量的人非常重要。不是说食品有多好，而是它走到哪里都会有。在日本京都有巨无霸（Big Mac）等着你，而且你已经知道了它的味道。

小结

不对称信息描述了市场的一方比另一方掌握更多信息。在本章中，我们已经看到信息不对称对市场的运行存在很大的影响。

- 当交易的一方对它自己了解得比另一方多时，我们称这种情况存在隐蔽性特征。
- 在存在隐蔽性特征的市场中，市场中信息充分的一方可能做出行动显示其所知道的信息。例如，你念大学可能对雇主发出信息，让他们知道你是一个高能力的员工。
- 在存在隐蔽性特征的市场中，信息不充分的一方可能建立一个自我选择机制来了解信息充分一方了解的信息。例如，航空公司可能通过提供一系列机票来筛选消费者，然后用每个消费者的选择作为每个人支付意愿的信号。
- 在存在隐蔽性特征的一些情形下，信息不充分的一方可能会得到信息充分一方的逆向选择。例如保险公司可能发现最想买保险的人是那些最可能获得赔偿的人。
- 当经济关系的一方做出行动而另一方无法观察到时，我们称这种情况存在隐蔽行动。
- 在存在隐蔽行动的情况下，信息充分的一方可能采取"错误"的行动而且会有道德风险。一个保险客户可能没有足够的关心程度去预防意外的发生，或者一个员工在工作中偷懒。
- 在存在道德风险的情况下，两方可能设计一个为信息充分一方提供激励的合同来协调两者的关系。例如，通过把员工的工资和厂商的业绩联系在一起，雇主提供激励使其努力工作。

讨论题

17.1 一个向你卖寿险的公司想知道你的饮食是否健康，你是否吸烟，你的家族是否有心脏病史。对于每一条信息，该厂商关心的是隐蔽行动还是隐蔽特征？

17.2 在纽约城的一个餐馆卖一个螃蟹是 15 美元，卖两个是 23 美元，并且有一个隐含的要求，就是只能一个人吃两个螃蟹（如果有两个人尝试分享两个螃蟹，服务员就会很不高兴地看着他们）。

a. 解释为什么对第一个螃蟹和第二个螃蟹收取不同的费用？

b. 为什么管理者命令服务员要给顾客一张不高兴的脸？

17.3 为了满足高价位的欧洲车的购买者，福特公司引进了一种新的市场策略，发布了一条信息：承诺其转手价值。解释为什么一家汽车制造商为其车型提供一个转手保证的意愿可能作为一种质量的信号呢？

17.4 如果你想乘坐旧金山和洛杉矶之间的飞机，你可能发现你需要支付的数量依赖于一天中你的乘坐时间。比较这种做法的动机和如果你愿意为你的飞行提前保留一个月但收取较少费用的做法。

17.5 保险公司检查人们患上某些疾病的能力不断提高。你认为这种检查方法是个好主意吗？有效率吗？谁获益了，谁损失了？

17.6 假设 10 个员工作为一个工作组来生产产品。对于企业的管理人员来说很难判断谁在认真地工作。但是管理人员可以观察到整个组的产出，因此可以分辨出员工们平均有多努力。你能想出一种基于绩效的薪酬计划以激励员工做出有效的偷懒决定吗？你看到你的薪酬计划中的问题了吗？

17.7 许多经理人依靠相关绩效计划来获得报酬，在这种计划下，经理人的报酬与相似企业的绩效相联系。当企业业绩比较糟糕时，如果同行业的所有企业都不好，经理人不会因此受惩罚而得到低工资。但是如果与其他同行业的企业相比，该企业在其运营下业绩不好经理人也会损失一些收益。基于与其他企业相关的经理人企业的绩效支付薪酬，而不是仅在一个独立的范围里（就像剩余索取合同），这种做法的优点在哪里？

17.8 卖家庭火灾保险的公司经常向拥有烟雾报警器（当火灾发生时公司可以查到烟雾探测器的所有权）的保险客户提供折扣。假设房屋所有者耗费20美元购买和安装一个烟雾探测器，而且假设拥有烟雾探测器后预期损失降低了200美元。

a. 完全竞争性保险公司会给安装烟雾探测器的人多少折扣？为什么给这么多折扣？

b. 假设有一个提供火灾保险的垄断商，它会给安装烟雾探测器的保险客户多少折扣？为什么给这样的折扣？

17.9 在17.3节中，我们验证了企业所有者和经理人之间的代理关系。在我们考虑的例子中，厂商的利润 π 对偷懒的数量 s 有决定性的关系。事实上，企业所有者可以通过观察企业的利润水平看到经理人工作的努力程度。在真实的市场中，事情永远不会那么简单。典型的，在任何给定的经理人的努力水平下，各种不同的结果都是可能的。例如，即使当经理人努力工作，企业也可能因为其他原因利润不高。但是仍然可以预期，总体上来说，经理人偷懒越少，企业获利越多。

假设亚历山大是一个必须在两个偷懒水平下选择的经理人。如果选择混日子，那么企业得到低利润 π_L 的概率是0.8，而获得高利润 π_H 的概率是0.2。另一方面，如果选择努力工作，那么厂商获得低利润的概率是0.3，获得高利润的概率是0.7。

如果该经理人是风险中性的，你认为剩余索取合同在这样的情况下起作用吗？当经理人是风险厌恶者时你能看到剩余索取合同产生的问题吗？

17.10 19世纪的炸药业在取得高利润的同时也是危险的。炸药经常毁掉厂房甚至伤害员工。当杜邦家族从法兰西来到美国制造黑色火药时，他们继承了法国传统。拥有和管理火药工厂（有责任保证工人的安全）的杜邦家族的成员与妻子和孩子就住在工厂附近。用道德风险的理论解释为什么这样一个富有的家庭选择住在如此危险的地方？

17.11 声誉的使用保证了产品质量，这很像我们之前重复的垄断市场的理论，未来惩罚制止了共谋协议的欺骗行为。在垄断理论中，我们看到交易的频率是共谋协议成功的决定因素。画出垄断理论的类似图形，解释为什么当厂商用一个品牌为所有产品命名时声誉可能更有效。要回答这个问题，记住通用电气销售主要器械的例子。

17.12 在正文中，我们研究了声誉在存在隐蔽行动的市场中的作用。声誉在具有隐蔽性特征的市场中也有很重要的作用。假设一个二手产品交易者可以观察到所卖的汽车的质量，但是买者却不能观察到，至少在他把车带回家或开上几个月之前不能观察到。讨论市场中交易者的存在是怎样成为对隐蔽性特征问题的回应的。一定要解释为什么二手车交易者比只想卖掉单辆车的汽车所有者对声誉的影响更有效。

17.13 某企业雇用一个雇员来完成一个独立的项目。如果项目“失败”，它会损失20 000美元；如果“成功”，项目会赚100 000美元。雇员可以选择“工作”或“偷懒”。如果偷懒，项目一定会失败；如果工作，项目会有一半可能性成功，但也有一半可能失败。在其他条件不变的情况下，雇员的效用等价于其选择工作比选择偷懒低10 000美元。另外，雇员可以从另一个工作中赚到10 000美元（那里还可以偷懒）。企业选择支付给雇员一个20 000美元（不管项目结果怎样都会支付给她）的“固定工资”或者“绩效计划”（在该计划下如果项目失败就支付雇员0美元，如果成功就支付40 000美元）。两方都是风险中性者。用博弈树说明企业应该用哪种报酬制度。

第18章 外部性和公共品

美国中西部的许多工厂都向空气排放硫氧化物和氮氧化物。这些气体一旦进入空气就会与空气中的水蒸气结合形成酸，并以酸雨或雪的形式降落在地表，甚至会远到新英格兰和加拿大地区。随之而来的酸的总体水平提高就会对植物和动物生命产生负面影响。酸雨的受害者，比如渔民，总是苦苦地抱怨。迫于政治压力，美国和加拿大的政府试图用谈判的方法降低酸雨。

福利经济学第一原理认为市场能有效地配置资源。酸雨是市场运行的结果，那就意味着酸雨是有效率的吗？如果不是，政府干预在这里充当怎样的角色？为了回答这些问题，我们必须分清影响其他人福利的不同方式。

假设有很多人开始关心其胆固醇水平，于是决定少吃一些牛排多吃一些麦麸。当对燕麦麸的需求增加时，它的价格就上升，燕麦麸的生产者状况改善，但是降低了本来就消费燕麦麸的消费者的福利。当对于牛排的需求降低时，价格降低，影响了那些始终消费牛排的消费者、牛排的供应商以及谷物饲料公司等的福利。在经济进入一个新的整体均衡之前，真实收入的分配有了实质性的改变。

这个例子明显的一点就是尽管人们在影响别人的福利，但所有这些影响都是通过市场价格的改变来传导的。假设在偏好改变之前，资源配置是帕累托有效的——所有的边际替代率都等于相应的边际转换率。供给和需求的转换改变了相关的价格。但是福利经济学第一原理表明只要消费者使自己的效用最大化，生产者使自己的利润最大化，所有的个体和企业都是价格接受者，那么新的均衡仍是帕累托有效的。因此，尽管一些人的行为会影响其他人的福利，它并不是自动无效率的。只要这种影响通过价格传导，新的配置就会像初始配置一样有效。当然，从依靠道德判断分配的角度来看，价格的新形式可能多多少少值得期望。但是此时，我们的焦点不是在配置的效率上而是在它的公平性上。

酸雨和胆固醇的例子包含了交易的不同类型。渔民福利的降低并不是价格变化的结果，而是炼钢厂的产出选择直接影响了养鱼业的生产函数。给定他们的投入，养鱼业在酸雨的环境下产出减少。当一个主体（一个人或一个企业）的活动直接影响了另一个主体的福利，并且影响不是通过市场价格的传导时，那么该影响就叫做**外部性**（externality）（因为一个主体直接影响了对它来说是“外部”的另一主体）。与通过市场价格传导的影响不同，外部性可以反向影响经济效率。本章分析外部性问题，为什么外部性会导致无效率，以及社会该怎样应对。我们也要讨论一种叫“公共品”的特殊商品。公共品与外部性密切相关，像外部性一样，公共品也经常与效率问题联系在一起。

18.1　外部性和效率

在本节，我们从多种角度分析外部性带来的效率结果。

18.1.1　市场缺失

为了思考外部性包含的效率问题，必须仔细地分清成本和收益。回到酸雨的例子，假设酸雨仅仅是因为硫化物的排放，而且炼钢厂是硫化物的唯一排放源，养鱼业是酸雨的唯一受害者。排放的每单位硫化物的边际成本等于每单位对养鱼业的损害的增加。假设随着排放量的增加，对养鱼业的损害以一个上升的比率加重——一开始很少量的硫氧化物的排放几乎没有害处，但是随着污染的聚集，被杀害的鱼的数量前所未有的增加。在图 18-1 中，排放的数量（Z）用横轴表示，用纵轴表示美元数。向上倾斜的 *MC* 表示损失增加的边际成本。

这看起来可能比较奇怪，硫氧化物的排放像成本一样也有收益。想象一下排放的气体在一个特定的水平下，比如每 100 万单位体积的气体中含有 8 单位的硫化物，炼钢厂被要求把这个排放量控制在每 100 万单位气体中含 1 单位的硫化物。通过以下两点可以做到：

（1）工厂可以降低产量，社会因此损失卖出这部分产品的剩余。

（2）工厂可以产出同样数量的产品，但是可以用更贵的投入品。例如，可以用品种“更纯”的煤，这种煤灰产出更少的硫氧化物，或者可以在烟囱上安装洗涤器。用更多更贵的投入品也是一种社会成本。

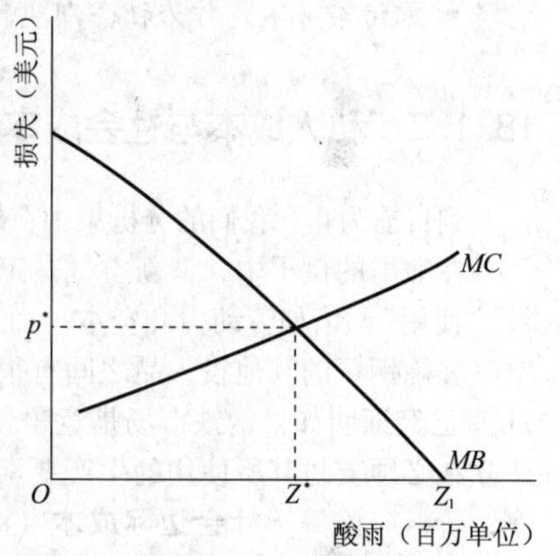

图 18-1　污染的“效率水平”

那么实际上，每多一单位的硫氧化物的边际收益就是与污染相联系的额外产出，或者生产允许污染的节省成本。假设排放气体的边际收益随着排放气体的数量而降低；这可能是因为消费者的边际价值随着厂家产出产品的数量的上升而降低。边际收益降低的假设是由图 18-1 中向下倾斜的 *MB* 表示的。

通常边际主义效用学说者的逻辑认为，从社会的角度看，污染的有效数量是 Z^*，在这一点边际成本刚好等于边际收益。但问题在于在实际的污染数量是否为 Z^*。答案很可能不是。为了弄清楚原因，从一个典型的厂商的立场来考虑，污染要耗费多少钱。对于工厂对渔业的损害，它不承担成本。因此，只要对它自己的利润有任何的提高，工厂会继续污染，而根本不考虑对其他主体的污染成本。也就是说，污染会刚好到达这样一个点，在这个点上排放气体的边际收益为 0，即图中的 Z_1。因为 Z_1 大于 Z^*，污染的均衡数量达到一个无效率的高点。

无效率的根源是什么？通过生产硫化物，厂家实际上在消耗叫做“清新空气”的商品。如果清新空气是一种“典型的”竞争性产品，价格就会由供给和需求决定（在图 18-1 的 p^* 点）。同时，福利经济学的理论表明它会被有效地使用。但是，没有为清新空气存在的市场，人们好像认为它的价格为 0。很清楚，如果一种商品的市场缺失，我们就不能依赖市场的力量有效率地提供。那么严格地说，外部性的相反的效率结果不是由于“市场失灵”，而是因为这个市场根本没有产生的失败。

外部性的“市场缺失”的解释非常重要，因为它使我们把焦点放在外部性为什么会导致无效率的原因上。没有人拥有空气，因此人们可以对其自由使用。外部性对效率决定性的影响是没有形成产权的结果。如果有人拥有清新空气，并可以为它的使用收取费用，那么市场就会出现没有效率的问题。

举个例子，假设渔民拥有清新的空气。他们可以向厂家收取污染费，这个污染费反映他们对捕鱼的破坏。工厂的所有者就会在做生产决定时把这部分费用考虑进去，从而不会无效地利用清新的空气。另一方面，如果炼钢厂拥有清新空气，可以因拥有清新空气的特权而向渔民收费来赚钱。这会产生厂家激励，不去制造“太多”的污染，否则不会从渔民身上得到收入。简而言之，一旦钢铁生产者对清新空气具有产权，它就不会把清新空气当做免费的。如果可以把清新空气卖给别人，那么清新空气就会有一个机会成本。

问题是，只要有人拥有一种资源，其价格就反映了可替代资源的价值，因此资源就会被有效地利用。相反，共有的资源会被滥用，因为没有人有激励去十分经济地使用它们。

把这个问题做个扩展，注意外部性的以下4个特征：

- 可以被个人生产，也可以被企业生产。
- 外部性有一个重要的互相影响的特点。
- 外部性有正面影响也有负面影响。
- 零污染并不是作为社会期望的一般规定。

18.1.2 私人成本与社会成本的比较

到目前为止，我们的分析集中在外部性的市场缺失上。现在来看那些产生外部性的产品市场。

在酸雨的例子中，清新空气是工厂生产过程中重要的投入品。清新空气会像其他投入品一样被“使用”，诸如劳动力和资本。而且，像其他投入品一样，清新空气也有成本。但是，在清新空气和炼钢厂的其他投入品之间有很大的区别——企业在使用清新空气时不需要担负成本。在第11章已经证明如果钢铁市场是竞争性的，均衡价格会等于生产者的私人边际成本，这个成本是建立在必须支付其所使用的生产要素的基础之上的。但是，福利经济学第一定理认为为了获得效率，价格应该等于**社会边际成本**（social marginal cost），包括所有的生产成本，甚至是对其他人或企业带来的外部损失。在外部性面前，钢的价格对社会传递了错误的钢的机会成本信号。钢的价格过低，而且被大量地低效交易。

为了用图形分析这个现象，假设生产出的钢的质量和最终污染的数量的关系是固定的（即用寻找投入替代品的方法降低污染是不可能的。）在图18-2中，横轴衡量钢产出，纵轴衡量美元。直线 D 和 S 分别表示钢的需求和供给。图18-2中的 MD 表示养鱼者每个水平上的产出遭到的边际损害。MD 向上倾斜反映了这样一个假设，即当养鱼业暴露在酸雨之下，他们的情况以一个不断增加的比率变坏。

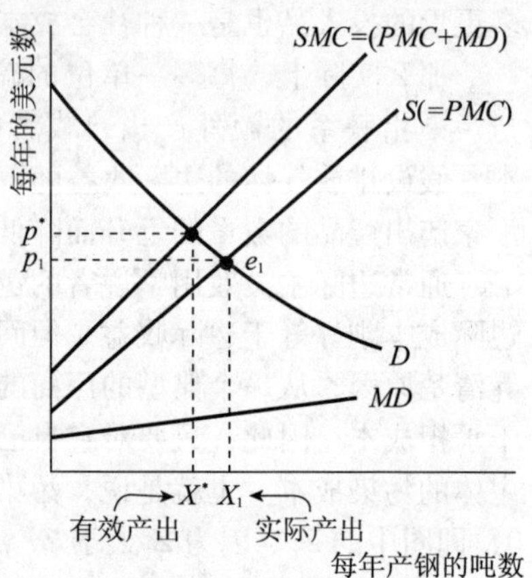

图18-2 外部性问题

注：在没有任何干预的情况下，产出为 X_1，该点在需求曲线（D）和供给曲线（S）的交汇处。但是，因为钢的生产导致边际损失 MD，社会边际成本（SMC）大于包含在供给曲线中的私人边际成本（PMC）。有效性只要求产出 X^*，与之相关的价格 p^*，包含了整个社会边际成本。

均衡在点 e_1 处，在该点需求曲线和供给曲线相交。这个均衡有效率吗？我们之前的讨论表明它没有效率。为了弄清为什么，回顾第11章，供给曲线 S 表示对生产者每个产出水平的边际成本。因此，均衡点 e_1 反映了对社会（通过需求曲线衡量）另一单位的边际收益等于私人边际成本（MPC）。

但是从社会的角度看，生产应该扩张到这样一点，在这一点社会的边际收益等于社会边际成本（SMC）。社会边际成本包含两部分。第一部分包括私人边际成本，已包含在供给曲线中。第二部分是 MD 所反映的对养鱼业的边际损害。因此，社会边际成本是 PMC 加 MD。从图形上看，图 18-2 的社会边际成本线 SMC 是由 S 的高度和每个产出水平的 MD 加在一起得出的。注意，纵轴 SMC 和 S 之间的距离为 MD。（因为 $SMC = PMC + MD$，那么 $SMC - PMC = MD$）

社会角度的效率要求只有 SMC 超出单位边际价值的那些单位产出的产量。因此，产量只要到达 SMC 与 D 的交汇处 X^* 即可。需求曲线告诉我们仅当价格上升到 p^* 的时候会有大量的产出需求。

图 18-2 表示了当外部性存在时，没有理由预期一个竞争性市场会生产有社会效率的产出水平。特别是，当产品有负的外部性时，"过多"的产量与效率产出（$X_1 > X^*$）有关。这与图 18-1 的结果相呼应，真实的污染数量要大于有效数量。

该模型不仅表示了效率会因为从 X_1 移动到 X^* 而提高，也提供了一种衡量收益的方法。图 18-3 从图 18-2 中复制了需求曲线（D），私人边际成本（S），边际损害（MD）和社会边际成本（SMC）。当产出从 X_1 减少到 X^*，二者都有成本和收益。成本是由 $X_1 - X^*$ 吨钢的损失引起的消费收益的降低。如第 4 章所示，这种净消费收益的降低约等于需求曲线 D 以下 X_1 与 X^* 之间的面积，即区域（$B + C$）。

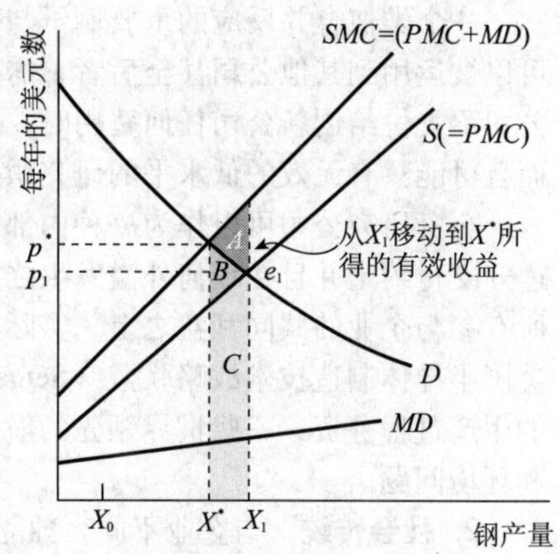

图 18-3　向有效产出水平移动后得到的净收益

注：当产出从 X_1 下降到 X^*，消费收益也下降了需求曲线下面的（$B + C$）部分。同时，私人资源成本下降了供给曲线以下的（C）部分，外部成本下降了（$A + B$）部分。因此，相抵之后的结果是，社会产出多出了 A 部分。

从 X_1 移动到 X^* 的收益与节省生产成本相关，也包含两部分。第一是钢生产者支付的资源的价值，用私人供给曲线之下的从 X^* 到 X_1 的区域来衡量，即区域 C。第二是施加在渔民的外部成本的降低。每单位钢产量减少，渔民就获得与单位边际损害相等的收益，通过纵轴 SMC 和供给曲线 S 之间的距离来衡量。因此，钢产量从 X_1 减少到 X^* 减低了外部成本，即区域（$A + B$）。总之，从 X_1 移动到 X^*，资源的总节省面积为区域 A、B 和 C 的总和。

综合考虑，从 X_1 移动到 X^* 的收益为（$A + B + C$），成本为（$B + C$）。如果社会对每个人都值 1 美元，那么从 X_1 移动到 X^* 产生的社会的净收益等于两者之差，即面积 A。因此不仅能够从质量的角度证明在有效产出水平下社会状况会更好，还能够衡量收益的大小——面积 A。用第 11 章的术语，从 X_1 移动到 X^* 增加了面积 A 的总剩余。的确，总剩余在 X^* 处达到最大化。

18.2　应对外部性

在外部性面前，如果没有做任何相关事情，资源的市场配置是无效的。本节讨论私人和公共部门对外部性的应对。

18.2.1　私人回应

在一些情况下，私人主体在不受政府行为影响时可以避免外部性的低效率。有如下一些机制可以使用。

1. 合并　一种解决外部性的方法是通过合并相关主体使其"内部化"。为了简化，想象在酸雨的例子中只涉及一个炼钢厂和一个养鱼场。如上所强调，如果炼钢厂把它对养鱼场的损失考虑进去，那么净收益就有可能产生（参考前面关于图18-3的讨论）。因此，如果炼钢厂和养鱼场协调各自的行动，联合企业的利润会高于它们彼此不协调的两个个体企业的利润之和。实际上，因为没有一起行动，这两个企业在向外扔钱！那么市场提供了一个很强的使双方合并的激励——养鱼场可以购买炼钢厂，炼钢厂可以购买养鱼场，或者第三方把它们都买下来。一旦两个企业合并，外部性就被内部化——产生外部性的一方就会把它考虑进去。例如，如果炼钢厂购买了养鱼场，它会比以前生产较少的钢，因为在边际上，这样做增加的养鱼子公司的利润大于钢铁子公司较少的利润。结果就是，外部性的存在不会导致无效率。的确，外部的观察者甚至不会认为这种情况是外部性，因为所有的决定都是在一个独立的公司下做出的。

一个类似合并反应的重要例子与研发相关，这会产生正的外部性，因为一个公司的研究成果可以被运用到其他公司甚至后者不需要为使用这项发明成果购得许可。当获益于研发外溢的其他公司不支付给创新公司任何费用时，那么做这种投资决策的公司就不会认为这些外溢就是收益，而且可能只有无效的低水平的研究激励。

合资研究公司可以作为一种内部化外部性的机制。这种内部化是通过使企业在开展研发之前遵守支付约定并且在任何外溢发生之前完成的。用这种组织形式，开展联合研究的激励就建立在所有参与企业的共同利益之上。实际上，它就像是企业为开展研发而进行合并。比如说研究团体美国半导体制造技术战略联盟（Sematech）的例子，一群美国企业为更好地生产微型集成型电路的生产过程募资，一些世界领先的航空飞机制造商致力于解决与大型超声纳商务客机相关的技术和环境问题。

2. 社会传统 与企业不同，独立的个人不能为了内部化外部性进行合并。但是，一些社会传统可以被看做在尝试强迫人们考虑其产生的外部性。学校的孩子被教育说乱扔垃圾是不“好”的。如果教育有效，孩子会明白即使他们在找到垃圾桶之前总拿着糖纸会承担很小的成本，他们也应该接受这个成本，因为这个成本低于当必须注视难看的垃圾桶时强加给其他人的成本。想一下黄金法则，“己所不欲，勿施于人”。一个更不优雅的表达为“在你进行某些活动之前，考虑一下外部的边际效益和成本”。那么，一些道德观念诱使人们同情其他人，并因此内部化他们的行为可能产生的外部性。实际上，这些观念为市场缺失做出改正。

3. 讨价还价和科斯定理 我们之前认为，如果没有人拥有一种资源或者没有人强迫为它的使用付费，那么外部性就会导致效率问题。如果主要原因是，外部性是由于产权的缺失才导致无效率的，最直接“控制”这一问题的方法可能是把资源分给私人。再一次简单地假设，在外部性问题上只涉及一个炼钢厂和一个养鱼场。假设清新空气的产权分配给了炼钢厂。更进一步假设，养鱼场和炼钢厂之间的讨价还价不需任何成本。双方是否有可能通过讨价还价达成一个有效的结果？

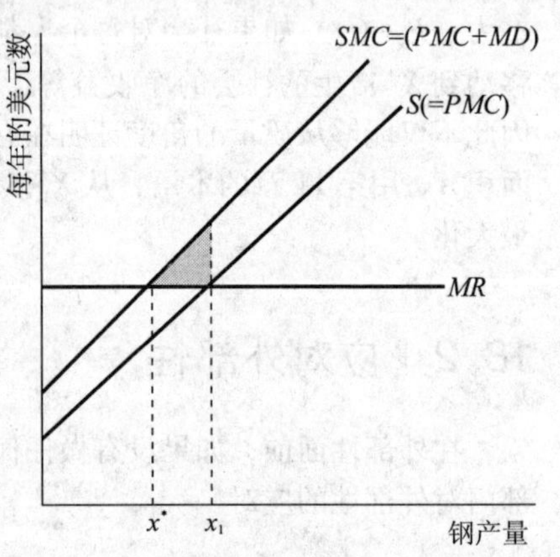

图 18-4 科斯定理

注：在x^*右边的任何一点，对养鱼场的边际损害超过了对钢厂的净边际收益。因此，不管谁拥有产权，都有激励为把产出降低到x^*去讨价还价。同样，如果开始的点位于x^*左边，就有激励把产出提高到x^*。

这种情况在图18-4画出。该图的建立与图18-2基本相同，除了以下一点：因为只涉及一个炼钢厂，需求曲线为水平直线MR，该直线反映了企业是价格接受者的假定。像利润最大化的考虑一样，除非边际收益至少和边际成本相同，否则炼钢厂不会采取任何行动。因此，只要炼钢厂的所有者得到了超过其从生产单位中得到的净提高的收益，那么他就不愿意生产固定单位的产出。净提高的收益是边际收入减私人边际成本，或者$MR-PMC$。另一方面，只要养鱼场支付的数额少于对它的边际损害 *MD*，养鱼场就愿意支付给不生产给定单位产量的炼钢厂费用。只要养鱼场愿意支付给炼钢厂（*MD*）的数额超过炼钢厂不生产产量的成本（*MR* – *PMC*），那么讨价还价的交易成本就存在。

在图 18-4 中，*MR* 和 *S* 之间的垂直距离反映了需要炼钢厂放弃每一单位产出的最小贿赂。*SMC* 和 *S* 的垂直距离反映了养鱼者为了停止炼钢厂生产每单位产出愿意支付的最大贿赂额。根据图形，在 x^* 左边的钢产量水平上，养鱼者愿意支付的额外贿赂比炼钢厂需要的少。因此，产量至少要到达 x^*。但是 x^* 右边的任何产出水平上，额外的贿赂超出了炼钢厂所需要的数量。因此双方进行讨价还价，炼钢厂为了一定数量的货币同意不生产超过 x^* 的产量。简而言之，私人讨价还价导致产出水平精确地处于最优值 x^*。没有更多的准确信息，我们不能判断养鱼者会在多少价格时停止支付给炼钢厂，这取决于与双方相关的讨价还价的力量。但是，无论讨价还价的收益如何分配，产量会在 x^* 处停止。

现在假设形势已经完全不同了，养鱼者被赋予产权。现在讨价还价就是关于钢铁厂会支付多少钱给养鱼者作为污染赔偿。只要支付额大于对养鱼者的边际损害（*MD*），养鱼者就愿意接受多余的污染。炼钢厂发现，只要它所支付的数额比产出（*MR* – *PMC*）小，为生产多一吨钢的特权支付费用就是值得的。同理认为，两个企业都有激励达成一个协议，即养鱼场卖给炼钢厂在 x^* 点生产的权利。

结论是，只要有人被赋予产权，不管是谁掌握了产权都会有效地解决，这种结果叫做**科斯定理**（Coase Theorem）（以获得诺贝尔经济学奖的罗纳德·科斯命名）。它认为一旦资源产权被确立，外部性就不会产生低效率问题，因为个体会用自己的方式进行讨价还价以期达到一个有效的解决方法。根据定义，原因是，无效率的存在意味着参与者有可能通过合作来从中得到利益或者消除无效率，这都是可能的。例如，假设从 x_1 移动到 x^*（图 18-4 的阴影区域）的有效收益为每年 100 万美元。科斯定理认为参与双方没有浪费金钱；通过在一起讨价还价，它们都能获得一些收益。但科斯定理没有告诉我们参与方是如何分配收益的，只知道它们不会让钱放在桌上而置之不理。

注意到以下问题是很重要的，那就是，即使特定形式的资源产权与效率无关，也与收入分配关系密切。产权是有价值的，如果渔民拥有清新空气，就会提高养鱼者相对于炼钢厂所有者的收入，反之亦然。

根据科斯的标准分配产权确实可以帮助解决一些重要的环境问题。例如，一个评论员认为把美国的河流赋予产权，并指出“在英格兰和威尔士，对河流和水路的私人产权成功地阻止了过度捕鱼并且控制了水污染近 800 年。所有者只是向在该区域捕鱼的人收取捕鱼权的费用。结果，所有者有经济激励来保证鱼的数量并且保持水路的清洁”。

我们可以认为科斯定理总是可以用来“解决”社会的外部性问题吗？很不幸，答案是否定的。这里有一些原因来解释为什么私人谈判可能不能解决外部性问题。

4. 谈判不成的原因

（1）讨价还价成本。科斯定理假设讨价还价的成本不会阻止双方找到解决效率问题的方法。但是，诸如空气污染的外部性涉及上百万人（包括污染者和被污染者）。很难想象他们能够以足够低的成本聚集在一起谈判，因为这种低成本才能使谈判有价值。

在这种情况下，没有一个污染受害者相信自己的利益会进入谈判。进入谈判是需要成本的——人们需要了解事实，参加谈判，也许需要雇用律师等。这种情况下每个个体可能会想：“我为什么需要忍受这种争吵和费用？让别人去做吧，我仍然可以从污染的减少中获利。”当然，其他每个人也有相同想法。因此，没有人会不辞麻烦地把自己牵扯进去，因此也就没有讨价还价发生。这是在第 7 章讨论的搭便车的问题：每个个体都有激励让其他人承担成本，而自己仍然享受收益。

我们可以运用博弈论对这一现象进行深入探究。想象一下，有两个污染受害者哈瑞和贝丝，每个人现在有35尤提尔的效用水平。两人在考虑是否与污染者进行谈判，他们同时做出决定。有以下四种情况：

- 他们之中没有人与污染者进行谈判。哈瑞和贝丝继续心情沮丧，并且每个人仍然只有35单位的效用水平。
- 两个人都参与到谈判之中。他们进入谈判的成本相当于每人60尤提尔的效用。但是，因为他们都在谈判桌上，他们肯定会赢得这场谈判并且从污染者得到每人80尤提尔效用。因此哈瑞和贝丝得到20尤提尔的效用，即每个人现在有55尤提尔的效用。
- 贝丝参加谈判而哈瑞搭便车。因为并不是两个人都在谈判桌上，就有可能谈判对污染受害者不利。预期的谈判收益是40尤提尔效用。对于贝丝而言，预期的谈判效用是40尤提尔减成本60尤提尔，剩下15尤提尔效用（35+40-60）。另一方面，对于哈瑞，预期收益为40尤提尔效用，并且没有成本，因为他搭便车。因此，如果贝丝参加而哈瑞在家，他的预期效用上升到75。
- 哈瑞参与而贝丝搭便车。这与第三个情况正好对称。现在贝丝的预期收益为75尤提尔而哈瑞为15尤提尔。

所有这些信息都由图18-5的博弈树总结出来。注意该博弈的结构与第16章的囚徒困境博弈相同。就像对两个囚徒来说坦白是占优策略一样，对污染的受害者来说，搭便车是占优策略。让其他人承担成本的想法导致没有人愿意去谈判，最终他们的情况就都会变坏。恰好，这个例子表明博弈论是怎样从超越卖方市场行为的角度分析这个现象的。

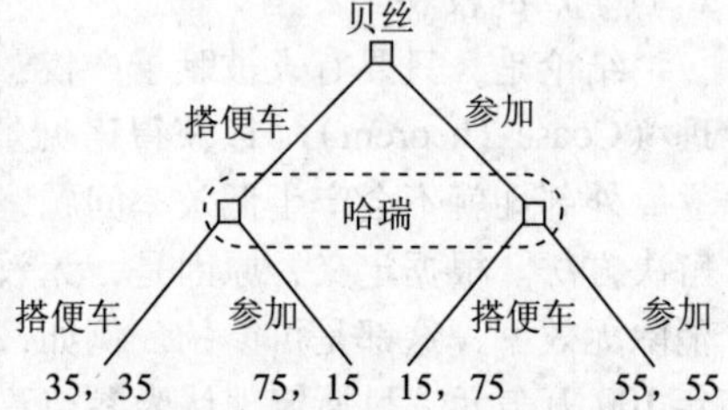

图18-5 污染受害者的囚徒困境

注：搭便车问题的结构跟囚徒困境来是相同的。每个单独的个体的占优策略是搭便车——选择不参加谈判，同时抱着其他人会参加谈判的期望。

（2）界定资源损失的难度。科斯定理另一方面的问题是，它假设资源所有者可以对其拥有的资源损失进行界定并且从法律上防止损失。再次考虑那个重要的环境污染例子。即使建立了空气的产权，也不清楚所有者如何界定成千上万的潜在污染者对其污染空气的责任并且确定损失比例是不现实的。之前讨论的酸雨就是典型的例子。

（3）不对称信息。即使建立产权，双方的人数很少，也没有必要认为讨价还价是有效率的。来看两个室友的例子，伊绍和雅各布。伊绍抽烟，雅各布不抽烟，而伊绍“拥有”空气因为法律允许抽烟。对伊绍来说，抽烟带来的快乐值10美元；对雅各布来说，清新空气的收益是15美元。根据科斯定理，他们应该可以达成协议，雅各布支付给伊绍大于10美元小于15美元的一定数额让伊绍停止抽烟。但是，事实上也许雅各布并不认为抽烟对伊绍值10美元，他可能认为抽烟对伊绍只值8美元，因此只给伊绍8.50美元。当伊绍拒绝该支付时，雅各布可能认为伊绍只是在简单地欺骗，然后谈判破裂。

简言之，当每个人的偏好和机会为众人所知，谈判就会得出有效的解决办法。但如果不是这样，讨价还价可能很贵，并耗时很长，而且最终不会成功。这是上一章讨论的另一个例子——信息不对称将产生无效率。

18.2.2 政府回应

当存在外部性时，政府可以通过一些方法来干预。

1. 规制 在很多国家，解决环境问题的主要办法就是规制。在规制下，每个污染者被告知要减少一定数量的污染，否则会面临法律的制裁。通过下面这个例子来看规制的效率，即农业中使用化学杀虫剂造成的损失。考虑两个菜农，索尔和大卫，他们使用化学杀虫剂引起了邻居宠物的健康问题。图 18-6 中，用横轴表示杀虫剂的数量，用纵轴表示美元。MB_S是索尔的边际收益线而 MB_D 为大卫的边际收益线。虽然两条曲线都向下倾斜反映了杀虫剂的边际物理产量的减少，但是其有不同的斜率。也许因为两个菜农种植不同的庄稼。仅为解释方便，假设大卫和索尔有相同的私人边际成本（*PMC*）线，而且用等量的杀虫剂：$x_D = x_S$。

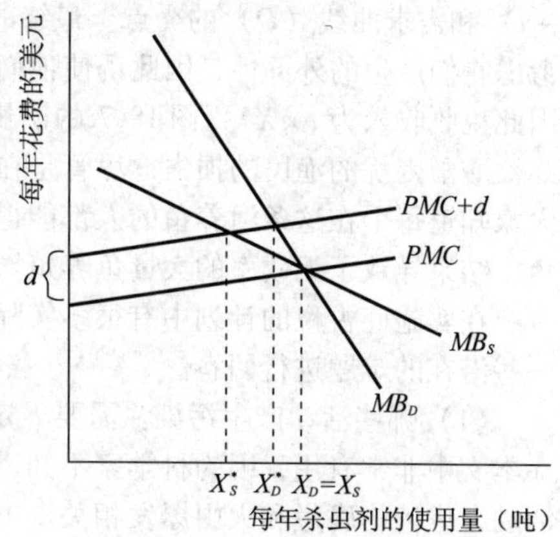

图 18-6 对两个污染园丁的管制

注：假设由于使用杀虫剂产生的边际危害是 *d*。有效性要求每个人购买的杀虫剂达到私人的边际成本（*PMC*）与 *d* 的和等于私人的边际收益。因此，如果每个人的边际收益是不同的，那么，管制要求的每个人削减同样数量的杀虫剂就是没有效率的。

假设每磅杀虫剂对邻居的宠物产生价值 *d* 美元的伤害。那么效率就要求每个人使用的杀虫剂由其边际收益曲线与私人边际成本曲线的交点以及 *d* 决定。有效数量表示为图中的 $x_D{}^*$ 和 $x_S{}^*$。由图形得到最重要的一点就是，效率没有要求人们减少的污染相同。杀虫剂的边际收益在大卫的菜园里比在索尔的菜园里大，所以效率要求大卫减少更多的污染。通常，每个个体（或企业）减少杀虫剂的恰当数量取决于其边际收益和边际成本曲线形状。因此法规明令所有人降低相同的数量（完全的或者部分的）可能导致一个人用很多杀虫剂而另一个基本不用杀虫剂。通常当污染的边际收益与边际成本不同时，在不同情况下的污染数量也会不同。

这种现象最好的例子就是汽车污染。在相对无人居住地区行驶的车比在严重污染地区行驶的车造成的破坏更少。两辆车有同样的排放标准有什么意义呢？在美国的政策下，在仅有的六个严重污染的城市中，所有车辆必须符合设定的提高空气质量的标准。很明显，这个政策是无效的。当然，管理者可以分配每个污染者特定的配额。但考虑到污染者数量庞大，这种行政手段是不可实行的。

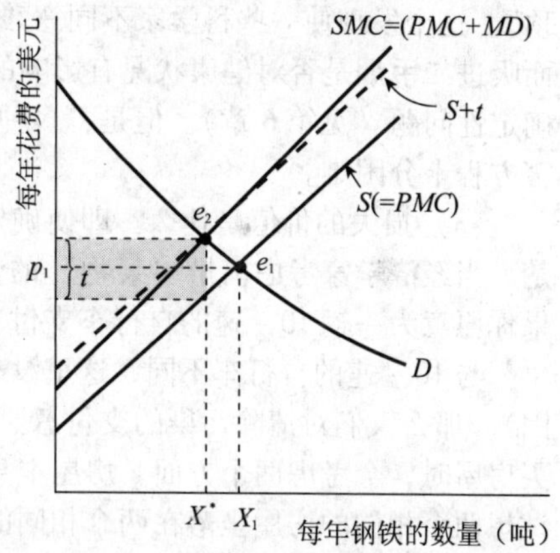

图 18-7 庇古税

注：庇古税在效率的产出水平下，对总量征收的等于边际危害的单位税率。在这种情况下，*t* 的庇古税将有效率的供给曲线从 *S* 移动到了虚线 *S*+*t* 处，以至于产出水平是 X^*。庇古税产生了等于阴影部分面积的收入。

2. 修正性税收 再次考虑图 18-2 分析的酸雨例子。仍在无效率的生产大量无效率的钢，因为投入品价格错误地反映了社会成本信号。特别是，因为钢的生产者投入品价格“太低”，所以钢的价格也“太低”。英国经济学家庇古（A. C. Pigou）提出一个很自然的解决方法，即向污染者征税来弥补投入品的低价格。**庇古税**（Pigouvian tax）是对污染者每单位产出的征税额恰好等于其在有效水平强加的边际损害的税收。图 18-7 复制了图 18-2。在这种情况下，有效产出 X^* 的边际损害为距离 *t*（记住纵轴上位于 *SMC* 和供给曲线之间的是 *MD*）。因此，*t* 就是庇古税的大小。

当每吨钢要附加 *t* 美元的税时，生产者如何做出反应？税收提高了其有效边际成本。因为每生产一吨钢，炼钢厂都需要对投入品的供应商（用到 *S* 的距离衡量）和收税者（用 *t* 衡量）支付货币。从几何上看，在每个产出水平上，新的边际成本线通过对每个产出水平 *S* 增加 *t* 而得到，即将 *S* 的纵坐标加上 *t*。

在完全竞争市场（第11章）对税收的分析表明，新的均衡在点e_2处，即有效供给曲线（$S+t$）和需求曲线（D）的交点。最终的产出水平也是有效的X^*。实际上，庇古税强迫钢生产者考虑它们产生的外部性，因此诱使他们有效地生产。税收为每X^*单位的产量带来t美元的收入。因此税收收入为$t\times X^*$，图18-7的阴影部分。出于公平的考虑，应该尝试用税收收入来补偿始终被酸雨困扰的渔民的损失，尽管是在收税之前更小的范围补偿。但是，还必须进行警告。如果大家知道每个在这条河养鱼的人都能得到政府补贴，那么有不必在此养鱼的人就可能选择在这养鱼。结果导致了无效率的大量鱼养殖。

在实施庇古税的计划中有很多实际问题。一开始，政府就必须决定边际损害方程。这需要对一些潜在的难题进行回答。

（1）哪些活动产生污染？需要界定与多样化生产过程相关的污染类型和数量。酸雨的例子在本文中非常有用，因为科学家不知道有多少酸雨与生产活动相关，也不知道有多少酸雨与自然活动，像植物腐烂和火山爆发相关。更进一步，在给定的地区，很难判断有多少氮和硫被排放并且最终变成酸雨。有时是依据当地的天气情况和诸如非甲烷碳水化合物的其他污染物的存在程度。另一方面，在一些情况下，低成本及正确地衡量污染也不是特别困难。例如，铅排放可以直接通过特定燃料的铅含量和被燃烧的燃料数量来确定。

（2）哪些污染有害？科学家对污染影响实行大规模控制实验的能力是非常有限的。因此，通常很难界定特定污染的影响效果。酸雨可能就是一个恰当的例子：美国联邦政府10年来初步的结果，价值5亿美元的国家酸性沉淀物评估计划（National Acid Precipitation Assessment Program）"认为酸雨实际上对农作物产出没有影响，它对森林的影响仅限于美国东北部地区的山顶"。这个发现使一些科学家不同意酸雨给美国带来巨大损失的意见。同样，还有对于同处一室而吸进二手烟是否对健康状况有影响的争议。原则上，通常可以通过计算预期损失来应对这类不确定性问题（见第6章）。但是，多种可能性结果概率的极大不同使得出有说服力的预期边际损害方程十分困难。

（3）损失的价值是什么？即使确定了污染产生的物理损害，修复它的价值也一定要计算清楚。当经济学家考虑衡量"某物"的价值时，很典型地，他们会从对它的支付意愿来考虑。如果你愿意为一辆10－速的自行车支付221美元，那么这是它对你的价值。

与10－速的自行车不同，这里没有一个公开的市场买卖污染（这是该问题之所以重要的原因）。那么人们对清除污染的支付意愿该怎样衡量呢？有人试图通过房屋价格来推导。当人们购买房屋时，会考虑两个方面，房屋本身的价格和街区的特点，例如街道是否干净，学校的质量。试想两个相同的房屋坐落在两个相同的街区，唯一的区别是第一个房屋在无污染地区而第二个在被污染地区。预期无污染地区房屋价格会更高。价格的不同衡量了人们对清新空气的支付意愿。

对房屋价格和环境质量之间关系的统计研究试图估计出这一不同。这种研究很复杂，因为研究者找不出完全相同的房子，所以必须根据房间数、管道的质量等控制房价的不同。通过史密斯和黄（Smiths and Huang，1995）详细的分析结果表明，人们愿意为获得一单位微尘积聚量（微克每立方米）的减少而支付大约162美元（1995年的美元）。

估计边际损害方程很困难，就注定了找到"正确"的庇古税率也很难。但是仍然会有合理的折中妥协方法。假设一种特定的汽车排放有毒废气。理论上，基于汽车行驶公里数的税率会提高效率。但是基于汽车行驶公里数的税率可能很复杂因此不能执行。政府可能进而考虑对车辆施加消费税，即使并不是汽车的所有者自己决定外部性大小，但却是由汽车行驶公里数决定的。销售税不会导致最有效的可能性结果，但它还可能实质性地提高现状。记住，重要的问题不是庇古税是否是处理外部性的完美方法，而是它是否比其他方法更好。

在本文中，在欧洲实施在不同类型的污染税很有效。1990年，法国成为世界上第一个对空气污染征税的国家。在法律规定下，硫化物的排放按照每吨150法郎（约30美元）的税率来征收。在荷兰，对其他种类的污染征税已经实施了很多年，并且证据证明税确实降低了污染。

尽管在环境破坏中谈到庇古税，但它对处理其他类型的外部性问题也同样有效。例如重型卡车产生了损害高速路的外部性，这会增加使用公路的其他交通工具的磨损并且提高高速公路的维修成本。边际损坏取决于卡车的重量和车轴的数量（有趣的是，机动车辆实际上对高速路的物理状况没有影响）。斯默和文生（1986）估计，如果美国的卡车公司被迫支付相当于由其汽车造成的边际损害税，对社会来说福利提高——相当于图 18-3 中的 A 区域——每年会提高 12 亿美元。

3. 创造一个市场 正如上述强调的，外部性的无效率与相关资源的市场缺失相关。这就提出另一个政府可以提高效率的方法——向生产者出售污染许可权。这样政府实际上为清新空气建立了一个市场。在这种制度下，政府声明它会销售许可权，允许对空气的污染物排放量到达 Z^*（污染物的数量与产出 X^* 相关）。企业为拥有这些污染许可权竞标，许可权给予出价最高的企业。收取的费用用来清理市场，所以污染的数量等于政府设置的水平。为污染许可权支付的价格叫做**排污费**（effluent fee）。同庇古税一样，与执行全面削减不同，污水费提供了有效降低污染的激励。

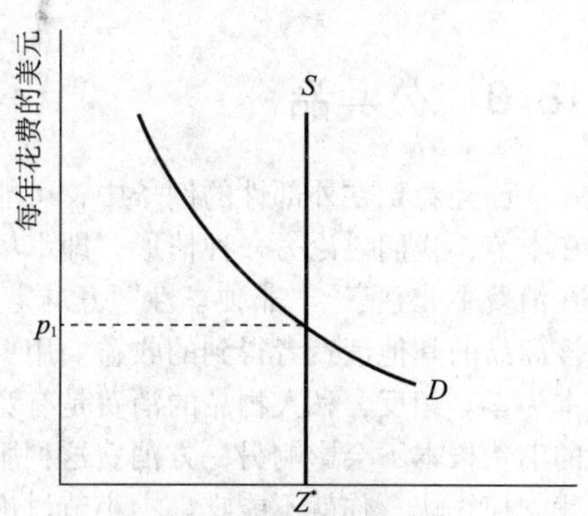

图 18-8 排污权市场

注：当政府拍卖排污权时，供给曲线就完全没有弹性了。废水的均衡价格是 p_1。不想在这一价格下购买排污权的企业必须或者是减少产量或是进行技术改良。

污水费的方法在图 18-8 中给出证明。横轴表示生产硫氧化物权利的数量，纵轴表示每年该权利以美元衡量的价格。政府声明它会以 Z^* 的价格拍卖排污权，所以排污权的供给在点 Z^* 完全无弹性。排污权的需求 D 是向下倾斜的。每单位的均衡价格为 p_1。不愿意为他们产生的每单位污染支付 p_1 的企业必须要么降低产出，要么采用更环保的技术。

如果没有拍卖排污权，政府把排污权分配给不同的企业，然后不同的企业可以自由地把排污权卖给其他企业，这个制度也是起作用的。市场供给在点 Z^* 处仍然是完全无弹性的，p_1 的价格仍然出现。没有发生改变的原因是给定的企业愿意卖出这些排污权，说明企业认为这些权利的价值低于 p_1。重要的是，即使效率影响与拍卖是一样的，分配结果也截然不同。通过拍卖，钱到政府那里；而通过其他制度，钱会到那些幸运的排污权企业。

在任何情况下，在这个简单的模型中，污水费和庇古税都使污染达到有效水平。实行这两种方法都需要知道谁污染和污染多少的问题。如何从两者中选择呢？克罗珀和奥茨认为拍卖制度比税收有更多实际优点。其中最重要的一点是，拍卖制度减少对最终污染水平的不确定性。如果政府对图 18-7 中的私人边际成本和边际收益线很确定，那么它就能准确地预测庇古税是如何影响行为的。但是如果对于这些曲线知之甚少，就很难知道多少税能够降低污染。如果信息不充分政策制定者只能主管选择污染标准，通过污染许可制度，获得这样一个标准就更加确定。再者，在企业利润最大化的假设下，他们会发现成本最小化的科技可以达到这个标准。

而且，通货膨胀时排污权的市场价格就会如预期自动提高，但是改变税率就需要很长的行政过程。另一方面，拍卖制度可能产生的问题是，已经存在的企业可能出于成本最小化的需要提前买到排污许可证来阻止其他企业进入市场。无论这样的策略行为是否发生都很难预测。

虽然规制已经成为处理污染的一种方法，但市场手段也开始发生作用。1990 年，对《美国空气洁净法案》（the U. S. Clean Air Act）的新修订案开始了第一次大规模的交易排放量计划。在该计划下，政府设定每年硫化物从燃煤发电厂排放的水平。企业每生产一单位硫化物，就必须拥有排放权否则面临严厉的惩罚。企业允许买卖权利，并且它们也那样做。例如在 1992 年，威斯康星电力照明公司，最洁净的机构之一，向田纳西山谷管理局卖出大约 1 万吨硫化物的排放权。实际上，有一个授权排放污染的市场，更多地沿着图 18-8 中划出的直线。在 1995 年，一群法律系的学生凑齐了 3 256 美元购买了排放 18 吨硫化物的排污权。"他们没有为了利益在未来拍卖这个权利，而是一直不用直到过期——虽然是个很小的数量，也使污染减少"。

一些实证研究已经开始对比通过规制和经济刺激降低的成本，例如拍卖排污权，得到成本降低的两种情况。特定的结果取决于所考虑的污染类型和污染地点。虽然在每种情况下，经济刺激被认为提供了更便宜的方式；在一些情况下，刺激的方式只是规制成本的十分之一。

18.3　公共品

已经看到在外部性的例子中，可能不会出现一些特定商品的市场，结果就会产生效率问题。在本节，我们讨论另一种情形，即市场缺失问题。当商品是**公共品**（pubilc good），即这种商品在消费中非独享。"非独享性"意味着当一户人分享了这个商品带来的收益，它并没有减少消费该商品的其他消费者得到的收益。用更专业的术语，一旦公共品被提供，另一个人消费的边际成本为零。相反，私人物品的消费是有竞争性的。例如，国防是公共品，因为一方对军队提供服务的消费根本不会影响另一方消费这种服务的能力。另一方面，面包师是一种私人物品，因为如果我吃掉一块，你就不能吃。本小节讨论有关公共品的效率问题。

18.3.1　公共品的有效供给

在第 12 章，我们推导了私人物品帕累托效率配置的条件，并认为在一定的环境下，这些条件会出现在私人市场中。特别地，我们证明了，如果有两个私人物品，面包（b）和酒（v），并且有两个人，凯因和亚伯，那么帕累托效率的必要条件是

$$MRS_{vb}^{\text{凯因}} = MRS_{vb}^{\text{亚伯}} = MRT_{vb} \tag{18-1}$$

其中，$MRS_{vb}^{\text{凯因}}$ 是凯因在面包和酒之间的边际替代率，$MRS_{vb}^{\text{亚伯}}$ 是亚伯的边际替代率，MRT_{vb} 是面包和酒之间的边际转换率。现在讨论公共品的有效供给的条件。

在进入正式的推导之前，利用直觉展开这个条件。假设凯因和亚伯都很喜欢花园。亚伯对花园的享受并不减少凯因对其享受的程度，反之亦然。因此，花园就是公共品。花园的大小可以是多样的，但在其他条件不变的情况下，两人都比较喜欢大花园。假设花园现在有 100 平方英尺，并且每扩大一平方英尺就花费 7 美元，凯因愿意为扩大的一平方英尺支付 6 美元，而亚伯愿意为此支付 5.50 美元。增加一平方英尺的花园规模是有效率的吗？通常，必须比较边际收益和边际成本。在计算边际收益时，注意因为花园的消费是非独享的，第 101 个平方英尺可以被凯因和亚伯两人消费。因此，第 101 平方英尺的边际收益是其支付意愿之和，即 11.50 美元。因为边际成本只有 7 美元，所以它被支付以获得第 101 平方英尺。更一般地，如果个体对额外一单位的公共品的支付意愿的和超过了其边际成本，效率就要求把这一单位公共品买下来；否则，就不需要买。因此，公共品的有效供给要求每个人对于最后一单位公共品的边际价值之和刚好等于边际成本。

用图形推导这个结果，考虑图 18-9a，横轴表示用平方英尺（G）衡量的花园面积，纵轴表示每平方英尺的价格（p）。凯因对花园的需求曲线为 d^C，亚伯对花园的需求曲线为图 18-9b 中的 d^A。如何推导这两人代表的群体对花园的支付意愿呢？为了找出群体对私人物品的需求曲线，我们把个体的需求曲线纵向加总（参见第 3 章）。这个过程允许不同的人在同一价格消费不同数量的产品。对于一个私人物品，这很好。但是正如之前注意到的，两个人消费同等数量的花园带来的服务（用大写 G 表示数量，来提醒每个人消费的市场数量）。如果凯因消费 100 平方英尺花园，那么亚伯也消费 100 平方英尺的花园。当个体在给定的价格消费时，试图把公共品的消费数

量加总起来确实也没有什么意义。

相反，通过把在给定数量下个体的支付意愿加总来找出对花园的群体支付意愿。注意到以下这点很重要，那就是即使每个人可以消费同样数量的公共品，也没有必要认为所有人对消费的评价都是一样的。例如，图18-9a的需求曲线表明，当凯因消费G_a平方英尺时，他愿意为每平方英尺支付7美元，而图18-9b表示当亚伯消费G_a平方英尺时，他愿意为每平方英尺支付8美元。他们对G_a平方英尺的总支付意愿为每个人的支付意愿之和，或者15美元。因此，如果定义图C的D^{C+A}作为群体支付意愿线，那么，在数量G_a下D^{C+A}线的高必须是15美元。D^{C+A}的其他点由重复每个水平下的公共品生产得到。对于一个公共品，群体支付意愿通过个体需求曲线的纵坐标值相加找到。

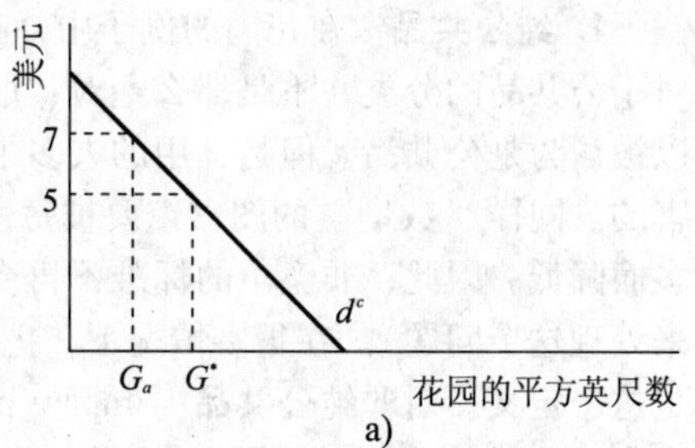

a)

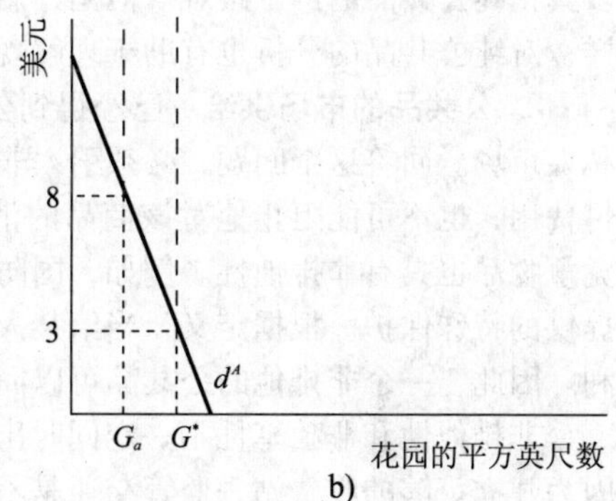

b)

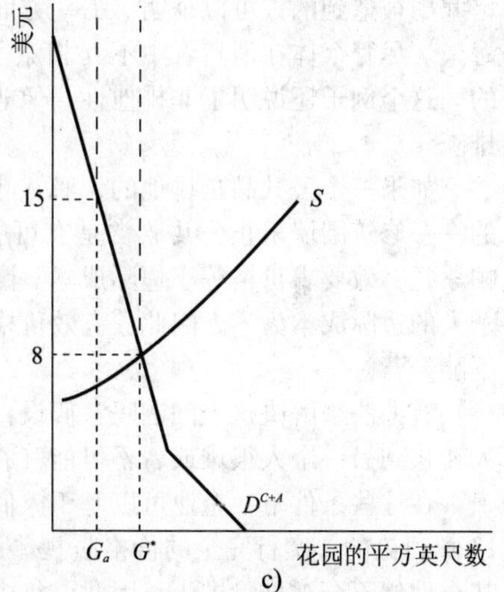

c)

图18-9　公共品的有效供给

注：对公共品的群体支付意愿通过对需求曲线的纵坐标值相加得出。在公共品的有效产出水平，G^*边际替代率之和等于边际转换率。

注意私人品和公共品的对称性。对于私人品，每个人都在商品（边际）上加入同样的价值，但是人们可以消费不同的数量。因此，需求是对横轴上不同数量的加总。而对于公共品，每个人消费相同的数量，但是人们对商品有不同的（边际）价值衡量。要找到群体支付意愿就要进行纵坐标加总。

花园的有效规模处于额外一单位的群体支付意愿刚好等于生产一单位的边际成本的那个点。在图18-9c中，边际成本线S被添加在群体支付意愿曲线D^{C+A}之上。交点在产出G^*处，在该点总支付意愿等于8（5+3）。

回顾第4章，商品个体需求曲线上的每个点近似地表示了该商品和其他商品之间的边际替代率。为方便起见，假设其他商品是酒，每单位为1美元。那么在凯因需求曲线上的任何一点到X轴的距离为$MRS_{gb}^{凯因}$，其中$MRS_{gb}^{凯因}$为凯因在花园（g）和酒（v）之间的边际替代率。同样，在亚伯的需求曲线上的任何一点，到X轴的距离为$MRS_{gb}^{亚伯}$。最后，商品的边际成本可以被看做是该商品和其他商品的边际转换率。再次让酒作为“其他”商品，这意味着在S曲线的任何一点都表示在花园大小和酒之间的边际转换率MRT_{gb}。

现在用这个信息重新解释图18-9的内容。在有效产出点G^*，边际成本等于凯因的支付意愿（5美元）与亚伯的支付意愿（3美元）之和。无论如何，凯因的支付意愿与亚伯的支付意愿之和为$MRS_{gb}^{凯因}+MRS_{gb}^{亚伯}$，$G^*$的边际成本为$MRT_{gb}$。因此，图C中$G^*$的情况可以用如下代数式表示：

$$MRS_{gb}^{凯因}+MRS_{gb}^{亚伯}=MRT_{gb} \tag{18-2}$$

与式（18-1）中表示的私人物品有效供给的条件作比较。对于私人物品，效率要求每个个体都有相同的边际替代率，并且这个边际替代率等于边际转换率。式（18-2）仅仅是这一小节开始时凭直觉推断的结果：因为每个人必须消费相同数量的公共品，它的效率供给要求在所提供的最后一单位的总价值——MRS_s之和——等于社会提供它时所带来的成本的增加——MRT。

1. 纯公共品　在花园的例子中，哪种产品是公共品哪种是私人品都说明得非常清楚。但是，对于公共品的分类并不是那么绝对，取决于市场条件和技术水平。当没有人时图书馆的阅览室可以被认为是公共品。但是，用的人多了，拥挤和交通问题就会产生，这对严肃的学术研究都是有害的。同样“数量”的图书馆要被每个人“消费”，但是因为拥挤，它的质量就会随着人数的增多而降低。因此，非竞争的标准不再令人满意（图书馆管理委员会通过严厉地限制高中生进入来处理这个问题）。在很多情况下，把“公共性”考虑成程度问题是有效的。纯公共品严格地满足这个定义。对**非纯公共品**（impure public good）的消费在一定程度上是有竞争性的。要想出很多真正纯公共品的例子很难。但是，就像是对纯竞争的分析得出对真实市场运行的重要观点一样，对纯公共品的分析也有助于理解现实中不纯的公共品。

2. 公共品的市场供给　已经得到公共品帕累托有效供给的条件，关键问题在于它是否满足私人市场。回答这个问题，必须引入非排他性这一概念。当一件商品太贵或者即使没有人为它支付费用，也不可能阻止他对该商品的消费，这就叫做商品的**非排他性**（nonexcludable）。许多非竞争物品也具有非排他性。例如，国防服务是非排他的，因为没有特定的人可以被阻止利用国防提供的特殊保护。根据定义，当给某人提供非排他性的公共品时，它就会影响社会中每个人的福利。因此，一个非排他的公共品可以简单地说是一种正外部性。

非排他性和非独享性不一定同时出现。考虑城市中心高峰时期的街道。非排他性通常存在，因为建立足够的收费站去监管交通是不可行的。但是消费是一定有竞争性的，尤其是曾经在交通堵塞中被逮到的人可以证明。另一方面，很多人可以在不减少别人愉悦心情的情况下享受巨大的海岸。尽管个体在消费者中不互相竞争，但是如果这里只有很少进入的道路，排他还是有可能的。这个例子还说明了非排他性，像非独享性一样，不是绝对的，它取决于技术水平和法律安排。

如果一个公共品是排他的，私人市场会为它提供有效数量吗？假设以上例子中花园是排他的——修筑围墙阻止公共欣赏是有可能的。假设一个利润最大化的企业卖门票。回顾第12章，帕累托有效要求价格等于边际成本。因为公共品在消费时是非独享的，根据定义把它提供给另一个人的边际成本为零。因此，有效价格为零。但是如果企业对每个人收费价格都是零，那么它就不能经营。

有办法来解决这个问题吗？假设：①企业知道每个人对公共品的需求曲线；②把商品从一个人转移到另一个人很难或者不可能（在这种情况下，你不可能把门票卖给别人）。

在这些条件下，企业可以基于人们的支付意愿对每个人收取不同的价格；也就是说，正如第13章讨论的，实行完全的价格歧视。那些认为花园的价值只值1便士的人会支付准确的数量；甚至他们不会被排除进入。因此，每个对花园有正价值的人都会观赏，这是一个有效的结果。但是，因为那些对花园评价很高的人要支付高价，所以企业仍然有利可图。

在回顾条件①知道每个人的偏好之前，完全价格歧视可能看起来是解决问题的方法。但是，如果个体的需求曲线可以被掌握，那么首先在决定最优供给方面就没有问题了。没有这个信息，企业不能实行价格歧视。当企业家不得不对每个人收取一样的价格时，他会把价格定得远远高于零以提高收入。但是这时，某些对花园有相对低的正评价的人就会被无效率地排除在外。因此，即使一个公共品是排他的，私人供给也很可能导致效率问题。

当公共品是非排他的时，事情变得更加复杂。为了知道为什么，注意当私人品在完全竞争的市场被交换时，个体没有激励隐瞒他对该物品的评价。如果亚伯愿意按现价购买一加仑酒，那么他会因为不能购买而什么也得不到。这种行为由人们是价格接受者这个假设来解释。

在公共品的非排他性的例子中，人们可能有激励去隐瞒他们真实的偏好。假设用围墙把花园挡开是不可行的。凯因可能假装声称花儿对他来说不算什么。如果他可以让亚伯付全账，凯因仍然可以享受这个花园并且有更多的钱来购买面包和酒。这种激励就是让其他人来买单而你享受这个收益，也就是在第 7 章以及前面章节看到的另一种搭便车的例子。当然亚伯也愿意成为搭便车的人。但是如果每个人都选择搭便车，他们最终看到的就都会是野草而不是花朵了。因此，市场很可能难以有效提供公共品的足够数量。在图 18-9 中没有“自动”的趋势使市场达到 G^*。

18.3.2　公共品问题的应对

给定非排他的公共品只是一种特殊的正外部性，并且外部性与潜在的效率问题相关，那么公共品也表现出效率问题就不会奇怪了。在本章已经证明，当已经建立产权并且讨价还价成本很低时，个体可以通过交易达到有效的配置。但是，这个结果对于公共品好像不可能有太大的关系。有一些公共品，诸如国防，影响了社会中的每一个人；把整个国家的人聚集起来讨价还价的成本是非常昂贵的。而且，由于搭便车的问题，讨价还价也许并不是有效的。

必须强调，搭便车并不是个事实，它只是人们只依据对商品的消费来使其效用函数最大化假设的暗示。可以肯定，人们可以找到公共品因搭便车而不能被提供的例子。在经济系的教工休息室安排公共咖啡壶的尝试常常因为这个原因而失败——虽然每个人都很开心地喝咖啡，但是当咖啡壶里的咖啡喝完时，没有人愿意去买咖啡。另一方面，许多证据证明在没有政府胁迫的情况下，个体可以并且确实采取了集体行动。一些咖啡俱乐部成功开业。人们经常把钱捐给教会、图书馆、艺术博物馆、剧院和其他设施来提高社区生活的质量。

这些观察不能证明搭便车与之相关。虽然有些看起来有“公共”特点的商品由私人提供，但“应该”被提供（根据效率）的其他商品可能没有被提供。而且，这些由私人提供的公共品的数量可能不足。重点在于搭便车问题的重要性可以视情况而改变。就像外部性的例子，公共和私人的回应可能把因公共品竞争市场不存在而产生的效率问题解决好。

在本文中，要注意只是简单地因为商品由公共部门提供并非意味着它必然就是“公共品”。这里有很多**公共部门提供的私人品**（publicly provided private goods）的例子——政府提供的竞争商品。医疗服务和住房就是有时由公共部门提供的私人品的例子。同样，像我们已经注意到的，公共品也可以被私人提供。想一下宿舍里打扫公用浴室的那个人。

案例

太湖危机的“公地悲剧”

太湖哺育着上海、苏州、无锡 7 城市的经济增长，但它也是中国水质最差的淡水湖之一。1991 年起，国家先后投资百亿治污。部委联合苏浙沪的“零点整治行动”，在风光落幕的同时，遭受治标不治本的质疑。

2006 年 3 月，《太湖管理条例》立法工作就已正式启动。正如有人所言，太湖就是周边城市的饭锅，每个城市都将屎尿往饭锅里倒，然后再取用“干净”的部分。区域行政主导下的太湖流域管理，虽然各自有着明确的任务，但在具体执行上却权责不分，于是，造成了今天这种光开发、不治理的局面。太湖的悲剧，实际上，就是一个典型的“公地悲剧”。如果说美国学者哈丁眼中的那个“公共牧场”，是在牧羊人无节制的放牧中走向毁灭的，那么太湖，则是在周边城市的过度开发和垃圾倾倒中走到极限的。尽管太湖周边城市的经济成倍增长，可工业结构的调整步伐却相对缓慢，在市场经济主体追求利益最大化的蛊惑下，政府治理环境污染时的行为也遭到严重异化。

作为“公共物品”，太湖水资源的关键问题是产权不清晰，这样的结果就是大家一哄而上你争我抢。《太湖管理条例》作为一部流域法，在这里，其本意就在于通过明晰产权来界定周边城市的权利和义务。环境资源保护法、水法等一系列法律作为一般性规定，并不能解决具体江河湖海的特殊问题。不同的流域，有不同的经济发展水平和历史文化背景，也有不同的分割管辖现状，这些流域各有特殊性，使得立法在模式、结构、管理机制和制度构想等方面都不尽相同。

各国的共同经验表明，区域性环境产权的界定必须通过区域立法。在美国，为开发西部而制定《鼓励西部植树法》、《沙漠土地法》，为开发田纳西河流域而制定的《田纳西流域管理法》，皆是这方面的典范。中国现在正面临西部大开发、中部崛起、东部可持续发展、振兴东北老工业区等区域经济发展问题，不同的发展境遇使得地方、流域环境立法显得尤为重要。不仅太湖要立法保护，长江、黄河等也要立法保护。

资料来源：根据四川新闻网，2007.6.8公开新闻整理。

小结

福利学第一定理认为，如果每个人都是价格的接受者，并且每件商品都有一个市场，那么资源的配置就是帕累托有效的。本章讨论了外部性的情况，即可能不存在市场，资源配置因此可能是无效的。

- 当一个人或企业的活动影响到其他人或其他企业的福利时外部性就发生了，并且这种影响不是通过市场价格传导的。外部性可能是负的（如果向另一方施加成本）也可能是正的（如果对对方有益）。
- 外部性可能导致无效率，因为个人活动不会考虑对别人的边际损害和边际收益。
- 外部性不一定导致无效率。合并和一定的社会传统是解释外部性的两个方法。
- 根据科斯定理，只要产权被分配并且交易成本可以忽略，人们可以通过讨价还价的方式找到有效的解决办法。
- 当私人团体不能解决外部性问题时，那么原则上政府干预可以提高效率。征收庇古税和创建排污权市场是两种可行的政策。相对更常见的规制办法，经济学家通常更喜欢这些政策。
- 纯公共品在消费上是非独享的。纯公共品的有效供给要求每个人的边际替代率之和等于边际转换率。
- 当很难或者不可能阻止人们消费公共品时，公共品就有非排他性。一个非排他的公共品就是一种正外部性。

讨论题

18.1　几年前在北卡罗来纳州“2 500万加仑的废水从1 000头肉猪的含水废物中溢出，淹没了黄豆植物和烟草田，然后流向小溪和河流。这次外溢杀害了超过3 000条鱼”。外溢毁掉了一部分烟草种植物，但是黄豆植物却“很可能因为外溢受到了帮助，因为它们喜欢更多的氮”。

识别该情况下的外部性。

18.2　“电影拍摄常常出现在洛杉矶和加利福尼亚其他地区，居民有时从电影工作者那获得上千美元，他们通过承诺空出外面的布景，降低噪音或者停止打扰他们……人们鸣笛，在片场穿梭，让他们的狗叫或者弄弯他们的音响。这些他们都需要用钱去停止……当电影制作者决定花费时间根据公共侵扰法进行指控这些人时，干扰者有时会进监狱。但是法律力量不能总是停止骚扰。”

解释在该种情形下的外部性，并且把它与不能建立产权联系起来。

18.3　1990年美国空气洁净法律的修订法案规定“从1998年的模型开始，在24个烟雾最多的城市里行驶的10辆或者更多的车辆必须比现在干净至少80%，卡车必须至少干净50%”。这是降低污染的一个有效方法吗？

18.4　在下图中，曲线 MB^L 表示罗瑞尔从粉刷房子中得到的边际收益，MC 表示边际成本。罗瑞尔的邻居哈迪，喜欢透过他的窗户看粉刷后的漂亮房子。哈迪从粉刷的房子得到的边际收益由曲线 MB^H 给出。

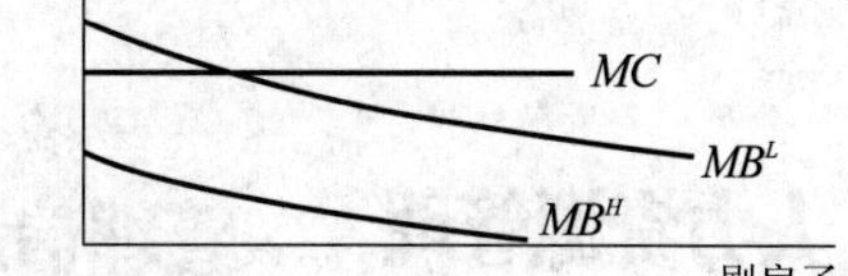

a. 粉刷的社会有效数量是多少？

b. 罗瑞尔和哈迪之间没有任何讨价还价，粉刷房子要花多少钱？

c. 如果罗瑞尔和哈迪通过讨价还价找到解决的方法，那么合作的收益是多少？

d. 假设讨价还价是不可行的。证明用庇古补贴会达到有效结果。

18.5　再次考虑图18-6中管制的例子。

a. 假设在"公平"的名义下，大卫和索尔接到命令减少等量的杀虫剂使用——从 X_S 到 X_S^*。这种方法花费的成本比完全有效的政策的成本多多少？

b. 假设大卫和索尔都被命令把他们使用的杀虫剂降低到（$X_S^*+X_D^*$）/2。与最优政策相比，这种管制的有效成本是多少？

18.6　美国政府制定的公司平均燃油经济性标准（CAFE）规定了汽车必须获得的燃油公里数，另一个减少燃油消费的办法是征收燃油税。比较CAFE和税收。

18.7　在下列情况下，解释科斯定理是否能会为处理外部性提供一个基础。

a. 印度的恒河因其沿岸上百的制革厂遭到了工业废物的排放，包括有毒的重金属。更糟的是，上百万加仑的水源由该河流向上百个城市、城镇和农村。

b. 许多科学家相信全球变暖是当煤、石油、树木燃烧时放出的二氧化碳造成的。

c. 我的邻居拥有一个"微波灭虫器"，就是一个可以杀虫的电子装置。她拥有这个灭虫器的时间越长，我后院里的蚊子就越少。

18.8　以下哪些是公共品？

a. 公共电视　b. 商业广播电视　c. 社区游泳池　d. 诚实　e. 艾滋病的研究

18.9　公共品 Z 以不变的边际成本12美元供给。卡格尼对 Z 的需求是 $Z=20-p_z$，莱西对 Z 的需求是 $Z=16-p_z$，其中 Z 是需求量，p_z 是每单位的价格。Z 的帕雷托效率水平是多少？

18.10　"仅仅因公共品是由公共部门提供的这一点并不意味着它必须由公共部门生产。"你同意这种说法吗？如果同意为什么，如果不，又是为什么？

18.11　如何用囚徒困境博弈模型来解释公共品供给中的搭便车问题？

18.12　假设建造并维护一座有潜力为20 000人服务的大桥每天的成本是25 000美元。这些人中的10 000人愿意为通过这座桥支付2美元/天，然而另外的10 000人却只愿意支付1美元/天。

a. 假设没有交通阻塞，建这座桥是有效的吗？找出一个向人们收取的有效率地过桥通行费？这一通行费能够补偿建桥的成本吗？你能够找到一个将会增加收入足以补偿成本的通行费吗？

b. 这座桥是公共品吗？具有排他性吗？你在a部分的答案表明了政府干预的一个什么可能的角色？

现在假设当每天有超过10 000人付费过桥时，桥变得拥挤。为简化起见，做出一个极端的假设，认为当每天有超过10 000人使用大桥时，每人每天过桥的收益下降0.6美元。

c. 假设大桥已经修建了，找到在这个条件下向人们收取的合理的过桥通行费。

d. 在这些条件下，建造这座大桥是有效率的吗？

华章国际经典教材（中国版）系列

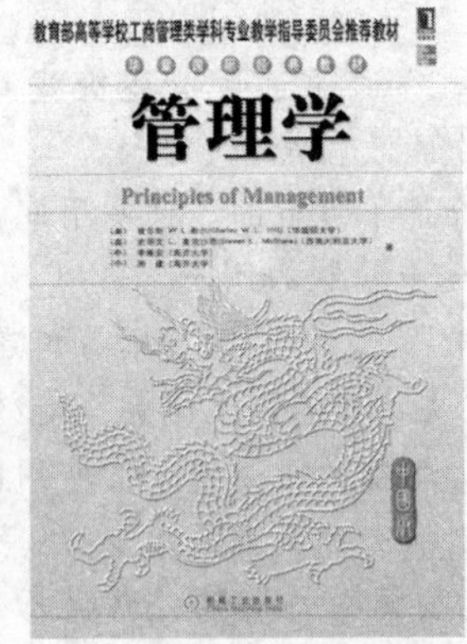

课程名称	书号	书名及作者	定价
商业伦理学	即将出版	企业伦理学（哈特曼）	45
会计学	978-7-111-25443-0	会计学：教程与案例（第12版）（中国版）（安东尼、王立彦）	48
战略管理	即将出版	战略管理（第17版）（中国版）（汤普森）	45
战略管理	978-7-111-24335-9	战略管理（中国版）（巴尼、李新春）	48
战略管理	即将出版	战略管理（第3版）（中国版）（巴尼、李新春）	48
运营管理	978-7-111-24264-2	运营管理（第9版）（中国版）（史蒂文森、张群、张杰）	58
人力资源管理	即将出版	人力资源管理（第11版）（中国版）（伊万切维奇、赵曙明）	39
人力资源管理	978-7-111-16449-X	人力资源管理（第9版）（中国版）（伊万切维奇、赵曙明）	38
国际企业管理	978-7-111-19628-7	国际管理（中国版）（帕达克、石永恒）	79
管理学	978-7-111-27095-9	管理学（中国版）（希尔、李维安）	42
管理学	978-7-111-26447-7	管理学精要:国际化视角（第7版）（中国版）（韦里克、孔茨、马春光）	45
管理经济学	978-7-111-18101-8	管理经济学（第10版）（中国版）（麦圭根、李国津）	39
管理经济学	即将出版	管理经济学（第9版）（中国版）（托马斯、刘延平）	39
创业管理	978-7-111-27051-5	创业管理（中国版）（赫里斯、蔡丽等）	42
管理信息系统	即将出版	管理信息系统（第11版）（中国版）（劳顿、薛华成）	50
管理信息系统	978-7-111-21589-9	管理信息系统（第9版）（中国版）（劳顿、薛华成 ）	50
市场营销学（营销管理）	即将出版	营销管理（中国版）（马绍尔）	48
零售营销	978-7-111-25434-8	零售学精要（中国版）（利维、张永强）	39
财务管理（公司理财）	即将出版	财务管理基础（第13版）（中国版）（布洛克、吴立范）	52

经济学

课程名称	书号	书名及作者	版别	定价
中级微观经济学	978-7-111-27372-1	中级微观经济学（第4版）（佩罗夫）	外版	85
中级微观经济学	978-7-111-28516-8	中级微观经济学（斯科特）	外版	86
中级微观经济学	978-7-111-24880-4	中级微观经济学（英文版.第4版）（佩罗夫）	外版	88
中级宏观经济学	978-7-111-22184-5	宏观经济学（第5版）（巴罗）	外版	59
中级宏观经济学	即将出版	中级宏观经济学（巴罗）	外版	48
中级宏观经济学	978-7-111-25446-1	中级宏观经济学（第6版）（亚伯、伯南克）	外版	68
西方经济学	即将出版	宏观经济学（麦凯克伦）	外版	38
西方经济学	978-7-111-21195-2	经济学（哈伯德）（宏观）	外版	42
西方经济学	978-7-111-20550-0	经济学（哈伯德）（微观）	外版	50
西方经济学	即将出版	经济学（宏观）（第3版）（哈伯德）	外版	46
西方经济学	即将出版	经济学（微观）（第3版）（哈伯德）	外版	52
西方经济学	978-7-111-22188-3	经济学（英文版）（哈伯德）	外版	88
西方经济学	978-7-111-28088-0	经济学：私有和公共选择（第12版）（格瓦特尼）	外版	78
西方经济学	978-7-111-29597-6	经济学：私有和公众选择（英文版.第12版）（格瓦特尼）	外版	78
西方经济学	978-7-111-12676-9	经济学原理（第 3 版）（曼昆）（上）	外版	44
西方经济学	978-7-111-12676-9	经济学原理（第 3 版）（曼昆）（下）	外版	44
西方经济学	978-7-111-27481-0	经济学原理（精要版）（帕金）	外版	62
西方经济学	即将出版	微观经济学（麦凯克伦）	外版	38
经济学习题	即将出版	哈伯德《经济学》学习指南（第3版）（哈伯德）	外版	45
经济学习题	978-7-111-25477-5	哈伯德《经济学》学习指南（斯卡希尔）	外版	45
经济学习题	978-7-111-14326-4	曼昆《经济学原理》（第 3 版）学习指南（哈克斯）	外版	45
经济学习题	即将出版	帕金经济学精要习题集（拉什）	外版	42
管理经济学	978-7-111-26576-4	管理经济学 （第9版）（莫瑞斯）	外版	69
管理经济学	978-7-111-26588-7	管理经济学 （英文版.第9版）（莫瑞斯）	外版	68
管理经济学	978-7-111-18101-9	管理经济学（第10版）（中国版）（麦圭根、李国津）	外版	39
管理经济学	978-7-111-22237-8	管理经济学（第11版）（麦圭根）	外版	88
管理经济学	978-7-111-24883-5	管理经济学（第6版）（贝叶）	外版	55
管理经济学	即将出版	管理经济学（第9版）（中国版）（托马斯、刘延平）	外版	39
管理经济学	978-7-111-26569-6	管理经济学（英文版.第11版）（麦圭根）	外版	68
西方经济学	978-7-111-28463-5	宏观经济学（卜洪运）	本版	33
西方经济学	即将出版	宏观经济学（李宝伟）	本版	32
西方经济学	978-7-111-19930-8	宏观经济学（周清杰）	本版	30
西方经济学	978-7-111-23798-3	经济学基础（李海东）	本版	28
西方经济学	978-7-111-24816-3	经济学基础（李士金）	本版	26
西方经济学	即将出版	经济学原理（宏观）（佟琼）	本版	30
西方经济学	即将出版	经济学原理（微观）（佟琼）	本版	36
西方经济学	978-7-111-27508-4	微观经济学（卜洪运）	本版	32
西方经济学	978-7-111-30940-6	微观经济学（武立东）	本版	32
西方经济学	978-7-111-19966-9	微观经济学（朱中彬）	本版	26
西方经济学	978-7-111-27338-7	西方经济学（第2版）（宏观部分）（精品课）（赵英军）	本版	25
西方经济学	978-7-111-27484-1	西方经济学（第2版）（微观部分）（精品课）（赵英军）	本版	28
西方经济学	978-7-111-24831-6	西方经济学通论（刘春泉）	本版	26
经济学习题	978-7-111-27321-9	西方经济学习题集 （第2版）（精品课）（赵英军）	本版	25

教师服务登记表

尊敬的老师：

您好！感谢您购买我们出版的＿＿＿＿＿＿＿＿＿＿＿＿＿＿＿＿＿＿教材。

机械工业出版社华章公司为了进一步加强与高校教师的联系与沟通，更好地为高校教师服务，特制此表，请您填妥后发回给我们，我们将定期向您寄送华章公司最新的图书出版信息！感谢合作！

个人资料（请用正楷完整填写）

<table>
<tr><td>教师姓名</td><td></td><td>□先生
□女士</td><td>出生年月</td><td></td><td>职务</td><td></td><td colspan="2">职称：□教授 □副教授
□讲师 □助教 □其他</td></tr>
<tr><td>学校</td><td colspan="2"></td><td>学院</td><td colspan="3"></td><td>系别</td><td></td></tr>
<tr><td rowspan="2">联系电话</td><td colspan="3" rowspan="2">办公：
宅电：
移动：</td><td>联系地址及邮编</td><td colspan="4"></td></tr>
<tr><td>E-mail</td><td colspan="4"></td></tr>
<tr><td>学历</td><td></td><td>毕业院校</td><td></td><td colspan="2">国外进修及讲学经历</td><td colspan="3"></td></tr>
<tr><td>研究领域</td><td colspan="8"></td></tr>
</table>

<table>
<tr><td>主讲课程</td><td>现用教材名</td><td>作者及出版社</td><td>共同授课教师</td><td>教材满意度</td></tr>
<tr><td>课程：
□专 □本 □研 □MBA
人数： 学期：□春□秋</td><td></td><td></td><td></td><td>□满意 □一般
□不满意 □希望更换</td></tr>
<tr><td>课程：
□专 □本 □研 □MBA
人数： 学期：□春□秋</td><td></td><td></td><td></td><td>□满意 □一般
□不满意 □希望更换</td></tr>
<tr><td colspan="5">样书申请</td></tr>
<tr><td>已出版著作</td><td></td><td colspan="2">已出版译作</td><td></td></tr>
<tr><td colspan="2">是否愿意从事翻译/著作工作 □是 □否</td><td>方向</td><td colspan="2"></td></tr>
<tr><td>意见和建议</td><td colspan="4"></td></tr>
</table>

填妥后请选择以下任何一种方式将此表返回：（如方便请赐名片）

地 址：北京市西城区百万庄南街1号 华章公司营销中心 邮编：100037

电 话：(010) 68353079 88378995 传真：(010)68995260

E-mail:hzedu@hzbook.com markerting@hzbook.com 图书详情可登录http://www.hzbook.com网站查询